山东省高校创新创业教育工作典型案例集

山东省教育发展服务中心　编著

電子工業出版社

Publishing House of Electronics Industry

北京·BEIJING

内 容 简 介

为进一步深入推进大学生创新创业教育、发掘典型经验和工作亮点、彼此交流互鉴,山东省教育厅开展山东省高校创新创业教育工作典型案例征集活动。本书共集结学校案例 85 项、二级学院案例 84 项,集中展示了在新发展理念引领下山东省高校创新创业人才培养的典型经验和做法。

图书在版编目(CIP)数据

山东省高校创新创业教育工作典型案例集 / 山东省
教育发展服务中心编著. —— 北京 :电子工业出版社,
2024. 8. —— ISBN 978—7—121—48480—3

Ⅰ. G640

中国国家版本馆 CIP 数据核字第 20246BC470 号

责任编辑:游 陆
印   刷:北京虎彩文化传播有限公司
装   订:北京虎彩文化传播有限公司
出版发行:电子工业出版社
      北京市海淀区万寿路 173 信箱   邮编   100036
开   本:880×1 230   1/16   印张:24.5   字数:776.16 千字
版   次:2024 年 8 月第 1 版
印   次:2024 年 9 月第 2 次印刷
定   价:99.80 元

凡所购买电子工业出版社图书有缺损问题,请向购买书店调换。若书店售缺,请与本社发行部联系,联系及邮购电话:(010)88254888,88258888。

质量投诉请发邮件至 zlts@phei.com.cn,盗版侵权举报请发邮件至 dbqq@phei.com.cn。

本书咨询联系方式:(010)88254489,youl@phei.com.cn。

前　言

党的二十大报告指出，"教育、科技、人才是全面建设社会主义现代化国家的基础性、战略性支撑。"创新创业教育是高等学校人才培养模式改革的突破口。如何把创新创业教育贯穿教育活动全过程，以教育培养创造之人才，为全面建设社会主义现代化国家提供基础性、战略性支撑，全国各地、各高校都在积极探索和试验。

山东是人口大省、教育大省，省内东、中、西部经济社会发展水平与全国类似；高等学校数量、高等教育在校生规模均位居全国前列；高等学校的地域分布、类型特点、办学特色丰富多样，在全国也具有典型性和代表性。在很大程度上，山东省高校的创新创业教育工作是全国高校的一个缩影，具有样本价值。

山东各高校的创新创业教育工作各有亮点和特色，与此同时，也存在非常明显的发展不均衡的问题。为进一步深入推进大学生创新创业教育、发掘典型经验和工作亮点、促进彼此交流互鉴，我们组织开展了山东省高校创新创业教育工作典型案例征集活动，涵盖驻鲁部属高校、省属本科高校、高职高专院校、国家开放大学分部等，时间限定为2018—2022年，要求客观真实、重点突出、简明流畅，具有典型性和代表性。

本书内容主要包括学校（院系）创新创业教育工作推进典型案例，展示了学校（院系）在创新创业教育工作顶层设计、体制机制完善、课程资源开发、教学方式改革、师资队伍建设等方面探索出的行之有效的措施、做法等。

编写本书的主要目的有两个：一是促进各高校全面总结近年来创新创业教育工作，把好的经验上升为制度，查摆各领域、各环节存在的突出问题，为进一步推动创新创业教育改革奠定基础；二是促进高校之间互学互鉴互促，在领导体制、运行机制、激励政策、课程建设、教学改革、教师培训、教育评价等方面取长补短，共同提高。衷心希望本书能够达成初衷和心愿，为推动山东乃至全国高校创新创业教育高质量发展提供助力。

编　者

目　录

二级学院案例 ·· (199)

学校案例

凝心聚力，打造双创平台，全面提升人才培养质量
——哈尔滨工业大学（威海）创新创业工作经验分享

哈尔滨工业大学
（威海）

哈尔滨工业大学（威海）围绕人才培养目标，以"大赛引领、团队打造、师生共创、校区协同、创新创业融合发展"的思路精准布局学生创新创业育人大格局，依托创业商学院、大学生创新创业基地、哈尔滨工业大学（威海）创新创业园、创客空间和校友企业群，激励了一批"成规模、跨学科、可持续"的创新创业团队成长，取得了一系列创新创业丰硕成果，建成了高水平的学生创新创业教育与实践体系。

一、"大赛引领"提升学生创新能力

学校坚持对标创新创业赛事，形成创新创业专项赛和综合赛相结合，校内赛、省赛、全国/国际赛梯度渐进的"大赛引领"格局。通过学校"校长杯"创新创业大赛，按照"立项、中期检查、项目初审、决赛答辩"的方式开展，全面对接"挑战杯""互联网＋"大赛，采取聘请导师、专项辅导等方式，孕育种子团队。随着格局的逐渐形成，学校成功推动了"一院一赛事"的组织模式，孕育了大批的创新创业团队和优秀的创新型人才。另外，学校还通过多方筹措资源的方式以争取支持，先后承办过"RoboMaster2021机甲大师高校联盟赛（山东站）""第十届全国海洋航行器设计与制作大赛（齐鲁赛区）""第二届山东省大学生金相技能大赛决赛""中国大学生ICPC（威海站）"等。全校在各类创新创业竞赛中获得省部级以上奖励1038项，其中国际奖励57项、国家级奖励314项，发表SCI、EI论文64篇，获批专利12件。其中，第七届中国国际"互联网＋"大学生创新创业大赛我校首夺金奖，创纪录地获得1金1银3铜；第十七届"挑战杯"全国大学生课外学术科技作品竞赛获得全国三等奖4项，13个参加重点比赛（教育部竞赛目录）的项目获得最高奖。

二、"团队打造"孕育创新创业沃土

随着学生创新创业品牌带动到位，近年来，学校涌现出如HRT车队、718创新俱乐部、无人船团队、HERO机器人团队等一批人数均在百人以上的航母级创新团队。团队通过创新基础启蒙、比赛牵引、"传帮带"培养等模式不断迭代梯队、凝练技术、传承文化，形成了质量肥沃的创新、创业土壤，带动了一大批优秀学子参与到创新、创业的实践当中。学校依托团队土壤，有组织地开展培养计划：针对大一年级，实施项目式学习，100％学生参与；针对大二年级，实施课程设计项目，提升学生的科技创新能力；针对大三、大四年级，实施综合设计项目，增强学生的问题求解能力。

随着团队孕育土壤的成功打造，过去一年间，共452个项目团队、2400多名学生成功参与到学校的创新育人过程当中，一批博士生、硕士生项目在各类竞赛舞台上展示历练，创新项目的质量较往年大幅提升。同时，学校HRT车队也获评"小平科技创新团队"荣誉称号。

三、成立创业商学院，实现融合教育

学校成立创业商学院，聘请张陆洋教授为院长、73名校友担任创业导师，依托校内专业老师和校友导师共同授课和培养，有效地解决了工科教育缺乏商业基因植入和领军人才培育的困境。通过前期开设创业基础和模拟实训等课程的培养和选拔，学校将创业意愿强烈且有创业潜质的学生纳入创业精英班深入培养。在创业精英班中，学校尝试项目先导式的教学方式，由学生自发组建创业团队，对接学校创新项目和学生创新团队，延续创新技术，孵化创业项目，实现技术创新和企业创办相融合。与此同时，学校为每个创业项目精准配备校友导师，全程跟踪项目孵化和学生培养工作，实现知识培训、能力培育、项目模拟及创业实践等多过程、全方位、深层次的创新创业融合。

目前，学校已完成四期精英班培训，举办创业公开课37期，共计368名学生结业，其中，30余名学生参与实体创业。而面向全校开设的"创业基础"课程，年授课人数多达1200人以上。与此同时，学校组织各类创业路演、创业集市和创业实践等活动，成功承办哈尔滨工业大学校友创新创业大赛，丰富了校园氛围。

四、基地建设有力支撑项目落地

学校大学生创新创业基地成立于2012年，先后获评全国KAB创业教育基地、山东省级大学生创业示范平台、山东省创业教育示范院校；2017年大学生创新创业基地入选国务院第二批"大众创业、万众创新"示范基地。

基地目前占地10000平方米，分布有宁学楼（主基地）、主楼实践基地、研学楼、观海楼和大学生活动中心，入驻114个创新创业团队。其中，创业团队74个；重点扶持HRT车队、HERO机器人、智能船、3D打印、无人机等一批优秀团队；累计获得政府、企业支持经费800多万元，共享60多个科研中心和重点实验室等技术平台。经统计，入驻团队中，以学生创新成果为驱动的实体企业转化率达70％以上。

学校创新创业育人体系经过五年持续建设，形成了"一园、一院、一赛、一基地"的格局，实现了"厚基础、强实践、严过程、求创新"的培养理念，完成了创新创业教育基础性覆盖，打造了一批高水平团队，培育了一批优秀成果。五年间，基地先后获得国际级奖励286项、国家级奖励1621项、省部级奖励914项，共计2821项，近万名学子获得培养。

哈尔滨工业大学（威海）大学生创新创业基地

平台群＋课赛孵＋强激励
——山东大学创新创业教育生态系统新模式

山东大学

"以问题定导向、以需求为指引、以兴趣找起源、以能力核目标、以课程铺基础、以方法突重点、以实训来突破、以比赛来检验、以网络搭平台、以过程建档案"，夯实"全员覆盖下政策激励、本研一体间深度融合、分级大平台先进范式、教学训练赛创考评管、信息系统促资源共享、创业孵化式特色基地、产业化牵引微专业群、校政企服互动体"等基础，在崇新、和融、务实、致理、益策的理念下演进国家级双创教育生态系统。2021年教育部给山东大学双一流高校建设评价时明确指出，山东大学开放性双创教育工作走在全国前列。

2004至2009年，学校率先将创新学分纳入全校人才培养体系，首建9个校级双创教育平台育人新范式，设置教学型教授，出台学生创新实践/竞赛学分置换、赋能保研等政策。

2010至2018年，学校建构部门协同双创学院、与剑桥大学合建首个国际创新转化学院、国家双创示范基地校政企协同平台，平台演进到45＋，全员本科必修4学分（研究生2学分），体系化建设双创课及创新护照＋成长档案云创平台。

分管校长任院长、部门协同、专家任执行院长的双创学院，与剑桥大学首建国际创新转化学院，独立高效运行，强化师生激励考核，专项入预算。

学校首创学校层面交叉融合双创教育平台群＋部门协同创新创业学院/国家示范基地组织一体协同发展新模式；制度性强化师生激励引导机制及科学评价，将结果与师生奖惩挂钩；教学训练"赛创考评管"全过程下实现创新护照、成长档案可追溯，学科交叉、专创融合、责任教授团队牵引，以学生为中心"课赛孵"双创育人。全校双创必修，将双创交流、实践、竞赛及专利纳入创新护照和成长档案，为评奖评优、学分认定置换和推免成绩权重。

学校提出双创育人新理念、新举措，与国际协作下政企校服四方联动＋"分层次＋重内涵"课程＋"全过程＋强内驱＋多环节＋实空间"实创要素深耦合范式，有效地解决了双创部门杂散割裂、培养体系层次不明、激励政策不强、实践环节实战性不足、与地方社会经济发展实际脱钩的问题，高阶赋能师生企共创。

学校打造齐鲁创业和稷下创新品牌，利用双创知识系、方法集、成果池、案例库，专门层次化建立120＋课程，创新创意、创业创造、方法、转化、知识产权管理等多内涵融合；探索问题、目标、价值导向创新/创业双维度螺旋的微课群/微专业的微形态，知识、能力、方法、实践、创新、创业、品德、专创融合实践；建立120＋稷下创新/齐鲁创业品牌双创课，10门国家金课、78门慕课，受益学生达16万人。"北斗创新设计导航""创业基础"等核心课程受益学生年超2万人，"创新工程实践"课程开设7年来超万人获益，全国650所院校近45万人参与学习，2017年入选国家金课并支持7＋门混合国家金课。建设创新工程、创业实务、北斗时空技术、知识产权管理、创新转化管理30＋微专业（首创10＋），如北斗时空技术＝创新工程实践＋创新设计导航＋创新方法＋北斗原理＋导航通信监视＋北斗案例＋创业实务＋竞赛，共计20学分。

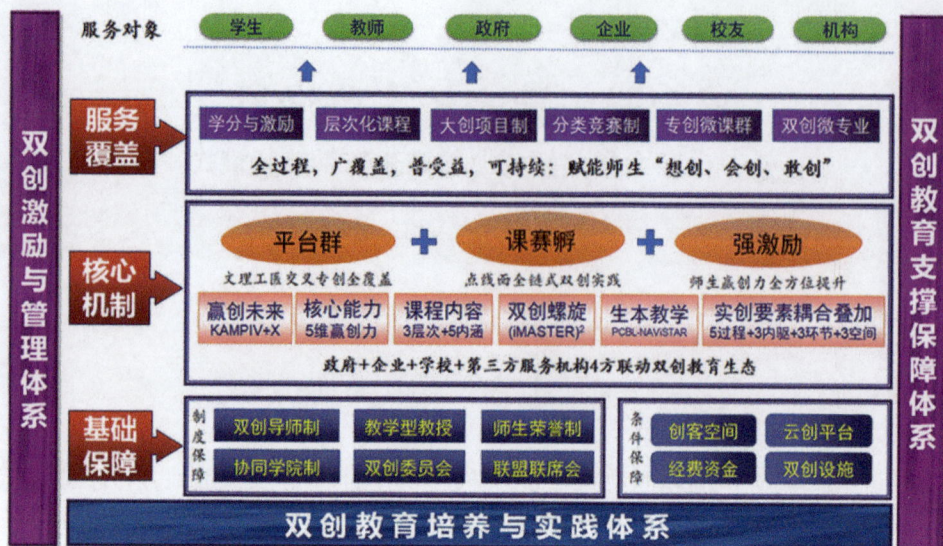

山东大学双创教育培养与实践体系

学校建立政企校服新生态,打造创意创新创业创造创富进阶,实训模拟、实践原型、实战孵化,创街创园创平台要素,与剑桥大学共建全国首个国际创新转化学院,与智慧树网共建全国首个双创课栈,常态破茧者、创新大师课、追光者、大师故事、星光学堂公益讲座。

学校在企业逻辑下建集散式"课赛孵"零壹/盈创空间(3万平方米)、凤岐茶社、联通创业社等孵化苗圃梦工场,优秀项目库赋能师生企共创,硬核孵化创业团队/企业。国家战略北斗原创成果精端+安网+智云成功孵化互联网+国金奖科技创业示范。宏观上包括打造全校双创基地空间群(45+平台创新场地,每校区2000~6000平方米+创业场地)、支撑条件(配备设施、仪器工具和耗材等)、双创课程(双创学院统筹立项)、系列竞赛(双创学院统筹国赛、平台负责省赛/校赛)、经费管理(双创学院统筹经费)、大创项目(双创学院统筹立项、二级学院项目经费管理)、双创导师(学院、平台创新导师团队和首席专家负责制)。

学校通过复杂工程问题和创业场景新形态双创项目教学训练,借助方法、实践与竞赛的助推,可有效解决双创教育与专业/项目不融合的知识向能力转化效率低、学习目的性差、劳动锻炼不足、意志品质毅力欠缺的问题;将学生双创能力与国家需求相结合,以北斗星动能+专创融合协同育人,以原创科技成果研制北斗+双创实战平台,设立全国首个北斗新时空科教实验网及口袋式终端装置/系统式云装备,首开全国新工科北斗新时空技术与应用微专业,成功孵化互联网+国赛金奖科技创业;与中国卫星定位协会、北京大学、中国科学院空天信息创新研究院等进行了北斗+微专业/微课群开发;与北京航空航天大学、中国科学院空天信息创新研究院/国家天文台、山东省国土测绘院、山东省无线电监测站、山东天星北斗信息科技有限公司、青岛杰瑞自动化有限公司、山东慕客空间信息技术有限公司进行了北斗新时空科教实验网合作。全国首个"北斗+双创"微专业入选新工科专项,北斗+课程及课程思政(获山东省课程思政名师名课名团队)开发与授课,累计受益超1.2万人次。自主北斗科教系统入选全国高校100典型案例孵化;项目负责人入选泰山产业领军人才。

学校获批大众创业万众创新示范基地、首批国家级创新创业学院、全国高校实践育人创新创业基地、创新创业典型经验高校、深化创新创业教育改革示范高校等10余项国家荣誉。

以"四个创新"探索高校学生创新创业能力培养新模式

山东大学

（威海）

近年来，为响应国家"大众创业、万众创新"的号召，山东大学（威海）团工委立足社会和产业发展需求，发挥共青团科研育人优势，致力于打造以"四个创新"为主体的创新创业教育升级版，"四个创新"模式即：人才培育创新，激发学生创新意识；专创融合创新，培养学生创业思维；竞赛孵化创新，提升学生双创能力；创业生态创新，助力学生创新成果转化。"四个创新"模式整合了多方资源，使各平台之间有机衔接、互为补充，形成创新创业教育的合力。通过多年来的实践摸索，此项目取得显著研究成果和育人成效，"四个创新"双创人才培养模式受到光明日报、中国青年网等媒体的专题报道，威海校区的创新创业人才培养质量和层次不断攀升。

一、组织实施过程

（一）人才培育创新，激发学生创新意识——四支双创人才队伍

多年来，学校通过实施导师制、学长制等，逐渐形成了"导师领航、朋辈助航、自我启航"的创新人才梯队式培育模式。青苗计划（每年 1000 人左右）、科研助理（每年 500 人左右）、科研班主任（每年 50 人左右）、双创朋辈导师团（每年 15 人左右）四支双创人才队伍，形成了师生、朋辈的有效互动，贯穿了学生双创能力发展的全过程，实现了"学习—训练—提升—引领"的全流程覆盖。

"青苗计划"双创训练营活动主要面向大一新生，通过榜样"面对面"、金奖案例分析等培训环节，帮助新生全面了解双创活动，上好新生科创"第一课"；"科研助理"主要面向教师课题组，招募具备专业基础的本科生，培养其基本科研素养与思维；"科研班主任"的主体来自科技创新经验丰富的高年级同学，该制度充分发挥了朋辈之间交流的优势，引导低年级同学走进科研，提升校区学生整体科研氛围；"双创朋辈导师团"自2021 年起组建，成员均为"挑战杯""互联网＋"大赛或者在科研方面表现突出的青年典型，团队以项目制的方式长期追踪低年级孵化团队，实现双创人才的"一对一"订单式培养。

（二）专创融合创新，培养学生创业思维——三级专创融合机制

近年来，学校构建了"科研立项、创新创业大讲堂、创新创业基金项目"三级专创融合机制，以项目化、课堂式手段，打通第一课堂和第二课堂的"最后一公里"，弥补专业课程在双创教育方面的不足，启发学生将专业技术应用于实践。

学生科研训练计划项目旨在鼓励学生通过自主设计或者依托老师课题发现和解决问题，校区开放各类专业实验室和工程训练中心，促进学生参与科研。校区连续 16 年开展大学生科研训练计划项目，累计投入经费超过 1000 万，资助 9891 项学生项目，每年超过 300 名教师、3000 名学生参与其中，使其成为学生锻炼科研能力的前沿阵地和坚实支撑。近年来，校区科研立项成功转化国家级大学生创新创业训练计划项目191 项；"创新创业大讲堂"邀请校外专家老师、青年创业典型，通过故事分享经验，目前已累计开展 9 期，覆盖学生 2000 余人。"学生创新创业基金项目"自 2021 年起设立，出台山大威校学字〔2021〕29 号《山东大学

（威海）大学生创新创业基金使用及管理办法（试行）》确保政策支持保障，旨在促进师生共创，推进产学研融合，首批创新创业基金项目有9个项目获得资助，共计30万元。

（三）竞赛孵化创新，提升学生双创能力——"2＋N"竞赛组织体系

长期以来，学校经过探索，形成以四级竞赛体系为牵引、以学科交叉融合为动力、以双创导师辅导为支撑的竞赛孵化机制。学校以"挑战杯""互联网＋"两大综合性赛事为龙头，同时打造"一院一赛"双创品牌赛事，连续举办9届"成才杯"大学生科技学术节，年均开展学科类、双创类竞赛项目30余项，覆盖学生近万人，针对学生需求进行科技创新第二课堂活动精准推送。

学校的竞赛孵化机制主要有以下几个载体：一是"双创线上咨询室"，这是在居家办公形势下推出的创新日常性创业辅导，采用"线上预约＋线上咨询"的形式，根据学生需求，由专家对团队开展一对一辅导交流；二是"双创冬令营"等项目集训活动，每年邀请近40位专家来校辅导近百支双创团队，帮助创业学生拓宽视野，提高学校双创竞赛作品的质量；三是重点竞赛项目跟进，对"挑战杯""互联网＋"大赛往届国奖项目和符合地方重点发展战略的项目，学校在资金、平台、导师与资源对接等方面进行全方位的跟进与服务。

（四）创业生态创新，助力学生创新成果转化——青年创新创业联盟

2022年学校推动校区成立青年创新创业联盟，出台山大威校学字〔2022〕20号《山东大学（威海）青年创新创业联盟工作方案》，联盟成立工作专班，秘书处设在团工委，通过加强校内各职能联动，同时搭建"学校＋地方政府＋校友"三方对接平台，凝聚双创导师团队、校企大学生创新创业实践基地、院企协同创新中心、创业孵化园等工作载体的资源合力，面向校内师生科研团队，提供全方位的服务。

8个学校职能部门各司其职、协同发力，集聚63位校友、企业精英及高层次技术人才全方位、全过程参与创新创业工作，搭建青春创业孵化园、大学生双创基地、校友众创空间等大学生创业实践平台，先后与迪尚集团国家级双创示范基地、威海新北洋科技创新孵化器等国家级孵化器建立合作关系，为科研团队、师生创业公司提供专业高效服务。

学校加强与校内重点学科科研团队的联系服务，与蓝绿发展研究院循环经济研究团队、钙钛矿材料研究团队等十余个学科团队建立精准服务机制，推动重点科研成果转化为"挑战杯""互联网＋"创新创业项目，推动产学研合作。

学校以"校友领创"项目为主线，持续发挥团组织在校企、校地合作中作用，通过团组织牵线搭桥，举办企业与科研负责人线上洽谈会，加强校企联系，推动校企合作，目前通过"校友领创"项目实现校地、校企合作项目13项，5项已达成实质合作。

学校搭建"共享、共建、共赢"校企地合作平台，坚持"共享资源、共建平台、合作共赢"的工作思路。学校与迪尚集团已达成建立校企双创示范基地的合作协议，全面推进校企在双创人才培养、创业项目孵化等方面的合作；与高区田和街道达成初步合作意向，推荐学生创业项目入住欧乐坊商圈；与汪疃镇政府在乡村振兴推广、友好小镇建设等方面促成多项合作，为打造校企创新人才培养新模式拓展了思路。

二、工作成效

（一）学生参与双创活动积极性显著提升

"四个创新"模式实现了双创教育提档升级与学生双创活动供给侧结构性改革的加快，基本实现了对学生双创能力的全流程、阶段式、精准化培养。据2021年学生参与各类创新创业活动的统计，在完善第八届"成才杯"科技学术节、五四青年科学报告会、双创咨询室、"挑战杯"大赛、"互联网＋"竞赛、科研立项等传统活动的基础上，又针对学生实际需求，新增"青苗计划"双创训练营、创新创业大讲堂、学生创新创业基金项目等代表性品牌活动，明显提升了学生双创活动的积极性与参与度。

（二）学生创新创业竞赛成绩屡创新高

借助于扎实完善的竞赛项目孵化机制，近年来，校区在"挑战杯""互联网＋"这两项双创顶级赛事中累计荣获国家级奖项70项。其中，在2022年第十七届"挑战杯"全国大学生课外学术科技作品竞赛中获得全国特等奖2项、一等奖1项、二等奖1项、三等奖3项，以山东省第一的成绩首次荣获全国"优胜杯"和全国优秀组织单位称号,实现最高奖和总成绩的历史性新突破。

(三)青年双创拔尖人才层出不穷

在良好的创新创业生态体系下,学校每年可以孵化高校青年创业公司 20 个左右,较有潜力的学生创业团队,如曾获第七届中国国际"互联网+"大学生创新创业大赛国家银奖的威海酷乐热能科技有限公司,公司生产面向 3C 终端市场的高性能芯片靶向散热器,已与歌尔股份达成合作协议;威海昆吾传媒科技有限公司为企业提供定制化合规管理服务产品,已进入国家电网等多家国有企业合规咨询服务商名录,自 2021 年至今签约订单超 400 万。

自 2011 年"青春创业孵化园"开园至今,大学生创业实践平台已经顺利完成了三十批创业项目的入孵评审工作,100 支创业团队完成工商注册,27 支创业团队孵化毕业,从中走出了威海捷城信息科技等优秀学生创业公司并成功落户威海,2 人荣获"山东省大学生十大创业之星"。通过三级专创融合机制,学生代表性的科技创新成果不断涌现。近年来,校区有"中国青少年科技创新奖"获得者 2 人(每届全国仅有 100 人)。

以推进素质教育为主题，构建"一平三端四层次"创新创业教育生态体系

山东科技大学

山东科技大学是一所工科优势突出，行业特色鲜明，工学、理学、管理学、文学、法学、经济学、艺术学等多学科相互渗透、协调发展的山东省重点建设应用基础型人才培养特色名校和高水平大学"冲一流"建设高校。

学校秉承"惟真求新"的校训和"团结、勤奋、求是、创新"的校风，全面落实立德树人的根本任务，将深化创新创业教育改革作为推进学校"工科主导、特色鲜明的高水平应用研究型大学"建设的突破口。

学校获批教育部全国创新创业典型经验高校；学校科技园是中华人民共和国科学技术部、中华人民共和国教育部共同认定的"国家大学科技园"和"高校学生科技创业实习基地"；山科U创空间被科技部认定为"国家级众创空间"。

学校在全国普通高校大学生竞赛七轮总榜单（本科，前300）中，排名全国第60位；在2018至2022年全国普通高校大学生竞赛排行榜（本科，前300）中，排名全国第43位；在2018至2022年全国地方本科院校大学生竞赛排行榜（前100）中，位列全国第10位。以上均位列山东省属高校第1位。

一、强化顶层设计，完善体制机制，构建创新创业工作保障体系

（一）统筹规划，做好创新创业教育顶层设计

学校出台《山东科技大学进一步推进创新创业教育工作实施方案》，以创新创业教育服务平台为依托；构建"课程端、实践端、孵化端"三个端口；推进"面向全体学生的通识教育、面向有创新创业兴趣学生的重点教育、面向有创业潜质学生的深化教育、面向实际创业学生的实践教育"四个层次的创新创业教育，构建"一平三端四层次"的创新创业教育体系。

（二）多方联动，建立全方位多层次协同机制

学校设立创新创业教育委员会，校长任主任，分管学生、教学工作的副校长任副主任，建立由创新创业学院、团委、教务处、学生工作部等职能部门齐抓共管的统筹联动工作机制。各学院成立创新创业教育领导小组，统筹规划学院创新创业教育工作。

二、推进课程建设，深化教学改革，完善创新创业教育教学体系

（一）修订培养方案，实现创新创业教育全覆盖

学校以推进素质教育为主题，面向全体、分类施教、结合专业、强化实践，将创新创业教育充分融入专业人才培养目标，贯穿人才培养全过程，努力推进由从业就业教育到创新创业教育的转变，推动学校人才培养范式变革。学校在本科培养方案中，面向全体学生设置2学分的创新创业通识选修课程和2学分的创新创业必修实践课程。

（二）推进课程建设，促进"专创、思创、学科交叉"融合

学校要求2020版本科专业人才培养方案中各类课程都须要融入"创新创业教育"和"课程思政"元素，倡

导教学理念的改革和教学内容的重构。学校实施双创金课培育项目立项计划,在教育教学研究"群星计划"项目中设立"创新创业教育专项",推动课程建设中知识传授与创新创业能力训练的有机融合,加强学生创新素养与创新创业实践能力培育,推进学校"素质教育、能力提升、实践模拟、专创融合"的创新创业教育课程体系建设。

三、建设师资队伍,开发课程资源,丰富创新创业教育内涵

(一)打造教研活动品牌,赋能双创教师能力提升

2021年12月学校设立"料创＋N教学工作坊",以创新创业教育赋能通识教育和专业教育为目标,从内部教师研讨到校外专家交流,提升师资双创教学能力,优化双创课程内容、创新教学设计和教法方法、推进教学改革与实践紧密结合。目前学校共举办"料创＋N教学工作坊"41期,已成为学校创新创业教师提升教育教学能力的研讨平台。

(二)开发双创基础课程,探索课堂教学新模式

学校采取跨学科、跨专业的方法,组织16位教师开发"大学生创新创业思维与实践"的基础课程,课程采用引导式教学法,以"创新创业思维＋训练营实践"的模式创新课程教学方式。该课程的教学内容和教学方法已被多门专创融合课程所引用。

四、普及"大创计划",培育"育苗计划",丰富创新创业实践体系

(一)全面推进"大创计划"

1.制度保障

学校修订《山东科技大学大学生创新创业训练计划项目管理办法》,从组织管理到过程实施,从验收要求到激励政策更加与时俱进。

2.深入调研

学校通过面向全校设计调查问卷、进入校区和学院对相关领导及教师进行访谈、搜集学校有关部门的数据资料进行分析等措施,为后续开展"大创计划"工作提供思路。

3.普及知识

学校针对指导教师、学生、二级学院举办"大创计划"宣讲会,普及"大创计划"的意义、政策、内容、流程等知识,鼓励教师指导学生接触科研、了解社会、解决问题、创造价值。"大创计划"宣讲会取得了良好的宣传效果,激发了教师和学生的浓厚兴趣,为后期项目申报奠定了良好的基础。

4.项目征集

学校举办首届"大创计划"项目"双选会"系列活动,通过项目征集、项目发榜、意向选择、双选揭榜四个环节,架起学生、项目、导师三者之间交流和对接的桥梁,盘活了各学科、各专业的师生资源和项目资源。很多项目通过"双选会"成功组成项目团队,使"大创计划"立项有了充足的培育储备。本次"双选会"被"学习强国""大众网""今日头条"等多家主流媒体报道。

5.严格实施

学校召开专门会议对"大创计划"项目申报进行部署。在校级立项阶段,学校邀请30位评委对推荐项目以三校区联动、线上线下的形式公开答辩评审。

6.成效显著

2022年学校获省级以上"大创计划"立项195项,比上年增长67.8%;其中国家级项目120项,比上年增长224%。通过系统实施"大创计划"工作,学校立项结果取得新成效。

(二)重点培育"育苗计划"

学校实施"育苗计划",设"互联网＋"大学生创新创业大赛、"挑战杯"全国大学生课外学术科技作品竞赛、"挑战杯"中国大学生创业计划竞赛三类项目,选拔具有应用价值和发展潜质的优秀项目进行周期性培育,培育期间为项目提供资金、场地、师资、培训等扶持,以期在学生培养和高水平竞赛成果中取得双丰收。

（三）稳步发展学科竞赛

学校根据学科特点，实施"一专业一赛事"工程，打造参与面广、具有学科特色的科技创新实践平台，积极强化"以赛代训、以赛促学、以赛促教"的效果，强化学科竞赛对学生示范带动作用。在 2022 年全国普通高校大学生竞赛榜单（本科，前 100）中，学校排名全国 34 位、山东省属高校第 1 位。

五、统筹校内外资源，加强实践平台建设，建设创新创业孵化体系

学校拥有的校内 71 个创新实践平台和校内外 671 个实习实训、创新创业基地向本硕博学生开放；依托 6.3 万平方米孵化场所和 5.65 万平方米创新中试场所的国家大学科技园及"高校学生科技创业实习基地"，打造创新创业一站式服务平台，为创业者提供多元化服务。

"八化"创新创业工作机制的构建与实践

中国石油大学
（华东）

中国石油大学(华东)始终围绕立德树人这一根本任务,聚焦新时代大学生创新精神、创业意识和创新创业能力培养,着力打造人才培养质量品牌。

学校以"三三三"本科教育体系为指导,加强创新创业顶层设计,深化创新创业体制机制、培养体系、支撑平台等综合改革,将创新创业教育融入人才培养全过程。学校坚持学科、学位点、专业一体化建设,深入推进"课堂革命",强化信息技术赋能,建设分层分类的创新创业教育课程体系;加大经费投入,搭建校企合作平台、项目孵化平台、赛事平台等企业深度参与的创新创业教育平台;坚持价值引领,打造"大型品牌特色活动＋全年不断线系列活动"创新创业互动品牌,"敢闯会创"的文化氛围更加浓厚,取得了良好的育人成效。

学校坚持立德树人,主动服务国家战略和地方经济社会发展,强化学生价值塑造与思想引领,加强创新创业顶层设计,深化创新创业体制机制、培养体系、支撑平台等综合改革,深入推进学科融合、科教融合、产教融合,构建了特色鲜明的"八化"创新创业工作机制,致力于培养实践力强、具有创新精神和国际视野的高素质人才。

一、"专班化"创新创业组织机构

学校成立专门机构,合力推动双创教育提质增效。①成立服务山东(青岛)工作委员会和办公室,加强学校与山东省政府各部门、各地市、各大企业的合作,协调与地方的科学研究与文化交流、成果转化与产业孵化、优质社会资源对接与获取等工作;②成立大学生创新创业教育工作领导小组、办公室和教学指导委员会,形成了教务处牵头,团委、就业、科技园等部门齐抓共管、协同联动工作的运行机制;③成立学院双创中心,形成校院协同推进创新创业教育的良好生态;④成立国家大学科技园办公室和科技成果转移转化工作领导小组,打造"众创空间—孵化器—加速器—中试基地—产业园"全链条创新创业项目孵化载体。

二、"精准化"创新创业管理制度

学校建立"1＋7＋N"创新创业制度体系,为师生创新创业保驾护航。1个《创新创业教育改革实施总体方案》纲领性文件,搭配《创新创业教育保障与激励办法》《创新创业学籍管理办法》《创业实践管理办法》等7个配套子文件,外加第二课堂成绩单、研究生推免、学分认定、职称评审等 N 项细则有力支撑。

三、"特色化"创新创业育人体系

聚焦新时代大学生创新精神、创业意识和创新创业能力的培养,学校构建了将双创教育融入人才培养全过程的"3344"创新创业育人体系。3 融合:通过学科融合、科教融合、产教融合促进学生高质量创新创业;3 渠道:通过课程学习、项目竞赛和成果孵化,实现双创上、中、下游全覆盖;4 模式:实施理科实验班、人文素养班、本研一体班、卓越计划班,促进学生最大化、个性化发展;4 保障:加大对创新创业教育师资、经费、平台、制度的支持力度,实现可持续健康发展。

四、"实效化"创新创业第一课堂

学生参加学科竞赛

学校强化第一课堂创新创业教育主渠道作用,提升创新创业育人实效,建设分层分类的创新创业教育课程体系,开设"创业基础""创新工程实践""创新思维与创新方法"等 26 门创新创业通识教育核心课程;深入推进"课堂革命",理论课提升挑战难度,引入工程案例和科研成果,小班化研讨,按 1:1 设课外研学学时,引导学生深度学习;开展探究性实验,引导学生探索创新;研发石油工业全流程仿真实训系统,仿真实训与现场实操结合,培养学生的工程实践能力;毕业设计真题真做,突出解决复杂问题的能力;考核突出能力导向,形成性评价占比不低于 50%。

五、"伙伴化"创新创业合作育人

学校坚持开放办学,与中国石化、中国海油、山能集团、海信集团等国内 60 多家地方政府、大型企事业单位签署了战略合作协议。山东省按照 1:1 配套"双一流"建设经费,支持服务山东省经济社会发展。青岛市给予学科建设经费 5 年不低于 1 亿元,支持学校服务青岛重点产业发展。青岛西海岸新区划拨近千亩土地支持学校古镇口校区建设。中石油天然气集团有限公司设立 2.45 亿元专项科研经费。中行、工行、建行投入 2.2 亿元,支持智慧校园建设。山能集团投入 0.95 亿元,共建石大山能新能源学院。中国石油大学与西南油气田公司投入 0.5 亿元,共建"四川盆地(油气地质)研究中心"。

六、"专业化"创新创业成果转化

学校依托国家大学科技园,形成了"机制优、队伍强、平台硬、政策足"的科技成果转移转化服务体系;完善体制机制,建立了涵盖科技成果创造、保护、管理、运营全流程的科技成果转移转化运营管理模式;建设服务团队,组建了由 12 位专职和 13 位兼职的技术转移队伍(全部具备技术经纪人资格),共培训了 300 名技术经纪人,并在科技主管部门进行备案;引进知识产权信息服务中心为园区企业开展专利导航服务;引进"国家级技术转移示范机构"青岛中石大科技创业有限公司,开展技术转移服务;引进青岛中石大控股有限公司、东营政和信息科技公司等服务机构,开展科技成果评价、科技成果信息发布、知识产权运营等服务;强化平台支撑,建设了科技成果中试、熟化基地等成果应用转化平台,加速科技成果转化,提升科技成果转化效能;引入第三方专业技术交易服务平台,同国家海洋技术交易市场、国家军民两用技术交易(山东)中心等线下平台,柠檬豆玺品科创平台、石油 Link 等线上平台开展合作,三年来通过校外服务平台,学校成功达成合作 27 项;打造成果供需信息共享平台,建设了黄蓝科技超市云平台,满足用户在技术供需对接及交易、政策咨询服务、科技服务、管理等方面的需求,为技术创新主体提供全方位服务。

七、"常态化"创新创业经费投入

学校每年投入创新创业教学实验室建设经费 3000 余万元,优化创新创业教学条件;设立大学生创新创业专项经费,用于资助各类创新创业项目、竞赛,奖励在创新创业教育中做出贡献的单位、教师和取得突出成绩的学生。

八、"浸润化"创新创业育人文化

学校构建了"价值塑造、学术引领、实践提升、氛围营造"的创新创业育人文化体系;坚持价值塑造贯穿于培养全过程,党委书记、校长坚持讲授"开学第一课""毕业最后一课",实施课程思政"三百工程",涵养学生创新创业优良品质;突出学术名师精神示范,邀请校友、企业家、学术大咖主讲思创论坛、黄岛讲坛、双创大讲堂等,累计举办 570 期;强化深入一线实践,实习实训深入企业,组织"中国梦、石油情"调研活动,社会实践足迹遍及新疆克拉玛依、黑龙江大庆等数十个油田;打造"大型品牌特色活动+全年不断线系列活动"创新创业互动品牌,连续 31 年举办"大学生科技节",连续 10 年举办"大创年会",组织开展科创沙龙、创客之夜、创客训练营、实战营等双创活动近 900 场。

"思维训练＋竞赛实践＋创业服务" TPA 创新创业教育模式探索与实践

青岛科技大学

青岛科技大学经十余年实践,依托全国就业指导中心"创业类慕课"建设、山东省创业"双新成果"等项目,将创新创业教育贯穿人才培养全过程,形成"思维训练＋竞赛实践＋创业服务"TPA 创新创业教育模式。

(1)构建以解决"不确定"为导向的创业思维训练 T(Think)体系。

(2)打造以"课赛合一"为特色的学科竞赛实践 P(Practice)平台。

(3)打造以"企业家驻校"为支撑的创业服务 A(Action)平台。

青岛科技大学作为培养应用研究型人才的工科高校,对创新创业教育有独特理解:"并不是每个大学生都适合创办企业,但每个人都需要创业思维训练"。学校 TPA 创新创业教育模式解决了以下教学问题。

(1)通过创业思维训练 T,弥补课堂教学单一化、片面化,提升应对"不确定"的能力,解决将创业思维融入学生日常平常的问题。

(2)通过学科竞赛实践 P,弥补创新创业教学与实践脱节,提升学以致用的意识和能力,解决以赛促学、促教、促创成效不足的问题。

(3)通过创业实战服务 A,弥补高校教师创业经验不足,提升服务效能,解决指导不精准、服务不专业的问题。

TPA 创新创业教育模式探索应用以来,学校通过科技孵化上市的公司达到 8 家,校友企业上市达 34 家,累计孵化 300 余家科技型企业,为山东省创造产值近 1100 亿元;学生学科竞赛排名逐年提高,2020 年获省部级以上奖励 772 项,全国排名第 75 位,山东高校排名第 4 位;就业率多年一直保持在 90% 以上,名列省属高校前茅。学校荣获全国创新创业典型经验高校,教育部全国就业中心组织专家专程到校考察,给予评价:"青岛科技大学形成的创新创业教育模式,育人成效显著,值得借鉴和推广。"

一、构建以解决"不确定"为导向的创业思维训练 T 体系

学校构建"1＋N＋X"课程体系,实施 IEST 课程改革,将创业思维融入学生日常生活。

(1)"1＋N＋X"课程体系。"1"是"创新创业基础",是创新创业能力培养通识必修课,每年上课近 1 万人。"N"是培养公共创新创业能力的公选课及辅修专业,目前有"创新方法(TRIZ)与创新设计""项目管理"及跨境电商辅修专业。"X"是专创融合课,包括"创程——创新创业管理"微专业和"学科竞赛集训营"等 131 门课程。

(2)IEST 课程改革。搭建线上学习"激发 Inspire"—课堂"体验 Experience"接纳—迭代训练"固化 Solidify"—大赛实践"迁移 Transfer"四迭代平台。构建"不确定存在逻辑—哲科思维与创业思维—效果推理理论—设计思维＋精益创业—商业模式画布—有效表达" 的"不确定"教育内容体系。研发基于体验的"连接、呈现、体验、反思、应用"五步教学法,保证课堂教学成效,将课程思政融入基础课程教学,提升解决"不确定"能力。

二、打造学科竞赛实践 P 平台

构建"课赛合一"指导体系和"全员参与"管理体系,实现以赛促学、促教、促创。

(1)"课赛合一"指导体系。学校改革人才培养方案,学科竞赛纳入人才培养体系;建设国家精品课程"创践",进行线上线下混合式指导;双创学院统筹,相关学院(部门)组织实施,形成以"互联网+"为龙头、基础竞赛和专业赛事为两翼的竞赛指导体系,实现课赛合一。

(2)"全员参与"管理体系。学校出台《学科竞赛管理办法》等,建设"学科竞赛管理系统",将竞赛成绩纳入研究生推免、奖学金评定等学生评价体系;深化人事制度分配改革,将创新创业纳入教师岗位聘任、职称评审和学院考核体系,实现学生和教师全覆盖。

三、打造"三到位"创业服务 A 平台

建设递进式服务平台,吸引"企业家驻校",实现精准指导、专业服务。

(1)"空间+苗圃+基地+园区"递进式服务平台。出台《深化创新创业教育改革实施方案》,依托"全国KAB 创业俱乐部""山东省双创教育中央教室""青岛市大学生创业海鸥行动集训基地",建成大学科技园和"三创中心",内设项目、电商、新媒体、文创、赛事等 10 余个平台,提供场地和政策服务。

(2)"企业家驻校"服务。与万学教育共享双创导师资源,聘任 296 位各行各业优秀人才担任双创导师;引进盛文金点公司共建双创学院,建立个性无人机、3D 打印、激光雕刻等 10 余个创客工坊,提供精准化指导和专业化服务。

四、案例创新点

(1)思维训练 T 内容与方法创新。

"教育就是生活本身",本成果最大的创新点是把创业思维训练融入学生的日常生活。首创"不确定存在逻辑—哲科思维与创业思维—效果推理理论—设计思维+精益创业—商业模式画布—有效表达"的"不确定"教育内容体系,为创业思维融入日常生活提供内容支撑。研发基于体验的"连接、呈现、体验、反思、应用"五步教学法,开展教学工作坊、常态化磨课,为创业思维融入日常生活提供方法保障。润物无声实现课程思政。例如,设计思维就是"以人为本"的实现方法,效果推理就是"摸着石头过河"的探索原则等,"创新驱动"贯穿思维训练全过程。

(2)竞赛实践 P 指导与管理方式创新。

《人才培养方案》和《学科竞赛管理办法》明确阐述:学科竞赛是落实学校立德树人根本任务的重要平台。双创学院各工坊全天候开放,专业导师常驻,学生团队在工坊集训、研讨和打磨项目成为科大一景。专门开设"创新创业工坊"系列课程,每年选派 50 余名教师参加各类创业咨询师训练。学生团队每年竞赛奖励达 100 余万,获 A 类竞赛国奖的 5 名同学保送研究生。A 类竞赛国家金奖被列为学校 12 项标志性业绩之一,打破岗位聘用体制,竞赛指导教师直接聘为专业技术三级岗。职称评审中,A 类竞赛国家金奖指导教师直评教授,2 项铜奖直评副教授,B 类赛事一等奖作为教授和副教授门槛条件。

(3)创业服务 A 平台与模式创新。

学校投资 8000 余万元建设"空间+苗圃+基地+园区"递进式服务平台(25000 平方米)。建成国家大学科技园和"三创中心"。双创学院定为教学管理单位,全职引进全国万名创新创业入库导师、青岛市大学生创业服务中心主任主持工作,配备 4 名管理干部和 39 名专职教师。实施企业家驻校计划,盛文金点投入1000 余万元,共建 20 余个平台和工坊,吸引李明、邹爱军、沈煜佳等 10 余名企业家驻校,将融资支撑、项目引导、专家坐诊"一站式"服务平台实体化。

五、案例应用成效

(一)校内应用

(1)创业质量提升。

学校核心技术支撑上市公司达 8 家,校友企业上市 34 家,近三年校友捐赠到账 5050 余万元,孵化 300余家科技型企业,为山东省创造近 1100 亿元产值。应届毕业生自主创业由 2017 年的 31 人增至 2021 年的

75人。路燕获评全国大学生就业创业年度人物,全国 25 人,山东省唯一一人。创业带动就业显著,毕业生离校就业率达 96.11%。学校获评全国创新创业典型经验高校。

(2)教学质量提升。

近三年,学校学科竞赛获奖年增长率达 10% 左右,获国奖 470 余项、省部级奖 1160 余项,计 5100 余人次;"互联网+"国奖 11 项,"挑战杯"国奖 10 项,国家大创计划 191 项,5 名同学保送研究生;在"全国高校大学生竞赛排行榜"排名攀升,近三年分别为第 118、99、75 位(山东高校第 4 位)。"创新创业基础"获评山东省一流课程,推荐至全国参评。

(3)教研教改提升。

学校获批全国就业中心课题 1 项(全国 15 项),中国高教学会课题 1 项(全国 21 项),教育部、山东省课题 20 余项;出版《中国综合创业能力培训专用教材》等 6 部教材。"创践"获评国家精品在线开放课程,累计 1045 所学校(智慧树网络平台排名全国第一),率先建成"创程"微专业,运行 2 期培养 100 人。

(二)校外推广

学校将成果应用于青岛市创业精英"BEST 计划"和"海鸥行动",催生农村电商创业,培训 5000 余人,引领 800 余人创业;以创业思维训练和基于体验的"五步教学法"为主要内容,承担教育部、各省市师资培训 16 次,行业培训 9 次;为 1000 多所大学(华南理工大学、天津理工大学、河北大学、浙江师范大学、宁波大学等)培养 10000 余名师资力量,覆盖大学生 30 余万人。

坚持立德树人，聚焦全面发展

——济南大学构建双创教育工作育人新局面

济南大学

近五年来，山东省级竞赛"挑战杯"授予本校1次、"优胜杯"授予本校3次；连续五年荣获"挑战杯"山东省级竞赛优秀组织奖。

长期以来，济南大学高度重视学生创新创业教育，注重育人实效，不断探索、创新、完善顶层设计，优化工作机制，加大政策支持，重视项目培育，持续营造创新创业的浓厚氛围，走出了一条具有"济大"特色的创新创业教育路径。学生的受益面和受益度不断增加，创新意识、创意思维、创业能力不断提升。近五年来，学校创新创业教育成效逐步显现，学科竞赛获奖、学生荣誉获评数量与质量显著提升。

在"面向全体、融合专业、分层管理、形成合力"的思想指导下，济南大学科学谋划，以目标为导向，从组织管理、资源开发、机制完善、系统培育等方面努力做好顶层设计，狠抓过程管理。学校创新创业教育工作在实践中积累了宝贵的经验。

近年来，学校三项作品荣获中国国际"互联网＋"大学生创新创业大赛铜奖，在"挑战杯""创青春"等赛事中获国赛特等奖2项、一等奖（金奖）2项、二等奖（银奖）8项、三等奖（铜奖）17项，在第十六届"挑战杯"山东省大学生课外学术科技作品竞赛中获最高荣誉，在第六届山东省大学生科技创新大赛中一等奖数量位列省属高校第一名，一名学生荣获第十二届中国青少年科技创新奖，在其他全国性创新创业赛事中获省部级及以上奖励5600余项，育人成效显著。

一、优化顶层设计，组织管理定位准确

按照"学校全面领导，团委日常主抓，学院担当主体"的原则，济南大学做好顶层设计，构建了学生科技创新工作的管理体制。学校设立学生科技创新工作领导小组，由校领导任组长，相关部门负责人任成员；领导小组下设办公室，设在学校团委，是学生科技创新工作的日常专职负责机构；各学院担任科创工作主体，对本学院的学生科技创新工作做出规划，出台相应的工作方案，鼓励教师指导学生开展学生科技创新活动，组织开展具有学科特色的科技创新活动和竞赛，引导学生广泛参与科技创新活动。面对双创升级的新需求和新要求，学校联合济南市市中区人民政府成立了济南大学创业学院，这是山东省第一家政校共建、实体实设的创业学院。济南大学创业学院现拥有国家级众创空间、国创导师工作站、省级众创空间、山东省大学生创业孵化示范基地、山东女大学生就业创业雏凤巢等荣誉和资质，面向在校师生提供全方位、全链条、全要素的创新创业服务。

二、站稳第一课堂，扩展课程资源开发

济南大学重视发挥第一课堂的育人主渠道作用，积极统筹第一课堂和第二课堂，推进创新创业教育的协同培养和可持续发展。学校坚持把通识教育作为创新创业教育的基础，不断开发和开设"创新思维""批判性思维""创业基础"等通识类课程，推动创新创业课程体系、教学方法、实践训练等改革创新，着力于探索实施"课创结合、专创融合"的双创课程建设模式，积极推动创新创业教育教学第一课堂和第二课堂的融合，

鼓励各学科专业教师和校内外兼职教师深入挖掘各类课程内容和教学模式中的创新创业教育元素,面向在校学生开设创新创业通识课程和创业意识培训活动,开发适合大学生特点和需求的创新创业慕课。

学校先后开设创新创业教育专门课程29门,自建并上线创新创业教育在线课程36期,自主编写创新创业教育类教材2本,将课程学习与国家级、省级大学生创新创业训练项目、双创赛事相结合,构建从理论学习、实践操作、科研训练到双创比赛的全链条式创新创业课程模式。

三、提升科创氛围,政策引导有效激励

2020年,济南大学结合年度目标工作考核的任务要求,对学生创新创业教育标志性成绩奖励金额和分配方法进行了改革与完善,修改了《济南大学学生科技创新奖励办法(试行)》,使之更符合高水平大学建设要求,进而鼓励各学院构建校院两级层次分明、导向清晰的科创赛事体系,引导师生参与对学科专业排名、学校整体排名有较大影响的赛事。学校通过实行学分制改革,以第二课堂成绩单的形式规范和落实了覆盖全体学生的创新学分,出台了《济南大学科研人员创新创业管理办法(试行)》,进一步支持和鼓励学校在职科研人员兼职创新、在职创办企业、离岗创办企业、到企业工作或参与项目合作。

四、注重系统培育,打造立体培养模式

济南大学依托青春创新创业论坛,打造学生科创的互动交流平台,营造浓厚的创新创业教育氛围,进一步启发学生思维,增强创新创业意识;依托专业实验室、实践实习基地,打造学生科创活动的训练平台,促使学生将所学知识与实践运用相结合,提高创新创业的实践能力;依托国家级、省级大学生创新创业训练项目和校级学生科创立项,打造学生科创活动的研究平台,通过广泛参与使学生在参与课题研究中掌握科学研究的一般方法,端正学术态度,培养科研能力;依托"互联网+""挑战杯"等竞赛,打造学生科创活动的竞赛平台,使学生在竞赛中增长才干,在竞争中孕育创新。四个平台覆盖了从氛围营造、基础培育、能力训练、水平提升的全部环节,以"互联网+""挑战杯"等竞赛为龙头,以各类学生创新创业赛事为抓手,以学生创新创业训练项目培育为基础,构建校院两级合力驱动两个课堂协同创新的创新创业教育服务体系,切实提高学生学术水平、创新意识和创造能力,实现学生德智体美劳全面发展。

济南大学在"十四五"发展规划中指出,要牢牢把握"培养什么人、怎么样培养人、为谁培养人"这一根本性问题,全面落实立德树人的根本任务,实现全员育人、全程育人、全方位育人,建立"知识探究、能力培养、素质提升、人格养成"四位一体的人才培养体系,培养德智体美劳全面发展的创新型、应用型、复合型人才。学校立足过往经验,进一步深化创新创业教育改革,推动创新创业课程体系、教学方法、实践训练、队伍建设等关键领域改革,搭建大学生创新创业与社会需求对接平台,切实提升创新创业教育工作育人实效,更好地服务于立德树人的根本任务,服务于学生成长成才和高水平大学的建设。

"五个聚焦"推动创新创业教育行稳致远

山东建筑大学

学校先后被授予全国高等学校创业教育研究与实践先进单位、全国青年创业教育先进集体等国家级、省级荣誉 22 项。

学校坚持理念、研究、教育、实践、资源"五个聚焦",助推大学生创新创业能力提升;先后获批国家级众创空间、全国高等学校创业教育研究与实践先进单位、山东省就业创业工作先进集体等国家级、省级荣誉称号 20 余项,起到了较好的典型示范、辐射带动作用。

学校积极贯彻落实国家和山东省"大众创业、万众创新"的相关政策,深入开展创新创业教育改革。以 2009 年获批山东省(首批)大学生创业教育示范院校为起点,学校在双创领域精耕细作,持续探索,强化"理念聚焦、研究聚焦、教育聚焦、实践聚焦、资源聚焦"等"五个聚焦",扎实推动双创教育行稳致远,取得良好成效。

一、理念聚焦:"谋划先行+规划引领+评估促进"

学校坚持"理念先行、规划引领、评估促进",实现了创新创业教育的谋划聚焦。2010 年,学校提出"学科引领,教师参与,学生为主体,市场化运作"的工作理念;2012 年,学校制定首个《创新创业教育四年工作规划(2013—2016)》;2014 年,学校作为山东省第一所高校启动年度创新创业教育工作评估;2016 年,学校制定第二个《创新创业教育四年工作规划(2017—2020)》;2017 年,学校提出"服务学生创新创业,服务教学科研"的工作宗旨;2018 年,在山东省高校中,学校率先启动面向毕业生的职后发展指导项目——"精英培养计划"。

二、研究聚焦:"平台搭建+项目推动+应用导向"

学校坚持"平台搭建+项目推动+应用导向",实现了创新创业教育的研究聚焦。自 2016 年起,学校先后设立教学创新创业、教学编写、调研、编制工作内参四类研究项目,在促进学校工作同时,力求为山东省乃至全国有关工作提供有益借鉴。2020 年,学校作为山东省 5 所高校之一,获批设立首批山东高校就业创业研究院。毕业生中有 20 人次获全国青年创业先锋 50 强、山东大学生十大创业之星、山东省双创之星 20 强、山东省泰山产业领军人才等称号。2010 年以来,159 名在校生注册企业。近五年,学校学子积极参加"互联网+"大学生创新创业大赛、山东省大学生科技创新大赛、大学生创新创业计划等,累计获省级奖项 415 项,省级以上奖项 255 项。

三、教育聚焦:"机构建设+精英教育+课程体系"

学校坚持"专设机构+完善课程+精英教育",实现了创新创业教育的教育聚焦。2014 年,学校成立山东省普通高校第一个独立招生的创业学院,在全省高校率先开办创业实验班,已开设 7 期,招收学员 435 名;自 2014 年已开设 67 期《创业 PARTY》。同年,作为山东省 4 所普通高校之一,学校获评"山东省(首批)省级就业创业培训定点机构";2018 年,我校在全国高校较早开办专业创新创业实验班,招收学员 33 名;2019 年,我校获批"济南市创业培训机构";2019 年,我校成立创新创业教育教研室和职业发展教研室(开设就业创业课程 13 门)。

四、实践聚焦:"平台建设＋指导帮扶＋科研立项"

学校坚持抓好"平台建设＋指导帮扶＋科研立项",实现了创新创业教育的实践聚焦。2010 年,在山东省高校中,学校较早建成了大学生创业园;2018 年,在全省率先探索建立 6 个二级学院"专业创客空间";2018 年,探索"与社会创业平台、共建双创基地"模式。山东建筑大学大学生创业园下设校内园区、双创基地(校外拓展),校内园区由中心园区和专业创客空间组成。山东建筑大学学子创业园入驻中心园区,在专业创客空间设立创赢创客空间、全息创客空间、"火柴盒"创客空间、双元商道创客空间、E 路同行创客空间、外文专业创客空间六个专业创客空间。学校建立起以文化引领、咨询指导、资金扶持、交流平台、跟踪反馈为主要板块的创业指导帮扶体系。

五、资源聚焦:"政策资源＋社会资源＋校友资源"

学校坚持用好"政府资源＋社会资源＋校友资源",实现创新创业教育的资源聚集。学校整合政府部门、社会(联盟)组织、校友等资源,构建山东建筑大学创业资源整合体系。2012 年起,学校获批山东省人社厅设立的创业孵化示范基地,设立"首批省级创业培训定点机构";2015 年起,学校推荐的两个创业平台获评"山东省创客之家"等;2017 年起,学校的两个平台获评"济南市泉城众创空间";2017 年起,学校作为全国大学生创新创业实践联盟常务理事单位参与整合全国创新创业实践资源;2019 年,学校作为副会长单位发起成立山东省创客协会,整合全省创客资源;2019 年,学校作为副理事长单位发起成立济南众创空间发展联盟,整合济南市创业平台资源;2021 年,学校参与成立齐鲁科创大走廊高校创新创业联盟。

中华人民共和国人力资源和社会保障部调研组、国务院部级联合督查组等上级部门多次在学校召开现场会,《光明日报》《中国教育报》《中国青年报》《大众日报》等国家级、省级媒体对学校创新创业及就业工作进行报道 30 余次,先后接待国内外 50 余所高校、单位学习交流。学校先后获批国家级众创空间、全国高等学校创业教育研究与实践先进单位、山东省就业创业工作先进集体等国家级、省级荣誉称号 20 余项。

发挥科教融合优势,助力双创能力提升

齐鲁工业大学

齐鲁工业大学(山东省科学院)高度重视创新创业教育工作,2015年成立创业学院,2021年整合成立创新创业中心。学校始终坚持以培养学生创新创业精神为核心,以产学合作、技术创业为特色,整合各种资源,着力打造"创业教学、创业培训、创业竞赛、创业实践、创业研究"五位一体的创新创业教育、指导与服务体系。学(院)孵化基地先后获批多项国家级、省级平台称号,在"互联网+"大赛等双创赛事中积极参与、精心组织、成绩优异,多次荣获山东省教育厅颁发的高校"优秀组织奖""优胜奖"。同时,学校在创新创业师资队伍建设、教育教学建设研究方面积极推进,助力大学生创新创业能力提升,服务大学生创新创业实践。

一、主要特色做法

(一)完善优化体制机制

学校聚焦大学生创新创业能力培养,倡导和鼓励大学生积极参与科学研究、创新创业、学科竞赛及各类实践活动,出台一系列政策文件;修订本科人才培养方案,出台《一流本科人才培养行动计划》,实施学生综合能力提升工程,将大学生创新创业能力培养融入人才培养全过程,提高实践学分比例,整合校内外资源搭建平台,构建"平台+模块"的课程体系,开展"互联网+"大学生创新创业大赛、"青年红色筑梦之旅"等双创活动,扎实推进大学生创新创业能力培养工作;出台《创新创业实践学分管理办法》,将科研学术成果、大学生创新创业训练计划项目、各类竞赛、自主创业活动等计入"创新创业教育学分",激发了学生的参与积极性。

(二)加强双创平台建设

科教融合以来,学校在原有双创平台的基础上,集中优势资源、共建共享协同发展;积极推动校企、校地、校所、校际协同,建设以众创空间、孵化器、加速器全链条式创新创业孵化器载体,从科技成果转化到项目实践应用,搭建了科研、教学、实践一体化的创新创业教育平台;构建了具有"科教融合"特色的一体化创新创业指导服务体系,使具有创新创业意愿的学生结合所学专业知识,在专业教师、科研人员的指导下,通过项目实践检验专业知识、丰富自身学识、锤炼意志品质,提升实践能力。平台设有创业孵化基地,承担校(院)学生创业项目孵化、创新创业政策咨询等管理服务,为师生开展创业项目孵化、竞赛项目培育及打磨提供支持和指导。平台设有科普基地,开展创新创业科普志愿服务活动,宣讲普及创新创业知识,营造校园创新创业氛围。同时,平台作为对外交流的展示窗口,多次接待教育部、教育厅及其他单位领导参观调研。

(三)强化师资队伍建设

为做好大学生创新创业能力培养工作,校(院)加强双创导师队伍建设,打造了一支专兼职结合、校内校外联动的双创师资队伍;聘请数十位校外不同行业的优秀企业家、创投机构负责人等担任创业导师,与校内专业教师及科研人员一起承担学生双创指导服务。同时,加强师资队伍培训与交流,通过讲座、训练营等形式,积极为学生创业孵化及竞赛项目培育提供精准指导。

（四）强化赛事引领作用

学校依托平台优势，积极组织开展一系列创新创业活动；鼓励学生参与创新型开放实验、教师科研项目，鼓励学生发表论文、获得专利；将赛事项目与教师科研项目有机结合，充分利用"互联网＋"大赛等双创赛事，依托专业和师资优势，广泛组织学生开展科技创新活动，启发在校学生的创新精神，激发大学生的创新创业热情，培养大学生的创新创业意识。大学生创新创业工作成绩斐然，科教融合特色鲜明。

学校积极优化赛事组织模式。一是广泛动员，积极参与。各部门、单位相互配合、通力合作，加大赛事宣传，培育了一批创新创业标兵，充分调动起教师和学生参赛的积极性。二是立足专业，彰显特色。发挥科教融合和学科专业优势，引导学生走进实验室、走进团队、走进项目，结合自身专业开展创新创业活动。

（五）夯实教学研究基础

教研团队持续进行"创业基础"必修课的课程提升，并结合工作开展科学研究。学校组建教学科研团队，对创业基础课程集体备课。教研团队采用线上与线下混合式教学，线上课程以理论学习为主，线下课程以理论应用为主。线下课程由教师引导学生完成课堂任务，实现课堂翻转。学校联合校外导师共同开设通识课。

二、主要工作成效

（一）平台建设

学校于 2017 年 8 月获批"济南市科技企业孵化器"，10 月获批"山东省大学生创业孵化示范基地"；2018 年 3 月获批"山东省创新创业典型经验高校"；同年 12 月获批"山东省社科普及教育基地"；2019 年 10 月获批"济南市创业培训资质"；2020 年 7 月挂牌"济南市退役士兵大学生创业示范点"。

（二）学科竞赛

科教融合以来，学校（科学院）积极组织参加一系列创新创业竞赛，成绩优异，共获得省级奖项 3396 项，国家级奖项 995 项，国家大学生创新创业训练计划项目 225 项。学校（学院）多次荣获"优秀组织奖""优胜奖"荣誉称号。其中，学校（学院）在"互联网＋"大赛、"挑战杯"和"创青春"三大重要赛事中获省级奖项 164 项，国家级奖项 47 项（包含专项赛 6 项）。校（院）三大赛事成绩始终保持在全省高校前列，有效形成"以赛促教、以赛促学、以赛促创"的双创氛围。

（三）以创促就

大学生创新创业能力的培养是全方位提升的过程，其功能在于挖掘学生创新创业潜力，激发其创新创业兴趣，点燃其创新创业热情，提升其创新创业和就业能力。校（院）双创教育紧密结合价值观引领和专业教育，服务国家人才发展战略和地方区域经济发展。科教融合以来，孵化基地累计入驻项目 110 余项，近三届校（院）十大大学生新闻人物中，因为创新创业成绩突出入围者有 11 人，占 36.7％，涌现出一批创新创业典型人物，有效带动了社会就业。

（四）师资队伍

创新创业教育是一种全新的教育模式，需要观念的转变和能力的提升。学校积极对接各种资源，有效开展形式多样的双创教育培训和学习活动 20 余次，极大地提升了教师创新创业教学能力。目前，共有 41 位教师通过学习取得创业咨询师职业资格证书，99 人取得山东省创业师资证书，5 名老师取得国家科技企业孵化器从业人员资格证书，8 名教师获得"国家级创新创业优秀指导教师"称号，41 名教师获得省级"创新创业优秀指导教师"称号，6 人获评济南市"创客导师"称号。

学校将进一步深化创新创业教育改革，完善体制机制设计，强化平台和师资建设，服务创新型人才培养。

构建五位一体培养模式，提升学生创新创业能力

山东理工大学

山东理工大学针对大学生创新创业能力培养碎片化、教育优质资源匮乏等问题，坚持把深化创新创业教育改革作为推进综合改革的突破口，秉持"全员覆盖、全程贯通、产教融合、分类施教"的理念，以创新方法普及教育为驱动，聚焦学生"创意激发—创新实践—创造实施—创业孵化（四阶递进式）"能力培养，协同推进"专创融合＋校城融合＋校际融合"，构建了"课程、竞赛、活动、研究、实战"五位一体的应用型创新人才新模式。学校大红炉众创空间孵化项目 264 个，完成公司注册 177 个，2021 年位列全国普通高校大学生竞赛榜单第 68 位，2022 年荣获第九届山东省教学成果奖一等奖。

一、基本情况

山东理工大学积极开展专创深度融合理论研究与实践探索，提出了学生"创意激发—创新实践—创造实施—创业孵化（四阶递进式）"创新创业能力，同时融合地方政府、行业企业的优质双创实践资源，吸收一流高校的优质双创教育资源，构建了课程、竞赛、活动、研究、实战"五位一体"的应用型创新人才新模式，取得了显著成效。

二、案例实施

学校完善创新创业教育三级工作机制，将创新创业教育与专业教育、通识教育深度融合，着力提升学生创新精神、创业意识和创新创业能力。学校于 2015 年单独设立创新创业学院，具体负责全校创新创业教育改革和建设工作。

（一）强化全员覆盖，完善课程体系

学校匹配学生"四阶递进式"双创能力培养，构建了创新方法驱动、专创深度融合的创新创业课程体系，该课程体系由学生全覆盖的创新创业的基础、学用结合的创新实践、专业全覆盖的专创融合、赋能实战的创业实践等四个模块组成，纳入各专业人才培养方案。每专业开设专创融合课程不少于 3 门，国内率先实现专业全覆盖。学校制定出台《山东理工大学深化创新创业教育改革实施方案》《山东理工大学本科教育教学综合改革方案》，明确双创能力学分要求及评价指标，设置了创新创业必修学位课程体系和"第二课堂成绩单"模块活动；自主编写出版《创新方法基础》《大学生创业基础》等 18 本著作教材，累计建设"电气检测技术"等 362 门专创融合课程。其中，"创新方法基础"课程年均开课 226 班次。

（二）优化竞赛组织，提升双创能力

学校坚持以赛促学、以赛促教、以赛促创，出台《山东理工大学学生创新创业竞赛管理办法》，及时更新学校竞赛目录，完善赛事组织模式，规范大学生创新创业训练计划项目管理，实现赛训结合、以赛促训。近年来，学生创新创业竞赛获奖层次和数量逐年攀升，国家级双创赛事获奖 3675 项，发表论文 1260 篇，获批专利 750 件，"郭牌西瓜"团队斩获第六届中国国际"互联网＋"大学生创新创业大赛金奖；2022 年位列全国普通高校大学生竞赛榜单第 61 位。

(三)丰富活动方式,厚植双创氛围

学校坚持文化引领与氛围营造相结合,举办"红炉煮咖啡·稷下话创业"校友座谈会、创业双选会等活动。学校每年开展大学生创新创业年度人物、科技创新标兵和先进个人评选,广泛宣传双创典型事迹,发挥示范引领带动作用;完善创新创业"精英班+实践班+特色班"模式,发挥57个创新创业类、学术科技类社团作用,打造"创客大巴""聚稷下·启创思""创业论坛"等品牌活动;坚持以学生为中心、导师指导、项目驱动、持续发展,强化以创新创业为导向的新型人才培养模式,选拔不同年级学生,打造创新创业团队近百支,持续开展创新创业实践活动。

(四)突出研究创新,赋能双创教育

学校坚持科研训练与双创教育相结合,依托导师科研项目、大创计划项目、企业科创项目等,逐步建立四级(国家级、省级、校级、院级)科研创新训练体系,让学生在动手实践的过程中培养创新精神、锻炼创新能力。学校成立协同创新教育研究中心、创业研究中心等2个校级研究机构,建立创新创业教育指导专家库(已遴选46人),聘请优秀企业家、行业专家等400余人担任兼职创新创业导师。学校自2017年起率先开展创新创业教育教学改革立项,累计立项172项;率先研发了"基于三维坐标的创新方法融入专业课程模式"等12个适用于多学科、多类型课程的专创融合方法和2项评价标准,为深化创新创业教育改革提供学理支撑和理论基础。

(五)校地共建平台,加强实战训练

校城携手打造百万平方米"环山东理工大学创业创新带",与淄博市、企业园区共建大红炉众创空间(12000平方米)、山东理工大学科技园(20000平方米),目前淄博市正投资5.5亿元在学校建设齐创大厦(80000平方米),力争建成山东省"政产学研金服用"创新创业共同体和国家级大学科技园、创新创业示范基地。学校完善"苗圃—孵化器—加速器—产业园区"梯次递进式创新创业孵化链条。学校与企业签约共建创新创业实践基地326个。"科技副总+大学生工作团"与挂职企业合作研发项目100余项,校企开设双创实战专班24个,选派创客团队590个,形成科技成果近百项。

三、实施成效

学校实施"课程、竞赛、活动、研究、实战"五位一体应用型创新人才新模式以来,学生创新创业能力显著提升,创新创业成果丰硕,示范引领效果明显。

(一)双创教改成果突出

学校构建的以创新方法教育为驱动、特色鲜明的"专创+校城+校际"三融合创新创业教育体系成果,得到了教育部创新创业教指委、国际TRIZ协会等权威机构及业内专家的高度认可,受邀在教育部创新方法教指委年会、中国高校创新创业联盟大会等会议经验交流52次,辐射全国159所高等院校,荣获山东省第九届教学成果一等奖。

(二)项目孵化成效显著

学校围绕学生"四阶递进式"双创能力,精准匹配应用型创新人才培养全过程。"大红炉"众创空间被评为省级大学生创业示范平台、国家级众创空间、山东省创客之家,孵化项目264个,其中完成公司注册177个,并成功孵化山东萌芽网络科技有限公司、淄博哇呦创飞智能科技有限公司等2家国家高新技术企业。

(三)引领带动作用明显

学校获评山东省创新创业典型经验高校。《中国教育报》《中国青年报》、教育部网站、山东省教育厅网站等主流媒体多次报道学校创新创业教育改革工作。

构建青年红色筑梦之旅双创实践新模式，纵深推进"大众创业、万众创新"

山东农业大学

山东农业大学立足服务"三农"目标定位，围绕落实立德树人的根本任务和承担强农兴农的使命责任，构建青年红色筑梦之旅双创实践新模式，深入推进双创育人，取得一系列突出成效。学校荣获全国创新创业典型经验高校50强、全国毕业生就业典型经验高校50强、全国高校实践育人创新创业基地、首批"国家级创新创业教育实践基地"、中国"互联网＋"大学生创新创业大赛"青年红色筑梦之旅"活动先进集体等荣誉称号。

一、创新举措

学校构建了包含"'三农'思政教育、红色实践基地、指导培训体系"三位一体的"青年红色筑梦之旅"双创实践新模式，汇聚校内外优质资源，培育、孵化、落地一批强农兴农项目，带动农业产业升级和农民增收致富。

(一)加强宣传教育，铸造创新之魂

学校紧扣"一懂两爱"人才培养目标，加强青年大学生知农爱农情怀教育，让知农爱农责任入脑入心。一是开展主题教育。组织学生深入学习习近平总书记给第三届中国"互联网＋"大学生创新创业大赛"青年红色筑梦之旅"的大学生的回信精神、给全国涉农高校的书记校长和专家代表的回信精神；以余松烈院士、束怀瑞院士、于振文院士等老一辈农大人为榜样，学习弘扬他们的家国情怀，把论文写在大地上，真正成为强农兴农的践行者和引领者。二是拓展宣传阵地。通过线上线下相融合的方式，开展青年红色筑梦之旅双创教育，以山农创新创业汇微信平台、学院微信端为重点打造宣传矩阵，发布创新创业政策、学校学院双创动态等；线下将双创教育融入新生入学教育、生涯规划教育、职业生涯规划教育，激发青年学生双创意识和强农担当。三是选树先优典型。学校每年面向在校师生和校友开展创新创业标兵等双创先优典型选树活动，形成"选树—培养—引领—示范—宣传"机制，切实发挥先优典型榜样的示范作用，引导更多大学生参与双创实践。

(二)强化教育培训，夯实专业之基

学校立足"学用结合，学以实为贵"的办学理念，加强师资队伍建设，丰富创新实践载体，引领青年学生练就强农兴农业务本领。一是凝聚教师队伍力量。学校以校级双创名师工作室建设为契机，吸引教师组建创新创业教育、实践工作室，加强大学生日常创新创业教育实践的指导与研究，深化双创教育的内涵；加强师资培训，面向专业教师组织开展"创业咨询师""创业讲师"等系列培训，激发教师"专创融合"新思路，为学生双创教育实践"点灯""照路"；强化正向激励，将专业教师指导学生参加双创类赛事和开展双创实践情况纳入人事考评和相关奖励。二是打造赛事培训载体。学校为孵化大学生创意金点子，形成了以专业群为依托的"新业态""新生力""新品味"等系列新赛事，通过与企业"联桥"，设置企业赛道，为大学生在"学中赛""赛中学"搭建广阔舞台。三是丰富教育培训体系。学校推动了双创课程一体化建设，构建了"创业基础＋创业进阶＋创业拓展＋创业实践"层次递进的课程体系，将双创教育贯穿人才培养全过程；打造"山农A＋双

创论坛"品牌活动,实施"千导计划",邀请各行业优秀创业者开展讲座,激发大学生"我敢闯,我会创"的激情;开展"创新创业赛事训练营",由风投、专业教师、双创辅导员组成宣讲团队,围绕赛事介绍、项目挖掘、项目打磨、项目路演等主要内容开展宣讲,落实双创教育引导"最后一公里"。

（三）大赛驱动,拓宽实践之域

学校以开展青年红色筑梦之旅实践为引擎,拓展赛事活动体系,促进青年大学生行有所获、赛有所得。一是开展大学生社会实践活动。学校利用寒暑假和节假日开展社会实践活动,引导大学生由校内走向校外、由课堂延伸到社会、由理论转向实践,发挥专业特长开展双创实践服务,在活动中发现需求、挖掘赛题、对接赛事,对接经济社会发展实际需求,从而孵化出更多能够精准支撑地方发展的"山农创意"。二是启动青年红色筑梦之旅活动。学校结合其特色,在齐鲁大地城乡地区建设大学生青年红色筑梦之旅实践基地,组建创业团队开展"传承红色基因,助力乡村振兴"青年红色筑梦之旅活动,引导青年大学生对接城乡需求开展双创实践,从而培养更多甘当"田秀才""土专家""代言人"的"山农创客"。三是实施创新创业赛事激励举措。学校实施《大学生创新创业竞赛奖励办法》,对参与双创赛事的获奖学生团体给予学分认定和竞赛奖励;实施大学生创新创业实践项目"百千万"工程,为团队建设提供人力和资金支持;搭建包含孵化基地、创梦空间、创业集市三个层次的项目培育载体,为大学生双创活动提供场所空间,从而构建促进大学生双创项目培育的"众创空间"。

二、取得成效

（一）大学生思政教育进一步提升

学生在红旅活动中坚定理想信念、磨炼意志品质、强化使命担当、贡献青春力量,涌现出以中国青年五四奖章获得者、全国就业创业优秀个人谢思惠,全国农村青年致富带头人标兵、感动赣州十大人物刘军,山东省大学生十大创业之星张守权、安仲涛、邓应龙,山东省优秀创业者聂阳等一批创业典型。

（二）人才培养质量进一步提高

创新创业教育深度融入专业教育,"专创融合"进一步深化,学生在专业学习领域向更高层次、更深广度发展。学校近年来先后获得中国"互联网＋"大学生创新创业大赛金奖、"创青春"全国大学生创业大赛金奖等国家级、省级创新创业竞赛奖项1000余项。

（三）学校知名度、美誉度进一步提升

先后荣获全国创新创业典型经验高校50强、全国普通高校毕业生就业工作先进集体、全国高校创业教育研究与实践先进单位、中国"互联网＋"大学生创新创业大赛"青年红色筑梦之旅"先进集体奖等称号。《中国教育报》等各级各类媒体对学校双创工作进行了深入报道。

（四）一批服务乡村振兴的双创项目有效落地

第四届中国"互联网＋"大学生创新创业大赛金奖获得者邓应龙团队在临沂等10余个贫困镇推广先进玫瑰鲜切花技术,带动当地农民精准脱贫。第五届中国"互联网＋"大学生创新创业大赛银奖获得者聂阳在夏津等地开展大球盖菇林下种植,累计带动3000余户贫困户脱贫,仅2021年就实现推广4千亩,带动产值8千万元。

深化人才培养模式，提高人才培养质量

青岛农业大学

学校坚持以立德树人为根本，以强农兴农为己任，紧扣办学特色和学科专业特点，构建"五个起来"创新创业教育体系和"1＋8＋N"专创融合课程体系，形成"面向全体、分类施教"创新创业教育工作模式，搭建多级联动的创新创业实践链，培育出"第九届中国青少年科技创新奖""小平科技创新团队"等优秀团队和个人，实现"挑战杯"国赛三等奖至特等奖突破，在第十六届"挑战杯"全国大学生课外学术科技作品竞赛中总成绩位列山东省第一，首次捧得全国"挑战杯"竞赛"优胜杯"，为山东省内唯一获此殊荣的高校；在第七届、第八届中国国际"互联网＋"大学生创新创业大赛中获银奖2项，在2022年全国普通高校大学生竞赛榜单中位列农林类本科院校第6名。

青岛农业大学结合学校特色，构建创新创业教育体系，将专业教育与创新创业教育相融合，将专业知识项目化，建设层级递进的多级创新创业实践链，切实推进学生创新创业能力培养。

一、培根铸魂肩使命，构建创新创业教育教学新体系

学校以厚植"三农"情怀作为双创人才培养的重要抓手，构建多学科支撑，思想政治教育、专业教育与创新创业教育深度融合的创新创业教育课程体系。一是深化课程思政改革，发挥思政教育的铸魂育人作用。学校帮助大学生明确自身的社会责任与历史使命，将个人理想与国家社会发展结合起来，形成具有创新创业导向的积极价值观。二是创新专创融合模式，打造农业大学创新创业教育特色。学校深入挖掘各专业课程蕴含的创业教育资源，激发知识创新与技术创新的活力，促进学科、专业与产业的融合，开展项目式教学，建设"专创融合"课程体系，借助课程学习，将创新创业素养培育融入课程讲授全过程；结合专业行业标准和需求开设"学科前沿系列讲座""创业能力提升系列讲座"等不同形式的专业概论课和专业拓展课，充分挖掘专业课程资源及教师科研优势，在专业教学中融入创新创业教育元素，突出创新创业教育的专业特色；将通识课、专业课、专业实践教学与创新创业训练项目、创新创业竞赛、创业实践和成果孵化有机融合，提高学生的创新创业能力；构建"1＋8＋N"课程体系，即以双创教育为根本，辐射学校的8个学科门类，开设N门精品课程，发挥精品课程示范带动作用，推进"专创融合"教育向纵深发展；培养提升学生切实解决"三农"问题的能力，肩负起服务乡村振兴战略的重任，成为国家可靠的社会主义建设者和接班人。

二、科创引领育人才，贯通创新创业能力培养全链条

创新创业竞赛是学校创新创业教育改革的重要抓手，是大学生创新创业实践的重要平台。学校对竞赛规范管理，实现学校全学科覆盖，构建"双平台服务、项目化驱动、五段式推进"的科技创新竞赛人才培养体系。该体系将专业能力培养与创新能力培养相结合，从基本能力培养到科技创新培养，形成全程、全员、项目、社会共同人的专业育人氛围，最终实现具有专业知识、实践能力、创新精神的行业人才输出。学校每年开展各类科技竞赛项目270余项，共计2万余人次参加。

学校多年来通过优势互补、产教融合、协同育人等模式开展科技创新竞赛合作，为保证竞赛效果和人才

培养质量,构建了"14555"大学生科技竞赛组织管理模式。学校以"新农科"建设为引领,培养"一懂两爱"应用型人才;四重条件保障,强化科技创新竞赛协同育人成效;五段式项目培育贯穿培养全过程,满足科技创新竞赛人才培养需求;五种能力培养,提升科技创新竞赛实践育人水平;五个维度评价,确保科技创新竞赛全程育人质量。大学生通过参加创新创业竞赛,激发创新能力和创业热情,储备相关知识,锻炼相关才能,实现理论知识与实际相结合,提升自身综合能力。

三、协同育人新尝试,探索创新创业校企合作新机制

学校发挥创新创业教育中心作用,持续加强校地、校企协同育人,积极吸引社会资源,探索创新人才协同培育模式。学校组建以项目负责人参与的"双创精英班",班级打破原有学科、专业限制,通过各个学科不同研究视角、不同思维方法的相互碰撞,强化学生的创新意识和跨学科整合的创新行为,融合校内外优质教育资源,邀请业界精英、创业导师和成功创业的校友担任创新创业导师或兼职教师,打造了"校内+校外"双导师项目培育模式。学校强化校企、校地的协同育人新机制,围绕国家和地方重大战略需求设立研究课题,面向生产实际开展基础和应用研究,发挥学校的技术和人才优势,有效地形成校企协同育人合力,为学生开展创新创业教育、提高创新创业实践能力提供了广阔空间。

四、强基赋能见实效,彰显创新创业育人新成果

学校认真贯彻落实习近平总书记给全国涉农高校的书记校长和专家代表的回信精神,充分发挥学校农业特色和学科优势,主动服务国家重大战略,打造服务农业现代化和地方经济社会发展的"农大双创升级版",促进校内外创新创业资源汇聚交融,激发大学生创新创业主体活力和创造力,更好地发挥"创新引领创业、创业带动就业"的积极作用,进一步推动"大众创业、万众创新"向纵深发展。

凸显"双融入、双驱动"特色，构建潍坊医学院创新创业系统工程

潍坊医学院

学校坚持以创新引领创业、以创业带动就业，运用系统理论，整合多方资源，构建了创新文化融入双创教育、双创教育融入人才培养全过程、专业教育驱动双创服务、社会资源驱动双创实践的工作体系，形成了"双融入、双驱动"的工作特色，打造了集服务、培训、创业实验、项目孵化、示范于一体的教育基地；完善课程体系，结合专业教学，提高研究水平，不断扩大创新创业教育的内涵与外延，并以此为基地，建立独具特色的教育体系，3年来相继申请山东省示范基地、潍坊市创新创业服务站；依托基地教学系统工程，培训学员8000人，我校课程获山东省2022年全省高校就业创业金课，一名教师获山东省首届创业讲师教学能力大赛第四名。

一、基地教学的四个创新点

(一)设计理念创新——课程源于"五创"路径下的能力转化

学校借鉴国际先进能力本位理念，按照创新创业路径发展规律，将创新创业核心能力转化为核心要素，核心要素转化为"五创"（"五创"即创意、创新、创造、创业、创富）路径核心课程，实现了从能力—要素—课程的完整转化，构建了具有特色的"五创"能力递进课程体系。

(二)方式方法创新——项目导向训练学员体验双创历程

在创意、创新、创造、创业每个阶段，学校运用沙盘学习创业理念、技能，最后通过模拟路演，实现创富体验。

(三)协同机制创新——众筹共享引领校企合作新模式

一方面，学校借鉴"众筹"的方式，与企业合作，将企业家的创新经验、创业理念转化吸收到课程中。另一方面，共建的创新能力培训课程体系可以作为企业人才培训的训练场，共建的基地可以成为企业的品牌推广平台。

(四)成熟模式配套齐备便于复制推广

学校针对大学生群体形成了包括教材、教学课件在内的创新创业能力提升标准课程。学校针对创新创业实战性很强的特点，形成了项目导向、体验学习的教学方法，模式配套齐备，方便复制。

二、基地教学的三个中心和教学目标

(一)创新创业成果展示中心

该中心用于展示校内师生的创新创业成果，开拓创新思维，激发创业热情，实现专业课与创业课相结合，既是成果展示，又是教学教具。

(二)创新创业教育培训中心

该中心包括培训教材、培养方案、教学方案、教学参考、教学工具、课件制作、微课录制和在线课程开发等，学校对教学系统不断进行升级，使之更加富有时代特色和学院特色。与此同时学校还承担大学生创新

创业教育、创新创业师资培训、企业家创新创业培训等工作。

(三)创新创业孵化服务中心

该中心服务于校内师生创业需求,双创基地设立众创空间、创业孵化基地。

三、基地的六个区及服务功能

(一)创意激发与成果展示区

创业基地从客户需求、创新要点、产品功能和应用场景等四个方面展示创业成果,激发学员出新的创意、思想和认识,点燃学员的创业梦想,建立以学员和参观者的评价为选择标准的筛选机制。

(二)创新思维与方案设计区

创业基地设立方案设计区,设立咖啡、茶社或者小型研讨室,让创客可以自由自在地聊天,广开思路,脑力激荡,聚集各类有创业想法的人和创业导师进行思想碰撞。

(三)产品创造与试点运行区

通过产品制造的实践操作,创业者可以完成产品的原型设计,对于生产和制造有更多的认识和体会。

(四)商业模式与创业模拟区

创业者在模拟区进行创业试验,验证创业项目的商业逻辑是否能够形成可行的闭环,成功后注册公司。

(五)融资路演与模拟创富区

融资是创业过程中的重要环节,当一个创业企业初步走上运营的正轨时,需要更多的资金投入,可以说项目融资贯穿企业发展的全过程。

(六)成长保障与创业实验区

创业基地建立大学生创业实验平台,打造创业团队成长的保障平台,同时通过大学生创业基金,兼顾大学创业园教育属性和对大学生创业的公益性资助。

四、基于基地的创新创业教育成果

(一)调整人才培养目标,创新人才培养模式

学校以"科教融合、能力提升"的人才培养理念为引导,构建了"以创新创业发展路径为主线、项目引导为链条、体验教学为手段"的针对大学生的创新创业教育新模式,提出了"以校企合作为龙头,以社会需求为导向,培养求创新、能创业"的人才培养目标。

(二)研究创新创业规律,构建双创教育教学体系

学校基于驱动力、要素、路径和生态规律,结合新兴产业对创新技术、创新应用、创新模式和创新业态的人才的需求特点,设计建设创新创业教育实践基地,开发创新创业教育课程,培训创新创业师资队伍,形成服务于高等教育的创新创业通识教育课程体系。

(三)建设精品课程,改革教学方法

教学方法以"体验式"代替"注入式",以体验的形式激发学生的创意。同时,问题贯穿于教学的始终,鼓励学生质疑和思考,培养学生的创新思维,形成教学与项目实践良性循环的教学模式。

(四)打造体验式教学场景,建设创新教育实践基地

校企协同将企业群的创业项目等转化成教育课程、教学资源,共建师资队伍和实训基地,开展教学。

五、阶段性成果

学校出台了《潍坊医学院就业创业工作考核办法》,更新了潍坊医学院就业创业工作领导小组,成立"51号诊室"职业生涯规划工作室,聘请了16位校外知名创业导师为学生指导创业赛事和教育,聘请13名职业生涯规划导师为学生指导职业生涯规划;"大学生创新创业教育"课程已成功入围山东省2022年全省高校就业创业金课;举办"正大光明"杯讲课比赛,一名老师在山东省首届创业讲师教学能力大赛中获得第四名;参加山东省教育厅组织的创新创业教育微课比赛;有15名老师顺利获得SYB创业导师资格,提高了师资队伍的授课水平和实战指导水平。

学校实行创新创业教育学分管理体制,把创新创业教育和职业发展指导纳入教学计划和学分管理之中,建立系统化大学生创新创业教育培训体系。在第八届中国国际"互联网十"大学生创新创业大赛中共提交项目 960 项,组织创业特训营 3 次、创业辅导讲座 6 场;在第七届中国国际"互联网十"大学生创新创业大赛中获得省赛铜奖 2 项,市级创业大赛奖项 5 项,区级创业大赛奖项 11 项;2022 年获得潍坊市创业大赛银种子奖 3 项,区级奖项 8 项。

能力驱动为核心、多平台联动的
医学生创新创业教育体系建设与实践

山东第一医科大学

山东第一医科大学围绕"创新能力和创业能力的培养"双核心,搭建了"五平台"贯通融合的创新创业教育体系,五个平台互为依托,围绕培养本科生创新能力和创业能力的"双核心",涵盖教育、培育、实训、竞赛、孵化、落地创新创业教育全过程,激发了大学生创新创业活力与潜能,形成了"能力驱动为核心、多平台联动的医学生创新创业教育体系",促进了大学生创新创业精神与实践能力的提升。

山东第一医科大学以习近平新时代中国特色社会主义思想为指导,全面贯彻党的教育方针,落实立德树人根本任务,以创新创业教育作为学校教育教学改革的突破口,以培养双创人才为目标,围绕"创新能力和创业能力的培养"双核心,搭建了"五平台"贯通融合的双创教育体系,面向全体、结合专业、强化实践,形成了具有山东第一医科大学特色的双创教育生态体系。

一、强化顶层设计,形成双创教育协同机制

(一)厘清双创教育理念,确立指导思想和工作目标

学校双创工作将"广覆盖、分层次、强能力、重实效"作为指导思想,具体工作中,注重五个结合——普及与提高相结合,训练与竞赛相结合,课内与课外相结合,校内与校外相结合,创业与就业相结合,将双创要素融入人才培养的全过程。

(二)构建双创管理体系,确保改革举措落实到位

学校形成"1+3+1"管理运行模式,扎实推进学校双创教育工作。"1"是学校设"学校双创教育工作领导小组",负责校(院)双创工作发展的决策部署;"3"是学校实行"校—院—学生"三级工作运行机制,成立"校(院)双创教育工作小组",各学院成立"学院双创教育工作小组",学生成立各种双创社团组织,开展具体工作;"1"是学校成立"山东第一医科大学双创教育工作指导顾问组",聘请双创教育方面专家学者、企业家、投资人担任委员,为学校开展双创教育提供咨询、指导和服务。

(三)加强制度建设,推进双创教育科学规范

校(院)制定《山东第一医科大学(山东省医学科学院)双创教育改革实施方案》等系列文件,明确了深化双创教育改革实施路径,提出双创教育改革面向全体学生、全体教师,融入人才培养全过程。

(四)设立专项经费,为双创教育提供保障

学校设立双创教育及竞赛专项经费,以支持大学生双创训练计划项目、学科竞赛、创业孵化基金等。

二、构建"双核五平台"的双创教育体系

(一)高起点、广覆盖的双创项目培养平台

1.国家级大学生双创计划训练项目。学校加强校级、省级、国家级大学生双创训练计划项目的三级管理,制定了管理办法保障实施。

2.学校组织学生参与双创竞赛数量多,覆盖面广,经统计,每年各级各类项目数达3000余项,覆盖学生

20000 余名,基本实现了在校生参与学科竞赛的全覆盖。

(二)以赛促学,常态化的实践创新能力培养平台

1.学校围绕双创能力培养,积极开展"以赛促改、以赛促教、以赛促学"的实践教学改革。学校以参加"互联网＋"大学生创新创业大赛为抓手,以举办全国医学影像专业实践技能大赛为契机,以"全国大学生临床技能大赛"为载体,带动各专业积极开展各类实践和创新比赛,通过比赛促进学生实践、创新能力的提升。

2."以赛促教、以赛促学"三级实践教育特色的建立。专业技能竞赛已在全校范围内形成了课程竞赛(教研室为单位)、专业竞赛(院系为单位)和综合竞赛(学校为单位)互为支撑、相互促进的竞赛活动格局和层层大赛制度。

(三)科教融合创新能力培养平台

1.发挥科研合作的力量,赋予学生国家级科研平台培养的机会。学校充分利用教师的科研合作建立的途径,安排本科生进入复旦大学、中国医学科学院药物研究所等国家级平台,参与科研项目,接受科研能力的培养。

2.加强科研创新平台与创新教育平台相融合。学校构建"实验教学平台—虚拟仿真教学平台—省部级科研创新平台"三阶梯式双创平台,将学校 60 余个部级科研创新平台全部纳入创新教育培养体系,所有平台均对本科生开放,供本科生进行课外实践和创新实验。

3.鼓励本科生参与教师科研研究。学校实行本科生导师制,鼓励教师吸收本科生进入课题组,进行创新意识和科研能力的培养。学校开展本科生研究计划项目(SRTP),实现三对接:与本科毕业论文(设计)紧密对接,优秀项目可申请毕业论文学分;与省级、国家级大学生双创训练项目对接;与"互联网＋"大学生双创大赛等各类学科竞赛对接。

4.发挥科教融合优势,增强创新能力的培养。发挥学校科教融合、医教协同的优势,以院士领衔的一批高水平学术大师,为本科生启迪思想、打开创新之门,强化学生创新能力培养。

(四)课内＋课外双创课程体系平台

1.双创学分进方案、可互换。学校实行了学分制改革,制定了《山东第一医科大学(山东省医学科学院)实践创新学分管理办法》,将双创纳入必修和选修学分管理,实现了双创学分积累与转换。

2.开设进阶式双创课程。学校开设了"创新思维训练""大学生创业基础""创业管理实战"等 52 门双创课程,建设了依次递进、有机衔接、科学合理的双创教育专门课程群,引进了优质慕课 99 门,占开课总门数的 8.2%,建立了双创教育案例库,含 30 个案例。

3.教学方法改革,培养大学生批判式和创造性思维。通过教学方法的改革,学校改革"满堂灌"的教学方式为启发式、讨论式等,培养大学生主动追寻真理、辩证思维、批判式思维的能力。

4.开设双创系列讲堂、开展双创培训。学校设立"创业讲堂""通识大讲堂""教授茶座"等学校品牌活动,采取专家讲座、专题培训、沙龙等形式为大学生带来一线的双创经验。

(五)双创能力培养综合服务平台

1.建设创业导师队伍。学校配强三支双创教育教师队伍,开展"教师＋"行动;坚持全员参加、专兼结合,将提高教师双创教育的意识和能力作为岗前培训、教学培训、骨干研修的重要内容;建立 32 人的双创外聘教师专家库,并每年充实新专家;实行专业教师到行业、企业挂职,每年约 10～20 人。

2.开拓校内外双创基地。学校建设了集中开展双创教育的实践平台,创设了学校创业孵化中心,成立了小 e 工作室、开拓者创业协会、大学生创业联合会等 3 个学生双创协会、创业俱乐部,丰富了校园双创文化建设。

三、双创教育成效显著

1.大学生双创项目省级及以上立项数居省属高校前列。2016 年以来学校立项省级、国家级大创项目 883 项,省级以上大创立项数连续多年位居省属高校前列。

2.学生学科竞赛参与度及获奖数逐年增加。2016 年以来,学校在中国国际"互联网＋"大学生双创大赛、中国大学生医学技术技能大赛等各类学科竞赛中获得国家级奖励 325 项,获奖数超过 3000 人次。2021 年 7 月,《中国教育报》以《如何登上医学生的"奥林匹克"巅峰——聚焦山东第一医科大学"三贴近"本科教育创新实践》为题,报道了学校双创教育的成功经验。

3. 本科学生发表论文数和质量逐年攀升,创新能力不断提高。2016 年以来,本科生发表论文 600 余篇。2021 年,本科生发表核心期刊 41 篇,SCI 收录 26 篇。学生创新能力培养模式在媒体推广,2022 年 7 月《科技日报》刊登了《将科研融入教学,山一大学生学术成果频现》《本科生连推高水平成果背后的科教融合之道》。

4. 双创教学成果"能力驱动为核心、多平台联动的医学生创新创业教育体系建设与实践研究"荣获第八届山东省高等教育教学成果一等奖。

以"五维一体"赋能双创育人质量提升
——滨州医学院创新创业教育实践

滨州医学院

为深入学习贯彻习近平总书记关于教育的重要论述和全国教育大会精神,有效落实党中央、国务院关于进一步支持大学生创新创业的决策部署,滨州医学院把深化创新创业教育作为提高人才培养质量的重要突破口,精准聚焦创新创业教育在医学及相关专业领域的难点和堵点,创新性探索"五维一体"双创育人模式,以大学生创新创业训练计划工作为抓手,有效提升了大学生的创业意识、创新精神和创造能力。

一、细化体制机制之维,厚植双创育人成长土壤

近年来,学校先后出台《滨州医学院关于进一步推进大学生创新创业教育工作的实施意见》《滨州医学院科技成果转化管理办法》《滨州医学院科研人员创新创业管理办法》《滨州医学院创新创业奖学金评定办法》,修订《滨州医学院学生管理规定》《滨州医学院大学生创新创业训练计划项目组织管理办法》等制度文件,夯实双创育人的体制机制基础,让具体工作的开展有据可依、有章可循。

二、强化科教融合之维,拓展双创育人实践路径

学校充分发挥自身医药领域科教资源优势,积极推动双创教育与医学科教实践相结合,以育人与科研同步、育才与科教协同,打造双创育人的科教融合高地。一是鼓励广大教师以培养大学生创新意识、创新精神和实践能力为突破口,引导学生早进课题组、早进实验室、早进团队,为双创教育夯实科创基础;二是激励学生通过科研项目汲取创新思路,利用科研平台开展创造活动,在校内外导师的指导下,探索创新创业实践新路径。

三、实化教学交流之维,赋能双创育人能力提升

学校坚持开展创新创业教学系列工作坊,组织开展16期教学交流活动,参与教师600余人次,邀请国内创新创业领域的知名专家学者和行业企业专家来校传经送宝,组织校内外优秀双创教师进行双创教学和创赛项目指导方面的经验分享。

四、深化专创融合之维,推动双创育人课程改革

学校着力于探索实施"课创结合、专创融合"的双创课程建设模式,开设面向全体学生的双创通识、思创融合、专创融合及双创实践四大类课程,探索建设一批符合"两性一度"标准要求的创新创业金课。学校先后开设第一课堂双创通识课程40余门,第二课堂双创课程26门,引进中国大学MOOC等在线平台精品课程15门,构建从理论学习、实践操作、科研训练到双创比赛的全链条式创新创业课程模式。

五、优化资源整合之维,汇聚双创育人合力

学校将资源整合工作落在实处。一是充分发挥现代产业学院产教融合优势,依托"数字健康区块链""半岛肿瘤研发地""中医药国家研究室""医疗康复机器人"四大引航工程。二是着力构建创新创业协同育人平台,拓展双创项目实践空间,搭建与企业沟通和互动渠道,共建虚拟仿真创新创业实验室,在企业设立学生创新创业实践基地等,与烟台、滨州两地政府签署校地共建协议,与山东国际生物科技园、愉悦家纺、荣昌制药、渤海制药、美宝集团等大型行业优势企业共建双创教育基地。学校目前已建设校外双创实训及孵化基地30余个,构建了双创教育良好的生态环境,为学校创新创业人才培养汇聚合力。

"以创立人、三阶六进"

山东中医药大学

山东中医药大学以"以创立人"理念为指导,将创新创业教育全面融入中医药人才培养全过程,创建了创新创业教育全面融入中医药人才培养的"三阶六进"双创教育路径,形成了具有"中医药＋"特色的创新创业课程、实践、平台和师资教学体系,创新了校内外联动协同的体制机制和"四链融通"的双创生态环境,打造了中医药特色的双创教育模式。学校双创教育得到张伯礼院士高度评价,认为在中医药院校中"可示范、可引领"。

"传承精华、守正创新"是习近平总书记对中医药工作作出的重要指示,也是中医药院校培养传承创新型人才的根本遵循。山东中医药大学自 2010 年开始创新创业教学、实践和基地建设,进行了有益的探索与实践。2015 年,面向国家新发展阶段、新发展理念、新发展要求和健康产业发展,对中医药多元化人才培养提出了新要求,学校提出"以创立人"的中医药双创教育理念。学校的创新创业教育得到行业院校的广泛认可,牵头成立全国中医药院校创新创业教育研究会,制定的双创教育内容、实践和评价三大标准通过研究会平台推广应用到多所中医药院校,带动了中医药院校双创教育高质量、高标准、高效率建设,实现了中医药创新型人才培养模式的新突破。

一、明确双创教育理念,制定双创教育标准

学校立足传承和创新,把创新创业教育作为解决当前中医药教育改革诸多难题的关键点,同时也作为提升学生专业水平、现代科研素养和服务社会能力的重要抓手。学校提出"以创立人"的中医药教育理念,把创新创业教育融入中医药人才培养全过程,更好地实现"立德、立学、立业、立人"目标。

学校融合与行业院校双创教育多年实践成果,与北京中医药大学牵头制定中医药双创教育标准,形成以 5 个维度、19 个一级指标为主体,规范中医药院校双创教育的内容标准;体现思政、专业、科研、产业、大赛等多维度融入创新创业教育的实践标准;评估中医药创新创业教育效果、标准化与特色化统一的评价标准;形成独具中医药特色的创新创业标准体系,并推广应用到多所中医药院校。

二、创建"三阶六进"双创教育路径

学校以双创能力多元化培养和学生个性化发展为导向,将思政、专业、科研、竞赛和产业深度融合,系统设计"三阶六进"双创教育路径,全过程、全方位融入中医药人才的培养体系。初阶能力面向全体学生培养创新精神、创业意识;中阶能力面向有创业意愿的学生以提升其科研创新能力和产品创新能力;高阶能力面向创业学生,提升其创业实践综合能力得以培养专业创新型、科研创新型和创业实践型多元化中医药人才。学校精准匹配学生不同发展阶段和多元化能力的需求,在每个阶段构建内容丰富,创新性、高阶性、挑战度三阶提升的双创课程、专业课程、双创活动、双创项目、双创竞赛和双创平台"六进"教育路径,服务学生创新发展需求。

三、构建特色鲜明的"中医药+"双创教学体系

学校转化中医药教育、科研、文化、产业等资源优势,加强双创教育建设与改革,构建了实现"三阶六进"教育路径的"中医药+"特色双创教学体系。

学校以"中医药+"为理念,结合中医药创新发展,建设具有中医药行业特色的创业通识类课程29门,"创业基础"获得省级一流社会实践课程,建设的健康产业创新创业微专业课程辐射全国20多所院校。学校以"中医药+"为理念开展专业课程双创内容和教学方法改造,共建设专创融合课程和科创融合课程241门。

学校还打造了包含双创活动、双创项目、双创竞赛3大类共30余项活动的实践体系;常态化开展创业体验周系列活动,面向全体学生、结合专业实践的"青年红色筑梦之旅"活动;开展院、校、省、国家四级国创计划项目、优秀本科生"三进计划"项目和大学生创业孵化基地项目培育工作;围绕双创竞赛,开展讲座、培训、行业资源对接和投融资服务等活动。

另外,学校建设面向全学科、全专业学生创新训练和创业实践的全程覆盖双创实践平台;统筹学校实验室资源和科研创新平台,建设面向全学科、全专业的64个创新训练平台、校内外资源互补的61个大学生创新创业实践基地和2个创业孵化平台;制定优秀本科生"三进计划"实施方案、科研创新团队管理办法、大学生创业孵化基地管理办法和大学生创新创业实践基地管理办法等多项文件,鼓励大学生早进实验室、早进项目、早进团队开展科研训练,走进企业、行业开展双创实践。

最后,学校在打造师资队伍方面内培外引,开展双创师资队伍专业化培育工程,面向双创课程教学、科研训练和项目指导工作建设三支专业化师资队伍;开展"创业基础"课程教学、专创融合课程建设专项师资队伍培训,构建了一支由SYB培训师、ESB、创业咨询师、创业指导师构成的双师型教学师资队伍。学校从科研创新团队中选拔主要成员开展科研训练指导,其中岐黄学者1人、泰山学者7人,副教授以上职称者超过70%;聘请中医药行业专家、企业家、投资人等78人作为创业导师,为大学生创业项目对接资源,提供专业指导。

四、创新机制,优化环境

学校转变办学理念,转化中医药办学优势,以"双转"促"双创",构建联动、协同体制机制和融合、创新的校内外双创环境。

学校顶层设计组织架构,建立由学校主管部门牵头,相关部门、学院共同参与的双创教学、管理和竞赛三套工作体系,协同推进双创教育工作开展;健全37项制度,强化"校—院—专业—项目"四级联动、"学校—政府—企业"三方协同的双创教育工作机制。

学校促进资源聚集转化,构建教育链、创新链、产业链和创业链"四链融通"的双创生态环境,建设了面向中医药行业、健康产业创新发展的中医药创新研究院、药物研究所、青岛中医药科学院、鲁澳中医药产业研究院等多个研究院所,校地企合作共建现代产业学院5个,推动师生共创和大学生创业项目落地。

成果实施以来,学校被评为全国创新创业典型经验高校,人民英雄张伯礼院士认为学校创新创业教育对全国中医药院校具有引领和示范作用。学校为中医药院校夺得全国"互联网+"大赛首项金奖,连续三届获全国服务外包创新创业大赛一等奖,连续三届获评山东大学生十大创业之星。中国创新创业新闻人物、中国青年五四奖章获得者王勇博士受到习近平总书记接见。金银花精准扶贫项目带动革命老区45万人脱贫致富,"光明行"近视防控公益服务团队被评为山东省"干事创业好团队",成果被《人民日报》《中国教育报》等多家媒体报道,多次受邀在省级以上会议推广。

多措并举,构建创新创业教育生态系统

济宁医学院

济宁医学院在第一届"互联网＋"大学生创新创业大赛国赛中获银奖 1 项;在第二届至第八届"互联网＋"大学生创新创业大赛省赛中获银奖 2 项、铜奖 12 项。

学校高度重视双创教育,将其作为教育教学改革的突破口,成立校长为组长的领导小组,组建多部门协同的创新创业学院;修订人才培养方案,构建"必修和选修、课内与课外、课堂与实践、专业与双创"交叉支撑、相互融合的课程体系,创设"评价引创、课改助创、项目推创、竞赛带创"的育人模式;培育双创导师 131 人,实施创新创业"星火计划"、创新创业实践学分累计转换、奖励学分和第二课堂成绩单制度,建成 6000 平方米双创实训中心;立项双创工作坊 16 个、项目 980 项,资助经费 556 万;争创"一院一品""一校多品"活动,构建"导师、团队、课程、课题、竞赛、实验室、工作坊、训练平台、众创空间、孵化基地"协同并进的双创教育体系。

一、顶层设计,完善创新创业教育体制机制

(一)高度重视,健全双创体制机制

学校高度重视双创教育工作,以双创改革为突破口,成立以党委书记和校长为组长、分管副校长为副组长的双创教育工作领导小组,定期研究双创教育工作重大问题,形成党政齐抓共管,多部门协调推进的体制机制;组建由教务处、学生工作处共同牵头,多部门参与的双创学院,具体负责全校双创教育工作的实施;先后出台《创新创业教育改革实施方案》《创新创业工作坊建设实施方案》《大学生创新创业实践学分管理办法(试行)》《大学生创新训练计划项目管理办法》等 10 余个文件,从顶层上设计、从机制上创新、从制度上规范,形成人人重视、人人参与双创教育的良好氛围。

(二)顶层设计,修订双创教育方案

学校修订 2022 版人才培养方案,设置必修和选修课程 44 门,优化第二课堂实践学分构成,构建"必修和选修、课内与课外、课堂与实践、专业与双创"相互支撑、深度融合的双创教育课程体系;修订《大学生创新创业实践学分管理办法》《大学生创新训练计划项目管理办法》《"第二课堂成绩单"制度实施办法》,认定、转换学生创新创业训练、科学研究、学术竞赛、报告讲座、实践成果、学术论文和资格证书学分,明确毕业最低创新创业实践学分要求,实现学生双创教育全覆盖。

二、多措并举,构建双创教育生态系统

(一)评价引创,教育评价积极引导双创教育

学校出台《教育评价改革实施方案》,深化教育教学评价改革,着力破解"期末一考定成绩",实现"全过程学业评价"和"非标准答案考试"的转变。学校自 2015 年起,制定《学生学业成绩评定办法》,积极探索教学评价改革,以教学评价改革推进教育评价改革,将学生学业成绩共分为 3 部分:过程成绩占比 10%～20%;实验成绩占比 20%～30%;期末成绩占比 70%～50%。推动形成性评价,构建"形成性评价与终结性评价、

过程性考核与期末考核相结合"的学业成绩评定体系。2022年学校出台课堂教学改革实施方案,对学业成绩评定做了进一步优化,期末成绩占比不超过50%,提高了创新、能力在学业成绩考核中的权重。学校修订《"第二课堂成绩单"制度实施办法》,从人才培养、课堂评价、第二课堂、学业评价、毕业要求等方面全方位改革,努力培养富有创新精神的高素质应用型人才。

(二)课改助创,课堂教学深度融合双创教育

学校制定《课堂教学改革实施方案》,加强学生多学科创新思维培养,大一开设"创新思维导论"等必修课程2门,"创造性思维训练"等选修课程42门;成立基础医学整合课程中心、临床医学整合的课程中心,构建涵盖基础医学3个模块和临床医学11个模块整合的课程体系,完成基础与临床横向与纵向整合课程16门,主编整合教材9部,实施以整合为主线的器官系统化教学。在所有专业中开设导论课、概论课、科技前沿课程,将学术进展、科技前沿、教师科研成果等融入课程内容,重构知识点、素质点、能力点;加强"双师型"教师培养,特聘行业企业客座教授、高级工程师等1000余人来校授课,广泛采用问题教学(PBL)、案例教学(CBL)、项目化教学,将行业企业的典型案例融入教学,实施小组式、启发式、研讨式、参与式学习,转变学习方式,充分挖掘专业教育中的创新创业元素,促进专业教育与创新创业教育的有机融合;深化实验教学改革,全校每年开设实验教学项目2368项,其中综合性、设计性实验944项,占比从过去的30%提高到目前的39.9%。

(三)项目推创,科学研究助力推进双创教育

学校将引导学生积极参加科学研究、双创训练作为推进双创教育的重要抓手,实施本科生导师制,遴选导师289人,组建"一对一"导师团队,实现本科生学业导师全覆盖;实施"早进团队、早跟导师、早进实验室"的"三早"制度。近五年来,学校组建跨学院、跨学科、跨专业双创团队980个,立项国家级、省级大学生创新创业训练计划307项,校级项目673项,与全国60余家企业开展教育部产学合作育人项目137项,共投入训练经费556万。学校加大实验室开放力度,将所有科研实验室、教学实验室全部向本科生开放,设置实验室开放项目。近五年来,学校平均设置实验室开放项目300余项,开放总人时数达90000人时,不断提高创新性实验、科学研究项目比重,占比提高到28.6%,有效提升了学生课外在实验室进行双创训练的能力和水平。学生共发表论文107篇,完成计算机软件著作权10部,实用新型专利7件,外观设计专利6件。学校建成6000余平方米创新创业实训中心,入驻"护佑健康"疫苗研发工作坊、"赛博空间"网络技术与安全工作坊、创新药物研究与开发工作坊等双创工作坊16个,双创团队20余个,搭建起双创实践平台,不断激发大学生创新创业活力,形成创新创业示范辐射作用。

(四)竞赛带创,"一院一品"创建特色双创教育

学校积极开展双创竞赛品牌创建活动,成立大学生双创协会,积极组织学生参加"互联网＋"大学生创新创业大赛、"挑战杯"全国大学生课外学术科技作品竞赛、"挑战杯"中国大学生创业设计竞赛等校级创新创业竞赛,选拔和培育优秀作品参加省级以上大赛,践行"人人参与竞赛、竞赛重在参与"的理念。学校举办"一院一品"双创品牌创建活动,积极打造基础医学创新研究暨实验设计大赛、大学生临床技能大赛、大学生康复技能创新大赛、药苑论坛等二级学院活动品牌。近年来,学校先后获中国国际"互联网＋"大学生创新创业大赛银奖1项,山东省"互联网＋"大学生创新创业大赛银奖2项、铜奖12项;其他国际竞赛亚军1项,全国性竞赛一等奖36项,省级奖励450余项。

打造"四轮驱动"育人模式,持续推进创新创业教育改革

山东师范大学

学校是全国首批深化创新创业教育改革示范高校、国家级创新创业教育实践基地建设单位,三次荣获中国国际"互联网＋"大学生创新创业大赛国赛金奖。学校创新创业教育体系构建与实践项目获得第九届"山东省教育成果奖"特等奖,入选教育部"卓越中学教师培养计划"实施院校,获批山东省省级大学生创业孵化示范基地,获评山东省创新创业典型经验高校,两次被山东省委、山东省政府评为就业创业工作先进集体。

学校认真学习贯彻习近平总书记关于教育的重要论述和全国教育大会精神,深入落实党中央、国务院关于深化高校创新创业教育改革的决策部署,始终坚守"师范教育"办学特色,坚持创新引领创业、创业带动就业,确立了"创教融合、多元协同、文化浸润"的改革思路,构建了横向融合、纵向贯通,全程化、进阶式创新创业教育体系,创设了"规划牵动、课堂推动、平台带动、赛事促动"的"四轮驱动"创新创业育人模式,大学生创新创业工作成果丰硕,成效显著。

一、"规划牵动"构筑双创教育新生态

创业带动就业,创新驱动发展。为提高大学生双创意识,山东师范大学从顶层设计入手,政策引导,把双创教育列入学校综合改革方案和"十三五""十四五"发展规划;完善创新创业激励机制,把双创教育作为学院考核、教师评价、职称评定的必要条件;成立创新创业学院,制定改革和管理等相关政策文件,实施"创培班"卓越计划、梅谷学堂等书院制、双创学分认定与转换、海外双创短期学分活动和本科生导师等制度,构建了"意识培养—能力提升—项目孵化—专业服务"的全程化双创育人体系,形成了全体学生自觉参与、全体教师主动指导、全校各部门给力保障的双创教育新生态。

二、"课堂推动"构建贯通共融的课程体系

实施精品双创课程打造工程,构建"通识教育＋创新创业教育＋专业教育＋实践教育"的"专创融合、多阶递进"课程体系。学校以学生最关注的课程、学分为抓手,结合发展实际,在专业开设导论课、研讨课、科技前沿课,实施混合式教学课程,推进"专创融合"特色示范课程立项建设,共开设 2 批 52 门课程进行"专创融合"示范课程建设;实施大学生"创新创业训练计划""科研创新计划""科研基金计划"三大计划,投入经费超 2000 万元;制定双创学分认定与转换政策,激励更多学生参与;开展"创业校友母校行""破茧之路——路演分享会"等活动,形成了"创新认知—融合专业—创业实践"的进阶式成长路径;面向全校开设双创、文化课程 200 余门,选课人数达到 19.6 万人次。2015 年以来,本科生公开发表学术论文 1710 余篇,授权发明专利等 518 件,双创教育覆盖率达到 100％。学校共立项大学生创新创业训练计划项目 4352 项,其中国家级立项达 1358 项,立项数量居山东省首位。

三、"平台带动"打造多元协同全面充分的双创实践

针对大学生创新创业融资难、经验少、服务不到位等问题,山东师范大学院、校、地多元协同,打造"院级双创实验室—校级双创孵化基地—地方创业孵化中心"三级立体化基地,构建起"双创教育""项目管理""孵化转化"三大平台。在融资方面,学校通过建设"平台金融"融合校内外资源,为学生创业提供多元丰富、直接有效、安全可控的资金支持和融资渠道。在经验方面,学校聘有146名双创导师,为学生们提供课程培训、素质提升、政策咨询等系统化服务。在服务方面,学校建立院、校、地三级立体化双创教育实践基地,28个开放共享的双创实践平台。学校创业孵化基地面积2000余平方米,是集教育实训、竞赛培育、项目孵化和就业指导等功能于一体的就业创业服务综合体,涌现出"小平科技创新团队"、全国创业百强刘洋和郑懿、"中国大学生年度人物"茅经典等大批优秀集体和个人。

四、"赛事促动"彰显特色双创文化

学校坚持赛创融合、以赛促创,建立了院、校、省、国家4级竞赛组织体系,成立了校级学科竞赛中心8个,实施了"金牌"双创导师培训工程,组建了校地企协同的双创导师团队,依托竞赛活动,开展真实践,解决真问题。近五年在全国各类双创竞赛中学校拿下450余个国家级奖项,其中"互联网+"大学生创新创业大赛国家金奖获奖数量居省属高校首位。学校深耕建校70多年的优秀传统,切实将双创教育融入"尊贤尚功、奋发有为"的校园精神,形成了以"齐鲁文化""教师情怀""师大精神"为特色的创新创业文化,培育一批批获奖项目在优秀文化浸润的双创沃土上生根发芽。首届"互联网+"大赛金奖获得者朱玉馨,结合传统皮影戏推进泰山皮影重新"热起来",体现了"齐鲁文化"。另一"互联网+"大赛金奖得主米怀源借助NASH美育走进5省20市,研发的美育课程体系和教材使用人数已超70万人,直接和间接带动就业1万人,体现了"教师情怀"。获得省赛金奖的体育教育专业的王哲涵,他创办的山东乐旋体育集团有限公司已在全国开设门店近400家,全职员工2300余人,兼职、实习生人数超过万人,取得了估值过6亿的骄人业绩。山东斯伯特生物科技有限公司在青年校友李松的带领下,将斯伯特"诺特兰德"系列打造成为运动营养品全网第一品牌,吸纳600余人就业,年销售收入20亿元、税收3亿元,体现了"师大精神"。学校60%以上大赛获奖项目已注册公司、成功孵化,30%以上实现资本对接。

学校双创成果受到教育部、山东省政府认可的同时也得到了社会各界的广泛肯定。2017—2019年学校连续3年在"山东教育盛典"中被评选为"年度山东高校创新创业示范基地",成为山东省唯一蝉联该项荣誉的高校;山东省教育厅转发多篇学校双创工作改革经验,《人民日报》《光明日报》《中国教育报》等主流媒体对学校双创工作报道70余次。学校牵头成立山东省高校创新创业教育联盟和创客教育联盟,组织山东高校创新创业教育论坛等活动,取得积极响应。学校分管领导受邀参加全球创新创业名校高峰对话并做主旨报告,其改革理念受到与会百所高校和企业的认可。学校多次受邀参加中外创新创业教育论坛、环渤海高等教育论坛和产教融合发展大会等活动,分享双创教育改革经验,吸引了山东省内外50余所高校、企业到校交流。2019年7月,时任教育部部长陈宝生来校调研,对学校实现教师教育与创新创业双向融合提升给予了充分肯定。

四 "大"融合促拔尖创新人才培养,提质增效

聊城大学

聊城大学以增强学生创新精神、创业能力为指引,以完善工作体制机制为保障,以促进创新创业资源融通融合为支撑,以学科竞赛科学化组织与管理为抓手,积极构建"大双创"工作格局,促进"大双创"与"大教学""大学工""大管理"人才培养链条深度融合,以"大融合"引导人才培养各环节有效衔接、高度协同,推动创新创业工作加速提质增效。

一、完善体制机制,以"大双创"为引领优化创新创业教育顶层设计

(一)完善双创领导体制

学校升级创新创业工作领导小组,小组由校长为组长,分管教学与学生工作校领导为副组长,相关部门负责人为成员,建立科学高效的创新创业工作指挥部;创新创业学院增设创新部、教学部和创业部三个部门,各学院建立创新创业工作领导小组,设立创新创业工作秘书,细化明确工作职责,实行创新创业工作月流动例会制度,及时疏通工作堵点、解决难点、激活亮点;完善政策制度设计,修订《聊城大学大学生创新创业训练计划项目管理办法》《聊城大学大学生学科竞赛活动管理办法》《聊城大学关于加强大学生创新创业工作的实施意见》等核心文件,完善创新创业科学化组织与管理、政策激励与保障政策体系。

(二)激发学院与教师参与积极性

学校单列研究生推免名额,奖励在创新创业工作中成绩突出的学院,形成研究生推免与双创工作联动机制;将教师指导学科竞赛获奖首次纳入聊城大学"光岳人才工程"评选与考核条件、专业技术岗位晋级条件,为创新创业工作凝聚政策合力。

二、强化课程师资,以"大教学"为基础提升学生创新创业综合素养

(一)强化教师团队支撑

学校成立创新创业教育教研室,完善"双百"导师库建设,组建由百名校外企事业单位双创导师、百名校内双创导师组成的创新创业授课团队,建设理论与实践相结合、专兼职结合的创新创业教师队伍。

(二)提升教师指导能力

组织教师到企业一线挂职"科技副总",举办指导教师能力提升培训班,开展创新创业类精品微课比赛,提升教师场景化、项目化、针对性开展创新创业教育教学的能力。

(三)发挥示范带动作用

学校出台《专业技术人员创新创业管理办法》,鼓励教师创办科技型企业或到企业开展科技创新活动,发挥对学生创新创业的引领、带动和指导作用。

（四）完善创新创业课程体系

学校建设涵盖1门创新基础必修课、1门创业基础必修课、N门专创融合公选课的"1＋1＋N"课程体系，把创新创业教育纳入学生必修课，全覆盖开设"创新创业导论""创新基础""创业基础"等创新创业课程，邀请校外导师开设创新创业大讲堂，推动教师开展项目式、案例式、体验式教学，着力提升创新创业课程教育效能。

（五）优化学生学分管理

学校出台《聊城大学本科创新创业教育学分认定管理办法（试行）》，设置合理的创新创业学分，建立创新创业学分积累与转换制度，将学生参加创新创业活动情况折算为学分，鼓励学生积极投身创新创业学习实践。2022年，学校2位专家入选山东省创新创业教育专家委员会，17位专家入选全国和山东省"互联网＋"和科创赛评委，4人在山东省创新创业微课比赛中获奖。

三、强化项目培育，以"大学工"为支撑完善创新创业服务保障

（一）推动管理科学化升级

学校出台《大学生创新创业训练计划项目管理办法》，全面加力提升项目管理水平，规定创新创业项目均实行导师制，创业项目聘请企业导师，全校各级各类实验中心、工程中心对参加大创计划项目的学生免费开放。学校出台《大学生创新创业训练计划经费管理办法》，实施项目管理与资金使用校院两级管理模式，坚持学校统筹管理与学院灵活使用相结合，提升学院与项目负责人的管理权限，增强其参与推进创新创业的积极性。

（二）强化校内深度协同与融合

学校充分发挥学团系统组织覆盖面广、动员能力强的优势，将大学生创新创业项目与大学生暑期社会实践活动深度融合，为项目研究的可行性和研究方案的制定积累资料，将"挑战杯"中国大学生创业计划竞赛作为创新创业项目培育的重要载体，打造"学、研、践、创、育"五位一体工作矩阵，实现社会实践活动内涵建设与大创项目设计双提升、双赋能。

（三）延长创业服务链条

建设聊城大学科技园与聊城概念验证中心，构建"大学＋概念验证＋众创空间＋孵化器＋科技园"的全链条孵化体系，为大学生创业提供保姆式、全方位服务。在第八届中国国际"互联网＋"大学生创新创业大赛和第十三届"挑战杯"中国大学生创业计划竞赛中，学校近万名师生提交3800余件作品，选拔出174个校级项目进行重点打磨提升，对其中95个重点项目进行立项和培育。2022年，全校累计申报大学生创新创业训练计划项目1200余项，最终入选国家级项目34项、省级项目106项、校级项目500项，立项成功率、层次和数量较往年有大幅提升。

四、擦亮品牌工程，以"大管理"为抓手提高学科竞赛组织水平

（一）强化"一专业一竞赛"品牌工程建设

学校精心编制《聊城大学学科竞赛发展分析报告》，修订《2022版竞赛指南》，组织相关专业做好"一专业一竞赛"竞赛分析研判，对标对表分析学校的优势和不足，紧抓着力点针对性开展工作。

（二）落实赛事承办责任

学校发布《关于明确学科竞赛排行榜赛事承办单位的通知》，推动二级学院对标榜单赛事积极承办，实现了56项赛事在二级学院全面对接。学校规范细化赛事组织，制定《聊城大学学科竞赛校赛组织工作流程标准》，强化赛事组织过程管理，细化赛事服务保障，提升大学生学科竞赛的知晓率、参与度。学校强化专业

教师参与积极性,把指导学生学科竞赛纳入学校各级各类人才工程、职称晋级、评先评优等工作中,纳入实践教学经费支持范畴,提升双创教育研究在教研项目立项比例,引导专业教师积极参与"一专业一竞赛"活动。2022年,学校学科竞赛获奖数量和层次实现质的飞跃,共获得国家级奖项140余项,较2021年提升2倍。在中国高等教育学会发布的2022年全国高校大学生竞赛榜单中,聊城大学同比提升110个位次,首次跻身前200强,位列159位。学校以创新创业为导向的新型人才培养模式正成为全校上下的广泛共识,立志报国、敢闯会创、知行合一、开放包容的校园双创文化氛围愈加浓厚。

"全方位拓展、全领域覆盖、全链式指导"

——德州学院"三元协同、三位一体、五创融合"的创新创业教育生态体系构建

德州学院

德州学院是山东省政府直属全日制综合性普通本科院校,是山东省硕士学位授予立项建设单位、山东省应用型本科高校建设首批支持单位。学校坚持以文理为基础,以工科为重点,大力发展新兴和交叉学科,着力打造师范教育和"健康+"等应用型专业集群。德州学院现设有22个学院,70个本科专业,3个研究院;有山东省特色专业、省级一流本科专业建设点、山东省高水平应用型立项建设专业群20个,普通本科高校应用型人才培养专业发展支持计划试点专业、山东省人才培养模式创新实验区、山东省实验教学示范中心、省级卓越工程师教育培养计划项目等8个,国家级一流专业建设点、国家级特色专业、国家级专业综合改革试点专业3个。

德州学院高度重视大学生创新创业工作,先后被授予全国高等学校创业教育研究与实践先进单位、山东省大学生创业教育示范院校、教育部"互联网+中国制造2025"产教融合促进计划建设院校。2019年德州学院成立创新创业学院,积极开展创新创业教育,培养学生创新精神和创业能力。德州学院以"全方位拓展、全领域覆盖、全链式指导"为引领,形成了"三元协同、三位一体、五创融合"的创新创业教育生态体系,形成"以创新引领创业、以创业带动就业"的良性循环创新创业教育生态链,不断深化创新创业教育改革,推动创新创业就业良性循环。在中国高等教育学会高校竞赛评估与管理体系研究工作组公布的《2022全国普通高校大学生竞赛排行榜》中,学校在七轮总排行榜中位列全国第218位,山东省省属高校第12名。

一、"三元协同"全方位拓展创新创业教育资源

2019年,德州学院通过社会融资,搭建了公益性的大学生创业平台——"七点创业谷"。"七点创业谷"获批德州市大学生创业孵化示范基地,并纳入省级众创空间平台管理体系。基地的建筑面积达5000余平方米,为学生创业项目提供200余创业工位、26间独立办公区、路演厅、会议室等硬件设施,并为孵化创业项目提供财务、税务、会计、法律等指导服务。目前"七点创业谷"在孵化大学生创业项目109个,注册公司35家。德州学院推荐的能源与机械学院"高能量密度锂硫电池研发及试产"项目在德州市"德创杯"青年创新创业大赛中获得创意组冠军;2个项目在山东省科技厅组织的2022年山东省中小微企业创新竞技行动计划中获得第2名。2021年德州学院与德州市大数据局、山东黑马集团合作共建德州市大学生创新创业基地,建筑面积达6000余平方米。美术学院创新艺术中心项目和纺织服装学院&愉悦家纺共创空间项目成功入驻,吸引社会投资400余万元。德州学院依托基地申报的"智慧农业及食品安全追溯大数据产业创新中心"成功获批山东省大数据产业创新中心,同时"德州市新型智慧城市建设"项目的场景、算法、软件、智慧大脑等研发和投入应用等子项目的运行及测试也都在基地开展,切实实现校政企协同育人。

二、"三位一体"全领域覆盖创新创业人才培养过程

德州学院构建"课程建设、实践活动、基地支撑"三位一体的创新创业教育体系并不断完善,建设"1+1+N"的创新创业课程体系,1门公共必修课"大学生创业教育",1门"SYB"培训课程,50余门创新创业类专

业选修和通识选修课程,保证了各年级学生创新创业教育四年"不断线"。德州学院积极开展实践活动,如大学生科技文化竞赛、大学生创新创业训练计划项目,学生发表论文、申请专利,创业项目孵化等;德州市大学生创新创业基地与"七点创业谷"为开展创新创业实践活动提供重要支撑。

三、"五创融合"全链式指导创新创业教育

"课创、科创、赛创、孵创、产创"的有机融合,形成了"课程初创—项目中创—竞赛深创—基地精创—产学共创"全链式的创新创业教育模式,既兼顾学生创新创业能力的培养,又为有创业意愿的学生提供精准、精细、精心服务,大力提升了创业学生的创业成功率。

近年来,学校紧紧围绕区域经济社会发展需求和学校"十四五"发展规划,充分落实《国务院办公厅关于进一步支持大学生创新创业的指导意见》等文件精神,以培养具备创新精神和创新创业能力的应用型人才为目标,不断完善创新创业教育体系,强化师资建设,升级创业基地建设,深入推进"一专业一赛事、一学院一空间",着力培养学生跨学科思维和研究能力,实现理论与实践、课内与课外、校内与校外资源的有机结合,创新创业教育与思政教育、专业教育的有机融合,将创新创业教育融入人才培养全过程,大力培养满足经济社会发展需要的具备创新创业能力的应用型人才。

近几年来,学校共在中国国际"互联网＋"大学生创新创业大赛等 30 余项全国性学科竞赛决赛中获奖,共获国家级学科竞赛奖励 218 项,省级赛事奖励 974 项;其中第十七届"挑战杯"全国大学生课外学术科技作品竞赛获得国赛铜奖 1 项,第八届中国国际大学生"互联网＋"创新创业大赛获得国赛铜奖 1 项,全国大学生数学建模竞赛连续两年获国赛二等奖 1 项,第九届山东省大学生科技创新大赛获得省赛决赛一等奖 1 项、二等奖 3 项、三等奖 5 项的历史性突破;获批大学生创新创业训练计划立项 107 项,其中国家级 18 项、省级 89 项;学生发表论文 105 篇,其中 SCI 收录 6 篇,核心期刊 16 篇;学生获批专利 44 件;在校生开展创业项目 200 余项。

"三创"引领，多措并举，专创融合

——滨州学院全面推进创新创业教育

滨州学院

滨州学院自 2006 年开始主动探索创新创业教育，2012 年以"三创"引领，建章立制，构建创新创业教育体系，并全面布局保障实施路径；自 2018 年全面深化创新创业教育以来，部门协同，多措并举，形成了课赛融通"一体化"、学科专业"交叉化"、科教产学研创"协同化"、考核与激励"并行化"的创新创业教育体系，不断强化专业教育与创新创业教育的深度融合，有效提高了高素质应用型人才培养质量。

一、"三创"引领，构建创新创业教育体系

（一）实施"三创"教育，探索创新创业教育改革

自 2006 年开始实施学科竞赛，主动探索创新创业教育，创优评先；2012 年率先开展"创新、创意、创业"教育，面向全校建设了 20 个"三创"中心，打破了专业、学科、学院壁垒，设专项经费，开放共享，形成了创新创业教育基础。

（二）全面布局，构建创新创业教育体系

滨州学院成立创新创业学院，多部门协同各二级学院，实施大学生创新创业训练计划、研究训练计划、"1113"学科竞赛计划、创业孵化入驻、培训与考证等，逐步构建了创新创业教育体系，是"五大体系、三大层次、八大模块"实践教学体系的重要组成部分。

（三）建章立制，保障创新创业教育实施路径

滨州学院先后制定了 30 余项主抓或涉及创新创业教育的制度文件，全面保障创新创业教育实施路径；建立考核与激励机制，将创新创业绩效纳入二级学院年度考核；指导成果纳入教师专业技术职务评聘条件和业绩奖励，与教科研成果同等对待；设立创新创业教育教学成果奖，选拔认定创新创业优秀导师和团队；将创新创业成果作为学生评优选先的重要指标和依据；设立奖学金，弹性学制，允许创业休学，激励大学生自主创业。

二、多措并举，推进创新创业教育改革

（一）优化人才培养方案，实施教育教学改革

滨州学院不断优化人才培养方案，提高创新创业比重。一是明确规定"创新创业类"课程是必修科目，纳入毕业条件。二是设立创新创业教育与素质拓展类课程学分要求，统筹第一课堂和第二课堂，激发学生创新创业动力。

教改研一体化，实施创新创业教育教学改革。一是课赛一体，"学创杯"、数学建模、天梯赛、机器人大赛等均与课程融通，以赛促学、以赛促教、以赛促改、以赛促创。二是冲破院系藩篱，建立学科交叉的辅修专业，促进专业融合，开拓学生思维和知识领域。三是鼓励创新创业教育研究，相关内容立项省级、校级教改项目 49 项，教育部产学合作协同育人项目 64 项。

（二）开发课程资源体系，建设专创师资队伍

一是鼓励课程资源、教材建设与开发，开设专门创新创业教育课程和专业创新创业教育课程124门，自建并已上线创新创业教育在线课程6门，自主编写教材12部。二是整合校内外资源，外聘内培，不断扩充专兼结合、专创融合的创新创业教育导师库。对外，学校深化产教融合，聘请江苏京东信息、浪潮集团、愉悦家纺、北京华安盛泰资本、瑞晟投资等公司的企业家、风险投资人、行业企业创新创业专家，通过讲座、实训等方式拓宽学生创新创业眼界。对内，学校通过专项培训、课程轮训、骨干研修、顶岗锻炼等形式，提升教师创新创业实践能力和教育水平，形成了包含辅导员、专业教师、创新创业专职教师在内的导师库。校内导师中，9人为山东省首届创新创业教育导师，1人为山东省孵化载体运营建设专家，4人在滨州市创业导师大赛获奖。

（三）构建实践平台，强化扶持与指导

滨州学院注重实践，提供硬件保障，构建了三类创新创业实践平台。校内，一是学校自建"三创"中心、专业创新创业实训室、创业孵化基地、众创空间等实践平台26个，开放共享，满足学生创新思维的发展和个性化需求；二是通过现代产业学院、产学研合作、实习实训等方式引入政行企，联合滨州沾化区、山东航空学会、山东网商集团、江苏京东等社会资源，共建校内创新创业实验、实习实训平台11个，协同育人。校外，利用社会资源，产教融合，建立校外创新创业实践教学基地48个，鼓励学生利用闲暇时间开展创新创业社会实践。

滨州学院强化扶持与指导，提供软件保障。一是经费保障，设有学生项目、学科竞赛、创业孵化、创新创业奖学金等专项资金，鼓励学生开展高质量创新创业。二是创业指导中心依托特色专业群通过举办法律、知识产权等专项培训提高创业服务，以注册指导、融资指导、政策解读等方式解决创业公司瓶颈问题。三是建设开放式众创空间，举办"创青春"大讲堂、创业沙龙、创业论坛等交流活动，营造创客文化，搭建大学生创业交流平台。

三、专创融合，创新创业教育成效显著

（一）学科竞赛入围普通高校竞赛榜单

滨州学院自2006年以来，学生在国家级、省级学科竞赛累计获奖15000余项，其中2018年以来获国家级奖项470余项，省级奖项4100余项。滨州学院高质量创新创业类学科竞赛成果突出，中国国际"互联网＋"大学生创新创业大赛、"挑战杯"全国大学生课外学术科技作品竞赛、山东省大学生科技创新大赛获国家级、省级奖项87项，机电产品设计、市场调查、机器人、计算机大赛等重要赛事成绩突出。滨州学院多次入围中国高等教育学会发布的全国普通高校大学生竞赛榜单（本科，前300）和全国新建本科院校大学生竞赛榜单（前100）。

（二）大创项目立项数量喜人

滨州学院累计获批国家级、省级大学生创新训练项目827项，其中2018年以来获批453项，特别是2021年和2022年获批数量山东省内排名分别为第8名和第16名。3项入选全国大学生创新创业训练计划年会，1项获批教育部高教司产学合作协同育人创新创业联合基金项目。

（三）创新创业成果丰硕

滨州学院创新创业教育有效带动了学生"大众创业、万众创新"的热情，提升了创新思维、科研意识、专业素养和综合能力，有效提升了人才培养质量。2018年以来，滨州学院以学生为第一完成人公开发表学术论文230余篇，获批专利、软件著作权110余项，成功入选第56届高等教育博览会全国高校创新创业成果展。

大学生创业孵化基地成功备案山东省众创空间，获批滨州市创客之家称号，挂牌成立滨州市引才工作站，获得5年免复评资格；近五年提供全方位创业服务2700余人次，直接间接带动大学生就业1500余人，本科毕业生自主创业150余人，注册公司80余家。

深化创新创业教育改革，打造创新创业人才培养高地

鲁东大学

深化创新创业教育改革，加强创新创业人才培养，既是国家实施"大众创业、万众创新"发展战略的必然要求，又是高校落实立德树人根本任务、提升人才培养质量的重要内容。鲁东大学通过完善"三个体系"，筑牢创新创业人才培养根基；通过坚持"四个结合"，深化创新创业人才培养；通过搭建"三个平台"，全程护航大学生创新创业，全力打造创新创业人才培养高地，在创新创业人才培养方面走出了一条特色之路。

一、完善"三个体系"，筑牢创新创业人才培养根基

（一）完善创新创业人才培养保障体系

1. 创新完善体制机制，筑牢创新创业教育基础

一是学校党委把创新创业教育改革作为"培养什么人，怎样培养人"的重要任务摆在突出位置，加强组织领导，深化体制机制改革，统筹推进学生创新创业工作。二是学校成立学生创新创业工作推进委员会，统筹推进学生创新创业教育工作；成立创业学院，具体组织实施学生创新创业教育；建立由各学科专业骨干教师组成的创新创业指导队伍，对创新创业学生进行全方位指导；各学院成立学生创新创业管理服务中心，协助学生开展创新创业成果申报、管理、转化、外宣、对接产业企业等日常事务性工作。三是各学院成立学生创新创业工作领导小组，组织领导本学院的学生创新创业工作。四是学校将学生创新创业工作列入单位年度发展绩效考核体系和教师职称评聘体系，形成全校上下齐抓共管的创新创业教育工作机制。五是学校加强创新创业教育顶层制度设计，认真落实山东省科技厅与学校共建大学生创新创业孵化基地的协议，相继制定了《大学生创新创业成果转化管理办法》《创新创业教育课程建设方案》《创新创业育苗工程方案》等一系列文件，为学生创新创业教育提供了政策和制度保证。

2. 重视队伍建设，强化创新创业教育保障

学校创新人才工作机制，打好引进、培养、留住、用好人才的组合拳。一是学校加大创新人才引进力度，校长办公会研究决定三年内引进 10 名专职双创博士导师。二是学校强化教师实践能力建设，提升"双师双能型"教师比例。支持并组织青年教师参加各类双创导师培训，每年组织青年教师参加"KAB""SIYB"等全国各类创新创业导师培训 100 多人次；通过实施"双进"（教师进企业，工程师进课堂）、"双百"（百硕结百企，百硕解百忧）工程，提升现有教师的双创教育能力，近三年有 68 名教师进企业挂职兼职锻炼。三是学校建立校外双创导师队伍，目前有 61 名校外师资参与学校双创教育工作。四是学校改革职称制度和岗位考核制度，将创新创业工作纳入教师工作绩效考核，明确教师在创新创业教育方面的职责和任务；逐步设立创新创业指导教师专业技术岗位，构建一支职称结构合理、科研实力雄厚的创新创业教育骨干教师队伍。

3. 加强条件建设，搭建创新创业教育平台

一是学校加大经费投入，保障创新创业教育经费。学校每年投入 400 余万元，用于各类创新创业竞赛、训练计划立项等实践活动；近三年累计投入 5000 余万元，专项用于实验中心、科研平台和孵化基地建设。二是学校加强条件建设，鼓励二级学院建立专业的创客空间和创新创业实验室，学校给予每个 3 万元的经费资

助。三是学校改革教学资源管理,面向学生开放各类教学实验中心、科研实验室等,为学生创新创业教育提供场所和设备,发挥教学和科研平台对学生创新能力培养的引领作用。

(二)完善创新创业教育教学体系

1.修订培养方案,加大创新创业课程比重

学校在人才培养方案中增设了创新创业类课程模块,包括必修课和选修课,要求学生至少选修8学分,同时设置创新实践学分,要求学生至少获得4学分;注重因材施教,将通识教育与个体教育相结合,各专业根据专业性质和课程特点,可最高设置24学分的创新创业课程。学校还引进了北森、中青创等国内知名创业教育公司课程体系,建立了创业教育课程群,搭建了"课程+实训+讲座"的创业教育课程体系。

2.融入教学过程,推进创新创业全程育人

一是学校将创新创业教育融入每一门专业课程,挖掘专业课知识发现、发展过程中所蕴含的创新思维和创新方法。二是学校将创新创业教育融入每一位教师的课堂教学活动,将专业课中的创新思想、创新思维引入教学,探索问题驱动、思维驱动、能力导向的教学方法。三是学校将创新创业教育融入教师科研活动,引导学生参与教师的科研和成果转化活动。四是学校将创新创业教育融入第二课堂,引导学生参加学科竞赛小组,参与科技竞赛活动,在实践中锻炼思维提高能力。

3.强化实践教学,服务创新创业培养需求

一是学校持续深化校地、校企、校所、校校合作和国际交流合作,近年来先后与烟台市等22个地方政府、42家企业签署合作协议,共建教学和研究机构,建立校外创新创业实习实训基地500余个。二是学校以双导师制推进校企协同育人,吸纳更多企业家、专家学者担任创新创业兼职导师,吸纳企业参与制订实践教学计划,汇聚协同育人合力。三是学校全面推进实验教学资源共享,引导学生进实验室、进课题组、进竞赛小组。目前,学校各类实验教学科研平台69个,全部面向学生开放。四是学校强化实践环节和实践育人,坚持创新创业教育同生产劳动和社会实践相结合;加强第二课堂建设,教育引导学生广泛参加各类实践活动,在实践中受教育、长才干,在艰苦奋斗中锤炼品质。

(三)完善创新创业教育教学管理体系

1.建立弹性学制,解除创新创业后顾之忧

学校修订了《鲁东大学全日制普通全日制本专科学生学籍管理规定》,本科生实行3~6年弹性学制,允许延长修业时间,允许调整学业进程,允许保留学籍创业,解除了创新创业学生的后顾之忧。

2.实行学分转换,强化创新创业效果评价

学校制定了《鲁东大学创新创业学分累积与转换办法》,将学生参加科技竞赛、发表论文、获批专利、考取各类国家认定的职业资格证书和自主创业情况折算为学分,将学生参与课题研究、创新创业竞赛成绩等认定为学分,强化创新创业的评价效果,大大提高了学生参与创新创业活动的积极性和主动性。

3.实施跟踪评价,注重创新创业教育质量反馈

学校实施毕业生社会需求与培养质量跟踪评价,引进麦可思数据有限公司等第三方开展毕业生创新创业跟踪调查。在2023年6月国家统计局社情民意调查中心开展的毕业生创新创业工作满意度调查中,学校位列全国84所省属本科院校第7名。

二、坚持"四个结合",深化创新创业人才培养

(一)坚持创新创业教育与学科专业建设相结合

学校围绕创新驱动发展、新旧动能转换等重大战略需求,主动适应国家和区域发展需要,推进人力资源供给侧结构性改革,动态调整学科专业布局和招生计划,建立紧密对接产业链、创新链的学科专业体系。2017年,学校停招7个本科专业。学校围绕行业企业需求,设置应用型专业方向,目前共设置186个应用型特色专业方向。

(二)坚持创新创业教育与科学研究相结合

一是学校深入推进科技管理体制改革,增强科技创新在人才培养、学科建设、服务社会和成果转化中的

基础、关键和引领作用,为创新创业教育开展提供良好政策环境。二是学校鼓励教师在教学过程中紧跟学科前沿和重大技术需求进行科学研究与技术开发,及时将科研成果转化为教学内容,积极开发创新创业类课程,使课程体系、课程内容与学科发展前沿、行业标准对接。三是学校设立助研岗位 302 个,吸纳 2400 余名本科学生早进课题、早进实验室、早进科研队伍,培养学生协作攻关和创新能力。四是学校鼓励教师将科研课题、校企合作项目纳入学生毕业论文、毕业设计选题范畴。近三年来,教师指导学生国家级创新创业训练计划立项 517 项,指导学生发表论文百余篇,申请专利 32 件。

(三)坚持创新创业教育与教师课堂教学相结合

一是学校将创新创业教育与专业教育相结合,在课堂教学中培养学生的创新精神。学校及时更新教学内容,将国际学术前沿、最新研究成果、创新实践经验等融入课堂教学,并通过新兴学科和交叉学科的学习催生学生创意思维。二是学校以学生为主体,开设启发式、讨论式、参与式教学课程 1570 门,占课程总数 79%,以培养学生的批判性和创造性思维。小班化教学覆盖面广,平均每学期参加小班化教学的学生达 16100 多人,占学生总数 60.4%。三是学校加快创新创业优质课程信息化建设,推出一批可以资源共享的慕课、视频公开课等在线开放课程。四是学校推进考试考核办法改革,坚持形成性评价与终结性评价相结合,推行多种形式、多个阶段、多种类别、多种成绩评定方式的考核制度,科学全面评价学生的综合素质。2016年,平均每学期非标准答案考试课程 979 门,占课程总数 49.3%。

(四)坚持创新创业教育与育人相结合

一是学校在创新创业教育中突出加强社会主义核心价值观教育,帮助学生树立正确的学习观、成才观、创业观和价值观。二是学校将创新创业教育与学习习近平总书记给第三届中国"互联网+"大学生创新创业大赛"青年红色筑梦之旅"的大学生的回信精神相结合,进一步坚定广大青年学生的理想信念,争做有理想、有本领、有担当的时代青年。三是学校注重在创新创业教育过程中加强中国梦教育。2017 级新生开学典礼以创新创业教育为主题,引导学生将个人的成长成才梦融入伟大的中国梦,通过积极参加创新创业活动,努力为实现中华民族伟大复兴的中国梦贡献青春力量。四是学校学习宣传贯彻党的二十大精神,以习近平新时代中国特色社会主义思想为统领指导,号召广大青年学生志存高远,脚踏实地,积极参加创新创业活动,勇做时代弄潮儿。

三、搭建"三个平台",全程护航大学生创新创业

(一)搭建大学生创新创业育苗平台

一是学校实施大学生创新创业育苗工程,面向创业愿望强烈的大学二年级学生,开办创业实验班,采取开放式教学、专业化指导、实战式体验的模式进行培养。二是学校推动实验班课堂学习与项目学习有机结合,鼓励学生组成各类创新创业团队,培养自主学习、实践创新、团队协作、领导决策等能力和素质。三是学校择优支持学生创新创业项目,加速推进形成科研成果。近三年来,学校累计有 6000 余名学生参加各类专项创新创业培训。

(二)搭建大学生创新创业竞赛平台

一是学校坚持"以赛促教、以赛促学、以赛促改、以赛促创"的原则,加大宣传力度,吸引更多学生参赛。2017 年全校有 7171 名学生参赛,占在校生总人数的 26%。二是学校完善师生参赛保障体系,学校每年拨付 120 万元经费专项用于创新创业类竞赛活动。近两年,学生 622 人次获得学校创新创业奖学金 81 万元。教师指导竞赛成果纳入绩效考核和职称评聘条件,学生参赛成果纳入学分体系。三是学校鼓励学生跨校、跨年级、跨学科、跨专业组建参赛团队,催生优秀项目和成果。四是学校对参赛项目进行"精打细磨",通过集中培训、校内评审选拔、集中模拟答辩、一对一专家辅导等方式,扎实、细致、深入地进行参赛项目遴选和指导工作,确保参赛项目质量。五是学校极其重视校赛。校赛完全参照省赛和国赛组织赛制进行,每年校赛学校领导一半以上担任评委,学校教务处、科技处、社科处、研究生院、招生就业处、学生处主要负责人和各学院院长均担任评委。在 2017 年"山东省中小微企业创新竞技行动计划"活动中,学校组织遴选 7 个竞技领域的 49 件作品参加比赛,其中 11 个项目获得佳绩,成果落地将获得科技厅每项 50～100 万元的资金和政策

支持。2017年"互联网＋"创新创业大赛获得5项省赛金奖，占全省金奖总数的六分之一，总成绩位列141所参赛高校第一名。农学院杨安仁同学在贵州创办万亩油桐良种繁育基地和产业化农业企业，取得显著经济效益、社会效益、生态效益，2016年荣获"创青春"全国大学生创业大赛金奖，得到时任团中央书记处第一书记秦宜智的高度评价。

（三）搭建大学生创新创业孵化平台

一是学校建设创业孵化基地。学校大学生创业孵化基地设有创业孵化、创业苗圃、创业加速、跨境电商创业等功能区，总面积9600平方米，2015年获评山东省大学生创业孵化示范基地。2017年山东省科技厅与学校签订《关于共建大学生创新创业孵化基地的合作协议》，支持学校建成国家级科技企业孵化器或众创空间，成为全省创新创业品牌孵化基地。二是学校定期举办创新创业项目选拔赛，及时将优秀创业项目引入基地孵化培育，将项目变成创业成果。三是学校积极争取省市等地方政府和行业企业的支持，促进项目对接、落地转化、项目融资和企业孵化服务，提高孵化成功率。近三年，学校为创业学生对接投融资机构38家，提供无息创业贷款100万元，为社会输送各类业态优质项目140余个，培育创业企业90余个，带动毕业生就业近千人。2017年8月，学生在学校创业孵化基地创办的"新位来教育科技有限公司"在齐鲁股权交易中心挂牌。

近年来，《光明日报》、新华网、山东省教育厅等各级媒体先后多次报道学校创新创业教育工作经验。2017年6月，学校荣获教育部"2017年度全国创新创业典型经验高校"称号，12月，学校又荣获教育部"全国高校实践育人创新创业基地"称号。

未来，学校将以学习贯彻党的二十大精神和习近平总书记给第三届中国"互联网＋"大学生创新创业大赛"青年红色筑梦之旅"的大学生的回信精神为契机，坚持育人为本、提高培养质量，坚持问题导向、补齐培养短板，坚持协同推进、汇聚培养合力，从完善人才培养质量标准、创新人才培养机制、健全课程体系、改革教学管理制度、深化专创融合、加强教师创新创业教育教学能力建设、强化创新创业实践等方面着力，进一步深化创新创业教育改革，加大创新创业人才培养力度，努力造就"大众创业、万众创新"生力军。

打造"国字号"创新创业教育平台，推动学校高质量发展

山东财经大学

山东财经大学(以下简称"山财大")将创新创业教育作为学校重要的办学特色之一,贯穿于人才培养的全过程,系统推进创新创业教育工作,取得了一系列标志性成果。2016年,大学生创业园被认定为"全国高校实践育人创新创业基地";2019年,"三千计划"被授予全国社会实践特色优秀品牌;2020年,"大学生成长与发展教程"获批国家级一流创新创业类本科课程;2022年,创新创业教育学院被教育部认定为"国家级创新创业学院";2023年,学校全国创新创业类竞赛排名跻身全国 TOP 12%。创新创业教育工作不断向纵深发展,形成了具有鲜明山财大特色,涵盖价值体系、课程体系、竞赛体系、孵化体系和服务体系的创新创业教育生态体系,构建了实践立足、理论补板、项目驱动的创新创业人才培养新范式,打造了系统性的创新创业教育"国字号"育人平台,夯实了学校全国创新创业教育的先发位置。

一、创新育人理念,培养财经特色双创人才

2019年学校在全国率先提出"培树新时代未来合伙人"育人理念,以培养符合创业合伙人标准的经管人才和创新创业人才为目标,采取"全员覆盖＋项目化推进＋个性化培养"的方式,面向全校各专业本科生及研究生,立足财经特色,按照学科特性、学生特点、发展志愿进行选拔,培养兼具创新精神、实践能力和国际视野的复合型创新创业人才。

此理念以国家级特色实践品牌"三千计划"(进千村、进千企、进千社区)为主要载体,辐射全校 30000 余名学生"全程覆盖""全员覆盖",项目式推进,从中选拔 1000 名优秀实践者凝练创新创业项目,参加训练营,形成了创新创业人才培养的蓄水池。在此基础上,学校新设"学校党委抓高质量发展突破项目",划拨专门经费,由分管校领导担任班主任,设置拔尖创新创业人才培养的突破项目——"未来合伙人"创新实验班。整个过程学生全员参与,金字塔式递进,满足不同学生不同阶段的不同个性需求,形成了系统性创新创业人才培养实施路径。《大众日报》、人民网、中国青年网等 10 余家主流媒体报道,山东省人民政府政策研究室、山东团委和山东省委进行了经验推广。

二、革新体制机制,构建双创教育制度体系

2016年,学校成立校长任组长的创新创业教育工作领导小组,协调联动教务处、学生处、团委、校友办、就业处等相关部门,为师生提供全方位、全过程的创新创业培养和实训机会。2017年,各学院设立学院创新创业教育工作领导小组,负责学院层面工作。2018年,学校独立设置创新创业教育学院,统筹学校创新创业课程、实践、竞赛和孵化工作,每年统筹资金不少于 750 万元助力学校创新创业工作。2019年,学校成立大学生创新创业实践中心,统筹管理"未来力""挑战杯协会"等 21 个创新创业类学生社团,由此形成多维协同,有效支撑创新创业教育、指导和服务全环节的工作架构和机制。

三、建设产教融合,"教育＋产业＋创业"联动服务新机制

以学校国家级双创学院和济南市历下区山东财经大学大学生创业园协同化运作为基础,横向融通,打造"政府—行业—学校—园区—企业"的创新创业教育工作链,建设产教融合"教育＋产业＋创业"联动服务新机制,围绕创新创业人才培养这一主线,发挥高校在创新人才流通中的重要枢纽作用,贯通"五育"实践,实现校地、校企、校所等多方协同,融通主体价值链,促进教育链、人才链与产业链、创新链有效衔接,赋能区域发展,孵化企业 333 个,服务创新创业团队 500 余个,累计解决就业岗位 2765 个,2 个创业项目分别在资本市场挂牌,4 家企业获得高新技术企业认证。

四、打造全方位、多层次、开放式"6＋X＋N"创新创业课程体系

学校结合学科、专业情况与学生成长规律,建设了涵盖创新创业通识课、专创融合课、交叉实践课、个性选修课四个层次的开放式"6＋X＋N"课程体系,即通识必修课(6 学分)、专创融合课(X 学分)、必选选修课与公选课(N 学分)。学校现有国家级及省级一流课程 10 门,课程既面向全校学生,又突出个性培养,体现能力进阶,聚焦"未来合伙人"实验班创新创业拔尖人才培养,形成具有山财大特色的"微专业"课程体系。

五、构建"1＋1＋4"的一体化教学与实践模式

学校以认知规律为基础,建设学生创新创业能力长线实践进阶通道,构建"1＋1＋4"的一体化教学与实践模式,即以"培树新时代未来合伙人"育人理念为"1"条主线,以"三千计划"为总抓手,根据学校特点,打造创新创业教育"青春正好"素质提升、"一院一品"文化提升、"一院一赛"专业提升、"虚拟仿真"能力提升等"4"个育人场域。学校将创新创业教育鲜活化、场景化,成为专业基础、综合素养与实践能力相统一,第一课堂教育与"三千计划"紧密结合,辅以仿真实践、竞赛实践、创业园实践实训的实践体系,形成先行后知、本研衔接、各种实践形式相互有效衔接的实践育人新模式。学校连续三年被授予全国社会实践优秀组织单位。学校多篇调研成果得到山东省领导批示,被山东省直部门应用达 36 项。

六、聚焦品牌建设,厚植双创质量文化

学校营造"人人学创新,生生打创赛"的文化氛围,构建了以"挑战杯""互联网＋""创青春"为龙头的创新创业竞赛组织体系和"一院一赛"学科竞赛格局。近五年来,学校在各类竞赛中荣获省级及以上层次奖项 3800 余项,国家级、省级大学生创新创业训练计划立项数量稳步增长,在"挑战杯""互联网＋""创青春"等高层次竞赛中获国家金奖(一等奖)6 项、银奖(二等奖)18 项、铜奖(三等奖)30 项。树立创业典型,传播创新创业精神。近几年来,学校涌现山东大学生十大创业之星 3 人,山东青年五四奖章 1 人,中国大学生自强之星 6 人,也涌现众多创业典型。其中,2015 届毕业生林瑞创办"不空文化",在新媒体宣发垂直领域国内排名第一,年营收过 10 亿;2015 届毕业生祖力皮卡尔受到时任全国政协主席俞正声接见,在中央电视台创造一小时销售 44 吨核桃的奇迹;2016 届毕业生陈爱萍创办"澳友网"跨境电商平台,年营收破亿;2019 届毕业生巩艳卿创立山东景昇文化有限公司,品牌微博阅读量破 10 亿,当选济宁市人大代表;2021 届毕业生冯钥全网粉丝破 2000 万,成为业界瞩目的正能量头部网红。

学校将继续坚持"培树新时代未来合伙人"的育人理念,持续扩大学生受益面,建设"未来合伙人商学院",以培养学生"敢闯会创"的精神和能力为价值指引,深入推动创新创业教育改革,为高等教育高质量发展和创新创业教育现代化贡献"财大"智慧、"财大"力量和"财大"方案。

项目驱动数字赋能,倾力打造创新创业人才培养新范式

山东商业职业技术学院

山东商业职业技术学院是国家示范校、国家优质校、全国职业教育先进单位、中国特色高水平高职学校(A档)建设单位,是一所历史悠久的具有商科特色的创业型高职院校。学校先后荣获教育部"全国普通高等学校毕业生就业工作先进集体""全国创新创业典型经验高校""全国深化创新创业教育改革示范高校""全国高校实践育人创新创业基地""国家级创新创业学院建设单位"等荣誉称号,获批"山东省大众创业、万众创新示范基地""山东省大学生创业孵化示范基地",两次被山东省委、省政府评为"就业创业工作先进集体"。

"项目驱动、环境浸润、数字赋能、多元育人"的创新创业教育生态体系

学校实行"专业教育、职业技能、就业指导、创业文化"四位一体创新创业教育机制

一、坚持项目化驱动、浸润式体验

学校坚持项目化驱动、浸润式体验,推动创新创业发榜揭榜从"尝新式探索"向"主业态推进"转型。学校基于学生学习成果为导向的"OBE(Outcomes Based Education)"教育理念,以学生成长为中心,倾力打造了基于"项目化驱动、浸润式体验、产业命题、师生揭榜"的创新创业人才培养新范式。

学校以学生专业实践教学任务为基础,师生共同揭榜与实践教学任务相吻合的创新创业项目,并以"双高"专业群带动辐射其他专业群作为技术支撑,按照项目进程管理的方法(WBS),将项目细分到每门课程中形成项目"工作包",以项目管理的方式驱动和引导多门课程的教学,师生围绕一个完整的创新创业项目而进行系统的、多课程协作的理论与实践相结合的教学体系;同时将产业资源引入人才培养主渠道,引导师生定制研发;在创新创业项目申报中,增设企业命题组,主动邀请企业发榜,鼓励师生团队揭榜。"双高校"启动建设以来,已有20个重大项目成功立项。

二、坚持"DTBE"引领,构建"三递进·三融合·四贯穿"的双创教育课程体系

三递进,即以培育创新型技术技能人才为目标,实现"通识教育课程群＋专业融合课程群＋实践拓展课程群"三阶段递进;三融合,即融思政、融双创、融课证;四贯穿,即第一课堂聚焦双创教育,第二课堂聚焦社团和创业大赛,第三课堂聚焦培育孵化项目,第四课堂对接国际前沿课程,覆盖全体学生的全过程的通识教育、专业教育、拓展教育,对接联合国可持续发展目标 SDG,与清华 x-lab 和联合国训练研究所 UNITAR 全面合作课赛融合赛事,构建起了"四课堂贯穿"的双创教育课程体系。学校培养具有包括设计创新 D(Design)、技术创新 T(Technology)、商业创新 B(Business)和创业创新 E(Entrepreneurship)四大必备核心素质的创新型技术技能人才。

三、坚持数字化赋能,推动产创融合从"大众化氛围营造"向"精准化项目对接"转型

学校不断丰富数字化资源,积极实行多种形式的翻转课堂教学,开展包括"研究式""参与式"等在内的多种教学方式方法改革,建设多学科交叉课程,促进优质教学资源共享,打造基于网络信息技术的"互联网＋创新创业教育"模式。学校积极引入投智圈、SimVenture 企业模拟运营等数智化资源,通过"数字赋能"搭建了 1 个虚拟仿真共享管理平台＋4 个商贸素养养成中心＋6 大虚拟仿真实训中心,解决产品研发与设计、商业模式构建等现实问题,培养锻炼学生的创新能力、数据分析能力、资源链接及整合能力和价值链重构能力。

学校构建校内外创新创业导师矩阵,建立精准对接渠道,鼓励科技创新,推动师生团队与产业深度对接。学校积极融入齐鲁科创大走廊高校创新创业联盟,与区域双创示范基地携手参与创业项目供需对接会,取得了良好的社会效果。

四、坚持思创融合、多元育人,推动创新创业基因从"主动脉驱动"向"毛细管渗透"转型

学校始终坚持"意识、能力、实践"三位一体的双创人才培养理念,将家国情怀、诚实守信等思政元素与案例融入创新创业理论和实践课程教学各环节,实现课程思政与专创融合协同育人。学校充分利用第二课堂,举办"思政大讲堂",邀请行业内优秀专业人士结合专业开展创新创业、工匠精神的讲座和指导,开展党史学习教育等,有效拓展了"专思创"培养的空间和时间。

学校立足高职院校学生特点,自 2012 年设立劳动实践中心,把劳动教育、创新创业教育与思政教育相结合,构建起以立德树人为根本目标,以加强创新创业实践为突破口,以红色育人工程为载体,以校外劳动实践基地为平台,系统完备、科学规范、运行有效的以"劳动实践育人"为核心的思政课实践教学体系;构建起全员参与的 1 个中心、2 支队伍、3 种形式、4 个环节、5 项提升的"12345"创新创业劳动实践教学体系,打造了"课程同向引领、红色文化浸润、志愿类社团联结、专业劳动实践深化、社区服务拓展"五大实践育人模块,增强了大学生的公民意识、专业技能和职业素养,有效促进了学生德智体美劳全面发展。

五、坚持协同发展,注重人才培养质量,强化产创融合,打造"山商"双创职教品牌

学校精准对接产业需求,"开门"办创新创业教育,优化学校原始创新、技术研发和成果产业化一体化政产学研服务体系;发挥山东省"大众创业、万众创新"示范基地带动作用,深入实施创业就业"校企行"专项行动,与 30 余家企业合力建设双创示范基地,累计推动项目对接 100 余次。

近年来,学生创新创业意识逐步强化,就业能力、动手能力显著提升,2018—2022 年学校共计获得省级以上各类创新创业奖项 40 余项,在中国国际"互联网＋"大学生创新创业大赛中累计获得 2 金、2 银、4 铜的好成绩。2021 年,35 个专业录取分数居全省同专业第一,28 个专业录取最低分数超过一段线。学生就业率连续四年高达 96％以上,涌现出董大鹏等一大批全国创业就业典型。

深化"学产研一体化"双创人才培养模式改革，
打造滨海创新创业工作新局面

青岛滨海学院

学校高度重视创新创业工作，不断探索、深化"学产研一体化"双创人才培养模式改革，将创新创业教育贯穿人才培养全过程，促进创新创业教育与专业教育有机结合；坚持开展大学生创新创业训练计划，着力培养学生的创新意识、实践能力和奋斗精神，成效显著。2005年学校被教育部全国高校毕业生就业指导中心授予"全国学生就业示范民办高校"，2015年被教育部评为"全国毕业生就业典型经验高校"，2016年被中国民办教育协会高等教育专业委员会授予"全国创新创业教育指导服务奖"，2010年被山东省教育厅、人社厅评为"山东省企校合作培养人才先进单位"，学校创业孵化基地2014年被青岛市人社局认定为"青岛市大学生创业孵化基地"。

一、工作保障

(一)加强组织领导

1.成立创新创业工作领导机构

学校成立由校长、分管副校长分任组长、副组长，相关部门负责人为成员的校级双创工作领导小组；成立创新创业教育管理中心和创新创业学院，统一组织协调双创教育改革工作；各二级学院相应设立双创工作领导小组及双创教育分院，具体负责创新创业工作任务落实。双创组织机构每学期初联动研究、部署、落实创新创业工作。

2.将创新创业工作列入学校工作重点

学校将双创工作纳入《青岛滨海学院教育事业发展规划》和每学期工作要点，并置于服务学校发展战略全局高度统筹推进，根据上级主管部门相关要求，制定了《青岛滨海学院深化创新创业教育改革实施方案》《青岛滨海学院学生创新创业教育学分认定管理办法》等规章制度；融合学校特色，创立"学产研一体化"创新创业人才培养模式，建设创新创业型学校。

(二)完善工作机制

1.完善联动协调机制，推进创新创业工作

学校建立健全两级双创工作领导及运行机制，切实加强双创工作的顶层设计，统筹形成了由教务处牵头，就业办、科研处、学生处、团委、孵化基地、财务处等部门与二级学院密切配合、齐抓共管、协调推进、合力落实的工作格局。

2.设立创新创业教育管理中心，建立孵化基地

学校从机构、人员、场所和经费等方面保障双创工作开展。

二、创新创业教育

(一)修订人才培养方案

1.修订培养方案

自2014年始，人才培养方案中设置创新创业教育平台，把创新创业教育融入人才培养全过程，进一步规

范必修课、增加选修课、强化实践课、开发活动课、丰富网络课,融合专业教育,着力构建创新创业教育课程体系,开设创新创业教育类课程 666 门。

2.实施创新创业能力培养计划

学校修订《青岛滨海学院学生创新创业教育学分认定管理办法》,明确学生在校或休学创业期间从事科研和创新创业活动取得的论文、专利、竞赛获奖等成果,给予相应学分;成立大学生创新创业协会、创业俱乐部 21 个,近三年开展创新创业讲座论坛讲堂 323 场,培养大学生双创意识,鼓励大学生参加双创实践,提高大学生双创能力。

(二)加强创新创业课程建设

1.完善创新创业教育课程

学校面向全体学生开设"创新思维""创业基础知识""职业道德与就业指导"等必修课和选修课,根据不同专业设置不低于 3～7 学分的创新创业必修课程和 4～12 学分选修课程,主动适应经济发展新常态及区域经济社会发展对人才的需求。

2.建设创新创业在线开放课程

学校制定了《青岛滨海学院在线开放课程学习认证和学分认定办法》,建立了在线开放课程学习认证和学分认定制度。引进 60 门超星尔雅和智慧树"创新创业""创业人生"等在线开放课程,近三年选修该类课程达 23761 人次。采用线上学习、线下单人单桌考试等方式保证了教学效果。

3.加强创新创业教育校本教材和案例库建设

2015 年以来,学校编写了《大学生职业生涯规划及就业创业指导》《创新思维 原理·技法·实训》等多部教材,建立了创新创业教育案例库 115 个,丰富了学校双创教育资源。

(三)改革创新教学管理机制

1.完善创新创业学分管理制度

学校修订《青岛滨海学院学生创新创业教育学分认定管理办法》,完善创新创业学分积累与转换制度。

2.深化学分制改革,实行弹性学制

学校修订《青岛滨海学院学分制管理办法》,为学生休学创业提供制度保障。

3.完善创新创业奖学金激励机制

学校修订《青岛滨海学院国家奖学金、励志奖学金、学校奖学金实施细则》,明确创新创业奖学金申请条件及评审流程,建立学生创新创业档案和成绩记载系统。

4.深化教学方法和考核方式改革

学校修订《青岛滨海学院教学改革研究项目管理办法》,提出深化教学方式改革具体要求。

(四)强化创新创业师资队伍建设

1.学校以多种途径建立双创教师队伍

2.学校以培训与实践提升双创教学指导服务能力

3.学校以完善考核机制促进创新创业工作

三、创新创业实践

(一)打造创新创业实践平台

1.对接新旧动能转换,加强实验室建设,面向全体学生开放

学校现有专业实验室 159 个、虚拟仿真实验室 3 个、创新创业实习实训中心 25 个、科研基地 4 个、创新实验室 4 个,全部面向学生开放,专业覆盖率达 100%。近三年来,学生在各类创新创业竞赛中获省级二等奖、国家级三等奖以上奖项 1559 项,获发明和实用新型专利 82 件。

2.推进校内大学生创新创业实践基地建设

2013 年 10 月学校创建"青岛滨海学院大学生创业孵化基地",建有创业苗圃、企业孵化、创业培训洽谈与交流活动等功能区。学校全面落实促进创业扶持政策,入驻企业孵化期三年,第一年房租全免,第二年补

贴 50％,第三年补贴 30％,并为应届毕业生提供办公桌椅。近三年学校入驻创业实体 121 家,存活在孵 99 家,创业孵化成功率达 82％。

3.加强校外创新创业实践基地建设

依托学研产一体化企业、校内创业孵化基地、校外实践基地,落实与企业行业合作,广拓校外创新创业教育资源。

(二)多元多维开展创新创业实践活动

1.学校建立完善的创新创业实践教学体系

2.学校建立多渠道协同合作双创教育实践机制

3.学校开展多元多维创业实践活动

4.学校加强创新创业社团建设

5.学校扩大创新创业实践活动覆盖面

6.学校组织学生参加各类创新创业大赛

四、创新创业指导服务

学校构建完善的创新创业指导服务体系;加强创业项目指导服务;建立创新创业服务网;搭建多种新媒体交流平台;营造创新创业文化氛围。

五、工作成效

1.就业率稳定,就业质量逐年提高

2.创业及参与创业学生不断增多

3.国家级、省部级成果大幅增加

4.双创人才培养模式改革助推学校走向全国先进行列

5.创业明星和创业明星企业不断涌现

6.教师双创教育能力实质性提升

7.引导学生基于所学专业创新创业

8.创新创业工作社会反响热烈

仰望星空多宏志,勇为人先拓新篇

枣庄学院

枣庄学院自 2006 年开始创新创业相关领域的探索与研究,着力打造适合全体学生成长发展的创新创业教育平台;2018 年独立设置建立墨子创新创业学院,学院以"实践"为核心,将课程、竞赛、实践、实战及孵化五个板块融为一体,形成了理论体系、实践体系及互联网"云上双创"体系有机结合的系统工程,独创了整套以"试误理论"为基础的人才培养生态体系。

一、先进育人理念引领,聚焦创新人才培养

学校对创新创业教育工作高度重视,成立由校长任组长、多部门联合的"创新创业教育领导小组",负责全校创新创业教育改革顶层设计和双创示范基地建设工作。各二级学院成立以院长为组长的"创新创业教育工作小组",组建院级创新创业教研室,切实把创业教育贯穿于人才培养的全过程,渗透到学校教育教学的各环节,促进人才培养模式创新,注重顶层和整体设计,注重面向全体学生,注重项目带动,注重通过深化教学内容和课程体系改革推动创业教育。

二、提供政策支持,加强制度保障

在教学管理方面,学校制定了《枣庄学院大学生创新创业学分管理办法(试行)》,针对学生团队及创业公司均有相应的加分政策及部分课程的免修政策。在考核激励方面,学校制定了《枣庄学院学生竞赛管理与奖励办法(试行)》《枣庄学院就业工作绩效考评实施意见》;设立了创业就业基金,统筹用于拓展创业就业市场和组织招聘活动、表彰创业就业先进学院和先进指导教师、帮扶学生就业和创业活动;出台了《枣庄学院启慧众创空间管理办法》,为学生提供创业平台,进一步完善了公共服务体系建设。

三、搭建产教融合、专创融合协同育人特色平台创新校企合作新范式

创新创业学院总体面积约 4600 平方米,设有办公室、培训部、技术部、实践管理部、财务部等 5 个基础部门,虚拟仿真实验室、创新实验室等 52 个,名师工作室 5 个,并设有大学生创业联合会及 19 个二级学院分会。

(一)创建了校内外大学生创新创业孵化中心,让创业理念和行动深入学生心灵

学校搭建了以科技创新与制作为主要职能的创客空间及以孵化运营为主的创新创业实践基地,至今已累计 115 个学生项目入驻众创空间,16 个学生创业项目注册了公司;大力加强现有创新创业实践基地"启迪之星"、台儿庄古城"闽丰号"和"道可道"的建设,新建了"伏里土陶"文创实践基地,形成以二级学院创客空间(实验室)为基础,以产教融合协同育人为引领,以启慧众创空间为平台,以校外孵化基地为导向的项目培育机制。

(二)构建了产教融合协同育人特色平台,把专业教育和创新创业教育融为一体

目前,教育部规建中心主推的 7 个产教融合基地项目落户学校,分别是中兴通讯 ICT 产教融合创新基

地、数据中国百校工程、凤凰教育高校数字媒体产教融合创新应用示范基地、中美应用技术教育双百计划、科学工作能力提升计划、"AI＋智慧学习"人工智能学院，从而构建了文理工管完备的产教融合平台。在 7 个产教融合创新基地的基础上，校企共建行业学院 7 个、实践教学基地 9 个、产学研合作创新平台 11 个，建有山东省微纳技术院士专家工作站、山东省石榴资源综合开发工程实验室等 78 个省市级教学科研平台，合作企业软硬件资产投入 2868 万元，共建共享的产教融合育人大平台初具规模。

（三）构建集聚优秀人才的创新高地，创新校企合作新范式

政企、校企强强合作，"双师型"教师逐步增长。学校探索形成了"引进＋培养＋兼聘"的"双师型"队伍建设模式，通过与企业合作，聘用了一批成功创业人士和企业技术人员为兼职创业导师，建设了一支校内专职和校外兼职结合的优秀双创师资队伍，为创新创业应用型人才培养提供师资保障。目前学校已有"双师型"队伍 547 人，政行企创业导师 153 人；已开展 12 期创业家进校园活动，邀请一批企业家来校为学生讲解创业课程和创业理念，激发学生的自主创业热情。同时积极与企业导师开展竞赛合作，2019—2022 年，学校在学科竞赛方面省级以上获奖项目 1500 余项，参与学生 10000 余人次；在中国国际"互联网＋"大学生创新创业大赛中取得国家级银奖 1 项、铜奖 1 项，省级金奖 3 项、银奖 6 项、铜奖 12 项。

（四）金融及投融资环境营造方面

学校配套资金到位，每年投入创新创业专项经费约 150 余万元，为创新创业师生及初创企业提供资金支持；完善孵化机制，为教师及学生提供成果转化对接与服务；设立创业投资基金，对优质项目进行资金支持；进一步完善大学生创新创业服务中心的建设，提供公司注册、商标及专利注册等系列创投服务，进一步方便师生开展创业活动。

四、创新教育结硕果，理论探索有特色

学校通过十六年的实践探索建设形成了独创的创新创业教育培养体系闭环，主要包括理论体系、实践培养体系及线上拓展体系三个部分，建设了可落地并推广的通用型创新创业教育培养体系，配合教育部"拔尖人才计划"的战略布局。

经过十五年实践探索，通过对 50 个项目、150 余支学生团队、2000 余人的跟踪指导及对项目的实际运作、竞赛孵化及国创计划指导等不同方向的深入探索，探索出一套符合高校人才培养需求的人才培养体系。该体系涵盖了课程、竞赛、实践、实战及孵化等全流程，将"创业"及"创业教育"的概念进一步加以区分，以学生及用人单位需求为导向，制定符合学生及社会要求的人才培养方案。

全面教育，重点栽培，构建"一二三四"创新创业工作体系

山东工艺美术学院

学校响应"大众创业、万众创新"的号召，积极构建全面覆盖、分级推进的"一二三四"创新创业工作体系，探索"萌芽、冒笋、破壳、拔节、成林"五阶段创业培养机制，全面提高学生创新意识、创业能力，形成创新创业的良好氛围，为经济社会发展贡献力量。

一、建立健全"一念、二心、三化、四点"创新创业工作体系

（一）一念：一个核心理念

学校将"打造学生创新创业核心竞争力"作为核心理念，将"创新精神"的培养作为教育的灵魂；类型定位为"实践教学型"，以教学为主体，优化实践教学体系，培养学生创意能力、表现能力与实践能力；人才培养目标为"培养德智体美劳全面发展，掌握扎实的理论和专业基础，具有科学精神、人文素养、艺术创新和技术能力的创新应用型设计人才"。

（二）二心：两个工作重心

1. 第一个工作重心："普遍培养学生创新意识、创业精神、实践能力、优势特色"，通过专业教育、通识教育、实践锻炼等培养学生的创新思维和创业能力。

2. 第二个工作重心："重点帮扶有创业能力的学生实现成功创业"，建立"春竹创业工作站"，筛选有创业潜力和能力的学生团队进站孵化，引导、鼓励、支持团队成长壮大。

（三）三化：三个目标定位

1. 工作特色化。学校将实践教学、民间艺术教学作为最大特色，并将特色与创新创业一起，贯穿到教育教学管理、社会服务等各项工作中，从源头上保证了创新创业工作的特色化。

2. 活动品牌化。学校立足学校实际，整合各类创新资源，以创新文化竞赛为引擎，着力建设创新活动品牌，将校园文化活动（如学校创意市集）建设成为增强大学生创意思维、创新意识、创业能力的全方位、全覆盖平台。

3. 项目精品化。学校着力发掘有创业潜力、创业前景大的创业团队，给予"一对一"专业化辅导，并整合学校资源支持学生团队发展，打造精品创业项目，充分发挥其示范效应和带动作用。

（四）四点：四个立足点

1. 立足政产学研结合，扎好"文化"根系。学校践行"设计服务民生"的理念，与地方政府、知名企业签订了合作协议，承接上合组织青岛峰会、深圳文博会、第十届中国艺术节等项目设计，通过项目为学生提供直接参与高水平社会服务项目的创新实践机会，锻炼能力，开阔视野，积累了丰富而宝贵的实战经验。

2. 立足文化创新活动，扎好"意识"根系。学校设立大学生科技学术创新基金，引导学生积极参加"互联网＋""挑战杯"等系列竞赛，鼓励学生参与国际设计艺术大赛，举办创意集市、创意纸板搭建大赛等品牌活

动,将知识性、思想性、创新性融于一体,为学生创造优良创新创业环境。

3.立足实践教学体系,扎牢"素养"根系。学校健全完善课程、创作、项目、行业、社会实践5个层次,采用项目任务驱动教学,探索"社会项目进课堂""假期课堂"等,加强实践环节,强化综合设计能力的培养;建成数字艺术与传媒实验中心等三大实验中心,建有31个教学实习基地,满足了各专业校外实践教学的需要。

4.立足创业教育平台,扎牢"能力"根系。学校开设"就业指导"和"创业教育"相关课程,挖掘与整合创业资源,举办创业大讲堂、"思源·创业"校友论坛活动;建设青年就业创业见习基地,为其积累工作经验、提高就业创业能力创造条件;吸纳小微企业或成熟项目入驻学校"金种子"孵化器,承担并开展初创小微文化创意企业的孵化工作。

二、探索"萌芽、冒笋、破壳、拔节、成林"五阶段创业培养机制

(一)"萌芽"——创业梦想萌发

学校开展大学生就业创业情况摸底调研,了解有创业意愿的学生人数、认可的创业教育与训练方式等;为有创业意愿的学生进行生涯规划指导,利用测评工具对其进行自我分析,积极引导其参加各项专业比赛等。

(二)"冒笋"——创业团队组建

学校将有创业意愿的学生集合在一起,鼓励其组建创业团队,加强对团队专业技能、创业知识、技能的指导,促进创业团队组合、融合、进步;组织创业团队学生参与专业实践,了解行业环境、企业环境等,为组建企业打下良好基础。

(三)"破壳"——创业团队进站

学校通过组织创业团队参加"互联网+""挑战杯"等大学生创新创业大赛、山东省大学生创业计划大赛、学生创业项目路演,选拔优秀的创新创业项目入驻学校"春竹创业工作站",对创业项目进行重点培育。

(四)"拔节"——创业团队培养

学校聘请校内外专家组成创业导师团队,对进站的团队进行创业培训辅导。组织创业团队参观企业和参与项目教学,为创业团队成功创业提供科学化、系统化的实战经验,增强团队的社会经验和实践能力。

(五)"成林"——创业团队孵化

学校推荐注册公司的创业团队入驻学校"金种子"孵化器,共享学校各类文化创意产业设施资源,与"金种子"孵化器入驻企业沟通交流,学习经验,助力成长;邀请长清本地知名企业家为学生创业项目进行指导帮扶,提供融资投资、管理指导等服务。

三、创新创业工作成效初见

(一)学生创新创业成果显著

近年来,学校累计获得国家级奖项共19项:国家专利1件、一等奖2项、二等奖2项、三等奖3项、入选奖11项;省级奖项391项:一等奖104项、二等奖116项、三等奖167项、论文发表4篇。学生获得多个国际、国内知名奖项。

(二)学生创业比赛成绩突出

近年来,学生在全国艺术院校大学生创新创业大赛、中国国际"互联网+"大学生创新创业大赛、"挑战杯"山东省大学生创业计划竞赛、"挑战杯"山东省大学生课外学术科技作品竞赛、"泛海扬帆大学生创业行动"大赛等各级各类赛事共获奖60余项。

（三）学生创业企业遍地生根

近年来，学校涌现出一批成功创业毕业生典型，服务于山东省乃至全国文化创意产业。周淑琳获得"山东省十大创业之星"；李春明获得"山东省十大创业导师"；李任获得"山东省优秀创业者"；宋磊创立的山东三迪照明设计公司荣获"亚洲照明设计奖"；李志强曾代表中国创业青年前往瑞士参加达沃斯·世界经济论坛全球杰出青年社区执委会议。

突出"三个聚焦",打造地方高校双创教育"升级版"

青岛大学

青岛大学始终坚持"全过程、全覆盖、全链条、面向未来"的双创教育理念;聚焦双创教育内涵,构建"三平台五体系"双创教育模式;聚焦学生综合素养,构建"五育＋双创"协同融合育人模式;聚焦服务地方,构建"产教融合、城校共生"新模式。工作做法和成效得到教育部网站、新华网、"学习强国"等媒体广泛报道,就业创业工作获教育部部长点名表扬,并入选全国典型案例。

一、重点突破,驱动双创教育"提质"

青岛大学全面推进双创教育走进课堂、融入教育与创业实践,构建起"教育、众创空间、孵化——三平台"和"课程、训练、孵化、导师、基金支持——五体系"的双创教育模式。

一是"三阶"课程体系。学校构建通识教育层、专创融合层、拓展提升层的"三类并重、三分施教"(分类分层次分阶段)的双创课程体系,开设课程312门,实现教育全覆盖。二是"五段"实践训练。学校构建"教—训—赛—孵—战"递进式培养模式;运行科研项目—大创项目—学科竞赛—毕业论文/设计"科教融合四年不断线"机制。学校开设创新实验621个,近五年获省级以上大创项目794项、排行榜赛事国奖1353项,本科生发表第一作者论文296篇,位列全国综合类本科院校竞赛排行榜第19;打造"实习实训＋科技创新＋创业孵化"多元平台365个,年培育学生创业团队40个。三是实施"六维"教学改革。学校立项教育部产学合作协同育人项目24项、高教学会双创分会重大专项1项、省级以上教改项目16项;获国家教学成果二等奖1项、省教学成果奖15项;发表教研论文52篇;编写教材5本;编撰典型案例100余项,获全国百优案例3项。四是双创名师引领。学校组建理论实践、学界业界、本土国际三结合的导师团队,共600余人,其中校外导师354人、省级称号导师115人,入选全国万名优秀创新创业导师库6人,获评全国高等学校创业教育工作先进个人1人。

二、"五育"融通,赋能双创教育"增效"

青岛大学紧扣立德树人根本任务,深入研究双创教育核心理念与五育的逻辑关系,以"课程耦合、实践联动、竞赛协同"为路径载体,构建"五育＋双创"协同融合育人体系,实现了"德育领创,以创塑德;智育启创,以创培智;体育助创,以创强体;美育浸创,以创涵美;劳育践创,以创促劳"的目标。

一是构建"思政课程＋思政大课堂＋红色筑梦之旅"思创融合模式,实现双创与思政育人"全过程"融合。学校年开设思创融合课程300个班次,探索共建4个思创融合名师品牌工作室;打造无边界思政大课堂,山东省内首设"网络思政课堂",在"学习强国"等微信公众号推送本科生作品1900篇;打造"行走的思政实践课",聚焦脱贫攻坚、乡村振兴、建党百年,组织1000支队伍参加"红色筑梦之旅"活动。二是构建"专业课程＋大创项目＋学科竞赛"的专创融合模式,实现双创与拔尖创新人才培养融合。学校建设"全覆盖、融专业、强实践"的双创教育课程群,建成20门创新创业通识教育核心课、72门专创融合课、56门创新创业选修课;构建"赛创融合"学科竞赛体系,在校生获省级以上奖比例达25％,位列全国综合类本科院校竞赛排行榜第 19。三是构建"体育课程＋运动俱乐部＋体育嘉年华"体创融合模式,实现双创与体育精神塑造"多形式"融合。学校开设融入双创基因的体育课程体系,将体能测试、校园健康跑纳入学生综合评价体系。成立龙舟、帆船等各类运动俱乐部近 30 个,塑造体育精神和双创素养;办好各类体育赛事年均 200 余场,在不同形式的体育活动中塑造坚韧不拔、团结协作的双创能力。四是构建"美育课程＋艺术创作＋文艺展演"的美创融合模式,实现双创与审美素养提升"普受益"融合。学校构建"理论＋鉴赏＋实践"的美育课程体系,建成美创融合课程 50 门,开设 2 学分的美育通识必修课;艺术创作与创新育人相融合,歌剧《韩信》《敦煌之恋》融合 10 学科 2000 余名学生参与创作表演;创新开展美育实践活动,美术学院"美润昆仑"美育项目,以"行走的微党课＋美育课"形式,让师生成员们在行走的红色实践活动中知史爱党、知史爱国,厚植爱国主义情怀。五是构建"劳育课程＋社会实践＋创业竞赛"劳创融合模式,实现双创与劳动精神培养"可持续"融合。学校以双创作为劳动的高阶形式,建成"劳动＋创新创业"融合课程 40 门;拓展校内外实践基地 200 个,每年组建社会实践团队 1000 余支;"外事帮"青年志愿团获评中宣部、中央文民办"全国学雷锋志愿服务先进典型最佳志愿服务组织",向社会累计提供 8000 人次的志愿服务,受益人数超过 6 万人。

三、蓄势扩面,点燃双创教育"新引擎"

青岛大学始终坚持与国家发展同向同行,近些年,先后培养出"状元水饺"常九矿、"尚德传媒"胡国庆、"省成功创业者"孙军波、"市创业明星"孙国良、"全国百名大学生就业创业人物"吴茂林等百余名创业典型,"守正出奇"已内化为青大人的双创品格。立足当下,学校建机制、筑平台、创模式、聚资源,聚焦国家创新发展,着力推进双创人才培养。

一是践行"城校共生共赢"发展理念。学校作为山东省首批双创示范基地,主动与 21 个国家、13 个省示范基地结对共建,从党建联创、人才培养、人才招聘、实习实践、科研合作等各个层面开展不同程度合作;编制服务青岛新旧动能转换白皮书、服务青岛"十四五"行动计划,与青岛各区市政府签署战略合作协议;承办第五届山东省"互联网＋"大学生创新创业大赛决赛,第六届山东省大学生科技创新大赛决赛,第五届、第八届山东省"互联网＋"大赛教师工作坊,每年举办师资培训惠及山东省内教师万余人次;依托青岛大学"一带一路"国际化平台、上合组织经贸学院,建设"一带一路"双创平台,开展 300 余人次青年创业人才培训。

二是构建校政企合作共赢"新模式"。学校依托优质科研、人才、教育资源,广泛开展校地合作、校社合作、校企合作、校研合作,以共建学科专业、共建学院、共建研究院、共建实验室、共建协同平台等方式,重构双创教育新场景。学校聚焦社会的需求,开设 6 个四新微专业、13 个创新实验班;开设"海信班""青特班"等 5 个产教融合校企共建班;与海信共建人工智能学院,与澳柯玛、青岛芯恩合作成立微纳技术学院;与多家知名企业联合建立大学生创新创业实践基地;共建威海、东营、菏泽创新研究院,刷新高校科技服务模式;共建时尚学院、律师学院、青岛肿瘤研究院等,打造服务青岛的特色智库平台。

构建"五位一体"教育体系，打造"三环闭合"培养模式

烟台大学

烟台大学贯彻落实《国务院办公厅关于深化高等学校创新创业教育改革的实施意见》《国务院办公厅关于进一步支持大学生创新创业的指导意见》等文件要求，坚持育人为本，紧扣办学定位，充分发挥文理专业优势和特点，为服务地方经济社会发展培养创新型人才。学校通过建强科创育人工作队伍，搭好创新创业实践平台，使科创育人工作体系贯通学科体系、教学体系、教材体系、管理体系，推动形成全员、全过程、全方位育人格局。学校经过多年探索与积累，形成了"政策保障、课程奠基、基地支撑、赛事引领、资源反哺"的创新创业教育体系，采用"以社会实践为起点，以创新竞赛为导向，以创业实践为检验"的闭合式培养模式，涌现出"挑战杯"国赛特等奖、"互联网＋"国赛银奖等丰富的创新实践成果。

一、"五位一体"双创教育体系

(一)政策激励，制度保障，践行科创育人理念

学校成立创新创业教育工作领导小组，全面负责创新创业教育工作的统筹、推进和协调；研究制定创新创业教育改革相关工作制度，打造多部门协同育人的联动协调机制；将双创育人成效纳入教师考核和职称评审体系，发挥制度激励保障作用，为开展创新创业教育工作提供了政策和制度保证；整合专家学者、创业校友、企业家等校内外导师资源，实行专业导师和企业导师共同指导的"双导师"制，重点开展竞赛指导、项目完善、创业咨询等工作。

(二)课程奠基，分层培养，夯实科创育人基础

学校开设的创新创业必修课和选修课，打造全覆盖、分层次、分阶段的实践课程体系，将专业教育和实践教育、知识基础和实践技能有效衔接，让低年级学生选修创新创业入门的引导型课程，中年级学生选修创新创业理论实践型课程，力争做到全学段学生覆盖。学校面向全体学生，设立创新创业讨论室，开展形式多样的创新实践活动，多渠道地培养学生创新创业能力，提高创新创业素质。未来，学校还将集中各种资源要素，全程优化，深化创新创业教育改革，搭建本研结合、科教结合、校企结合的科创育人培养平台，培养面向社会竞争需要、符合国家创新驱动发展战略需求的高素质人才。

(三)基地支撑，推广应用，提高科创育人质量

近年来，学校牵手政府、企业，共建实习实训基地，为学生提供创新创业实践锻炼机会。学校积极依托"青鸟计划""大学生社区实践计划"等，拓展校地合作资源；同时加强同兄弟院校间的交流学习，共建实践基地，共享实践成果，由此形成了学校统筹开发、学生自主选择的校企、校地、校际融合实践大平台，也使创新实践成果在校内、校际、校企间得到推广应用。

(四)赛事引领，搭建平台，激发科创育人活力

学校始终坚持"以赛促教、以赛促学、以赛促改、以赛促创"的理念，积极组织学生参与"挑战杯""创青春""互联网＋"等大学生科创类赛事。以赛促教：以赛事带动创业指导，促进教师综合素质、专业化水平、创新能力全面提升；以赛促学：积极引导学生参赛，发掘自身潜力，不断激发学生的创新精神、创业意识和创新

创业能力;以赛促改:以大赛为契机,持续深化创新创业教育教学改革,厚植创新创业肥沃土壤,营造创新创业浓厚氛围,为师生创新创业提供广阔舞台;以赛促创:透过大赛视角,挖掘最新的创新创业机会,以创新引领创业、以创业带动就业,推动毕业生更高质量就业创业。

(五)资源反哺,汇智聚才,形成科创育人合力

学校开展"校友大讲堂"活动,邀请创业成功校友回校经验交流分享,并聘请各领域知名校友和企业家加入导师智库联盟,将创业校友和企业家的项目经验和观察视角引入科创育人全过程,推动创新创业人才培养。同时,校友们也投身于学校科创育人过程中,一方面为在校学生提供实地调研实习机会,拓宽视野,激发灵感;另一方面,学校积极通过进课堂、开讲座等多种形式为师弟师妹传经送宝,并积极设立创新创业奖学金,鼓励在校学生积极创新实践,将创业热情代代相传。

二、"三环闭合"双创培养模式

科创育人工作是个系统工程,支撑路径的构建和常态化运转是优秀人才和项目得以输出的活力之源。学校利用自身的课程资源、科研成果、实验教学中心、省级大学生创业孵化示范基地等资源服务平台,与地方政府、投资机构等多种社会资源深度合作,为有创业意向的学生提供保障,以赛事带动创业指导;为准备创业或已创业的学生提供物力保障,以低成本、便利化、全要素的创业服务带动创业行动。科创育人工作逐渐形成了组织架构扁平化、项目培育精细化、中心工作品牌化、协同联动一体化的理念和特色,基本形成"以社会实践为起点,以科创竞赛为导向,以创业实训为检验"的闭合循环式培养模式。

(一)以社会实践为起点

以社会实践为起点可对研究主题及研究问题展开初步浅层次调查。这一阶段,学校的主要任务为确立研究方向与研究问题、团队组建、积累数据、调查走访、观察现象、查阅资料等。在此过程中能够明确所研究项目课题的瓶颈,检验所研究问题的意义及研究难度,明确下一步研究方向,改进研究方法,为参赛奠定基础。

(二)以科创竞赛为导向

以科创竞赛为导向是将优秀的社会实践项目转换参加科创竞赛,按照参赛要求和评比规则深化课题研究。学校通过比赛促使学生将专业知识与社会热点相结合、理论与实践相结合并运用到社会生产实践的各个领域,促进科技成果向现实生产力转化,从而提高学生的团队意识、科研能力、创新素养、创业能力。

(三)以创业实训为检验

以创业实践为检验是对项目落地可行性进行检验,是项目从理论到实践的最后阶段。学校鼓励学生将科创竞赛优秀项目,结合其商业价值和社会价值,再次对项目目标及预期效果进行定位与评估。学校不断完善商业计划书,经受市场的推敲,推进项目落地,真正达到"以创新引领创业、以创业带动就业"的目的。

"强保障、重教育、宽平台、优服务"
四位一体推进大学生创新创业工作

潍坊学院

潍坊学院多措并举,从机构、政策、师资、平台服务四方面全力保障大学生创新创业,实现创新创业工作有人管、有人干,政策配套、组织到位的良好局面;不断完善多层次、多形式的创新创业课程体系,形成了"必修课＋选修课＋创业实训活动＋创新创业成果展示"四位一体的创业教育体系,分层次、分重点地拓展学生创新创业知识和技能结构,不断夯实双创工作基础;积极搭建多样化的创新创业平台,鼓励学生参与科研活动、学科竞赛、各类创新创业比赛和创业基地建设,努力构建多层次、宽领域的创新创业实践平台,助推大学生创新创业;不断优化创新创业教育服务体系,全力助推大学生创新创业的有序推进。

潍坊学院紧紧围绕"建设山东省内同类高校一流、优势特色突出的高水平应用型大学"的办学目标,多措并举,"强保障、重教育、宽平台、优服务"四位一体扎实推进大学生创新创业工作。

一、全方位强化保障措施,助力大学生创新创业

1.构建制度与组织保障,不断健全创新创业工作体制机制。学校出台《潍坊学院关于深化创新创业教育改革的实施意见》;成立创新创业教育工作领导小组;设立创新创业学院;二级学院成立创新创业教育工作小组;各级部门协同联动,形成通畅的双创工作链条。

2.不断完善创新创业激励政策。学校高度重视创新创业政策的激励引导作用,先后出台若干鼓励支持大学生创新创业的文件,不断完善引导学生创新创业的激励机制;通过《二级学院目标责任制考核办法》《大赛获奖项目指导教师奖励办法》《学生竞赛获奖奖励办法》《学生创业项目资金扶持政策》《学生综合测评评定办法》《学分认定办法》《学生休学创业制度》,深入落实针对创新创业工作各个环节和主体的奖励扶持政策。

二、扎实开展创新创业教育,夯实创新创业工作基础

学校不断完善创新创业课程体系,搭建创新创业知识构架,形成"必修课＋选修课＋创业实训活动＋创新创业成果展示"四位一体的创业教育体系,分层次、分重点地拓展学生创新创业知识和技能结构。

1.学校修订实施新的人才培养方案,自 2016 年,将创业基础课纳入学校教学计划,面向全校学生开设32学时 2 个学分的创业教育通识课;授课方式实现从校外师资线下课程,到线上网络课程,再到自有师资线下课程逐渐过渡;逐步培养自有创新创业教育师资,统一备课,分 8 个模块教学。

2.学校在全面开设创业基础课程的基础上,通过通识教育选修课平台开设"创新思维训练""创业创新执行力""思辨与创新"等 20 余门创新创业课程,供学生选修。

3.学校加大创业实训教育力度,开展系列创业助推活动。学校与潍坊创业大学等机构合作,举办未来企业明星创业训练营、创业黑马训练营、"互联网＋"大赛特训营、省级创业培训示范项目等。学校通过各类实训活动,实现理论教学与实训的有机结合,课堂实训和现场考察体验环节学生参与度和互动性高。

4.学校全面展示双创成果,营造浓厚双创氛围。学校多次举办大学生创新创业创意教育成果展,全面

展示学校近年来大学生创新创业创意教育方面取得的成果。各二级学院学生分批次集体参观成果展,共同感受学校浓厚的创新创业创意氛围。

三、搭建多样化创新创业实践平台,助推大学生创新创业实践

学校积极搭建创新创业的平台,通过鼓励学生参与科研活动、学科竞赛、各类比赛和创业基地建设,努力构建多层次、宽领域的创新创业实践平台。

1.鼓励本科生参加教师科研活动,早进课题、早进实验室、早进团队,指导本科生参加学科竞赛、科研项目。以国家级大学生创新创业训练计划为平台引导学生开展各类研究项目,实现课堂学习与课外研究的有效对接。

2.发挥商业实战模拟训练中心作用,提高创业学生商业实战能力。商业实战模拟训练中心,既作为商科学生的教学场所,又成为创业学生的实训平台。

3.以参加创新创业竞赛系列活动为抓手,推动创新创业活动多层次、多形式、多渠道蓬勃开展。学校鼓励学生积极参加"互联网+"大赛、大创计划等大型赛事,从竞赛专业指导到项目开展扶持政策落实,不断提升学生参与大赛的积极性和获得感。动画专业毕业生,大学生创业孵化基地在孵项目潍坊影尚文化传媒有限公司姜振华获得"第三届山东大学生十大创业之星"称号。

4.学校大力推进大学生创业孵化基地建设,引导大学生创新创业落实落地。学校先后投入1300余万元,2014年8月高标准建成近6000平方米的大学生创业孵化基地,为在校大学生和近三年内学校毕业的大学生创业提供场所与服务。学校已分8批累计入驻300个创业项目,涵盖影视动漫制作、软件设计、电子商务、文化传媒等领域。学校对与学科专业结合紧密的创新创业项目给予优先入驻等政策倾斜。基地于2015年被授予山东省潍坊市"大学生创业孵化示范基地",2020年12月,被授予"山东省创客之家"。

四、不断优化服务,打造完善的创业指导服务体系

1.健全大学生创业孵化基地的专业化服务体系,不断提高基地创业实践项目成功率

(1)学校2021年底专门成立创新创业学院,健全党组织。学校聘请专业人士担任创业导师和法律顾问,指导帮助学生创业。引进创业中介公司为创业学生提供全方位服务。

(2)学校搭建创业项目创业俱乐部,定期举办创业代表经验交流会、创业沙龙活动,推动实现资源、信息共享,促进项目运营管理水平共同提高。

(3)学校积极落实扶持政策:前两年半享受100%房租补贴,免除前两年的水电暖费用。

2.学校加强师资队伍建设,提升创新创业指导能力

学校从自有师资培养和选聘校外专业导师两方面同时着手,构建专业化的创新创业指导工作队伍,从学生创业基础课程的授课、大赛项目深度辅导及创业实体项目的帮扶等方面为学生的创新创业提供系统指导。

3.学校将传统媒体与新媒体结合,努力营造创新创业舆论氛围

学校开通"青春创业"专题网站,相关信息在"潍院双创"微信公众号平台同步推送;在校报开设"创业先锋"专栏;线上线下的同步宣传,营造浓厚的双创工作氛围。

4.加大校园创新创业文化活动推进力度

学校充分利用各种形式的校园文化活动,以"创新创业"为主题,积极举办创新创业讲座论坛、创业文化节等活动,培育校园创客文化,宣传学生创新创业先进典型,形成敢于创新、善于创业的文化氛围。

接下来,学校将进一步完善工作体制机制,进一步拓宽创新创业实践平台,进一步健全创新创业教育体系,来深入推进学校创新创业工作向纵深发展。

"思政引领、专创融合、分层进阶、面向人人"的创新创业教育实践

山东交通学院

山东交通学院是一所以培养综合交通人才为办学特色的全日制普通本科高校,是山东省高等教育应用型人才培养特色名校立项建设单位和"高水平学科"建设高校。学校以坚持立德树人,继承和弘扬"交院人"精神,培养具有爱国主义精神、国际化视野,富有创新意识和实干精神的交通事业高级应用型专门人才为使命,有强烈的创新创业基因。多年来,学校党政领导高度重视创新创业工作,始终把创新创业教育作为教育改革的重要途径和突破口,立足交通行业特色,通过政产学研合作,建设特色鲜明的创新创业教育体系,全力推进大学生创新创业教育工作,形成了"思政引领、专创融合、分层进阶、面向人人"的创新创业教育模式,成效显著。

一、以五全体系为基础,确保工作机制健全

一是全员参与的工作体系,成立领导小组和双创学院统筹推进和具体实施,严把为党育人、为国育才的导向;教师参与双创活动纳入任期目标和职称评聘等业绩条件;学生取得足够双创学分方能毕业。二是全面培训的师资体系,构建省级引领、校级带动、院级普及的全面培训体系,持续提升教师理论水平和能力。三是全方位的制度体系,将双创工作纳入学校发展规划、绩效考核、职称评聘及学生推优入党等27项制度文件。四是面向全体、贯穿全程的课程体系,制定1620门融入思政和双创内容的课程质量标准,开设289门相关必修课和选修课,建设100门融入双创内容的专业MOOC课程。五是全环境保障服务体系,形成多部门协同,机构、场地、人员、经费"四到位"的组织体系、管理体系和保障体系。

二、以四方融合为保障,构建资源融通的工作格局

一是校内融合。学校通过对创新创业教育与专业教育进行系统设计,积极推进校内二级学院、专业、研究院(所)之间的深度融合;二是校校融合。学校立足本校学科专业优势,与相关行业高校积极开展对接合作,打造跨学科、跨学校、跨地区的创新创业团队,形成优势互补、特色鲜明、多校联动的大学生创新创业工作新局面;三是校企融合。学校畅通企业特别是校友企业与校内人才流通和资源共享长效机制,鼓励学生到企业实习实训,鼓励专业教师到企业顶岗挂职锻炼,并参与企业管理运营;四是实现校地融合。学校加强与各级政府部门的沟通协作配合,实现资源有效整合,畅通政策落实渠道,服务区域经济社会发展。

三、以交通特色为重点,营造双创生态活力

学校坚持注重发展交通特色,完善双创教育专业结构,注重课程与实践体系建设,构建涵盖必选课、任选课、公选课的理论教育体系,完善院、校、省、国选拔提升机制。学校通过开展大学生创新创业训练计划项目,举办各类创新创业大赛、众创大讲堂等,营造浓厚的双创氛围。学校通过大学生物流设计大赛、大学生

交通科技大赛、全国大学生机械创新设计大赛等交通类专业竞赛,强化学生专业知识,提高学生专业技能。

学校大力弘扬宣传"爱校、敬业、务实、创新"的"交院人精神",为双创教育构建校园精神文化。学校依托曾被央视《新闻联播》等主流媒体广泛宣传报道的"诚信驿站",以诚信文化为主题,构建双创教育校园行为文化。学校依托校园交通文化景观构建双创教育校园环境文化。

四、以平台建设为抓手,全力助推双创教育

1. 构建校企合作、分层实训创新创业教育实践平台。学校整合资源,创建二级学院创新创业实训基地,通过开放实验室等手段,为相关专业学生进行各类科研开发、完成实践创新训练计划项目提供必要条件。

2. 构建完善的学生创业孵化体系。学校发挥地域优势,依托学校大学生创新创业园、"亮·交通"创业基地等,创建大学生创业孵化基地。学校强化大学生创业孵化基地在促进教师和学生的科研成果、发明专利的转化功能,积极推动学生科研成果与市场需求的有效对接,建立大学生创业项目种子库,对在各类高水平创新创业竞赛中获奖或操作性强的学生创业项目积极进行市场推广,扶持学生成功创业。

五、以基地建设为依托,做好双创金融服务

"亮·交通"大学生创新创业教育实践基地逐步完善服务制度体系,与驻地人社局等机构达成多项服务协议,为学生进一步研发提供资金和政策的支持,为企业创办和运行提供融资服务;学校通过提供法律、税务、财务等方面的指导和咨询服务帮助初创企业规避创业风险,提高企业成活率,并将受众范围延伸到处于初创期的毕业生;建立合理的孵化、融资机制,做好项目评估孵化及后期的融资引导。

六、释放双创活力,双创教育成效显著

1. 学生创新思维能力普遍增强。学生参与双创活动普及率从23%提升至98.3%,创新思维能力大幅提升,省级以上获奖数量年均增长率为31%,近年共获得奖励14577项,获批国家级大学生创新创业训练计划项目707项,发表学术论文179篇,获批专利229件。2021年,学校在"互联网+""挑战杯"等标志性竞赛中获得省级最高奖10项,居山东省内同类高校第1位,在《中国高校创新人才培养暨学科竞赛评估结果》中位列新建本科高校全国第11,山东省第1。

2. 学生创业就业质量稳步提高。学校基于专业创新的高质量创业项目比例逐年增加,共孵化企业135家,连续3年共4人获评团中央全国大学生创业英雄100强;年均3586人主动进入承担交通强国重点工程建设项目的中铁、中交路建、中远海等企业艰苦岗位任职,占毕业生总数57.9%,提升了学校服务大局助力"六稳"的整体能力;在教育部组织的"用人单位对毕业生的评价"第三方调查项目上位列全国第1。"亮·交通"大学生创新创业教育实践基地入驻企业——山东科晋软件科技有限公司成功入选山东省2021年认定的第一批高新技术企业备案公示名单。近三年来,学校年平均就业人数6659人。

3. 教师双创教育教学水平显著提升。学校主干专业"双师型"教师比例由2011年的37.1%提升至2021年的72%;发表双创相关教研论文97篇,参与省级以上双创教研课题112项。"四融五全"体系有效带动教师教学水平稳步提升,在《全国普通高校教师教学竞赛分析报告(2012—2020年)》中位列全国新建本科高校第3名。

七、获得社会认可,政府部门及社会各界积极评价

学校获批为"山东省创客之家""中国大学生iCAN创新创业实践教育基地""国家级众创空间",被纳入国家级科技企业孵化器;2017年,与国家技术转移中心东部中心共建"国家技术转移中心交通产业中心";获

评山东省大学生创业孵化示范基地,获政府奖补资金 300 万元;2018 年获评中国双创创新创业典型示范基地。

《中国教育报》《光明日报》等媒体在多篇报道中指出:"学校将创新创业教育作为综合改革的突破口,融入人才培养全过程""成效显著,打造了具有良好示范和带动效应的实践育人创新创业基地和工作品牌"。中央电视台《朝闻天下》《新闻直播间》等节目,山东电视台、《大众日报》等媒体对学校创新创业教育给予关注 77 次,有效助推创新创业教育改革工作开展。

"众创、专创、实创"进阶式创新创业育人模式的创新与实践

日照职业技术学院

日照职业技术学院将创新创业教育融入人才培养全过程,通过全员参与、全方位的创新创业教育,提高学生的创业意识、创业素质和创业能力,满足学生学业、就业、创业三阶目标。学校以创新创业教育理念和模式为指导,确立了双创基础、专创融合、实训实战"三阶递进"的课程教育体系,建立"产—学—研—创"协同创新机制,服务新旧动能转换,建设"创新＋创业＋专业"型导师人才库,打造"四维"创新创业"生态环境"。学校纵向上进行课程教育,横向上开展活动引育,循序渐进实施项目孵育,全员参与、全过程、全方位、持续性开展创新创业教育;课程分层,活动分类,项目分型,立足于创新创业意识培育、岗位创新创业能力、创新创业创造者三阶目标实现精准育人。

日照职业技术学院坚持"面向职场、注重创新、全面发展"的人才培养理念,将创新创业教育融入人才培养的全过程。学校在多年探索实践中,打造了融教育、研究、实践和社会服务为一体的创新创业"生态环境",形成了创新创业型技能人才培养模式的"日职样板"。

一、加强顶层设计,创新育人模式

2016年9月,学校遵循"面向全体、分类施教、结合专业、强化实践"的原则,重构了人才培养方案,将创新创业教育贯穿人才培养全过程,明确了创新创业教育课程体系的学分要求,成立了创新创业学院和创新创业教研室,开发了专业融合专门课,建设了创新创业实践课,完善了学分转换和学分奖励制度,进阶式开展创新创业教育。学校确立了双创基础、专业融合、实践实战"三阶递进"的课程教育体系;完善了跟岗实习、轮岗实训、顶岗实做的"三梯推进"的专业训育体系;形成了工作室选育、孵化器培育、加速器抚育的"三链促进"的实战孵育体系。课程教育、专业训育、实战孵育进阶式育人,建设了"通识、专业、实践"三融育人体系,搭建了"课程、岗位、平台"三链育人载体,完善了"全员参与、全过程实施、全方位联动"的三全育人机制,立足于创新创业意识唤醒、岗位创新创业精神开拓、自主创业能力激发,通过理论探索和实践完善,成效显著。

二、健全体制机制,保障育人成效

1. 系统化设计并实施了"通识、专业、实践"三融育人体系。学校面向职场课程体系中,单列了创新创业教育课程体系,开设了双创基础课、专业融合课、实践实战课三类创新创业课程。学校搭建"五位一体"创新创业实践平台,依托专业实训室,搭建全程化开放式实践平台;依托教师工作室,实现"现代学徒制"培养创业之星;依托校内外创业孵化基地,提升创业实战能力。"政校行企"共建协同创新中心,促进协同育人;聚焦产业需求,精准培养创新创业人才。

2. 搭建"课程、岗位、平台"三链育人载体。学校构建了"必修＋选修"课程群,形成了"基础＋专项＋融合＋实践"创新创业通识教育闭环,开发了校本教材、建设在线课程和资源共享课,开展了混合式教学、探索体验式教学,以课程建设育创业意识。学校将创新创业教育融入专业教学全过程,基于面向职场的课程体

系,在专业教育的跟岗、轮岗和顶岗阶段,通过跟岗实习、轮岗实训、顶岗实做三个训育环节,提升学生岗位创业能力。学校基于双向选择,以指导教师为主导,帮助有潜质的学生和项目步入实创阶段;中阶层次通过金种子计划、国家级省级众创空间、科技产业园培育初创企业,指导教师和创业导师双指导,升级打磨创业项目,完成企业的创立;高阶层次通过日照创新创业大学、日照市青年创业基地等抚育发展良好的初创企业,以创业导师为主导,整合优势资源孵育促进企业成长,帮助学生成才。

3.建立"全员参与、全过程实施、全方位联动"的三全育人机制。专任教师、创业导师、专业教师通过体验式教学、项目式教学等多样活动开展教学;创新创业指导教师通过竞赛,激发学生的创新创业潜能;创业导师、企业导师全员参与到创新创业教育中。校内外、课内外、线上线下联动,健全体制机制保障;课程、教学、学分、平台管理全方位联动,课程三融,线上线下结合,教学内容系统化;教学与管理联动,配套学分互认、奖励制度,设立了创业扶持资金,开设了创业专项计划;学校与企业联动,政校合作,校企协同,帮助初创企业成长壮大。

三、经验多方推广,育人效果显著

1.学生创新创业能力明显增强。近年来,创新创业教育覆盖到所有学生,98%以上的学生积极参与创新创业活动。目前,学校每年在孵企业超200家,带动就业人数超500人,涌现出在校生创业典型贾圣超、荣获山东省财贸金融系统五一劳动奖章的岗位创业典型裴慧、获评国家级高新技术企业的自主创业典型华洪科技创始人卞光洪。

2.取得系列大赛、教科研成果。文化创意中心教师团队获山东省黄大年式教师团队。建设"通识+专项"创新创业类课程共计58门;出版6本教材,累计发行10万余册;开发在线课程1门,选课学校达51所,选课人数达5.8万人,互动次数达126万次,获评山东省就业创业金课1门;立项创新创业课题16项,发表论文26篇,教师获得创新创业类奖励100余项;建立起"教学相长、赛育互动"的长效机制,获"挑战杯""互联网+"等赛事国家级三等奖以上6项,省级三等奖以上160余项,获评第十七届"挑战杯"全国优秀组织奖。

3.育人经验多方推广。成果实施以来,学校与200余所院校交流,成果27次在《光明日报》《中国教育报》《大众日报》《日照日报》,以及山东教育台、中国教育网络电视台等媒体报道,参加世界职业院校与技术大学联盟2018年世界大会、中德职教创新对话论坛、胶东经济圈创新创业发展联盟等研讨活动58次,新西兰梅西大学、奥克兰国际学院、加拿大汉博理工学院、台湾龙华科技大学来学校访问,山东职业学院、扬州工业职业学院等兄弟院校前来交流学习累计170次,在山东省内外兄弟院校中产生了良好的示范效应和推广效果。

创新创业"五个聚焦"赋能毕业生更充分、更高质量就业

青岛职业技术学院

青岛职业技术学院坚持以习近平新时代中国特色社会主义思想为指导,主动服务国家创新驱动发展战略,响应"大众创业、万众创新"的号召,以"融合化、智慧化、国际化"为主线,实施校企合作"1+1+N"工程,充分发挥专业群聚集优势和区域创新创业资源优势,与海尔、海信、京东物流、烟台万华等行业领军企业深度合作,服务区域产业转型升级,打出一系列促进创新就业的"组合拳",形成具有鲜明青岛职业技术学院特色的高水平高职院校创新创业全链条教育体系,实现了在青高校中国国际"互联网+"大学生创新创业大赛首金的突破。学校先后获评全国职业教育先进单位和全国高职院校国际影响力50强、教学资源50强、育人成效50强。

一、培育创新创业生态系统

学校以部省共建职业教育创新发展高地为契机,以培养创新精神、创业意识和创新创业能力为导向,将创新创业教育贯穿人才培养全过程,进行系统化顶层设计,制定一体化实施意见。学校成立创业学院,设立专项资金,从职称评聘、资金奖励、学分奖励等方面多措并举,激励和保障师生参与创新创业教育活动,保障创新创业工作高质量开展。

二、打造创新创业支撑平台

学校根植地方服务产业集群,深化产教融合、校企合作,牵头组建"青岛中高职一体化培养职教集团",汇聚交融校内外创新创业资源,校政企社多方联动,科研创新和创客培养双轮驱动,创设以协同创新中心、技术研发中心、创业实训中心(创新创业实验室)、创客中心(创享生态圈)、校外创新创业实践基地、大学生创业孵化基地(科技孵化器)、技能大师工作室为载体的"四中心两基地一室"开放式创新创业实践平台。

学校利用市区两级奖补资金,着力改善创业孵化基地条件,培育项目"摇客蓝牙"吸引风投资金400万元,青岛汇云无限物联网有限公司在青岛蓝海股权交易中心上市;校企联合打造创新创业合作平台,开展混合所有制改革,共建青职·开创百度云智数字营销产业学院、京东物流"校园云仓"生产性实训基地、东方影都影视产教融合中心和各类实习实训场所62个,合作企业准捐赠额1775.6万元,2项案例入选教育部职成司2021年产教融合校企合作典型案例。

三、凝练创新创业课程体系

(一)构建"三维递进"创新创业课程体系

学校以学生创新能力培养为主线,构建依次递进、有机衔接、科学合理的创新创业教育专门课程群,从"职业生涯规划教育与创新思维培养""职业创新能力培养""创业意识培养与创业指导"三个维度,培养学生的创新创业能力。

1.职业生涯规划教育与创新思维培养。学校的创新创业基础教育课程实现全覆盖,大学一年级开展职

业生涯规划教育和创新思维培养,入学初开展专业导航教育,对学生进行专业引导;开设"职业生涯规划"课程,为学生合理规划职业生涯;与爱尔兰特瑞里工学院联合开发"创新思维训练"课程,系统训练学生的创新思维、激发创新意识,为创新实践奠定基础。

2.创业意识培养与创业指导。大三年级开设"就业创业实务"课程,对就业创业流程、政策、市场预测分析等进行指导和培养,促进学生自主创业,实现梦想。学校引入青岛市人社局"海鸥行动"创新创业培训课程,144名学生获得培训合格证书。

3.职业创新能力培养。学校积极引入企业行业资源,以"专创融合"为导向,职业创新能力培养贯穿人才培养全过程,重点推进创新创业与专业教育的双向互通互融,系统培养学生职业创新能力。一是学校通过真实项目激发学生创新热情,实际行动历练创新能力,项目产品转化为创新成果满足学生成就感,面向全体学生开设"创业指导"等必修课程2门,开发"创造性思维与创新方法""互联网与营销创新"等线上线下混合式创新思维培养课程18门,累计2868学时;开设"机电产品创新设计训练"等19门创新创业实践训练课程,累计达到1902学时。二是学校成立创新创业精英班,制订专门培养计划,设定专项学分。三是学校建立动态评价机制,以任务为导向,将参加创新创业大赛、参与创新创业实践作为考核学员的重要评价指标。

(二)构建"四方联动"实践训练平台体系

1.校政企社多方联动。学校充分发挥专业群聚集优势和区域创新创业资源优势,与海尔、海信、青岛啤酒、商汤科技、京东物流、烟台万华、万豪集团等领先企业,以冠名学院、产业学院、现代学徒制、生产性实训基地为载体构建校企命运共同体,建成3个混合所有制二级学院、10个校企合作办学专业、4个冠名学院、8个产业学院、14个市级以上现代学徒制试点项目、6个校内生产性实训基地。

2.科研创新和创客培养双轮驱动。学校以集团化办学、混合所有制办学为载体深化体制机制改革,牵头成立山东省人工智能产教联盟、青岛市生物制药产教联盟、青岛市时尚产业发展促进会,组建青岛中高职一体化培养职教集团,是唯一高职院校获批青岛市首批博士后创新实践基地。学校建成20个校内创新创业实验室、10个协同创新中心、7个技术研发中心、10个创客中心、23个校外创新创业实践基地、30个创新创业技能大师工作室、1个技艺技能创新传承平台。

3.创新创业实践多点开花。学校依托"创新创业大赛""职业生涯规划大赛"等多项创新创业赛事,以赛促练、以赛促学,提升学生创新创业技能,形成各类创新创业竞赛选拔、培育、保障和激励机制。近三年,学校在创新创业领域,累计获得国家级奖项10个、省级奖项32个;开展创新创业论坛、大赛年均18场;举办以学科前沿知识、商业实战、企业创新创业文化等为主要内容的"创业者说"等讲座、报告会和创新创业文化活动200余次,参与学生10000余人次,创新创业活动实现100%覆盖。

(三)打造"全方位"人才培养与技术创新平台

1.重点服务中小微企业技术研发和产品升级。学校累计开展各类科技研发、服务、咨询项目316项,获得各级科研奖励183项,省级以上规划课题立项67项;获批市级以上科研平台19个,其中省部级10个;参与编制国家标准2项、行业标准1项,参研课题《中国近海无节珊瑚藻类(红藻门)分类及分类系统学研究》获国家自然科学基金项目立项;成功培育"北茶36"品种,成立"智库助推·电商富农"服务中心,开展乡村振兴技术服务50项。

2.联合助力社会服务提质增效。学校与青岛市文明办青岛志愿服务学院并共建全国首家新时代文明实践培训学院;与中国志愿服务联合会合作成立首家在地方设立的全国志愿服务培训基地;与青岛市总工会共建职工技能实训基地;与青岛市退役军人事务局共建退役军人职业技能培训承训机构,连续五年被认定为山东省服务外包人才培训机构。学校与20个省级教育主管部门开展高端师资培训项目,获批优质省级职教师资培养培训基地,非学历培训达到20万人日/年。

四、形成创新创业典型经验

(一)创新引领创业,创业带动就业

近三年来,三年制毕业生平均就业率为95%,用人单位和学生满意度分别为99%和100%,毕业生毕业

半年后月收入持续提高,2022 届平均月收入为 4228 元,最高的软件技术专业毕业生达到 5452 元。学校孵化学生创业项目年均 50 个,其中,计算机网络技术专业 2014 届毕业生丁晓凯创建的青岛凯思特网络有限公司从 2013 年至今电子请柬销售额始终排名天猫第一,吸纳 20 余名本校学生就业;装饰艺术设计专业 2007 届毕业生韩鸿宾创建的山东农主农业科技有限公司总投资资金 1000 万元,带动当地就业 100 余人,2019 年反哺学校设立"喜鹊奖学金"。

(二)创新成果实现价值转化

近三年来,学校师生共申请专利 229 件(授权 152 件),申报发明专利 42 件,授权 7 件,科技成果转化 6 项。学校与海信集团开展线上创业营销实训,2019 年至今销售额累计 8.5 亿元。

(三)创新创业竞赛屡创佳绩

近三年来,学校累计斩获创新创业赛事国家级一等奖 5 项、二等奖 1 项、三等奖 4 项,省级一等奖 6 项、二等奖 11 项、三等奖 19 项;斩获"互联网＋"大学生创新创业大赛国赛金奖 1 项,省赛金奖 2 项、银奖 4 项、铜奖 8 项,其中,"王小枸鲜控枸杞"项目荣获第六届中国国际"互联网＋"大学生创新创业大赛国赛金奖,实现该赛事青岛地区高校国赛金奖零的突破。

(四)辐射带动形成集群效应

学校先后获评全国职业院校就业竞争力示范校、全国高职院校创新创业示范校、山东省校企合作一体化办学示范院校,作为山东省职业技术教育学会就业与创业委员会会长单位,积极牵头汇聚多方资源助推大学生创新创业,并在相关会议上做典型经验交流。

打造"四位一体"创新创业人才培养体系，服务学生高质量创业发展

威海职业学院

威海职业学院遵循职业教育和人才成长规律，以激发学生创新思维、创业意识，提升创新创业能力的教育目标为主线，积极探索专创融合、科创融合、赛创融合和产创融合，持续深化创新创业教育改革。学校从"教育""实践""服务""保障"四个维度多措并举、扎实推进，构建了具有威职特色的"四位一体"创新创业人才培养生态体系，有效提高了创新创业教育质量，培育了一批优秀的创新创业人才和创新创业成果。

一、构建了"全方位、一体化"的创新创业教育体系

实施新一轮创新创业教育改革，构建了以创新创业课程为基础，以专创融合为突破，以生产性教学和卓越工匠培养为特色，以创新创业实践和孵化为关键的进阶式创新创业教育体系。学校将创新创业教育贯穿学生学涯始终，实现从职业生涯规划到创新创业思维启迪；从创新创业知识传授到创新创业实践指导；从创新创业帮扶到创业孵化的一体化培养。

二、构建了"共享式、多元化"的创新创业实践体系

一是打造高水平协同创新、工程技术研究中心等科研创新平台。学校建有 4 个国家级协同创新中心、1 个山东省院士工作站、7 个市级工程技术研究中心、12 个校级科研平台；分专业、分领域与平台合作骨干企业打造创新创业课堂，构建了"技术＋创新＋创造＋创业"的发展链条，有效助推了创新创业工作发展。2021 年以来，学校依托创新平台共培育学生创业团队 23 个，注册企业数量 7 个，申报知识产权 19 件，有效带动全校创新创业工作高质量发展。

二是构建创新创业大赛实践体系。学校以大赛体系为平台，形成了"挖掘—培育—选拔—指导—孵化"一体化的大赛培育机制，常年组织大学生创新创业知识竞赛、创新创业项目大赛、校园创业点子大赛、"互联网＋"选拔赛等全校性创新创业大赛 11 项，参赛总人数达 8300 余人次，已形成了"以赛促学、以赛促教、以赛促创"的良好氛围。2020 年以来，学校获得"互联网＋""挑战杯"等创新创业大赛省级奖项 57 项，国家级奖项 5 项。学校先后获得山东省第五届"互联网＋"大学生创新创业大赛特别贡献奖、第十二届"挑战杯"中国大学生创业计划竞赛学校优秀组织奖等集体荣誉 13 项。学校通过创新创业大赛催化注册企业数量达 13 家。

三是打造开放共享的创新创业实践平台。学校与企业合作成立产教融合型学生创新创业实践基地 27 个，建立校内实践平台 47 个，形成了内外结合、布局合理、规模适宜的创新创业实践基地群，为学生创新创业发展奠定了坚实基础。

三、构建了"开放式、专业化"的创新创业服务体系

一是加强"专业化"创新创业师资队伍建设。通过"内外结合、专兼结合"的方式组建了一支理论和实践教学经验丰富的创新创业教学团队和实践指导团队。目前，学校拥有创新创业导师 137 位。其中，校内导师

79位,校外导师58位,充分满足了创新创业教育的需要。

二是打造高水平创新创业孵化服务平台。学校斥巨资高标准建设了3.2万平方米的众创空间和创业孵化器,提供一流的软硬件设施和配套服务体系,为学生创新创业发展提供了坚实保障。

三是精准对接社会优质创新创业资源。学校着力开发校友、政府、企业等社会资源,积极引导"智慧、项目、资金"入校,为学生创新创业发展提供服务。2020年以来,学校在校生创业团队127个,参与学生647人,成功注册企业37家;自主创业毕业生679人,直接带动就业4300余人。

四、构建了"全方位、立体化"的创新创业保障体系

一是强化组织保障。学校实施创新创业工作一把手工程,成立了由书记、院长为组长的创新创业工作领导小组,同时成立了创新创业学院,由院长亲自担任创新创业学院院长,各二级学院也成立了创新创业工作领导小组和相应组织,形成了创新创业工作的统一规划、统一领导、统一推进的良好工作格局。

二是强化机制保障。学校建立了二级学院创新创业竞赛计分评价机制,按月开展工作小结和调度会议;发布《二级学院创新创业工作年度绩效考核管理办法》,将创新创业大赛成绩、创业孵化率、毕业生创业率、创新创业教育等作为关键指标纳入考核;同时调整《标志性成果认定管理办法》《学生竞赛管理办法》《教师评价办法》等文件,加大创新创业成果认定标准和范围,加大创新创业竞赛奖励力度,激发广大师生工作的内生动力。

三是强化文化保障。学校先后成立了大学生创新创业社团、教师创客协会、创业校友发展联盟等协会团体组织,从在校生、教师、校友三个层面推进创新创业工作发展;定期邀请企业家、校友进校开展创新创业讲座、报告、培训等活动。2020年以来,学校开展大学生创业培训16398人次,人均培训课时达80余课时;邀请企业家、专家学者举办创新创业讲座87场,参加总人数达4100余人,形成了"周周有活动、月月有比赛"的活动氛围,通过厚植创新创业文化土壤,构建了良好的学生成长第二课堂。

学校经过近年来的努力,创新创业教育水平显著提升,学生创新创业意识和创新创业能力显著增强。学校将继续以服务学生高质量创业就业发展为目标,不断整合创新创业优质资源,持续优化校内校外相互促进的双循环发展格局,为培养更多更优秀的创新创业型人才而努力奋斗。

实施双创教育八举措,打造实践育人新模式

山东职业学院

山东职业学院坚持以学生为中心的理念,遵循"兴趣驱动、项目引领、成果导向、自主实践、重在过程"原则,通过实施创新创业教育八项举措,打造了创新创业实践育人新模式。

一、创新创业教育举措

(一)成立一个组织机构,统筹创新创业教育工作

学校成立创新创业学院,围绕培养创新创业人才"一条主线",推进校内、校外"两个协同",面向全体学生实施全过程、全方位、全要素的"三全教育",深化育人模式改革、三教改革、评价改革、学分制改革"四项改革",全面推进创新创业教育改革。

(二)制订两项行动计划,引领双创教育落地实施

学校制订"百千万"创新创业人才培养计划,引入社会资源,积极组织专题讲座、专题培训、创业大讲堂、双创训练营、双创竞赛、双创沙龙、成果展等创新创业实践活动,覆盖全体学生参与,实现创新创业全员化实践教育。

学校制订"火车头"创新创业项目训练计划,立足高层次创新创业型人才培养,以项目为驱动,以竞赛为引领,以成果转化、创业孵化、企业运营等成果为导向,实施技能训练、创新训练、创业训练和创业实践四类项目训练计划,满足不同兴趣、不同层次、不同类别的学生个性化创新创业实践需求。

(三)搭建三级实践平台,提供学生双创实践舞台

学校构建"学校层面众创空间＋学院层面创客平台＋专业层面学生社团"三级创新创业实践平台,校外对接创业孵化基地,为"创意实践项目—创新实践项目—创业实践项目—创业实战项目"进阶发展,提供线下实践平台。学校层面,积极建设众创空间、孵化基地等双创平台,为学生提供"咨询服务—创意激发—交流洽谈—培训路演—项目孵化"等一站式服务。学院层面,鼓励二级学院根据专业特色和创新创业特色,结合区域经济发展方向,引入优秀行业、企业、社会等资源,搭建专创融合的大学生创新创业实践平台,为团队提供创新创业实践活动场所。专业层面,鼓励成立创新创业社团,组建学生团队,挖掘创新创业项目。

(四)建设四类课程体系,满足学生双创学习需要

学校针对面向全体学生、面向有创新创业实践意愿学生、面向创业实战意愿学生等三个层次,构建"素质培养＋能力拓展＋实践指导＋实战服务"四类创新创业课程群,课程教学和实践指导相结合,满足学生共性化发展与个性化拓展的需要。学校面向全体学生共性化发展需要,围绕创新思维、创业意识和创新创业基本能力培养,建设素质培养课程群;面向个性化拓展学习需要,围绕创新创业能力提升,建设能力拓展课程群,为学分选课提供"线上＋线下"多样化课程。学校面向有创新创业实践意愿学生个性需要,围绕项目实践、竞赛实践等,建设实践指导课程群;面向有创业实战意愿学生个性需要,围绕创业孵化、企业发展等,建设孵化服务课程群,为学生实践提供"菜单式"个性指导服务。

(五)推行五创育人模式,创新双创人才培养机制

学校深化创新创业育人模式改革,创造了"五创式"创新创业实践育人模式,明确了创新创业人才培养主线,形成了"想法—知识产权—成果转化—企业孵化"创效副线和"想法—作品—产品—商品"创造副线,创设了"创意—创新—创业"三个实践阶段,鼓励学生结合问题挖掘创意,运用专业技能开展创新研发,基于创新成果进行创业孵化,实现创新创业人才培养。

(六)打造六个双创品牌,营造双创教育文化氛围

学校围绕科技创新、文化创意、思政实践、社会实践、志愿服务、乡村振兴等六个创新创业方向,形成了"网络思政平台＋电商助农"思创融合品牌、"红蓝青志愿服务平台＋劳模精神传承"劳创融合品牌、"文化创意平台＋火车头精神传承"文创融合品牌、"技术技能创新平台＋咖啡厅运营"专创融合品牌、"创新创业社团＋工匠精神传承"科创融合品牌、"生产性实训基地＋企业个性定制"产创融合品牌。

(七)提供七大孵化服务,构建双创实践孵化体系

学校以创新创业学院为依托,整合全院教学、科研、师资和资金等条件,提供导师指导、课程培训、项目训练、活动组织、孵化推介、成果管理、资金支持等七项配套服务,集"竞赛、培训、研发、孵化、运营、服务"功能于一体,满足创新创业项目孵化和人才培养的需要。

(八)采取八项激励措施,保障双创教育有序开展

学校实行"八考评、八挂钩"创新创业激励机制,充分调动二级学院、专业、教师、学生参与创新创业实践的主动性和积极性。八考评:评学生成绩、评教师业绩、评专业业绩、评学院业绩、评项目数量、评竞赛成绩、评成果成效、评典型案例。八挂钩:学生层面,与评先评优挂钩、与奖学金挂钩、与学分挂钩;教师层面,与聘期考核挂钩、与奖励绩效挂钩、与评先评优挂钩;专业和学院层面,与经费挂钩、与部门绩效挂钩。

二、创新创业教育成效

(一)创新创业教育特色日益凸显

学校打造"双课堂"。学校构建"素质培养＋能力拓展"教育课程群和"实践指导＋实战服务"实践课程群,第一课堂课程教学和第二课堂实践指导相结合,满足学生共性化与个性化学习需求。

学校实施"双计划"。学校制订创新创业人才培养计划和创新创业项目训练计划,全员覆盖活动实践和个性拓展项目实践相结合,满足学生共性化和个性化实践需求。

学校搭建"双平台"。学校构建"学校层面众创空间＋学院层面创客平台＋专业层面学生社团"三级实践平台,提供线下实践平台;搭建大数据管理平台,实现创新创业教育的全数字管理,形成线上线下双平台。

(二)创新创业实践平台日益完善

学校创新创业实践平台被评为泉城众创空间、省级众创空间。各二级学院搭建城轨创客空间、智能制造创客空间、铁道创客空间、装饰画工坊、南山创意工坊、火车曾经吧、火车书吧等特色创新创业实践平台10余个,成立创新创业社团50余个,实践平台体系日益完善。

(三)创新创业实践氛围日益浓厚

学校先后承办国家级竞赛3项、省级竞赛12项,组织教育教学研讨会、创新创业论坛、校内竞赛、创新创业沙龙、创新创业训练营、创新创业成果展等活动200余场次,实践氛围日益浓厚。

(四)创新创业实践成果日益丰硕

学校先后培育创新创业项目200余项,学生实践动手能力和创新创业能力不断提升,先后获得职业技能及创新创业竞赛奖项611项,实践成果日益丰硕。

上下同心齐创新,师生合作共创业

莱芜职业技术学院

莱芜职业技术学院始终坚持为党育人、为国育才,始终坚持特色立校、质量强校、文化兴校,以"服务济南、辐射周边,工科为主、多科并举,培养高素质技术技能型人才,建设省内一流、国内知名的高职院校"为办学定位,以"人人成才、人人就业、人人出彩"为人才培养目标,紧紧围绕立德树人根本任务,以服务学生成长成才为中心,以服务经济社会发展为己任,深化改革,传承创新,为国家、为社会培养了一大批优秀的高素质的技术技能人才、能工巧匠和大国工匠。

莱芜职业技术学院认真学习贯彻习近平总书记关于教育的重要论述,深入落实党中央、国务院关于进一步支持大学生创新创业的决策部署,深化创新创业教育改革,将创新创业教育贯穿人才培养全过程,通过强化机制保障、课程建设、实践育人、以赛促创等,着力培养富有创新精神、勇于投身实践的创新创业人才队伍。

一、学校强化组织领导,夯实创新创业教育体系

由学校主要负责同志牵头成立双创工作领导小组,以"创新常态化、培训系统化、创业整合化"为指导思想,强化学校教师创新创业教育教学能力和素养培训,改革教学方法和考核方式,推动教师把国际前沿学术发展、最新研究成果和实践经验融入课堂教学,融入创新创业课程;完善学校双创指导教师每年利用寒暑假到行业企业挂职锻炼的保障激励政策;实施学校双创校外导师专项人才计划,探索实施驻校企业家制度,吸引更多各行各业优秀人才担任双创导师。

学校设立"学生五小创业基金",实施"万名大学生百个创新项目"工程,开展"学生创新发明奖"评选活动,成立大学生就业创业协会,服务全校学生创业服务工作,引导全校学生申报科研项目,培养学生的创新意识,为广大学生投身科技创新搭建平台。

二、学校强化课程建设,提升创新创业教育水平

积极探索创新创业教育与专业教育相融合的人才培养模式,将大学生就业指导课程列为必修课程,纳入全校各专业人才培养方案中,健全课堂教学、自主学习、结合实践、指导帮扶、文化引领融为一体的学校创新创业教育体系;将课程思政建设与创新创业教育有机融合,把思维训练、能力培养、价值塑造贯穿教育教学全过程。学校通过产学研结合为学校的创新创业教育体系建立保障制度;从学校、师资、学生、社会力量四个方面入手进行改革,构建出以学生为中心,紧密联系学校、教师、社会企业的"四位一体"创新创业为导向的创新创业教育模式;健全校校、校企、校地、校所协同的创新创业人才培养机制,打造一批创新创业教育特色示范课程。

学校注重教学模式创新,建立"企业家+教师"共同授课、"校内课堂+校外实践"联动推进、"线上学习+线下学习"一体化教育教学模式。学校探索以团队合作、案例教学、同学互动、翻转课堂为主的创新授课方式,推动课程由知识讲授型向演示体验、探索训练、任务驱动和实践创造型发展。

三、学校强化实践育人，搭建创新创业实训平台

学校深入实施国家级、省级、校级三级大学生创新创业训练计划体系，秉持"兴趣驱动、自主实践、重在过程"的原则，推行"单轮运行、多级遴选"的项目运行机制，推动实现创新创业训练及活动全覆盖。学校每年举办创新创业教育周，通过创新创业成果展全方位展示交流创新创业教育成果。

四、学校强化以赛促创，推动双创成果转化应用

学校坚持赛创融合、以赛促创，连续7年举办学校"互联网＋"大学生创新创业大赛，在第八届中国国际"互联网＋"大学生创新创业大赛中共获省级金奖1项、银奖2项、铜奖1项。学校打造创新创业培训活动品牌，创新培训模式，面向学生开展高质量、有针对性的创新创业培训，提升学生创新创业能力。学校组织双创导师深入校园举办创业大讲堂，进行创业政策解读、经验分享、实践指导等。学校对参加创新创业大赛的大学生创业者给予政策倾斜，推动创新创业成果转化。

学校纵深推进"大众创业、万众创新"是深入实施创新驱动发展战略的重要支撑。作为受教育程度更高、创新能力更强的大学生群体，是"大众创业、万众创新"的生力军，因此学校高度重视创新创业教育和大学生自主创业工作，要加大对创新创业教育和创业基地建设的投入，在经费、项目和资金等方面给予倾斜，并加强宣传引导，积极营造鼓励大学生创新创业的良好舆论氛围。

"素养导向、二元共育、三阶递进、四位一体"
创新创业教育探索与实践

济宁职业技术学院

济宁职业技术学院形成了校政企"螺旋渐进、生态共融"的创新创业教育培养模式,创新了专创融合、学创一体的育训结合课程体系,搭建了三方协同、产学互进的双创功能平台,构建了教管结合、内外协同的双创教育的评价保障体系,打造了校政企专兼一体的"三能型"师资团队,实现了政校行企联合、产学研创融合、"平台+课程+活动+实践"结合,提升了学生创新创业的能力。学校借助5C众创空间(省级众创空间)、市级大学生创业基地、创业学院(校企共建)等双创实践平台,对"校政企协同构建有机新生态"开展创新创业教育进行了探索和实践。

济宁职业技术学院积极探索校政企共同构建创新创业教育有机生态,促进多方资源的整合和利用,保障创新创业人才培养的时空连贯性,校政企各方高度参与人才培养过程,确保人才培养上的交互性与流畅性,实现创新创业人才培养效能的最大化。学校、政府部门、企业各展所长、发挥优势,形成人才培养合力。

一、构建校政企"螺旋渐进、生态共融"的人才培养模式

在政府产业政策的主导下,学校与企业、科研机构签订产学研合作项目,通过校企共建课程、项目开发等形式,共同对学生创业教育在实践层面进行指导,政府主导下的创业资源、政策支持提供学生创业实践最为关键的一环。通过螺旋渐进式良性循环激励,学校全面构建政企校三方互利共生的合作模式,建立协同机制,形成有效的协同合力,呈螺旋上升趋势。

二、形成"素养导向、二元共育、三阶递进、四位一体"的育人理念

学校根据《国务院办公厅关于深化高等学校创新创业教育改革的实施意见》文件精神,不断深化创新创业教育改革,从"个人、职业、社会"三个维度确定创新素养特色内涵——创新意识、职业操守、人文底蕴、品德操守与专业技能、双创能力并修的创新创业教育目标,开发素养导向的专创融合课程体系;发挥校企师资、资源整合的优势,实施校企协同,二元共育人才培养工程;打造三阶递进的创新创业多元平台载体;形成"课程、师资、平台、保障"四位一体的创新创业教育体系。

三、打造专创融合、学创一体、育训结合的课程体系

学校基于济宁孔孟之乡、儒学原乡地域优势,将儒学文化经典序化重构形成家国情怀、职业理想、价值塑造、社会担当等系列内容,转化成为职业素养课程和教学资源,锤炼工匠精神;校企共同优课程、强师资、搭平台,开发三证书三课堂课程体系。一是课堂课证一体,建设创新创业通识课、职业素养课、专业核心课、CETT双创培训,学生收获"创业培训证书+职业技能证书+学历证书"。二是课堂学创一体,校企共建工匠工坊、科创工作室,打造学生科技社团,激发学生双创兴趣与灵感,培养学生双创思维与能力。三是课堂线上线下一体,打破空间、时间限制,充分利用线上教学平台,借助微信公众号、抖音平台等新媒体手段激发课堂活力,提升学习效率。"三课堂三证书"的课程体系有力保障了学生专业能力、创新创业能力和职业素

养的稳步提升,有效解决了专业教育与创新创业教育脱节的问题,实现了专创融合的创新创业课程体系开发的创新。

四、构建校企协同、产学互进的双创生态系统

学校依托校友、社会资源,组建由知名校友、企业家、创新创业评委、学院优秀创业教师组成的双创导师智库,培育专兼一体的"三能型"(能上好课、能带竞赛、能创好业)教师队伍。学校成立创业学院,搭建"实践平台+校内孵化器+校外加速器"的三阶递进式双创多元平台,实践平台实现了学生创业项目从"育苗期—成长期—产业期"的华丽蜕变,有效解决培育路径的问题,促进学生"创业—就业"的无缝衔接。学校建设凸显文创融合、科创融合特色的双创实践平台,通过项目孕育、赛事打磨,促进一批双创项目具备落地基础;建设支持学生自主创业、汇聚社会风投资源的"校内孵化器";以校企合作为依托,建设促进创业项目持续运营的"校外加速器",实现创业项目健康成长。

五、完善教管结合、内外协同的双创教育的评价保障机制

学校强化"一把手工程",协调多部门协作共育,建立教与管结合的联动工作机制。校政企三方共建2300平方米校内孵化基地,完善内外协同的双创教育推进机制。学校建立以"素质养成+能力提升"为核心,由"学校、学生、企业"实施的"课程、师资、教学"三方三维综合评价方法,探索校企共同的双创素养评价机制。以成果为导向,聚焦目标达成度,形成双创人才培养持续改进机制。

六、提升学生双创能力,发挥高校"人才泵"作用

学校创新创业教育覆盖全部专业,各级各类大赛参赛项目5720个,双创活动受益学生1.5万人,受众面100%,建成教育部协同创新中心1个,省市级创新平台12个;培育全国高校活力团支部3个,全省百佳社团3个,省级科技创新社团3个。校内孵化创业项目60余个,16个项目获得济宁软件园创意大厦免费入驻孵化资格;"军魂拓展——青少年爱国主义教育领跑者"获第四届中国"互联网+"大学生创新创业大赛铜奖、山东省"互联网+"大学生创新创业大赛金奖及最佳带动就业奖;创业项目"艺家共享美术"荣获第七届中国国际"互联网+"大赛"七个一百"系列活动优秀红旅项目案例,是山东省唯一入选高职院校创业项目。

2021届、2022届毕业生在2020届基础上双创型人才比例翻倍,用人单位对毕业生创新能力满意度超98%。基于中小型企业需求,师生近3年共同完成技术研发服务项目51项。孵化创业项目"蝌蚪创业学院"助力乡村振兴,实现营业额1000万,项目负责人担任全国"互联网+"创新创业大赛评委;创业项目负责人徐楷秋、山东省大学生"青春贡献奖"得奖人刘云飞事迹被《中国青年报》、中青网、学习强国、光明网、央广网等国内主流媒体报道。

聚力双创资源、实施五创融合,打造潍职院双创育人新模式

潍坊职业学院

创新创业教育已成为推进职业教育综合改革的突破口,是当前高职院校培养创新型高素质技术技能人才的抓手,更是职业教育教学理念和范式的创新。当前高职院校创新创业教育存在着平台分散,资源不集中,师资队伍弱,学科交叉融合不够,人才培养机制转变滞后等问题。潍坊职业学院通过构建"155"双创人才培养模式,建立"1+N+X"创新创业竞赛制度体系,打造"内外协同、跨专业、跨领域、跨行业"双创师资队伍,实现了创新创业教育改革推动人才培养模式的改革。

一、主要做法

(一)构建了"155"双创人才培养模式

1.聚力双创资源,打造了1个大创平台

学校将校内外各类科研平台、孵化中心和实训基地整合,将3个国家级协同创新中心、25个省市级工程实践中心和重点实验室、16个创新创业实训中心融合成"3+25+16=1"大创平台,在1个大创平台下实现资源的"共享、共建、共管、共赢"。学校成立潍坊高校创新创业联盟,将知名国赛评委、投资家、行业专家、创业导师等教育要素和师资资源集聚。学校搭建的"硬件资源+软件资源"助力项目从"创新—创业—孵化—推广"提供充足的资源保障,同时为学生创新创业能力成长和教师创新创业能力提升提供支撑。

2.构建"五创融合"创新创业育人新路径

学校通过聚焦智能制造、现代物流、现代农业、人工智能、文创旅游等区域重点产业发展技术,在创新创业育人过程中实施思创融合、产创融合、产教融合、科创融合、赛创融合的"五创融合"创新创业教育体系。学校通过中国国际"互联网+"大学生创新创业大赛"青年红色筑梦之旅"赛道,开展电商扶贫、教育扶贫、技术扶贫,把理论知识和实践成果结合起来,打造了"思政融合"实践课堂;将创新创业核心素养融入专业群人才培养目标,创建了分层递进、双线并行的"专创融合"育人体系;实施"科创融合",选拔优秀创新创业学生,开展科研技术攻关,在项目过程中实现高层次科研能力培养;开展校企合作、产教融合,促进创业平台建设,引入企业的真实项目案例实现"产创+融合",真正提升学生的创新创业能力水平;通过参与中国国际"互联网+"大学生创新创业大赛等国家、省级创新创业赛事,实现"以赛促教、赛创一体、以赛育人"目标。

学校根据专业和兴趣爱好,组建师生共创项目50余个,在指导老师的指导下,共计申请国家专利和软件著作权40余项,实现成果转化15项,通过创新创业大赛组织学生开展就业型创业实践,孵化了都大胖、亿爱智家等20余家企业。

3.实施"系、院、校、省、国"五级竞赛体系

学校在"校、省、国"三级竞赛体系的基础上,充分发挥大赛培养学生、提升学生创新创业能力的作用,以实训车间、实验室为依托,科技社团为载体,在各专业开展班级赛,形成"人人参与、人人竞争"的创新创业氛围,实施了五级大赛贯通创新创业能力梯次提升,通过五级大赛的选拔依次选出专业精英、院级精英、校级精英、省级精英人才、国家级精英人才梯队。

（二）建立了"1＋N＋X"创新创业竞赛制度体系

学校先后出台了以《大学生创新创业教育体系建设方案》为统领，以《学院师生创新创业类竞赛管理办法》《创新创业导师选聘管理办法》等11项涉及课程、师资队伍、平台建设、评优评聘办法，还配套出台了《"互联网＋"、科技创新大赛等一类赛事指导教师训练辅导工作课时折算暂行办法》等内控流程制度，构建起"1＋N＋X"创新创业竞赛制度体系，经过5年的制度体系建设，形成了完善的创新创业教育体系制度，为教师在工作量、考核评价、导师选拔、职称评聘提供了制度保证。

（三）打造了一支"内外协同、跨专业、跨领域、跨行业"双创师资队伍

学校在创业教育学院的牵头下开展双创教育师资队伍的选拔、教学方案的设计、教学标准的制定、师资队伍培训提升、双创教育研究和教学方法的创新。学校将双创教育流程分为技术模块、财务模块、股权融资模块、企业运营模块、市场运作模块等模块，根据模块化整合各二级学院骨干专业教师和兼职创业导师组成"内外协同、跨专业、跨领域、跨行业"分工明确的复合型双创教师团队，使其发挥专业优势、协同育人，达到1＋1＞2的效果。

二、成果成效

（一）人才培养、服务发展成效显著

近五年学校在A类学科竞赛中成绩丰硕，获国家金奖3项、银奖5项、铜奖4项，省级A类竞赛获奖215项；2019年全国普通高校学科竞赛排行榜位列全国高职第28（山东省第二），2020年全国高职第13名（山东省第一名），孵化了都大胖、亿爱智家等20个优秀学生创业团队，毕业生中创业率达到6％，培养了全国大学生年度人物入围人物1人、中国大学生自强之星2人、山东省高校十大优秀学生4人、山东省优秀大学生创业者1人、全省职教社系统典型人物1人、山东省优秀创客10人、潍坊市大学生十大创业之星2人、潍坊市青年创新创业之星20人。

（二）创新创业教育建设改革成果丰硕

学校建成潍坊市大学创业孵化基地1个，牵头成立潍坊高校创业联盟（30所高校），担任创新创业教育全球联合教研室副理事长单位；连续八届荣获山东省"互联网＋"大学生创新创业大赛高校优秀组织奖，连续六届荣获山东省大学生科技创新大赛优秀组织奖，荣获第十二届"挑战杯"中国大学生创业计划竞赛高校"优胜杯"（山东省高职院校唯一）和省赛高校"挑战杯"两次，荣获第三届中华职业教育创新创业大赛竞赛组织奖；先后获评潍坊市创新创业工作先进集体、山东省创新创业典型经验高校、山东省创客之家、中国创新创业典型示范基地和经验高校，2022年获批教育部国家级大学生创新创业教育实践基地建设单位。

培育了全国优秀创新创业导师4名、中国创新创业典型导师2名、山东省优秀创新创业导师32名、山东省金牌指导教师8名、潍坊市优秀创业指导师2名，拥有SYB创业培训师讲师资格证书40人。

三、经验总结

（一）健全组织保障，明确责任，分工明确

学校成立以院长为组长，分管副院长为副组长，各职能部门、二级学院院长为组员的大学生创新创业教育领导小组，优化整合资源，形成工作合力。学校成立大学生创新创业教育中心，作为专门管理机构，负责组织开展大学生创业培训、创业指导和创业项目孵化等工作，为有创业意向的学生提供各项创业服务。各二级学院院长为创新创业教育工作第一责任人，向学院推荐较为成熟的创业项目。

（二）建立了完善的考核激励机制

学校构建了"1＋N＋X"双创竞赛制度体系，把创新创业教育作为年度工作考核的重要内容，对在创新创业教育工作中取得突出成绩的学生和教师予以表彰。

（三）建立了完善的项目孵化资金保障机制

学校设立大学生创新创业基金，专项用于大学生创新创业工作，并通过自筹经费、社会捐助等方式拓宽基金来源渠道，为拥有较好创业项目的创业团队提供资金支持。

（四）切实做好创新创业教育总结和经验推广工作

学校对在中国国际"互联网＋"大学生创新创业大赛等 A 类赛事中取得的成绩及时组织总结经验，并对比江苏、广东等高职院校创新创业教育工作，学习借鉴成功经验，结合自身实际，形成一套适合自身的双创育人新模式。撰写的《潍坊职院"五个融合"打造创新创业教育新路径》典型案例在中国高专教育网等 20 余家媒体报道；创新创业教育工作案例作为山东省高职院校唯一代表，在第七届中国国际"互联网＋"大学生创新创业大赛展览中展出；双创经验先后被潍坊学院、山东畜牧兽医职业学院、杭州职业技术学院、兰州石化职业技术学院等国内百余所高校学习借鉴；双创成果在全国高职高专校长联席会、全国创新创业联盟、双高校建设研讨班、国培省培等分享 30 余次。

厚植双创沃土,培育时代新人

烟台职业学院

烟台职业学院始终将培养学生创新创业能力作为素质教育的有力抓手,通过政策引导、优化培育、扶持项目落地、平台搭建等多项举措,为大学生创新发展聚力赋能。

一、坚持统一领导,不断完善组织架构建设

学校成立由校长任组长的创新创业工作领导小组,学生处(团委)、教务处、德育教学部、财务处、总务处等行政部室协同开展创新创业工作。学校建立二级联动工作机制,设立专门服务管理机构——大学生创业指导中心,配备3名专职人员负责中心运营管理,包括项目入驻、日常管理、教育培训、考核评估等;各系成立就业科,负责本系创业项目推荐、项目监管、业务指导等教育实践的具体实施。教育培训机构专职培训教师19人,通过国家、省、市创新创业专业培训的校内兼职教师85人,省级创新创业导师库专家成员19人,聘请知名企业创新创业精英、优秀创业校友等担任兼职创业导师,着力打造一支专兼结合的高素质创新创业导师队伍。

二、强化政策引导,激发大学生创新创业热情

为更好促进创新创业教育工作科学发展,学校制定出台了《烟台职业学院关于加强大学生创业就业工作的实施意见》《烟台职业学院大学生创业园建设的意见》《烟台职业学院大学生创业园管理办法》《烟台职业学院学生创新创业大赛管理办法》等20多项制度。学校投资580多万元建设2000多平方米设施完善的大学生创业园,为学生创新创业提供经营场地,在校生入驻创业园免交一切费用;各系为本系创新创业实践营和实践班划拨场地,免费使用;为便于学生培训、交流和项目路演,学院投资近20万元建成了路演室,并对大学生免费开放。学校设立创新创业奖学金,用于表彰优秀创新创业学生。学校将大学生创新创业项目纳入学生职业素质评价体系,享受加分待遇和学分积累与转换。

三、实施创新教育,与人才培养体系深度融合

学校始终坚持产学研创结合,整合校内外教育资源,构建了"1+X+Y"创新创业教育课程体系。"1"是指创业教育核心课程。必选课"创新与创业"是创业教育的主干课程,经过多年的培育,2011年已建成省级精品课程,并完成全省中等职业教育和五年制高等职业教育公共基础课程"创新创业与就业指导课程标准"开发任务;"X"是指"创新思维与方法""创业能力训练"等20多门任选课及学校引进多年的KAB创业培训、与市人社局合作的SYB创业培训,2011年至今受培训的学生达18600余人;"Y"是指在所有公共课和专业课中添加创业教育内容,渗透创新创业教育理念。课程以"知识基础、素质本位、能力核心"为理念,采用"课堂内化+项目养成+评价固化"三维推进教学方法,增强学生创新创业意识,提高素质和能力。

学校自2020年开始与北京中科创大创业教育投资管理有限公司合作,成立中科创业学院,组建烟台职业学院双创优才班。学校每年面向各系大一学生重点选拔创新意识和创业愿意强、有家族创业史、有自己

的创业店铺或参加各级创新创业大赛的 50 名学生,开展创新创业激发与项目产生、商业模式设计、模拟创业、商业计划书与路演四大模块共计 104 学时的创客特训营专项教育。

四、深化校企联动,共建创新创业实践育人平台

学校与北京中科创大创业教育投资管理有限公司签署战略合作协议,共同成立"烟台职业学院中科创业学院",设立 5 亿元创新创业基金,实施"三基工程"(设基金、建基地、兴基业),引入"千导计划"(创业导师计划),签署了《创新创业基础课程师资水平提升培训》《可量化创新专利培训》等合作协议,实现了师资培训、专利打造、投资融资等"一条龙"服务模式。

2021 年 4 月,学校成立"先进企业文化教育研究所",与烟台市青年企业家协会签订战略合作协议,联合张裕公司、烟台港、欣和企业等多家行业龙头企业建设烟台职业学院先进企业文化教育基地 11 个。研究所完成 7 项课题,拍摄制作了 30 部先进企业文化教育工匠精神、劳模精神音(视)频多媒体资源,2 个先进企业文化 VR 资源,建设上线了"烟台职业学院先进企业文化教育网络学习资源平台",近 16000 名在校生通过平台进行学习;组织企业文化讲坛 2 次,赴教育基地学习 10 余次,参与人数超 6000 人。

五、践行使命担当,师生服务省域展现新作为

学校近几年来累计孵化大学生创新创业项目达 200 余项,成功孵化"同学＋果园""梦想新青年"等 30 个项目,培养出像毕业于经济贸易系山东世纪豪鲸电子商务有限公司 CEO 郝振宇,年销售额突破 1500 万元;毕业于食品与生化系的山东优界信息科技有限公司总经理郭安润,年营业额突破了 2000 万元等多位创新创业的典型,年营业额累计突破 1 亿元。他们在大量带动当地就业的同时,也在服务省域方面创造出了良好的经济效益。信息工程系的王枚老师,是烟台市有突出贡献的青年专家,在图形图像处理领域有多项成果,师生共同研发项目取得良好成果,从这个团队走出去的 10 多名学生已成为烟台市软件公司的技术骨干。

烟台职业学院将继续以服务大学生创新创业为宗旨,以培养高素质技术技能人才为目标,以激发培育创新创业意识为出发点,不断推动学校创新创业教育的深入开展,为胶东经济圈发展提供创新创业人才支持,开辟大学生创业带动就业的新局面。

"三大平台、三个体系、三项融合"
打造全要素创新创业教育特色品牌

东营职业学院

东营职业学院以建设"有特色、国际化、创业型"高职名校为办学定位,深化大学生创新创业教育改革,建设"三大平台",构建"三个体系",实施"三项融合",形成创新创业教育特色品牌。学校荣获全国创新创业典型经验高校、全国高职高专院校创新发明基地、国家级协同创新中心、山东省大学生创业教育示范院校、山东省青年创业孵化基地、山东省"金种子"计划文化产业试点孵化器立项单位等称号。

一、建设"三大平台"

学校建设创新创业学院、就业创业服务中心、创业孵化基地"三大平台"。

(一)完善管理服务网络

东营市编办批复学校成立独立的创新创业学院,下设创新创业教学部,二级学院成立创新创业指导办公室,学生会设立创新创业部,每个教学班配备就业创业委员,形成全覆盖的创新创业教育管理服务网络。

(二)建立制度保障体系

学校修订出台《东营职业学院学分置换管理实施细则》《东营职业学院大学生创业项目管理办法》等21项制度,建立了完善的创新创业教育制度保障体系。学校修订完善《东营职业学院科技成果转移转化管理办法》《东营职业学院学生技能竞赛经费支持及奖励办法》等,对参与创新创业教育及活动的师生予以政策及经费支持。

(三)搭建创新创业高端实践平台

学校完成创新创业教育综合管理信息化平台建设,面向所有学生开设"创新创业基础""创新创业实务"等课程,编辑出版《创新与创业概论》等20余部专著教材;建设15000平方米的大学生就业创业服务中心和大学生创业孵化基地,依托高水平专业群建设,积极推动各类研究基地、实验室、仪器设备等教学资源向创新创业学生开放,建设兼具科技攻关、智库咨询、英才培养、创新创业功能的综合性"产教研创"平台。学校高标准建设国际化智能创新创业教育平台、虚拟仿真创业对战演练实训室等创新创业教学实训平台和无人机、3D打印等众创空间,有效优化学生创新创业实训环境,学校众创空间被评为国家级协同创新中心。

二、构建"三个体系"

学校构建创业教育课程体系、创业教育评价体系、创业项目输出体系的"三个体系"。

(一)构建创新特色教学体系

学校全面深化创新创业教育改革,将创新创业教育贯穿人才培养全过程,建设"面线点"融合递进的"导引课程+成长课程+项目课程"三步课程,构建链式拓展的"专业学训+项目学做+企业学创"三阶课堂,落地学生创新创业学分账户,推进成长激励导向的"课堂绩效+素质拓展+实践成果"三元评价,"双向融合、三维互动的高职院校创新创业教育系统构建与实践"获国家级职业教育教学成果二等奖、山东省特等奖;打造"大学生创新创业教育"课程获评国家精品在线开放课程,广泛应用线上线下混合教学,促进自主、泛在、个性化学习。

(二)引导教师投身创新创业服务

学校实施"双百"导师队伍建设,校内培育创新创业教师团队100人,校外聘请创新创业导师团队100人。学校完成校内外创新创业导师培训300余人次,派出创新创业教师到创业企业挂职锻炼50余人次,不断提升创新创业教师素质。学校实施"1＋1对1"工程,即1名校内导师和1名校外导师共同培育指导1个创新创业团队,孵化大学生创意创业项目100个。创新创业教学团队获评山东省"黄大年式"教师团队、省级职业教育名师工作室。

(三)强化创新创业大赛组织

学校强化"学训赛创"的创新创业大赛组织管理,教学与赛场紧密对接,赛课结合,以赛促学、以赛促创。近三年,学校组织大赛训练营11期,建立大赛种子项目库,入库项目100余个,省级以上赛事获奖158项。

三、实施"三项融合"

学校实施创业教育与专业教育相融合、与学生社团活动相融合、与"创"文化品牌构建相融合的"三项融合"。

(一)加强专创融合

学校将创新创业教育纳入专业人才培养方案,校企合作共建校外创新创业实践教学基地31个,依托专业建设大学生创新创业团队,专创融合的深度广度不断发展。结合"1＋X"证书制度试点工作,建立创新创业能力评价标准,鼓励学生积极取得创新创业能力证书,拓展就业创业本领。

(二)融入社团活动

成立创新创业学院团总支,加强团学组织对大学生创新创业的领导,大学生创新创业联盟组织项目路演、创业沙龙活动等近百场次,大学生孵化基地团支部被共青团中央授予"全国五四红旗团支部"荣誉称号,大学生创新创业联盟被评为"全国百优社团"。学校组织大学生创业骨干赴江苏、天津、北京等地考察学习、素质拓展,有效提升了广大学生的创业精神和创业能力。

(三)创新创业文化体系

学校以"创"文化统领学校整体文化建设,创意、创新、创造、创业、创优、创效,让创新创业理念深入人心,让学校创新创业氛围更加浓厚,实现教学创新、管理创效、服务创优。学校建设"创"文化景观体系,打造内涵丰富的校园文化活动品牌,全面提高学生人文素养、团队意识和以"工匠精神"为核心的职业精神。学校充分利用媒体融合技术,加强创新创业网络信息文化建设和传播,加强创新创业创造成果交流。

创新引领创业,创业带动就业。多名毕业生被中国工程物理研究院录用,毕业生创办企业近300家,实现高质量就业。创业先锋王海亮、董传盟、李肖肖、高深圳、李开创等连续五届获评"山东省十大创业之星""山东省优秀创业者",带动百余名大学生就业。优秀创业者王俊达被评为"全国大学生返乡创业10强",紧密联结1700名农户共同发展,实现利润2800余万元。毕业生对学校的总体满意度达97.1%,用人单位对学校人才培养满意度97%。

学校"众创空间"被教育部评为全国众创空间协同创新中心,学校大学生创新创业工作经验在全国校联会年会、教育部创新创业教指委案例展、献礼建党100周年——全国高校创新创业成果展、全国职业教育活动周等会议和展览上推广。学校先后被评为全国创新创业典型经验高校、全国高职院校创新创业教育工作先进单位、全国众创空间协同创新中心、山东省创新创业典型经验高校等。

完善双创教育体系，探索双创育人新模式

滨州职业学院

为培养创新创业型人才，增强学生创新创业能力，滨州职业学院依据自身教学条件，在学校领导的大力扶持下，秉承"正确引导、分类实施、逐步推进"的工作思路，依托校企合作等多方平台资源，打造多元创新创业实践平台，形成了创业带动就业、亲身体验行业的良好局面。

学校在推进创新创业实践教育工作中，充分发挥项目基地孵化职能，整合各方优势资源，提供创新创业项目孵化的软硬件支持，落实"作品、产品、商品"相结合、"学校、企业、市场"相结合的创新创业思路，不断完善双创孵化平台的设施建设和管理模式，在育人理念、组织架构、资源统筹、建设成果、服务省域等方面打下了坚实的工作基础。

滨州职业学院全面贯彻落实党和国家加强创新创业人才培养的系列文件精神，深化创新创业（以下简称双创）教育改革，在校企合作形式、产教融合方式、创新型人才培养等方面取得显著成效。

一、建构知识与实践深度融合的双创教育课堂

学校面向全体学生开设创新创业教育课程，着重对学生进行创新创业理论、创新创业精神、创新创业素质、创新创业技能培养；将"思政元素"融入双创教学的理念、内容和实践全过程，面向专业教学课程，深入挖掘创新创业教学资源，将创新创业能力提升融入专业课程体系，努力做到专业教育和双创教育的"专创融合"。

二、建构培育到孵化逐层递进的双创实践课堂

学校通过全院双创基础教育培养，利用教师科研项目训练和双创大赛选拔等方式遴选优秀种子项目，依托双创基地催动项目孵化，完善配套措施，创业导师跟踪式培训辅导，系统创建"项目研种、竞赛选种、平台孵种"的三联动实践课堂。

学校加大创新创业实践基地建设，建筑面积共计3000平方米，实现了40余个大学生双创项目入驻。学校通过孵化基地和中裕产业学院、建设银行创业基地等工程建设，在创新创业人才培育领域凸显出"注重学生亲身实践能力，力争创新创业项目贴近实际"的特点，切实为学生的创新创业实践能力保驾护航。

三、加强师资队伍培养

学校关注教师队伍建设，从"外引"和"内培"着手，从社会各界聘请企业家、专家学者等作为兼职导师，挖掘校内教师资源，聘请校内导师，成立创新创业导师库。学校制定创新创业教师队伍建设规划；选派教师参加SYB创业培训讲师、创业实训指导师、高校创业咨询师等培训；建立校内导师到行业企业挂职制度；选聘优秀创业培训师、创业成功人士及专家学者到校兼任创新创业导师，提高教师队伍整体素质水平。

四、秉持"开门开放、多元多样"办学理念，统筹汇集多方优质资源

学校在贴近生产的基础上，坚持"开门开放、多元多样"的办学理念，加大专创融合的教育培养力度，建

设成立了一大批产业学院、职教联盟、生产性实训基地和技能大师工作室,组建3个全国性职教联盟、5个区域性职教联盟;共建9个混合所有制产业学院(其中一个共建双创学院);与618家优质企业建立稳定的合作关系,共建校企合作专业16个,共建生产性实训基地67个;建设成立19个技能大师工作室,在"开门开放、多元多样"的办学理念下推动创新创业教育稳步向前。

(一)建设全国性和区域性职教联盟(集团)

学校先后参与组建了全国高端生活服务业职业教育集团、中国高端铝产业职教联盟、全国护理职教联盟等全国性职教联盟(集团)建设。学校依托联盟共建共享教学与培训资源,积极开展技能工种培训、职业资格证书培训、创新创业培训等教学活动,按照需求导向,依托联盟资源,不断优化人才培养方案和课程体系。

(二)深化校企合作,共建生产性实训基地

学校积极开拓校企合作市场,深入探讨合作育人项目。学校与菲尼克斯中国总部、魏桥创业集团等618家优质企业建立了深入、稳定、持续的校企合作关系;校企共建生产性实训基地67个,学校在合作企业内建立稳固的大学生实习实训基地,合作企业同时深度参与校内实训基地建设;近年来,建筑类、机械加工类、学前教育类3个生产性实训基地被教育部认定为国家级生产性实训基地,为学生获得优质的教育资源和实训条件提供了坚实的软硬件支持。

(三)深化产教融合,共建混合所有制产业学院

学校积极对接全市"5+5"产业发展,共建混合所有制产业学院,签订产业学院共建协议,明确高职院校、行业企业等主体的权责与权利,双方优势资源入股,建立理(董)事会领导下的院长负责制,采用股份制产权结构和企业化治理机制,共建技术协同创新平台,共育高素质技能人才,实现产业链、创新链、教育链、人才链的有效衔接。

(四)高层次人才示范引领,建设技能大师工作室

学校建设了程斌生循环农业工作室、张利岩护理工作室等19个技能大师工作室,学生通过大师的言传身教,传承大师的优秀品质、工匠精神和精湛技能。

五、以创新创业大赛为抓手,实现以赛促教、以赛促学、以赛促创

学校充分利用校企平台,在联合开展创新创业大赛数量中增强学生创新创业实践能力。走出去,将双创课堂迁移到企业;请进来,将企业场景建设在学校。学校更大规模地聘请优秀企业专家深度参与学校双创参赛项目的培育全过程,将企业作为大赛项目的"练兵场",将大赛项目作为企业的"粮草营",引导大学生创业项目针对企业需求参加大赛活动,鼓励企业在大学生创业项目中寻找技术或管理解决方案。

学校以赛促教,鼓励学生积极参加创新创业各类竞赛,组织学生参加"互联网+"大学生创新创业大赛、山东省黄炎培职业教育创新创业大赛、学创杯全国大学生创业综合模拟大赛及山东省大学生创新创业模拟企业经营大赛等赛项,建设以"创意激发—实战训练—双创大赛"内容为主线大赛训练培养体系;借助平台提升学生创新创业能力。

学生积极参与各类双创竞赛,连年斩获佳绩。学校以"互联网+"大学生创新创业大赛为代表的高水平赛事作为优秀创业项目遴选的"试金石",依托双创基地催动项目孵化,催生项目孵化,广泛组织参加各级各类创新创业赛事,积极采取"政府搭台、行业指导、校企共办"的方式联合举办双创赛事、技能大赛、高等级行业论坛和年会,提高学校的知名度。

构建"四结合"双创教育教学体系，培养创业实践型和岗位创新型人才

山东科技职业学院

山东科技职业学院是国家示范性高职院校、国家优质高职院校和国家"双高计划"建设单位，被评为全国高等职业院校"教学管理50强""学生管理50强"和"国际影响力50强"院校。学校高度重视大学生创新创业教育工作，着力构建双创教育体系，创新实施"知识传授、技能训练、素质培养、创新实践、价值积累"五位一体人才培养体系，将专业教育与创新创业教育融合，结合学生特点开展创新创业教育与实践，工作成效突出、特色鲜明。

山东科技职业学院深入贯彻落实国家"大众创业、万众创新"的战略，以创新型、发展型、复合型杰出技术技能人才为培养目标，致力于培养学生创新能力和发展潜能，以构建"四结合"双创教育教学体系为切入点，创新实施"五位一体"人才培养体系，实施"2122"创新创业教育工作模式，双创特色鲜明，成效突出。

一、聚焦培养创新创业人才，构建"五位一体"人才培养体系

学校聚焦创业实践型和岗位创新型两种人才培养要求，坚持立德树人、德技并修，以创新教育与实践为切入点，系统构建"知识传授、技能训练、素质养成、创新实践、价值积累"五位一体人才培养体系。

二、构建"四结合"双创教育教学体系，形成系统化培养特色

学校以创新创业文化为引领，以体制机制创新为保障，系统构建"四结合"双创教育教学体系，培养具有创业实践能力、岗位创新能力的创新型、发展型和复合型杰出技术技能人才。"四结合"是指课内双创教学与课外双创活动结合、理论教学与实践教学结合、专业教育与双创教育结合、创业实践与岗位创新结合，将双创教育融入人才培养全过程，服务所有学生成才。

三、构建双创综合实践育人平台，建设高水平创新创业教师队伍

(一)融合校内外双创基地、实训平台，建成综合实践育人平台

学校建设专创融合的实验实训平台，实现开放运行。学校建有海尔创客实验室、创意工坊等基础实训室及137个专创融合实训室，向全体学生开放，其中央财政支持的实训基地1个、省级实训基地4个。学校建成山东省大学生创新创业孵化示范基地为学生提供一站式服务。同时，建有省市校三级科技研发平台，引导学生参与科技创新活动。

校企共建校外双创实践基地，有效延展双创实践支持链条。建有潍坊文化创意产业园等29个校外基地，与政府、企业共建潍坊市大学生创新创业园，为双创实践提供有效支撑。

(二)建设专兼结合的双创教师队伍，系统提升教师教学与指导能力

学校成立创新创业教研室，配备高水平带头人，统筹教师校外、校本、系本三级培训，开展教师线上线下

混合式研修,形成"三级两线"教师发展服务体系,培养了93名校内专兼职创新创业教师,其中包括山东省创新创业导师库39人,由知名专家、企业家、产业教授等优秀人才组成校外创新创业导师团队,全方位参与双创教学与指导。

四、创新实践"2122"创新创业教育工作模式

"2122"模式是指聚焦创业实践型和岗位创新型两类人才培养,着力构建一个综合实践育人平台,将第一课堂教学与第二课堂活动结合,通过创新实施混合式教学和职场化训练两种模式,形成适应高职教育特点的双创工作模式。

(一)系统构建创新创业课程体系,创新实施混合式教学模式

1.必修与选修并存、基础课程与专创课程递进,构建双创课程体系

学校面向全体学生开设大学生创新创业教育,作为双创教育必修基础课程,在尔雅平台确定13门创新创业课程,供学生选修,要求至少修完1门(2学分),并组建在线课程答疑教师组,强化管理与指导。近三年,学生线上选修双创类课程达12898人次,12566人取得学分;各专业积极推进专创融合课程建设,开发实施248门专创融合课程。

2.实施混合式教学模式,培养学生自主学习能力和双创能力

学校以教师为主导、学生为主体,依托职场化与信息化融合、校内外融合、专创融合、科创融合的综合实践育人平台,实施混合式教学,"线上+线下"贯穿课前、课中、课后教学全过程。

(二)构建双创实践实训体系,创新职场化训练模式

1.建立进阶式创新创业实践实训教学体系

学校构建基础创新创业实训项目、专创融合实训项目、综合创新创业实训项目三层进阶的实践教学体系,设计开发3个公共实训项目和274个专创融合实训项目,综合创新创业实训项目与毕业设计相融合,纳入人才培养方案,实现全院各专业全覆盖,培养学生创新创业实践能力和岗位创新综合能力。

2.开展校内外创新创业实践

学校融合企业工作任务、真实项目、科技项目、双创项目,开发专创融合实训项目,在职场化环境,以实战训练、合作研发等形式进行训练,形成物化成果,提升职业能力。学校成立了33个双创社团,开展发明创造、科技竞赛、创业实践等活动。学校邀请高校专家、优秀企业家进行创业教育,各类双创实践活动学生覆盖率达100%。

五、双创工作特色鲜明,成效显著

(一)就业质量高、发展潜力大,参与创业实践人数逐年上升

学校紧抓创新创业教育,促进和带动优质就业。毕业生岗位适应能力与创新能力强,岗位创新能力强,促进了学生职业发展。近年来,自主创业与参与创业毕业生人数持续提升。

(二)创新创业工作获奖成果丰硕

学校于2018年获评山东省大学生创业孵化示范基地,基地目前入驻创业实体74家,其中54家成功完成工商注册,注册资本1600余万元。学校荣获多项创新创业和就业工作荣誉称号;获国家技能人才培育突出贡献单位、全国深化创新创业教育改革特色典型经验高校、全国高职院校创新创业教育工作先进单位、全国高等职业院校创新发明教育基地、高校毕业生就业创业工作典型案例学校等荣誉称号,学院多次获评创新创业大赛优秀组织单位。

学校以专利申报为载体培育学生创新思维,成效显著。学校被山东省知识产权局授予山东省知识产权优势单位,是山东省首位和唯一获此殊荣的高职院校。学校以学生为主体,师生共申请专利4807件,获批专

利 645 件,专利创新社团荣获山东省大学生优秀科技社团称号。

(三)创新创业实效与影响

学校双创先进典型层出不穷。毕业生苑龙飞同学,在校期间申报实用新型专利 6 件、发明专利 1 件,并创办潍坊翔飞环保咨询有限公司,从创新走向创业。毕业生张善阳同学,创办潍坊尚德服饰有限公司,年营业收入 1600 余万元,已发展成山东省最具规模化、专业化的学生装、军训服和高校床品生产企业。物业管理专业生亓文才同学,创办南京启航物业公司和南京热信软件公司,年营业额 800 万元,获首届南京现代服务业十大新锐人物、江浙沪十大鲁商新星奖。

近年来,国内众多媒体对学校双创教育工作经验进行宣传报道,双创教育社会影响力持续增强。

"内涵建设"促人才培养,做强创新创业职业教育

山东服装职业学院

山东服装职业学院位于国家历史文化名城山东省泰安市。学院充分发挥地域优势,结合专业特色,全面贯彻党的教育方针,落实立德树人根本任务,以创新创业教育改革作为推进高等职业教育综合改革的突破口,以"内涵建设"促进创新创业教育工作开展,取得了显著成效。

一、以"内涵建设"提升创新创业教育工作顶层设计

学校全面落实立德树人根本任务,践行"通过教育,改变未来"的使命,秉承"明德尚能、求实笃行"的校训,坚持"服务发展,引领发展"的办学理念,大力培树文明、专业的"山服人"形象,瞄准"双高计划"要求,确立"创新型、开拓型"人才培养目标,全力推进内涵发展,提升办学质量,构建创新创业协同育人模式,促进地区经济的发展和进步。

学校以山东省高等职业院校办学质量年度考核方案为办学质量文化方针,按照高等职业院校办学质量多元多维评价体系,形成办学质量考核结果运用长效机制。学校通过开展内涵提升行动,科研创新工程成效显著,科研项目、获批专利数均比往年有所增加,学校申报的人工智能公共实训基地被山东省工业和信息化厅立项为 2022 年山东省新旧动能转换公共实训基地;山东省高等学校现代汉服数字化新技术研发中心被立项为省高等学校新技术研发中心;"薛伟科普专家工作室"入选首批泰安市科普专家工作室;产教融合工程进一步深化,与慧科教育科技集团有限公司、山东网商教育科技集团等多家企业开展深入合作,着力实现校企合作共赢;文化育人工程色彩纷呈,文明校园、文明养成、活动育人、书香校园各项工作稳步推进,2022年学校获山东省教育厅"全省首批中华优秀传统文化传承示范校"、山东省纺织行业学会"产学研优秀创新单位";学校质量提升工程成效显著,2022 年在校生规模实现建校以来最大值、国际化合作办学迈出实质性步伐。

二、创新创业教育体制机制不断完善

学校高度重视创新创业教育工作,健全工作领导机构,成立由院长任组长,分管院领导任副组长,科研处、教务处、学生工作处(团委)、招生与就业指导办公室等相关部门及各系负责人为成员的创新创业教育工作领导小组,研究制定学校创新创业教育工作机制,决定学校创新创业教育工作重大问题,将创新创业课程教学、创新创业讲座培训、创新创业大赛、创新创业项目孵化等工作环节有机衔接,形成创新创业教育完整的工作体系。

学校结合办学定位、服务对象和创新创业教育目标要求,每学年制定专业教学质量标准,修订人才培养方案,细化创新创业素质能力要求,明确坚持培养实践能力和创新思维相结合的原则,注重学生的专业认知和职业引导,创新实践教学模式,在专业育人中贯穿创新创业意识、创新创业思维和创新创业能力的培养,提高实践育人的内涵与效果。

三、高质量开发创新创业课程资源

学校根据人才培养定位和创新创业教育目标要求,充分挖掘和充实各类专业课程的创新创业教育资源,在传授专业知识过程中加强创新创业教育。

学校将"大学生职业生涯规划与就业指导"课程作为必修课列入教学计划,组织力量编写了《大学生自主创业教程》《山服学子》《就业与创新创业指导教程》等创业指导教材和材料,应用于教学活动。学校采用启发式、互动式、项目式、案例式、主题式、调查研究式等教学方法,提高学生的课程参与度,注重培养学生的批判性和创造性思维,激发创新创业灵感;线上教学资源提供更加丰富多样的教育资源;考试环节采用"卷面考+实践考"的方式,破除"高分低能"积弊。

四、创新创业教学改革锐意进取

学校将大学生创业意识和创新创业能力的培养贯穿于学生培养的全过程。为适应多样化教育及学习需求,学校充分利用在线教育教学资源,购买优质在线开放课程资源,打造线上线下融合的教学模式,打破了教与学的时间、空间限制。创新创业实践课与专业课合理配置,在实践教学环节中增加学生参与创新创业实践的机会,鼓励学生结合专业所学知识与社会需要开展创业实践活动。同时,有效利用学生的课外活动、社团活动、技能大赛与社会实践活动、职业技能训练等第二课堂,形成创新创业训练计划。

学校建成的服饰博物馆、盛世泰山百米浮雕、泰山石刻园、艺术剧院、泰山大讲堂、艺术广场、茶艺实训室、书画实训室等文化设施,建设的"天下泰山 时尚泰安"品牌栏目、华裳天下国际服装表演等文化项目,成立的"紫薇花艺术团""泰安汉服研究中心""泰安服饰文化中心""皛白旗袍工作室""雕塑工作室""文明礼仪宣讲团"、学校社科联等文化交流与研究平台,让学生充分浸润在浓厚的校园文化氛围中,弘扬传统文化的同时,激发了学生创新创业兴趣。

五、着力打造创新创业教育人才队伍

学校通过教师申请、各系推荐、学校审核等途径,各系建立一支岗位职责明确的创新创业教师队伍。学校通过岗前培训、外出研修、到企业挂职锻炼等一系列举措,提高教师创新创业教育的意识和能力;通过实践锻炼、成果检验,逐步建立"学校创新创业导师库",纳入学校科研专家库统一管理,并在此基础上,评选认定"学校创新创业教育教学名师",评选优化"山东省高等学校创新创业教育导师库"学校导师队伍,积极申报"省级创新创业教育教学名师"。

学校各系依托专业特色与优势,面向科技前沿和国家、省经济社会发展战略需求,以项目为载体,结合科研立项选题和创新创业比赛项目,组织攻关,带动团队建设,培育青年创新团队;开展"学校青年创新团队"评选认定工作,并以此为基础积极申报"山东省高等学校青年创新团队"。

2023年学校承建完成泰安市大型仿真实训基地,有效整合现有的教育资源,既能承担市、学校的职业教育学生的实训实习、技能竞赛、职业鉴定、创业孵化、师资培训任务,又能为中小微企业提供技能培训、技术开发、科研成果转化等方面的服务。

明德尚能、求实笃行,通过"内涵建设",学校将建设成为区域产教研融合、科技创新、文化传承的重要基地,切实做强创新创业职业教育。

打造"五四三"模式,构建创新创业教育体系

潍坊科技学院

潍坊科技学院是经教育部批准,由寿光市人民政府创办的一所全日制应用型普通本科高校,潍坊国家职业教育创新发展试验区试点院校、定向培养军士试点高校、硕士学位授予立项(培育)建设单位、山东省应用型本科高校建设首批支持高校。学校以习近平新时代中国特色社会主义思想为指导,围绕建设适应地方经济社会发展需要,以质量著称的应用型特色名校办学定位,全面深化创新创业教育改革,探索"五维融合"创新创业一体化课程体系,搭建"四级递进"创新创业实践育人平台,构建"三师协作"创新创业导师协同育人模式,将创新创业教育贯穿人才培养全过程,通过课程建设、实践育人、以赛促创,为新时代中国特色创新创业教育探索提供"潍科样板"。

一、探索五维融合创新创业教育一体化课程体系

学校优化创新创业课程结构,将创新创业教育纳入专业人才培养方案,列入学生素质拓展计划,构建全面覆盖、全程贯穿、专创融通、实践强化的创新创业教育课程体系。学校通过"通识素养、专业教育、实践活动、创业大赛、成果孵化"五维融合,形成了"通识课程＋专创课程＋实践课程＋赛事培训课程＋成果孵化课程"一体化课程体系。创新创业教研室持续深化双创育人体系研究,立项山东省本科教学改革创新创业类项目1项,立项山东省教育发展微课题创新创业和就业方向课题3项,共青团实践育人工作课题1项,获山东省创业讲师教学能力大赛"高等院校组"一等奖。

二、搭建四级递进创新创业教育实践育人平台

学校成立创新创业学院,协调对接政府、企业和专业等多方资源,合作搭建"专业社团—众创空间—企业孵化器—产业园"四级递进的创新创业实践育人平台,实现"兴趣培养—项目孵化—创业服务—企业产生—成果转化"全链条实践育人。学校创新创业实践基地寿光市软件园、大学生创业园,先后获得国家小型微型企业创业创新示范基地、全国应用型人才培养工程产教融合示范基地、青年就业创业见习基地、山东省大学生创业孵化示范基地、山东省(校企合作)产教融合示范单位、山东省众创空间等荣誉称号。

三、构建三师协作创新创业导师协同育人模式

学校聘请行业企业专家、商业精英打造由专业教师、双创导师、企业行业专家组成的创新创业导师团队,形成三师协作协同育人模式。初期阶段,由各院系优秀专业教师担任双创启蒙导师,开展专创融合教育,将创新创业与所学专业相结合,营造创新创业文化氛围,培养学生创新创业意识。中期阶段,学校选拔优秀专业教师参加创新创业培训班,参加山东省创业培训讲师和创业咨询师培训,合格教师纳入创新创业课程授课师资,打造专职双创师资梯队。孵化阶段,由创业校友和校外创业专家担任创业实战行业导师,协同学生成果孵化、项目落地,先后孵化出雷康生物、松泰牧业、农圣电商等一批学生创业项目。

学校体系化培养成果丰硕,创新创业教育凸显成效。学校当选山东省大学生创新创业教育指导委员会

融媒体宣传推广委员会会长单位,加入全国大学生创新创业实践联盟,17名教师获山东省"互联网＋"优秀创新创业导师,1人获评中国大学生创新创业实践联盟组织评选的优秀指导事迹,4名教师入选中国国际"互联网＋"大学生创新创业大赛国赛专家库,8名教师入选潍坊市人社局创业培训计划评审专家,多次担任省级和市级创业大赛评审专家。学校组建社会企业导师团,打造"一体两翼三支撑"的文圣众创空间,建成山东省首家省级示范创客中心。2021年以来,学校建立校外创新创业实践基地16个,遴选首批30家学生创业项目入驻学校文圣空间和大学生创业园,学校提供场地,享受租金减免优惠政策,助力学生创业。学校立项全国大学生创新创业训练计划项目11项,山东省双创计划项目52项,入选"创青春"中国青年创新创业项目支持计划9项。学校获第十七届"挑战杯"全国大学生课外学术科技作品竞赛特等奖1项、一等奖1项、二等奖2项、三等奖5项;获第十三届"挑战杯"中国大学生创业计划竞赛金奖1项,银奖2项,中国国际"互联网＋"大学生创新创业大赛银奖、铜奖,"创青春"中国青年创新创业大赛(乡村振兴专项)全国总决赛银奖,全国高校商业精英挑战赛创业组总冠军。学校获得第五届山东省"互联网＋"大学生创新创业大赛青年红色筑梦之旅赛道优秀组织奖、第六届山东省"互联网＋"大学生创新创业大赛优秀组织奖、第八届山东省"互联网＋"大学生创新创业大赛优秀组织奖。学校2020级学生油伦贺荣获第十五届中国大学生年度人物入围奖、山东省大学生十大创业之星、2022年齐鲁最美大学生、第八届中国青少年科技创新奖。学校多次组织"潍科学子企业行""博士企业行"等活动,积极推动科研成果转化,助力企业技术攻关,服务地方经济社会发展,取得良好办学效益和社会效益。

山水创客育人模式：勾勒学生创客全息画像，成就职教学子出彩人生

山东水利职业学院

一、案例简介

山东水利职业学院紧跟国家创新创业教育的政策导向，以"人人是创客、人人是赢者、人人能出彩"为愿景，深入推进双创背景下高职院校"三教"改革，形成了人人出彩的"山水创客"教育体系。成果荣获 2022 年山东省教学成果奖一等奖，入选山东省教育厅"致敬品牌·献礼党的二十大"山东省高校品牌系列，荣获 2020 年度高职院校创新创业教育特色典型案例，荣获中国创新创业典型示范高校，荣获高职院校 2021 年就业竞争力星级示范案例。

二、主要做法

（一）提出"四创并举"的山水创客育人理念

学校落实立德树人根本任务，确立"在校是创客能创新，毕业敢创造会创业"的山水创客育人理念。学校以"人人是创客、人人皆赢者、人人能出彩"为愿景，践行"追求卓越、勇于探索、师生共创、服务赋能"的山水创客精神，面向每个学生开展有温度、有广度、有深度、有力度的创新创业教育，为学生提供从入学到就业不间断、可持续的创新创业教育与指导，使学生关注、学习并主动参与创新创业，实现"创客"精神的觉醒、"创新"素养的提升、"创造"意识的强化、"创业"能力的拓展。

（二）确立"四力共育"的山水创客目标体系

学校基于高职教育类型特色和创新型高素质技术技能人才培养，确立了以"创客思想力、创新行动力、创造活跃力、创业意志力"为核心的"四力共育"目标体系。大一时，侧重提升学生的创新行动力，激发学生认识、认知与认同的兴趣；大二时，侧重提升学生的创造活跃力，强化学生适应、建构、迁移的素养；大三时，侧重提升学生的创业意志力，培养学生想创、敢创、会创的能力。学校将实现大学三年创新创业教育不断线、毕业之后创新创业指导不断档，全面强化了高职学生自主学习、自觉创新、自发创造、自信就业创业的能力。

（三）搭建"四维共筑"的山水创客课程体系

学校构建了有思想温度、知识广度、专业深度、实践力度的创新创业教育课程体系。学校立足"敢闯会创"的核心素养，培养学生家国情怀，按照创新创业通识课、专创融合课、创新创业实践课三个类别对课程进行优化，形成了有序衔接的课程体系。学校基于学分制和学分转换管理办法，统筹职业生涯规划和职业发展、创意和创新、就业和创业，实现了课程的应用性、实效性和针对性。学校实施山水创客星级认证和等级评定制度，科学考核学生的学习成效。

（四）打造"四融共生"的山水创客实践体系

学校针对"四力"创客教育目标，通过思创融合、技创融合、训创融合、赛创融合四大育人路径，将立德树人渗透创新创业教育全过程，在创新创业教育中融入课程思政；以技创融合为抓手，在技术技能训练中融入

创新创业教育理念和方法;以训创融合为驱动,打造训创一体的创客空间,开展创意实践、创业孵化等创新创业实践活动;以赛创融合为依托,参加"互联网+"大学生创新创业大赛等职教双创"八大赛事",检验学生创新创业实战能力,全链条培养创新型高素质技能人才,有效增强职业教育的社会适应性。

(五)构建"四联共建"山水创客培养体系

学校基于高职院校创新创业教育特点,构建一体化、全方位的山水创客培养支撑体系,充分发挥政府、企业、学校、校友四方在创新创业教育中的联动作用,学校与日照市政府共建中国(日照)创客教育大本营;联合新道科技股份有限公司共建全国首个校企合作的创客教育学院;联合国内 38 所高职院校牵头成立全国首个创客教育联盟,打造国内首个高职院校创新创业教育智库迈赋智库;开发全国首个职教双创数字化平台"山水创客 App",利用"三微一端"打造山水创客文化新媒体矩阵,形成校内校外一体化、线上线下全方位的创客教育策源地。

三、成果成效

(一)创新创业能力显著增强,就业创业质量全面提升

大赛成果丰硕,2017 年以来,山水创客荣获全国职业院校技能大赛创新创业赛项一等奖、中国国际"互联网+"大学生创新创业大赛金奖、"挑战杯"中国大学生创业计划竞赛银奖等国家级奖项 32 项、省部级奖项 458 项。创业成效显著增强,2017 年以来,学校自主创业学生占毕业生总人数的比例逐年上升,山水创客毕业生获省、市、区(县)三级政府有关部门创业奖励 576 人次,涌现出一大批典型大学生创业代表。就业质量全面提升,学校入选中国青年报社 2021 年高职院校就业竞争力星级示范案例 30 强,山水创客以其强劲的就业竞争力成为高职院校毕业生的标杆。

(二)教师教学创新能力显著提升,教育教学改革成果丰硕

创新创业教育研究形成体系,2017 年以来,团队成员主持完成省级以上创新创业教育课题 10 项,其中《高职院校"四力融合型"创新创业教育生态体系研究实践》等 4 项课题荣获一等奖;在《教育与职业》等期刊发表学术论文 21 篇。教师的教学创新能力突出,荣获国家级职业教育教师创新团队 1 个、国家级课程思政教学名师和团队 1 个、山东省黄大年式教学团队 1 个,入选中国高校创新创业教育研究中心专家库专家 1 人、中国高职发展智库高级专家 4 人、中国双创典型导师 2 人。学校主导建成多个国家级、省级创新平台,入选国家级示范性职业教育集团(联盟)培育单位 1 个、国家级协同创新中心 2 个、山东省职业教育技能技艺传承创新平台 5 个、山东省创客之家 2 个。

(三)形成了特色鲜明的"山水创客"品牌

新华网"读懂创新的密码"栏目重点报道学校创新创业教育工作,本校是全国首个以专题片形式全面展示创新创业教育成果的高职院校。学校获评教育部高等学校创新创业教育指导委员会高职院校创新创业教育特色典型案例。学校"人人出彩的山水创客教育体系"入选"致敬品牌,献礼党的二十大"山东高校"品牌系列"。学校创新创业教育工作获《中国教育报》《大众日报》等 30 家媒体宣传推广 61 次,荣获中国互联网新闻中心中国双创典型示范高校。教育部原副部长、中国职业技术教育学会会长鲁昕对学校创新创业教育工作给予高度评价。学校参与中英创新创业教育校长论坛、中国高等教育学会创新创业教育分会年会等国内外会议或论坛分享交流,受到广泛关注和好评。

"543"双创教育新模式探索与实践

山东畜牧兽医职业学院

山东畜牧兽医职业学院经过多年实践探索,将价值导向、专业课程、科技创新、行业产业、创赛活动与创新创业教育深度融合,形成"五创融合"新理念;着力构建机构、人员、场地、经费"四位一体"双创管理保障体系;推动全员参与、全程渗透、全方位推进"三全育人",在全国独家首次形成"543"双创教育新模式,极大地激发了学生的双创热情,校园双创氛围日益浓厚,提升了双创人才培养质量。

一、"五创融合":双创教育崭新理念

(一)方向引领,强化思创融合

一是思政融入,把握方向。学校以服务国家乡村振兴战略、造福人民、服务社会为引领,将思政课堂与双创教育相融合,使学生双创主动融入国家发展事业中。二是活动带动,强化实践。学校组织学生科普协会等社团开展社区服务,开展中西部地区"科技服务万里行"支农扶贫活动,使学生在课堂引领和实践感悟中激发双创热情,找准双创方向。

(二)学以致用,推进专创融合

一是抓实专创融合人才培养模式和教学管理制度改革。学校通过完善人才培养质量标准、健全双创教育课程体系、探索分类培养调整机制,进一步改革人才培养模式;推进学分制改革试点、完善考核方式,将双创意识激发、双创精神培育、双创能力提升和双创项目育成等内容融入专业课堂和社会实践。二是培育专创融合师资队伍,推进专创融合课堂革命。学校建成"政行企校"及校友多元融合型师资队伍,39人入选教育部和山东省双创师资库;强化双创师资培训,实施教师进企业实践锻炼制度,增强专业教师专创融合教学能力,促进专创融合课堂教学改革。三是组建专创融合学生创客团队,促进学生专业学习与双创活动的结合。学校以专业为依托,由专业教师、辅导员组织学生建立专创融合创客团队,开发创新创意和创业项目,开展项目化教学与实践,推动以创促学,学以致用。

(三)求新思变,倡导科创融合

学校出台《科研项目管理办法》,激励师生开展科研活动和发明创造;广泛开展师生科普活动及科技创新培训,组织科技创新、创意、创业交流;开展科技下乡社会实践活动,促进学生学思践悟、求新思变,立足专业开发科技双创项目;推动师生双向互选结对活动,有科研能力的老师选择1~2名学生参与科研发明全程,有创新发明能力的学生选择1~2名老师作为创新导师,实现师生共创。

(四)务实重效,关注产创融合

一是充分利用合作企业平台。学校与企业合作建成双创实践交流基地260余处;二是拓展校内实训实践基地。学校投入320万元建成"鲁台青年双创中心""牧谷星空"大学生众创空间,建成校园创业实战一条街,为大学生就业创业提供持续帮扶、全程指导、一站式服务,14家入驻企业成长良好。学校投资6亿元,建设新旧动能转换智慧农牧示范园2个,打造集科研、生产、实训、就业创业实践于一体的现代化全要素人才培养实践平台;三是协助对接当地资源。学校推动毕业生创业项目与区域产业融合成长,做到扶上马送一程,

毕业生离校服务不断线。

（五）活动带动，推动赛创融合

一是改革教学模式，将课堂变成小型赛场。学校在创新创业通识课教育教学中设计知识点运用 PK 赛、创新创意点子辩论赛、创业策划赛、模拟创业网络赛等班级或跨班比赛活动；二是开展院系活动。学校在二级学院发动科技创新、创业设计赛事，纳入学校年度绩效考核；三是扩大举办校级赛事。学校在全校面上开展"创业之星"创业模拟赛、职业生涯规划赛、大学生科技创新赛及"互联网＋"创业计划赛、创业先锋特训营结业汇报路演赛等，使学生在参赛过程中提升创新、创意、创业素质和能力。

二、"四位一体"：双创教育坚强保障

学校高度重视创新创业教育工作，2016 年出台《创新创业教育实施方案》，2017 年印发《进一步推进创新创业教育改革实施方案》，从顶层设计上完善双创教育体系，着力构建机构、人员、场地、经费"四位一体"双创管理体系。

（一）完善双创教育机构设置

成立双创教育学院，设立双创教育管理科，组建双创教研室，在二级学院设立就业创业科。

（二）不断充实双创教育管理队伍

配备校级专职双创管理人员 4 人，专兼职双创教育教学及管理人员 152 人。

（三）建设双创教育实践基地

建成校外双创实训实践基地近 300 处，校内建有"牧谷星空"众创空间和"鲁台青年双创中心"，建筑面积 4665 平方米，设 170 个开放办公位、21 个独立工作室，会议室、路演厅、休闲区、网络配套设施齐全，运营管理规范。

（四）就业创业工作经费充足

工作经费按学生平均不低于 150 元的标准纳入年度预算，自 2018 年起，专设双创教育扶持资金 100 万元，支持双创教育教学与培训，资助学生双创项目。

三、"三全推进"：双创教育有效方式

学校全面构建"校院班"上下贯通，"校政行企"内外交融，全要素、立体化双创教育协同育人新机制，通过全员参与、全程渗透、全方位推进"五创融合"。

（一）创新创业教育理念融入教职员工培训体系

对就业创业课任课教师和专职管理人员，定期开展双创教育培训；对班主任、专业课任课教师，不定时开展双创教育理念培训，使每一位教职员工都能将双创理念融入日常教学和教育管理中去，实现全员育人。

（二）创新创业教育理念贯穿整个学程

学校从新生入学教育开始，通过创业校友报告、职业生涯规划教育、双创课堂、双创大赛等活动，将创新创业意识、创新创业精神、创新创业技巧融入教育教学全过程和学生在校全学程。

（三）创新创业理念渗透学生学习生活中

学校通过校园创业文化建设、专创融合课堂、众创空间活动、创业孵化基地项目，以及主题班会、日常教育等，将创新、创意、创业意识和理念渗透到学生校园生活和学习过程，实现全方位育人。

学校通过实施"543"双创教育新模式，双创教育改革成效显著。麦可思调研数据显示，学校毕业生毕业 1 年后自主创业率为 6.0%；师生获批专利 114 件，开发教材 2 部，获山东省教学成果特等奖、一等奖各 1 项，师生创新创业大赛项目获奖 85 项，其中，国家级奖项 16 项。学校被工业和信息化部认定为"校企协同就业创业创新示范实践基地"，被山东省发展和改革委员会认定为"山东省第二批双创示范基地"。

奋楫争先,全力推进我校创新创业大赛实现新突破

东营科技职业学院

创新引领未来,创业成就梦想。学校制定相关措施,扎实推进双创工作,在创业大赛中全面开花,取得了令人欣喜的成绩。

一、学校在创新创业大赛中实现新突破

学校将双创教育纳入教学常规,组织开展各类双创活动,积极参与各类大赛;以大学生创业中心为平台,孵化创业项目,引导创业,提供入驻场地和创业扶持相关政策;多措并举,在创新创业大赛中取得了多项突破性成绩。

二、厚植创业沃土,深耕创业大赛

(一)牵手全国青年彩虹工程创新创业学院成立东营分院,为学校开展创新创业工作提供了平台

该院自2016年6月正式挂牌运营,累计入驻初创企业160余家,在孵企业80余家,累计带动就业1500余人。

该院2016年被认定为东营市市级创业孵化示范基地;2018年被评为省级众创空间;2018年、2019年连续两年被评为山东省省级创业示范点;2019年获评东营市市级小型微型企业创业创新示范基地;2020年获评东营市退役军人就业创业孵化基地;2021年获评山东省省级小型微型企业创业创新示范基地。

(二)以创业学院为平台,积极组织参加各级各类创业大赛,孵化创业项目,扶持大学生创业

1.学校组织开展创业训练营,发动有创业意向的大学生积极报名参与,培养学生的双创意识,为学生就业创业夯实基础。

2.学校组织创业项目入驻大学生创业中心,经筛选后确定项目入驻。学校帮助学生注册公司、协助开办、提供免费创业培训、提供办公场地;以"扶上马,送一程"为宗旨,多种方式协助学生企业成长。

3.学校新建成1.4万平方米创新创业中心,引进中国电科五十五所、青科大广饶橡胶工业研究院等6家科研院所,为学生就业创新提供了更加广阔的平台。

三、培根铸魂,双创引领,构筑创新创业共同体和高质量双创生态体系

目前,随着国家双创工作的不断推进,相关部门在氛围营造、政策扶持等方面努力探索,出台了一系列配套政策。学校以大赛为契机,激发大学生积极投身到创新创业的大潮中去,提高他们创业和带头致富的能力。

(一)修订人才培养方案,完善人才培养质量标准

学校全面贯彻创新创业教育理念,坚持"以人为本、德育为先、能力为重、全面发展"的要求,面向全校学生开展创新创业人才培养观念的教育;把大学生创新创业和实践能力的培养融入人才培养全过程,落实到教育教学各环节。

(二)建立健全创新创业教育的组织与领导

1.成立创新创业教育指导委员会,统筹协调学校的创新创业教育。学校成立创新创业教育指导委员会,加强组织领导,精心组织,把各项工作落到实处,并形成各部门协同配合,全体教职员工和学生积极参与的领导体制和工作机制。

2.加强各二级学院对创新创业教育工作的组织领导。学校成立大学生创新创业活动领导小组,聘请创业成功的校友、企业管理者、有关专家担任学生的创业导师,为学生的创新创业活动提供强有力的支持。

(三)加强创业教育师资队伍建设

1.学校建设一支高素质、多元化、专兼职教师队伍。创业教育要与就业指导教育有机结合、与学生职业生涯规划相结合,学校建立专业师资队伍,成立创业教育教研室,开设创业教育类公共课程。

2.学校开展创业教育与创新人才培养的实践与探索,通过申报相关研究课题,鼓励创业教育的创新试点工作,确保创业教育与传统课堂教学有机结合,相互渗透。

3.对优秀辅导员进行国家级创业教育培训。学校邀请山东省内外创业教育专家进校开设创业教育师资培训班,组织优秀辅导员和骨干教师参加培训。同时制订长期的教师培训计划,分批遴选辅导员和相关教师外出参加创业培训进修,不断提升创业教师队伍的专业素质。

(四)构建创新创业教育实践平台

1.创建学生参与科研创新训练的机制。推进教学与科研相结合,强化大学生的科研能力培养,有条件的专业,把学生科研训练纳入专业培养计划,设立相应学分,提供实验室开放,指导学生参与创新科研训练,吸引大学生参与教师的科研工作,实施大学生实践创新训练计划,遴选资助一批大学生创新训练项目;构建富有特色的大学生科研创新训练体系。

2.创建各类创新创业实训基地。各学院主要依靠各中心实验室、实训室及校内外产学研实践基地来构建创新创业实训基地。学校通过开放实训室,为相关专业学生进行各类技能开发、完成实践创新训练计划项目提供必要条件。

3.建立大学生创业孵化基地发挥地域优势,依托学院校外实习就业基地,创建学校大学生创业孵化基地。

4.发挥第二课堂教育的作用。学校充分发挥第二课堂教育的作用,由相关部门组织的各类社会实践活动等作为创新创业教育实践平台的重要组成部分。学校通过第二课堂多样化的创新创业实践活动,实现不同专业、不同年级学生的自由交流,在全校形成浓郁的创新创业文化氛围。

(五)发掘社会资源,建立专家指导机制

学校准确把握创新创业教育的政策导向,瞄准社会需求,建立政府推动、学校主动、社会互动的创新创业教育联动机制。学校积极争取和利用政府的优惠政策,与政府有关部门及有关行业协会开展密切合作,形成良好的经济、社会效益。

(六)加强创新创业社团建设,营造创新创业教育的文化氛围

学校建立多种形式的创新创业教育社团,支持学生自主开展创新创业实践,促进学生创新创业团体的沟通和交流,通过各类创新创业教育活动,营造校园创新创业教育文化氛围;通过科技作品竞赛、创业计划大赛,举办创新创业论坛、经验交流会、事迹报告会,邀请企业家及相关领域的行业企业专家到校开展讲座、对话,组织到企业参观学习等课外创新创业文化活动,激发学生创业动机与需求。

学校将继续发挥大学生创业中心的示范带动作用,聚焦职业教育改革,厚植创新创业沃土;以大赛为契机,借力打造优秀创新创业团队,培养创新创业精神,整合"政、产、学、研、金、服、用"要素,构筑创新创业共同体和高质量双创生态体系,在创新创业教育改革浪潮中,努力创造新的辉煌!

山东交通职业学院大学生综合教学孵化基地

山东交通职业学院

学校优化人才培养方案,建立与原有课程相融合的创新创业课程体系,建立与专业实践教学相衔接的创新创业实践体系,建立与素质教育相一致的创新创业教育保障体系,形成了以创新创业八大平台建设为统领、教学和实践双推进的系统化建设特色模式。

一、依托四大平台,面向全体学生开展个性化教育

在育人理念上,学校面向全体学生开展创新创业教育,针对不同层次的学生,提供相应的创业平台开展个性化服务。

(一)聚焦行业特色创思融合教育平台

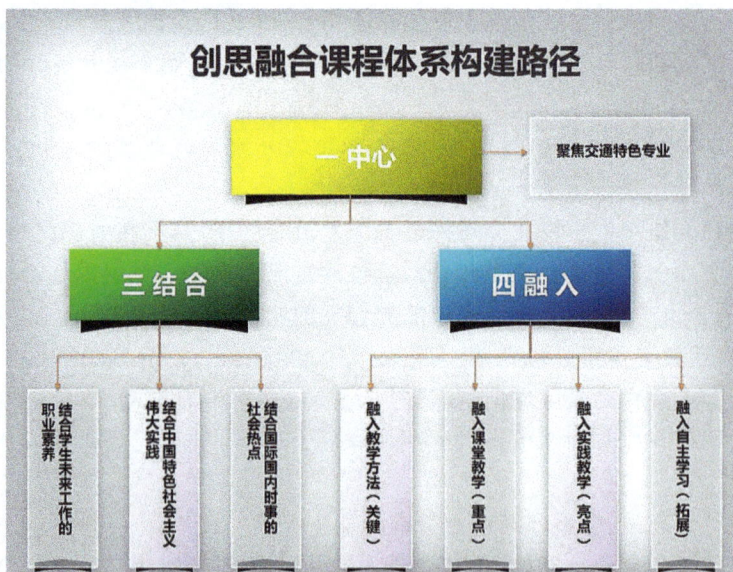

山东交通职业学院创思融合课程体系构建路径

学校构建聚焦交通行业专业特色,渗入"课程思政"价值理念的双创教育平台,将双创课程与思想政治理论课同向同行,以培养学生创新精神、创业意识、创业精神与能力为主线,融合国家发展战略、人才培养内涵、学生全面发展和个性化发展等多方面推进双创课程改革,打造学校独有的"一中心、三结合、四融入"的创思融合课程平台体系。

(二)针对化创业实训平台

学校按照创业教育"普及开展,重点培养"的原则,在普遍化教育基础上,针对有创新创业意向学生,启动以"SYB"为主的针对性培训,同时针对优秀创业者和团队,启动以促进项目落地为目标的公司模拟经营培训,提升其经营管理能力、风险控制能力,并对其融资需求及过程进行指导。

（三）指导化创业实践平台

学校对申请立项项目进行市场调查、SWOT市场分析、风险分析、投资回报率分析等全方面地评估，对立项成功的项目，组建符合其特点的指导团队，并以校园或局部市场为基础进行实践，完善其创业团队建设和商业模式，逐步建立企业经营管理机制，对相应的经营风险进行有效规避。

（四）专业化创业孵化平台

学校对优秀的创业项目，通过服务平台帮助其落地，将其引入孵化园区；利用园区优势资源，依托创业导师团队对其进行商业模式设计、人力资源管理、财务管理、市场管理等全方面地孵化，为后期全面进入市场做好准备。

二、围绕四个教学改革重点，加强课程建设育人质量

创新创业课程建设以问题为导向，以满足学习、职业发展和技能拓展为目标，有针对性地开展课程建设。

（一）结合专业人才培养方案构建双创教育课程体系

学校在设置"大学生创新创业"公共必修课的基础上，根据人才培养定位和创新创业教育目标要求，为促进专业教育与创新创业教育有机融合，调整专业课程设置；通过充分挖掘专业课程的创新创业教育资源，在传授专业知识过程中加强创新创业教育，形成依次递进、有机衔接、科学合理的创新创业教育课程群。

（二）以能力培养为目标改革教学方法

学校以"过程体验、技能培养"为主线导入知识，让学生能够体验创业项目筹备的整体过程；基于PBL和真实项目，以问题探究式学习和项目教学法为主，进行沉浸式体验学习；开展线上线下混合式教学，突出学生主体，启发思维，激发灵感，产生创意；采用模块化教学模式，使用贝腾软件辅助教学，提高信息化教学质量。

（三）构建多元化评价与双创素质认证相结合的综合评价体系

评价人员扩展到一二三课堂教师团队、辅导员、双创导师、竞赛导师、学生及其团队；评价内容拓展到学习表现、态度、效果、活动实践、个人作品，成果和竞赛；评价方式涵盖笔试、答辩、现场测评、作品展示、成果鉴定、业绩评定，形成系统化档案袋评价法。

（四）建立创新创业学分积累与转换制度

学校将学生开展创新实验、发表论文、获批专利和自主创业等情况折算为学分，为有意愿有潜质的学生制订创新创业能力培养计划，建立创新创业档案和成绩单，客观记录并量化评价学生开展创新创业活动情况；优先支持参与创新创业的学生转入相关专业学习；实施弹性学制，放宽学生修业年限，允许调整学业进程、保留学籍休学进行创新创业。

三、创新四大服务平台，形成特色双创育人文化

（一）科技成果转化服务平台

学校在积极鼓励教师进行科技研发的同时，大力促进教师科技成果的转化；积极与省市工商联下属各商会、行业协会等单位合作，搭建科技成果转化平台。

（二）创业导师服务平台

学校为创业者提供"创业咨询＋创业培训＋创业辅导"等全方位服务，帮助创业者解决创业中的问题。

（三）投资融资服务平台

学校旨在为有技术、有市场、有潜力的创新创业企业提供金融服务，化解其创业启动阶段和发展阶段中的资金短缺问题，扶持创业企业快速成长。学校通过自筹与募集的方式设立"创业银行"，采用"循环贷款"的方式，支持大学生创业者中的优秀创业项目。

（四）规范化园区管理服务平台

学校以打造山东省高职院校创业园标杆为目标，积极探索出一套高效、务实、标准化的园区管理体系。

四、创新举措

(一)多方共建共享

创新创业实践基地由学校、学生、企业共同参与,所有参与者都是促成基地运转和发展的关键因素。学校作为基地主要建设者和管理者,为基地的运行提供必要的资源支持。企业作为一定社会资源的持有者,一方面参与基地各类项目的运行,另一方面从基地获得利润和发展。

(二)产学深度结合

基地通过资源优势为各类高新技术企业合作生产、研发提供支持,真实的工作环境又给学生带来良好的实践平台,以具有可营利性的项目为纽带,促进校企深度合作,产学深度结合。以创新创业实践基地为核心,利用学校的学科优势和人力资源优势,引进优秀企业,打造高新技术产业集群。以航海专业为例,依托平台的团队优势,开展技术创新和产品研发,以现代服役军舰、生产性船舶为母型,制作比例适合、结构完整、设备齐全、功能完善的舰船模型,从而培养学生精益求精的"工匠精神";通过新型船模研发,提升师生专业实践操作技能、技术应用与创新能力;依托平台开发资源,打造山东省航海科普教育基地,展示舰船模型制作的手工工艺与VR新技术。

"三化、三式"打造三维立体化就业创业课堂

淄博职业学院

在学院双高校建设背景下,学校深入贯彻"就业指导三年不断线"的理念,以职业生涯规划、创业基础、就业指导、职业素养提升四门课程为重要抓手,坚持双创教育引领就业创业类课程教学改革和实践,对接企业用人需求、对接产业航向、对接岗位职责、对接技能需求,开发了"理实一体化""赛课一体化"的特色课程,用"三化、三式"打造三维立体化就业创业课堂,人才培养质量显著提升。

一、实施背景

《关于推动现代职业教育高质量发展的意见》中明确指出"职业教育是国民教育体系和人力资源开发的重要组成部分,肩负着培养多样化人才、传承技术技能、促进就业创业的重要职责。"淄博职业学院在"十四五"规划和"双高"建设方案中将其深入贯彻落实,提出要提高就业创业指导水平,为淄博市现代化建设提供坚强的智力支撑和人才保障。学校开展了一系列教学改革探索。

二、问题分析

依据麦可斯给出的应届毕业生培养质量调查报告,问题主要有如下表现。

1. 培养目标传达不充分,导致学生个人职业期待与现实之间存在差距。

2. 课堂实践环节不够,学生参与度不高。

3. 心理调适能力弱,职业素养还有待提升。

三、主要做法

(一)基本思路

学校基于"面向全体、基于专业、分类培养、强化实践、贯穿人才培养全过程"的创新创业教育理念,为满足不同层次学生的需求,提炼了"政策导向—问题深挖—改革实施—质量监测"的教学改革思路,推动了形成学生更高质量创业就业的新局面。

(二)实施过程和做法

1. 模块化教学内容、通关式技能提升锁定课堂"宽度"

课程注重与企业专家对接,共同确定就业创业类课程分层次、分阶段培养目标,并依据区域产业发展,开发模块化教学内容。学校引入企业发展理念、管理经验、企业文化,整合教学内容模块,设计实践活动,保障教学效果。

2. 项目化实战训练、混合式教学方法打造课堂"长度"

课程利用信息化平台,一方面做好学生创新创业竞赛训练、职业测评训练、模拟招聘训练等实战训练;一方面开展线上线下混合式授课,将思想政治教育、专业核心知识与"互联网+"大赛有序融入。在线上课程中开设"思行善政""专创实践""大赛启航"频道,上传思政资源80条,专创融合资源近100条,大赛资源

52条,满足市场调研、项目研究、竞赛实训、孵化转化四个阶段的实践教学,提升教学效果。

3.个性化专创赋能、渗透式思政植入构筑课堂"广度"

课程分专业开展实践教学,与产业教授、企业高管、天使投资人等近60名专家协作,结合理工、文史不同的学科特点,开发出分专业课程资源包2套。学校以培养学生爱国主义情怀贯穿教学,渗透优秀传统文化、革命文化、社会主义先进文化,植入4个章节,培养学生民族自豪感和文化认同感;以劳动教育为驱动,凝练任务案例,提升学生的职业文化和素养。

四、成果成效

(一)人才培养质量显著提高

就业创业类课程教学改革在全校开展,受益群体达8327人。课程改革在引导学生积极参与"互联网+"双创大赛上效果显著,依据全国大学生创业服务网统计,2022年上报项目达6274项,大赛金奖项目逐年增加,学生总体的创新能力不断提升。

(二)课程建设成果丰硕

2020年国家级职业教育创新创业职业教育教学资源库验收通过,团队承担竞赛字库建设项目;2021年建成国家级专业教学资源库子项目——商务英语专业教学资源库子项目"创新创业"。

2019年,学校新编《就业指导》《创业基础》《职业生涯规划》《职业素养提升》教材4本。四门课建成新课程标准、授课计划各4个,教学设计64个。线上平台经过7轮运行更新,截至目前,完成了视频资源83个,线上教学内容599分钟,课程公告78个,非视频资源69个,作业14个,测验140道,互动发帖约7万次,考核测验14次。学校在山东省内外获34所院校选课,课程建设水平较为先进,被智慧树网评为2022全国线上优质课。

2020年,创业基础及就业指导课程申报校级课程思政教学改革项目均顺利结项,创业基础课程被评为校级课程思政教学"创优示范"样板。

(三)师资水平大幅提升

学校建设了由创新创业教师、企业高管、优秀创业者组成的师资库,80名教师成为首批入库人员。其中有45名老师获得KAB创业培训证书,28名教师通过创业咨询师全国职业资格鉴定,7名教师入选淄博市首届创业导师团成员,2名导师入选国家万名创新创业导师库推荐名单。

课程团队获得山东省黄炎培职业教育创新创业大赛一等奖1项、二等奖1项;获得山东省全省创业讲师大赛三等奖1项;获得山东省高校创新创业类精品微课比赛特等奖1项;获得淄博市黄炎培创新创业大赛一等奖1次。课程团队成员多人被评为"校级优秀创新创业导师"。

(四)科研能力显著增强

课程团队发表高水平就业创业类论文《新工科背景下大学生创新创业教育对策研究》等4篇;出版学术专著2部;主持教育部人文社会科学研究一般课题1项,已结项;主持山东省思政教改课题1项,已结项;主持参与厅市级课题及院级课题等8项。

(五)社会服务水平提高

团队成员有三人被聘为淄博创业大学创业导师,近三年来为市中职院校学生创业大赛开展创业辅导服务350余人次,在本学校内为各系院学生创新创业大赛担任评委20余次。

(六)助推课程由"教学"向"教育"演化

课程改革过程中,团队聚合新时代东中西职业教育高质量发展联盟和中非职业教育联盟、双创高校联盟,引进斯坦福设计思维课程和机制创客培训,高质量开拓创业访谈、创业视频号,产生了许多衍化效应。淄博职业学院稷下创客汇,先后被评为"山东省大学生创业孵化示范基地""山东省创客之家"。

五、经验总结

就业创业类课程在实施教学改革过程中,学校贯彻就业指导三年不断线的理念,"模块化、项目化、个性化"改进教学内容,"通关式、混合式、渗透式"改变教学方法,专创融合、思政赋能、课赛一体,帮助学生树立正确就业观,厚培大学生就业创业沃土。学校下一步教学改革将各类创新创业大赛融入日常综合教学和实践中,融入科技成果转化,打造"淄职创客—淄职创体—淄职创造"特色的跨越式人才成长路径。

六、推广应用

就业创业类课程教学改革案例及成果为山东省内外高职院校大学生就业创业教学工作的开展提供了可操作性强的实施方案。课程在多平台被山东省内外34所学校选用,涉及1.03万人次,发帖总数达12.42万次,课程考核通过率为94%,优秀比率为36%。线上学分课同时配合线上翻转课使用,学生互动活跃率达88%,资源下载达4300多次。团队开发的教材(2019年由山东人民出版社出版)至今已近24000名学生选用。经校内课程团队指导孵化创业项目和企业达100多个,打造了10余个创新创业典型人物,为走在创新创业道路上的学生树立了标杆。

"教育—实践—孵化"双创育人模式

山东外贸职业学院

山东外贸职业学院在"教育—实践—孵化"双创育人模式下,以创新创业教育为主线,结合学校"外"字特色,打造"层次＋模块"特色双创教育教学模式,将双创意识融入学生培养全过程;以创新创业实训实践为抓手,常态化开展创新创业训练营,搭建"教学做"实训平台和"学校＋地方＋企业"实践平台,全面提高学生双创能力;以创新创业项目孵化为抓手,科学设置校内大学生创业教育园、校外青岛跨境电商孵化基地功能布局,帮助学生实现从"0"到"1"的转变。"教育—实践—孵化"三级层层递进、环环相扣,真正实现了双创教育的全覆盖、全过程、多层次。

为深入贯彻落实党中央、国务院关于深化高校创新创业教育改革的决策部署,山东外贸职业学院持续深化创新创业教育改革,探索打造"创新创业教育—创新创业实训实践—创新创业项目孵化"育人模式。

一、以创新创业教育为主线,贯穿人才培养全过程

(一)构建"全覆盖、全过程、多层次"的创新创业课程体系

学校面向全体学生开设"创造性思维与创新方法""创践——大学生创新创业实务""杜拉拉求职记""名企之魂"等多门通识性创新创业类慕课选修课,将创新创业核心素养融入人才培养全过程。

(二)"层次＋模块"有机融合,形成具有高职特色的双创教育模式

学校将创新创业教育融入专业课教学,各专业按照工作过程导向进行理实一体化教学内容的构建,采用做、学、教一体教学模式,遵循从"职业认知—职业基础应用—职业岗位应用—职业综合应用—顶岗实战"的实践教学路线,循序渐进地培养学生的实践能力与创新发展能力。同时,学校沿用过程导向教学理论和模块化教学理论,在每一层次实践中设置满足不同能力要求的实践模块,形成"层次＋模块"的实践教学体系。

(三)结合"外"字特色,突出特色培养

2015 年开始,在"双创"的大背景下,学校领导结合学校的"外"字特色,抓住"互联网＋"的机遇,打破地域限制,对学校国贸、物流等重点专业有意向创业的学生进行选拔,组成"跨境电商班"进行重点培养,不但为跨境电商创业孵化基地做好人才的智力储备,同时还为学生创新创业提供良好创业文化氛围。

二、以创新创业实训实践为支撑,深化双创教育改革

(一)常态化开展创新创业训练营,以赛促改、以赛促进

学校邀请由专业教师、双创导师、企业行业专家组成的 40 人双创导师团队对学生进行指导,通过项目阶段性路演汇报、成果展示等方式不断提高学生双创能力。2020 年以来,学校先后获得第十二届山东省大学生科技节——山东省大学生创新创业模拟企业经营大赛(高职组)一等奖、第十七届全国职业院校数智化企业经营沙盘大赛一等奖、第十五届全国高等职业院校"发明杯"大学生创新创业大赛二等奖、第十七届"挑战杯"山东省大学生课外学术科技作品竞赛红色专项活动二等奖、第十七届"挑战杯"山东省大学生课外学术

科技作品竞赛二等奖、第十三届"挑战杯"山东省大学生创业计划竞赛铜奖,累计获得省级及以上创新创业大赛奖项 7 项。

(二)持续打造"教学做一体化"实习实训平台

学校在校外建有青岛跨境电商孵化基地,基地与学校共同探索创新了基于真实平台运营的"三段式"跨境电商人才培养方案,即学生前 4 个学期在校集中学习,引入企业真实项目用于教学;第 5 学期进入孵化基地,组建项目团队,与企业签订协议,参与运营企业真实项目;第 6 学期学生独立运营企业跨境电商业务,并为企业提供技术研发服务。同时学校形成了独有的"双孵化"业务模式,为大学生创业教育和实践教学提供了良好的环境和平台。

(三)着力推进校地共建、校企合作

学校与海尔、海信、青岛半岛都市报国际旅行社等公司共同创立就业创业教育基地、创业实践基地,促进产学研融合发展,提高学生的创业能力。

三、以创新创业项目孵化为抓手,提升创新创业实践水平

(一)搭建校内创业教育园,助力创业学生圆梦

大学生创业园是一个集对外宣传、项目推广、信息发布、资源共享、项目孵化、创业实践等多功能于一体的创业孵化平台,园区可同时容纳 6 个创业团队开展创业实践活动,入园企业孵化期最长为一年,免租金。学校不但为园区提供 24 小时 Wi-Fi 等所需的硬件,还组织团委、学工处、创新创业中心为入驻创业园的学生提供指导和帮扶,构建起了"理论教学—实践教学—实战演练"的工作模式。此外学校还对接校内外资源,为学生创业孵化搭桥铺路,截至目前,园区累计孵化 70 余个创业项目。

(二)建立山东省首个跨境电商孵化基地,创新"双孵化"模式

为充分发挥校企双方在人才培养方面的优势,形成合力,2016 年在李沧区政府的扶持下,学校成立运营青岛跨境电商孵化基地。该基地拥有培训场地约 600 平方米,跨境电商专兼职教师 40 余人,是山东省内首家集跨境电商人才培养实训、师资培训、企业培训、企业跨境电商业务孵化、大学生创新创业为一体的人才、技术服务平台。基地创新性形成了独有的跨境电商企业项目、跨境电商创业项目双孵化业务模式,既能为学生创业提供孵化的场地、资金、技术、渠道,让学生团队在"校企双导师"的带领下进行跨境电商项目运营,实现真市场、真企业、真项目的实战式学习,又能够通过孵化式培训,积极帮助传统贸易企业拓展跨境电商业务。基地曾先后获得"山东省跨境电商实训基地""人才孵化优选服务商""中国上合组织经贸产教联盟副理事长单位",入围首批电商生态链企业"白名单"等荣誉资质。截至目前,基地累计实训培养跨境电商大学生 5300 余人,孵化大学生创业公司 92 家;帮助全省 17 地市 512 家企业开设线上店铺,完成跨境电商业务"0 到 1"的孵化,其中"山东省品牌卖家亚马逊平台 90 天孵化营",参训 30 家企业 90 天内共计出单 24069 单,总金额达 355923.28 美元。

立体设计，系统创新，全面推动创新创业教育走向纵深

青岛酒店管理职业技术学院

青岛酒店管理职业技术学院主动服务国家创新驱动发展战略，全面落实深化高等学校创新创业教育改革的重要部署，形成了一系列行之有效的创新举措，取得了亮眼成绩。学校形成了统一领导、上下联动、全员参与、层层落实的双创教育体制机制；探索建立了"专思创"一体化的双创教育模式；构建了由众创空间、产业学院等构成的"六位一体"双创实践平台；建立健全了校企行深度协同育人的双创教育体系；形成了以赛促教、以赛促学、以赛促创的浓厚创新创业氛围；打造出校企行融合的双创教育"双元"师资团队和项目化的双创平台，推动学校双创教育工作不断走向纵深。

一、基本情况

青岛酒店管理职业技术学院是中国特色高水平高职学校和专业建设计划建设单位。学校聚焦现代服务业办学，对接山东省新旧动能转换10强产业，构建了"1个国家双高计划专业群、3个省级高水平专业群、8个院级专业群"的专业群发展架构，形成了以"优势学科建设为基础、龙头企业参与为支撑、特色双创模式为主线"的专业群双创建设体系。学校主动服务国家创新驱动发展战略，全面落实深化高等学校创新创业教育改革的重要部署，着力培养学生的社会责任感、创新精神、创业意识和实践能力，积极推动"大众创业、万众创新"向纵深发展。

（一）双创教育体制不断完善

学校于2016年6月印发了《青岛酒店管理职业技术学院深化创新创业教育改革实施方案》（青酒管院字〔2016〕38号），成立了创新创业教育工作领导小组，统筹协调大学生创新创业教育全局性工作，负责对重大问题做出决策，指导和协调各院部开展相关工作，形成了统一领导、上下联动、全员参与、层层落实的双创教育体制机制。

（二）双创课程体系不断成熟

学校把创新创业教育融入人才培养全过程，设置不少于2学分的创新创业必修学分。学校开设了创新创业教育精品课等课程，将创新创业教育建设为学校首批"混合式"教学改革试点课程；探索建立了"专思创"一体化的双创教育模式，完成"课程思政""专创融合"课程重构与设计，形成双创案例集，将双创教育融入专业教学过程。

（三）双创实践平台形成规模

学校构建了由众创空间、产业学院、生产性实训基地、协同创新中心、技能大师工作室、技艺技能传承创新平台构成的"六位一体"双创实践平台，在酒店管理、旅游、烹饪、物流等各领域建立了广泛的校内外创业实践基地。学校目前共计拥有各级各类双创实践平台30余处，涵盖了学校各主要专业群。同时，学校加强与政府、行业、头部企业合作，依托各专业群建设了50余处校外实习实训基地，为学生开展创新创业提供了广阔平台。

（四）双创实践活动丰富多彩

学校组建了大学生创业工作站、专业技能创新实践兴趣小组、创业协会、大学生科技协会等组织，积极举办和承办校内外各级别"双创文化节"校园大卖场等活动；承办了山东省"互联网＋"大学生创新创业大赛职教赛道比赛、"挑战杯"山东省大学生创业计划竞赛（职业院校组）等比赛，促进了兄弟院校之间的双创教育交流，提升了双创教育水平。

（五）双创工作成效日益显露

教师双创育人研究形成了系列研究成果，其中获得校外纵向课题立项 9 项。学生参加各级各类创新创业大赛，在全国高职院校"发明杯"大学生创新创业大赛、"挑战杯"全国大学生课外学术科技作品竞赛、"互联网＋"大学生创新创业计划大赛成绩突出。学校获"全国高等职业院校创新发明教育基地"授牌。学生张川创立的餐饮企业松和路一号餐饮管理公司已在北京等地拥有多家直营店面，市场估值达 1 亿元。

二、主要特色

（一）校企行构建创新创业教学体系，建设协同育人体系

学校与企业协商、制定创新创业教育方案，整合校企双方创新创业教育资源，共同开发创新创业专业课程，将创新创业教育与专业教育深度融合，形成通识教育、创新创业教育和专业教育相互衔接、相互支撑的课程体系。

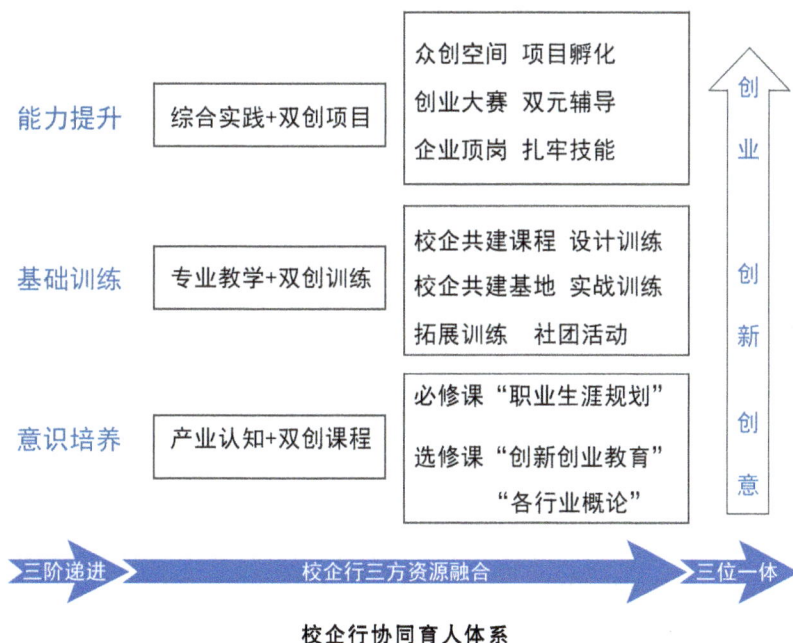

校企行协同育人体系

（二）校企行打造"双元"教学团队，组建高水平师资队伍

学校在所有专业人才培养方案中设置创新创业专班，通过连续集中的教学安排为企业导师的创新创业项目教学创造条件；组建了一支由企业导师、专业教师、创业教师共同组成的高水平创新创业教师团队。教师团队中的企业人员将行业、企业的真实工作任务带入学校，在企业方的指导下，由在校学生完成；选派业务水平高、有创新精神的教师参加创业咨询师、创业指导师培训，提高实践教学能力。

（三）校企行协同搭建生产性实训基地，真实经营企业项目

学校依托校园消费市场，整合校园商业，与合作企业共建真实岗位、实战运营、对接现代商贸服务产业的校园生产性实践教学基地；设置教学运行岗位 48 个及教学内容 152 项，校企共同制定融合专业综合能力、创新创业能力，贴近行业实操规范的实践教学内容。校企行共育，使人才培养质量得到大幅提升，合作企业针对学校年均岗位释放量达 3000 个以上。

(四)校企行协同指导各级双创竞赛,形成以赛促创氛围

学校建立以"互联网+"大学生创新创业大学大赛、"创青春"大学生创业计划赛、挑战杯等系列赛事为抓手的系列创新创业实践活动,并将优秀的创业项目与国家级众创空间——海斯曼创客岛等创新创业孵化基地有机结合,实现项目落地和学生创业就业。

学校以项目立项为抓手,构建大学生创新创业训练计划项目体系;积极组织参加"互联网+""挑战杯"等创新创业系列赛事,学校参赛选手先后获得"挑战杯——彩虹人生"全国职业学校创新创效创业全国总决赛二等奖、"挑战杯"全国大学生课外学术科技作品竞赛三等奖、"挑战杯"山东省大学生课外学术科技作品竞赛特等奖等42项奖项,并成功承办第七届山东省"互联网+"大学生创新创业大赛、第十二届"挑战杯"山东省大学生创业计划竞赛等赛事,在校内形成了以赛促创的浓厚氛围。

(五)校企行联合建立多元双创平台,提升学生双创能力

学校深化产教融合、校企合作,努力提高人才培养质量,提升学生创新创业能力。学校牵头成立了山东现代酒店业职业教育集团,校企共建了山东文旅双创学院等8个产业学院;政行企校共建"山东省研学旅行研究院";与京东集团、淘宝直播等校企共建7个校内双创实训基地;运营1个国家级众创空间;校企行在校内打造了多元化创新创业合作平台,推进人才培养、专业建设、创新创业和服务社会良性互动。

深耕信息沃土，打造双创高地

山东信息职业技术学院

近年来，山东信息职业技术学院坚持国家及省、市有关培养创新型人才的相关政策，以提高人才培养质量为目标，推动创新创业教育融入人才培养全过程。学校围绕人才培养方案、课程体系、教学内容、创新创业实践、评价跟踪体系等方面，聚焦顶层设计、瞄准关键环节、多措并举发力，持续深化学校创新创业教育改革各项工作，探索新形势下创新创业教育工作模式的新发展。

山东信息职业技术学院是教育部批准的"国家示范性软件职业技术学院"首批建设单位，国家首批"电子信息产业高技能人才培训基地"；荣获"全国信息产业系统先进集体""山东省职业教育先进集体""山东省德育工作优秀高校"等称号，2022 年被评为山东省"红色文化传承示范校"首批建设单位。学校高度重视大学生创新创业工作，以培养创新型、发展型、复合型人才为目标，围绕人才培养方案、课程体系、教学内容、创新创业实践、评价跟踪体系等方面探索新形势下创新创业教育工作模式的新发展。

一、聚焦顶层设计，健全创新创业管理机制

学校贯彻落实创新驱动发展战略，聚焦顶层设计，成立校级大学生创新创业工作领导小组，由院长担任组长，分管院领导担任副组长，招生就业指导处、学生处、教务处等相关部门及各系（院）负责人为成员，构建起学校职能部门全面参与，系（院）协同配合的"学生—专业教师—系（院）—学校"四位一体联动机制，研究制定创新创业工作制度，决策创新创业工作重大问题，加强指导管理和监督评价，落实学校创新创业教育主体责任。

二、加强内涵建设，构建校园双创精神文化

学校以"立德树人、德技双馨"为根本，坚持"五育并举"，实施"三全育人"综合改革，优化"十大育人"路径，通过搭建创新创业平台，外化工匠精神的创新感悟，实现全方位培育和弘扬工匠精神。学校还锻造了以"信"文化为统领的校园特色文化，为双创教育构建校园精神文化，形成以立德树人为根本的价值文化、以技术创新为基础的专业文化、以工匠精神为核心的职业文化，实施"一系一品"文化建设工程。

三、瞄准关键环节，完善双创教育课程体系

学校高度重视专创融合工作，在保障专业教育主线位置的同时，将专业教育和双创教育理念相融合，将创新创业能力纳入所有专业的人才培养方案，面向全体学生开设大学生职业发展与创业指导、大学生就业指导与创业培训，作为双创教育必修基础课程，同时依托"智慧树"在线教育平台提供 32 课时的创新创业MOOC 课程，供学生选修学习。

学校还将"思政元素"融入创新创业教学的理念、内容和实践全过程，推进爱国主义教育、红色文化教育进校园、进课程、进课堂；坚持从"思政课程深度融合、专创融合一体化设计、校本课程重地域特色"挖掘和整合创新创业教育教学资源。2022 年，士官学院创新创业志愿服务队累计选派军士生 700 余人次到山东省内

26 所学校完成国防教育及军训帮训任务,彰显双创育人成效。

此外,学校面向大一新生成立"创新创业先锋班",进行为期 3 年的创新创业专项训练,通过配备专业的师资队伍,开设系统专业课程,提高学生创新创业的实战技能,从而实现必修课程与选修课程、知识性课程与实践性课程的统一。

四、发挥平台效应,搭建双创实践实训体系

学校重视对学生实践能力和创新能力的培养,不断加强实践创新平台建设,累计投资 1200 多万元建设完成 VR 开发工厂、VR 生产实训中心两大功能区,占地面积 1400 多平方米,能同时满足 350 名学生开展课程实训,提供创新创业工位 150 个。2020 年新增学校投资 640 万建设 VR 生产实训中心,进一步完善双创实践实训体系。

学校还积极探索校企共建实践基地,通过与专业对口、规模较大、技术先进、管理严格、经营规范的社会企业合作建设创新创业基地,以提高学生实践和创新能力为重点,完善产教融合协同育人机制,构建职业教育与信创产业集群联动发展机制,打造融人才培养、技术创新、企业服务、学生创业、社会培训等功能于一体的示范性人才培养实体,提供可复制、可推广的产业学院新模式。

五、多措并举发力,提升学生创新创业能力

学校制定印发了《山东信息职业技术学院创新创业教育管理规定》,明确各类竞赛在教师职称评定、学生学分认定等方面的奖励标准,推动科研成果与双创赛事相结合,进一步提升创新创业教育认定和管理的规范化水平。

学校积极推进创新创业教育实践,以赛事为抓手,组建校企协同的双创导师团队,建立优质项目种子库,并进行全过程跟踪、培育,助力学生双创项目顺利落地。2019 年以来,学校共组织 2.2 万余人次参加"互联网＋""挑战杯"等高水平赛事,学生参与双创活动普及率从 20％提升至 90％以上,创新创业氛围日益浓厚。2022 年,学校在第八届中国国际"互联网＋"大学生创新创业大赛中累计参赛 5107 人次、共计 1300 个项目,创新创业能力得到大幅提升。

学校引导学生改变传统就业观念,定期举办校友论坛,邀请优秀校友分享创业感悟,使"敢于创业,以创业为荣"成为信院学子的普遍共识,为创新创业活动的开展奠定良好的环境土壤。同时,各系(院)要求辅导员每学期至少召开 2 次就业创业主题班会,鼓励学生调整心态、提升能力,关注新经济催生的各种新岗位、新职业、新机会,了解职业种类和就业创业优惠政策,尝试在新职业中找到个人兴趣与成长发展的结合点,为个人职业生涯发展奠定良好基础。

新形势下,创新创业已经成为社会发展的新动力,进一步加强高校创新创业教育、提升大学生创新创业能力,不仅是经济社会发展的必然要求,也是职业教育人才培养的题中之义。山东信息职业技术学院将持续聚力创新创业教育改革实践工作,依据学校办学特色,优化整合自身创新创业教育优势,健全创新创业教育体系,完善创新创业教育模式,不断破解新难题、厚植创业新优势,助力职业院校创新创业教育工作的开展,让每个有创业愿望的青年学生都拥有自主创业的空间,让创新创造的血液在全社会自由流动。

"团队协作、项目引领、平台赋能"，
打造"校港一体"创新创业教育共同体

青岛港湾职业技术学院

一、学校创新创业教育工作理念

面向"海洋强国"建设，面对新时代港航职业教育高质量发展新要求，青岛港湾职业技术学院积极落实主办方山东省港口集团有限公司提出的"建设世界一流港湾职业大学"的重大课题，紧紧把握职业教育方向，抓住国家大力发展职业教育的机遇期，依托国企办学、校港一体体制优势，深化创新创业教育改革，打造具有港航特色的创新创业教育"共同体"样板。

二、学校创新创业教育特色工作

（一）校港联动，打造核心双创团队

学校充分发挥国有企业办学优势，依托山东港口全国首个交通强国"智慧港口建设试点"单位平台优势，与山东港口各权属单位共建"双师型"教师队伍，打通校企人员双向流动通道，建立师资共建机制。学校引入"时代楷模·连钢创新团队"一流智慧港口研发力量，聘请"时代楷模"张连钢、"大国工匠"许振超等30余位产业教授担任双创导师，与学校教师团队共同承担港口智慧大脑、云生态平台建设等重点科技攻关项目，全面服务港口科技产业，培育港口科技品牌，全面开启校港融合发展新格局。学校打造产学研一体化高效协同科研创新团队，打通基础研究、应用开发、成果转移和产业化链条，构建校企联动的双创育人服务新模式。

（二）集团科创平台赋能，助推学校双创项目落地

山东港口集团拥有强大的科创平台，为学校学生创业项目搭建实习实训平台、双创大赛指导平台、创业孵化平台和创业基金应用平台。学校通过平台让学生深入了解公司真实运作方式，享受系统的创业服务，模拟整套创业流程，进行"挑战杯""互联网＋""创青春"等赛事演练。在基地孵化中心，学生利用校企协同提供的办公区域和共享会客室、会议室等设施，行政、财务、金融、法律等专业服务，进行思维碰撞，提升创新创业能力。

（三）深化产教融合，校企共建双创实践基地

学校发挥校港一体、产教融合的办学优势，校内建有大型港口机械实训基地、航海模拟器等160多个设备先进的实验实训室，校企共建校内外生产性实训基地300余个；与企业、行业深度合作共建实训基地和研发中心，与山东港口集团共建"山东港口安全技能实训基地"等。同时，牵头成立全国首个港航职业教育集团，成立山东省高校机电工程技术研发中心、港口机电技术研发中心、港口经济与航运物流研究所、智慧港口技术研究所、山东省高校智慧港口应用技术协同创新中心，率先实施教研产"三个一"融合工程。

校企共建"特色新型"技术服务和产品开发中心。学校构建以"山港集团、学校、科技园区、港航企业"四

方协同为引领、以"人才培养、团队建设、技术服务"三位一体为特征、以"质量、贡献和成效"协同互济、以全面育人为标准的技术服务和产品开发中心,致力于打造山港集团作为管理端、学校作为运行端、科技园区作为设计端、企业作为操作端"四端驱动、融合赋能、集成共享"的港航特色新型关系模式,创新了"项目推动、团队激励、专家指导、反哺教学"四个要素改革路径,搭建了"资源共享、信息互通、服务相融"的纵深延展式合作平台,助推人才培养和技术创新能力全面提升。

校企共建"引领性工匠比武式"双创实践平台。产教深度融合,港口专业人才都是学校的兼职教师,学校教师深入到港口进行技术革新,实时掌握企业前沿技术。学校用专业、先进的创新创业指导服务点亮学生创新创业项目。学校通过校企行联合,积极承办山东省职业院校技能大赛,承办人社部、交通运输部全国流体装卸工职业技能大赛。学校联合行业企业牵头编写 17 个工种国家职业技能标准,掌握行业话语权。校企合作建成了系统性的港口安全培训教育基地,搭建了引领性的工匠比武创新基地,以赛促训,努力打造港航特色创新创业人才成长成才的摇篮。

三、学校创新创业教育工作实效

(一)毕业生就业核心竞争力不断提升

学校毕业生就业率、双证书获取率、企业满意度持续保持在 98％以上。建校 47 年来,学校为社会培养了 6 万多名优质毕业生,遍布全国港口、航运、物流企业,在全国大型港口航运企业中,都有港湾人的身影,涌现出王新泽、刘守成、李进禄、刘起等一大批先进典型和模范人物,"时代楷模·连钢创新团队"中 1/3 骨干成员来自我校毕业生,山东港口集团 6 万余名员工中,有 1/5 来自我校,被媒体誉为"港口工人的黄埔军校"。学校曾荣获"国家技能人才培育突出贡献奖""全国职工教育培训示范点"等荣誉称号。

(二)建成 12 个校企联合双创合作平台

学校以港口创新创业人才培养为总目标,建成 12 个校企双创合作平台:数学建模创新平台、电工与电子创新设计创新平台、船舶系统与智能控制创新平台、邮轮经济与节能减排创新平台、机电产品创新设计创新平台、创业教育与创业计划平台、数控技术技能训练创新平台、人工智能与机器人创新平台、港口工程技能训练创新平台、系统分析与软件设计创新平台、互联网＋创新创业平台、大学生就业创业体验平台等。

(三)办成"一校＋百企"型双创大赛

学校秉承"校港一体、校港双创、价值共享"办赛理念,学校"港口杯"大学生创新创业大赛已经举办至第九届。山东港口集团作为赛事的联合举办方,为大赛提供孵化政策支持、双创专家辅导、奖金激励等一系列增值服务。学校不断加大校企共办双创大赛的力度,构建了"一校＋百企"双创大赛举办模式,利用校企共建的赛事平台,促进竞赛项目成果转化,形成"互联网＋"新业态及高质量创业就业新局面。学校每年累计参赛人数 9000 余人,培育双创项目 2500 个。

(四)建成创业项目持续,有效孵化共同体

学校依托举办方,学校与河北省港口集团、江苏港口集团、安徽省港航集团等 70 多家港航企业签订了战略合作协议;与中交一航局、上海振华重工等 100 多家行业头部进行基地共建;在中国港口协会、山东港航协会等行业协会的共同指导下,持续增强孵化初创企业的能力;与学校所在地的哈工程产业园深度合作,实现双创基地的良性发展。学校利用地缘优势,与西海岸壹号孵化中心、青岛中德生态园双创中心等基地共建,共同促进学生项目孵化工作,构建双创共同体。

(五)体系化培养成果丰硕,创新创业教育凸显成效

学校加入"中国高校创新创业教育联盟",20 名教师获山东省"互联网＋"创新创业导师。10 余人被评为西海岸新区拔尖人才和优秀青年人才,3 人被评为青岛市就业创业先进个人,21 人成为山东省创新创业教育导师。近五年,学校在省"互联网＋"赛事中,荣获金奖 3 项、银奖 4 项、铜奖 22 项,荣获第六届山东省

"互联网＋"大学生创新创业大赛优秀组织奖、第七届山东省"互联网＋"大学生创新创业大赛青年红色筑梦之旅赛道优秀组织奖,在"挑战杯""创青春"两赛事中获得国赛银奖2项、铜奖1项,省赛特等奖2项、一等奖15项,在市级以上各类创新创业大赛中获奖突破400项。

(六)创新创业特色工作社会反响良好

学校不断发挥校企一体化办学的"引领"作用,教育部网站专题报道学校《完善"双师型"教师培养机制造就高素质技术技能人才》,中国网文章《"校港一体"体制机制建设出成效》全面翔实地介绍学校校企一体化办学经验。2021年学校被山东省教育厅推举亮相"献礼建党100周年——全国高校创新创业成果展"。学校先后被教育部职成司、交通运输教指委、山东省教育厅、山东省港航协会等上级部门邀请做经验介绍。五年来,常州信息职业技术学院、天津海运职业学院、青岛职业技术学院等省内外45家高职同行院校、752人次先后来校考察学习,37家学校借鉴我校双创成果,形成了自己的双创教育工作特色。

青岛恒星科技学院首创大学生双创"帮孵"模式

青岛恒星科技学院

青岛恒星智岭双创中心,依托国家级众创空间和国家级新媒体及应用电子技术科技企业孵化器,首创"帮孵"模式,以大学生双创素质养成与双创项目培育为核心,"全员覆盖、全程关注、全要素供给",形成育苗—优选—孵化—嫁接—培育—结果的进阶式一站"帮孵"模式。

优选—孵化:学校根据学生创新创业项目特点,提供不同的对接服务,通过"三导师"联合指导大学生参与创新创业大赛,建立"以赛选项"渠道,形成项目资源库,实现项目与入孵企业的双向匹配;校企联手托举创业优质项目,提供"低成本、全要素、一站式"的配套服务,加速项目"帮孵"培育。

嫁接—结果:学校为优质项目嫁接成熟企业,借助双创基地扶持政策,提供技术、智力、资金等全方位支持,进行重点培育,实现由"输血到造血""扶上马、送一程",完成"项目化—成果化—实体化"的蜕变。

一站"帮孵"模式基于"协同孵化,资源共享"理念,形成学校、研究院所、行业企业学研企"三方融合"发展机制;构建课程教学、实践训练、创业孵化"三位一体"创新创业教育体系;实行学科专业导师、创新教育导师、创业教育导师"三师联动"协同育人方式;搭建了产教融合、科教融合、创新创业教育的资源平台,优化了以市场需求为导向、创业就业为导向的实践教学方法体系,提升了学生的创新创业能力和水平,打通了学生的成人、成长、成才路径,开创了高素质应用型人才培养的新局面。

近三年,青岛恒星科技学院学生参加"互联网+""挑战杯"等创新创业大赛 20000 人次,省级及以上各类竞赛累计获奖 3000 余人次,各级各类创新创业师生项目 300 余项。学生承担国家级、省级大学生双创训练计划项目 27 项,在大学生双创大赛中获国家级奖 8 项、省级奖 45 项。学生发表论文 57 篇,获批专利 17 件。

恒星智岭孵化器已成功培育科技型企业 128 家,大学生创业比例达 30%以上,已有 12 家成功孵化为国家高新技术企业,其中涵盖电子信息、智能制造、生物医药等多个领域,2022 年被认定为国家级科技企业孵化器。

一、帮孵案例一:青岛星迪网络科技有限公司

帮孵亮点:创意——实践——成功全程辅导。

青岛星迪网络科技有限公司成立于 2021 年,成立初期,因办公场地、资金及管理经验缺乏,导致营业受阻。

孵化器针对该公司经营难点,免费解决办公场地,协助获得 5 万元项目启动资金,安排创业导师全程一对一进行创业理念及日常管理的培训及指导,对接成熟企业,帮助该公司顺利度过创业初期,成功起步。

目前,青岛星迪网络科技有限公司成功开发了校内餐饮配送平台,业务已渐入佳境。

二、帮孵案例二:山东恒邦教育信息有限公司

帮孵亮点:资源链接互助增长。

山东恒邦教育信息有限公司专注于高等教育实践教学改革与课程体系改革,专注于跨境电子商务、移动开发、云计算与大数据技术、无人机应用技术、智能交通技术、研学旅行管理与服务等方向的研究与开发。

创业之初,山东恒邦教育信息有限公司员工仅有三名,恒星智库投资有限公司利用恒星科技学院教育资源,多次与青岛恒星科技学院教务部对接,使恒星科技学院教育培训、实训基地等资源向该公司免费开放。

孵化器在充分调研基础上,拟定即时沟通模式,"互助组"式帮促,有效地解决了该公司招生难、课程资源有限等问题,突破了企业人才缺口的瓶颈,并利用园区优势,开放了高端技术共享。

经过近几年的发展,山东恒邦教育信息有限公司成功入选教育部"产学合作协同育人"合作单位、山东省教育厅产学融合服务于地方新旧动能转换校企合作首批入库企业、人社部出国留学服务中心特聘服务机构、民航局《无人机应急救援》团标起草单位之一和民用无人机职教中心、青岛市教师培训实施单位,青岛市市南区中小学优质课和吉林省幼教信工委特色课入选单位,发展态势迅猛。

三、帮孵案例三:青岛秀才智科技设备有限责任公司

帮孵亮点:经费扶助,政策辅导。

青岛秀才智科技设备有限责任公司是恒星大学生项目转化为企业的典型代表,是专业研发生产小型无人机的科技公司。

项目前身是2013级恒星科技学院工学院无人机社团团长孙利团队研发,在2013年、2014年连续两年申报山东省大赛参赛,因经费和团队力量薄弱没能获奖,项目一度停止,团队解散。孵化器协助申请了恒星创业基金15万元,团队重新组建。

在2015年,该团队研发生产的"天智鹰"植保无人机获得山东省无人机大赛一等奖,项目顺利发展,已注册"天智鹰"商标品牌。产品入列国家无人机实名管理平台品牌企业、国家级高新技术企业、国家科技型中小企业,拥有几十项自主知识产权,通过国家专精特新产品认证。目前该企业销售收入过千万,解决和带动就业260余人,发展势头良好。

四、帮孵案例四:青岛海润隆泰动力科技有限公司

帮孵亮点:专业平台设备共享。

青岛海润隆泰动力科技有限公司于2018年10月入驻恒星新媒体及应用电子技术孵化器,该公司主攻永磁涡流联轴器,提供个性化动力系统解决方案,是恒星工学院金工科研实训和成果转化的重要试点。

技术沉淀期间,海润隆泰研发投入企业的全部资金,在企业进行产业化时,由于资金断裂,遇到了困境。恒星新媒体及应用电子技术孵化器总经理刘卓利用资源优势,联系山西江淮重工并进行对接,经过多次沟通考察,最终与海润隆泰达成合作意向,在山西晋城获得重大专项,获批资金一亿元,企业由此得到了快速发展。

目前,海润隆泰已申请发明专利5件,永磁电机技术得到了中国机械工业联合会专业委员会的成果鉴定,结论为国内领先,完成科技型中小企业备案,被认定为国家高新技术企业。

作为高校特色的大学生双创服务载体,恒星将继续把双创教育融入人才培养全过程,注重专创融合,打造"产学研金服用"孵化链条,链接校园、行业、产业,形成团队、平台、机制等方面多头融合,达到资源聚合、管理规范、服务有效、持续成长,必将增强大学生双创生态融合,形成社会性双创服务平台。

构建双创新生态,培养创新创业人才

山东经贸职业学院

山东经贸职业学院在双创教育工作开展过程中通过机制创新、服务创新、模式创新、实践创新、培养体系创新、双创教育与素质教育融合创新,构建了以创新创业大赛为主体,以 SYB/KAB 创业讲师培养、学生创新创业全程培训、学校大学生创业实训中心实践、职小新——中央教室、外聘创业导师专家指导,学校大学生创业孵化中心运营为全流程的"六位一体"创新创业教育体系。学校依托省级青年众创空间和潍坊市创业示范平台,通过"基础普及+精英培训+项目挖掘+创业大赛+项目孵化"的创业实践模式,有力地促进了创新创业教育工作的开展。

学校积极响应党中央"大众创业、万众创新"的号召,多措并举,坚持创新引领创业、创业带动就业,支持在校大学生提升创新创业能力,促进大学生全面发展,实现大学生更加充分更高质量就业。

一、机制创新:整体构建,一体化推进创新创业

学校既强调创新创业理论知识的学习,又强化创新创业意识的引导,更注重创新创业能力的培养,建成了创新创业教育学生在校期间的全过程育人体系。

二、服务创新:搭建"青年红色筑梦之旅"学生社会实践服务平台,助力乡村振兴

学校紧紧围绕为农服务、乡村振兴开展创新创业和社会实践育人工作。该支部先后组建50余支暑期社会实践和红色筑梦之旅小分队深入农村走访调研。社会实践紧扣国家创新驱动发展、脱贫攻坚、乡村振兴等战略,不断丰富"青年红色筑梦之旅"和暑期社会实践活动的内涵,深入推动创新创业教育与思想政治教育相融合,创新创业实践与精准扶贫、乡村振兴战略相融合。学校通过"两个融合",引导青年学生把个人理想与党和国家的前途命运紧密结合,让自身的成长发展与时代发展同频共振,做创新创业、服务人民、助力脱贫攻坚的奋进者、开拓者、奉献者,以"青春梦"托起"乡村振兴梦"。近年来学校团委被评为"潍坊市五四红旗团委",该校6支暑期社会实践团队被评为省市级优秀团队;该校红色筑梦之旅小分队围绕乡村振兴打造的创新创业项目先后获得中国国际"互联网+"大学生创新创业大赛国赛三等奖1项、省赛金奖4项、银奖7项、铜奖5项;相关创业项目直接提供就业岗位80余个、间接带动就业岗位700余个,带领4000余户农村家庭脱贫致富,在乡村振兴进程中发挥了作用。

三、模式创新:创建"创业教育工场"模式,培养创业精英

学校创建了"创业教育工场",构建了三个平台,助力双创教育培养创业精英。一是孵化基地平台搭建。学校搭建了集创业服务、创业孵化、创业实训、文化创意于一体的学校大学生创业孵化基地,基地先后被共青团山东省委和潍坊市人力资源和社会保障局评为省级青年众创空间和潍坊市创业示范平台。二是创业培训平台创新。学校开设了大学生 KAB 创业基础必修课,构建以第二课堂素质教育为主的辅助体系,激发了学生的创新创业热情,增强了创新创业技巧和能力。三是构建创业导师服务平台。学校依托潍坊青年企

业家协会、万学教育平台等搭建了一支专业、实战、高效的创业导师团队。学校聘任教育部创业专家、企业董事长等校外创业导师 30 余名全程指导学生创新创业实践。

四、实践创新:建立了"五级推进"的创新创业实践模式

学校构建了"基础普及＋精英培训＋项目挖掘＋创业大赛＋项目孵化"的创业实践模式。在创业就业通识课的基础上,学校开设创业精英班,创业实训、创业大赛、创新发明大赛、项目孵化,培养学生的创新精神和创业能力;同时为学生创业提供工商注册、税务登记、风险评估、创业基金审批、政策咨询、工商注册等一站式服务。

学校构建了五级推进成果转化服务平台,积极鼓励师生参加各类创新创业大赛在各级各类双创赛事中屡获佳绩。近三年来学校获中国国际"互联网＋"大学生创新创业大赛铜奖 2 项,获山东省"互联网＋"大学生创新创业大赛金奖 9 项、银奖 19 项、铜奖 22 项,获山东省科技创新大赛金奖 1 项、银奖 2 项、铜奖 6 项,获"挑战杯"山东省大学生课外学术科技作品竞赛、"挑战杯"山东省大学生创业计划竞赛奖项 20 余项;获行指委、教指委及行业协会各级各类竞赛奖项 80 余项。

五、培养体系创新:"专创融合六步推进"创新创业教育培养体系

学校构建"一专业一项目一特色一工坊一创新一创业"的"六个一"创业生态,实现专业教育与创新创业教育融合、通识教育与创业精英培养融合、创业课程学习与各级大赛融合。校企共建"创业校中企",探索校企合作培养创新创业型人才培养模式,引导创新创业团队建设,扶持大学生创业项目,专业孵化创业项目 9 个、"互联网＋"经贸淘宝创业实践项目 9 个,成功孵化"爱懒猫"等 5 个创业项目,实现以创新促进创业、创业带动就业,打造高校创新创业教育的升级版,成为助推区域经济发展的新引擎。

六、双创教育与素质教育融合创新:突出双创教育,为大学生创业梦想插上翅膀

学校立足创业精神和创业意识培养,围绕创新创业工作要求,以大学生创业激情和兴趣为集结点,成立大学生创业协会,网聚有志创业的学生形成团队;依托各类学生社团,开展科技创新大赛、创业设计大赛等 30 余项,充分激发大学生的创新精神和创业意识、创业激情和创业潜能,系统培养学生的创新意识、创新精神和基本的创业技能,引导更多的学生勇于创业;开展典型引导活动,以榜样的力量激发和带动创业教育;采取创业就业信息宣传等有效形式,培育、繁荣校园创业就业文化,创造有利于培育大学生创新精神和创业意识的文化氛围。

学校重点培养学生学会学习、学会合作、学会干事创业的能力。学校在训练与培养学生创业意识、创业心理品质、创造精神、创新能力的同时,训练学生的综合分析和评估能力,对自主创业项目的认知能力,对市场的分析能力,经营管理素质和能力等综合能力,提高学生就业竞争软实力。

"三横三纵一体化"全链推进创新创业工作
——山东工业职业学院创新创业工作典型做法

山东工业职业学院

山东工业职业学院高度重视创新创业教育,结合办学优势和办学特色扎实推进创新创业人才的培养,坚持"育人为本、专创融合、协同推进、内涵发展"的实施原则,基于学校创新创业、实践教学基地,构建了以"工作机制—培养模式—培养平台"全链式贯通的"三横三纵一体化"创新创业人才培养模式,取得显著成效。

一、建立"一体化协同联动"的工作机制

学校立足国家创新驱动发展战略和"大众创业、万众创新"战略部署,全面实施创新创业教育改革,把提高人才培养质量作为创新创业教育改革的出发点和落脚点。学校成立了学校创新创业教育工作领导小组,制定实施了学校《创新创业教育工作实施方案》,建立了教务处、团委/学生工作处、校企合作与实训处、组织人事处及各二级学院协同参与的一体化创新创业工作联动协调机制,明确了创新创业教育工作机制、测评体系和激励机制,形成各部门协同配合,全体教职员工和学生积极参与的工作机制。

二、实施"三联动"横向夯实创新创业人才培养基础

(一)课内与课外联动,构建全过程创新创业人才培养体系

学校构建"双创基础课程+专创融合课程+双创实践课程+双创拓展课程"螺旋上升、逐层递进的结构化课程体系。学校将创新创业教育纳入人才培养方案进行整体规划设计,从2016级开始,学校所有专业均开设创新创业通识课程,实施"线上+线下"混合式教学模式改革,各专业围绕实验实习、生产劳动和社会实践构建面向全体学生、课内外相结合的创新创业实践课程体系,开设体现行业特点、融入创新创业思维和方法的专业课程,科学合理设置创新创业必修课和选修课,纳入学分管理。

(二)第一课堂和第二课堂联动,重视抓好"创新项目+创业大赛+创业实战"三位一体第二课堂教学

学校"以赛促学、赛课联动"推动创新创业双课堂,建立了"国家级—省级—校级—院级"的四级竞赛实施体系,举办面向全体学生的创新创业大赛、职业技能大赛及各类科技创新、创意设计、创业计划等专题竞赛,学生的创新精神、创业意识和创新创业能力明显增强,投身创业实践的学生显著增加。学校推进"专创+思创"课程创新,近年来学生获批专利80余件,省级以上各类创新创业大赛获奖150余项,其中国家一等奖2项、二等奖5项;省级一等奖30余项;学生作品"探寻红色记忆,传承红色基因,发展铸魂育人功能——肥皂盒里的主席像章"获第十七届"挑战杯"全国大学生课外学术科技作品竞赛红色专项活动全国三等奖。

(三)校内和校外联动,拓展创新创业空间

学校依托校内实训、社团活动、创客工作室、创业沙龙、创业竞赛等打造实训载体,帮助学生实现创新到创业的转型,实现了双创实训"资源—平台—载体"的体系链、双创学习"周—月—年"的时间链、双创实践"校内—淄博—山东"的空间链,打造"全链型"创新创业教育环境。学校利用校外创新创业实践基地,建设了一批具有专业特色的专创基地,实现创新与创业相结合、孵化与投资相结合,培养学生创新创业能力。学校依托区域产业发展及资源优势,教师带领学生深入区域一线实施蒲苇编、陶瓷制作、农产品销售等创业项

目,探索出"科技成果转化＋大学生创业＋乡村振兴"的有益模式。学校 2016 届毕业生依托淄博市桓台县马踏湖的"1＋N"模式为当地乡村的发展提供发展契机,结合学校驻地桓台县芦苇产地资源优势,加入蒲苇荷叶等植物纤维材料,成立大亮快包(高唐县)环保材料有限公司,让当地资源之间产品及其衍生品都得到长足的发展,融入乡村建设,全方位推动乡村振兴。

三、实施"三驱动"纵向彰显创新创业教育工作特色

(一)以创新创业理念驱动教学改革

学校投资 800 余万元,建成了建筑面积 1200 平方米的集"双创教育、竞赛实践、政企服务、项目孵化"功能于一体的创新创业基地,通过组织创业竞赛、创新大赛、创业训练营、创业沙龙等活动拓展创业载体,实施"导师＋学生创业团队＋科研团队"融合科创模式,建立了创新创业学分转换制度,积极推进研发孵化创业项目和"可产业化"产品,激发师生创新创业热情和自信。

学校组建创新创业试点班,试点班学生通过创业模拟实训系统、电子商务实践项目进行创业实训折算获得学分。学校与江苏京东信息技术有限公司合作创建了国家级生产性实训基地——京东实训基地项目,建筑面积 300 余平方米,"双十一"期间,学校 160％超额完成京东分配任务量,并且两次荣获"全国优秀院校";满意度达成超过京东标准,8 位同学获得客户表扬并获得"全国高校接线标兵"称号,成为京东集团全国校园实训中心的标杆院校。

(二)以创业平台建设带动创新成果转化

学校与校外企业合作,打造大学生创新创业孵化平台,实现投资与孵化,创新与创业的有效对接。学校与山东理工大学等多所高校及研究机构创办的"齐创氢新"科技有限公司是学校产学研成果转化类企业代表,响应新旧动能转换号召,在碳达峰、碳中和战略背景下专注于"核心部件＋整车产品＋技术服务"三大业务板块,形成了以"燃料电池金属双极板"为核心、以"氢能燃料电池整车"为辅助、以"关键技术咨询服务"为突破口的商业模式,并取得显著市场效果。项目曾获第八届山东省"互联网＋"大学生创新创业大赛铜奖,项目核心技术曾获第十六届全国高职院校"发明杯"大学生专利创新大赛一等奖等省级以上奖项 6 项,项目团队申请专利、软件著作权等 10 余项。

(三)以创新创业成果助力乡村振兴

充分利用专业优势与资源,与驻地相关部门积极合作,借助校园创业平台,拓展基层创业培训、职业技能培训、农村电子商务培训等项目空间,鼓励更多毕业生到基层创业,返乡创业。2020 年学校基艺学院创新创业项目"荷聚变",充分利用湖区自然资源的下脚料帮助当地实现乡村振兴,项目围绕马踏湖湖区沿线的蒲、苇、荷等自然材料而生产,联合政府引领驱动、企业协同推进、村民组织管理及其他组织科技资金支持等力量,以点带面构建起"1＋N"的乡村抱团发展机制,更好地推进乡村振兴战略的落地实施。学校 2008 届毕业生窦广磊,毕业后带头回乡创业,多项产品技术突破国内市场空白,代表中国树莓代表团参加北美国际树莓论坛。他本人相继获得中国乡村旅游致富带头人、山东省四星级创业青年、济南市青年创业之星等荣誉称号。学校以他创办的基地为核心,联合中国林科院等科研机构,通过"公司＋协会(合作社)＋农户"模式,带动全省发展树莓基地 2000 余亩。

坚持"三全三制""四融四进",深化创新创业教育改革

青岛黄海学院

学校厘清机制创建到过程融入再到思维引领的逻辑起点,探索"三全三制""四融四进"育人模式,提高人才培养与技能需求适应性。学校实施工作室制项目化教学,完善"四三二一"双创教育系统,校政行企四方联动搭建学校主体、政府主导、行业指导、企业参与的科技创新、文化创意、网上创业三大创客平台,构建"双创教育实践与成果孵化"两位一体教学体系和一条龙创业孵化链条,助力区域经济社会发展。

建校 27 年来,创新创业已成为黄海的生命基因,双创教育更成为鲜明的办学特色。2018 年学校荣登中国民办大学创业竞争力 300 强榜首,将双创教育融入专业人才培养全过程,围绕应用型人才培养目标,突出德育为先、能力为重,完善理论教学、实践教学、创新创业教育,强化传统文化、红色文化、工匠文化、创新文化"四文化"融合育人特色,获批国家级众创空间、省级创新创业典型经验高校。

一、"三全三制"的创新创业顶层设计

学校实施"一把手工程",成立创新创业教育学院,由校领导兼任院长,系统推进双创教育工作;基于创新创业教育服务中心和大学生就业创业孵化基地建设,协同大学生创业指导委员会、创新专家咨询委员会等,提供教育指导和咨询服务;完善全员参与的组织运行体系、全覆盖的教育教学体系、全方位的双创服务体系和联动协调工作机制、校企协同育人机制、专项经费资助机制,形成学校整体规划、部门协调配合与学院落实责任、团队落地项目的工作格局。2018 年"院园合一"校企协同育人机制研究与实践获省级高等教育教学成果二等奖,2021 年于振邦老师撰写《院园合一的协同机制》入选教育部首批产教融合实训基地优秀案例。

二、"四融四进"的创新创业课程建设

学校深耕双创沃土,探索思创、专创、产教、校地"四融"和创新文化进工作室、创新成果进教科研、创新思维进第二课堂及创造技能进孵化园区"四进"模式,打造双创基础、专创融合、潜能开发和素养提升类课程,"赛教一体"推进创新意识增强、市场决策训练、专业技能应用、团队运营提升双创素质全覆盖,多学科专业融通全覆盖,低中高年级平稳进阶和校友创业跟踪服务全覆盖,以及学生专本相接、师生同创共进、师资专兼结合全覆盖。

学校实施百门金课建设工程,建设一流课程;开设 56 门创业选修课程,建成 145 门在线课程。校企共建双创实践课程 40 门,开发教材 23 部,引入企业案例 207 个和教学项目 170 项,出版教材 5 部。学校获批"创业基础""市场营销"等省级、国家级一流本科课程 12 门和省级精品课程 18 门、课程思政示范课程 1 门,上线国家高等教育智慧教育平台课程 90 门。

三、"项目驱动"的工作室制教学模式

学校低重心建设师生同创、企生共创、学生自创等工作室载体,有效推介"专创融合＋思创融通＋项目

驱动"教学模式,提升学生专业品质、创新思维、职业素养和实战技能。育人成效被中央电视台、中国教育新闻网等报道,经验在山东省内外 40 余所院校推广,以专创融合为抓手促进应用型转型案例在教育部第七届产教融合发展战略国际论坛受到教育部原副部长鲁昕推介。

四、"一体多翼"的双创实践教学体系

校企共建进阶式实践教学体系,使真实项目进课程、企业人员进课堂,依托工作室开创微课业,延伸学生主体双创实践的场域空间,理实一体推进教学过程与实战内容相融合、课程考核与岗位考核相统一。学校以大学科技园、数字经济创新创业园和影视产业孵化园为两翼,寓创造性、应用型于个性化培养和体验式学习,一体化营造人才孵化真场景,提升学生综合素养。2022 年,学校基于"工作室＋微学习"和专创融合的人才培养实践成果,分别获得省级教学成果奖一、二等奖。

五、内外联动、专兼结合的师资队伍建设

学校以导师制为重点,加强双聘双岗、交融互动式、双师双能型师资队伍建设,实现校企人才互聘、课岗融替和互惠双赢。学校将双创业绩纳入教师职务晋升和职称评审体系,引入企业经理、优秀校友担任导师,已建立 2409 人导师库。学校对接山东省内产业链和行业协会,建成 219 个校外实践基地和 233 个实验室、8 个实验教学中心,面向全体学生开放,满意度达 96.2%。

六、以核心成果为导向凝练双创教育成果

学校依托 206 个工作室,落地应用型人才培养。学校获大学生创新创业训练计划项目国家级、省级立项 259 项;获中国国际"互联网＋"大学生创新创业大赛省赛金奖 1 项、银奖 19 项、铜奖 27 项;获科技创新竞赛国家级、省级奖项 400 余项和专利 50 余件;其他双创竞赛获国家级一等奖 16 项、二等奖 45 项、三等奖 89 项;获全国民办高校创新文化建设奖和全国大学生 KAB 创业教育基地、山东省大学生创业孵化示范基地、山东省创客之家等授牌。

七、强内核、全要素、高引领的辐射影响

校政行企四方聚合联动,揭牌成立 10 余个现代产业学院,智能制造产业学院获批省级产业学院。学校聚焦支柱产业和新兴产业,打造应用型专业群。国家艺术基金项目"'大河滔滔'黄河文化美术创作巡展"弘扬黄河文化,推动了文旅高质量发展;工业机器人工程技术研发中心入选"十三五"省高校科研创新平台立项,服务于创新驱动发展战略;围绕"一院一品",赋能乡村振兴;横向课题到账经费 1200 余万元,助推了产学研创一体化。

学校作为山东省应用型高校建设支持单位,将继续发扬"四文化"融合育人特色,着力拓展创新人才培育路径,深入探索"前校后厂"育人机制,以高效能、广辐射和强实效创响双创育人品牌。

多元融入，分层分类
——构建全维度创新创业教育模式的"济职"实践

济南职业学院

一、以全面落实立德树人根本任务为核心，挺起双创教育"主心骨"

(一)坚持党的领导，全力打造系统工程

坚持党委主抓，构建"11235"精准管理体系。学校实行党委书记、院长双负责的"一把手"工程，成立校院两级双创工作领导小组，健全校、院、专业三级目标责任制，构建"院领导—相关职能部门—院部负责人—专业教研室主任—学生"五位一体的工作体系，推进阶梯式创新创业教育改革。

学校依托"五化六融一打卡"社会主义核心价值观培育践行。

(二)矢志创优争先，教书育人硕果累累

学校不断深化人才培养模式改革，擦亮技能成才底色。学校育人研究成果获得省级教学成果奖7项，创新创业教育共计获得3项；以第一主持单位牵头建设的国家级专业教学资源库顺利通过教育部验收，为市属高校唯一；学校获职业院校技能大赛教学能力比赛国赛一等奖1项、二等奖3项、三等奖2项。学生获首届世界职业院校技能大赛山东省唯一银牌，是全省最好成绩；在2022金砖国家职业技能大赛决赛中摘得国际赛银牌，国内赛成绩居全国第二位。

二、以"互联网＋"大赛为基准，树立双创教育"风向标"

(一)着力引赛入课，全时砥砺参赛技能

学校扎实推进大赛任务转化为教学项目、大赛内容转化为课程内容、大赛标准转化为教学标准、大赛评价转化为教学评价的"四转化"，把大赛真正融入日常教学，切实提高学生的创新精神、创业意识和创新创业能力。

(二)积极引赛入校，不断提高双创热度

学校专门成立了院长任组长的大赛推进工作领导小组，出台激励政策，在教师节大会上对获奖团队集中表扬、奖励，通过层层宣传、教育，营造了浓厚的备赛、参赛氛围，特别是参照大赛形式，广泛开展校内比赛，"海选"种子，越来越多的学生从"看客"转变为"创客"。2019至2022年学生获中国国际"互联网＋"大学生创新创业大赛金奖3项、银奖1项、铜奖5项，省赛获奖30余项，在国内职业院校金牌榜位居前列。

三、以创业学院为基础，建好双创教育"主阵地"

(一)搭稳四梁八柱，构建优质生态系统

2013年，学校在原有经济贸易系的基础上成立了山东省首家校企合作的创业学院。创业学院具有职能部门功能，负责协调各部门、院部具体开展学院层面的双创教育，成为双创教育从"小众"向"大众"转换的"传动轴"，举办创新创业训练营、设计思维工作坊等，厚植热土，促进创业种子发芽；建立千人创业导师库，

为学生配备资源型导师、实训导师、伙伴导师和高校导师等四类导师,对创业禾苗进行运营管理能力浇灌;通过校企合作,为创新创业生长提供养分;通过山东省创业学院联盟、齐鲁科创大走廊等为创新创业提供大气环境,构建了具有"济职"特色的"创意、创新、创业、创效"四创教育生态系统。

(二)坚持精耕细作,厚植专业人才沃土

创业学院也是教学院部,设立了市场营销、中小企业创业与经营等专业,建立了"以点带面式"和"分层渐进式"双线并行的实践平台,形成了"三级覆盖、三级递进"的全日制创业人才培养模式。毕业生受到社会广泛认可,月收入 5000～6000 元的占 58%,6000 元以上的占 33%,其中 10000 元以上的占 8%,部分学生选择了毕业后直接开办公司或者"先就业再创业"的道路,取得了良好的经济效益,并实现了创业梦想。

四、以专创、产教双融合为支撑,筑好双创教育"蓄水池"

(一)推进专创融合,优化双创教育体系

学校面向全体学生开展创业普及教育和创业通识教育;面向具有创业意向的学生开展"专业教育+创业教育"的改革;面向有创业项目的同学引入创业学院和大学生创客空间,开展创业孵化帮扶,可保留学籍休学创新创业,促成双创教育全员、全程、全覆盖。

(二)深化产教融合、校企合作,夯实双创教育根基

学校坚持"与品牌为伍、与朝阳同向"的理念,深化政行企校协同联动,打造产教深度融合链。与二机床集团合作成立吉尔智能制造产业学院,与市退役军人事务局、比亚迪济南公司共建济南退役军人创业学院,与中兴通讯共建"5G+产业学院""5G+先进控制技术"济南市重点实验室,牵头 84 家单位组建全国首个会展职教集团。学校融入山东自贸试验区发展战略,承办济南市双元制职业教育制度创新联盟年会。学校认真落实职业教育创新发展高地建设要求,完成 108 项建设任务,累计取得 75 项国家级成果、176 项省级成果。

在山东省教育厅的指导下,通过全校上下的不懈努力,学校的工作取得了较好成效,获评全国高职院校创新创业教育工作先进单位,《高职院校"三级覆盖、三级递进"全日制创业人才培养模式的构建与实践》获得山东省职业教育教学成果奖一等奖,近四年参加中国国际"互联网+"大学生创新创业大赛获得国赛金奖 3 项、银奖 1 项、铜奖 5 项,职教赛道金牌数量位居山东省第一。

实施"四维升级"工程，
构建"四位一体"双创育人"协和"模式

山东协和学院

山东协和学院 2014 年成立了创新创业学院，坚持以创新创业教育改革为突破口，全面推动学校人才培养改革，坚持创新创业教育面向全体学生、引导全体教师参与、融入人才培养全过程，全面提升应用型人才培养质量，紧紧围绕"大众创业、万众创新"和"以赛促教、以赛促学、以赛促创"主线，探索并形成了创新创业教育改革升级赋能应用型人才培养的崭新路径。

一、坚持以学生为本，构建协同育人工作格局

学校高度重视创新创业教育工作，加强顶层设计。2012 年，学校全面启动"应用型人才培养模式改革"，将创新精神、创业意识和实践能力列入人才培养目标。2015 年，学校教职工代表大会通过了《关于深化创新创业教育改革的实施意见》，确立了"五育深度融合双创教育、双创教育助推应用型人才培养"的改革思路。2017 年，学校出台《关于实施创新创业教育"四维升级"工程的决定》，进一步推进创新创业教育改革升级，构建并实施了"四位一体"双创育人模式，致力于培养信念坚定、基础扎实、能力突出、敢闯会创的应用型人才。

以此为基础，学校从指导思想与总体目标、主要任务与改革措施、组织领导与实施要求等方面加强对创新创业教育的科学化、制度化、规范化建设，进一步明确了校内相关部门和学院的职责分工，完善了创新创业教育的校内协同机制，从个性化培养、课程体系改革、师资队伍建设及配套体系建构等方面入手，将学生创新创业能力的培养贯穿于人才培养全过程。

二、注重系统设计，推进课程—项目—竞赛—孵化"四维升级"

学校对课程、项目、竞赛、孵化等进行系统谋划、整体设计，推进创新创业教育的"四维升级"。学校推进课程升级，实施课程双创；出台《"五育融合"创新创业教育实施意见》，明确双创教育由传统的双创课程拓展延伸至课程双创，双创教育贯穿全部课程和教学环节。在《"五育融合"课程双创教学指南》《"五育融合"课程双创教学大纲》《"五育融合"课程双创课堂教学设计》等系列文件指导下，1326 名教师深入挖掘充实课程中蕴含的创新创业教育元素，搭建起创新创业教育与思政课程、专业课程，以及体育、美育和劳育深度融合的教育教学平台，实现创新创业元素对所有课程的全覆盖，推动双创课程到课程双创升级。

学校推进项目升级，实施项目双创。学校对企业发展实题、项目式教学难题、教师科研课题及学生自主设计选题等进行优化整合，遴选上万个大创项目和上万个"互联网＋"竞赛项目，建立覆盖全部专业的项目资源库。学校充分鼓励学生依据兴趣特长和专业发展，自主选择项目、组建团队、合作探究，成立创新创业社团 47 个，成功架起项目、导师、学生三者之间的桥梁，激发学生双创热情，激发项目创新活力。

学校推进竞赛升级，实施竞赛双创。学校完善"三模块四类别五层级"的竞赛体系，为学生参加竞赛搭建舞台；各院部结合学科专业优势和产业发展需求，打造"一专一赛一院一品"的赛事特色，为学生专业素养和创新思维能力培养提供载体，构建学赛结合、赛训一体、人人可赛的竞赛"协和"模式，为教师的教、学生的学提供了坚实载体，实现了"教学、竞赛、创业"双向融入。

学校推进孵化升级,实施孵化双创。学校 2014 年起实施三学期制,遴选 3000 余家中小微企业作为实践教学基地,第三学期组织全体学生开展以企业实际任务为驱动的岗位实践,强化实践能力,发掘创业项目;面向有创业兴趣的学生,开展线上线下创业模拟训练。学校依托双创教育管理系统,平均每年遴选 310 个项目进行线上全过程模拟创业,开发创业潜质。校内孵化基地设立模拟孵化区,平均每年遴选 120 个项目开展线下模拟创业训练,提升创业能力;学校利用校内 12680 平方米专用孵化场地,与 12 家国家级孵化器合作,设置专项经费年均 1688 万元,引入风投基金 4650 万元,以"创业导师＋孵化平台＋风险投资"方式开展精准创业帮扶。

三、完善考核标准,提升教师双创教育教学能力

学校始终秉承"全域创新创业教育"理念,以服务学生成长成才成人为使命,注重培养规模宏大、富有创新精神、勇于投身实践的创新创业人才队伍。学校按照具备教书育人能力、专业实践能力、创新指导能力、成果转化能力、创业指导能力的"五能教师"要求对教师进行培养和考核。学校开展争做"五能教师"活动,强化了教师双创教育教学能力提升,帮助教师群体建立了全新的创新创业教育体系视角,拓展了对创新创业教学和研究的思路,找到了专创融合的新途径,形成了一支专兼并重的"教练式"创新创业师资队伍,真正提高广大一线教师的教学能力和教学水平,构建了教师人人有项目、学生人人进项目、万名导师指导帮扶万名学生的"教、学、做一体化"创新创业教育新局面,为广大学生搭建起了创新创业实践平台和成长通道,帮助学生训练创新思维,提高创业能力,培育创业精神,实现学生"成长成才成人"的三成合一。

在学校创新创业教育沃土上,创新创业教育改革成果显著。学校出版课程双创系列教材《五育融合课程双创教学指南》35 册,建有国家级一流课程"大学生创新创业教育",省级一流课程"创新创业实践",在创新创业教育方面获得国家级教学成果奖 3 项、省级教学成果奖 7 项;建有省级孵化中心、省级创新创业改革示范基地和国家级众创空间。近五年学生获省级及以上竞赛奖励 1980 项,其中 2021 年获第七届中国国际"互联网＋"大学生创新创业大赛国家金奖 3 项、银奖 1 项、铜奖 6 项,省级奖 92 项,国家金奖及奖牌数居山东省应用型高校首位、全国应用型高校前列;2022 年获第八届中国国际"互联网＋"大学生创新创业大赛获国家金奖 2 项、银奖 1 项、铜奖 8 项,金奖数在全国所有高校位列第 29 名(并列)、民办高校第 1 名;获省级奖 153 项,其中省级金奖 33 项、银奖 75 项、铜奖 45 项,获奖总数、金奖数创历年新高,位居山东省高校第 1 名。

乘双创之风，培双创人才

山东石油化工学院

山东石油化工学院在全国大学生机械创新设计大赛等高水平国家级竞赛中获奖 522 项，其中一等奖及以上 56 项；在山东省 ACM 大学生程序设计竞赛等省级竞赛中获奖 380 余项，其中一等奖及以上 63 项；在第十七届"挑战杯"山东省大学生课外学术科技作品竞赛，晋级省赛 5 项，获奖 4 项；在第七届中国国际"互联网＋"大学生创新创业大赛中共组织报名参赛 3456 项，晋级省赛 26 项，获奖 13 项；在"建行杯"第八届山东省"互联网＋"大学生创新创业大赛中"齐家社工——乡村涉案未成年人服务型保护的先行者"项目荣获"青年红色筑梦之旅"赛道金奖，学校荣获第八届山东省"互联网＋"大学生创新创业大赛高教主赛道优秀组织奖；在第十一届全国大学生电子商务"创新、创意及创业"挑战赛中学校推荐项目"三合桑梓情，电商兴乡村"获得省级一等奖；在第八届"创青春"中国青年创新创业大赛中学校推荐的项目"世纪兰亭（山东）城市发展有限公司——DBO 模式下的社区微更新服务商"荣获国赛初创组银奖。

山东石油化工学院以构建双创通识课程体系、做好创新创业课程体系建设、打造"思达讲坛"创新创业学术名片为特色，构建"教学＋课题＋竞赛＋扶持"的四位一体创业教育机制，提高教师在创新创业方面的指导水平，在响应国家大政方针的同时，借助社会上的企业、媒体等提供的资源，乘双创之风，培养创新创业型大学生人才，激励大学生创新创业并提高学生创新创业素养，实现学校、教师、学生三者的共同进步。学校在中国国际"互联网＋"大学生创新创业大赛、全国大学生机械创新设计大赛、山东省 ACM 大学生程序设计竞赛、"创青春"中国青年创新创业大赛等比赛中取得佳绩。

2019 年 11 月，山东石油化工学院建成大学生创新实践中心，设置 4 个大学生创新工作室及荣誉展厅，为大学生科技学术活动提供了实践平台和成果展示平台。为了激励大学生创新创业并提高学生创新创业素养，学校在大学生素质拓展计划中设立了创新创业学分，每年开展创新创业培训，保证学生全员全程参与。

在促进学生创新创业过程中，学校以构建双创通识课程体系、做好创新创业课程体系建设、打造"思达讲坛"创新创业学术名片为特色，首要做好学校创新创业的顶层设计工作，将学生创新创业、学科竞赛的参与情况与教师奖励、学生评价和单位考核相结合，立足创新创业通识教育、创新创业课题管理、创新创业竞赛服务、创新创业成果孵化四个维度，逐步构建"教学＋课题＋竞赛＋扶持"的四位一体创业教育机制。

从教育上，学校搭建双创通识教育平台，做好专创融合课程建设的同时，打造一支专业教师队伍。学校立足各专业开发每专业两门以上专创融合课程，并形成完备的课程计划、教学设计，鼓励教师专创融合教改项目，实现教育工作上对大学生创新创业的支持。

从平台上，学校完善"课题制"管理平台，加强优质创业团队培育。学校以导师为核心，以兴趣为动力，以课题为方向，建立导师老生新生传承帮带的课题管理模式；遴选学校知名教授、副教授挂牌成立"创新创业名师工作室"，设立"思达试验班"，重点培养创新创业苗子，打造培养创新创业的"黄埔军校"；通过建立高素质、高水平的平台，扶持大学生更好地投入创新创业领域建设。

从机制上，搭建创新创业竞赛服务平台，搭建"2＋N"国家 A 类学科竞赛的校赛平台，选拔优秀项目参加省级、国家级竞赛，制定创新学分认定与置换办法，学生可将参加创新创业项目、省部级及以上学科竞赛、发表论文、获批专利等成绩或成果申请置换课程学分,有效提高学生参与率。

从成果保护上,学校夯实创新创业孵化成果平台,孵化学生科研硬核成果。学校成立"大学生知识产权服务中心",举办"爱迪生训练营",将研究成果转化为有价值的科技成果或者社会生产力;加强学校创业基地建设,完善学生实践创新的硬件保障,用实际行动保护大学生创新创业的成果。

学校在创新创业实践过程中综合多方面因素做出有针对性地提升专业教师创新创业教育能力、构建教学全过程创新创业课程体系、开展创新创业融入专业课程教学改革与研究、构建"点线面"一体的创新创业工作模式等对策,有效实现学校创新创业教育工作的发展。

大学生参加创新创业大赛的意义在于它可以激发其创业的意识和想法,同时也可以提升自己的创作能力。学校深入实施创新驱动发展战略,搭建服务创新创业的平台,弘扬创新创业文化,激发全民创新创业的热情,掀起创新创业的热潮,打造推动经济发展和转型升级的强劲引擎。

在比赛过程中赛方与校方通力合作,充分利用各种媒体,宣传创新创业人物、事迹和精神,树立创新创业品牌,激发全民创新创业的热情,引领创新创业文化的形成,营造良好的创新创业氛围。

山东石油化工学院聚集和整合人才、技术、资本、市场等各种创新创业要素,提供辅导培训、展览展示、市场对接等各类服务,加速大学生创新创业的成功。

同时,学校探索以名师专家为指导导师、以市场化方式进行项目评审的新途径,建立便于媒体和社会监督的公正、公开、公平的筛选方式,促进科技计划管理体制改革和财政资金支持方式的创新。

大学生创新创业大赛给大学生创业提供了更多的宣传渠道和展示舞台。

对于学校而言,积极参与创新创业,在响应国家大政方针的同时,锻炼和提高了学生的个人能力和个人素质。学校首先为学生搭建优质的创新创业平台,响应国家推动创新人才重要的体现;其次,提高了学校技能应用人才的培养能力,为学校培养创业型技能人才发挥重要的作用,同时也为学校的教师在自身练就创新能力、创业思维、产教融合、校企合作等多方面增加了能力,提高了学校教师自身的职场竞争力。

强教改,重实践,促成长,打造双创人才培养新模式

山东外国语职业技术大学

学校高度重视创新创业工作,全面规划部署,成立了创新创业工作指导小组,统筹推进该项工作。

一、强教改——构筑职教本科特色双创人才培养教育体系

学校深化人才培养模式改革,创建和改革了"五级"创新创业人才培养课程体系。一级为创新意识激发。学校借助"智慧树"平台优质教学资源,为大一年级学生开设"创新思维"必修课程;二级为创业意识教育。依托学校作为日照市人社局认定的创业培训定点机构优势,为学生开设"GYB/SYB创业培训+创新创业+工匠精神"系列课程,近三年累计培训学生2万余人;三级为创业模拟运营。学生通过在ERP沙盘、创业之星等模拟实训软件上的操作,增强了创业认知;四级为以赛促创。学校通过各级各类创新创业大赛的实践,补齐短板,增强实力;五级为项目孵化实践。创业项目免费入驻大学生创业孵化基地,促进成果转化。

(一)全面修订培养方案

学校根据职业本科院校人才培养定位和创新创业人才培养目标,重新修订人才培养方案,将创新创业融入人才培养全过程,明确了学时、学分和教学计划要求,推动"线上+线下""通识+专业""创新创业+思政+社会责任感"教育的有效衔接。学校围绕"创意、创新、创造"三个层次,努力提升学生的专业素养和创业精神。参与创新创业教育和大赛实践的学生实现全覆盖。

(二)强化制度激励保障

学校制定出台了《关于加强大学生创新创业教育工作的实施意见》等包括孵化基地运行管理、大学生创业项目管理、创新创业学分置换、休学创业、大赛奖励等在内的管理制度16项,形成了良好的创新创业工作生态系统。

(三)培育优质师资队伍

学校每年专项拨款用于师资队伍建设,近三年共培养创业咨询师、高级创业指导师、SYB创业培训讲师63名,70%以上有创业企业关键岗位锻炼经历,85%以上具有硕士学位,90%以上为教学一线骨干教师。学校建设了一支师德高尚、业务精良的师资队伍,助力学生成长成才。

二、重实践——创业孵化基地成为学生展示自我的舞台

为满足创新创业教育需要,学校充分利用资源,积极开展校企合作,建成集创新创业"探索—模拟—实战—运营"于一体的实践体系。学校建有市级"大学生创业孵化示范基地"1处、省级创客空间1处、省级电商创业孵化基地1处。基地共一万余平方米,建有职业生涯测评室、创新思维工作坊、路演大厅等,可同时容纳5000名学生进行创业教育及实训。学校近三年累计培育学生创新创业团队5000余个,目前在孵成功创业项目68个,入驻创业苗圃创意创新种子项目100余个。

(一)建立导师库

学校与多家企业合作,聘请具有丰富创新创业经验和大赛评审经验的专家,组成创新创业导师团。"校

外专业导师＋校内企业导师"双导师制,助力学生成长成才。

(二)以赛促建,激发师生创新创业活力

学校以创新创业竞赛为依托,积极鼓励学生参加"互联网＋""挑战杯"等多级多项赛事,近三年共获奖106项,其中省级及以上奖项67项。教师参赛多人获奖。孵化基地涌现出"日照市十大创业之星"张佃伟、梁欣、戴安邦;"日照市首届十大励志青年"王燕;"全国农村致富带头人"郑杰等一大批创业典型,在各行各业崭露头角。双创佳绩极大提升了学校的品牌竞争力。学校立足职业本科院校特点,结合当地区域经济发展,推动学校各类教学要素"为创而动"新格局。

(三)校政企联动

学校与日照市人社局、团市委、高新区科技创新孵化器、市青年企业家协会等多个机构建立长期稳定的关系,通过邀请政府、企业、行业的专家到校开展讲座、沙龙等,为创业实践的开展提供技术、心理、管理等方面的指导。

三、促成长——"师生共创"为学生创业梦插上腾飞的翅膀

(一)依托专业群建设,鼓励师生跨学院、跨专业组建项目组

学校为外语学院搭建平台,建设了跨境电商产业园区,将外语专业、国际贸易和跨境电商专业搭建了"一体两翼一平台"的人才培养模式,以培养跨境电商创新创业能力为主体,以培养学生国际商情大数据分析能力、商务外语应用能力为两翼,以产业、高校、政府和科研"政产学研"协同育人平台为依托的人才培养模式,不断完善人才培养理论教学体系和实践教学体系,形成以满足行业人才需求为导向的人才培养模式,并将该人才培养模式应用于培养过程,为培养学生具体跨境电商创新创业能力打下坚实的基础;与日照市高新区共建"新一代信息技术职教集团";为国际商学院对接"呆呆校淘""潘嘟啦"项目,使学生融入项目的运营全过程等。

(二)抓典型促发展,实现领头雁的积极影响力

为凸显产教融合特色,提升人才培养质量,探索产业学院发展道路,学校经海关、综保区批准建设的200平方米"山外优选进口免税商品展示直营中心"项目已经落成,这也是全国首家将免税店开进校园的成功案例。

学校投资300余万元,通过师生共创、专创融合的模式,引进并运营"瑞幸咖啡"项目,激发了学生进行创业实践的积极性,通过实践教学、整班制分组轮训与干股分红结合的形式,使专创融合展现出了巨大魅力。

作为日照本土的第一所本科院校,我校具有为当地经济社会发展提供人才培养和智力支撑的责任。学校与当地政府本着"优势互补、互惠互利、真诚合作、共同发展"的原则,在推动科研成果转化及产业发展方面,持续进行深入合作;以国家产业结构转型升级为契机,借着党的二十大的东风,促进区域经济发展;依托学校东区省级重点建设项目——职教双创园建设项目的推进,学校将与日照市特色产业发展、外语外贸人才培养、自然环境保护、科技创新转化等方面开展广泛深入的合作,尽快形成多领域、多层次、多方位的合作格局,积极开展社会培训、技术研发,为当地区域经济发展提供智力支撑,努力打造一流的职业教育创新创业人才培养基地、行业企业创新人才培养高地,培育"城市＋大学"共同体建设的排头兵。

深化双创教育改革，共营一流创新生态

德州职业技术学院

德州职业技术学院始终将创新创业工作作为全过程、全方位育人的重要抓手，将深化创新创业教育改革、构建全链条创新创业教育体系作为工作方针，逐渐形成了集全员参与、多点出发、专创融合、合作共赢的创新创业教育体系。学校依托德州职业教育集团、校企合作理事会、德州创新创业大学等优质平台，有效拓宽学生创业渠道。同时，狠抓人才培养质量，大力开展专创融合教育、创新创业大赛，在校大学生优质创业及大赛获奖的比例逐年提高。学校被教育部评选为"全国创新创业典型经验50强高校"，被山东省教育厅和中国发明协会评为"全国高等职业院校创新发明教育基地"。

近年来，学校积极探索构建了"一个纲领""两个抓手""三点切入""四位一体"的"1234"创新创业工作体系，走出了一条符合职业院校创新创业教育改革发展的新路径，创新创业工作风生水起、成绩斐然。

一、贯彻"一个纲领"

贯彻"一个纲领"即以党建为纲，引领创新创业人才积极投身复兴中国梦的追梦浪潮。青年学生富有想象力和创造力，是创新创业的有生力量。学校党委实施党员领导干部、党员教师"双进""三联系"工作方法，从学生创业项目中发展入党先进分子，建立创业党支部，实行党员先锋岗，从点滴渗透，以党建引领创新创业工作开展。

二、紧握"两个抓手"

紧握"两个抓手"即以通识教育为理论抓手启迪学生，以实习实训为实践抓手激发热情，开拓理实一体的新途径。学校秉承培养高素质技术技能人才的办学理念，将创新创业教育融入专业教育教学之中。学校自编教材作为学生必修课，同时辅以11门线上网络课程，线上线下同频同步，全方位、多角度启迪学生的创新创业思想。

学校充分发挥职业院校特点，进行专创融合，将实习实训车间打造为创梦工场，将创新创业教育融入专业教学中，使学生在实习实训中发现新思路、开拓新思维、研发新工艺、创造新产品，激发创新的灵感，点燃创业的激情，从而形成理实一体的创新创业教育特色。

在此基础上，学校开展了一系列创新创业相关培训工作。

(一)牢筑基，重点提升创新创业师资培养体系建设

目前学校已有SIYB创业讲师123人，持证数量和比例均远超山东省其他同类高校。同时持国家"职业指导师"资格证书35人、国家二级创业咨询师3人；山东省教育厅创新创业专家库专家10人；山东省科技厅科技特派员4人、科技企业孵化建设专家库专家1人；德州市创业导师库15人、退役军人创业导师10人。

(二)广纳贤，实现全员参与的创业培训

学校遵循"愿培则培、应培尽培"的原则，对在校学生开展SIYB创业培训。自2019年至今学校共开展培训班期185个，受训人员近万人；后期支持服务300余次，成立创业团队或公司近百家，受训学员创业成功

并申领市"试创业"补贴公司 14 家,创业氛围空前浓厚,培训成果硕果累累。

(三)多触角,深层次开展创业普及

学校针对基层两委干部、返乡创业青年、乡镇创业者、乡村留守妇女等多层次、多渠道开展创业项目指导等培训。学校通过前期调研,切实了解创业的需求,积极探索需提升的技能点、理论及实操知识;搭建实时畅通交流平台,实现教师与学员进行线上交流探讨、借鉴经验、分享成果;经过多轮次、多渠道的培训,学员们的创业思路得到进一步的挖掘和激发,创业热情空前高涨。

三、实现"三点切入"

实现"三点切入"即以大赛为引领、以学校"政策"为激励、以"四进"为平台,多维度、全方位开展创新创业工作。学校组织在校师生积极参加各类创新创业大赛,以大赛为载体,引领学生接近创业、领会创新,在比赛中发现灵感、机会。学校出台《创新创业训练项目管理办法》《创新创业竞赛细则》等一系列文件,从政策和制度上对学校师生投身创新创业工作在职称、资金、培训等多方面给予奖励激励,实施"四进"举措,邀请劳模、工匠、企业家和优秀校友四个层面的代表进校园,通过开展见面会、讲座、"一对一"帮扶等多种形式,使生与先进楷模和杰出人物近距离接触、深层次交流,极大地调动了广大师生参与双创的积极性和主动性。

(一)重视创业教育,培养学生创业就业能力

仅 2018 年,学校参加创新创业项目比赛,获国家三等奖 1 项,省级一等奖 11 项、二等奖 6 项、三等奖 13 项。

(二)成立专门机构,推动创业教育成果转化

学校建立了 2 处校外大学生创业孵化基地,与 2 家校企合作单位联合建设"学生科技创业实习基地"。学校投资 500 万元成立大学生创新创业基地。

(三)积极创建德州创新创业大学,为毕业生提供延续性的创业教育和服务

(四)积极开展专创融合建设

学校以中国国际"互联网＋"大学生创新创业大赛为例,既考量了学生的专业水平,又考验了学生的创新思维、创业意识、创造水平,以及逻辑思维、组织协调、沟通交往等诸多能力,可以全方位提高学生的综合素质。

学校组织开展了专创融合特色示范课程建设,将创新创业教育融入专业教育;立项 10 门,已于 2021 年 7 月份进行项目验收,将作为学校创新创业教学资源库基础材料开展精品资源库建设工作。同时学校与市人社局、德创创业服务有限公司协同共建德职院大学生创新创业科技园,打造入驻—孵化—成熟—迁出的开源创业项目孵化体系,构建政校企创新创业工作平台。

四、坚持"四位一体"

学校遵循学生成长和创新创业教育规律,整合优质资源,构建了"四位一体"协同育人机制。德州职教集团、德职院校企合作理事会和学校专业建设指导委员会互相支撑、多方借力,积极广泛地吸引社会资源投入创新创业人才培养。

学校将积极探索一条融技术技能、创新创业、科技研发、技术改革于一体的办学之路,加快构建产业链、创新链、人才链、教育链、资金链、政策链等"六链统筹"的创新创业教育生态,以新技术、新产业、新业态、新模式、新人才为核心,实现创新创业型人才培养的专业化、体系化、国际化、规模化的建设目标而做出应有的贡献。

"强引领、多举措、重服务"

——淄博师范高等专科学校创新创业教育工作推进典型案例

淄博师范高等专科学校

学校近年来在创新创业教育工作中,不断建立健全创新创业教育工作机制,坚持"顶层设计、全员参与"的工作做法;坚持创新创业教育与实践充分结合的举措;坚持不断完善人才培养协同育人的体制;坚持确立"教育、实践、孵化"相结合的创新创业教育规划。学校在创新创业教育中推陈出新,取得了一定的成果。学校近年来依据学校的特点执行国家大学生创新创业教育的政策,创新创业课程设置具有层次性;创新创业教育的师资结构合理;校园的创新创业氛围日趋浓厚。学校的创新创业教育工作得到了上级主管部门和广大师生的认可。

一、发挥引领统筹作用,完善工作机制

学校始终以党建引领来抓好各项工作,坚决贯彻党中央、国务院关于"大众创业、万众创新"一系列决策部署,大力落实省委、省政府"十大创新"行动计划相关任务。学校强力支持创新创业教育活动,完成了组织体系、管理体系和保障体系的构建,形成了"统一领导、上下联动、全员参与、层层落实"的体制机制。一是学校领导班子夯基础、定调子。学校注重顶层设计和整体设计,成立了淄博师范高等专科学校创新创业教育工作领导小组,由书记、校长任组长,分管教学和学生工作的校领导任副组长,并研究制定了《淄博师范高等专科学校关于创新创业教育改革实施方案》《淄博师范高等专科学校关于承担"双创示范基地"建设的工作方案》等指导性文件,对全校的创新创业教育做出了总体设计和规划。二是各部门协调有序,联动保障。学校明确了招生就业处、教务处、教师工作部、学生处、团委、财务处、组织人事处、继续教育处、后勤管理处等相关部门负责人及院系负责人为成员,在政策、资金、奖励、保障等方面为学校创新创业教育工作保驾护航。三是各院系主导,全方位、全过程参与。各院系成立了创新创业教育工作小组,由院长书记任第一责任人,选派涵盖老、中、青骨干教师参与创新创业教育工作,小组成员学历均为硕士以上,组建以教授、博士为主导的专兼职教学队伍;实施以"启发式讲授、互动式交流、探究式讨论"为重要特征的高水平小班化教学改革和非标准答案考试改革等一系列"以实践为中心"的教学模式、学业评价改革,引导学生主动学习、独立思考,发现问题、分析问题与解决问题,培养学生的创新精神、创新意识和创新能力。

二、推进创新创业教育,建立长久机制

推进高等院校创新创业教育是国家的长远战略需求,同时也是深入落实《国务院办公厅关于进一步支持大学生创新创业的指导意见》的要求。学校基于对创新创业教育的深刻理解,明确创新创业教育的基本目标和要求,切实落实上级和学校创新创业教育的各项措施。一是建立创新创业课程体系。学校重点打造实践应用型课程和创新创业技能型课程体系,通过实施创新创业教育,培养创新精神与创业技能,使大学生不仅成为求职者,还成为工作岗位的创造者和职业的创造者。学校通过修订完善人才培养方案、邀请校外专家开课等,已建成实践应用型课程和创新创业型课程 30 余门,学校新编创新创业教材 3 本,构筑起了成熟的创新创业教育课程体系。二是全覆盖、多层次、精细化地实施课程教育管理。学校在课程设置和培养方

案上,坚持"全面覆盖"和"定点定位"相结合的方式,根据各院系,各专业的实际情况,进行了细化研究,按照学校线上线下混合制教学改革,实行线上定点、定向精准推送相关课程。学校出台文件,鼓励教师投身创新创业教育,对指导学生取得优异成绩的教师进行奖励。三是建立创新创业教育平台。学校先后组建了由大学生创业孵化实践中心、创客工作室、创新创业研究院、创业实训模拟平台(华普亿方)构成的"四位一体"的双创实践平台。学校现有大学生创业孵化中心,为学生创业提供场地支持;有创新创业类研究院 3 个:淄博窑古陶瓷研究院、基础教育创新发展研究院、青少年人工智能创新教育研究院。

三、提高创新创业教育水平,建立保障机制

学校近年来在高校创新创业教育中一直瞄准社会需求,服务经济社会发展,逐步建立起"政府推动、学校主动、社会互动"的创新创业教育互动机制。学校一直积极争取和利用政府的优惠政策,与政府有关部门及有关行业协会开展密切合作,形成良好的经济效益、社会效益。学校不断加大经费投入,将创新创业教育所需经费纳入年度预算,学院和各系部逐年加大对创新创业教育经费的投入,从指导教师、场所、经费、活动开展等方面给予支持、鼓励和帮助。一是多形式保障指导教师的配备。学校一直重视创新创业教师队伍建设,并制定相应奖励政策,其中创新创业教师"双师型"人才占比 100%;聘请有创业实践经验的专家、校友担任创新创业导师,以"实践为中心",运行学、训交替的学习模式,校企人员互兼互聘,打造"双岗多能"的师资队伍,让创新创业教育工作贴近学生需求、服务学生需要、帮助学生发展;邀请知名企业家、教育家和我校成功创业学生参与各种论坛,邀请我校校友进行各种形式的宣讲,丰富学生的创新创业知识和体验,促进大学生在社会大课堂中受教育、长才干、做贡献。二是制定相应的政策激励制度。学校制定《关于激励学生参加技能大赛的实施意见(试行)》,对参加此类大赛的学生做出了明确的成绩管理、奖励标准和制度保障;修订《教学成果奖励办法(试行)》,将中国国际"互联网+"大学生创新创业大赛、"挑战杯"全国大学生课外学术科技作品竞赛、"挑战杯"中国大学生创业计划竞赛等列为竞赛类最高奖励级别,鼓励指导教师的积极参与,提高学生的参与热情;对参加大赛获奖学生予以学分置换等奖励,极大地提高了学生参与创新创业教育实践的积极性。三是深入探索创新创业教育场所的多样化。深化校企合作,学校现有 3 个校企合作招生专业,现有人工智能实训室、跨境电商综合实训室、研学课程制作共享实训室、研学 VR 实训室等校内实训室 122 个;近三年,孵化创业项目累计 12 个,大力优化学校创新创业培育生态。四是持续开展创新创业活动。学校在山东省民间剪纸传承创新平台与学校王继红教授剪纸艺术工作室的共同推进下,目前已连续举办四届"剪纸活动周",各类剪纸文创产品业已形成,在区域内形成了较深远的影响。由赵红云教授主导的"红娃文创工作室"创作的《红娃》艺术形象已与鲁泰纺织有限公司合作,相关文创产品已经打入国际市场。

创新机制，多措并举，全力推进创新创业教育新发展

山东中医药高等专科学校

在"大众创业、万众创新"的时代背景中，学校把开展大学生创新创业工作放在突出重要位置，将其作为学校人才培养的核心任务之一，各项工作围绕这条主线统筹安排，通过完善工作条件、强化指导服务、规范管理等系列举措，逐步实现创新创业教育工作指导到位、投入到位、服务到位、管理到位，进一步完善创新创业教育体系。

一、创新创业教育的组织管理

(一)加强领导，规范制度

大学生创新创业教育工作是一项系统工程，目标要求高，工作任务重，部门涉及广，要扎实落实与推进，组织领导是关键。为此，学校坚持实施"一把手工程"，完善领导机制，健全工作机制，夯实创新创业工作基础。学校成立了以校长任组长，副校级领导任副组长的创新创业教育领导小组，委员会涵盖招生就业处、教务处、学生工作处、团委和有关教学部门负责人；各系也分别成立以党总支书记、系主任为组长的创新创业就业工作领导小组，设专人负责学生就业和创新创业工作。在管理体制上，学校形成了上下互动、部门联动、齐心推动的就业工作格局。

学校制定了《山东中医药高等专科学校鼓励和支持大学生自主创业暂行办法》《山东中医药高等专科学校大学生创业基金管理办法》《山东中医药高等专科学校毕业生就业创业工作奖励实施办法》《山东中医药高等专科学校在校生创业项目申报办法》等一系列管理制度。在实践工作中，学校根据需要不断地充实、完善各项制度，形成以创新创业教育工作条例、会议制度、学习制度、调研制度和促进制度为核心的完整体系。

(二)搭建平台，保障到位

学生开展创新创业教育离不开人力、财力和物力的支持，学校坚持围绕"为学生提供优质就业创业服务"的宗旨，着力加强工作队伍建设，加大经费投入力度，注重软硬件基础设施改善，为各项工作的扎实开展提供了保障。

学校配备专业化工作队伍，提供人才保障。学校本着"扎实高效"的用人原则，选拔一批思想素质高、业务能力强的同志从事创新创业就业工作，建立以专职人员为骨干，专兼职相结合，校内外相结合的高素质就业工作队伍。学校注重对就业创业指导工作人员的业务提升，先后安排50余人次参加"创业教师授课技术培训""SYB""KAB""FET""TTT"等业务提升班。学校创业就业工作队伍中，拥有高级职业指导师1人，中级职业指导师7人，5人参加KAB业务培训，3人获得SYB讲师资格。

二、创新教育融入人才培养

(一)以创新型教育为载体，积极探索人才培养模式

学校将产学研用相结合作为创新人才培养的重要途径，学生在课内与课外相结合，教学与科研相结合，校内与校外相结合的立体化创新实践过程中，把所学知识融会贯通，灵活运用，使大学生独立创新创业的优

秀品质得以集中体现和反映。

(二)从实践能力培养入手,着力培养学生创新能力

学校充分发挥校内、校外两个实践平台的积极作用,提升学生动手实践水平,培养学生创新能力。

(三)在创新文化上做文章,大力开展学生创新活动

(四)把创新课程作为推手,扎实做好创新教育

研发创新课程,突出创新教育。学校高度重视大学生创新教育课程建设,在就业指导课程中设有专门的创新教育内容。2015 年,学校开设专门的创新与创业指导课程,将创新作为一个重要的组成部分纳入整个人才培养体系,列为全校学生的必修课,并邀请专家进行系统课程指导培训。学校通过创新创业课程,丰富了学生对创新的了解,为引导学生进行创新提供了良好的平台。

三、创业指导突出人文素养

(一)积极开展创业课程探索和教学

学校自 2006 年开设大学生就业指导课程,课程内容涵盖创业教育相关内容;2009 年课程被评为山东省省级精品课程;2011 年,在山东省就业评估工作中,学校职业生涯与就业指导课程作为典型材料报送山东省教育厅;2013 年 2 月至今,学校由史梅教授主持,不断研发课程和教学内容,先后出版《赢在起点——大学生职业生涯规划》《大学生就业与创业指导》《大学生创新与创业指导》等三部教材,创新创业课程体系逐步完善,成为一门独立课程。

(二)设立专项创业基金和创业园

自 2012 年起,学校在面临新校区建设资金紧张的情况下,每年投入 10 万元的专项创业基金,设立由学校和企业专家组成的创业基金管理委员会,对学生创业项目进行可行性评估,对优秀的项目投入创业资金。

(三)开展创业实践性活动

自 2008 年开始,学校连续举行了 15 届大学生创业计划大赛,大赛由初赛、复赛和决赛构成,宣传覆盖全体在校生,累计 2000 余人参与比赛,成为每年校园活动的重要内容之一。在比赛内容上,学校尝试多种模式,取得了良好效果。

(四)举行创业讲座

学校聘请优秀校友和创业成功者、企业家、投资人、专家学者等担任兼职导师,通过与学生进行创业讲座、开设创业兴趣小组、组织参观等多种方式开展创业指导活动。近年来,学校先后邀请南京新未来有限公司总经理李琴、烟台乐思教育管理有限公司战晓燕总经理和阿里巴巴集团王芸老师等 60 余名优秀创业者到校与学生进行沟通交流,取得了良好效果。

(五)组织开展就业创业宣传月活动

为使广大学生全面了解国家大学生就业创业政策,在每年 11 月至 12 月,学校集中开展大学生就业创业指导宣传月活动,期间开展了大学生就业创业报刊进公寓、就业创业信息进班级、大学生微信公众号创业服务等项目,积极宣传大学生就业创业政策,提高信息覆盖面。

(六)充分发挥就业创业社团的积极作用

2007 年,学校成立大学生就业与创业协会,在招生就业处的指导下,不断发展壮大,现已成为山东省省级优秀社团,连续多年评为校级先进社团。协会发行《就业导报》111 期,每年协助就业指导中心组织举办各层次招聘会 10 余次,独立开展手语公益培训项目 17 次,协助组织各种职场培训、社会人士讲座 90 余次,策划宣传大学生社会实践活动 32 次。通过就业与创业协会,学校积极传播了职业生涯规划意识,扩大了就业与创业在学生中的影响,营造了良好的就业创业氛围。

创建全国创新创业典型经验高校

济南工程职业技术学院

济南工程职业技术学院以实现创新创业教育与地方经济发展的耦合为取向,充分利用地方的天赋性资源,形成了"全域联动,内融外协,全程帮扶"的创新创业教育模式。学校荣获全国创新创业典型经验高校、山东省创新创业典型经验高校、山东省大学生创业孵化示范基地、山东省十大创业之星、济南市大学生创业孵化基地、大众创业万众创新示范基地、山东省就业创业工作先进集体、国家级创新创业教育实践基地建设单位等荣誉,担任齐鲁科创大走廊高校双创联盟理事长单位,成为职业院校特色发展的典型。

一、创新创业工作顶层设计与体制机制完善

学校党委高度重视就业创业工作,成立创新创业工作领导小组,由党委书记、校长担任组长,将创新创业改革工作作为院系两级重点工作列入月度重点工作调度和年度绩效考核,特别是列入职称评定的加分项,对学校双创工作起到重要的引领作用。

二、创新创业教育培养体系建设

2010 年,学校开设创业教育公选通识课,创新创业教育工作开始起步。2011 年,学校增设了大学生创新创业必修通识课,自此,面向全校学生的创新创业教育工作全面展开。2016 年,学校开始探索小班化、小组化、项目化创新创业教学。2019 年,学校开始推行线上+线下、SPOC+MOOC、项目化+竞赛化理实一体的创新创业教育。学校目前开发有双创课程 46 门、课程双创 257 门、实践双创 20 门;承办国家级大赛 6 项、省级大赛 12 项;发表创新创业论文 40 篇、专著教材 15 本。

学校实行创新创业学分管理制度,实行弹性学制,放宽学生创新创业的毕业年限、申请奖励学分的条件等,进行制度保障。

学校建有泉城众创空间,具备专业特点的系部众创空间 44 个,强调创意点子产生,将创意点子进行选优、培育,提供资源,推动项目转化。2018 年众创空间被认定为泉城众创空间,济南市政府支持资金 100 万元。

2015 年学校与区、市二级政府共建了 1 万平方米大学生创业孵化基地。基地建有 10 个孵化区,100 间苗圃众创区,打造了集创业培训、成果转化、沙盘模拟、项目路演、企业咨询于一体的一站式创业服务平台。2018 年基地被评为山东省大学生创业孵化示范基地,山东省政府支持资金 300 万元。目前,孵化基地已经构建起"基地联络员+项目经理+创业导师+专家咨询+商业网络"五级服务培育体系,为创业团队提供全方位立体式免费创业帮扶,并提供一条龙的创业咨询和辅导服务,学生的创新创业项目从 2016 年的 960 个增长到 2022 年 4800 个。

三、教师队伍素质增强,双创执教能力跃升

学校始终坚持"知行合一、学用结合"的原则,对教师队伍实施联合培养,每年定期组织教师参加 KAB、

SYB 项目、职业指导师培训,对新进老师开展岗前培训、课程轮训,多途径提升教师能力,鼓励在岗创业。学校目前具有双创指导资格证书的教师 233 人,其中 KAB 讲师 20 人、SYB 讲师 24 人,教师取得专利和软著 1377 项。学校聘有全国技术能手 13 人,省级首席技师 47 人。

四、拓展创新创业教育立体空间,推动创新创业教育多边发展

学校密切跟踪地方经济结构调整、产业转型升级趋势,"政行企校"共建与新技术、新产业相关的"多边形"平台。政——校创新创业实践平台,拓宽学生创新创业视野;行——校创新创业实践平台,夯实学生创新创业基础;企——校创新创业实践平台,提升学生创新创业能力;校——校创新创业实践平台,实现校际互动、同频共振。

学校围绕区域经济、新旧动能转换,确立创新创业方向,对接济南高新技术开发区、章丘明水经济开发区和济南市新旧动能转换先行区,三区的快速发展为大学生创新创业营造了良好的氛围,促进了创新创业实践与区域产业发展的融合。学校与山东省住建厅共建装配式建筑全产业链公共实训平台、安全教育体验中心,获评山东省装配式建筑施工技艺技能传承创新平台;学校与行业协会合作,共建创新中心,共同制定行业标准、共建行业学院、开发行业课程;学校与章丘区高教办共建、共管大学生创业孵化基地;学校与山东商业职业技术学院等在创新创业课程体系构建、师资培训、基地建设等方面共同打造校际互动、同频共振的"双创兄弟学院"。

五、创新创业教育育人成效显著,学生双创素养提升

学校积极组织参加大学生创新创业大赛,省级以上"互联网＋"大学生创新创业大赛获奖 296 项,其中国赛金奖 5 项、国赛银奖 2 项、国赛铜奖 12 项;4 名同学参加世界技能大赛并获奖,其中金奖 1 项;金砖国家职业技能大赛获奖 14 项,其中特等奖 1 项、一等奖 1 项;全国职业院校技能大赛获奖 22 项,其中一等奖 12 项。学生参加科技创新项目研究 491 项 2957 人次,获批专利 175 件,入选齐鲁工匠后备人才 600 余名。

六、创新创业教育工作示范效果显著

2018 年,获得山东省大学生创业孵化示范基地、山东省创新创业典型经验高校的荣誉称号。

2019 年,作为当年全省唯一高职院校,获评教育部评选的"全国创新创业典型经验高校"称号,同时被济南市教育系统列为"2019 年十件大事之一"。

2020 年,获评山东省科学技术厅颁发的"山东省级众创空间"称号。

2021 年,荣获山东省委、山东省人民政府颁发的"山东省就业创业工作先进集体"称号。同年,学校就业创业工作获评全国高校毕业生就业协会评选的"全国高校毕业生就业创业工作典型案例"。

2022 年,学校获评教育部颁发的"国家级创新创业教育实践基地"称号;获评山东省发展和改革委员会评选的"山东省大众创业万众创新示范基地"称号;学校《高职"三阶递进、三元联动、三体协同"创新创业育人体系的创新与实践》课题获评 2022 年山东省教学成果奖特等奖;获评全国高校毕业生就业协会评选的"大学生创新创业就业服务基地"称号。

全员、全过程、全方位的创新创业教育体系建设

山东电子职业技术学院

学校依据"全员、全过程、全方位"的育人理念将创新创业教育融入人才培养全过程和办学过程的各环节,构建了特色鲜明的创新创业教育体系。学校协同创新中心将各类社会资源聚投到人才培养中,打造了协调产学研共同体参与的"全员"双创教育的实践模式。学校通过设置创新创业课程、开发专创融合课程、打造双创实训综合平台实现全过程双创教育。学校依托乡村助农党建活动、三下乡实践活动开展双创教育;依托技能竞赛优势,推动技能竞赛成果向双创成果转化;以创新驱动创业实践,发挥山东电子职业技术学院科技创业园的平台作用,形成了全方位双创教育局面。双创教育提升了学生综合素质,提高了学生满意度,产出了丰硕的成果,得到广泛认可,发挥了学校的社会服务作用。

近五年来,学校把创新创业教育"培养什么人,怎样培养人"作为重要任务摆在突出位置,利用"全员育人、全过程育人、全方位育人"的有效途径,将创新创业教育融入人才培养全过程和办学过程的各环节,落实立德树人根本任务,构建了具有特色的创新创业教育体系。

一、全员创新创业教育

学校成立了创新创业中心,统筹资源,调动全员参与创新创业教育。学校打造了协同创新中心,协同校内外育人资源共同参与进创新创业教育中,形成了全员创新创业模式。

协同创新中心紧密对接新一代信息技术产业,聚焦软件技术、云计算、大数据和人工智能技术,整合了各方优势资源,与山东省发展相适应、与高技术和高技能人才培养相配套、满足学生创新创业实践需求、与地方经济互动发展。

协同创新中心融合了具有创新创业教育实力的校内指导教师与企业技术导师的"双导师",实现资源共享、优势互补,共同开展学生创新创业教育;将各类社会资源聚投到人才培养中,有效地把社会资源转化为育人资源,是协调产学研共同体参与的"全员"创新创业教育的实践载体。

二、全过程创新创业教育

学校先后引入线上创新创业类专门课程 11 门,每个专业设置一门专业创新课程;成立创新创业专家指导团;改进学生学业评价办法,将创新创业实践活动纳入考核评价体系。

学校将创新创业教育融入专业人才培养方案,开发专创融合课程。电子信息工程技术专业实施"立德树人引领、三级项目贯穿、创新培养递进"的课程标准,依据"设计创新→制造创新→运维创新"串接课程群,将"创意→创新改造→模拟创业"融入课程思路,课程教学实施"双链条、双层次"的创新能力递进培养。现代商务服务专业群从创新创业保障机制、创新创业课程、创新创业实践、创新创业孵化四个方面构建教育体系,提高人才培养质量。数字媒体专业群面向数字创意产业人才需求,构建"专业基本技能→专业专项技能→专业综合技能→创新创业技能→职业岗位技能"的创新能力培养体系。

学校建成山东省 IT 公共技能训练与创新中心,打造创新创业教育的综合平台,打造"电子产品焊接与

组装""计算机组装与维护""小型网络配置与安装""3D打印""大数据分析与决策认知技能""财务分析""'互联网＋'创业技能""无人机调试及应用"8个特色实践教育,立足学院专业特色,培养学生信息化时代技能、素养、创新相结合的综合素质,全面提升学生的就业创业能力。

三、全方位创新创业教育

学校发挥各育人环节的优势开展创新创业教育,形成全方位创新创业教育合力。

学校发挥党建引领优势,挖掘红色文化元素融入创业实践。近五年来,学校依托乡村助农党建活动、三下乡实践活动,红色教育的4个项目先后在山东省"互联网＋"大学生创新创业大赛"青年红色筑梦之旅"赛道中获奖。学校积极响应国家乡村振兴战略,"小甜瓜"项目团队利用学校专业、人力资源方面的优势帮扶贫困村,对当地种植的甜瓜进行品牌塑造和推广,拓宽营销渠道,通过直播带货、种植技术培训等一系列帮扶公益活动,带动了当地农产品、产业向好发展。

学校以技术技能带动创新创业,推动技能竞赛成果向双创成果转化。学校突出校级赛的普惠作用,全面提升学生的技术技能水平。省级竞赛和国家竞赛成绩显著,技能竞赛产生的知识溢出、创新思维、团队协作、职业素质提升等成果转化成创新创业人才培养的特色和优势。多项技能竞赛作品转化为双创作品、双创项目。

学校发挥科技创业园的平台作用,以创新驱动创业实践。学校的省级众创空间"电院科技创业园"一方面为创业学生提供基础设施、创业服务、项目孵化;另一方面,依托产业集群、专业集群的优势开展丰富的双创活动,助力高素质创新创业人才培养。近五年来,园区孵化了60多个优秀的双创团队。

四、创新创业教育成果显著

学校的创新创业教育提升了学生的综合素质,助力了学生高质量就业、创业。

毕业生培养数据评价报告显示,2018—2022年学生就业率高于全国高职学生平均数据,学生的岗位适应、专业对口、就业稳定、用人单位的满意度等数据显示,学生实现了高质量就业。近五届有647名学生自主创业。学校获得2020年度大学生创新就业典型经验高校。

双创教育满意度高,双创成果丰硕。连续多年的调研数据显示,毕业生认为学校提供的双创教育有效性在80％以上,认可学校开展的创新创业教育,并认为从中受益。学生的创新创业成果丰硕,近五年来,学生获职业院校技能大赛国家级奖项17项、省级奖项61项,创新创业类国家级奖项13项,省级奖项35项。

创新创业教育产出的教科研成果丰硕。近五年来,3个双创项目在教育厅职业教育教学改革研究中立项,1个双创项目在山东省高校科研计划立项研究,1个双创项目获教育厅职业教育教学成果奖,1个双创项目获省级教学成果一等奖。

学校的创新创业教育获得了广泛的认可。2019年学校承办了驻章高校大学生创新创业大赛;2021年获得第七届山东省"互联网＋"大学生创新创业大赛"职教赛道优秀组织奖"、第十七届"挑战杯"山东省大学生课外学术科技作品竞赛优秀组织奖、驻章高校大学生创新创业大赛优秀组织奖;2022年获得第八届山东省"互联网＋"大学生创新创业大赛"红旅赛道优胜奖"、第十三届"挑战杯"山东省大学生创业计划竞赛优秀组织奖。

学校的创新创业教育资源,助力地方发展。山东省社区教育优秀课程"社区创新创业教育"对下岗职工、退役士兵及社区居民免费开放,多项创新创业作品被章丘创业创新成果展厅征集,充分展现了创新创业教育的示范引领作用。

构建服务体系,搭建实践平台,建立长效机制,不断提升创新创业教育质量

泰山职业技术学院

泰山职业技术学院深入贯彻落实《国务院办公厅关于深化高等学校创新创业教育改革的实施意见》(国办发〔2015〕36号)、《国务院办公厅关于进一步支持大学生创新创业的指导意见》(国办发〔2021〕35号)精神,坚持创新创业教育融入人才培养过程,构建四维服务体系,建立创新创业教育长效机制,加强创新创业教育实践平台建设,创新创业教育效果显著。学校被评为全国高职院校创新创业示范校,荣获世界职业院校与技术大学联盟卓越奖创新创业铜奖;获得新华网创客大学项目首届创客挑战赛冠军、中华职业教育创新创业大赛金奖、第七届中国国际"互联网+"大学生创新创业大赛铜奖、山东省"互联网+"大学生创新创业大赛选拔赛金奖、"中英'一带一路'国际青年创新创业技能大赛"特等奖。

在创新创业教育工作中,一是突出组织领导、队伍建设、制度建设、经费投入四个到位,构建创新创业四维服务体系;二是建立形成"四级联动"和校企合作育人长效机制,加强课程体系和课程资源建设,强化师资培训,改革考核方式,把创新创业教育融入人才培养过程;三是通过建设运营创业大学、猫九创业基地,拓展校内创客空间和校外实践基地,组织创业大赛,组建科技创新社团,搭建实践实训平台,服务大学生创新创业。

一、强化四个到位,构建创新创业教育四维服务体系

1.组织领导到位。学校实施"一把手"工程。在学校层面,学校成立创新创业教育工作领导小组,党委书记、院长任组长,分管院长任副组长,定期研究创新创业教育工作,将创新创业教育工作纳入学校"十四五"发展规划和山东省优质高等职业院校建设内容,列入年度工作重点。学校设立创新创业教育中心,统筹整合就业创业、教育教学、校企合作等资源,为学生创新创业指导服务。在系层面,学校落实系主任、党总支书记"一把手"工程,系主任、党总支书记亲自抓,分管副主任靠上抓,专职人员具体抓,辅导员(班主任)和专业课老师落实一岗双责,切实把大学生创新创业教育抓到手上。

2.队伍建设到位。学校现有专职创新创业教育工作人员7名,各系专职从事创新创业教育指导工作的人员18名。学校有国家高级职业指导师13名,国家中级职业指导师32名,国家创业咨询师40名,国家心理咨询师20名,有大学生创业促进会创业导师5人,有创业实践的教职工40多人,聘请50余位著名青年企业家担任创业导师。

3.制度建设到位。学校制定了《泰山职业技术学院大学生创新创业学分认定管理办法》《泰山职业技术学院跨系、跨专业辅修规定》《泰山职业技术学院大学生休学创业管理办法》《泰山职业技术学院大学生创新创业学分认定管理办法》《泰安创业大学泰山职业技术学院校区管理办法》等一系列制度。

4.经费投入到位。学校每年财政预算中创新创业教育工作专项经费予以优先保证,近三年安排各类就业创新创业教育经费共计514.8万余元,学生人均378.87元。

二、建立创新创业教育长效机制，推进创新创业教育工作

1. 形成"四级联动"长效机制。学校推行"学院为主导、系部为主体、大学生唱主角"的运行机制，学院创新创业教育中心牵头，教务处、学生工作处、团委、招生就业处、科研处、泰安创业大学等部门协同配合，齐抓共管，组织、服务、协调、督导、考核各项工作；系部发挥主体作用，抓好具体落实，搭台唱戏，开展各项创新创业教育活动；大学生作为主角，完成创新创业理论学习任务，参加创新创业训练营和创新创业大赛，运营实体创业项目。创新创业教育工作实施目标管理，层层签订创新创业教育工作目标责任书，每年进行量化考核，评选创新创业教育工作先进集体和个人，并进行奖励。经过长期不懈努力，形成了学院、职能部门、系部、大学生"四级联动"长效机制。

2. 产教融合、校企合作协同育人。学校与泰安市人社局、泰安市行业管理办公室、泰安市智能制造研究院等政府行业院所合作建设泰安创业大学和智能制造大楼。与泰安市国家级高创中心、泰山工业园区、青春创业园区等各类开发区和新华网、中科招商、丽泰金控、华中数控、山东水发、泰开集团、石横特钢等知名企业合作共同制订人才培养方案、开展学科专业建设、开发开设课程，建设全真实践教学体系，使学生体验从"模拟创业—创业计划—自主创业—教师指导创业—引企业项目创业—校外创业实践"的创新创业全过程，共育创新创业人才。

3. 坚持创新创业教育融入人才培养过程。学校建立创新创业教育课程体系。按照分层分类原则，学校面向全体学生开设创新创业指导必修课；各专业实施专创融合，修改人才培养方案，开设体现行业特点、融入创新创业思维方法、创业技能训练的专业课程不低于 40 学时。学校对有创业意愿的学生开设创业指导及实训类课程；对已经开始创业实践的学生开展经营管理类职场指导。

学校积极开拓教学资源，自主建设了创新创业教育慕课、视频公开课等在线开放课程，主编《创新创业指导》校本教材，编写了"资本运营与 IPO 实务"等 9 门创新创业培训课，采购了 16 门创新创业教育网络课程资源。

学校实施四师制（教师、创业咨询师、企业工程师、企业师傅带徒弟）创新创业导师培养体制。学校每年选派创新创业导师到企业实践锻炼，从合作企业中选拔 50 名具有创业咨询师、企业工程师、金蓝领工匠大师资质的员工作为创新创业导师，目前拥有中科招商包括李肖鸣在内的创新创业导师 40 名，国眶基金、国泰君安力鼎投资等风险投资基金创新创业导师 10 名，丽泰金控创业梦工厂创新创业导师 30 名。

4. 改革考核方式。学校建立了在线开放课程学习认证和学分认定制度，探索实施非标准答案考试，试行创业学分与非核心专业课学分互换制度，积极探索适合创新创业的弹性学制与配套的考核办法。

三、搭建平台，强化实践，服务大学生创新创业

1. 建设运营泰安创业大学。泰安创业大学通过培养创业意识、模拟创业实践、导师辅导、项目引领、"互联网＋"、创客咖啡、商业模式开发、扶持创业、创业孵化、投融资对接等手段，开展创业前期培训、中期实训和后期服务，成为学校大学生创新创业实践的有效平台。

2. 建设运营猫九创业基地。首届全国创客挑战赛冠军猫九团队建立学院猫九创业基地，成为学院创新创业教育的一面旗帜。在山东、重庆运营猫九校园项目、猫九共享电车，获得风投基金融资，目前开发了猫九农村电商、猫九商学院、猫九艺术摄影等项目，打造了一些猫九品牌，带动了一大批大学生就业创业。

3. 专业实验室、虚拟仿真实验室、创业实验室和训练中心等基本覆盖相关专业学生。学校整合校内场地资源，依托泰安创业大学及现有实验实训场所、学生活动中心等，加强专业实验室、虚拟仿真实验室、创业实验室和训练中心建设，建设了一批低成本、便利化、全要素、开放式的众创空间 60 个，全天候免费向师生开放，实现创新与创业相结合、线上与线下相结合、孵化与投资相结合。

4.建设了一批学生校外实践教育基地。学校结合学科专业实际,先后依托山东农业大学大学生创新创业园、泰安市高新区、青春创业园、泰安市云计算中心、泰安市丽泰泰山创业梦工场、泰安市影响力创业孵化基地、东平滨河创新创业园、宁阳环城科技产业园等大学科技园、大学生创业园、创业孵化基地和小微企业创业基地等,建设了一批学生校外实践教育基地。

5.组织举办创新创业大赛。学校每年度举办创新创业大赛,积极组织学生参加中国国际"互联网+"大学生创新创业大赛、中华职业教育创新创业大赛、全国高职院校"发明杯"大学生创新大赛、泰安市全国大学生创业大赛等各级各类创新创业大赛,以赛促学、以赛促创。

6.组建大学生科技创新社团。学校扶持成立多个大学生创新创业社团,配备专业指导教师,大学生科技创新活动。近三年学校立项校级大学生科技创新项目65项,市级大学生科技创新项目47项,获市级大学生科技项目经费资助15.2万元。

扎根齐鲁大地深化产教融合，构建"1·2·4"塔式创新创业新模式

山东外事职业大学

为提高大学生创新精神、创新创业意识和能力，山东外事职业大学以增强大学生创业意识和能力为目标，不断提升学校创业工作指导和服务工作的质量及水平，着力构建了以实施全方位创新创业提升工程为核心的"1·2·4"塔式创新创业教育模式，成效显著。

一、"1"个中心

在创新创业人才培养过程中，学校成立了由校长担任组长的创新创业工作领导小组，多次组织校内外知名专家学者、企业高管、风投创投召开创新创业工作专题研讨会；制定了《山东外事职业大学创新创业工作实施方案》，形成了以基于"核心素养"的人才培养为中心的创新创业教育模式。学校坚持立德树人，把职业素养和创新创业类课程高度融合，助推创新创业教育体系职业化、专业化、立体化发展。

二、"2"个基本点

为了避免专业教育与创新创业教育形成"两张皮"，学校修订了《山东外事职业大学创新创业课程改革方案》，出台了《山东外事职业大学创新创业实践学分认定与考核实施办法》等文件，实现了以"理论教学为基础""实践教学为重心"的创新创业教育实践路径，重点突出了学生创新精神、创业意识、创业能力的培养，构建了"基础教育＋专业教育＋实践训练＋创业实战"四个层次的创新创业教学体系，完善了由"必修课、选修课、实践课"组成的创新创业教育课程体系，夯实了以"第二课堂"形式呈现的"双创社团、双创竞赛、项目训练、项目孵化"等校院联动的创新创业实践体系，为学生打下坚实的创新创业基础。

三、"4"个融合

学校针对56个专业（方向）人才培养方案进行了系统性修订，按照"覆盖全体、融入专业、分类实施、强化实践、贯穿全程"的基本思路，落实"四个融合"，即专创融合、赛课融合、师生融合、校政企融合，实现了创新创业教育融入人才培养全过程。学校针对"专创融合"，制定了人才培养方案修订指导性意见和创新创业课程体系与学分设置指导性意见；针对赛课融合，制定了竞赛管理办法和奖励办法；针对师生融合，实行"双元双师"型教学模式，制定了创新创业导师管理办法、创新创业导师考核实施细则和指标体系；针对校政企融合，努力打造"竞赛驱动＋技能培训＋实践训练＋论坛交流＋基地孵化"五位联动的创新创业实践平台，助推学生创新创业活动健康发展。一是完善"校级—市级—省级—国家级"四级赛事；二是树立"齐鲁训练营"和"红色筑梦之旅训练营"品牌活动；三是明确"校级—市级—省级—国家级"四级实践训练项目；四是开展"创业大讲堂"和"创业沙龙"等双创文化交流；五是完善大学生创新创业孵化基地建设等，为大学生创业实践创造良好的氛围和环境。

"1·2·4"塔式创新创业新模式，以协同共建为机制，打造开放共享的创新创业实践平台；以产教融合为依托，建设"政企行校"立体协同育人双创导师队伍；以高教改革为契机，将双创教育融入人才培养全过

程,给山东外事职业大学的创新创业教育带来勃勃生机。

四、学校的创新创业工作效果显著

(一)创业培训效果突出

截至 2021 年 5 月份,学校累计对学生进行创业培训 5 万人次。培训过程中,学生参训率高,均在 95% 以上;学生获证合格率高,近几年创业培训合格率均在 98% 以上。通过培训,提高了学生的创业意识,增强了学生创业的信心,为学生将来创业打下了良好的基础,效果突出。

(二)创业成果突出

学校 2009 年获得《齐鲁晚报》、大众网评选的最具就业推动力高职院校;2014 年、2015 年、2016 年连续三年被新浪盛典评为"最具就业竞争力高职院校";2019 年被新浪网评为"山东最具本科办学特色本科高校"等。近五年来,学校毕业生就创业率均保持在 96% 以上;2020 年,学校成为济南市创业培训定点培训机构;2021 年,学校成为威海市 2021 年职业技能、创业培训中标单位;同年年底,在山东省退役军人厅开展的退役士兵适应性培训"四个一批"优质教学资源评选工作中,学校获得了山东省退役军人适应性培训优质承训机构荣誉称号;陈晓倩、李裴裴、于肖寒、刘元元、曲雪松等五名教师被评为山东省退役军人适应性培训优秀讲师,于肖寒、刘元元两位老师的课程入选山东省退役军人适应性培训优质课程资源库;2021 年 11 月,学校被全国高校毕业生就业协会确定为全国大学生创新创业就业服务基地;2022 年 7 月学校又被全国高校毕业生就业协会确定为全国大学生创新创业就业服务基地立项单位。

(三)校企专创融合成绩突出

学校京东校园实训中心被中国职业技术教育学会职业教育装备专业委员会授予"全国职业学校电子商务互联网+双创实训基地"荣誉称号,学校也被京东集团确立为"京东战略合作伙伴",累计孵化 80 个优秀大学生创业项目,带动 3 万余名大学生参加就业实习、创业实践。

(四)双创大赛硕果累累

近年来,学生在国家和省级各类专业技能大赛中,获得国家级和省级奖励 256 项,在学校每年举办的 100 余项校内外学科竞赛及选拔赛中,约 2 万学生参与,受益面极广。

2017 年 9 月,在山东省第一届黄炎培职业教育创新创业大赛中,学校的参赛项目"look 国家风情体验馆"荣获山东省二等奖;2019 年学校在第三届山东省黄炎培职业教育创新创业大赛中,学院荣获三等奖;同年,在乳山市青少年科技创新大赛上,学校的参赛项目获得二等奖;2020 年在山东省"互联网+"大学生创新创业大赛中,学校获得优秀组织奖,在第九届"学创杯"全国大学生创业综合模拟大赛中学校获得二、三等奖。

"强产业、穿主线、重实践、搭平台"，构建创新创业三维新生态

山东药品食品职业学院

在实施创新驱动发展战略和推动"大众创业、万众创新"全面深入发展的背景下，山东药品食品职业学院高度重视大学生创新创业教育，出台《学院创新创业教育改革实施方案》，将贯彻落实行动计划与深化创新创业教育改革相结合，着力培养医养健康产业"双创型"技术技能人才。学校紧紧围绕"药品、食品、医疗器械、保健品、化妆品及健康养老"产业链，聚焦医养健康产业市场需求，精准实施创新创业"三全"育人模式，初步形成集"创新创业教育—创新创业实训实践—创新创业孵化"于一体的共赢共生创新创业三维新生态。

一、以创新创业教育为主线，贯穿人才培养全过程

学校建立以能力培养为导向，全面发展为标志，创新融入为重心的创新创业教育体系，强调做中学、学中研、研中创，激发学生创新意识，磨炼学生创业品质。学校积极修订专业人才培养方案，构建以通识课程、专创融合、专题培训为架构的课程育人体系；制定课程教学标准和考查指标，将创新创业教育融入教学督导评价体系，规范指导教师开展教学改革创新工作。

学校坚持面向"全体学生、全体教师、全过程"的育人理念；强化以融入人才培养全过程为主线、全体学生和全体教师为主体的双联式发展模式；切实加强创新创业教育类必修和选修课程建设，让创新创业教育覆盖学生；以专业教学、实验实训、服务管理等岗位全体教师共同参与为抓手，积极营造创新创业教育环境；组建专业创新教育与创业实践指导"双导师"教学团队，外引进、内培养以强化师资水平，出台专业技术职务聘任、绩效奖励办法等激励政策，既把指导学生创新创业作为全员教师必须履行的教育职责，又把教师指导学生开展创新创业取得的标志性成果作为晋升破格的条件，为从事和参与创新创业教育的教师建立合理的职称职务的双晋升通道；以全过程为路径，注入专创融合基因，适时修订人才培养方案，从专业知识培养中融入创新创业教育，将人才培养全过程落到实际，在学科基础、专业课程中优化设置相关课程，进一步挖掘已有课程中的创新创业内涵，设置专创融合课程。学校面向全体学生开设创业就业指导必修课，纳入学分管理，并规定创新创业类课程为 4 学分，建设依次递进、有机衔接、科学合理的创新创业教育课程体系；面向全体学生开设创新创业领导力、创新创业执行力、创业管理实战等通识性创新创业网络选修课，将创新创业教育融入专业课程建设中。

二、以创新创业实践实训为支撑，健全创新培养机制

学校健全完善实践实训体系，加强各类实验室和创客空间建设，合理规划"教学做一体化"和"理论实践一体化"实训区域。每个二级系部打造"一系一品"双创品牌赛事，每两位学生在校期间至少参加 1 项创新创业竞赛项目，培养学生创新创业实践运用能力。学校实践教学改革促进科研和实验教学平台建设，为创新创业人才培养方案改革提供有力支撑。

学校坚持科教协同，大力推进科教融合，推动优秀学生进项目、进实验室、进团队，鼓励全校各级各类实

验室及科研平台面向学生开放;提倡多系部、跨学科建设创业团队,打造全校资源共享平台,完善孵化培育保障。

2022年上半年,学校整合校友和社会资源,打造600余平方米创业电商平台,与企业共建涵盖国内主流媒体的短视频和跨境电商平台,建成20余个直播间和专业视频剪辑、文案设计、项目运营与服务等综合办公区。

学校常态化开展创新创业训练营,全覆盖开展大学生SYB创业培训,组织大学生创新创业大赛和各类科技创新、创意营销、创业计划等专题竞赛;以推进"专创融合"为抓手,充分在第一课堂与第二课堂的融合上下足真功夫。各系部、教研室、教学团队的教学活动注重与创新创业教育相结合,在实践中挖掘医养健康产业蕴含的"双创元素",明确教师参与创新创业人才培养的责任。创新创业学院细化第二课堂的创新创业实践学分要求,将学生开展创新训练、参与竞赛获奖情况、获批专利和自主创业等折算为学分,鼓励学生积极参与各类竞赛;先后在"互联网+""挑战杯""山东省大学生科技创新大赛""黄炎培海峡职业教育创新创业大赛"中获得国家级奖项12项、省级以上奖项100余项;在"建行杯"第八届山东省"互联网+"大学生创新创业大赛中,以1金3银8铜成绩位居全省高职院校第6位;在第六届山东省黄炎培职业教育创新创业大赛中喜获一等奖2项、二等奖3项、三等奖4项,获奖总数位居全省高职院校前列。近三年来,先后培育孵化创业团队215家,注册实体公司56个,项目主要涉及药品、食品、医疗器械等医养健康领域。同时,依托创新创业社团积极开展社会实践活动,荣获全国"高校创业社团百强"。

三、以创新创业孵化为依托,全面提升平台优势

学校坚持把创新创业孵化平台建设作为扶持大学生创业的第一抓手。2022年,在金平果科教评价网组织开展的全国高职院校产教融合、创新创业"双百强"评选中,学校"创新创业"综合得分排名位居全国高职院校24位。

学校先后获批科技部火炬中心"国家备案众创空间"1个,国家级生产性实训基地4个,中国大学生iCAN双创实践基地1个,"省级创新创业学院""山东省创客之家"等省级双创平台4个,山东省高等学校医疗器械新技术等省级研发中心6个,省校科技成果转化和技术转移基地1个,山东省食品安全科普基地1个;依托平台建设,有力地激发了师生创新创业成果和知识产权转化。其中,"智·健康"国家级众创空间,建筑面积5000平方米,建有创业苗圃等功能室10个,创业工位32个,满足师生创业实践的需求;学校与威高集团等共建校内外实训基地151个,与名迈教育共建虚拟仿真教学平台,满足产学需求;学校与绿叶制药等共建的省级绿色制药协同创新中心,建筑面积4200平方米,设备价值3000万元,涵盖医药化工、海洋生物和中药等领域,满足师生的研用需求。

凝心聚力，扎实推进创新创业教育工作

青岛工学院

青岛工学院是一所具有强烈创新创业基因的学校。学校坚持把深化创新创业教育改革作为服务学生成长成才的重要抓手，充分发挥学科综合优势和创新创业教育资源优势，校内外布局创新创业教育平台、创新创业研究平台、创新创业实践平台。

学校通过制定《创新创业教育改革实施方案》，构建"课堂教学、自主学习、创业实践、竞赛指导、文化引领"五位一体的创新创业教育体系，将创新创业教育融入人才培养全过程；制定创新创业一系列制度，实施学分置换、弹性学制、保留学籍休学创业等举措，促进了大学生创新创业精神与实践能力的提升。

一、工作基础

（一）工作机制建设

1. 强化顶层设计

青岛工学院把深化创新创业教育改革工作列入学校十大重点任务，明确将创新创业精神培育贯穿各类教育教学全过程，创新创业教育与专业教育深度融合。

2. 健全班子结构

为深化创新创业教育改革，学校成立由校长任组长，分管教学工作和学生工作的校领导任副组长，有关职能部门参加的创新创业教育改革工作小组，统筹创新创业工作；建立健全校院两级创新创业教育平台，统筹推进创新创业教育。

3. 制定实施方案

学校出台了《青岛工学院创新创业教育改革实施方案》，从人才培养模式改革、完善创新创业教育体系、加强创新创业基础设施建设、强化师资队伍建设等几方面制定具体措施。

4. 创新教学管理体系

学校具有创新创业教育的优良传统，积极探索将创新创业能力的培养纳入本科人才培养体系，出台了《青岛工学院创新创业与素质拓展学分奖励办法》《青岛工学院学生竞赛工作管理办法》等多个文件，启动大学生科技创新基金立项和创新创业奖励学分认定工作。近两年来，学校加大创新人才培养力度，将"职业生涯与发展规划""创新创业教育""创新思维"等创新创业课程列为通识教育课程。本科人才培养方案要求学生修满 4 个创新创业类学分方能毕业。

（二）创新创业生态培育

1. 政府引导

青岛胶州市始终坚持以培育创新创业生态为主基调，以提升创业带动就业能力为主旋律，以科技创新引领双创发展为主引擎，持续发力，走出了一条具有上合特色的双创升级之路。

2.政策激励

学校出台《青岛工学院产学研合作育人体系建设指导意见》《青岛工学院专任教师行业企业实践挂职锻炼管理细则》,鼓励教师到相关行业企业调研、挂职锻炼、开展相关课题研究,鼓励校外导师来校开展创新创业教育相关工作。学校推荐3名创新教育导师、8名创业教育导师、7名学科专业导师为山东省高等学校创新创业教育导师库成员。学校鼓励教师指导学生参加各项创新创业大赛,将教师指导大学生创新创业训练计划项目、中国"互联网+"大学生创新创业大赛作为职称评审的一项要求,极大地激发了教师参与创新创业的热情。

3.课程建设推动

学校坚持开设面向全体学生的创新创业教育、创新思维等创新创业课程;为适应学分制改革,不断增加通识课中的创新创业类课程,2022年春季学期开设创业管理等通识选修课程56门,占总课时数的6.2%。

(三)创新创业支撑平台布局

1.创新创业教育平台

学校举办学术经验交流会、学术沙龙等活动,为教师与学生、学生与学生之间架起沟通的桥梁;聘请校内外专家、企业家举办讲座、报告,拓宽学生的视野。2021年学校共开设创新创业类讲座10场。

2.创新创业研究平台

通过青岛工学院大学生科技创新立项、国家级省级大学生创新创业训练计划项目的推动,有效地激发了教师和学生的科研热情。

3.创新创业实践平台

学校依托信息工程学院实验教学中心等4个校级实验教学示范中心,开放65间专业实验室,满足学生创新创业实验实训需要;推进产学研合作,与100余家企业建立学生校外实践教育基地。2020—2021学年学生参加校外学科竞赛获得国家级一等奖7项、二等奖6项、三等奖15项,省级一等奖19项、二等奖28项、三等奖51项,获得中国国际"互联网+"创新创业大赛山东省铜奖1项,"学创杯"全国大学生创业综合模拟大赛山东省本科组二等奖2项、三等奖1项。

二、主要特色

(一)校内外布局创新创业合作平台

学校地处山东青岛胶州市,地理位置优越,紧邻青岛临空经济区示范区和中国-上海合作组织地方经贸合作示范区,主动面向地方寻求合作育人途径,合作育人和服务地方效应明显。目前学校与100多家企业建立校外实践教育基地,开展创新创业、人才培养、技术开发等合作,近三年创业项目孵化年平均数量达10个。学校与胧爱集团、浪潮集团、京东集团协同建设校内外创新创业合作平台。

1.上合-上海创业港

上合-上海创业港采用"总部+离岸基地"的运营形式,由胶州市人才办选址上合示范区核心区和上海市杨浦区五角场,即在青岛市上合示范区设立基地总部,在上海市设立离岸基地,并经上合示范区管委会、胶州科工信局等单位论证后公开招标,山东胧爱科技发展有限公司作为中标单位,在上合示范区管委会的委托下正式运营上合-上海创业港,并与青岛工学院建立校企合作关系。

2.创新创业教育学院

创新创业教育学院承担全校创新创业类课程的讲授,承办各级各类创新创业大赛,旨在培养具有创新创业意识和能力的高素质应用型人才。创新创业教育学院紧跟国家有关创新创业的政策引领,重点培养学生的创业能力和实践能力,打造"教、研、产、销一体化"的育人平台,全力服务于人才培养、科学研究和地方经济建设。

3.大学生创业就业基地

2022年学校参加浪潮集团主办的全国大学生创新创业天使工程山东启动仪式暨校企合作专题论坛,与浪潮共建大学生创业就业基地,就创业团队孵化、资源整合、毕业生就业等方面开展人才培养。

(二)"教赛融合"的创新创业人才培养

学校开展"以赛促赛、赛教融合",实践课程中依托真实的比赛平台,将比赛引入课堂,真正做到了以赛促学、以赛促教。学校鼓励师生参加中国国际"互联网+"大学生创新创业大赛、"学创杯"全国大学生创业综合模拟大赛、全国高校商业精英挑战赛创新创业竞赛等,取得优异成绩。在学校的推动下,孵化出一批学生自主创业成果,毕业生刘嘉达创办青岛欧卡玛环保科技有限公司,李义创办胶州58团购网,许元龙创办青岛航潮自动化工程有限公司。

(三)专业工作室开发创新创业项目

学校设立胶州剪纸、黑陶等工作室,开发创新创业项目,引领学生进行实践训练;将工作室进一步发展为创业导师工作室,教师带动学生,帮助学生提高创新创业能力。

深化大学生创新创业教育改革

齐鲁理工学院

学校全面深化发展创新创业教育,全程、全员、全方位融入人才培养、学科建设、科技研发等。学校领导高度重视大学生创新创业工作的开展。2017年学校成立创新创业学院,充分依托大学生创新创业园全面发展创新创业教育,每年投资100万元扶持创业项目入驻的同时,还吸纳社会资金,建设低成本、便利化、全要素、开放式的创新创业基地,成功入选山东省第二批双创基地建设名单,获批省级众创空间。学生在各类学科竞赛中获得省部级以上奖励1097项,其中国家级一等奖37项、二等奖98项,省级特等奖42项、一等奖185项。

近年来,齐鲁理工学院为积极响应国家创新驱动发展战略,顺应"大众创业、万众创新"的时代新趋势,满足社会发展对创新创业型高素质人才的新需求,结合学校自身实际情况,充分整合利用校内外优质创新创业资源,大力推进创新创业教育,取得了较为显著的工作成效。

一、学校创新创业教育指导思想及预期目标

学校全面贯彻落实《国务院办公厅关于进一步支持大学生创新创业的指导意见》精神,全面履行人才培养、学科研究、服务社会、文化传承与创新职能,成立政校行企研合作部,实施地方政府、高校、企业机构、行业协会、研究院五主体参与,完善了"校、院、园、组"协同管理的四级管理体制、双创帮扶机制等五大机制,加强政府协调,强化行业指导,夯实平台搭建,构建了"五主体参与、五机制运作、五平台支撑"的双创基地建设发展模式,为师生创新创业环境搭建提供了多层面、多元化的指导和服务。

二、学校创新创业教育工作推进措施

(一)健全创新创业人才管理机制

为加强创新创业工作领导和基地建设,学校成立由校长任组长、分管副校长任副组长的学校创新创业工作领导小组,构建地方政府、高校、企业机构、行业协会、研究院五主体协同参与,学校创新创业工作领导小组、创新创业学院、学院创新创业工作小组、项目团队四级管理体制,促进各项创新创业工作顺利开展。学校进一步完善全方位合作的校企协同机制,围绕全面整合和发挥学校、企业协会等多方资源,学校成立双创教育校企合作联盟,推动校企双方在双创课程体系、实习实训、实践、项目孵化与落地等方面创新协调合作模式、互利共赢发展。

(二)完善创新创业人才培养机制

学校发挥机制灵活优势,在鼓励引导并大力培养在校教师担任就业创业导师的基础上,积极面向企业、行业开放,吸引并聘请企业行业专家等优秀人才担任学校双创导师,开展相应的教师创新创业培训讲座,强化教师创新创业教育能力。学校现拥有创新创业教育专职教师65人,从知名企业、杰出校友中聘请的创新创业兼职导师166人,就业指导专职教师31人。近年来学校连续承办全国高校就业创业指导导师培训,现建有校企合作的项目指导团队15个,团队人数共76人。

学校为进一步深化高校创新创业教育改革,健全课堂教育、自主学习、结合实践、指导帮扶、文化引领为一体的高校创新创业教育体系,深入构建以课程为主体、以项目为引导、以竞赛为抓手、以产出为导向,课内与课外、校内与校外、理论与实践有机结合,"理论课、实务课、体验课"一体化、多层次、广覆盖的双创教育体系。学校面向全体在校学生开设研究方法、学科前沿、创业基础、就业创业指导等方面的必修课和选修课58门,搭建理论传授、技能培养、素质拓展等三大教育平台,通过创新创业教育中"必修课+选修课"模式,保证学生理论与实践齐头并进,显著增强学生的创新精神、创业意识和创新创业能力。

(三)优化大学生创新创业培育环境

学校依托省级工程研究中心,以竞赛为抓手,通过"导做、导创、导研、导用"递进培养学生创新思维和工程实践能力。学校加大与政府、社会和企业合作力度,打造大学生创新创业服务平台,与章丘区共同建设"章丘区青年创新创业园",为全体学生提供创业场所、政策扶持、培训指导、项目推荐及融资支持等"一条龙"创新创业服务,形成由"政府主导、学校指引、社会辅助、企业参与"双创服务体系。学校现建有科技园、众创空间、孵化器、创业园等平台,建成总建筑面积5100平方米的创新创业基地,成功入选山东省第二批双创基地建设名单。学校充分发挥科技园、众创空间、孵化器、创业园等平台优势,面向全体学生免费开放,开展专业化孵化服务。学校与山东莱茵科斯特有限公司、京博集团等,共建中德智慧工厂应用工厂研究中心、生物医学诊疗材料工程研究中心、土木工程检测加固与安全评价研发中心等省级工程研发中心3个;共建生物医用新型材料研究中心、齐鲁理工—山东博森肿瘤诊疗技术研究中心、齐鲁理工—仁济生物医学诊疗材料研究中心等协同创新平台6个,与章丘区政府共同组建了服务中小微企业联盟,与章丘区青年创新创业园签订合作关系。学校依托创新平台和联盟,建成创新创业实验室15个、虚拟仿真实验室4个、创新创业实践基地47个。

学校同章丘区政府共同组建了服务中小微企业联盟,通过项目开展、联合培养、共同孵化等方式吸引企业投资孵化学生创业团队成为创业"合伙人"。近三年学校成功孵化37个创业项目,通过组织师生开展省级纵向和校企横向课题,帮助企业实现经济效益10多亿元。

(四)加强大学生创新创业信息服务

学校为促进大学生参与创新创业比赛,落实落地创新创业项目,坚持以赛促教、以赛促创、赛学结合,鼓励全校师生积极参与各项创新创业竞赛,完善竞赛激励机制,落实配套支持政策和条件保障。近年来,学校每年开展双创项目300余项,参与本科生6000人次;每年组织和参加各类大学生创新创业赛事200余个,参与学生15000人次,覆盖率保持在85%以上。

学校坚持以服务区域经济社会发展战略为宗旨,以贯彻落实上级双创文件精神为指导,在全面总结双创基地建设与发展经验的基础上,继续推进和完善示范基地"五主体参与、五机制运作、五平台支撑"的双创基地建设发展模式,提升基地引领示范作用,形成可复制推广的高水平应用型大学双创制度体系和建设经验。

"新时代、新产业、新人才"背景下高职院校专创融合人才培养体系研究与实践

山东轻工职业学院

在创新驱动发展战略、产业转型升级背景下,山东轻工职业学院遵循"全过程、全方位、全链条"的创新创业教育理念,构建了"三全四阶一平台四维度"的专创融合人才培养体系。学校在2019级艺术设计专业普专生中实施后,推广应用于全校;切准创业教育与专业教育联动脉搏,建立"产—学—研—用"四维度创新创业质量评价体系。

一、主要工作内容

(一)实施四阶递进式人才培养模式

学校以专创融合指导方案为纲领,以"开放创新"的人才特质为抓手,明确了专创融合的专业人才培养目标,实施了"创新—创意—创造—创业"四阶递进式人才培养模式。

1.学校制定了《山东轻工职业学院专创融合指导方案》,以其为纲领,各专业依据专业特色,在人才培养方案的指导意见下,在"各专业能够运用基本的创新方法,开展专创融合,具备一定的创新意识和创业能力"的工作要求下,分别制订了"服务+创新""设计+创新""智造+创新""通信+创新"等专创融合相结合的专业人才培养目标,修订人才培养方案。

2.以艺术设计专业为例,该专业锁定审美素养、设计能力、创新精神等核心要素,确定了培养具有深厚文化与美学素养、创新精神和设计能力,"艺技并修"的高素质复合型创意设计人才。

3.学校通过创新创业基础课程培养学生创新意识和创业能力的单一培育路径,以"名家讲堂、创意训练、实习实践、服务孵化"为载体和实现路径,构建和实施了"探索—创造—创新—创业"的四阶递进式人才培养模式,以培养兼具专业技能和创新能力的创意设计"新人才"。

(二)形成多方联动的合力育人成效

学校整合政府、学校、企业、院所等多方资源,构建了文化育人、课程育人、实践育人、竞赛育人、项目育人、服务育人相融合的"六位一体"专创融合综合育人平台,形成多方联动的合力育人成效。

学校积极发挥政府、学校、企业、齐文化博物院、古商城管委会等多方力量,构建了面向全体学生参与的"文化、课程、实践、竞赛、项目、服务"六位一体的专创融合育人平台,学生能够在理实一体化课程体系中不断培养创新精神、创意思维和创造意识,启发创业想法,完善创业项目,实现"创新、创意、创造、创业"四创融合。

(三)建立四维度创新创业质量评价体系

学校切准创业教育与专业教育联动脉搏,建立"产—学—研—用"四维度创新创业质量评价体系。

1.学校围绕"创"从"产—学—研—用"四个角度出发,构建企业评价、教师评价、活动评价、服务评价等四维度指标体系。

2.学校运用指标体系对近几年创新创业人才培养体系进行考核,考核结果不断提升。

(四)建立创新创业教育工作的支撑与保障体系

学校完善创新创业相关制度文件,建立创新创业教育工作的支撑与保障体系。

为推进学校创新创业相关工作,学校制定完善了以下制度和文件。

1.《山东轻工职业学院专创融合指导方案》。

2.《山东轻工职业学院课程改革实施方案》。

3.《山东轻工职业学院 2022 级三年制专科人才培养方案制订指导意见》(样例)。

4.《山东轻工职业学院社会服务创收管理办法(试行)》。

5.《山东轻工职业学院教学指导委员会》。

6.《山东轻工职业学院技能竞赛管理办法》。

"探索—创造—创新—创业"的四阶递进式人才培养模式

"六位一体"专创融合育人平台

二、特色及创新点

(一)厘定了专创融合相结合的创意设计类人才培养目标

学校结合"崇德尚美、匠心专能、开放创新"的校级人才特质,聚焦创意设计岗位工作对设计能力和创新能力的要求,强化其能力立身、素养立人的特点,在目标的设计中重点突出对学生实践创新力与创造力、综合素养和专业技能的培养,聚焦审美素养、设计能力、创新精神等核心要素,确定了培养具有深厚文化与美学素养、创新精神和设计能力,"艺技并修"的创新型高素质创意设计人才的培养目标。

(二)构建了"理实一体化"的模块化课程体系

学校为确保线上课程资源、课下课堂教学、课外活动实践等组织实施,搭建了"文化、课程、实践、竞赛、项目、服务"一体化的专创融合综合育人平台。

（三）创新了"产—学—研—用"多维度创新创业质量评价体系

学校以成果为导向，围绕"产—学—研—用"，构建了4个维度、16个考核指标构成的创新创业教育质量评价指标体系，在专创融合教育改革实践中具有示范作用。

三、成果水平和实际应用价值

学校构建了"三全四阶一平台四维度"专创融合教育人才培养体系、"理实一体化"课程体系和"六位一体"综合育人平台，能够培养既有专业水平又有创新创业能力的"新人才"，应对了产业转型升级背景下对于"新人才"的现实需求，在国内外获得了较好的推广应用。

（一）人才培养成效显著

学生就业率100％，创业率5％以上，学生满意度98％以上，社会满意度96％以上，用人单位评价学生创新创意能力强，岗位适应快，毕业生创业率5％以上；学生获得创新创业省级及以上获奖50项。丁姣、崔灿灿被共青团中央评为"全国大学生自强之星"。

（二）提升了师生共创能力

1600余名学生获得SYB证书；600余名学生取得山东省大学生创业培训证书；师生在创新创业类赛事中获得国家级奖项11项、省级奖项39项；完成2286人次的学生培训，218人次的师资培训；发表论文5篇，获批专利47件，1人获得省级创新创业先锋荣誉称号。

（三）社会服务能力不断增强

师生参与墙绘设计、吉祥物IP设计、动画短片开发项目等社会服务项目15项，学校与淄博大染坊丝绸集团、鲁泰纺织有限公司等企业的设计研发30余项，为企业提供技术服务50余项，承担了省市创新创业类大赛10项，受益师生千余人。

（四）社会影响不断扩大

该成果在2019年全国高职高专校长联席会议上进行展板展示推广；2019年12月，项目组相关成员赴台湾朝阳科技大学等学校开展"三创教育"学习交流，对成果进行了宣传推广；2021年，在"献礼党建100周年——全国高校创新创业成果展"、职业教育活动周全国启动仪式上该成果得到了宣传推广。

"三融共育、四化共进、五措共举"构建创新创业生态系统

烟台汽车工程职业学院

烟台汽车工程职业学院坚持"以学生为中心"的理念,借鉴国际先进的双创教育理念,结合高职创新型人才培养定位,深化产教融合,协同企业、创业孵化器,聚集创业各要素,加大创新创业场地供给,拓宽投融资渠道,形成了面向深度变革情境下高职双创教育人才培养新案例,构建了"三融共育、四化共进、五措共举"构建创新创业生态系统:"双创教育与专业教育相融合、双创教育与思政教育相融入、双创教育与校园文化相融通"的"三融共育"双创教育定位;"系统化设计主—辅—隐三线式双创教育路径、差异化实施精准创新创业、集成化建构'政—企—校三螺旋'双创组织体系、可视化评估双创教育成效"的"四化共进"双创教育保障机制;"实施分层教学、开展分阶段培养、架构阶梯式课程体系、组建专兼结合双创导师团队、打造双创实践平台"的"五措共举"的双创教育实施举措。

一、加强顶层设计,构建双创教育生态系统

学校立足产业需求新趋势,建构起一套政府、企业、学校相互融通,产业、专业、课程相互融合,创新、创业、就业相互共生共长的创新创业教育新生态。2018年,学院以建设山东省技能型特色名校建设为契机开始创新型人才培养探索,形成了《烟台汽车工程职业学院创新创业教育改革实施方案》,2019年形成的"三融共育、四化共进、五措共举"的创新创业教育生态系统,在全院推广实践。

二、通过"三融共育",构建双创生态气候

(一)前头做实,双创教育融入专业教育全过程

一是在专业能力模块库构建中单列双创能力元素,对全校1200门课程进行序化;二是因行制宜,从理论知识、技术基础和技能多维度,按照由项目引发理论学习、由理论导入项目教学两种方式设置双创课程;三是双创教育分别融入公共基础课、专业基础课、专业课及通识课。

(二)同向同行,双创教育与思政教育一体交融

学校通过挖掘创新创业教育与思政教育的耦合点,以职业生涯规划课、思想政治课与创业指导课等课程为基础,打通各课程教学内容的互通性,在此基础上专门增设或开展融合思政内容的教育。

(三)价值塑造,双创教育与文化建设互融互通

学校从职业精神锻造、人文素质培养、科学素养培育及双创素质养成等四个维度,营造"敢为人先"的双创文化氛围,激活学生创新与创业潜能和需求,实现双创素质和校园文化建设融通问题。

三、通过"四化共进",构建双创生态土壤

(一)系统化设计,构建了"主—辅—隐"三线式双创教育实施路径

主线从"集群化专业结构调整—创新型人才培养方案修订—梯级式双创课程体系"等节点深化教育教学改革,实现专创融合;辅线依托"学生专业社团活动—学生参与教师科技项目—学生创业孵化实践"等实

践活动,提升学生双创实践能力;隐线以"职业精神锻造—人文素质提升—科学素养培养—双创素质养成"塑造学生双创文化素质。

(二)差异化实施,建设了"分层分类"双创课程体系,实现精准创新创业

学校将企业生产技术改造、科研成果转化、创业扶持政策等引入课程体系,建设以启蒙教育为基础、思维培养为主干、能力训练为专项的"梯级式"双创课程体系,分层、分级、分类实施,开设了 30 门通识选修课,改造专业课 300 多门,推行了"253"实践教学计划,按照"学校—专业"2 个层面,设置了竞赛、社团、科技服务、社会实践和双创活动 5 类,建立"国家—省—校"三级管理机制,提升了双创实践项目的技术含金量。

(三)集成化管理,构建了"政—企—校"紧密合作的"三螺旋"双创组织体系

学校发挥政府、企业、学校在创新创业教育方面的各自优势,基于行政链、生产链、技术创新链建立"专业依托+服务支撑+项目载体"的"三螺旋"组织体系,以此紧密结合三方的合作关系。

(四)可视化评估,提高了双创教育育人目标达成度

学校基于"三全育人"教育评价模式,从基础投入、实施过程、成果绩效评价三个一级要素,细化为 15 个内涵指标,构建"1+0.2+0.05"的评价模型。

四、通过"五同步"路径,构建双创教育生态成长循环

(一)构建"三层次"教学目标

学校根据高职教育人才培养定位和高职学生认知特点,制定了创新、创业两维度,"创意匠人""创新能人""创业达人"三层次的"1+0.2+0.05"双创教育目标。

(二)实施"三阶段"培养

学校围绕不同层次的教学目标和教学对象,分别实施教学,将教学分为意识激发、创新培育、创业孵化三个培养阶段。

(三)架构"三递进"课程体系

学校将创新创业教育融入人才培养全过程,提高学生的创新精神、创业意识、创业知识、创业心理品质、创新创业能力和实战能力,构建"意识教育→能力提高→实战孵化"三段"阶梯式"创新创业课程体系。

(四)组建"三师型"教学团队

学校围绕创新创业教育目标和人才培养定位,组建了由基础课教师、专业课教师和行企兼职教师构成的懂专业、善创新、会孵化的"三师型"教学团队,为创新创业教学提供坚实的师资保障。

(五)打造"三平台"实践基地

学校积极整合校内校外政府、行业、企业资源,校内建设智创园区,搭建了"双创竞赛平台、创新能力培育平台、能力训练平台"的三平台实践基地,实现了创赛实践提升,科技反哺教学,创业孵化帮扶全覆盖。

五、践行双创教育改革,学生双创能力和人才培养质量显著提升

在实践创新创业改革的过程中,学校累计开展创业培训 336440 学时,学生自主创业率提高了 278%,学生双创能力显著提升,申报专利、软著 25 项,在"互联网+""挑战杯"等国家、省级双创赛事中获奖 156 项,培育孵化的万顺达信息科技公司 2021 年营业额突破 1300 万元,涌现出了"全国回乡致富带头人"熊生昌为代表的一批先进创业典型,形成了以科技创新为切入点,用科技创新推动创新创业教育,进而为区域经济发展服务的新模式。学校先后获得"挑战杯""互联网+"等大学生创新创业大赛优秀组织奖 9 次,先后被评为全国高职院校创新创业教育工作先进单位、山东省"创客之家"、中国创业创新典型示范高校、中国创业创新典型示范园区等。

"专创融合"筑双创青春

山东政法学院

山东政法学院是一所以法学为特色和优势,兼有经济学、管理学、文学、工学等多学科的普通本科高校。山东政法学院坚持学术立校,强化科学研究,积极服务地方法治建设和经济社会发展,按照培养应用型人才定位,围绕立德树人根本任务,坚持"错位竞争、特色发展"的思路,实施"特色山政、文化山政、法治山政、智慧山政、开放山政、和谐山政、人才山政"的发展战略。目前学校正立足新时代,加强党的全面领导,深化综合改革,推进内涵式发展,向建设特色鲜明、山东省一流、在全国有重要影响的应用型政法类大学的目标前进。

山东政法学院积极响应"大众创业、万众创新"的国家发展战略,坚持创新引领创业、创业带动就业,以推进素质教育和全面发展为主题,以提高人才培养质量为核心,以创新人才培养机制为重点,以完善条件和制度保障为支撑,以大赛为抓手和导向,推进教学、科研、实践协同育人,培养学生创新精神、创业意识,提升学生创新创业能力。

一、深化创新创业教育改革

山东政法学院根据教育部高等教育人才培养质量标准,结合学校实际制定专业人才培养质量标准,明确各专业学生创新创业教育目标要求,在人才培养方案中加入创新创业培养目标,构建创新创业人才培养质量评价体系。山东政法学院将创新创业教育与实验教学、实习实践、课程设计、毕业论文设计及创新创业竞赛等活动相结合,切实落实创新创业教育改革,提高毕业生创业就业质量。

1.完善创新创业教学管理制度。山东政法学院积极探索建立创新创业学分积累与转换制度,将学生参加创新创业培训、学习在线开放课程、开展创新实验、参与学科竞赛与课题研究、发表论文、获批专利和自主创业等情况折算为学分;同时调整学籍管理制度,适当放宽学生修业年限,支持在校大学生结合所学专业创新创业,允许调整学业进程、保留学籍休学创新创业,加强对创业休学学生的资质审核和跟踪管理。

2.健全创新创业教育课程体系。山东政法学院结合学校办学特点和实际,建立校企一体、多层次、立体化的创新创业教育课程体系;面向全体学生开发开设研究方法、学科前沿、创造学、创业基础、就业指导等创新创业方面的必修课和选修课,其中必修课每学期不少于4学时;加强课程改革,探索建立跨分院、跨学科、跨专业交叉培养创新创业课程;逐步展开知识产权申请与保护、科技成果转化与科技创业等相关课程,积极支持科技成果及时申请专利,帮助和鼓励学生申请专利,助推科技成果转化率。

3.配齐配强创新创业师资队伍。山东政法学院加强师资队伍建设,吸引鼓励学校高水平教师从事实验教学和管理工作,建立实验教学与理论教学队伍互通的有效机制;聘请知名科学家、各行各业优秀人才担任专业课、创新创业课授课或指导教师,努力打造一支专兼结合、结构合理、数量充足、业务精湛、相对稳定的高素质实践教学队伍。

二、加强创新创业资源建设与共享

山东政法学院积极推动校企联合人才培养,充分发挥积极性,不断拓展校外资源;加强与政府部门的沟通,与地方就业创业保障部门、教育部门等建立长效沟通机制,落实各项针对性的扶持政策和服务措施,鼓励和引导学生积极参与创新创业实践,设立专门的创业政策咨询和指导中心,引导和支持学生创业。

此外,结合政法类高校特点,山东政法学院建立立格联盟创新创业大赛平台,进行专项大赛,配合联盟大会展示各成员创新创业成果,相互学习借鉴,共同打造创新创业的有效机制,同时设立互联网平台,加强大赛的运营和服务,在联盟大会上专设创新创业论坛,实现资源共享、深度交融。

三、积极开展大学生创新创业实践活动

山东政法学院充分整合校内资源,建设创新创业学院服务平台和创业教育实践基地环境,形成系统的创新创业公共服务体系;通过创新创业学院组织开展灵活多样的创业讲座、创业训练、创业模拟、创业大赛、典型事迹报告会等活动;鼓励学生积极参加各级各类大学生创新创业大赛、学科性竞赛、技能大赛等创新创业实践活动,以大赛为抓手提升项目孵化水平。

四、加强资金与政策保障

山东政法学院于2020年成立山东政法学院创新创业工作指导委员会,统筹协调学校大学生创新创业教育全局性工作,负责对重大问题做出决策、指导,每学期专项开展研究部署创新创业工作。委员会下设创新创业指导办公室,负责相关日常事务,细化实施方案,明确责任分工,加强宣传引导,具体实施落实,为学生提供创业项目咨询、策划、指导,开展创新创业活动跟踪服务。

学校加大对创新创业教育的经费投入,设立创新创业教育基金及大学生创新创业奖学金,奖励优秀学生团队、个人和项目,支持、鼓励大学生开展创业实践。

近年来,山东政法学院多措并举、创新发展,营造争当学生创业教育领路人的良好氛围。接下来,学校将继续完善双创课程体系,拓展实践平台,深化育人途径,提升大学生创新创业能力,为推动社会高质量发展提供人才支撑。

"基于就业、融入产业、课证融通、实境历练"四化联动创新创业教育人才培养模式

山东传媒职业学院

山东传媒职业学院面向建设创新型国家及传媒行业融合化转型升级，立足落实立德树人根本任务，从2016年开始，将创新创业教育融入人才培养全过程，构建全链条创新创业人才成长体系，从顶层设计、管理机制、教学环节、师资队伍等方面着手，改革创新，规范管理，积极推进创新创业教育制度化、全程化、平台化和专业化，探索出了"基于就业、融入产业、课证融通、实境历练"四化联动创新创业教育人才培养模式：创新创业管理制度化，创新创业教育全程化，创新创业资源平台化，创新创业指导专业化，实现人才培养与创新创业工作良性互动。

一、创新创业教育制度化

1. 组织领导。学校成立了创新创业教育工作领导小组，定期召开创新创业工作会议，研究并统筹协调创新创业工作，不断深化创新创业教育改革，修订人才培养方案，将创新创业教育工作融入人才培养全过程。

2. 师资队伍。学校重点建设了三个创新创业教育师资团队：一支隶属于创业学院创新创业指导服务工作团队，一支涵盖了专业教师、思政教师、辅导员的指导教师团队，一支由专家学者、优秀企业家、政府职能部门骨干、创业校友为导师的业务帮扶团队。学校共10人入选山东省创新创业教育导师库专家，40余人取得省级以上创新创业指导教师资格证书。

3. 政策规范。学校制定了《山东传媒职业学院创新创业教育改革实施方案》《关于成立山东传媒职业学院创业学院的决定》《山东传媒职业学院技能竞赛管理办法》《山东传媒职业学院学生外出差旅费管理办法》《山东传媒职业学院教科研工作奖励办法》等系统化管理制度，为学校全面实施创新创业教育奠定了制度保障。

4. 经费投入。自2017年以来学校年均投入专项经费200余万元，2019年获得了济南市科技局"泉城众创空间"专项扶持资金100万元，扩建创业园区，购置仪器设备，培训创业指导教师，有力地保障了学校创新创业工作的开展。

二、实现学校创新创业教育课程思政全程化

1. 课程体系。学校突出专业特色，建立了由"通识教育＋专业教育＋创新创业教育＋创新创业实践"组成的"课证融通、实境历练"创新创业课程体系和"思政教育课程＋创新创业课程"模块化组成的创新创业教育思政改革课程体系，配套完善由"创业竞赛＋红旅筑梦＋创业园区入驻"等新创新创业教学管理体系，优化"多渠道培养、融通立交"的课程改革模式，将创新创业教育、职业规划、就业指导嵌入到三个年级每个专业的教学计划中，实现思政课改创新创业教育全覆盖。学校突出"做中学、做中教"的全真型传媒特色思政融合双创教学体系，为山东省思政教育融入双创教育提供实践示范。

2. 教学方法。创新创业教师采用启发式、探究式、讨论式、参与式等教学方法，着力培养学生自主学习能力，启发学生创新思维，鼓励学生运用专业知识开展创业活动，参加各级各类创新创业赛事，将生涯规划

"职业化",将就业实训"岗位化",将创业课程"实境化",将就业创业能力"证书化",将求职创业"项目化",将创新创业赛事成绩入驻创业园区"商业化",经过探索实践,形成了全真实境模拟教学法、实训项目赛事驱动教学法,全链条浸入式教学法等山传特色教学法。近五年来,学校共安排教师培训、考察、调研、学习200人次,考取"创新创业指导师"等职业资格证书人数占双创任课教师比例达60%以上。

3.学分和学籍管理。学校将学生参加双创讲座、竞赛成绩、获批专利和自主创业等创新创业成果折算为学分,鼓励学生开展创新创业活动。学校实施弹性学制,放宽学生修业年限,支持学生保留学籍休学创新创业。

4.双创氛围。学校把创新创业教育向学生校园生活延伸,建立了"院系班"三级大学生创新创业协会体系,开展创业学院创业园区"开放日"活动,举办"创业大讲堂"系列讲座,打造"创客沙龙""职场下午茶"品牌节目,利用微信公众号、抖音等新媒体向学生推广,实现了跨系别、跨专业、跨年级、跨班级交流,为大学生打造了"融通立交"式双创氛围。

三、重组学校创新创业教育资源平台化

1.教学实训平台。学校整合校内各类实验实训教学资源,通过"融媒体众创空间"项目,将600平方米演播厅、虚拟现实实验室、动捕实训室等教学实训资源纳入创新创业教育实训平台,同时鼓励各系向创新创业学生开放专业实验场地,为学生的课外实习实践、培养学生动手能力、创新创业创造了有利条件,使全院实训资源成为创新创业活动的重要平台。

2.校企合作平台。学校充分发挥办学特色和行业优势,先后与山东科苑创业服务有限公司、山东创业创新服务成果转化中心等30余家单位建立校外"教学科研实践基地""大学生创业实训基地",为学生提供创新创业课程和实习实训,共同培养创新创业人才。

3.创业实践平台。学校成立创业学校创业园区,采用"3+3+5"模式建设运营,布局3个主题区块:创客服务区、技术交流区、创业项目区;构建3个功能中心:运营管理中心、双创孵化中心、双创党建服务中心;打造5个创业支撑平台:创业服务平台、教育培训平台、项目孵化平台、投融资平台、项目路演平台,承担着大学生创新创业教育、创业培训、创业孵化、创业服务、创业拓展等功能,满足学校创新创业"实境历练"的教学目标。2017年创业学院入选山东中华职业教育社"山东省创新创业学院",2019年获得济南市"泉城众创空间"称号。

4.技能和创新创业竞赛平台。学校连续四年承办山东省黄炎培职业教育创新创业大赛,获得优秀组织奖4项,确立学院在全省职业教育、创新创业教育工作"领跑地位"。近五年来,学校获得"挑战杯""互联网+"、职业院校技能大赛等省级赛事金奖和一等奖20余项。

四、推动学校创新创业指导服务专业化

1.创新创业通识教育。学校面向全院学生开设创新创业通识教育必修课,将创新创业教育融入人才培养方案。目前已开设大学生"职业生涯规划""就业指导""大学生创新创业基础与实训"等主干课程,"创业意识""创业计划"等辅助课程,自编教材7本。学校通过济南市人力资源和社会局职业技能考核,85%以上的学生考取"创业意识""创业能力"资格证书,"课证融通"提升了学生创新创业能力水平。

2.创新创业实训指导。学校重点帮扶和培养有创业意愿的学生,引导学生参与到创新创业竞赛、高水平学科竞赛、职业技能竞赛、专业成果展示等各级各类实践活动中,培养学生创新思维,提升学生创新创业能力。定期举办大学生创新创业特训营、简历门诊、项目路演、财税培训等活动近百场。

3.创新创业项目孵化指导。学校面向正在创新创业学生实施"一对一"服务和精准帮扶,根据项目类别,邀请政府、企业、风险投资机构的专业人士担任项目管理导师、资源导师、法务导师、专业导师指导,为创新创业的学生提供了优质孵化环境和精准帮扶指导服务。目前,创业园区已成功孵化济南章丘区木一美妆工作室、山东九零海柚文化传媒有限公司、济南章丘区畅享外卖店、章丘区扶风摄影工作室、章丘区境陵服装设计工作室、济南市章丘区劲爆体育用品经营部、章丘区琉光清影摄影工作室等28个大学生创业项目。

"三融合四阶段五递进"创新创业教育模式探索与实践

临沂职业学院

学校紧紧围绕立德树人根本任务,以提高人才培养质量为核心,以培养学生创新精神、创业意识、创新创业能力为宗旨,立足特色产业与学校优势学科,整合校内外创新创业资源,构建"政产学研金服用"创新创业共同体协同育人。学校打造众创空间、创客之家、培根铸魂虚拟仿真中心等创新创业实践平台,举办"创客沙龙"等品牌活动,组建"青年红色筑梦之旅"团队,有效实现理论与实践、隐形与显性、情境与实战转化的创新创业教育生态,形成"三融合四阶段五递进"创新创业教育模式,有效提升了学生就业创业竞争力,培育孵化了一批创新创业项目,促进了学生综合素质的提高,推动了学校教育教学改革。

学校创新创业教育工作在创新创业教育改革、实践育人平台及创新创业指导服务方面形成三方面的特色。

一、加强顶层设计,构建创新创业人才培养新模式

(一)优化创新创业教育支撑保障体系

学校创新创业教育实施"一把手"工程,组建校院两级创新创业工作领导小组,成立大学生创新创业指导委员会。学校在全校综合改革方案中均将"创新创业教育"作为重要建设任务列入,明确提出创新创业教育改革要"面向全体学生、全体教师参与、融入人才培养全过程"。学校先后出台了《大学生创新创业教育管理办法》《进一步加强创新创业工作的实施意见》《大学生创新创业项目基金管理办法》等14项创新创业教育方面的政策措施。由校党委书记任组长,院长任副组长,教务处、校企合作与就业处、学生处、团委、创新创业学院、马克思主义学院,以及各级学院主要负责人为成员的"创新创业教育领导小组"负责推进创新创业教育改革。自2017年3月学校构建实践"三融合四阶段五递进"创新创业教育模式,经过5年的探索和实践,取得良好的育人成效,获得2022年山东省职业教育教学成果二等奖。

(二)"三创融合、四阶培养、五梯递进",构建全员、全程、全方位创新创业人才培养模式

创新创业教育存在不能很好地与思政、专业、产业融合的现象,缺少能够结合思政元素、专业背景、产业现状进行创新创业教育的融合性、复合型师资,无法"三全育人"创新创业教育。为此,学校依托临沂商贸物流城及丰富的沂蒙精神财富,融合地方创业资源,紧密对接临沂市"十优"产业,不断深化产教融合、校企合作,在所有专业群人才培养方案中融入"三创融合"内容,构建了"三创融合"课程体系,将创新创业理念、元素全方位深层次融入专业教育教学过程,通过课程思政设计,实现"思创融合";结合专业群特点,编写开发"专创融合"校本教材和课程,实现"意识培养+专业技能+创业实践+实战体验"四阶教育功能;与地方大中型企业共建产业学院,完成"产创融合";组织专业教师到企业挂职锻炼,提高专创实践能力;开展校企合作,聘请企业家、产业教授担任创新创业导师;注重专业教师对专创融合教育内涵式育人和体验式认知的培养,在专业课教学中融入创新创业的思维、知识、技能,培养学生利用"专业知识+创新思维"解决问题的能力。

学校划分了"面向全体、个性发展、创业实践、创业实战"四阶培养周期,突出个性化培养。学校针对不

同学生、不同学段教育的特点,进行整体谋划、分类施教、一体推进;将三年培养周期划分为面向全体阶段(意识培养)、分类施教阶段(个性需求)、创业实践阶段(创业团队)、创业实战阶段(成立公司)四个阶段设置不同课程内容,满足不同学生创新创业需求;开设创新创业必修、选修、专创融合、创业活动拓展课等课程;制定创新创业学分管理办法,保障创新创业教育融入人才培养的全过程。

学校从学生的心智成长规律出发,按照"面向全体、因材施教、创业实践、创业实战"能力递进分阶培养。学校面向全体学生着重培养学生创新意识和创意思维,即第一、二阶梯创新和创意;面向有创业意向学生开展专创教育,注重培养学生创造能力,即第三阶梯创造;面向有创业目标学生进行创业实践教育,提高创业能力,即第四阶梯创业;面向实际创业学生进行创业实战教育,重点培养企业管理经营能力,即第五阶梯创富。学校经过"创新、创意、创造、创业、创富"五梯递进,实现创新创业项目的从无到有、创新创业能力从弱到强的递进提升。

二、内引外联优势互补,搭建创新创业实践育人平台

1.校企合作、产教融合,成立混合所有制产业学院。学校先后建成正直汽车服务产业学院、新谷直播电商学院、天元建筑学院、滨海迅腾艺术设计学院、顺和物流产业学院、新道数智财经产业学院、龙湖软件学院等10个产业学院,选拔大二想创业的学生进入产业学院学习,为学生搭建"专创、产创融合"学习平台。

2.设立教师工作室、学生社团,培育创新思维,激发创意想法,实现创造发明。学校以山东省创新创业学院为依托,设立3大类别31个教师工作室和67个学生社团,以项目为载体,创设相应创业场景,通过头脑风暴等发散思维训练,激发团队创意,为创造产品或模式打下坚实基础。

3.开办创业实体、创业一条街,为学生提供创业实践平台。对于有创业想法的学生,学校会安排其在校内创业实体和创业一条街实践。目前已有悦生活咖啡吧、京东校园馆、网络信息服务中心3个创业实体及12个房间的创业一条街供学生创业实践,"实境训能"人才培养效果不断提升。

4.建设众创空间、创客之家、创新创业就业实践基地、教师工作室等孵化平台,助力创业梦想,培养青年创客。2017年学校创建12000平方米的"红色·丝路"众创空间,按照"培育—选拔—指导—孵化"项目孵化流程,结合各类创新创业大赛项目,贯彻"以赛促创"原则,设立综合服务中心,指导学生创办公司并获得融资。"红色·丝路"众创空间2021年获得"山东省品牌众创空间"并获评国家级众创空间,同时获评"全国大学生创新创业就业服务基地",临沂职业学院创客之家获评"山东省创客之家"。

"三创融合、三位一体"践行高校创新创业教育

山东理工职业学院

山东理工职业学院按照"特色鲜明、国内一流、国际标准"的理念顶层设计创新创业教育教学改革,形成在全国高职院校可复制、可推广的创新创业育人模式。学校坚持思创融合,将优秀传统文化、专业文化、红色文化与创新创业教育紧密融合,培养学生创新创业能力与素养;坚持科创融合,以发明专利的申报和转化为引导,形成"一园区两学院六支撑"的成果培育和转化机制;坚持专创融合,构建"双平台、模块化、阶段式"的双创课程体系;建设"校内实训基地—创新创业实践基地—大学科技园"三位一体创新创业实践平台;服务"一带一路",按照国际标准培养"创新型、发展型"高素质技术技能人才。

一、领导推动,分级协作的工作保障机制

(一)实施"一把手工程",加强组织领导

学校把创新创业工作的推进作为"一把手工程",成立以学校党委书记、校长任组长的创新创业教育教学改革工作领导小组,对创新创业工作进行顶层设计、指挥协调和督促检查。学校将建设"创新创业型"高职院校作为"十四五"发展规划目标,将"产学研创用融合化办学,推进产业、企业、专业、职业、就业(创业)对接融合"作为学校发展的办学方略。

(二)建立"分级负责、齐抓共管"的部门协同联动机制

学校成立创新创业教育学院,是山东省高职院校中设立的首家创新创业学院。创业学院下设创业服务科、创业培训科。各二级学院设就业创业科。学校成立山东理工青年创业教育咨询有限公司等机构负责创业孵化基地管理与运营。

二、创新创业教育教学

(一)形成"能力递进、专创融合"的人才培养方案

学校出台《山东理工职业学院关于修订人才培养方案的意见》,构建以创新创业能力提升为导向的创新创业人才培养体系,将创新创业教育纳入专业人才培养体系,贯穿人才培养全过程,培养学生的创新意识、创业精神和创新创业能力。学校整合课程、师资、平台等要素,重构人才培养方案和课程体系,将创新创业教育体系、专业素质与能力教育体系、大学生素质拓展教育体系融为一体。

(二)构建"双平台、模块化、阶段式"的双创课程体系

学校出台《山东理工职业学院推进项目化课程改革的实施方案》,打造智能制造专业群、汽车技术服务专业群、光伏专业群、会计专业群、信息技术专业群等五个专业群的模块化、项目化课程,建设40门专创融合课程。学校面向全体学生开设"创新思维""创业教育"等必修课程,4学分64学时;建立在线开放课程学习认证和学分认定制度。

(三)教学管理

1.建立创新创业学分积累与转换制度。学院修订《山东理工职业学院学分积累与转换办法》等教学管

理制度,鼓励学生跨专业学习,支持不同专业间学分互认,把学生的创新实验、技术研发、发表论文、获批专利、竞赛成绩和自主创业等折算为创新创业学分,最高可以折合 8 学分。

2.设立创新创业奖学金。学校出台《山东理工职业学院创新创业奖学金评定办法》,对在创新创业方面取得突出成绩和成果的学生给予奖励和支持。学校近五年给予 251 名在校大学生发放创新创业奖学金 129.1 万元。

(四)多渠道打造专兼结合的双创师资队伍

1.学校按照"以培养为主,培养和引进相结合;以专职为主,专兼职相结合"的原则建立了专兼结合的导师队伍,导师数量达 87 人,专业涵盖工、商、法、经等多个学科领域。学校先后聘任 133 位校外企业家、专家担任校外导师,共组织 37 人次参加国家及省级就业创业师资培训。

2.学校出台《创新创业导师队伍建设及能力提升方案》,明确教师在创新创业教育教学改革中的主体责任,将教师开展创新创业教育教学、指导创新创业大赛和实践活动成效纳入职务、职称评聘和绩效考核范畴。学校出台《山东理工职业学院科技成果奖励办法》,支持师生创新创业成果社会转化。

三、创新创业实践

(一)建设"校内实训基地—创新创业实践基地—大学科技园"三位一体创新创业实践平台

1.学校整合校内教学及公共服务资源,打造大学生虚拟仿真实训基地、文化创意园等理实一体创新创业实践基地,占地面积 12000 平方米,建设了创新研究院、创客咖啡、文化创意园等硬件设施,配置了企业经营管理 ERP 模拟沙盘、"因纳特"创业基础实训平台、创新创业模拟仿真训练平台、创新创业项目孵化云平台运营管理系统。基地的各项制度完善、管理规范、运营良好,每年实训实践学生人数 12000 余人次。

2.学校通过校地、校企、校校合作,建成校外实践教育基地 333 个。学校出台《山东理工职业学院大学生创业孵化基地管理办法》《山东理工职业学院创业扶持实施办法》等相关文件,推进基地管理规范化。学校与山东省中小企业局共建山东省创新创业学院,围绕区域经济发展需要开展中小微企业运营及管理培训;与济宁市太白湖新区人民政府合作共建大学科技园,深化"政校行企"合作,整合政策、资金、人才、技术、设备等综合优势,为推动科技创新和科技成果转化提供服务。

(二)开展"社团带动,大赛提升,师生共创"的创新创业实践活动

1.学校出台《山东理工职业学院学生社团活动管理办法》等系列办法,规范管理、科学引导各项社团活动,目前学校已成立创业协会、CAD/CAM 协会、数控技术协会等 121 个创新创业类团队。学校开展了"文创大集""跳蚤节""营销大赛"等 50 余个品牌活动,以品牌活动为载体,丰富了大学生的创新创业内容,较好地激发了学生的创新活力和创业激情。

2.学校坚持"以赛促学、以赛促创",发挥大赛的引领作用,形成了"项目论证—立项训练—大赛培育—成果孵化"的创新创业训练体系。近五年学校组织学生团队参加各级各类创新创业大赛,参与学生近 12000 人次,在国家级和省部级创新创业大赛中获奖 386 项。学校联合中国发明协会共建全国"发明杯"育赛系统,打造"发明杯"育赛一体化赛训平台,促进赛育联动,学校连续五届承办全国"发明杯"创新创业大赛,总参加人数超过 198 万人次。

探索实践基于 OBE 教育理念的"五融"模式,赋能双创教育新发展

齐鲁师范学院

齐鲁师范学院坚持以学生为中心,强化"产出导向"意识,创新能力范式人才培养模式。经过近五年的持续推进,学校建立了由"五融合、四保障"有机构成的双创人才培养体系,将创新创业教育融入人才培养目标,融入教育教学改革,融入体制机制建设,搭建了"灵活开放、特色鲜明、分类施教"的模块化课程体系和"政府指导、企业支持、学校参与"三级联动的"校地企"协同育人共同体,建立了"诊断式督导、靶向式改进"的质量评价机制,在制度、师资、环境、经费等全过程各环节为双创人才培养提供保障。近年来,各类双创赛事获奖人数、项目立项数连年上升,学校获评"山东省就业创业先进集体",入选教育部"全国就业创业工作典型案例"。

齐鲁师范学院认真落实《国务院办公厅关于深化高等学校创新创业教育改革的实施意见》《深化新时代教育评价改革总体方案》和全国教育大会精神,立足山东,面向全国,依托教师教育优势,服务社会,坚守立德树人根本任务,强化类型定位,深化产教融合,将 OBE 教育理念融入双创教育改革,取得显著成效。

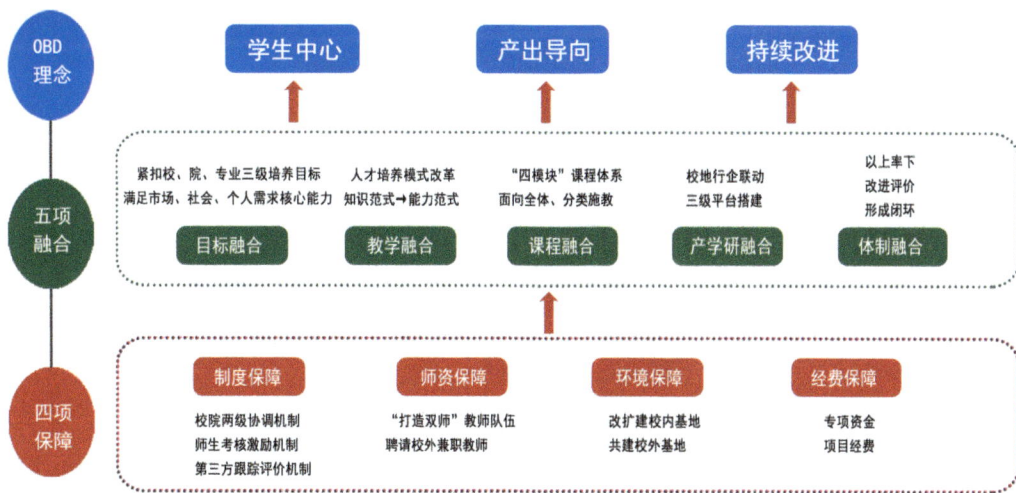

"五融合、四保障"双创育人新模式

一、融入培养目标,为落实立德树人根本任务"铺路搭桥"

齐鲁师范学院坚持用习近平新时代中国特色社会主义思想强化意识形态引领,为育人培根铸魂;基于 OBE 教育理念,创新"能力范式""三二一"人才培养体系,为育人搭桥铺路;健全诊断式"一二四五"人才培养质量监控与保障体系,全程关注、持续改进,为育人保驾护航。学校坚持"强化铸魂引领、创新人才培养、保障育人质量"三位一体有机融合,全面深化内涵式高质量发展。在充分调研政府要求、企业需求、校友期

望、学生发展等多维度的基础上,学校结合办学定位,修订与创新创业人才培养目标相关联的,能满足市场、产业和行业发展需求的校、院、专业三级培养目标、毕业要求、核心能力和通用能力指标体系,为双创人才培养指明方向。

二、融入教学改革,推动人才培养模式"腾笼换鸟"

作为山东省应用型本科高校建设首批支持高校,学校坚持"质量立校",推进教育范式由知识范式向能力范式转换,全面推进人才培养模式改革,推动学校转型发展。学校建设了一支专兼结合的双创师资队伍,通过举办讲师培训班等形式,培养 SYB 讲师 30 人,IYB 讲师 1 人;把"互联网+""挑战杯"、大学生创新训练计划等赛事作为深化创新创业教育课程教学改革的重要抓手,形成以大赛为牵引、课程教学为主阵地、创新创业训练项目为实践辅助的三者相融相促的教学改革思路;实施创新创业实践置换学分制度,鼓励学生依据学科知识组建团队参与创新创业类竞赛,切实提高学生的创新精神、创业意识和能力。近年来,学校共斩获省级以上创新类项目奖项 169 项,其中国家级 32 项、省级 137 项。

三、融入课程体系,设计模块化课程"因材施教"

学校以学生中心,强化产出导向,聚焦培养目标,反向设计人才培养方案,逐步形成了覆盖全员、结合专业、贯穿全程、依次递进、分类施教的"四模块"课程体系。学校面向全体学生开发"职业生涯规划""就业创业指导"必修课程模块,课程配套"生涯体验周""就业创业体验周"等大型户外焦点式、体验式活动,获评省级就业创业指导"金课"、省级网络在线课程;面向各专业学生开发专业教育与双创教育结合的专创融合课程模块,建设达到课程总数 80% 以上的专创融合课程;面向有创业兴趣和创业意向的学生开发"创业意识""创业能力"培训课程模块,引进人社部推荐 SYB 创业培训项目,在居家办公背景下通过线上线下相结合的方式培训 1.2 万名在校生;面向大赛获奖、入驻众创空间优秀项目的团队学员开发精英拓展课程模块,打造"双创赋能计划"系列讲座,组织"创业训练营",实现专业教学内容与双创人才培养有机融合。在学校的教学督导、同行评价、学生学习体验调查等评价改革中设置创新创业观测点,突出课程教学育人导向,着力强化育人成效。

"四模块"课程体系

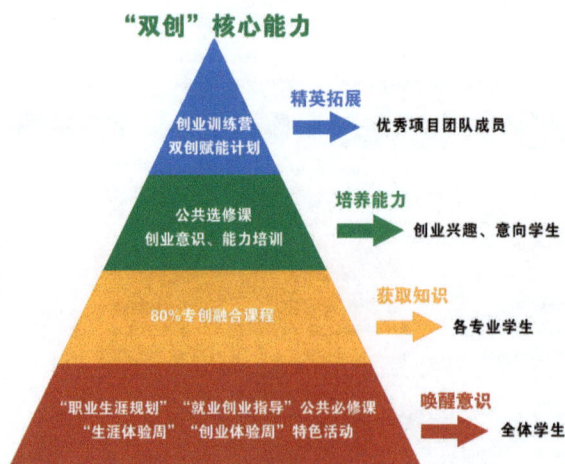

融入课程体系,设计模块化课程"因材施教"

四、融入产学研平台,汇集校、地、企资源"合作共赢"

学校对接行业、服务产业,政校行企联动,围绕学生创意、创新、创业能力的培养,搭建"三级"创新创业实践平台,围绕学院专业群建设省级科研创新平台 1 个、市厅级平台 8 个。其中,与中国农业科学院生物技术研究所共同组建的"作物营养强化分子育种"工程技术研究中心,被批准为山东省工程技术研究中心,填补了山东省系统的作物营养强化分子育种研究和应用的空白;基础教育研究院和能源植物种质创新与改良实验室分别获批"十三五"山东省高等学校人文社科基地和重点实验室;与山东大学联合成立的中国乡村调查研究中心获批山东省非物质文化遗产研究基地,这些平台在学科建设、人才培养和服务社会中发挥了支撑和引领作用。围绕学校特色拟建设面积约 500 平方米的布局合理、环境优雅、设施齐全、功能完备、管理科学、服务高效的校内大学生创业孵化基地;加强校地合作,与章丘双创基地、章丘组织部"青年人才成长示范岗"共建就业创业实践基地,实现产、教、学、训、研、创、赛、投一体化运营管理,为实践教学提供支撑。

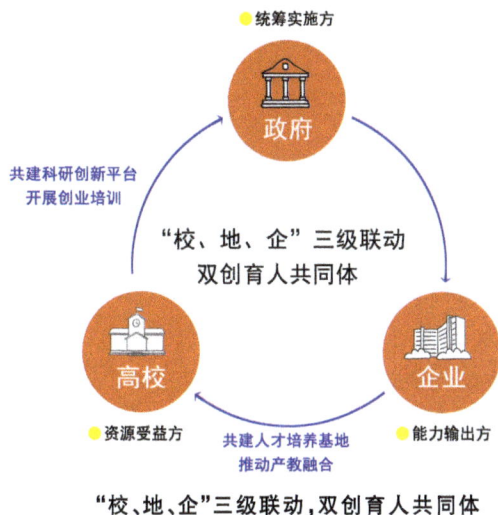

"校、地、企"三级联动,双创育人共同体

五、融入体制机制建设,赋能创新创业工作"再攀新高"

将 OBE 教育理念下的双创教育工作融入整体体制机制建设。学校成立创新创业学院,积极探索构建各部门联动的协调工作机制和协同培养机制,包括书记/校长、学院书记/院长为"双组长"的校院两级领导协调机制,双创教师培养、考核管理及奖励机制,学生双创学分互认和激励机制,双创孵化基地平台管理机制,双创工作绩效考核机制,引进第三方跟踪评价机制,评估育人效果,持续改进教育教学。

学校通过 OBE 教育理念指导下的双创教育改革,教师由"传道授业解惑"的"教书匠"变成了激发学生内生动力的"引导者",学生由传统教育的"学习者"变成了双创教育的"探索者",学生的创新精神、创业意识和创新创业能力明显增强,毕业生就业竞争力显著提高,为山东省经济社会发展提供了强有力的人才保证和智力支撑。通过迭代创新创业教育"高校—市场—社会"生态圈,学校进一步强化社会联动,在高校、社会和家庭之间寻求创新创业教育的最大公约数,切实为创新创业教育赋能中国式现代化提供坚实的支持保障。

"六位一体"专创融合双创教育新体系

山东青年政治学院

山东青年政治学院作为山东省应用型本科高校建设首批支持单位,坚持应用型办学定位,落实立德树人根本任务,坚持"立足专业、教师先行、学生为主体、市场化运作"的双创工作理念,构建"人才培养方案—第二课堂活动—创新创业项目训练—创新创业孵化实践—科研成果转化—社会服务"的"六位一体"专创深度融合的双创教育新体系,大力推进机制体制改革,逐步形成了独具青年政治特色、面向现代服务业创新创业人才培养的工作理念和经验模式,取得了多项成绩和荣誉,铺就了地方应用型本科高校创新创业工作特色发展之路。

山东青年政治学院在构建应用型本科高校创新创业育人体系方面进行着不断的探索与实践,取得多项荣誉。学校先后两次被山东省委省政府表彰,授予山东省就业创业工作先进集体;就业创业工作受到山东省领导、厅领导肯定性批示;学校获山东省创新创业典型经验高校等称号。大学生创业孵化基地被先后评选为国家众创空间、山东省双创示范基地、山东省首批女大学生就业创业"雏凤"巢、山东省众创空间、山东省科技企业孵化器、山东省大学生创业孵化示范基地、山东省小型微型企业创业创新示范基地、济南市小型微型企业创业创新示范基地、泉城众创空间、济南市科技企业孵化器、全国 KAB 创业教育基地等,实现了高校双创工作中各类各级荣誉"大满贯",培养出第四届、第五届"山东大学生十大创业之星"。

一、双创工作体制机制

(一)明确工作理念,加强组织领导

学校构建"以就业与创新创业工作领导小组为统领,以就业与创新创业工作联席会为运行保障"的工作体制机制,大力实施就业创业"一把手"工程,全面加强就业创业工作组织领导。

(二)强化顶层设计,制度建设到位

学校坚持把强化创新创业教育作为提高应用型人才培养质量的重要举措,先后制定了《关于进一步加强就业创业工作的实施意见》,出台了《青年众创基地运营管理办法》《大学生创新创业奖学金管理办法》等规章制度,为创新创业教育实践活动开展与质量提升提供制度保障。

(三)建立联席会议制,工作机制完善

学校成立由学生工作处牵头,教务处、团委、科研处等密切配合的就业与创新创业工作联席会,分工协同,齐抓共管,有效推进创新创业教育工作机制成熟完善。

二、双创工作思路和做法

(一)注重"全过程"

学校进一步优化专业人才培养方案,规定了各专业创新创业教育目标要求,将创新创业教育贯穿人才培养全过程,培育富有创新精神、创业意识和勇于投身实践的创新创业人才。

（二）突出"深融合"

学校健全课程体系，面向全体学生开设研究方法、学科前沿、创新素养、创业基础、创业指导等方面的必修课和选修课，联合社会专业研究力量推进教材建设和创新创业教育案例库建设工作，推动创新创业教育与专业教育深度融合。

（三）激发"自主性"

学校改革教学管理、教学方法和考核方法，构建以目标为引领、能力为主线的人才培养体系，开展讨论式、启发式、小组式教学方式方法改革和实践教学；设置创新创业学分，建立学分累积与转换制度，实行弹性学制，允许学生休学创新创业，将创新创业教育成果纳入评先评优体系；对有意愿和潜质的学生通过创新创业实验班实施重点培养。

（四）培育"新势能"

学校积极营造浓厚的创新创业文化氛围，坚持以学生为主体鼓励参加创新创业竞赛，训练活动蓬勃开展；遵循市场化运作理念，鼓励师生走入市场"真题真做""真刀真枪"地"实干"，坚持问题导向，敢于接受市场考验，理论与实践有机融合，创新创业孵化实践育人成果显著。

三、已建设的双创载体平台

（一）成立山东青年创业学院

学校联合山东省内大型优秀企业，与团省委共同成立山东青年创业学院，立足学校创新创业教育，面向山东省开展创业教育、创业培训、投融资服务和创业研究等工作。

（二）建立分层递进式双创实践教学体系和实践平台

学校依托"开放性实验教学平台＋校内双创实践基地＋校内外创业孵化基地"的双创实践平台，形成了"开放性实验项目、学科竞赛、双创训练项目、创业实践项目"双创实践教学体系。

（三）获批建设山东高校就业创业研究院

学校旨在发挥高校人才、智力优势，加强大学生就业创业问题研究，为山东省委、省政府决策提供理论支持；开展就业创业理论、就业创业指导、培训模式、政策宣传等研究，服务山东省青年创新创业。

四、已开展的双创重点工作

（一）筑牢工作基础

创业工作领导小组定期研究部署创新创业工作。学校把孵化基地划分为众创空间、设计创新孵化中心等功能区，为入驻企业和创业团队提供办公家具、水、电、暖、网络等基础条件保障。学校通过设立双创工作专项经费、大学生创新创业奖学金等为双创工作提供支持。

（二）改革教学方式

学校研究制定有针对性的双创工作思路和举措。校内，构建多部门协同的联席会，发挥双创平台服务双创人才孵化的主体功能；校外，积极打造学校与政府、产业等战略合作关系，实现"政—产—校"共赢发展，布局面向现代服务业创新型人才培养新平台；依托山东高校就业创业研究院等平台，打造开放式"专创深度融合"创新创业教育新模式，将创新创业教育与专业教育高度融合，构建"理论研究—教育教学—能力训练—实践孵化—投融资服务"全链条创业实践孵化生态体系。

（三）培育过硬师资

学校出台《双创导师管理办法》，成立国家级导师工作站，聘任行业领军人物、青年企业家、创业成功者、专家学者组建导师团，并组织高质量的师资培训，不断提升教师水平。

(四)搭建实践平台

校内建有近 1 万平方米的创新创业空间,为入驻基地创业项目提供项目咨询、指导、注册、路演等服务。学校坚持以生为本、能力为重,建设双创实践平台、实践(实验)教学中心,为应用型人才培养提供了坚实保障,丰富活动载体;鼓励学生积极参加双创类竞赛,并积极承办全国、山东省有影响力的双创赛事,不断提升创新创业氛围,实现"创新引领创业、创业带动就业"的良好局面。

基于"专创融合"的双创综合职业素质培养模式

潍坊护理职业学院

潍坊护理职业学院结合高职教育特点,依托产业、对接专业、整合资源,促进双创教育与专业教育的深度融合,构建双创课程普及、实践强化、全要素服务的基于"专创融合"双创综合职业素质培养模式。学院从2019年开始实施该模式,至今已有两届毕业生,该模式下的创新创业教育也取得了阶段性成果,累计获得各级各类创新创业竞赛表彰或荣誉320余人次,包括第九届"学创杯"全国大学生创业综合模拟大赛国赛一等奖、全国大学生生命科学竞赛国赛二等奖、全国高职院校"发明杯"大学生专利创新大赛一等奖等。2020和2021两届毕业生就业率均达到100%,用人单位满意度显著提高,还涌现了多名创业明星,创办项目与所学专业高度契合。

一、基于"专创融合"的双创综合职业素质培养模式亮点和特色

该模式能够在教学、市场、资源、空间四个维度实现相应的功能目标:从教学维度形成包含课业训练、创客实践、创业实战的多层次双创实践体系,实现双创教育实践教学分层化;从市场维度实现专业群与产业群无缝对接、双创项目与市场需求无缝对接;从资源维度实现跨院系专业实践资源、不同孵化平台双创服务资源之间协同共享;从空间维度形成专业层面的创新实验室、学校层面的综合双创园、校外市场化的创业园三级递进实践平台,实现双创项目开发、培育、孵化加速等环节逐级对接,促进教学模式改革,将"专创融合"教育渗透到人才培养全过程。

二、采取的主要措施

(一)优化双创实践平台功能,健全双创实践的保障机制

为了更好地开展双创教育实践教学,学校从学生创业能力的层次性和能力获得的渐进性出发,将双创综合实践平台按照功能划分为四个子平台,各子平台之间互相衔接。其中,创业课程实训子平台主要承担必修课中的课程实训内容;创客空间实践子平台主要承担学生的课外双创实践活动,将学校的双创教育与创客空间的创业教育功能打通,使双方的教育资源对接、融合、共享,形成教育合力,实施学生创业能力"阶梯式"培养;创业基地孵化子平台主要服务于已经实施创业的高职生,对有市场基础的创业项目给予场地及资金支持,助力其快速成长;双创大赛实战子平台主要对接校内外双创比赛,通过比赛提升学生的双创能力,并营造浓厚的双创校园文化氛围。同时,为了保障双创综合实践平台的顺利运转,学校从组织机构、规章制度、绩效考核及师资培训四个方面出台相应的措施和方案,从机制上确保实践平台各项功能的实现。

(二)开展面向产业群、对接专业群的专创融合教学改革

1.加强顶层设计,将双创课程纳入人才培养方案。学校在制定专业人才培养方案时加强对双创型素质培养的顶层设计,依托双创综合实践平台,根据双创教育特点,按照"内容分层、专业分类、课程分型"构建双创教育课程体系,并纳入专业人才培养体系,根据不同层次学生的需求,将双创课程体系进行模块化处理。双创基础模块是双创教育的普及模块,是全校学生的必修课程;创业提升课程是为创业兴趣较浓、创业意愿

较强或有一定创业基础的学生提供的选修模块;专创融合课程模块根据不同专业背景设置,不同院系可以根据专业大类设置相关课程,也可以融合到专业课程之中,并充分利用现有的专业实验室、双创实践平台,强化双创实践教学。学校通过分层、分类、分型实施双创教育,面向全体,分类施教,结合专业,强化实践,实现双创教育的个性化与精准化。

2. 依托产业群,对接专业群,开发专创融合课程内容。不同行业的创新创业特点会有所不同,因此,在选择双创课程内容时,要充分考虑到不同专业群所在的行业背景、产业方向、技术特点等,将具有行业特色的专业知识与创业知识相融合,通过校企合作模式开发出能够反映行业特点的双创课程及教学资源。一方面,在专业知识中渗透创业知识与技能;另一方面,在创新创业教学中引用具有行业背景的典型创业案例。例如,针对护理专业开发的双创课程,就要融合医护行业的特点、产品特性和发展趋势,选择医护行业内发生的创业案例进行教学;针对药学类专业的双创课程,应该多体现以营销为主的课程内容;智能养老设备类专业的创新创业教育就需要让学生了解机械产品的研发、生产及销售全过程,这样既能保证学生对商业过程的了解,又能加深对专业知识的学习。

3. 通过产教融合,将创新创业真实场景融入双创课程设计。产教融合是将产业与教学紧密结合,校企深度合作,实现创新型高素质技术技能人才培养的重要形式。在双创课程设计时,要注重问题导向,以校企合作项目为教学载体,将真实的创新创业项目引入教学,使企业需求与学校的双创教育无缝衔接,在真实的创新创业场景中激发学生创造、创新、创业的愿望和热情,激励他们在实践中不断探索、不断创新,培养他们的创新精神和创业意识。尤其要在创业教育实践中为创业活动的每个环节设计项目化实践教学模块,如市场调研实践、产品设计训练、商业模式推演等。各模块间相互关联、互为补充,同时又相对独立,从而形成菜单化、分层化、阶梯式的创新创业实践课程集,学生可以根据自己的需要选择相应模块,进行有针对性的强化训练。通过产教融合,让学生参与真实企业的经营管理,了解企业经营理念和企业文化内容,熟悉企业的盈利模式及生存状态,体验企业经营所处的市场环境,从而积累基本企业管理知识,为他们未来就业或创业打下基础。

4. 注重双创课程实施效果,推进双创综合素质养成教育。双创教育旨在培养学生的创新创业综合素质,在双创课程实施过程中,一方面要深化双创课堂教学改革,广泛运用探究式、体验式教学,激发学生的自主性和创造性,通过项目载体实施"教、做、练、评"一体化教学,让学生在"做中学、学中做"过程中养成良好的行为习惯、语言习惯和思维习惯;另一方面,根据创新创业项目的综合性、跨学科特点,在教学过程中广泛引入社会、历史、艺术等人文社科知识,鼓励和引导学生积极参与创新创业文化节、双创社团、"互联网+"、中国创新创业大赛等各类双创活动,让学生在参与创新设计或商业计划设计、创新创业实践活动的同时,也进行人文艺术知识的学习,从而提升学生的人文素养,培养良好的学习探究习惯,实现双创综合素质的养成教育。

全环境立德树人导向的"333"创新创业教育新生态

山东管理学院

山东管理学院围绕国家和山东省发展战略，认真贯彻全环境立德树人要求，以服务区域经济社会发展为目标，秉承大学生创新创业教育先进理念，致力于创新创业人才培养体系的建设，构建了以全环境立德树人为导向的"333"创新创业教育新生态，即组织保障、制度保障、资源保障的"三保障"内核体系，思创融合、专创融合、研创融合的"三融合"教育体系，创新创业训练、成果转化孵化、社会服务协同的"三联动"平台体系，在面向全体学生和教师全员参与、融入人才培养全过程中开展创新创业教育和实践，在实际应用中发挥催生动力、激发活力、凝聚合力和提高效能的积极作用，促进学生更高质量地创新创业，为经济社会发展输送了更多高素质创新创业人才。

一、加强顶层设计，构建"三保障"内核体系

学校高度重视创新创业教育工作，将深化创新创业教育改革纳入学校总体发展规划，强调把创新创业教育融入专业教育并贯穿人才培养全过程，构建了优化组织保障、制度保障、资源保障"三保障"内核体系。一是优化组织保障。学校专门成立了由校党委书记任组长、分管校领导任副组长的创新创业工作领导小组，设置了独立专职机构创新创业学院，下设运行与发展中心、创新创业教研室、办公室三个职能部门，建立了校领导统筹规划和领导、创新创业学院牵头、各学院（部门）协调联动的双创工作机制，形成了强大的创新创业合力。二是优化制度保障。学校制定了《山东管理学院关于深化创新创业教育改革的实施办法（试行）》等系列政策文件，形成了"三纳入、三激励"制度，催生创新创业教育动力。"三纳入"即纳入二级管理和领导班子年度考核、教师职称评定、学生第二课堂成绩单。"三激励"即激励学生辅修课程和专业；激励创业实践，实行弹性学制；激励成果产出，设立专项奖学金，成果可替代课程设计、毕业设计。三是优化资源保障。学校从师资、资金、场地等方面发力，切实保障创新创业教育改革顺利进行。在师资方面，学校坚持引培并举，不断提升师资水平，建立了一支200人规模的由校内外专家学者、知名企业家、创业成功人士、优秀校友、专业教师和辅导员共同组成的、专兼结合的创新创业教育导师队伍；设立资金专项经费，积极争取外来资金；在场地方面，建设校内创新创业中心和校外创新实践基地。

二、坚持教育为本，构建"三融合"教育体系

学校以创新创业教育为核心，致力于创新创业人才培养体系的建设，构建了思创融合、专创融合、研创融合的"三融合"教育体系。

学校全面修订人才培养方案，从2019年开始实施创新创业学分，获得该学分是本科生获得毕业资格的必要条件。学校面向所有学生开设创新创业课程、专业导论课，以创新创业社团为载体，广泛开展讲座、沙龙等系列活动，激发学生潜能，培养学生意识。学校鼓励学生参与开放性实验、创新创业竞赛、创新训练项

目和科研项目,研创融合、师生共创,创建激励措施推动教师科研成果在创新创业项目中实现转化。学校立足创新创业中心、协同创新中心和校企合作平台,重点支持科技创新类、"互联网＋"类、文化创意类创业项目进驻孵化;组建专业服务团队,为项目孵化提供一切便利条件。

学校大力推进专创融合课程建设,重点打造了"戏剧创作与创业""创新工程与实践"等10门专创融合课程,建设覆盖50余门课程的创新创业教育课程群。学校搭建创新创业教育网络平台,自主建设"茶艺""自媒体内容创业"等5门创新创业教育在线开放课程,其中"茶艺"已上线"学习强国"平台,编写创新创业教育相关教材2本,建立案例库3个。2022年5月,学校开设"创意产业与创业管理"微专业,正在建设"TRIZ发明原理与创新思维"等5门在线开放课程和案例库,拟面向山东省内外兄弟高校进行线上授课和线下教师培训。学校开设面向全校跨专业、跨年级的"专创融合"创新创业实验班,强化创新创业教育。学校坚持赛创融合,激发双创活力,构建国家、省、学校、学院"四级"创新能力训练体系,涵盖35类、79项竞赛。学校每年举办创新创业活动300余场,确保学生参与全覆盖。其中,已立项大学生创新创业训练计划项目国家级37项、省级113项,2022年立项省级63项、国家级17项。近三年学生在各类竞赛中获国家级奖274人次、省级奖1669人次。其中获山东省"互联网＋"大学生创新创业大赛金奖1项、银奖2项、铜奖8项。学校连续第四年荣获山东省"互联网＋"大学生创新创业大赛优秀组织单位称号。学生公开发表论文180多篇,申请专利300多件,获批专利65件。

三、坚持协同共享,搭建"三联动"平台体系

学校积极推进双创实践平台建设,搭建创新创业训练、成果转化孵化、社会服务协同的"三联动"平台体系,建设了40个二级学院创新创业训练基地:这些基地依托各级各类校内教学科研实验室,充分挖掘其场地、设备和人员潜力,集中开展创新创业训练活动,使全体学生均可共享校内科技创新资源;建设了高标准的创新创业中心:创新创业中心位于学校明理楼,整栋4层,使用面积6600平方米,具备"双创教育、路演展示、公共服务、项目孵化、营销转化、协同创新"六大功能。中心各种软硬件设施先进完备,极大降低了学生们的创业成本,甚至实现"零"成本创业。目前中心已入驻项目团队70余个,注册公司超过30％。以中心为平台,山观创享汇、创意市集、创新创业训练营等系列品牌活动特色鲜明,"稻田希望""喂来咖啡""汽车实时定位与测速系统开发"等项目成果突出,"95后"卖桃书记朱家宝等创业典型人物不断涌现,创新创业人才培养成效显著。学校积极探索"校地、校企、校会、校校"的合作交流和人才培养联动发展模式,协同建设20多家校外创新创业实践基地;与建设银行山东分行共同建设"创业者港湾联盟",与山东省女企业家商会合作实施"雏凤"计划。2021年,根据山东省总工会和山东管理学院联合下发的《关于推进会校深度共建助力山东省现代化强省建设的实施方案》(鲁会〔2021〕25号),学校制定了《关于推进会校共建山东职工创新创业基地的方案》,在创新创业人才培养、师资队伍建设、创新竞赛、项目孵化等方面发挥工会资源优势和学校学科优势,探索创新"工会＋学校"的特色工作模式,打造会校协作创新创业工作平台和品牌,服务地方经济发展。学校作为发起单位之一成立了"济南长清大学城创新创业工作联盟",吸引了十余所驻济高校加入;与齐鲁工业大学、山东师范大学、山东中医药大学、山东艺术学院、山东女子学院等院校在课程建设、师资培训、大赛指导等方面进行合作共建,实现了校校间优势互补。

学校结合山东省区域发展战略,聚焦乡村振兴、黄河流域生态保护、农业现代化、旅游产业化等热点问题,深入推进教育服务能力提升。近年来,学校与济南长清区、聊城冠县、菏泽东明县、枣庄山亭区、潍坊青州市等区、县、市深度合作,开展农村电商培训、乡村振兴创新创业项目开发及孵化,累计培训超1万人次,联合开发创业项目20余项。在电商助农方面,学校连续派出2000余名师生,深入乡村,大量开展社会调研和专业帮扶,先后为山东省的15个地级市和40个县(区)开展培训服务,累计培训超1万人次。学校在服务社

会方面的做法被《人民日报》、新华社、中央电视台、《中国教育报》《大众日报》、山东电视台等媒体专题报道，引起良好的社会反响。2019年创新创业中心获批"泉城众创空间"称号，2022年学校获批山东省首批"雏凤"巢单位。

面对新的发展阶段，学校将认真贯彻党的二十大精神，坚持立德树人，突出创新驱动，推动交叉融合，深化创新创业教育改革，努力打造双创高质量发展的良好生态，为经济社会发展培养更多富有创新精神、勇于投身实践的创新创业人才。

山东农业工程学院创新创业典型案例

山东农业工程学院

学校以服务区域经济社会发展为导向,致力于培养专业基础扎实、实践能力较强、具有家国情怀和创新精神、德智体美劳全面发展的知农爱农高素质应用型人才。学校成立正处级单位创新创业学院,三地校区均建有大学生创新创业孵化基地,总建筑面积1.3万平方米,是集项目孵化室、创业苗圃区、直播空间——创工场电商直播、企业实训工作坊、创业导师工作室等多功能于一体的现代双创基地。学校将双创教育融入人才培养体系,在创新创业课程、创新创业大赛、社会资源服务的三个课堂展开深度融合,凝聚专业教师、校内外创新创业导师等多方力量,逐步形成较为完整的创新创业教育和服务指导工作体系。

山东农业工程学院以高质量党建引领育人,坚持系统推进与融合发展,构建与应用型本科院校发展相适应的创新人才培养体系,形成全校创新人才的培育机制,培养全校学生的创新思维、创业意识和终身学习能力。

学校深化创新创业教育改革,打造一批标志性孵化项目,进一步在入驻项目的创业实践内容与可持续性上提质增效;创新创业教育体系进一步完善,将第二课堂活动、创新创业项目训练与创新创业孵化实践、服务地方社会经济发展相结合,深度融合专业教育与创新创业教育;借助专业社会服务机构,以创业带就业,以高水平赛事促教学、促创业实践,继续深入探讨、推进创新创业教育改革,打造应用型、创新型人才培养新模式。学校搭建"教学、教研、实践、孵化"于一体的创新创业教育链,学校通过校地合作、社会捐赠、合作企业投资获得的有使用权的仪器设备价值达到2150万元,大大提高了双创实践的教学育人支撑能力。

学校注重将创业知识与专业课程教学有机结合,培养学生的创业精神和能力。创新创业学院在专业教育基础上,以转变教育思想、更新教育观念为先导,以提升学生的社会责任感、创新精神、创业意识和创新创业能力为核心,持续推进学校创新创业教育改革。

一、主动服务地方经济发展

学校创新创业教育以服务地方经济社会发展需求为导向,积极主动与地方政府、企事业单位开展全方位、深层次的产学研用合作;积极与企业共建科研创新平台,共同组建研发团队,协同创新中心;校企共建实现技术转移转化,开展技术研发、技术咨询、技术服务,共同承担省和国家重大研发任务,不断增强学校服务地方经济发展的能力。

学校先后与淄博市、山东省自然资源厅(原山东省林业厅)、淄博市临淄区、齐河县、中华全国供销合作总社济南果品研究院、山东省国土测绘院、山东省农业科学院、山东省林业科学院等政府及科研院所签订战略合作协议;与360集团、和康源集团、山东兴润园林公司等多家企业签订校企合作办学协议,在风景园林、动物医学等6个专业实施合作办学;与顺丰速运集团有限公司等百家企业建立了校企合作关系。学校建立了以岗位胜任力为导向的人才培养体系,每个专业都有2门课程由企业、行业人员参与开发或授课,形成学校、企业、行业深度融合机制,进一步规范实践教学基地。

学校发起"百企进校园、助力山工院"大型校企对接活动,与多家企业签订协议,促进学校资源与社会资源优化整合,构建起教育行政部门、教科研机构、龙头企业、民非组织和学院协同创新的教育生态体系;承接社会团体职业技能(转岗、认证、再就业)培训、法律咨询等社会有偿服务项目;鼓励学生走出校园,努力形成校内外相互沟通、资源高度共享的新格局。

学校建有功能完备的大学生创新创业服务孵化基地,全校首批遴选入驻项目共计30项,已全部入驻各校区基地,部分项目已取得良好的经济效益。这一举措,为学校培养具有创新创业能力的高素质应用型人才做出了积极的探索。学校组建适应新时代发展要求的创新创业教育模式,"三位一体"的导师库,即校外创新创业导师、校内创新创业导师和学生创新创业导师,将创新能力的培养向前延伸,扩大覆盖,进一步拓展创新人才多元培养的新途径。

二、扩大各类赛事成果数量,逐年提升质量

学校搭建"3+X"大赛平台,扩大各类赛事成果数量,质量逐年提升,孵化一批大学生创业项目;搭建"3"大平台,即"互联网+""挑战杯"、山东省科创大赛三项大赛为主的创新创业大赛平台,完善参赛机制,调动专业教师和学生参加比赛的积极性;依托二级学院专业特色,"X"即建立"一院一赛事"创新创业类活动平台,建立"一院一赛事"的创新创业类活动载体,由创新创业学院负责全校范围的各类学科竞赛和创新创业大赛,特别是中国国际"互联网+"大学生创新创业大赛、"挑战杯"中国大学生创业计划竞赛、大学生创新创业训练计划项目等赛事。近五年学校创新创业训练项目累计获得省级以上立项75项,参加"互联网+"、科创大赛等创新创业类比赛,获省级以上奖项40项,其中2021年获得山东省"互联网+"大学生创新创业大赛金奖2项、银奖1项、铜奖5项,累计参赛学生近万人次。

学校做好大一学生的普及教育,做好大二、大三学生的进阶教育,做好大四学生的实战演练教育,让不同年级的学生都能参与到各类赛事中,让每一位学生都有创新创业的赛事体验。学校积极发动师生参与大学生创业实践项目,组织校内外专家对拟申报的大创项目进行辅导,通过组织项目答辩会、相关讲座等提升师生挖掘项目、撰写项目计划书的能力。

通过校级创业平台和数字技术对优秀项目进行服务推介,学校与媒体合作对优秀项目进行宣传报道。学校严格组织、评选校级大学生创新创业训练计划项目,严格考核省级大创项目和各类赛事的阶段性成果,提升赛事工作质量。

三、聚焦人才培养方案,完善创新创业课程体系

学校聚焦"培养什么样的创新人才、如何培养具有创新意识和创新能力的人才"这一命题,探索实施专业教育和创新创业教育并轨制教学,依托学校应用型本科人才培养方案,开展创新创业课程建设。

学校构建"必修+通识选修+专业选修+个性化实践"四位一体的创新创业教育课程体系,并把第二课堂创新创业教育实践活动整合纳入该课程模块,建立学分互换制度,允许学生保留学籍创新创业。学校制定了《山东农业工程学院创新创业教育课程体系与学分设置指导性意见》,构建了包括第一和第二课堂、必修课和选修课、创新创业课与专业课相互融合的课程学分体系;逐步打造"内涵+外延"通识教育课程、"分类+模块"学科基础课程、"核心+创新"专业教育课程、"基础+创新"实践教学的第一课堂四大课程结构模块,以及"个性化"第二课堂素质拓展模块。

学校分类设计具有明确指导性的课程内容要求、教学设计要求,制定相应课程评价标准,完善创新创业课程学习认证与学分认定标准,建立健全创新创业教师教学考核与激励机制,形成动态质量管理体系;精选优秀师资、创新创业元素显著、具有良好实践实效的课程,给予重点培育,强化条件支持和指导培训,打造校

内和省级"金课",推进专创融合示范课程和线上开放课程建设;集合各教学单位及学校教学优势资源,以精化典,着力培育2~5门具有省级高水平示范效应的创新创业课程。

学校以课程教学和师资培养为依托,推进创新创业专项教材建设工作;优化资源配套,培育和打造一批示范课程、开放课程,形成具有学校特点的创新创业教材;组织学科带头人、行业企业优秀人才,联合编写具有科学性、先进性、适用性的创新创业教育教材。

学校推进"专创融合案例库""大学生创新创业项目案例库""示范引领案例库"等案例库建设;制定"专创融合案例库"进库标准、考核机制和激励机制,力争全校每门专业课程都能形成显性化、可量化的创新创业元素融入案例;选取优秀的大学生创新创业获奖项目编辑成册,形成教学案例库;以历年来学校在科技创新、创新实践、创业孵化等方面取得的优秀成果归集,形成具有"示范引领"价值的校内外课程拓展共享教育资源。

坚持稳中求进，加大融合力度，全面推动创新创业工作高质量发展

菏泽职业学院

菏泽职业学院是经山东省人民政府批准、教育部备案的国办全日制普通高等学校。学校坐落于山东省菏泽市，校园占地865亩，内有万花湖130亩，建筑面积40万平方米。学校先后被命名为全国智能制造领域中外人文交流人才培养基地、全国退役士兵职业技能培训基地、中国牡丹产业人才培训基地、山东省外包服务培训基地、山东省跨境电商培训基地、山东省旅游产学研合作基地、山东省华文教育基地、山东省中华文化传承基地、山东省百佳学生资助工作单位。学校坚持高端规划、高点定位、内涵发展、特色发展，努力建设扎根菏泽大地、符合国际标准、具有中国气派、形成优势品牌的鲁苏豫皖交界地区一流高等职业院校。

学校以更好地服务于菏泽市产业发展战略布局为宗旨，坚持稳中求进、创新发展，着力整合资源，搭建平台，优化服务，全面培养学生的创新意识、创业精神和创新创业能力，为创新创业工作的高质量发展奠定了坚实基础。

一、整合资源，提升队伍素质

(一)推进专创融合

学校为进一步深化创新创业教育改革，更好地把创新创业教育融入人才培养全过程，有效提升学校大学生创业就业能力，经部门人员多次研讨并征集意见建议，最终形成《菏泽职业学院关于开展专创融合教育教学的实施方案(试行)》(菏职院字〔2021〕68号)，并成立专创融合工作领导小组。

(二)创新特色教学

一是成立创新创业工作室。学校为更好地把创新创业教育融入人才培养全过程，促进专创有机融合，挖掘和充实各类专业课程的创新创业教育资源，共成立21个创新创业工作室。二是开设创新创业基础课。创新创业基础课是面向学校学生的必修课程，经过充分的探索和论证，最终通过《菏泽职业学院创新创业基础课实施方案》(菏职院办法〔2021〕18号)。全校2021级共42个班级开设了创新创业基础课，覆盖1987名学生，通过创新创业基础课锻炼了学生的创新创业思维方式，培养了学生的创新创业精神，增强了学生的综合素质和创业就业能力。三是开设电商特色直播班。充分发挥校企合作平台的作用，成立校级"短视频与直播运营中心"，以"三共同"(共同建设、共同管理、共同培养)为基础和前提，以"四对接"(项目建设对接市场需求、师资建设对接专家能手、技能培养对接职业岗位、实践教学对接企业平台)为方法和手段，综合提升学生操作技能、业务能力和职业素养，探索实践网络营销与直播电商专业人才培养模式。

(三)开展专题培训

一是教师培训。为进一步提升教师指导创新创业大赛水平，助力学生创新创业项目成长，推进落实双创实践活动，促进双创教育水平整体上升，学校每年开展两期双创大赛师资训练营和一期以专创融合为主题的师资培训，参与培训教师共488人。二是学生培训。学校采用理论学习和实践相结合的方式，主要设计了团队建设、实战经营与任务、情景规划(潜能开发)与项目产生、针对性市场调研与项目论证等环节，举办大学生创新创业特训营2期，8个院系的57名学生参与。三是赛前培训。学校为提升创新创业大赛参赛项

目质量,在校赛举办前,邀请省赛及以上专家对学生参赛项目进行针对性的培训,包括创业计划书的撰写、路演 PPT 的制作及赛前训练的关键点,对现有项目重新包装,深入打磨,实现创新破局。

二、搭建平台,提升活动效果

(一)搭建实践平台

一是助力牡丹花会。为进一步加强校园新媒体平台建设,培养网络直播创新创业人才,学校大力发展直播电子商务新业态,激发大学生的创作热情,牡丹花会期间,积极对接菏泽市牡丹产业,受邀参加 2021 年世界牡丹大会分论坛暨龙池牡丹健康产业高峰论坛,助力中国牡丹园、曹州牡丹园、百花园游园演出,现场直播与短视频同步进行,学校师生参与 380 余人次,充分展示了学校学子朝气蓬勃、勇于探索、健康向上的精神风貌。

二是校外创业实践。学校为让学生能够直观地体验创业,先后与山东奥成农业公司及红梦星畔田园综合体结对拉手进行实践锻炼。活动包括动手实践、直播销售、创业分享等内容,创业学生团队利用 UA 校园平台助力其线上线下销售,体验与学习、成长同步。

三是校内经验交流。①组织举办小微企业经验交流会 3 次,邀请校外知名创业导师、校内指导老师和小微企业主要负责人参加,针对创业过程出现的各种困难与问题,如创业资金、市场运营、团队管理、财务管理等,与学生进行面对面沟通交流,引导、帮助学生提升分析问题、解决问题的能力,并用"我敢闯、我会创"的双创精神激励学生成长。②开展网红直播线上分享会 2 次,对短视频拍摄、直播带货技巧等进行专题性分享交流,观看学生高达 200 余人。③组织策划双创活动周系列活动,包括创业学徒制培训会专题活动、大咖云分享、线上成果展示等,并积极组织活动周主题展示项目推荐评选。

(二)搭建参赛平台

学校共组织包括中国国际"互联网+"大学生创新创业大赛、山东省大学生科技创新大赛、"挑战杯"中国大学生创业计划竞赛、山东省黄炎培职业教育创新创业大赛、"淮海职教杯"创业大赛、"学创杯"全国大学生创业综合模拟大赛在内的各类创新创业大赛 33 场次。学校荣获奖项 101 项,其中国家级优秀奖 2 项,省级金奖 11 项、银奖 17 项、铜奖 33 项,单位荣获省级以上优秀组织奖 8 次。

(三)搭建展示平台

一是第 56 届中国高等教育博览会首次亮相。2021 年 5 月 21 至 23 日,第 56 届中国高等教育博览会在青岛红岛国际会议展览中心举行。按组委会要求,学校积极组织参加全国高校创新创业成果展及项目展,经过专家评委的筛选,来自山东省 47 所高校共 60 个项目入选高博会,学校申报的 5 个创业项目中"牡丹籽油——中国的液体黄金"成功入围项目展;山东省双创成果展 102 个,学校位列其中;作为后起之秀的菏泽职业学院第一次在国家级平台亮相,有效展示了学校自创新创业学院成立以来所取得的成绩。

二是 2021 年双创活动周主题展再次现身。在 2021 年双创活动周主题展示项目评选中,通过认真准备、精心筛选、积极推荐,学校康延爽等老师指导的"牡丹籽油——中国的液体黄金"创业项目顺利通过菏泽市、山东省发改委两级部门推荐,首次出现在国家发改委、科协和双创项目组举行的评审答辩中,菏泽职业学院的创业项目再次跻身国家级展示平台。

全过程实施创新创业教育，打造"双创引领"的师生实战高地

威海海洋职业学院

近年来，威海海洋职业学院积极响应国家创新驱动发展战略，聚焦服务山东蓝色海洋产业，打造"两群融合、双创引领、三化塑造"的创新发展育人模式，实施"专业群＋技术技能创新平台群"两群融合，形成"基础共享、核心独立、拓展互选、能力递进"的专业群课程体系，创新双创平台运行管理机制，推动双创教育与专业教育融合，强化创新创业实战训练，系统培养学生创新创业能力，学生创新精神、创业意识和能力明显增强。

深化高等学校创新创业教育改革是国家实施创新驱动发展战略、促进经济提质增效升级的迫切需要，是推进高等教育综合改革、提高人才培养质量的重要举措。学校入选"全国职业院校产教融合 50 强""高职院校创新创业 100 强""高等学校毕业生就业创业工作优秀成果及典型案例"，是全国大学生创新创业就业服务基地，被山东省委、省政府授予"山东省就业创业工作先进集体"。

一、推动双创教育与专业教育融合，提升师生创新创业能力和水平

学校创新双创教学方式，广泛开展启发式、讨论式、参与式双创教学，推动教师把学术前沿发展、最新研究成果和创新实践经验融入课堂教学和学生创业实践中，吸引专业课教师和辅导员加入创业教师团队，培养、培训专业课教师获得创业讲师证书达 106 人。学校明确双创教育的培养目标和育人理念，把创新创业教育纳入专业人才培养方案，建立专业创新课程学分和创新创业实践拓展学分积累转换制度，目前，学生参与自主创业、双创大赛、创业项目等成果均可以添加相应学分，且不低于 4 学分，实现创业就业课程全覆盖。学校双创工作入选全国高校毕业生就业创业工作优秀成果和典型案例。

二、完善课程体系和课程标准，全过程开展创新创业教育和指导

学校实施双创引领的创新型人才培养模式，构建"1＋5＋1"三位一体创新创业教育课程体系，遵循六段循环提升路径进行创新创业能力的系统培养，每年把"SIYB 创业意识培训"等五门课程和一门不同专业的"第二职业技能提升"课程项目分别安排到不同学期，已完成培训 12201 人。学校加强双创教材课题建设，获批教育部学生服务与素质发展中心 2021 年全国高校就业创业特色教材课题立项。学校加强创业大赛指导，累计参赛项目已达 132 项，逐步确立科学先进、广泛认同的具有威海海洋职业学院特色的师生创新创业教育新理念、新范式。

三、引入电商先进产业元素，深化大学生双创孵化基地服务和孵化功能

学校引入电商最先进产业元素，构建全产业链电商创业模式，完善全产业链"互联网＋"创新创业模式；打造双创孵化基地"1681"工程，即围绕提升大学生创新创业能力这一主线，建设就业创业信息查询室、创业培训多功能室等六个个性化功能支撑平台，形成一个独具特色的"师生同训创新创业实战模式"；实施双创平台提升工程，进一步丰富内涵，拓展外延，2020 年以来，每年新增大学生创业企业 30 家以上，孵化大学生

创业企业 153 家,完成区域特色产品服务销售额 5 亿元。近年来,学校高度重视就业创业工作,积极开展扎实推进就业"一把手"工程,与威海市人社局、财政局共同创立大学生就业创业服务指导站,深入实施书记校长"拓岗访企"专项活动,持续开展"线上＋线下"相结合的"就选山东"省级招聘活动,2021 年,被山东省委、省政府授予山东省就业创业工作先进集体荣誉称号。

四、打造师生协同双创孵化基地,实现优质创业,带动优质就业

为更好提升师生双创能力,学校集聚了京东、抖音、快手等最新产业元素,融入教育教学和电商孵化全过程,构建了跨境电商、旅游电商、直播电商、电商托管等全产业链的"互联网＋"创业模式,不断开拓师生创新创业的新思路,扩大双创孵化的专业技术领域,打造"政府＋高校＋企业"合作互利、"海洋产品＋电商运营"互赢的创新创业联动机制。学校成立大学生创新创业中心,对双创孵化基地进行运营和管理,依托师生协同双创孵化基地,不断完善创业平台,采取政策咨询、项目推介、创业指导等"一条龙"服务,主动为创业实体和创业者申请享受创业就业帮扶政策提供帮助,为区域经济发展提供充足的双创人才支撑,为山东"十强"产业发展增添新动力、新亮点,实现了优质创业带动优质就业。学校大学生创新创业协会被团中央授予"KAB 创业俱乐部",蝉联两届"全国百强创业社团",获评金平果全国高职院校"创新创业 100 强",双创孵化基地获批省级众创空间,成为全国大学生创新创业就业服务基地。

五、聘请高层次人才组成创新创业指导团队,全程指导创新创业工作

学校以"服务区域产业,面向序列岗位,关注个性成长"为理念,以海洋食品产业电子商务应用人才需求为导向,产教深度融合,构建岗位序列化、能力复合化、学生发展个性化"三化关联",校、政、企"三元协同"的电子商务专业"三化关联三元协同"人才培养模式。学校依托中国海鲜之都优势,与政府行业主管、领军企业、龙头企业等,聚焦海洋食品电商产业链关键技术开展共商共建共享,以项目化竞赛为载体,采取企业冠名制度,先后举办山东省大学生科技创新大赛、山东省"互联网＋"大学生创新创业大赛暨中国国际"互联网＋"大学生创新创业大赛等各类创新创业比赛 20 余场,累计参赛学生 8000 余人,对接区域海洋食品企业100 余家,对接产品 1100 余个,对接企业无偿为学生创业提供资金、产品、技术等方面支持,为区域传统企业打开新销路和经济增长点。2020 年以来,荣获山东省"互联网＋"大学生创新创业大赛、山东省大学生科技创新大赛等各类比赛奖项 20 余项。孵化基地中的宋希尧、刘恒瑞等毕业生成立公司,利用淘宝、拼多多等平台,专门从事海产品、威海地方农产品推广与网络营销,年销售额均超过 2 亿元。

依托"互联网＋"打造山东开放大学特色创新创业教育

山东开放大学

双创工作是检验学校教育教学工作的试金石,是社会经济发展的推进器,是学生成长成才的催化剂。为做好开放教育及学生的创新创业教育工作,山东开放大学以"互联网＋"大学生创新创业大赛为抓手,调动学生积极参与创新创业实践;发挥山东开放大学"互联网＋"学习优势,将创新创业教育与教学改革相结合。学校多措并举,打造具有开放大学特色的创新创业教育。

一、实施创新创业教育"一把手工程"

学校党委高度重视创新创业教育,学校党委书记刘龙海亲自参加"互联网＋"大学生创新创业大赛有关会议,并担任创新创业大赛组织委员会主任。副校长谢明浩牵头协调宣传部、教务处、学生处等各部门,统筹开展创新创业教育工作,完善校院目标责任制,定期召开创新创业教育推进会,专题研究部署创新创业教育有关工作。

二、以"互联网＋"大学生创新创业大赛为抓手,调动学生积极参与创新创业实践

山东开放大学以参加大赛为契机,发挥全省开放大学办学体系的优势,以赛促学、以赛促教、以赛促创、以赛促改革,搭建成果转化新平台,推动赛事成果转化和产学研用紧密结合。学校广泛动员全省开放大学办学体系各种力量,深入推进"大众创业、万众创新",形成新型创新创业人才培养模式,切实提高学生的创业精神、创业意识和创新创业能力,以创新引领创业、以创业带动就业。

学校已连续三年组织学生参加中国国际"互联网＋"大学生创新创业大赛。2020年学校首次参加"互联网＋"创新创业大赛,获得一项省赛银奖并获组织奖。2021年学校在大赛中获得两项省赛铜奖。三年来学校涌现出一批市场潜力大、社会效益好的高质量项目,展现了同学们奋发有为、昂扬向上的精神风貌。

为鼓励更多学生参加"互联网＋"大学生创新创业大赛、参与创新创业实践,学校出台一系列措施。一是校领导高度重视,保障有力。学校党委书记刘龙海亲自参加国家开放大学组织召开的赛前动员暨培训视频会议,党委副书记、校长徐文谋亲自担任学校大赛组织委员会主任,党委委员、副校长谢明浩全程指导、协调比赛相关事宜。山东开放大学对参赛团队、指导教师、市县开大(电大)工作人员分别按照国家级、省级、校级制定了丰厚的奖励措施。二是积极组织,总结表彰。学校成立了大赛组织委员会,校长徐文谋担任主任,副校长谢明浩担任副主任,组委会下设工作组,设在教务处,负责大赛协调等工作。学校举办中国国际"互联网＋"大学生创新创业大赛总结表彰大会暨新一届大赛启动仪式,对往届的获奖项目进行了表彰,对大赛参赛方案进行了解读,并开展了创新创业技能培训。三是专家深度参与,组织校级比赛。学校设立了山东开放大学"互联网＋"创新创业大赛专家委员会。副校长谢明浩担任主任,聘请投资机构、创业孵化机构投资人、行业企业高管、高校或国家开放大学办学体系和山东开放大学办学体系创业教育专家作为成员,负责对各参赛团队和项目进行预审。同时,为了提升项目水平,为学生提供专业的指导,山东开放大学聘请多位专家多次进行"线上＋线下"培训和辅导,并与各个项目组成员保持持续的沟通,从内容和形式上给予

全面的指导。

三、发挥山东开放大学"互联网＋"学习优势，将创新创业教育与教学改革相结合

山东开放大学自揭牌之日起开启了新征程。2022 年，山东省教育厅等四部门联合印发了《山东开放大学综合改革方案》，学校将全面提升办学水平和综合实力，推动山东开放大学高质量发展。学校重视创新创业教育，并将其作为学校教学改革的重要举措，实现产学研用结合，培养高水平技能型人才。学校一直牢固树立"质量意识"，坚持以质量为核心的教育发展观，将创新创业教育作为教育教学改革中一个重要的突破口来提升教育教学质量，这也是落实国家开放大学"创优提质"战略和办好山东开放大学的举措。

学校已将创新创业课程融入专业人才培养方案。自 2021 秋季学期开始，工商企业管理（乡镇企业管理方向）（一村一）、行政管理（乡村管理方向）（一村一）、行政管理（专科）、旅游管理（专科）等专业的人才培养方案中，学校已开设"互联网＋创新创业"课程。课程采用线上文字＋视频教学、教研讨论与直播等多种形式相结合的教学方式，课程考核与"互联网＋"创新创业大赛要求相关联，要求学生提交创业计划书，学生参与情况计入课程考核成绩。

二级学院案例

构建商科特色科创育人体系,提升人才培养质量

山东大学(威海)商学院

山东大学(威海)商学院积极构建商科特色科创育人体系,在科创育人工作思路、学生创新意识和创新能力双提升、注重科创项目打磨提升和打造科创协同育人共同体等方面进行了扎实的探索和实践,为提升人才培养质量打下了坚实基础。

一、顶层设计,学生科创工作思路清、方向明

商学院积极落实山东大学(威海)打造的以"四个创新"为主体的升级版双创教育,推动人才培育创新、专创融合创新、竞赛孵化创新和创业生态创新,整合多方资源,形成创新创业教育合力,结合专业特点,按照"思维训练—竞赛参与—实践投入—素养达成"的金字塔式科研创新工作思路,逐步形成一个目标、两条主线、三个阶段、四种机制、五个结合的"12345"科创工作体系。

(1)聚焦提升学生科研创新能力的目标。

(2)贯穿学术科研和创新创业两条主线。

(3)抓实三个阶段工作,前期宣传与组织动员,中期履行好服务和监督职能、举办技能培训并进行中期检查,后期总结表彰并进行经验交流。

(4)健全科创活动发动、科创导师带动、基础赛事转化、创业实践促进四种机制。

(5)实现科创活动与团支部建设、学生思想政治教育、共青团品牌活动、实践活动、创新课程的结合。

二、整合资源,激发学生创新意识

商学院开展新生入学科研创新启蒙大会,定期开设"薪火"科创大讲堂和科创沙龙等科创系列活动,发挥校内外专家、学者的引领作用和优秀朋辈的导学作用,帮助低年级本科生训练科研创新思维,在本科一年级和研究生一年级新生中开展科创人才"种子库"等活动,激发新生的科创热情,挖掘科创"种子选手"。

此外,商学院选优配强科研班主任,充分发挥科研班主任对新生的科研启蒙作用;选聘本科生科研助理,为高年级学生提供参与专业教师科研项目的机会;依托学院师资力量,开设"创业基础""创业管理"等全校公共选修课程,实现理论和实践并举、教学与科研互补,帮助青年学生在具体的研究实践中积累经验、提升能力,整合多方资源,形成双创教育合力,激发学生创新意识,搭建全方位创新创业人才培养体系。

三、固本强基,涵育学术创新能力

商学院高度重视培养学生的学术和创新能力,深化双创教育指导培训,结合科研立项过程的时间节点,设计贯穿整个科研立项过程的系列培训计划,从科研立项启动会到"薪火"科创大讲堂、科创沙龙和中期经验分享会,再到结题指导讲座,涵盖初期的选题、文献综述、研究方法指导,中期的学术论文和研究报告的撰写指导,以及后期结题作品的润色和打磨指导的各个环节,帮助学生掌握学术研究的基本方法,进行专业的学术训练,鼓励学生将社会实践调研类课题与科研学术、创新创业项目有机结合。

商学院注重发掘有成长潜力的项目并进行孵化培育,把社会实践调研与科创工作进行整合,发掘项目并提高质量。在第十七届"挑战杯"全国大学生课外学术科技作品竞赛红色专项活动中,商学院获得全国特等奖的项目"'党建就是生产力'——寻访脱贫攻坚中的红色引擎"便是由社会实践调研项目升级为"挑战杯"竞赛项目的。2020年7月,"红色引擎寻访团"社会实践团队正式组建,确定了"'党建就是生产力'——寻访脱贫攻坚中的红色引擎"的选题,团队在实践中,深入了解党组织、共产党员在脱贫攻坚中发挥的关键性作用,团队不断总结、提炼成果,提出党建就是生产力的六个方面的表现,经过系统打磨,团队在"挑战杯"全国大学生课外学术科技作品竞赛红色专项活动中荣获全国特等奖。

四、竞赛孵化,助推科创成果

商学院高度重视科创项目孵化,在第十七届"挑战杯"全国大学生课外学术科技作品竞赛主赛道,商学院项目"逢'菌'之困到助'菌'成材:产业耦合视域下食用菌菌渣的超循环利用研究"获得主赛道全国特等奖,创造了威海校区在该项赛事的纪录。项目源于团队在社会实践中发现的"食用菌菌渣资源化利用"这个鲜有人关注的社会问题,在付宜强、陶宏两位老师的指导下,团队从课题的细化、理论视角的引进、模式的构建等方面多次调整打磨,最终确定了"产业耦合""超循环"两个全新的研究视角,团队克服数据收集工作中的困难,联系当地的同学,完成了36个实践地的调研问卷,获取了数百份一手数据,构建出菌渣超循环利用模式的绩效评价体系,并成功试点。

"菌渣利用"项目团队只是商学院众多学生科创团队的一个缩影,是商学院持续不断推进创新型人才培养结出的"硕果"。

近年来,商学院逐步搭建起以"挑战杯""互联网+"大赛为核心,以"三创赛"等商科专业学科竞赛为提升平台,以科研立项为实训平台,以"睿意金点"创新创意大赛为基础的国家级、省级、校级、院级经管类大学生学科竞赛群,活跃科技学术氛围,培养商学院学子的科研创新能力,以赛带学、以学促赛,助力"一流学科"建设和创新型人才培养。

五、凝聚合力,专业教师和辅导员相互赋能,打造科创协同育人共同体

商学院积极贯彻学校党委提出、倡导的"精耕细作"理念,重视专业教师、辅导员相互赋能,精准打造科创协同育人共同体。

2019年,商学院制定了《商学院教师指导大学生科研创新和社会实践活动资助办法》(试行),引导专业教师更广泛地参与学生科创和实践活动,该办法于2021年底,结合学校最新学科竞赛认定细则进行了修订。经过三年多的实践,商学院通过政策激励和氛围营造,激发了广大教师指导学科竞赛的热情,商学院的学科竞赛开展呈现出生机勃勃的局面。除此之外,依托商学院2020年党委书记抓基层党建突破项目"头雁计划——学院党委组建党员强院行动先锋队的实践探索"的开展,积极组建由党员专业教师、辅导员和部分学生党员为主体组成的"学生科创实践先锋队",通过重视选题征集和筛选、加强教师指导过程管理、组建科研团队临时党支部等形式,发挥党员的引领作用,为学生科创实践工作的开展提供了思想和组织保障。商学院大学生科技创新领导小组认真谋划、精准施策,从赛前指导、比赛技巧等各方面入手,助力"挑战杯"竞赛团队的备赛过程。商学院聘请校内外专家给团队文本"把脉",组织团队队长交流会、模拟答辩诊断会等活动,使作品的立意高度和学术水平具有了重要支点。商学院积极联系有经验的专家和老师就答辩技巧、展板设计等比赛细节方面进行专题指导。在第十七届"挑战杯"全国大学生课外学术科技作品竞赛省赛、国赛阶段,学院团队得到校区团工委的大力支持,多次组织针对性模拟答辩和专家辅导,不断提升作品质量,协调教务处等部门为团队提供充分的后勤保障,为团队专注备赛提供了坚实后盾。

六、多年磨砺,方得硕果

基于商学院在学生科创方面的顶层设计和实践创新,学院在"挑战杯""互联网+"等权威学科竞赛中屡获佳绩。2021年,"'党建就是生产力'——寻访脱贫攻坚中的红色引擎"项目获得第十七届"挑战杯"全国大

学生课外学术科技作品竞赛红色专项全国特等奖;2022年,"逢'菌'之困到助'菌'成材:产业耦合视域下食用菌菌渣的超循环利用研究"项目获得第十七届"挑战杯"全国大学生课外学术科技作品竞赛主赛道全国特等奖,两次刷新威海校区纪录,也是山东大学近年来在"挑战杯"竞赛中取得的最好成绩。

近五年来,商学院学生在主要学科竞赛中取得了优异的成绩。

(一)"挑战杯"全国大学生课外学术科技作品大赛

国家特等奖2项、二等奖1项、三等奖2项。

其中,主赛道国家特等奖和红色专项国家特等奖均是威海校区获得的首个国家特等奖,创造了校区纪录。

(二)中国国际"互联网+"大学生创新创业大赛

山东省金奖1项、银奖6项、铜奖11项。

(三)"挑战杯"中国大学生创业计划竞赛

国家铜奖3项,山东省银奖1项、铜奖7项。

(四)全国大学生节能减排社会实践与科技竞赛

国家一等奖2项、二等奖5项、三等奖5项。

(五)全国大学生电子商务"创新、创意及创业"挑战赛

国家二等奖1项,山东省二等奖1项、三等奖2项。

编译青春，驱动未来
——机电与信息工程学院创新创业育人工作典型案例

山东大学（威海）机电与信息工程学院

机电与信息工程学院在山东大学（威海）的大力支持下，形成了全员科研育人的新生态，致力于培养学生的跨学科思维和多元化知识视野，造就具有国际视野的新时代创新人才。机电与信息工程学院构建全员、全过程、全方位一流工科人才培养体系，以科研和竞赛为双重驱动力，形成以学生为主体、以竞赛为引领、以社团为支撑的"三位一体"科创育人特色模式，为党和国家培养一流工科人才贡献力量。

机电与信息工程学院创新创业教育是以提升学生综合素质为出发点，以促进学生科研能力和创新能力的提升为基本点的高水平、高质量素质教育。学院创新创业教育的顶层设计是培养学生的自主创新创业意识和创新创业敏锐性，最大限度地激发每一位学生的主动性和创造性，学院发挥学生在学习中的主体作用，帮助学生掌握创新创业方法，使学生了解和掌握创新创业的规律和特点，提高自主创新创业能力。

一、新体制创造新动力

首先，在创新创业教育体系机制建设上，坚持以学生为主体，让创新创业教育深入到学生中去，将科研创新与学生培养相结合，构建从大一入学到大四毕业的完整培养体系，建立高低年级学生之间的"传帮带"培养模式，构建长效、系统性的创新创业育人机制，从而持续为社会输送优秀人才。其次，学院以竞赛为引领，以学生对竞赛的热情和兴趣激发他们的创新思维、创新意识、创新能力，鼓励学生将创新创业活动融入日常生活。此外，学院以社团支撑学生创新创业发展，充分利用已有的创新创业资源，通过学院已有的六个科研创新类社团，为志同道合的学生提供团队合作、攻克科研与学术难关的阵地，营造共同学习、共同创新的创新创业氛围。

二、新资源达成新实效

首先，在创新创业相关课程资源的开发上，学院致力于完善创新创业课程体系，学院将教学课堂和课外课堂相结合，有针对性地开展大学生创新创业课程，提高学生创新创业的敏锐嗅觉。创新创业课程内容新颖翔实，教学设计处处体现了创新创业学科交叉融合的特征。其次，学院发挥科研班主任、科研助理"传帮带"的资源优势，在科研班主任方面，通过召开科研班会等方式，鼓励低年级学生勇敢尝试，尽早接触、边做边学、以练带学、以赛促学，同时也分享自身经验，引导低年级学生走进科研，营造学院浓厚的科研氛围；在科研助理方面，学院每年有超过100名具备一定基础的本科生以学生助理的形式参与到教师的课题项目中，在专业教师的指导下接触科研项目，培养了学生的基本科研素养和科学思维。

三、新体系输送优质人才

学院设计了一套适合新时代人才的基于科研和竞赛双驱动的培养体系，多维度助力人才培养，跨越传统学科边界的研究领域，将科研与学生培养相结合，构建长效、系统的育人机制，为社会输送优秀人才；通过科研立项赋能新布局，大学生科研立项有利于调动大学生开展专业学习和科学研究的主动性、积极性，激发大学生的科研兴趣、创新思维和创新意识,提高创新实践能力。在第十六届科研立项中,学院总计完成校级立项148项,立项率达98%,其中5项为国家大学生创新创业训练项目,国创与山大基金项目共20项,学生参与项目共计552人次,结题一等奖14项、二等奖45项;学院在第十七届科研立项中完成立项127项,国创与山大基金项目共13项,立项率达94%。

学院在新工科建设的过程中始终注重学科的交叉融合和国际化建设,通过国际合作引进优质的教学资源和工程教育的新理念,通过建设新工科专业,建立学科专业的新结构;通过辅修专业和微专业实现交叉融合型人才培养,建立人才培养的新模式;通过实践竞赛和科研学术活动为优秀学生提供"充电"机会,建立分类发展的新体系,"十四五"期间全力打造"智能+"的新工科学院。

四、四大平台打通双创新赛道

在学校的大力支持下,学院建设了四大竞赛平台,包括学科综合类竞赛平台、智能车与电子信息类竞赛平台、计算机与软件类竞赛平台、机电产品与智能控制类竞赛平台,以此助力学院营造竞赛氛围;坚持科教融合,加强师生交流与学生交流,最大限度地为学生施展才华、竞展风采搭建最好的舞台,让学生在比赛中不断积累知识与经验,培养基本的科研素养和科学思维。

"统思想、筑体系、强师资、育特色"

——中国海洋大学食品科学与工程学院创新创业教育改革

中国海洋大学食品科学与工程学院

中国海洋大学食品科学与工程学院长期探索适合自身发展的创新创业教育生态系统,全面开展"统思想、筑体系、强师资、育特色"的创新创业教育改革。具体如下:①加强顶层统筹,凝聚共识力量。在专创融合、模式创新、机制保障三个核心方面精准发力。②打造涵盖通识课、专业课与辅修课"通—专—辅"三位一体的课程体系,注重理论与实践相结合。③强化"专兼结合"师资队伍建设。坚持内培外引,多渠道聘请导师;组建创新创业导师团队;严格师资评聘条件,加强考核评价。④打造"三级赛制、两支队伍、一个中心"特色机制,不断推进学院创新创业工作发展。

培养拔尖创新人才是"双一流"建设的核心任务,建立健全创新创业教育体系是"双一流"建设时期高校培养拔尖创新人才的重要途径。中国海洋大学食品科学与工程学院长期主动探索适合自身发展的创新创业教育生态系统,持续统筹顶层设计,优化课程体系,打造师资队伍,创新运行机制,旨在为国家创新驱动发展战略提供有力的人才支撑。

一、加强顶层统筹,凝聚共识力量

(一)专创融合

提升人才培养质量,培养专业实力过硬的复合型创新创业人才是开展创新创业教育的初衷与目标。在新工科建设的背景下,学院将创新创业教育融入新工科建设的全过程,完善专创融合的顶层设计,是推动专业创新创业改革的有力举措。在培养目标方面,学院突出强调应用型工科学以致用、问题解决与行动的能力,依托本科生研究发展计划项目(Student Research Developing Program,SRDP)及专业创新性实验课程,坚持专业教育与创新创业教育相结合,专业引领双创全链条。

(二)模式创新

课堂教学相对缺乏实践体验和生动性,因此,学院创新创业教育在课堂教学之外的培养模式结合了科技竞赛、社会实践、实践教学等多种形式,确立了"以赛促学、以赛促教、以赛促创、以赛促用"的工作目标,全力支持师生参加高水平科技创新创业竞赛活动,围绕竞赛工作主线,探索实施了"三级赛制、两支队伍、一个中心"的工作模式。在社会实践方面,学院运用第二课堂、"三下乡"等实践活动提升学生劳动素养与社会责任感,厚植爱国主义情怀。

(三)机制保障

在创新创业教育培养实效评价方面,学院着重完善创业教育评价的指标体系和评价流程,构建涵盖课程体系、师资结构、教学效果和教学环境等多方面资源,规范评价实施流程。在教师创新创业教学成果评价方面,学院鼓励和引导双创教师扎根创新创业教育,进一步强化双创教育任务目标考核、教师岗位考核及教学绩效考核,引导创新创业导师爱岗敬业。在学生创新创业成绩评价方面,学院注重过程质量管理,将学生创新创业实践成果作为成绩评价的重点。

二、打造"通—专—辅"三位一体课程体系

(一)覆盖全体学生的创新创业通识课程

创新创业通识课程是指面向全体学生所设置的,旨在讲授创新创业基本理论、技能与方法,培养学生创新创业意识与能力的基础课程。中国海洋大学设置了多门通识选修课,学院也开设了多门工作技能模块课程,提升学生的创新创业通识素养。

(二)面向学科专业的创新创业专业课程

创新创业专业课程是指专门面向某一学科专业学生所设置的,旨在融入学科专业特色、实现创新创业教育与专业教育有效对接的进阶课程。学院开设一系列基于学科专业的创新创业专业课程,通过现场教学与基地模拟实训有机结合,提升大学生解决学科专业领域复杂问题的综合能力。

(三)融入交叉学科的创新创业辅修课程

创新创业辅修课程是指面向具有明确创业意向和创业需求的跨学科、跨专业学生所开设的课程。学院鼓励结合不同学科、不同专业的性质与需求,采取微专业辅修方式,以融入多学科领域的创新创业知识和技能,充分体现创新创业教育课程体系的多学科支撑性,进而有效提升学生应对创业风险的实践能力。

三、强化"专兼结合"师资队伍建设

创新创业教育的师资水平直接影响创新创业教育的成果,因此,加强创新创业师资队伍建设是提高创新创业实效性的关键所在。食品科学与工程学院创新创业教育师资队伍建设总原则如下:坚持内培外引,多渠道聘请导师;组建导师团队,实施创新创业导师制;完善师资队伍评聘条件,加强创新创业教育的考核评价。具体来看,"内培"选拔相关学科背景或具有先进创新创业教育理念和方法的优秀教师组建创新创业指导教师团队;"外引"借助校企合作、产教合作的资源,聘请有创业实践经历的优秀校友担任兼职创新创业教师或创业导师,鼓励教师通过企业挂职锻炼等途径,不断提高业务水平。

四、培育"三级赛制、两支队伍、一个中心"特色机制

(一)实行三级赛制

学院实验室面向所有本科生开放,所有 SRDP 项目都可以免费申请进入实验室开展。一级入门赛:学院连续六年举办"食品加工与创意大赛"活动,以大一、大二学生为主体,进行赛事热身;二级推荐赛:以入门赛队员为主力,针对学科赛事进行项目、师资匹配,开展有专业指导的赛事锻炼;三级选拔赛:面向种子项目和种子队员,做好重点赛事和综合赛事工作,占据赛事高地。三级赛制的进阶设置,极大地调动了学生的参与热情,形成了"靠实力说话"的良性竞赛导向。

(二)依靠两支队伍

一支为学生社团队伍。学院于 2018 年 9 月成立了海洋食品科技创新协会,依托社团活动聚气,通过每学期开展赛事发布会、不定期举办新"食"代创享会等,形成以老带新、交流提升的活泼氛围。另一支为指导教师队伍。学院鼓励学生主动走近老师、主动团结老师,并成立学生创新创业指导组作为基层教学组织建设的重要组成部分。

(三)落实一个中心

学院注重激发学生创新创业热情,优先给予经费、场地等条件保障。学院每年筹措奖学奖、教育基金、教学实习实践经费等 20 余万元,专门用于学生参赛;打造了 50 余平方米的食品工艺室,专门用于学生创新实践,为学生创新创业活动提供有力保障。同时,学院一体化推进实践育人工作,按照"专业化、项目化、品牌化"思路,广泛开展海洋食品知识科普、中小学"食趣"课堂等志愿服务活动,从视野拓展、灵感激发、能力提升等层面为开展创新创业提供多点正向支撑。

基于"做中学"的创新创业教育体系构建
——中国海洋大学创新教育实践中心双创拔尖人才培养模式改革与探索

中国海洋大学创新教育实践中心

2018年,由中国海洋大学创新教育实践中心牵头申报的"基于政企校融合的'互联网＋创新创业教育'模式构建与应用"获第八届山东省省级教学成果一等奖,中心主任宋大雷教授为该成果第一位次完成人。

2017年,中国海洋大学成立校级跨学科创新创业平台——创新教育实践中心,探索创新创业教育体系改革与提质升级。结合目前创新创业教育实际情况,创新教育实践中心在中国海洋大学"有限条件的自主选课制"的基础平台上,通过构建以"做"为中心的创新创业教育课程体系,使学生"基于真实问题"开展项目式团队学习,从而培养学生个体及团队的创新创业能力。

一、构建以"做"为中心的创新创业教育课程体系

为进一步培养学生的创新精神、创业意识和创新创业能力,补齐创新创业课程内容单一、联系实践应用不密切等短板,创新教育实践中心以"做"为中心,开发"创新思维""创业基础""技能扩展""科技前沿"四大模块30余门课程,累计选课4000余人次,几乎覆盖全校所有专业。

1."创新思维"层面。教师团队紧密结合社会发展、市场导向和时事案例开展教学,组织学生从具体案例出发分析创新理念、过程管理、风险要素等内容,进一步深化对创新创业的认识和理解,树立正确的创新创业价值导向。

2."创业基础"层面。教师团队通过设置虚拟商业环境,组织学生协同合作,组建创业团队,运营创业"公司",发布商业项目企划,通过"角色扮演""实践操作",帮助学生了解创业各个环节的实际内容,缩短创业学生由校门迈向社会的差距。

3."技能扩展"层面。创新教育实践中心针对学生专业创新需求,开设机器人、智能车、机械设计、文创产品等领域的课程,并将开展创新创业实践项目、参加各类创新创业大赛作为教学成果出口。

4."科技前沿"层面。创新教育实践中心开设人工智能、智能制造、云计算、大数据等领域的课程,将行业发展难题、痛点转化为教学课题,组织学生开展科技攻关和实际研发,实现"做"与"学"的深度结合,使理论知识在实际的产业实践中得以进一步消化和理解。

二、支持"基于真实问题"的创新创业项目

创新教育实践中心把问题驱动、实践驱动作为保障创新创业项目提质升级的重要前提,引导学生瞄准技术前沿、行业需求和社会人才需求,设立高水平创新2.0项目"SRDP—引导专项"。

1.从输入端来看,创新教育实践中心以解决社会真实问题或需求为导向,面向具备创新实践基础并形成较为明确的科技创新方向的学生团队,设立创新引导专项,要求学生组成跨学科团队开展技术研究;针对学生国际视野狭窄、与市场需求脱轨等实际问题,与斯坦福青岛研究院合作,运用美国硅谷的创新方法论体系,设立斯坦福技术转移引导专项,要求学生通过模拟企业运行、开展市场调研等形式,参与到跨境技术转移、科技成果转化中;与海信集团、深之蓝等行业标杆企业联合立项行业创新引导专项,在人工智能、电子信

息、家用电器、5G 等产业方向上开展产学研合作,学生团队承担"乙方"角色,在指导老师的带领下探索行业技术,努力成长为具有专业技术能力的、行业市场需要的高水平人才。2018 年以来,创新教育实践中心立项各类引导专项 100 余项,参加学生涉及全校 61 个专业近 600 人次。

2.从输出端来看,创新教育实践中心根据不同类别项目设置不同结题标准,确保"真实问题"得到"真正解决"。除了结题报告,创新教育实践中心还要求三类引导专项分别产出不同的"成果"。例如,要求创新引导专项须在结项前完成原理样机设计制作,或申报专利、发表论文等;要求斯坦福技术转移引导专项成员参加技术经理人培训,并在结项前完成市场调研报告、技术调研报告和商业计划书;要求行业引导专项成员提出真正有价值的解决方案,并经过实践测试满足行业使用需求。2018 年以来,各类引导专项申报专利 20 余件,发表论文 10 余篇,40 余名项目成员获得由青岛市科技局备案的《高级经理人证书》或《初级经理人证书》。

三、发挥"拱形石"作用,营造协同育人环境

创新教育实践中心充分发挥校内创新创业教育的"拱形石"作用,挖掘校内外师资资源,深化校企产学合作,携手校内实践实训、创新创业基地,营造举多方力量协同培育高水平创新创业人才的环境。

1.挖掘校内外师资资源。创新教育实践中心挖掘校内有学术造诣、用心教学且有意于创新创业工作的专职教师,组建由校内 8 个学院(部门)40 余人组成的课程导师团队、项目指导团队;累计聘请企业家、投资人、律师、人力资源等具有创新创业一线实践经验的外聘教师 43 人,为课堂提供更多的增值元素,为师生提供更多角度的视野与思想。

2.深化校企合作产学育人。创新教育实践中心深化与海信集团协作,启动"'海信-海大'产学研合作引导激励基金",激励中国海洋大学师生创造具有行业价值回报的成果,形成以行业、市场为驱动的创新创业成果;建设中国海洋大学-斯坦福青岛研究院创新创业实践基地,通过运用美国硅谷的创新方法论体系,合力培养高科技创新人才;加强与戴尔集团、慧科集团的协作,围绕人工智能、机器学习等领域,利用企业现有平台、丰富案例和专业导师,共同开发"以需求为核心、以学生为中心"的综合课程,提高学生的学习效率、应用水平。

3.携手校内实践实训、创新创业基地,全链条、多方位输出创新创业成果。创新教育实践中心以学科竞赛为依托,联合校院两级创新实践基地,支持参加各级各类科技竞赛、创新创业赛事等,实现赛教结合、赛研结合。三年来,创新教育实践中心立项项目获国家级奖项 70 余项,其中,一等奖及以上奖项 30 余项。创新教育实践中心联合学校创业基地,打造"前店后厂"的创新创业项目。创新教育实践中心鼓励创新创业团队做好技术研发与商业运作的有机结合,协助学生团队在创新教育实践中心开展项目的同时,与创业基地、POKE 空间等校内孵化基地对接,获取资源支持,实现真正的成果转化。截至目前,"多航态应急救援机器人""基于空化射流的可回收船舶表面清洗装置""蛇形机器人""未来已来""中小学人工智能教育课程""三每文创"等项目获得创新创业双重支持。

四、建成"共享、开放、动态、智慧"i+Ocean 创客空间

把 i+Ocean 创客空间作为开展创新创业教育的重要依托,着力搭建面向全校师生的"共享、开放、动态、智慧"公共平台。

1.功能空间方面。创新教育实践中心重视物理空间建设和硬件设备配置,面向全校师生开放空间、设备使用,可通过线上线下多种预约方式,使用公共设备设施和会议室,支撑教师科研课题、学生实践实训。

2.数字空间方便。创新教育实践中心重视"云空间"建设,搭建基于大数据的人才培养智能管理平台,除了利用信息技术全流程、全要素做好项目管理,还将入驻项目所使用的电力系统、网络系统、预约系统、监控系统、门禁系统等统一纳入平台监测与管理。

3.文化空间方面。创新教育实践中心赋予 i+Ocean 创客空间独特的、具有海洋特色的文化内涵,营造随处可见、随处可知的海洋爱国情怀和创新、开放氛围。

探索"产教融合",助力创新创业教育体系

山东科技大学机械电子工程学院

校企携手"揭榜挂帅",建立校企合作新机制,向海信、豪迈、海容、德固特等10家企业征集20多个项目,能者揭榜,智者挂帅,师生组队揭榜开展项目研究,积极对接"互联网＋"大学生创新创业大赛产业命题赛道。学院多方搭建"双选平台",积极开展"寻找合伙人"大学生科创项目双选会,架起学生、项目、导师三者之间的桥梁。师生共建"品牌团队",实施小平科技创新团队"攀登计划",开展学生创新创业"育苗计划",组建学生科技创新团队,择优选拔优秀科技创新项目进行奖励资助。校企共同营造"科创氛围",学院与海信集团共建"科大·海信班",持续推进"科创充电"行动,组建3D打印协会,积极承办各类科创赛事,激励学院师生积极参与"互联网＋"大赛。

一、校企携手"揭榜挂帅"

企业出题征榜,广发"英雄帖"。为深化科技创新模式改革,建立校企合作新机制,学院积极开展了学生科技创新工作新模式——"揭榜挂帅"科创行动。"征榜"企业聚焦制约企业发展的技术难题或科研需求,提出目前遇到的技术难题或本行业近期的技术热点问题,这些"题目"难易适中,符合高校专家教授的研究方向,有助于在校大学生拓宽科研能力。"征榜"通知一经发布,便获得了学校合作企业的关注,"题目"纷纷而至。组委会综合专家意见,进行严格评估,最终择优确定项目榜单。学院面向学校全体师生广发"英雄帖",科创团队勇夺榜,"擂台赛"上决"擂主"。各申报团队选择榜单题目开展研究攻关,设榜企业给予项目指导,为申报团队提供支持保障。晋级团队进入"擂台赛",通过现场展示和答辩形式,举办"擂台赛"决出最终"擂主",出题方与"擂主"团队现场签约并给予奖励。学院以"贴近前沿、贴近生产、贴近实际"为导向,来源于企业生产一线的校企共创"揭榜挂帅"模式,构建高水平学生科技创新成果蓄水池,有效推动校企资源共享、优势互补、产教融合的合力育人格局的形成。

二、多方搭建"双选平台"

积极开展"寻找合伙人"大学生科创项目双选会,为具有优秀创新项目的教师和渴望参赛的同学搭建桥梁。学院通过项目征集,向高校师生和合作企业征集优秀创新项目,择优选拔作为双选项目;通过新闻网、两微一端等宣传平台向师生推送设榜项目信息,便于师生充分了解设榜项目。学生根据自身需求选择意向项目,线上填写个人招募信息,组委会将信息定点推送给设榜项目负责人。通过线下双选会,有意向的学生和设榜项目负责人充分洽谈,双向选择,自由组队。目前,学院已成功举办3期"寻找合伙人"大学生科创项目双选会,每期活动共有30余名项目导师发布科创项目,设立300多个招募岗位,现场气氛热烈,激发了学生们对科技创新的兴趣及参与科创比赛的积极性。科创项目双选会的成功举办,培育出许多优秀大创项目,如"水下管道智能检测仿生机器鱼""共享可移动智能充电桩"等5项双选项目立项为国家级大创项目,"四自由度码垛机器人""一种能适应复杂地形的四足机器人"等7个作品立项为省级大创项目。在2022年大学生创新创业训练计划项目申报工作中,学院共立项46项大创项目,其中国家级13项、省级3项,取得较

大突破。

三、师生共建"品牌团队"

实施小平科技创新团队"攀登计划"。学院做好导师选聘工作，聘任在学术研究、指导竞赛、成果转化等方面取得突出成绩的校内外专家作为常驻导师。学院做好建设学生队伍工作，选拔吸纳具有较强的创新思维、组织协调和动手能力的学生，打造一支结构合理、科创能力较强的学生梯队。学院做好竞赛备战工作，认真研读、精心筹备重点支持赛事，错时错峰备战多项命题类竞赛。学院做好项目选育工作，重点打磨优秀种子项目，不断培育出科技含量较高的项目作品，全力冲击全国性创新创业活动。学院开展学生创新创业"育苗计划"。学院突出学生主体，低年级学生作为项目负责人，在项目导师的指导下由学生团队成员协作完成，学生团队实际参与，助推教师科研项目转化应用。目前，学院已经培育4支育苗计划团队，其中"太阳能式壁面清洁机器人"项目团队成员已获得"互联网＋"大学生创新创业大赛、"挑战杯"中国大学生创业计划竞赛等10余项省级及以上科技奖励，4人报送至双一流高校，3人获得山东省政府奖学金，学生培养成效显著。学院做好组建科技创新团队工作，根据项目质量、结题指标、资助额度分类分级建设品牌团队、重点团队和一般团队。团队面向专业技术指导教师，实行选拔聘用制度，建立专业化的学生科技创新指导教师团队。项目导师根据自身学科方向优势，合理制定培训方案，系统指导学生的实训过程；学工导师做好团队的日常指导、管理和考核。学院通过探索"创新思想培养—创新项目实施—创新能力提升"培养环节，结合重点赛事、知识产权、学术论文和大创项目等维度验收成果，吸引学生参与创新实验、科技立项、专利申报、学科竞赛。目前，学院已立项选拔出40余支科技创新团队，在培养高素质创新人才、创造高水平科技创新作品中发挥重要作用。

四、共同营造"科创氛围"

广泛开展各类科创活动。学院持续推进"科创充电"行动，从学校合作单位中，遴选优质科创实习实践基地，授予机械电子工程学院科创行动"充电驿站"荣誉牌，为学生科技创新提供更广阔的校外平台。学院每年制定"科创充电"行动方案，学生战队及竞赛导师定期外出学习调研，融科学性、趣味性和实践性于一体，提高科大学子综合素质水平。学院与海信集团共建"科大·海信班"，经过近两年的校企合作培养，班级35名同学中有18人推免至浙江大学深造，推动校企研多方联动及资源共享、优势互补、产教融合的合力育人格局的形成。学院组建3D打印协会，开展校内增材技术培训、策划驻青高校3D打印大赛等工作；开设《科技公报》《科创专题报道》等竞赛通知专栏，举办创新创业大讲堂、研究生讲坛、四点半微课堂等，各类科创活动先后8次被《大众日报》《中国科学报》、新华网等媒体宣传。

夯实"一主线、两保障"为核心的双创育人阵地，培养高水平创新型人才

中国石油大学（华东）控制科学与工程学院

中国石油大学（华东）控制科学与工程学院 2022 年获批学校首批教学院部创新创业中心试点建设单位（全校 5 个），获评学校 2021 年创新创业教育工作优秀组织单位（全校 3 个），学院获 2018 年、2020 年学校大学生创新创业年会优秀组织单位（全校 5 个）。近五年来，学生累计获得省级及以上竞赛奖励 482 项，其中国家级 204 项。RPS 战队连续多年荣获国家级大学生机器人大赛 RoboMaster 机甲大师赛冠军/一等奖。

加强创新创业教育，是深化高等教育改革，提高人才培养质量，顺应"大众创业、万众创新"时代要求的重要举措。作为高校育人的重要载体，创新创业教育的根本归宿是提高大学生创新创业能力。控制科学与工程学院构建理念时代化、组织扁平化、制度科学化、平台多元化的"同向同行、四化协同"育人体系，着眼学生双创能力提升，构建符合时代发展的工作理念，搭建务实高效的扁平化组织体系，创建科学有效的制度内容，共建多元、特色的双创实践平台。学院工作体系同向同行，环环相扣，逐步推进，相互促进，取得了一系列标志性成果，涌现出一批标杆性学生，育人实效不断凸显。

近年来，控制科学与工程学院立足学科建设和专业特色，依托电工电子学教学中心和实验教学中心优质资源，不断夯实"一主线、两保障"为核心的双创育人阵地，取得一系列标志性成果，走出了一条创新型人才培养的新路。

一、把握工作主线，以双创平台建设实现学生双创能力培养的广覆盖

学院重视双创平台体系建设，努力实现对所有学历层次、年级层次、能力层次的广覆盖。学院在平台建设过程中，坚持"ABC"（A—ALL—基础素养培育，B—Broaden—专业素养提升，C—Completion—创新能力突破）双创能力递进式培养策略，针对不同平台制定了系统的能力培养方案，使学生参与多样化的双创平台均能从基础入手，实现双创能力的提升。近年来，学院重点从"学科竞赛"科创能力提升平台、"大学生创新创业训练计划项目"科研能力启蒙平台、"优秀本科生三进计划＋新星计划"科研拔尖人才培育平台、"三大赛"创新创业素养训练平台、校企合作工程实践创新平台着力建设，聚力打造"五大平台"，全方位加强双创人才培育。同时，学院结合"双一流"建设，打破局限，重点打造出兼具学院特色和学科交叉融合特征的双创名片，如"电子设计竞赛""RPS"机甲大师战队"新星计划"创新平台，取得良好反响。

学院连续 20 年举办学校电子设计竞赛，这是学生参加全国大学生电子设计竞赛（国家级 A 类竞赛）的练兵场。近年来，参赛学生规模逐年扩大，人数已破千人，基本覆盖全校工科和理科专业学生，影响力日益提升。通过电子设计竞赛的平台，学院培养了一大批优秀学生，其中具有代表性的是 2003 级校友、浙江中自庆安新能源技术有限公司董事长林子晗等。

学院大力推动"RPS"机甲大师战队建设，战队自 2016 年 9 月成立以来，先后六次参加全国大学生机器人大赛 RoboMaster 机甲大师超级对抗赛，四次获得全国一等奖，并于 2022 年夺得当赛季中部赛区冠军。战队致力于打造开放、包容、专业、共赢的创新环境，提升学员的自主学习能力、创新思维能力和沟通协调能力。截至目前，战队已为全校 15 个教学院部累计培养了近千名学生，为大疆、百度、华为等知名企业输送近

百名优秀学员,成为全校知名的双创明星团队。"RPS"机甲大师战队建设是学院立足于新时代人才培养目标、践行"OBE"教育理念、加强跨学科协同、推动工程实践创新人才培养的重要尝试。

学院积极搭建"新星计划"创新平台,该平台通过特殊的选拔和培育机制,培养有高水平科研能力、创新创业能力、实践应用能力的学生,借此加深学生对导师、学科等方面的了解,吸引更多优质生源留校,促进研究生的前端培养。截至目前,平台已开展五期学员选拔,共吸纳 10 个学院 130 余名学生。学员累计发表 SCI 高水平论文 4 篇(其中 SCI 一区 TOP 论文 2 篇),学员获得省级及以上奖励的比例达 100%(其中获国家级奖励占比达 65%),学员就业率达 100%,学员升学率达 81.3%(留校深造占比达 43%),平台服务学校人才培养的效果不断显现。

同时,学院积极推动产学研深度融合,培养面向社会产业需求的新时代双创人才。当前,通过与山东科讯信息科技有限公司、歌尔集团全球研发总部、卡奥斯工业智能研究院(青岛)等加强合作,以校企俱乐部为依托,发起多项基于实际工业生产场景需求的创新活动,为具备工程创新思维的学生提供广阔的成长平台。2022 年,学院顺利获批智能感知与仪器装备山东省现代产业学院,也将为产学研协同育人平台建设注入新动能。

二、加强工作保障,以组织建设和制度建设提升师生参与双创热情

在组织建设方面,学院着力打造"纵向高效、横向协同、师生共创"的运行机制,形成以院长为第一负责人的多中心、多线条、项目制组织体系,切实发挥学生的自治能力,调动项目团队的积极性。学院成立以院长为组长,主管双创的副院长任副组长,教学秘书、辅导员、学生双创组织负责人、普通学生代表为组员的创新创业工作领导小组,对全院双创育人工作统筹安排。学生直接参与工作决策,真正实现上下联动,提高效能。学院推动大学生创新创业发展中心改革,形成"2 中心+4 部门+4 协会"的整体格局,鼓励学生在双创活动中自我管理与自我服务,推动工作直达基层。学院高度重视通过组建项目制工作团队开展工作,如全国大学生电子设计竞赛由电工电子学教学中心专项工作组负责,全国大学生机器人大赛 RoboMaster 机甲大师赛由实验教学中心专项工作组负责,"西门子杯"中国智能制造挑战赛由自动化系专项工作组负责。项目制工作团队建设,极大地提高了决策和组织效率,有效推动相关竞赛的组织工作,学生获得高水平奖励的占比逐年增加。

在制度保障方面,学院师生并重、同步发力,充分调动师生参与热情。学院制定了业绩考核及绩效工资发放相关规定、本研一体创新人才支持计划、学生综合素质测评、学生奖学金管理细则等相关制度,对教师参与双创育人活动取得的成绩与职称评审、聘期考核和绩效发放进行挂钩,激励教师参与的积极性;通过专项经费支持高水平创新型人才培养,对学生参加各类双创活动定量评价进行细化,对科技创新奖学金、突出贡献奖学金评选进行科学调整,有效地调动了学生参加双创竞赛的积极性。

三、育人成效凸显,高水平创新型人才培养硕果累累

通过"一主线、两保障"为核心的双创育人阵地建设,学院双创育人工作体系日趋成熟,高水平创新型人才培养目标初步实现。近五年来,学生累计获得省级及以上竞赛奖励 482 项(含国家级 204 项),其中"三大赛"获得省级及以上奖励 40 项(含国家级 12 项,其中国家级金奖 1 项)。胡超然、王兴伟两位学生先后获得中国青少年科技创新奖(中国青少年科技创新领域最高奖,学校历史上仅 5 人获评)。2021 年,学院本科生首次斩获中国国际"互联网+"大学生创新创业大赛主赛道全国总决赛金奖,并代表学校首次登上全国总决赛三强排位赛舞台,展示了学生扎实的创新实力。

"三贯穿、四融合"的创新创业教育模式构建与实践

中国石油大学(华东)海洋与空间信息学院

中国石油大学(华东)海洋与空间信息学院秉持"以学生为中心、以产出为导向"的理念,深入研究创新创业人才培养规律,根据学院学科专业特色,提出并实践了"三贯穿、五融合"的新时代创新创业教育新模式,打造双创教育的海空方案。实践表明,学生参与创新创业积极性、创新创业能力得到了全面提升,达到了"以创促教、以创促学、以创促建"的效果。

一、"三贯穿"创新创业教育模式

(一)以立德树人为根本目标,思政教育全程贯穿

学院立足于创新创业特点和学科专业知识,建立包含家国情怀、工程伦理、职业规范、科学道德等模块的思政体系,实现理论知识、工程能力和思想素质的有机统一。学院建立思政教育与双创教育协同育人的深度融合模式,将思政元素融入双创的调研、立项、工程实践、实际应用、总结反思等全过程,每一项双创活动、竞赛、项目都以思政为先,夯实立德树人根基。

(二)尊重创新创业客观规律,双创教育大学四年贯穿

创新创业有其自身的规律,不是一蹴而就的。低年级学生热情很高,但缺乏知识技术储备;高年级学生具备一定的专业知识,但缺乏动力。针对这一情况,学院提出了"起步—发展—提升"贯穿大学四年的双创教育方案。

(1)起步:金点子工程唤醒热情。对于大一的学生,在不具备工程实践经历的情况下,将学生的满腔热情引导到调研、思考、提出问题方面。引导学生从身边的事物中发现问题、引发思考、调研资料,然后做一些简单的、力所能及的验证等。通过大一学年的"金点子"大赛锻炼基本的创新创业能力。

(2)发展:结合专业知识锻炼能力。大二、大三的学生边学习专业理论知识,边思考如何将这些知识用于创新创业。知识和问题相互促进,引导学生进行分析、综合和创造性训练,实现专创融合、理论和实践融合、一课二课融合的良性循环。

(3)提升:锚定四个面向而奋斗。大四的学生,在具备了基本的专业知识能力之后,创新创业已不仅仅停留在我能不能做什么,而是提升到我选择做什么是最有价值的。在价值判断上,学院从思政教育入手,引导学生树立正确的价值观。

(三)团结一切可以参与的力量,全员育人,全程贯穿

创新创业活动种类多、涉及范围广,而创新创业教育是因人而异的个性化指导。因此,创新创业不是某个或某些人可以完全胜任的,需要学校、学院及各部处领导、专业教师、辅导员、院办秘书、校外兼职导师等相关人员的参与,才能将创新创业教育效果最大化。

二、"五融合"创新创业教育模式构建

(一)专创融合:创建"三层两面"专创融合体系

学院根据学科专业特点,充分挖掘专业课程中的创新创业元素,创建"三层两面"专创融合体系,"三层"即通识教育、专业课程、实践锻炼,"两面"即创新和创业的两个方面。创新教育是面向全体学生的共性教育;创业教育是共性教育和个性教育的结合,促成学生从创新、创意到创业的逐步提升。建立基于工作过程和创新过程的课程内容设计机制,学院所有专业实现了教学体系与创新创业的深度融合,超过40%的课程具备创新创业元素,超过40%的专任教师参与三大赛、大创项目、学科竞赛等方面的指导。

(二)科教融合:构建"五位一体"科教融合模式

学院与自然资源部第一海洋研究所、国家卫星海洋应用中心、自然资源部北海局、中国航天科技集团公司第九研究院第七〇四所等科研院所"五位一体"共建海洋资源与信息工程高等研究院;通过强化与国内优势海洋科研力量、业务应用单位联合,大力实施科教融合战略,实时动态跟踪科技前沿,推动优质学科资源和科研资源转换为创新创业育人资源;通过"三进"计划和"导师-学生"联动制度,引导学生融入科研项目,达到多方协同科研育人的成效,提升学生的创新思维与创新能力。

(三)产教融合:打造"校企"双创教育共同体

学院充分利用企业优势资源培养学生工程实践和创新创业能力,与青岛鼎信通讯股份有限公司、青岛市勘察测绘研究院、歌尔有限股份公司、浪潮集团、中国电子科技集团公司第二十二研究所等建立实践基地;在双创教育中聚焦产业实际需求,以产业需求确定双创项目,以产业前沿提升双创质量,打造"结合专业、瞄准产业、校企合作、同频共振"教育模式;充分发挥企业工程师和教师的指导作用,引入企业优质资源,转化为优质课题集,形成了双创工作与产业发展同频共振、互促共赢的良性循环,达到互利互惠的效果,人才培养和就业质量得到显著提升。

(四)一课二课融合:构建全方位的一课二课融合方案

课堂教学只是拿到了开门的钥匙,真正驾驭知识,需要深入到工程实践中去应用、消化。基于第一课堂的专业知识,利用第二课堂的时间和活动,实现一课二课的优势互补。学生可以利用更多时间去调研,组织跨学科的人一起调研,实现更加综合的复杂工程问题。通信工程专业首次在国内提出专业层面的第二课堂培养方案,建立了"通信与中国""敢闯会创"等一课二课融合课程。学院坚持以赛促学、以赛促创,将大学生"互联网+"创新创业、科技创新等大赛项目与课程相结合,引导学生主动学习、独立思考,激发学生的创造力,提升课程高阶性,增强教学效果。学院力争每一个学生"参与一个项目,参加一次竞赛,经历一次创新,体验一次创业"。

(五)本硕博融合:建立跨学科、跨年级的团队

顶尖的创新创业成果不是短时间可以达成的,从底层开始的、原创的成果更是需要多年的积累,同时需要更宽的视野、更大的格局才能找到最适合的方向。本硕博三个层次各有特点,以有机融合、团队协作、"传帮带"的模式开展创新创业活动,是培养高层次拔尖人才的重要手段。

三、创新创业教育育人成效

学院成立三年来,创新创业教育工作取得了良好成效,得到了一流专业评审专家、专业认证专家、团中央、校团委的高度评价。学院获得"挑战杯""互联网+""创青春"三大赛国家级奖4项、省级奖14项、校级奖130项;获省部级以上学科竞赛奖励50余项;组织立项大学生创新创业训练计划项目96项,结题56项,结题率超过90%。

"六位一体"生态融合体系构筑创新创业育人新模式

青岛科技大学化工学院

近年来,青岛科技大学化工学院以"生态融合强创新、分类培养育英才"为发展理念,探索搭建政策平台、教学平台、实践平台、企业平台、协同平台、服务平台,建立完善的制度保障体系、课程思政体系、竞赛参与体系、实习实训体系、协同联动体系、指导服务体系等"六位一体"生态融合体系,促进体系的生态循环,达到自我造血、输血的目标,构筑起创新创业协同育人新模式,实现创新思维与实践能力双重赋能,培养具有浓厚的家国情怀、强烈的社会责任感、优秀的人格品质、精益求精的工匠精神和追求卓越的实践能力的创新型"五优"人才。

一、案例实施方法与过程

(一)搭建政策平台:建立完善的制度保障体系,为创新创业教育注入"稳定剂"

学院加强顶层设计,成立创新创业领导小组,出台相关文件 10 项;建立完善的指导体系,对学生科技创新活动实施项目管理;建立完善的奖励促进机制,学生参加各类创新创业竞赛可获得相应的学分,给予研究生推免名额;每年筹措 20 余万元用于资助大学生科技创新立项。

(二)搭建教学平台:建立完善的四级课程体系,为创新创业教育注入"增速剂"

一级为创新创业意识激发,面向全体学生开设创新创业和生涯规划课程;二级为创业知识和能力培养,组织第二课堂活动;三级为创业模拟运营,有针对性地进行模拟经营训练;四级为真实项目实践,安排学生进行企业真实项目实践。

(三)搭建实践平台:建立完善的竞赛参与体系,为创新创业教育注入"催化剂"

学院努力打造"3＋N"学科竞赛辐射体系,带动学生参与以"互联网＋""挑战杯"等为龙头,以全国化工设计竞赛、化工原理实验技能大赛、生命科学大赛等为主体的 N 个赛事,形成逐级递进的赛事选拔体系,促进"全员、全过程、全方位"参与。

(四)搭建企业平台:建立完善的实习实训体系,为创新创业教育注入"活化剂"

学院已与京博控股、万华化学等 10 余家企业搭建实习平台,完善校企合作培养模式和评价体系,促进资源共享;开设创新实践能力提升培训班、校企合作班,实施校企合作"育苗工程";实施"创享未来"校企联合培养计划,寒暑假期间带领学生到相关专业的企业开展"汇智共赢"名企行。

(五)搭建协同平台:建立完善的协同联动体系,为创新创业教育注入"交联剂"

学院探索"学院—辅导员—教师—校友—社团"的创新创业协同联动机制。学院坚持以党委为领导核心,联系发挥学院团委、学生工作办公室的政治优势和组织优势;依托"双创教育辅导员工作室",指导学生选择适合自己的创新创业项目;聘请杰出校友担任"创新创业导师",开展校友分享会;成立"生态化工创客空间"等创新创业工作组,依托化工学院科技创新协会等团学组织开展相关的创新创业活动等。

(六)搭建服务平台:建立完善的指导服务体系,为创新创业教育注入"强心剂"

学院建立"一站式"服务、"云指导"服务、"生涯式"服务三级服务体系。

1.学院安排专门的双创导师和高年级学长为有双创想法的学生提供各方面的指导和服务,为学生实现创业梦想提供新动能。

2.学院开展双创技能"大咖讲堂"云分享会;开通各类大赛答辩"云直播";建立双创教育"云资源";每年培养 20～30 名有能力的学生创业"小导师",引领带动更多同学投身创新实践。

3.学院在所有年级中广泛开展职业生涯规划课、"卓越工程师计划"系列培训、"CEO 开讲了"等活动,提升双创氛围。

二、工作成效及工作经验

(一)工作成效

1.双创氛围浓厚

学院连续 16 年举办青岛科技大学化工原理实验技能大赛、连续 12 年举办山东省大学生化工过程实验技能大赛、连续 16 年承办全国大学生化工设计竞赛青岛科技大学选拔赛、连续 3 年承办全国生命科学创新创业大赛校赛选拔赛,学院学生参赛率达到 100％。《中国化工报》《齐鲁晚报》、山东省教育厅网站等媒体对学院科技创新成果进行广泛报道,产生了强烈反响。近三年来,化工学院获教育部产学合作协同育人项目 17 项、教育供需对接就业育人项目 8 项、山东省就业创业研究项目 16 项。

2.双创成绩突出

三年来,学院师生在中国"互联网＋""挑战杯"等国家 A 类比赛中获得全国银奖 3 项,省特等奖 3 项,省金奖 7 项、银奖 9 项、铜奖 11 项;获全国化工设计大赛一等奖 3 项,全国大学生生命科学竞赛特等奖 2 项、一等奖 12 项和其他国家级奖项共计 160 余项,省级获奖 420 余项;发表 SCI 论文 60 余篇;申请发明专利 30 余件。

3.育人成效显著

连续三年,学院学生就业率超过 97％,稳居全校前列。高质量就业率超过 60％,专业对口率超过 80％。平均考研率超过 50％,升学中超过 85％的同学考入了清华大学、北京大学、天津大学等 985、211 高校,涌现出 21 个考研学霸宿舍。

(二)工作经验

1.打造全员专兼结合双创师资队伍,播撒双创"种子"

把学院、学科、学者力量充分调动起来,把"金种子"项目组织起来。学院实施专人带专赛计划,扩大学院教学科研成果和人才培养效应;定期组织培训研修,鼓励教师参加创业就业师资课程培训等,提高就业指导教师队伍的整体业务素质。

2.推动全过程双创教育深入融合,注入双创"基因"

学院坚持面向全体学生、分类施教的原则,确定不同年级层次、不同专业方向的学生在创新创业教育方面的培养目标,形成依次递进、有机衔接、科学合理的创新创业教育课程体系。

3.构建全方位双创制度保障体系,厚植双创"土壤"

学院设立大学生创新创业专项资金、大学生创业扶持基金,支持本科生和研究生开展自主研究课题、学科竞赛、科研创新和创业实践;全方位开展创新创业指导,定期开展创业讲座、培训、论坛等活动,努力营造创新创业的良好氛围;完善创新创业教育制度建设,形成浓郁的校园创新创业制度文化。

"四位一体",协同推进,培养新时代创新创业生力军

青岛科技大学经济与管理学院

青岛科技大学经济与管理学院始终围绕立德树人根本任务,以学校"协同创新、学科创业、生态创赢"为引领,把创新创业教育贯穿于人才培养全过程,持续探索、不断实践,确立了"专业为本、基于创新、成于实践"的创新创业教育理念,从"制度、平台、服务、实践"四个维度协同推进,构建实施了"四位一体"的创新创业教育实践模式,着力培养新时代创新创业生力军,不断提升学院创新创业教育工作成效。

一、加强顶层设计,筑牢双创教育基础

为实现创新创业教育与人才培养的深度融合、与专业教育的有机结合,学院围绕创新创业工作重点,面向行业企业人才培养需求,不断优化完善师资建设与管理制度,筑牢双创教育基础;实施创新创业"一把手工程",成立由院长、党委书记、党委副书记、教学副院长、各系主任组成的创新创业工作领导小组;制定《青岛科技大学经济与管理学院本科生班主任(导师)管理办法》《青岛科技大学经济与管理学院大学生科技创新工作实施办法(修订)》等一系列文件,并对创新创业教育、科研、竞赛获奖做出明确的奖励规定,以此调动广大教师参与双创活动的积极性、主动性,为学生双创能力的培养提供全面、优质的服务。学院从战略全局的高度出发,将创新创业教育工作列为学院重点工作,纳入年度工作要点和绩效目标考核体系,每学期在学院党政联席会、团学工作例会中定期专题研讨创新创业教育工作,探索符合学院学科特点与学生特点的创新创业教育工作机制,对创新创业教育过程中的基础条件、成果总结、奖励表彰,以及可持续发展进行精细化构建和管理。

二、拓展平台建设,营造双创教育氛围

学院"以政策为引导、以竞赛为手段、以项目为载体、以队伍建设为重点"的工作思路,把竞赛项目、创新创业项目和团队有机结合,建立了"竞赛—年级—学科专业"联动机制;积极拓展学科赛事平台,搭建"国家级—省部级—校级—院级"四级赛事训练平台,以中国高等教育学会认定的"互联网+""挑战杯""创青春"三大赛为主体,着力推动学生参与各级各类学科竞赛活动,学院成功承办第九届全国大学生电子商务"三创赛"山东赛区省级选拔赛、第六届中国国际"互联网+"大学生创新创业校级选拔赛等赛事,连续三年获评"三创赛"山东赛区选拔赛"优秀组织奖",不断拓宽学生思维能力实战化训练的新途径。学院持续推进双创能力助推工程建设,即大一学年为双创项目孕育期:以邀请企业高管、专家学者、双创导师交流座谈,获奖团队经验分享等方式,培养学生的科研意识、创新意识,抓好基础学科学习,加强双创认知教育。大二学年为项目发展期:组建教师+学生的创新创业团队,依托"学科竞赛"开展双创实践,推进创新创业训练计划项目。大三、大四学年为项目成熟期:以"优质项目"为载体,组建专家导师指导团队,进行交互式协同指导,引导学生重点参与难度较大的学科竞赛活动,阶段性培养学生的主体能动性、分析和解决问题的能力、科研训练和创新实践能力。

三、实施全过程管理，提升双创服务能力

学院坚持"以赛促教、以赛促改、以赛促创"，把各级各类创新创业竞赛作为深化创新创业教育的重要抓手，形成"赛前动员、赛中打磨、赛后总结"的全过程管理模式，持续提升创新创业教育工作服务师生能力。在赛前，学院进行师生动员会，组织项目申报培训会，开始分类指导；在赛中，学院安排多轮"专家评审"，不定期路演，邀请校内外专家教授反复"把脉问诊"，深度打磨竞赛项目；在赛后，学院举办优秀项目成果展示和经验交流会，通过项目展示、经验分享、活动总结等形式总结创新创业教育经验，宣传创新创业教育成果，既动员鼓励更多同学加入创新创业队伍，又为失利项目总结问题，为下一步工作开展做好铺垫。学院还充分借助"经管领跑人"和"党员先锋岗"项目实施契机，鼓励党员学生组建创新创业团队，开展双创研究实践，充分发挥党员先锋的示范引领作用，不断深化双创教育的育人内涵，使学生创新创业教育能力培养与理想信念教育同频共振；推出"双师双线双扶持"一站式服务，先后聘任55位优秀校友、知名企业家等担任创新创业导师，其中省级双创导师2人；通过组建强强联合的"导师＋辅导员"指导团队、搭建及时互通的"线上＋线下"服务网络，完善"学院＋企业"政策资金扶持系统。学院现已拥有一支专兼职相结合的高水平创新创业指导教师队伍，在创新创业课程授课、创新创业类竞赛项目指导服务、创新创业实践项目培育等方面发挥了有力支撑作用。

四、推进实践育人，深化双创教育实效

学院坚持开放共享的原则，多元化、多渠道推进创新创业教育实践体系建设。学院搭建各类实习实践平台、创新创业基地，充分利用地方资源，广泛开展校企合作，积极探索校企联合培养创新型应用型人才模式。学院目前已拥有8个研究中心与研究所、1个见习中心、2个专业化实验室，已与海尔、海信、青岛双星、青岛地铁、北京闼闼、青岛新锐化学等多家知名企业达成合作，为学院学生创新创业实践提供延伸服务；构建"校友基金＋学校帮扶基金＋社会资金＋政府奖补基金"四合一的资金扶持体系。学院先后设立学生创新创业奖学金、思源（创新创业）奖学金和MBA校友（创新创业）奖学金，每年坚持筹措专项经费10余万元，较好满足了学院创新创业教育及指导服务工作的需要；常态化开展创新创业社会实践活动，成立经管学院大学生科技创新协会、创新创业联盟、城市发展创新协会、青稞IE学社等多个创新类、创业实践类社团，定期举办科技创新活动，不断提升学生参与创新创业活动的积极性和主动性。

近年来，学院双创成绩显著，社会影响力不断增强。2018年10月，学院上榜首批青岛市科技创新智库名单，聚焦全市科技创新发展重大战略需求。同年11月，依托学院雄厚师资队伍及充足硬件配备筹建的"经"创空间被认定为校级创客空间。学生参与双创赛事和活动热情持续提升，学生创新创业能力显著提高，学科竞赛参与度达85％以上，获省级及以上奖项1000余人次。尤其在主体（A、B类）学科竞赛中，省级以上获奖人次逐年稳步增长，累计获奖达531人次，学院荣获"创青春"全国铜奖1项，"创青春"MBA专项赛全国铜奖1项。"三创赛"全国一等奖1项、二等奖2项、最佳创新奖1项，全国高校商业精英挑战赛国家级一等奖1项，省级一等奖8项、二等奖9项、三等奖10项，山东省"创青春"金奖1项，山东省"挑战杯"二等奖1项、三等奖3项，山东省挑战杯"黑科技"专项赛二等奖2项、三等奖4项，累计获批国家级大学生创新创业立项5项，省级大学生创新创业立项6项，校级大学生创新创业立项72项。在学校2019学科竞赛排位前10名的专业中，学院工业工程专业、物流管理专业的生均学科竞赛获奖项数超过10％，位列全校前二。在创新创业教育工作年度考核中，连续三年考核结果为优秀，连续三年文科学院排名第一。创新创业工作的良性发展有效提升了学生就业工作质量，毕业生离校正式就业率连续五年超过95％，位居人文社科类学院前列。

接下来，经济与管理学院将通过加强思创融合，深化专创融合，加速与政、企社会平台融合等方式，努力探索构建出一条基于能力本位和突显经管特色的双创育人体系，继续助力学校大学生创新创业教育事业发展，为学校"双一流"和"五有"高水平大学建设贡献力量。

济南大学科技创新人才培养体系的建设与完善

——以生物科学与技术学院创新创业教育实践为例

济南大学生物科学与技术学院

济南大学生物科学与技术学院紧紧围绕立德树人的根本任务,将创新创业教育与专业教育相结合,与学风建设相结合,遵循"搭建平台、面向全体、积极引导、精准辅导"的工作思路,以高质量人才培养为目标,以创新创业赛事为着力点,不断探索科创育人新模式,形成了"成立专项工作组、建立健全各项制度、强化宣传动员、营造创新创业氛围、优化培育体系、提升创新创业水平"的总体科创教育工作思路。

创新创业教育是我国高等教育领域科创人才培养的核心,2021年10月12日,《国务院办公厅关于进一步支持大学生创新创业的指导意见》中指出,落实立德树人根本任务,立足新发展阶段、贯彻新发展理念、构建新发展格局。济南大学生物科学与技术学院自2013年12月成立以来,不断探索科创育人新模式,历时9年,已基本形成全方位、立体化、多层次的创新创业教育模式;自2016年起连续6年8项作品进入"挑战杯"国赛,并在第十七届"挑战杯"全国大学生课外学术科技作品竞赛中斩获特等奖,截至目前,在各类创新创业类比赛中,学院获得国家级奖项22项、省级奖项25项。

一、成立专项工作组,建立健全各项制度

为保障创新创业工作的有序开展,学院应建立健全各项制度。学院领导班子高度重视创新创业工作和对学生创新创业能力的培养,每学期召开党政联席会进行顶层设计,制定具有学院特色的创新创业管理制度,保障科技创新活动有序、规范开展,为开展科技创新活动提供制度、经费等方面的支持。

学院成立以学院党委书记、院长为组长,分管学生工作的副书记、副院长为副组长,学院办公室主任、学生办公室主任、教学办公室主任、团委书记等为组员的学生创新创业教育专项工作组。专项工作组任务清、责任明,实行年度考核汇报制度。组长负责动员专业教师参与学生创新创业项目指导,副组长负责带动行政人员、辅导员等完成科创指标,小组成员分工负责不同年级学生参加创新创业比赛。在学生层面,学院设立科创中心,将全院有意向参与学科竞赛、科研立项、创新创业等科技创新活动的学生组织起来,发挥朋辈自我服务、自我管理效能,助推学院科创工作。

凝心聚力抓落实,工作制度齐全,奖惩措施有力。依据学校相关文件,学院制定系列奖励激励措施。从学生层面看,参加大学生科技创新竞赛,可以锻炼学生科研、学习、团队合作等方面的能力,提高其综合素质,为未来的考研、择业等人生规划起到积极的促进作用。从教师层面看,指导学生参加科技创新竞赛,既可以对自身的教学起到辅助和促进作用,提高教学科研能力,又可以充分发挥教师立德树人的作用,当好"大先生"。

二、强化宣传动员,营造创新创业氛围

为充分激发学生参与科技创新活动的积极性,学院根据相关工作要求,通过线上线下宣传动员,积极营造创新创业氛围,将科创普及教育融入新生入学教育,强调科技创新能力对个人成长成才的重要作用,做好创新创业启蒙,引导学生将自身知识学习和能力培养融入国家和社会发展中去;在更大范围内树立科技创

新成果优秀学生典型,用"造星"的形式创造出更多科技创新型"明星",充分发挥朋辈引领效应,邀请参加过"挑战杯""互联网+"等竞赛的学长学姐分享经验,深度调动学生参与创新创业的积极性。

同时,学院通过加强与创新创业教育专家和企业家的联系,举办专场讲座、学术沙龙、茶话会等,以轻松愉悦的方式向学生宣传科技创新相关知识,解读国家支持政策;根据不同年级学生特点,有针对性地宣传引导,构建螺旋递进式创新创业教育路径。近年来,学院开展了"挑战归来话成长"、科创比赛宣讲会、科创经验分享会等各种活动,让学生更为直接地感受到科技创新的价值和意义,也提高了学生科创作品的水平。

三、深化资源共享,提供创新创业平台

学院统筹整合了实验室资源,改善实验室条件,完善实验室设施,为学生参与创新创业活动搭建了平台,提供了基础保障;利用学校一年一度的科研立项(SRT),面向全院学生开放科技创新项目实践,引导学生主动联系学业导师,走进实验室,在学业导师指导下开展研究。对于有创新想法的学生,结合学生科研立项将自身创意落实到书面文字,以项目书的形式递交给学院科创中心,学院组织校内外专家对该创意进行评估,展开培育。

学院于2021年成立"博芸生物研习社",举办有趣且有意义的社团活动,培养学生的创新创业意识;通过实践活动提升学生实践能力,通过科创平台的搭建,让学生有更多机会参与科技创新活动,主动思考,查阅资料,与老师沟通交流,在解决各种科技创新活动遇到的问题中,激发学生科学探究的兴趣,增强主观能动性,优化知识架构,培养学生的社会责任感和创新意识,促进学生全面发展。

四、优化培育体系,提升创新创业水平

对于项目的培育指导,学院建立了双导师制指导教师团队,专业教师指导专业问题,辅导员指导非专业能力,双管齐下,提升创新创业水平。专业教师在专业层面给予学生充分的指导和教育。作为学生在校期间的"知心朋友"和"领路人",辅导员在学生科技创新活动的组织、引领、宣传和服务等方面发挥着重要作用,可以在学生非专业能力方面(如情感、毅力、心理等)起到一定帮扶作用。

学院注重加强对师生科技创新能力的培养,通过"走出去、请进来"双重措施,形成了双创教育生态系统,校内和校外相互配合,形成了循环共生网络。"走出去"指每年定期选派教师到其他高校去学习,了解其他高校的做法,提升教师的科技创新指导能力;"请进来"指邀请校外优秀创新创业指导教师、相关专业创业成功的企业家到学院为学生上课,以他们的实践经验,指导学生开展创新创业活动。在创新创业项目培育过程中,学院邀请知识储备丰厚、指导能力突出、视野广阔的校内外专家,对项目进行全方位论证,不断修改、完善、提升,激发学生的灵感,拓展学生的思路。

经过学院近十年的努力,涌现出以孙翔玲、王元秀、古劲松、樊翔宇等老师为代表的国家级、省级科创优秀指导教师,培养了大批以张建伟、崔润博、张佳馨等同学为代表的崇尚科学、追求真知、勇于创新的优秀学子。创新创业教育任重而道远,学院会持续更新创新型人才培养的理念,围绕"以学生为中心"的创新创业人才培养模式,培养更多、更优秀的具有批判创新思维能力、交流合作能力、发现和解决问题能力的创新创业人才。

打造"一心、两端、三阶、四级、五步"的学生科技创新工作体系

青岛理工大学环境与市政工程学院

大学生科技创新活动对培养大学生的创新能力和实践能力具有重要意义,不仅为大学生提供培养创新思维的平台,还可以进一步提高创新能力和团队合作能力。自2021年下半年至今,青岛理工大学环境与市政工程学院整合学院资源,创新科技创新工作模式,打造了"一心、两端、三阶、四级、五步"的学生科技创新工作体系,在学生创新氛围、创新能力、创新成果等方面取得良好的成效。

一、实施情况

青岛理工大学环境与市政工程学院以习近平新时代中国特色社会主义思想为指导,紧紧围绕立德树人根本任务,着力推进高校思想政治工作质量提升工程的有效实施;在原有科技创新工作的基础上,整合资源与经验做法,创立"一心、两端、三阶、四级、五步"的学生科技创新组织体系;努力增强在校大学生创新意识和创新精神,全面提升大学生创新能力,完善多样化创新人才成长的培养体系,创造性地把科技创新与人才培养融为一体,在科研育人工作上取得了显著的成绩。

二、经验做法

"一心"是以学生的创新能力提高为中心。学院制定《环境与市政工程学院大学生科技创新实施方案》,密切围绕学院学科优势,从科技创新建设目标、学院、导师、团队学生的各方职责出发,从项目激发到成长优化进行了全面策划,为学院营造热爱学习、学以致用、乐于科创科研、蓄力竞争的浓厚氛围。

"两端"是围绕学生端和教师端打造赛事活动的两个"发动机"。动态建设创新创业导师信息库,创新创业学生项目库。学院坚持自愿、共建、分享、创新的理念,建立学院科创资源匹配系统,集结有想法无团队、有团队缺想法、有热情无资源的师生,从专业优势、个人专长等方面搭建师生组队桥梁,形成青年教师与大学生的良性互动。

"三阶"为大一学生的创新创意阶段,大二、大三学生的创新实践阶段,大四学生的创业实践阶段。围绕大一学生,学院开展"头脑风暴"创意征集大赛、"企业专家进课堂"等创新创意类活动。针对大二、大三学生,结合自身专业特色,学院指导、督促学生参加国家级科创相关比赛,在学院内开展院级赛事及培训讲座,并根据涌现的创意作品进行指导。针对大四学生,学院积极联系企业,开展走访观摩,围绕人才培养、创新创业、就业招聘等方面与企业进行对话合作,签署创新创业合作基地。

"四级"是建立项目团队四级晋升培养模式。学院实行分类分级培育管理模式,设种子项目、培育项目、重点项目、突破项目四级,针对各级项目设定奖励机制及晋级条件,更有效地稳固项目基础质量、激发项目发展潜力、提高项目成长活力。

"五步"是赛事动员会—项目诊断会—院内选拔赛—参赛组织—成果展示及总结,形成完整闭环系统。

(1)学院召开科技创新竞赛动员会,撰写并更新创新创业手册,组织专业教师参与赛事主题讲解,通过集中动员、课程间隙动员等方式加强比赛的宣传。

（2）学院组织项目诊断会，针对有意向参加的学生，通过邀请专家进行思路分析、前景展望等方式，对项目进行前期诊断，开设"校友创业论坛"；针对院内选拔赛中的突出项目，在国赛前组织专人进行指导，邀请"挑战杯""互联网＋"国赛金奖团队负责人开展一对一项目打磨等，组织团队参加、观摩校级科创类竞赛及项目提升诊断会。

（3）学院针对重要竞赛前置开展院内选拔赛，通过组织院级赛事的形式，加强项目的互相学习，通过扩大赛事在学生中的影响，选拔优秀作品代表学院参加校级、省级竞赛。

（4）学院跟进国赛，加强与国赛组织方的对接，掌握大赛进程，做好参赛组织，每年根据学院实际情况，撰写、修订比赛指南，让老师和学生能够通过指南全面掌握学院科技创新的参与方式和渠道。

（5）学院每年开展大学生科技创新成果展示及经验宣讲活动，借助迎新入学教育、公寓建设月等时间节点对项目优秀成果进行广泛宣传，成立学院科技创新宣讲团在创新创业课、研究生学术活动月培育学生科创能力，扩宽学生的科创视野，激发学生的科创灵感。

三、工作成效

（一）健全科创机制，项目"有章可循"

学院制定《环境与市政工程学院大学生科技创新实施方案》及科创竞赛手册，明确科研育人功能；通过工作体系围绕落实重点任务，进一步完善激励机制、优化科技创新活动管理，实现了团队组建、项目申报、项目成长、项目打磨、项目参赛、案例展示等各环节的一站式服务，为大学生开展科技创新活动提供便利条件和良好环境。

（二）提高宣传发动，项目"有师可问"

学院全日制学生共 2700 余人，经过半年，现项目库已入库新项目 400 余项，除了毕业生，参与学生覆盖数达 74％。导师库入库指导专业教师 32 名，创新创业导师 21 名，涵盖各类专业背景，能够为不同学生的科技创新项目有针对性地匹配指导教师，全过程提供指导。学院强化校企、校地的协同育人新机制，邀请知名企业等业界精英担任创新创业导师，打造"校内＋校外"双导师项目培育模式。

（三）科创成果丰硕，项目"有路可行"

学院依托所培育项目，组织学生参加各类大学生科创赛事，借势高端竞赛凝聚各方力量，不断激发学生参与科技创新活动的热情，形成"以赛促学、以赛促练、以赛促用"的氛围，进一步提升项目成果的质量；组织开展大学生创新创业训练计划项目结题验收答辩工作，共有 8 项国家级、7 项省级大学生创新创业项目参加结题答辩，在立项质量、立项数量等方面均取得新突破；组织发动学院 1300 余名学生参与第八届山东省"互联网＋"大学生创新创业大赛，申报项目 187 个，学生参赛率达 50.15％，获国铜 1 项、省金 1 项、省银 1 项、省铜 2 项；围绕"挑战杯"中国大学生创业计划竞赛开展 10 场培训会，培育挑战杯项目 21 个，参与学生 200 余人，获国铜 1 项、省金 1 项、省铜 2 项。学院承办青岛理工大学 2022 年节能减排大赛，共计 30 支队伍 188 人参与，在全国大学生节能减排社会实践与科技竞赛获国赛二等奖 1 项、三等奖 3 项，并获全国优秀组织奖。

"思创＋专创＋赛创"交叉融合新模式，在理工科大学生创新创业能力培养上的构建与实施

青岛理工大学机械与汽车工程学院

青岛理工大学机械与汽车工程学院以"小社团"撑起"大思政"，构建了"思创融合、专创合一、赛创促进"的交叉融合新模式，依托 MAE 大学生科技创新协会，按照"创新意识渗透、创新能力提升与实战、创新成果转化"三阶段培养原则，通过"2345"模式，将创新创业教育与思想政治教育、专业培养充分结合，理论学习与实际应用无缝衔接，课内学习与课外活动相互补充，探索出一条理工科大学生创新创业能力培养新思路。

一、思创融合，"小社团"撑起"大思政"，搭建课程思政新体系

学院注重将大学生创新创业教育与"党史""四史"学习教育有机融合，并不断突破，逐渐形成了又红又专的科技创新特色之路；通过思创融合，强化大学生的爱国主义情怀，坚定理想信念，致力乡村振兴，促使科技创新成果反哺社会。思创融合不仅提高了学生们的科技创新能力、社会实践能力，增强了他们立志成才、勤奋进取、团结合作、勇于拼搏的信念，还培养了一大批具有"机械学子"特色的创新创业优秀人才，使"机械学子"的思想道德素质、学识学业水平、核心职业能力再上一个新台阶，也使学院收获了丰硕喜人的创新创业成果。

近年来，协会成员在"青年红色筑梦之旅"、乡村振兴、精准扶贫等方面做出突出事迹。学院每年有 200 余人，深入实地考察劳作，在田间地头获取灵感，在劳动过程中创新技术，为乡村振兴战略贡献了自己的一份力量。获得"挑战杯"山东省特等奖的"核桃剪切挤压柔性锤击绒辊分离剥壳关键技术与准备"项目，正是针对该校派出的第一书记所在村面临的生产难题，经不断研制，最终形成多项专利，并成功投放于市场；获得第五届全国大学生智能农业装备创新大赛特等奖的"一种用于海洋渔业的信息采集与环境实时监测的自发电式智能共享平台"项目起初的灵感来源于一则新闻：由于海洋环境变化，渔民没能及时获知情况的变化而导致水产养殖失败。该项目经过多次迭代和实验，已经达到数据收集传输、渔情预警、灾害预警等效果，同时与青岛水产养殖基地达成合作，造福地方渔民。

二、专创融合，构建跨学科、跨专业、跨年级平台，打造大学生创新创业新模式

专创融合教育是在专业领域基础上的创新创业教育，二者的有机融合能实现由"知识型人才"向"综合型人才"的转变。学院不断强化学科专业与创新创业教育的融合，构建了跨学科、跨专业、跨年级的专创融合平台，依托"校内创新创业基地、校外创新创业基地"两大平台，结合"双创基础课、专创融合课、创新创业实战课"三类课程，构建"创新创业讲座、创新创业培训、创新创业竞赛、创新创业项目孵化"四种典型工作模式，开发学生德智体美劳五种综合能力。

结合机械学科的特点，学院致力于在大学生的专业教育中融入创新创业教育，实现专业培养方案的优化、课堂教育形式的多样化和教育内容的现代化；在专业导论课中增设专业竞赛的相关内容，激发学生参与竞赛的兴趣和热情；依托各个教研室、教师的研究方向和课题开展大学生的"创新创业实践"，达到利用教学和实践培养学生的创新创业能力的目的。学院依托现有的大学生实训基地和与豪迈集团、青岛钢铁集团公

司等多家企业建立的大学生创新创业实践基地,构建校企联动机制,拓展大学生创新创业平台;通过跨学院的选拔队伍,实现跨学科交流,更有助于在科技竞赛中取得优异成绩。第二十届全国大学生机器人大赛ROBOCON 中学院机器人参赛团队获得全国第四名(季军)、全国一等奖的优异成绩,取得历史性突破。参与机器人大赛的学生来自多个学院、多个学科,他们调动各种资源积极备赛,反复研讨、修改、校对,最终完成投射与防御两台机器人的研发制作,并在大赛中取得优异成绩。

三、赛创融合,以赛代练驰骋赛场,探索培养高素质应用型人才新途径

随着理工类各学科竞赛的迅速发展,学生参与数量、影响范围不断扩大,学生参与"互联网＋""挑战杯""创青春"等各种竞赛的范围越来越广,将科技竞赛融入大学生的创新创业能力的培养中,既可以实现学生对专业知识的学习与巩固,又可以增加其课外知识的学习,进而在科技竞赛中锻炼自己的思考能力、学习能力和抗挫折能力,为培养创新能力奠定基础。

面对"大众创业、万众创新"的国家发展战略要求,学院坚持走"赛场市场一体化"的道路,构建了完备的"创新创业人才培养政策制度驱动、创新创业赛事驱动、校内加工中心实验室驱动、校外企业实习驱动、科技项目转化驱动"的"五维驱动"机制,搭建了创新创业人才培养的制度保障平台,如以"项目驱动、学科竞赛检验、师生广泛参与"的参赛平台、校内加工中心实验室平台、校外企业实习平台、促科技项目向新产品转化平台。学院通过创新机制,有力地推动了科技创新,形成了浓厚的创新创业氛围。学院积极组织学生参与"挑战杯"全国大学生课外学术科技作品竞赛、全国大学生节能减排社会实践与科技竞赛、山东省高校智能机器人创意竞赛、"互联网＋"大学生创新创业大赛等赛事,全力助推大学生创新创业。

学院依托 MAE 大学生科技创新协会,以"小社团"融入"大思政",形成了独具学科特色的"思创融合、专创融合、赛创融合"的育人模式,成效显著。"匠心机车讲坛"作为"机械工程前沿"课程重要组成部分,实现"门门有思政、课课有特色、人人重育人"的良好格局。暑期赴菏泽乡村开展的"小荷学堂"志愿服务事迹先后被新华社、新浪等媒体报道。学院师生在"挑战杯"大学生课外学术科技竞赛等比赛中获国家级奖 105 项,省部级奖励 300 余项。学生发明的《柔性核桃脱壳机》科技作品在中央电视台《我爱发明》栏目播出。方程式赛车队培养出 300 余名优秀学生,队员"学以致用、乐于助人"的事迹被齐鲁电视台等众多媒体广泛报道。学院 4000 余学子潜心科创,奋勇前行,涌现出全国大学生自强之星、新时代山东向上向善好青年好典型、山东省大学生优秀科技社团干部等优秀人物,协会连续四年在山东省机电创新大赛中荣获"优秀组织单位",获评"2021 年全国高校百强学生社团"和"2021 年高校创业百佳社团"等荣誉称号。

双创融合，实践育人，打造材料科创育人"新样本"

山东建筑大学材料学院

在"双创"的大背景下，山东建筑大学材料学院明确把创新创业教育作为人才培养改革的突破口，在建章立制、专创融合、打造实践平台、完善指导帮扶体系等方面精耕细作，提高学生的实践能力和双创能力，培养出一批批优秀学子。

2018年以来，学院师生参与科创热情高涨，老师参与率达65%，学生参与率近60%，并取得了优异成绩，在"互联网＋"大学生创新创业大赛中获国家铜奖2项，省级金奖4项、银奖3项、铜奖5项等，在"挑战杯"大赛中获国家银奖1项，省级金奖2项、银奖1项、铜奖2项等，国创计划国家级和省级立项60多项，学生的专利、论文也多达千余项。《打造科创育人的"材料样本"》的报道登上了"学习强国"平台。

一、学院开展大学生创新创业训练计划情况

（一）规模与范围

"国创计划"是面向本科生的一项创新创业赛事，鼓励以大二学生为主，积极参与"国创计划"申报。

根据《关于开展2012年度"国家级大学生创新创业训练计划"项目申报的通知》，学校于2012年第一次参与"国创计划"。学院积极申报，获得1项国家级立项。2017年，学校组织开展第二批申报，学院获得5项国家级立项，其中，由孙齐磊教授指导的"环境友好型钢筋混凝土阻锈剂试验研究"项目受邀参加了第十一届全国大学生创新创业年会，这是学校第一次受邀参加。2018年，学院获得4项国家级立项。2019年，学院第一次进行省级立项，学院获得国家级立项4项，省级立项9项。2020年，学院获得国家级立项1项，省级立项13项。2021年，学校第一次进行校级立项，学院获得国家级立项1项，省级立项5项，校级立项若干。2022年，学院获得国家级立项4项，省级立项16项，校级立项若干。

（二）形式与举措

1.完善机制，形式多样，激发师生参与热情

一是学院成立双创教育工作领导小组，负责双创教育的规划、组织和领导等工作。组长由院党委书记和学院院长担任，副组长由学院党政领导班子成员担任，成员包括各个教研室、实验室、教学办及学院团委。

二是学院以线上线下结合的方式开展"国创计划"宣传、组织和培训工作。

三是学院加强对双创导师的选拔和使用，给学生项目团队提供有效指导，同时还开展学术讲座、科普知识竞赛、知识产权宣讲等形式多样的双创活动，激发学生参与热情。

2.宣传发动，拓展广度，提高学生参与"国创计划"积极性

学生层面：学院召开"国创计划"动员会，鼓励学生们积极参加。

教师层面：学院积极倡导教师将双创理念融入教学实践改革，通过各种机会和场合动员老师指导学生参加双创活动。

3.打造实践平台，挖掘深度，推出优质"国创计划"项目

目前，学院入驻团队30多支，孵化项目30余个，入驻约30名校内外优秀双创导师，可以为"国创计划"

项目提供精准指导。

(三)主要成就与经验

一个成熟的项目需要多年积淀,前期通过双创课程培养人才,后期选拔学生双创团队,由双创导师指导进行课题研究,通过一段时间的积累,参加各类创新创业赛事。例如,学院的徐淑波教授通过多年的积累,以 3D 打印为基点,延伸出许多优秀的创新创业项目。

二、学院推进创新创业教育改革情况

(一)强化顶层设计,建章立制

学院出台了《本科班级导师制实施办法》《大学生科创团队项目管理办法》等文件,明确了科创团队组建流程、管理、奖励机制等,引导学生从大一开始加入团队,支持教师面向学生开放科研课题,打通师生的纵向对接。

(二)夯实基础,专创融合,健全双创教育体系

学院通过第一、二课堂,在通识教育、专业教育、课外活动等方面提高学生的创新创业素养。第一课堂方面,广泛开展双创课程;第二课堂方面,结合双创教育课程,在专业基础上打造一系列双创素养类活动。学院根据不同年级分层次阶梯式实施。针对中、低年级主要开展科普知识竞赛、科创沙龙、博士论坛等;针对高年级,主要开展与专业相结合的双创教育与实践,以双创类竞赛、企业实训等为依托,确保实现双创素养能力培养四年不断线。

(三)求实创新,校企协同,优化实践平台

一是搭建双创实践平台。学院对专创空间从管理机构及职责、团队入驻条件、考核、退出要求等方面制定管理办法,提供充足的创客工位,邀请专家进行视频制作、现场答辩、团队建设等方面的指导,定期组织团队路演和交流等活动。

二是加强校企协同育人。学院注重校企双向交流,实行校企人员互聘、互兼、互派,实施"专业共建、资源共享、人才共育"的合作战略,构建"三方协同"的育人模式;深化产教融合,学院与莱钢、山东工业职业学院共同签订《共建绿色建筑新材料现代产业学院战略合作框架协议》。

(四)多维度融合,全过程贯通,完善指导帮扶体系

学院探索推行"班级专业导师、科创导师、朋辈导师"三位一体协同育人新模式。每个班级配备一名专业老师、一名研究生担任班级专业导师、朋辈导师;每个科创团队配备 1~2 名专业老师担任科创导师,提供精准指导。目前,入驻创客空间的校内外创客导师约 30 名(其中包括全国五一劳动奖章获得者、齐鲁大工匠、莱钢建安公司技术中心经理蔺红霞,山钢研究院新材料研究所许荣昌博士,泉城众创空间导师徐淑波)。

三、学院推进创新创业教育改革效果

(一)学院双创成绩喜人

学院双创工作氛围日趋浓厚,参与率和获奖团队均创新高,成效显著,累计培育组建 100 余支创新创业团队,在各类创新创业大赛中均有佳绩,在"互联网+"大学生创新创业大赛和"挑战杯"中国大学生创业计划竞赛中获国家级和省级奖项 20 余项,"国创计划"国家级和省级立项 60 多项,学生的专利、论文也多达千余项。

(二)学院双创蓬勃发展,促学生成长成才

学院经过多年的沉积,学生就业率和签约率一直名列前茅。一是对于有就业意向的同学,鼓励其参加各项创新创业赛事,可以磨炼自己的动手能力、实验能力和随机应变能力,培养自己的双创兴趣,成为企业的青睐创新型人才。二是对于有考研意向的同学,鼓励其参加创新创业赛事,可以不断积累经验,获得奖项,丰富自己的履历,在考研过程中更能受到高校的青睐。

"科教融合"背景下创新创业教育对"拔尖人才"的培养探索

齐鲁工业大学化学专业实验班

勇攀科学高峰的拔尖人才对基础科学和国家战略起到重要的支撑作用,通过科学研究实践夯实学生的理论基础知识和技能,培养学生的科学思维方式,开辟了本科生拔尖人才培养新模式,齐鲁工业大学(山东省科学院)作为国家"产教融合"项目首批建设高校,2019年开始组建实验班,探索拔尖人才培养模式、培养理念和实施方案,创新点为:引入创新创业教育理念,采用科学研究的培养思路;坚持立德树人为根本,把"课程思政"各元素嵌入科学研究中,强化科技报国和科学家精神。整个培养过程分工明确,各培养环节衔接良好,保障有力,学生在校期间活跃,竞赛和科研成果突出,毕业质量高,能培养出一批科研素养高、德育健全的拔尖人才。

齐鲁工业大学(山东省科学院)结合实际,2019年出台《齐鲁工业大学(山东省科学院)一流本科人才培养行动计划》,为了更好地利用学校科研平台服务本科教学,满足大学生自主学习和创新创业的需求,针对ESI世界学术机构排名前1‰、山东省一流学科的化学学科,成立"实验班",由35名学生组成,秉承科学研究的培养思路,致力于学习科学家的探索精神,深度"科教融合",培养理论知识和实践能力兼备、具有良好科研素养的化学领域的拔尖人才。

一、培养理念

(一)制度创新

学校坚持学生中心、持续改进的理念,加大拔尖创新人才培养的改革创新,实现制度和政策配套和完善。

(二)选拔和淘汰

校领导班子强化创新遴选方式和评价标准,加强对各类偏才、怪才等学生的全面考察,真正发现志向远大、学术潜力大、综合能力强、心理素质好的优秀学生;完善动态进出机制。

(三)培养和育才

学校加强科教融合,培育具有爱国主义、科学精神、批判精神和创新精神的人才;坚持因材施教,突出领域特色和学生特点;重组教学内容和教学方法,加强教学和课程体系改革,实现科研活动学分制、科研导师制,导师给予学生全流程、全方位科研指导,帮助学生拓宽国际视野和提高跨文化理解沟通能力。

(四)联动培养

学校成立班级但不局限于班级,探索厚植土壤的思路,实现教师、科研团队与专业管理团队的有机结合,实现校内外相关单位的顺畅对接、交流互动和资源共享。

二、实施方案

(一)基本设置

"实验班"为实体班级,按照学习成绩和面试成绩从大学一年级学生中遴选,人数不多于35人,配备专职班主任和辅导员。学校实行导学制和科学研究的培养方式,遴选学术骨干担任导师,实行一对一指导,师生双选,确定每位学生的指导老师。导师的科研室为学生的第二教室,完成科研相关学分和活动;导师的校外资源为学生的第三教室,完成校外科研活动和视野拓展。

(二)课程体系

1.基础课程:实行"小班化后的小组化"翻转课堂方式上课,由两位主讲教师和两位助理教师负责每门课的教学和研究任务,采用智慧化教室,实行任务主导、小组讨论和线上线下答疑为主要学习方法的教学模式。

2.科研学分:与科研活动相关的创新创业课程为必修课,加入培养方案的课程体系,学生在指导老师的研究室内由指导老师指导完成,课程共 4 个学期(包括大二和大三,共 4 学期),学分分别是 2 学分、4 学分、4学分、2 学分。课程指导书依据能力要求,设计考核任务。

3.科技竞赛学分:科技竞赛主要依托学生的科研经历和成果,以学生第一位的身份完成化学专业相关的大学生科技竞赛。锻炼如下技能:快速准确查资料的能力;扎实的化学基础知识;竞赛规则和竞赛项目把握能力;全负荷、高效率的实战能力;演讲报告制作和审美能力;答辩和应变能力。

4.会议学分:由指导老师根据学生的研究方向和科研表现,带领学生参加本领域内的国家级学术会议,主要是锻炼学生的信息收集和处理能力、演讲报告制作和审美能力、学术交流能力,同时开阔视野,增加自信。

5.校外科研活动学分:"双一流"学校科研活动,主要由指导老师或班主任联系和沟通,进入"双一流"学校或中国科学院所参加交流学习,采用学术交流、夏令营、修学分等形式,累计 2 周。双一流学校科研训练重在开阔视野,感受科研氛围和科研管理模式。

(三)平台建设

1.学校建立标准化、智能化和人性化的创新创业实验室,实验室集清爽环境、极致装备、尖端材料、3D 打印、超净环境、桌面化工、生命化学和模拟仿真、三维安全监控、规范化操作和配置于一体,给人以敬畏化学、感谢化学的深刻体验,进一步展现化学的基础学科和中心学科地位,拓展生物化学、生命化学、能源化工、药学等专业/领域的前沿思想。实验室附有生活化学和化学生活板块,将和化学工艺与工艺、应用化学、制药工程、药学等专业共建共享,实现专业互通,标准共建。

2.实验课程采用灵活的在线预约制度。学校实行开放的实验课题征集方式,形成实验课程案例库,学生根据自己研究方向和兴趣爱好,做好预习等相关工作,通过基本测试后,预约实验,实验员准备仪器和器材,确认后,学生在指导老师和实验员陪同下,进行实验。

(四)责任分工和保障措施

1.责任分工

(1)学生:做到理论知识扎实,没有挂科,四大化学、英语和数学成绩突出;按照培养方案要求,科研时间10~15 小时/周,每周给自己导师提交科研报告和汇报工作;"双一流"大学或中国科学院所的学习时间不低于 2 周;参加校级或者以上科技比赛一次;完成一篇能投稿水平的研究型论文。

(2)指导老师:完成学生遴选、考核、督促工作,完成学生进入"双一流"大学的科研实践的任务;保障学生每周 10~15 小时的科研时间和相关实验内容;指导学生完成一篇研究型论文并获得相应技能。

(3)班主任:负责学生学风建设和日常生活,带队参加各种教学科研活动,主要包括"双一流"高校联谊、考研试题收集和分析、学分互修互换事宜、夏令营等有助于学生科研素养提升的活动。

(4)辅导员:辅助团委完成学校的任务,做好学生思想工作,完成各种宣传、校内联谊等工作。

2.保障措施

(1)化学专业:组织科研学分的考核任务;每学期组织一次考研会议或讲座,拓宽学生视野,落实各项改革到位。

(2)学院:经费支持包括实验室建设和运行经费、学生科研测试费、学生基础奖学金、校外科研实践的路费和住宿费、校外专家费、组织相关活动费用;督导和完善改革中各项任务。

3.激励机制

学校设立拔尖人才基础奖学金、学生科研成果奖励基金;给予学生科研费支持,学生可申请科研费用,用于测试和购买试剂等科研相关的业务;给予科研实践的指导老师、班主任和辅导员教学工作量。

(五)学生质量

2018级化学专业实验班的学生已于2022年6月全部顺利毕业,学生升学较好,考研录取率为68%,其中"双一流"大学占比96%,班级同学共获得校级奖项78项,国家级及省级奖项22项,主持参与国家级/省级大学生创新创业项目8项。学生先后获得第十六届"挑战杯"全国大学生课外学术科技作品竞赛和创业计划竞赛三等奖、山东省"互联网+"大学生创新创业大赛银奖和铜奖、第十二届"挑战杯"山东省大学生创业计划竞赛银奖、山东省大学生移动互联创新创业大赛二等奖、第十届山东省大学生数学竞赛二等奖和三等奖、山东省大学生物理竞赛B类二等奖、山东省ICPC-ACM竞赛银牌、第十一届"蓝桥杯"山东赛区国赛(B组)一等奖等奖励。班级先后荣获山东省优秀先进班集体、校级优良学风标兵班、优良学风班、校园十佳班等荣誉称号。

(六)展望

齐鲁工业大学(山东省科学院)探索的科教融合培养的教育理念和实施方案,对学校(院)化学类人才培养起到积极作用,能培养出一批科研素养高、德育健全的高端人才,可以在全校(院)的科教融合学院推广,并逐步拓展到全校(院)其他专业和全国各大高校。此培养模式将推动不同领域诞生一批领军人才和拔尖人才,助力山东乃至全国的人才中心愿景,促进中国的科技综合竞争力。

三、结语

要培养出少而精的高层次基础科研人才,这对当前的高校人才培养提出了巨大的挑战。要培养出高层次基础科研人才,必须结合院校自身实际情况,积极调整培养方式。案例中结合院校实际情况,阐述了高层次基础科研人才的培养理念。在此基础上,从基本设置、课程体系、平台建设、责任分工和保障措施、学生质量这几个方面详细介绍了拔尖人才"科教融合"培养的方案,希望可以为其他高校拔尖人才的培养提供借鉴。

"六位一体"创新创业育人体系的构建与探索

山东理工大学计算机科学与技术学院

近年来,山东理工大学计算机科学与技术学院坚持立德树人根本任务,以共青团组织为抓手强化思想引领,以提高"五有"人才培养质量为目标,不断推进大学生创新创业工作与人才培养工作深度融合,提出了"科技创新＋"的创新人才培养途径,将"专业""社团""赛事""基地"四大元素与创业孵化、产教协同相融合,为创新人才培养体系赋能,并提出了思想引领、团建帮扶、以理想信念筑牢基地育人成效等创新点,打造"六位一体"创新创业育人体系,科技创新引领学风建设,不断提升学生创新创业能力,在大学生科技创新工作中不断取得新突破。

一、高度重视,注重顶层设计,出台科创新政

学院加强顶层设计,精心搭建"六位一体"创新创业育人体系。学院成立大学生科技创新工作领导小组,构建双创工作领导专班。院长亲自挂帅,着力强化三个有力保障。一是制度保障。学院牵头制定并实施竞赛管理、实验室管理、科技类社团管理、孵化园管理等多项制度,通过体系化的制度规章建设打牢学院科创架构。二是场地保障。学院做到实验室全天开放、全员开放,有人管理有人用。三是经费保障。自2018年开始,学院提供经费每年不少于20万元;华为、通广电子等企业赞助大学生创新经费30万元;经费总量每年保证投入40万以上。同时,学院积极寻找外部资源投入共300万元搭建校企联合创新实验室;推进与企业的深度融合,搭建科教融合育人平台,协同培养高素质人才。学院在学校划拨专项活动经费的基础上,适当从学科及专业建设经费中切块,用于支持大学生科技创新活动,主要用于资助学生发表论文、申报专利的有关费用,创新活动所需的报名费、耗材、会务费等,给大学生科技创新工作提供了一定的资金保障。

二、社团导趣,以赛促练,激发学生创新创业活力

学院专门成立创新创业服务中心,重点推进双创服务建设,精心做好赛事的组织和服务工作,做好学生创业孵化园的管理、维护及运营工作。目前共有9个专业科技类社团,覆盖在校生1500余人,每年累计组织各类科技活动100余场。学院每年精细梳理最新赛事目录,根据专业特点和竞赛要求把赛事分配到系部,每个赛事都设有专门的指导老师团队,青年博士参与赛事指导数量逐年提升,新老科研学术梯队逐渐搭建。学院建立三级竞赛选拔机制,设计出版《创新创业竞赛指南》,对各大赛事、指导教师、竞赛流程等做了详尽的说明和指导,每年还对所有的赛事获奖情况进行总结,及时查找不足;在竞赛中渗透教学改革,能获得先进的教学平台与理念,更好地激发学生的编程兴趣与动手积极性,整体提升学生的培养质量;坚持竞教相长,激发学生内生动力,在此基础上实现教学改革与竞赛训练的良性互补与融合。

三、创新教学方式，深挖课程资源，加强"双导师"全过程培育

一方面，学院设立面向学校山东省"应用型人才培养特色名校"立项建设单位的专业课程体系，满足具有创新创业能力的高素质卓越工程科技人才的要求。学院开发的在线评测系统（Online Judge）已有全国近百个高校使用，内含四千套程序设计题目，是教学、训练、比赛一体的平台。学院开创 ACM 程序设计与算法创新创业实践，面向全校学生进行选拔，实行双轨制培养模式，采用分类指导的混合式教学模式，加持校外实验室，借助实践基地完善实践指导。

另一方面，学院聚焦青年需求，蓄力优化师资队伍；凸显科技创新校外实践基地建设，以共享思途、青软等企业为首带动辐射学院整个实践基地群，不断推进"社团＋科技创新"工作与校外实践的深度融合，结合校内创新创业导师遴选与聘任工作，配齐校内校外"双导师"。2020 年下半年，学院举办创新创业导师双选会，300 多名师生成功互选；12 月份举办首届双创导师聘任仪式，由校院领导亲自为 18 名双创导师颁发聘书；初步共建共享一批包括教材、课件、案例库等校企合作实践课程，形成校内外密切融合师资队伍保障。

四、实验室孵化培育，强化实战，项目驱动

学院建有 ACM 实验室、物联网实验室、软件孵化实验室等十大科技创新实验室，面向学生全天开放，每个实验室配有专业老师，全程进行指导，推动创新创业与专业教育深度融合，激发学生创新热情与活力。

学院根据师生科研需求，建立本硕科研团队，以研带本，本硕联动；在学生培养、项目培育中持续评价反馈，动态调整，形成内部良性竞争；强化重点赛事"挑战杯"项目培育，采用分类指导的混合式教学模式，加持校外实验室，借助实践基地完善校外指导，动态整合过程性评价反馈机制。学院开展"自荐＋挖掘"甄选项目，通过实验室孵化，强化实战，完善跟踪处理流程，利用校外基地转接孵化"挑战杯"等各类竞赛作品，近三年累计孵化"公益社团组织小水滴""校园二手交易平台"等项目 20 多个。

五、产教融合，深化教学改革，搭建创新创业人才培养新平台

学院致力于做好"嫁接"培育，引入企业平台资源及配套支持，构建产教融合的计算机领域人才培养体系，其中软件工程专业是山东省首批"校企合作 3＋1 培养模式改革试点专业"。学院将企业实践式教学作为校内教学的有益补充，已同浪潮集团、淄博市大数据局等单位合作，建立 12 处实训基地，开启校企合作办学新模式；学院同淄博移动等相关企业共建大数据学院和移动通信研究院，目前累计建立千锋、思途、东软集团、传智播客等校外创新创业实践基地 30 个。学院着力提升产教融合，汇聚提升育人能力，拓展学生实习、就业空间，有效输出产学研创型人才。

学院坚持以学生为中心，着力"知识、能力、素质"相互结合的培养，创新实践应用机制，提升学生的专业和就业技能。一是校内与基地同步设立专业"课程超市"。按照人才培养方案，课程前半段采用"项目贯穿"技术培养模式，后半段按需选择技术方向，因材施教，分级教学。二是开设"走班制"教学形式，最大限度地实现个性化学习。三是面向区域特色，因地制宜培育学生。针对山东省和淄博市范围内相关产业，整合传统学科，吸纳企业经验，探索地方高校开展新工科个性化和交叉性培养途径，在校企培养的关键一步总结地域性产业需求，符合当地用人需求，全方位校准人才培养过程，以学生为中心搭建产学合作、协同育人的新工科培养体系。

六、以赛促学，助力学风建设、培养"新工科"专业人才

学院严格按照"六位一体"总体布局，不断优化和打造符合学院实际的创新创业育人体系，在学风建设、

学生就业等方面卓有成效,学生考研率和就业率均有大幅提升。

国际大学生程序设计竞赛是全球公认的规模最大、水平最高的程序设计竞赛,被誉为"计算机软件领域的奥林匹克竞赛"。学院ACM团队在以刘晓红、张先伟为首的8位老师的精心指导下,与清华大学、北京大学等985高校团队同场角逐。

学生经过竞赛不仅提升了创新能力和科研水平,每年还有近20名学生推免至东北大学、北京航空航天大学、西安电子科技大学等知名学府进行深造。2021届毕业生考研率再创新高,就业率达91.57%,多名学生到中央电视台、华为、字节跳动等知名单位就职,近三年超过百名学生年薪过10万,最高达40万,学院毕业生就业竞争力、就业质量居学校前列。

让更多"千里马"在乡村振兴的创新创业赛道上竞相奔腾

——山东农业大学园艺学院"四维度、四阶段、四融合"创新创业教育模式

山东农业大学园艺学院

2018 年,在第四届中国"互联网+"大学生创新创业大赛全国总决赛中,山东农业大学园艺学院"一世花开:优质月季切花助力精准扶贫"项目斩获金奖,这是学校首次冲进全国总决赛并斩获金奖,同年,该项目揽获"创青春"全国大学生创业大赛金奖。"双金奖"的背后是学校的全面支撑,是学院以乡村振兴战略为引领,紧跟现代农业发展的积极探索:构建了"通识、专业、拓展、提升"四个教育维度,"认知、体验、孵化、转化"四个发展阶段,"思创融合、专创融合、科创融合、产创融合"四个融合贯穿人才培养全过程。"四维度、四阶段、四融合"创新创业教育模式,可以让更多"千里马"在乡村振兴的创新创业赛道上竞相奔腾!

一、完善通识教育,激发双创意识,强化思创融合,育出更多"千里马"

育好"良驹",展现"爱人"诚意。强化"通识维度"课程建设,激发学生专业兴趣和创新动力。学院根据不同学科的专业内容和培养目标开设拓展性的跨学科通识课程模块,融入"企业家精神""创新故事"等创新创业文化基础知识内容,着重对学生进行创新创业精神和文化的培育。从 2008 年开始,学院实行本科生分类培养导师制,全院教师每人分配 4~10 人不等的学生,从思想引领、专业教育、创新创业教育等方面给予学生全方位的服务,以培养学生家国情怀和创新创业精神为核心,推动创新创业教育与思想政治教育相融合,打造同向同心育人格局,建立以实践为导向、能力为标志、体验为中心的创新创业教育体系。在 2022 年,学院在第八届山东省"互联网+"大学生创新创业大赛中取得金奖 2 项、铜奖 2 项的历史最佳战绩。

"创新创业育人接力棒"在学院老中青教师中薪火接力,使命传递,让创新创业教育的"大先生"如雨后春笋。"老"树春深更着花:"齐鲁最美教师"束怀瑞院士在高等教育园地辛勤耕耘近七十年,不仅在学术上给学生指导,还告诉同学们如何在学习中学会创新,在实践中学会创造,为乡村振兴做出自己的贡献;"中"流砥柱立崔巍:"全国脱贫攻坚先进个人"陈学森带领本科生强化实践锻炼,通过跟班锻炼等方式,引导学生在创新创业的舞台中大展身手;"青"出于蓝而胜于蓝:在《Nature》主刊发表文章的段巧红既能在实验室里攻克一个又一个"卡脖子"难题,又能在课堂中培养出一批又一批创新创业的青年才俊。

二、注重专业教育,增强双创体验,强化专创融合,挑选更多"千里马"

"试玉要烧三日满,辨材须待七年期。"2013 年以来,学院数次修订人才培养方案,在专业课程建设上,综合考虑知识发展的内在逻辑、相关学科的衔接、市场的跟进需要、教学对象的需求等多重因素,在专业课程的基础上融入创业知识、创业能力、创业意识、创业精神等要素。在教学方式上,学院综合采用讲授创业案例、传授创新方法、开展企业家讲座等在内的多元化教学方法,培养学生的创造性思维,激发学生创新创业灵感。在实践活动上,学院打造"大益爱心茶社"等创客空间,开展专业创新创业,实践增强学生"体验感"。学院积极推动专创融合课程,通过设立专创融合项目、开展创新创业竞赛、打造创新实验班、提供专创实践基地等多样化举措,强化实习实验结果运用,引领技能提升,培养卓越人才,实现专创知识、专创思维、专创能力的全过程融合;打通院内不同学科的专业壁垒,全方位整合人才培养资源,健全产学研制度体系,构建

校地企协同机制,推进专创全面融合,为进一步深化专创融合奠定了坚实基础。

三、丰富拓展教育,搭建双创舞台,强化科创融合,赛出更多"千里马"

牵紧"缰绳",提高"育人"精度。学院结合育人导向与学生需求喜好开展专业技能竞赛、劳动实践等学生活动,充分调动学生社团的主动性,发掘优质社团活动,打造成学院精品活动;开展园艺型宿舍、园艺类专业竞赛类等学院传统精品活动;结合时代主题开展多样性的志愿服务、社会实践活动,结合专业特色与专业资源,开展经常性的劳动实践活动;成立院级创新创业教育中心、校院联合共建创新创业实验室、创新实践基地,组建"青年志愿创新咨询师服务团""双创报告团"等。

"骏马奔驰"的一幕幕俨然已绘就一幅"万马奔腾"的生动大作。2014级园艺专业邓应龙创建一世花开创业团队,"南花北引"将家乡的月季鲜切花品种带到山东,主持的"一世花开:优质月季切花助力精准扶贫"项目荣获全国第四届中国"互联网+"大学生创新创业大赛和2018年"创青春"全国大学生创业大赛全国金奖;2012届园艺专业毕业生张守权毕业后创办了吃茶去茶业有限公司,致力于打造"第一专业泰山茶品牌",被评为第二届"山东大学生十大创业之星"。近五年来,学院在各类学科、创新创业竞赛中获得国家级、省级奖励113项,让更多的千里马实现了"骐骥一跃"。

四、加强双创保障,坚持协同发展,强化产创融合,养出更多"千里马"

备足"马料",找准"育才"良方。学院加大创业场地和资金扶持力度,加强创业孵化基地等创业平台建设,成立大学生创业社团,参与建设"圆梦驿站——大学生创业营销与咨询中心",打造"大益爱心茶社"等创客空间,为大学生创客提供创业交流、创业教育、创业孵化和创业融资等方面的软、硬环境支持。学院设立"薪火伟业基金""塔莎园艺"等创新创业基金,累计57万元,重点解决毕业生创业初期的资金需求;不断优化整合,学院现有5个国家级、省级科创基地,积极组织骨干力量参与国家重点实验室建设。截至2021年底,学院累计成交知识产权和科技成果产权15项,总金额达1.2亿元。

山东农业大学园艺学院的"四维度、四阶段、四融合"创新创业教育模式,结合学院特点和专业特色,强化学生实践育人环节,深入挖掘学生自主创业的潜能,有机推进"思创融合""专创融合""科创融合""产创融合",构建创新创业教育新模式,探索"政、院、企"合作交流和人才培养联动发展模式,为大学生支撑起实现创业梦想的空间,让更多"千里马"在乡村振兴的创新创业赛道上实现竞相奔腾。

"三群四融五促"创新创业实践育人模式

青岛农业大学机电工程学院

青岛农业大学机电工程学院把创新创业教育作为立德树人的重要任务,摆在突出位置,面向农业产业目标需求,全面梳理近年来创新创业成果,总结创新创业教育经验,确定了培养适宜我国现代农业发展的应用型人才培养新理念,将"产业需求目标化培养"作为主攻方向,以"集群突破、研用结合、融合畅联、资源共享、一人一作、生尽其能"为主要特点,构建了特色鲜明的"三群四融五促"创新创业实践育人体系,全面促进创新创业工作高质量发展。

一、优化"三群"功能,建立全方位、多层次协同机制

学院着力优化"教师、专业、课程"三群功能,即"全国黄大年式教师"群、高水平核心专业群、精品课程交融群的"三群"集成模式,建成由全部主持承担国家省部级应用类研究项目、具备生产一线经历的双师型教师群,以应用型名校重点建设专业为核心的农业机械及其自动化专业群,将具有一章、一节、一案例的课程搬入实验室、生产车间进行教学的精品课程群,为创新创业人才的教育与培养提供了基本保障。

创新课程群体系,推动实战化教学。学院致力于创新创业大课程体系建设,构建"校内＋车间＋田间"的群体课程、实践教学体系,课程分类形成有机组合,理论课与实践课有机划分,缩短传统教学"黑板上理论、实验室试验、训练中心锻炼"课程周期,提高"计算机里模拟、车间里演练、田间里体验"的实战化内容比例,形成"教学链、产业链、使用链"相结合的理论与实践课程群体系,激发在校学生对创新创业领域专业问题的深入挖掘与探讨。

强化教师群指导,鼓励全过程助创。学院加强创新创业导师队伍建设,"引领＋特长＋经验"的高层次、高水平双师型教师群的组建,助力学生创新创业发展;校内建设"全国黄大年式教师"群,建成由全部主持承担国家省部级应用类研究项目、具备生产一线经历的双师型教师群;聘请48名校外导师,对学生创新创业项目全程进行指导,形成多学科交叉的培养模式;定期邀请校内创新创业老师及校外有资质的风险投资人等进行宣讲,对学生的创新创业意识进行引导。

聚焦专业群建设,建立双创大团队。2019年,农业机械化及其自动化专业获批国家级一流本科专业;2022年9月,工程学学科进入ESI世界排名前1%,形成了以农业机械化及其自动化专业为核心的机械工程、电气工程、测控工程专业群。高水平学科建设有新突破,形成法律咨询、科技风险投资、知识产权布局、有形资产与无形资产评估、风险担保、行业顾问、政府机构、实践实训单位、推广服务机构、第三方评测等10个领域组成的10＋1创新创业指导团队,以问题为导向,构建学生独立思考、自主学习、解决问题能力的创新创业协同教育教学体系。

随着学院创新创业实践育人模式"三群"功能的不断发挥,学院毕业生就业创业工作成效显著。学生创业孵化率较高,其中,"农田之星"团队成员刘涛的成果被国内骨干农机企业以给予49%的股份加盟。

二、推进"四个融合",构建全覆盖、全链条育人体系

学院将创新创业融入人才培养的全过程,推进"平台、科研、校企、学科"四个融合,构建全过程、全覆盖、全链条的育人体系,提高人才培养质量。

拓展平台载体,推进创教融合。经过多年发展,学院先后形成了1个国际协会总部驻地、1个国际平台、2个部级重点实验室、1个部级基地、1个省级高水平培育学科、2个省级科研平台和4个市级科研平台支撑体系,并在整合五大国际化协同平台基础上,搭建创业模拟实训平台,提高学生的创业实践技能;为学生创新创业提供一体化服务;为学生开放实验室资源,提供技术上的支持,使实践育人创新创业载体和平台的作用得到有效发挥;将创新创业教育融入从入学教育到生涯规划的全程化指导服务中,实现创业带动就业。

加强科研指导,推进科创融合。学院创建了促进学生创新能力培育的"一人一作、做学互促"的案例—体验—竞赛—实战式的实践实训协同驱动机制,按类别和导向及兴趣方向进行分类指导教育。学院从创新创业竞赛之中总结出五个类别:科技作品类、学术论文类、调研类、公益类及创新创业类,面向这五个类别对不同学生分类开展启发式创新方法教育。

聚焦产业需求,注重校企共创。学院在校外有32家合作企业和实践基地,已经形成课程分类有机组合、理论课与实践课有机划分的多渠道、多形式校企合作。学院面向企业需求,征集大学生创新创业训练项目选题,教师参与校企合作项目比例达100%,中青年教师企业锻炼比例达92%。学院建立了15个专家工作站,实现了与32家企业的产学研合作,近五年应用研究项目科研经费在1.2亿元以上。学院以产学研基地作为学生学习实践的实战基地,把研究、实习等环节作为学习内容,建立了产学研用结合、深度融入产业的案例库,解决了创新创业教育中"以课堂教学为主、实验实践为辅""创新创业案例获取、实战空间、交互体验的空间受到约束"等诸多问题。

引领学生双创,推进专创融合。学院将创新创业教育与专业教育紧密融合,设立创新创业学分,带动学生的创业积极性。学院在培养计划中设置创新创业类课程模块,积极构建赛教融合培养模式,依托重要赛事,通过教学培养和实战指导相结合的方式,以赛代练、以赛促创、以老带新,实现"参与学生多""覆盖专业多""学生收获多"的效果。

三、构建"五促"模式,高质量、标志性双创工作成效显著

学院不断提升"参与、体验、交互、实战"技能,提高创新创业人才培养质量,通过教师团队带学生团队,构建"以赛促教、以赛促学、以赛促创、以赛促改、以赛促进"的"五促"全程体验式、实战化创新创业实践教学体系,将创新创业教育融入全员、全过程、全方位育人过程中,高质量、标志性双创工作成效显著。

就业创业工作成效显著。学院充分依托多种媒介加强政策和典型宣传,综合运用课堂教学、创新创业训练、项目路演、社会实践、专题培训讲座、专业技能等级大赛等各种形式,多举措、多层次培育创新创业文化成效显著;在就业方面,先后受到了中国工程院院士罗锡文、陈学庚及世界粮农组织机构官员的高度赞扬;在创业方面,学生创业孵化率较高,农业机械类科技创新型创业项目众多。

创新创业精准指导有效。全院教师自发组建创新创业指导团队,并聘请校外行业专家、风险投资人、法律顾问等专家为学生开设相关课程,引领学生创新创业思维,鼓励学生积极参与各类竞赛,学生创新创业氛围浓厚,屡获佳绩;以"小平科技创新团队"为核心,组建三大类别十大品牌学生团队,引领大学生创新创业与公益服务,学生科技创新项目覆盖率100%,省部级以上竞赛获奖人员比例超过47%。

创新创业成果实现新突破。学生团队荣获大学生"小平科技创新团队",先后涌现出农田之星创新团队、智能农机创新团队等学生创新集体,学生团队的创新成果在国内形成了显著优势。学生成果分别荣获"挑战杯"全国大学生课外学术科技作品竞赛特等奖及一、二、三等奖,累计省部级以上奖励1308项,学生创新应用能力显著增强。设计开展的"小小科学家"公益圈项目,荣获中国志愿服务项目大赛金奖、全国"创青春"创新创业大赛银奖等国家省部级奖励28项。

构建"思、专、创"全面结合深度融合工作体系，培养"懂农业、爱农村、知文化、善艺术"的文创人才

青岛农业大学艺术学院

青岛农业大学艺术学院充分发挥农业院校艺术学院独特优势，以培养"懂农业、爱农村、知文化、善艺术"的优秀文创人才为目标，构建包括"理念融合、人员融合、平台融合、实践融合"的"思、专、创"全面结合、深度融合的双创教育工作体系：一是"思、专、创"理念融合，创新"三全育人"工作模式；二是"思、专、创"人员融合，培养一支创新创业教育团队；三是"思、专、创"平台融合，构建"3＋1"校内外双创基地；四是"思、专、创"实践融合，以服务国家战略和地方发展为目标创新创业。学院以"交叉、融合"为鲜明特色，培养师生双创精神，激发师生双创热情，培养师生双创意识，提升师生双创能力，在大创项目、学科竞赛、文化创新传承等方面取得明显进步。

近年来，青岛农业大学艺术学院深入贯彻落实《国务院办公厅关于进一步支持大学生创新创业的指导意见》（国办发〔2021〕35号）、《关于深化高等学校创新创业教育改革的实施意见》（国办发〔2015〕36号）等文件精神和学校工作要求，充分发挥自身作为农业院校艺术学院的独特资源优势，将思想政治教育、专业教育和创新创业教育全面结合、深度融合，努力培养"懂农业、爱农村、知文化、善艺术"的文化艺术创新创业人才，不断提高服务乡村振兴的能力和水平。

一、做法举措

（一）"思、专、创"理念融合，拓展"三全育人"的工作深度

结合学院作为农业院校艺术学院的"农＋艺"学科优势和专业特点，将学生思想政治教育、创新创业教育和专业认知教育融合推进。

一是从新生入学开始，将创新创业教育融入入学教育、专业教育、班团建设、学风建设、就业教育等，全程强化创新创业意识和能力培养，引导学生争做"敢闯会创"的新时代大学生。二是将创新创业教育成效作为各专业方向建设成效的重要考核依据，强化专业负责人作用，引导专业负责人积极带头参加双创教育培训，指导学生项目，申报"专创融合"项目。三是探索形成独具学院特色的"创作思政"育人模式，引导学生结合课程学习、利用所学技能围绕重大主题开展创作，特别是紧紧围绕"乡村振兴""黄河流域生态保护和高质量发展"等重大战略立项大创项目，参加学科竞赛，建立涵盖主题教育、课堂学习、课外创作、假期实践、学科竞赛、应用创新"六位一体"的创新创业教育引导体系。

（二）"思、专、创"人员融合，强化双创教育团队力度

一是学院利用教职工政治理论学习时间常态化推进学习贯彻习近平总书记关于文化、艺术等方面的重要论述，培养文化创新意识，提升专业教师和辅导员、班主任指导学生立足文化艺术开展创新创业的能力水平。二是学院将创新创业教育成效作为对教师、辅导员工作考核的重要依据，动员青年教师、辅导员积极承担学院"创业基础""大学生职业生涯规划""大学生就业指导"等课程的授课，授课过程中全面融入文化艺

术创新创业内容,不断提高双创类相关课程的教学质量;定期邀请校内外专家、职能部门负责人开展创新创业教育培训,不断提高双创教育能力水平。三是学院积极开展双创教育课题研究,其中"黄河文化融入通识类必修课提高文创人才培养质量研究——以'创业基础'为例"立项为学校2022年服务黄河重大国家战略跨学科教学研究专项。

(三)"思、专、创"平台融合,构建"3+1"校内外双创基地

学院积极汇聚校内外资源,创新构建"3+1"创新创业教育和实践基地。其中"3"指一个党建活动基地、一个"一站式"社区工作平台和一批师生双创工作室;"1"指与校外合作单位共同搭建思想政治教育暨创新创业教育实践基地。

一是学院第三(学生)党支部于2022年获批立项教育部第三批全国高校党建工作"样板支部"培育建设单位,学院专门建设党建活动室,全力支持支部将基层党组织建设、思想政治工作和创新创业教育深度融合,依托党建活动室经常性组织学生党员、入党积极分子开展思创融合交流。二是依托学院所在20号女生宿舍楼建设"一站式"学生社区辅导员工作室工作站,打造社区文创空间及实践基地,发挥党员作用带动学生开展社区文化艺术创新活动,推进"党建思政+创新创业双下沉"。三是学院建有"数字艺术研发中心"等师生创作室,按照"大一遴选、大二精培、大三参赛、大四落地"思路组建双创队伍,深化创新创业人才培养。四是学院依托合作企业,在城阳区澄怡美术馆等建设一批教学科研与学生就业实践基地,并共同举办创作展览活动。

(四)"思、专、创"实践融合,以服务国家重大战略和地方经济发展为目标落地双创

一是学院将创新创业教育纳入教学工作、学团工作,同谋划、同部署,做好顶层设计,每年积极承办校级技能大赛、美术与设计基本功大赛、艺术设计大赛、环境设计大赛等,推进"以赛促创"。二是学院积极推行"双指导教师制",学生立项大创项目、开展双创实践、参加相关竞赛等普遍落实"专业教师+辅导员(班主任)"双导师制,其中专业教师负责指导专业创作,提升项目落地性;辅导员、班主任负责引导项目紧扣国家重大战略需求和地方经济发展需要,提升成果服务效能。双导师联合指导已成为学院创新创业主流。三是学院结合学科建设引导学生聚焦"农业品牌创新设计、'三农'主题出版美术创作、'三农'主题美术创作、人居环境与乡村振兴、首饰设计与时尚文化、美术与设计研究"等领域开展创新,使成果更好地借助学科优势、聚焦产业需求、服务国家需要。

二、工作成效

近年来,在"思、专、创"双创教育工作体系的支撑下,学院创新创业教育取得丰硕成果。

一是在大创项目立项方面,学院2021年立项国家级大创项目1项、省级项目2项,校级项目15项;2022年立项省级项目3项、校级项目22项;2023年立项校级项目42项。学生刘传澍在大学期间完成多项大创项目,获各类奖励70余项,其中国际、国家级、省级奖励50项,获学校单项奖金最高的第二届康迪恩本科优秀学生奖学金。

二是在学科竞赛获奖方面,学生年均在全国计算机设计大赛、全国高校大学生广告艺术设计大赛、全国高校艺术设计大赛、中国农民丰收节、山东省美术与设计基本功比赛、学院创意杯、山东省环境设计大赛等各级各类学科竞赛共获奖百余项。此外,学生在2021年获"互联网+"省赛铜奖1项、"挑战杯"红色专项省赛一等奖1项;2022年获山东省大学生职业生涯规划二等奖1项;获得二类竞赛国家级一等奖4项。

三是在文化创新传承方面,近年来,学院师生围绕建党百年、建团百年、冬奥会、反走私、全球重要农业文化遗产宣传等主题开展创作,获各级各类奖励荣誉,学生作品先后登上"共青团中央""团中央学校部""中国大学生在线"等媒体平台。多位教师获批学校"专创融合"课题立项、各级各类竞赛优秀指导教师等,发表论文多篇,双创教育能力和水平显著提升。

三、未来打算

党的二十大报告指出:"教育、科技、人才是全面建设社会主义现代化国家的基础性、战略性支撑。必须坚持科技是第一生产力、人才是第一资源、创新是第一动力,深入实施科教兴国战略、人才强国战略、创新驱动发展战略,开辟发展新领域新赛道,不断塑造发展新动能新优势。"

下一步,学院将狠抓"中华优秀传统文化创造性转化创新性发展"重要时机,进一步完善"思、专、创"双创教育工作体系,进一步创新理念、汇聚资源、优化举措,带动更多师生投身文创,为"推进文化自信自强、铸就社会主义文化新辉煌"培育更多的优秀文创人才。

多措并举，创新模式，构建具有医学特色的创新创业教育工作体系

山东第一医科大学临床与基础医学院（所）

山东第一医科大学临床与基础医学院（所）依据国家创新创业相关指导和要求，依托医学专业优势，利用医疗专业技术，立足学院实际、学生实际，围绕立德树人的根本任务，探索大学生创新创业工作渠道，提升创新创业人才培养质量，促进医学类高校毕业生就业择业，延续职业生涯。

近两年来，学院不断在顶层设计、体制机制完善、课程资源开发、教学方式改革、师资队伍建设等方面展开探索，积极推进创新创业教育工作高质量发展；连续两年获得中国国际"互联网＋"大学生创新创业大赛省级金奖，"挑战杯"中国大学生创业计划竞赛二、三等奖。

一、案例基本情况

"大众创业、万众创新"已成为国家发展战略背景之一，依据教育部"四新"要求，山东第一医科大学临床与基础医学院（所）积极探索大学生创新创业工作途径，深化高等教育综合改革，以医学专业为基础，注重培养学生创新精神、创新意识和创新能力，积极构建具有医学特色的创新创业教育工作体系，努力培养创新创业人才队伍，为创新创业教育高质量发展注入强劲动力，为多层次、立体化、全方位开展各类创新创业教育活动注入新鲜活力，为进一步推动学院创新创业教育工作提质增效；引导学生脚踏实地，青春奉献担当，深入学习研究，各显其能，各尽其才，连续两年在各类创新创业大赛中取得优异成绩。

二、组织实施过程

（一）加强领导，高度重视创新创业工作

学院高度重视学生的创新创业工作，创新创业工作领导小组实施创新创业工作"三系一体"工程：一是定期召开创新创业工作会议，组织动员、研究部署创新创业教育工作；二是结合学院医学专业特色，制定、完善规章制度；三是认真修订教学大纲，将创新创业教育贯穿人才培养全过程，渗透教育教学各环节，促进人才培养模式创新；四是不断强化创新创业能力训练，着力培养学生创新意识、创业精神和创业能力，营造良好的大学生创新创业氛围。

（二）多措并举，积极推进创新创业工作

1. 建设"全负责"式教师队伍

教师是教学活动的核心，人才培养质量与教师队伍质量呈正相关。创建"全负责"式教师队伍，是创新创业教育成功的保证。为适应学校转型发展，学院加快"全负责"式教师培养，积极开展创业教育理论研究，研究经典创业案例，切实提高教师社会实践能力和教学水平，提高应用型技术人才的培养能力和服务经济社会发展能力。

2. 构建创新创业教育实践平台

创新创业教育不仅要传授理论知识，还要注重培养实践能力。学院积极建设大学生科创社团，给予学生创新创业资金技术支持，打造医学创新实践和创业孵化平台；联合搭建心电学实验室、司法鉴定中心等12

个实训室,对外联系各大附属医院、实践教学基地,积极推动学生参与实践,提前接触创新过程,适应创业流程;积极开展行业资格认证、职业资格认证等培训课程模块,以学分奖励形式鼓励推荐大学生创新创业;结合专业特色,以创新为引领,以实践为形式,开展与各类创新创业相关的知识讲座,构建大学生创新创业实训基地,开展创业模拟实训和创新创业实践活动,有效提高大学生创业意识和创业能力;学院还积极与政府、企业、创业园等开展紧密合作,积极推进"产学研用结合",培养创新创业人才队伍。

(三)以赛事推进大学生创新创业

学院鼓励师生参加国家、省、市各类技能竞赛和创新创业大赛,为学生创新创业提供资金和经验支持,鼓励学生参与比赛,对获奖人员进行奖励,并鼓励获奖项目落地,让竞赛成为专业教学改革与学生技能培养的有效载体和实践平台。2022年,学院学生772人次参加国家级赛事获奖,313人次参加省级赛事获奖。

(四)以服务为根本,提高创新创业服务和指导水平

学院广泛开拓创新创业渠道,精准把握创新创业动态,强化基层创业导向;定期定向推荐适合学生的创新创业信息,开展"创业、成才"主题教育;以杰出校友讲座和创新创业指导系列讲座为载体,针对性大学生创新创业的数量和质量,提高自主创新创业能力;加强走访调研优秀先进企业,召开现场座谈会,充分听取企业意见和建议,收集当下企业需求信息,掌握第一手资料,为后续开展创新创业指导工作奠定基础。

学院高度重视创新创业工作信息化建设,着力提升服务效能;构建创新创业交流平台,确保信息全面及时推送;注重开展创新创业指导帮助,准确掌握大学生群。

三、思考总结

学生创新创业教育是一项长期工作,需要整体规划,稳步推进。临床与基础医学院(所)立足特色和实际情况,积极开拓大学生创新创业教工作,把创新创业教育与大学生科技创新、社会实践结合起来,齐生共长,共同取得良好效果。

学院针对医学学生作为医学类大学的主体,制订"一对一"服务计划,实施重点指导、重点推荐、重点培训,通过将大学或者自身的创新成果以创业的形式在社会中得以实现,既具有必然性,又具有必要性,引领医学学生将创新不断地推进。

创新创业培养了大学生积极创新、开拓进取的精神。将医学专业与创新创业有效结合,意味着医学学生将以独立自我的精神开拓进取,青春担当。大学生作为最具活力的群体,加强其创新创业能力既可以为社会的持续发展注入不竭动力,又使其拥有了不断发展的动力,延续职业生涯,开启教育改革的创新创业探索的新征程。

创新创业是大学生实现自我价值和社会价值的有效途径。山东第一医科大学临床与基础医学院(所)把大学生的创新构想转化为社会现实,践行自身社会价值,为社会发展做出应有贡献,以点带面,星火燎原,实现学院学生全覆盖,打通创新人才培养各环节,完善共建共享的创新创业的新模式,为社会带来实际价值。

以新平台、新模式、新机制探索大学生双创教育新路径

滨州医学院药学院

深化高等学校创新创业教育改革，是推进高等教育综合改革、促进高校毕业生更高质量创业、就业的重要举措。滨州医学院药学院一直以来高度重视大学生创新创业教育工作，深入贯彻落实国家高等教育发展要求，围绕国家医药产业发展战略和学校应用型本科高校定位，着力构筑校企合作新平台，创建产教融合新模式，打造协同育人新机制，全面构建大学生创新创业教育体系，探索出一条学校、社会、企业和学生间四方共赢的双创育人之路。

一、构筑校企合作新平台，深度推进大学生的创新创业教育

药学院依托烟台市医药产业大市的区位优势，建立药学院理事会、建设现代产业学院和扩大实践教学基地等创新平台，构筑利益驱动、互惠共享的价值共同体，为推进大学生创新创业教育奠定坚实基础。

（一）以成立药学院理事会汇聚双创教育合力

自 2018 年 10 月起，药学院联合荣昌制药、绿叶制药、润中药业、山东国际生物科技园、北京赛赋医药等30 余家知名药企、医院和科研院所成立药学院理事会，汇聚学校、企业、社会三方资源，打造"协同育人、协同创新和服务社会"三个平台。药学院理事会在为教学科研提供支撑的同时，还举办各类双创活动，为深度推进大学生创新创业教育提供了知识创新和能力提高的载体，更为大学生创新精神的提升、创业意识的增强营造了良好氛围。

（二）以高水平实践基地强化双创教育特色

药学院联合山东润中药业有限公司、山东祥隆医药研究院有限公司在校内共建"祥隆医药研究院"，山东省内一流的 GMP 标准实验室为大学生创新创业教育提供了"校内车间"；与山东国际生物科技园研究生培养基地成立"新药技术开发中心"，为大学生创新创业提供特色科研实践平台；新建实践教学基地 29 个，其中国家级实践教学基地 1 个、省级 2 个、校级 26 个。由过去单一的"企业基地"模式改变为"校内车间、校外基地、校内外科研实验室"的多元实践教学基地模式，深度推进教学与生产衔接、能力与发展衔接、学业与就业衔接。

（三）以现代产业学院推动双创教育融合

药学院坚持"育人为本、产业为要、产教融合、创新发展"的原则，依托生物制药与生物技术两个专业与荣昌集团共建荣昌产业学院，依托中药学专业与山东润中药业有限公司共建中药产业学院，将学生培养标准与产业需求相融合，在传授专业知识的过程中，全面融入创新创业教育理念，着力培养"能想敢创"的新时代高素质应用型人才。荣昌产业学院已入选首批山东省现代产业学院建设名单。

二、探索产教融合新模式，注重提升大学生的创新创业能力

药学院立足学生个性化成长，紧紧围绕学生的专业特色、成长轨迹和未来发展，创建"序贯式"培养模式，打造"双师型"人才团队，开发"一体化"课程资源，构建了产教融合深度推进、培养过程系统持续、引导学

生多元发展的新生态,为提升大学生创新创业能力提供要素保障。

(一)创建"序贯式"培养模式,以循序渐进保证大学生创新创业能力的提升

药学院立足三个渗透,即课程思政渗透教学过程、科研成果渗透教学过程、创新创业渗透教学过程,引导大一年级学生通过实践、参观等培养产业和专业认知,引导大二年级学生自主选择进入教师科研实验室进行创新训练,引导大三年级学生参加各级各类创新创业竞赛,引导大四年级学生结合前三年科研实践撰写毕业论文和就业创业锻炼,形成了从大一到大四的循序渐进"序贯式"实践教学模式,有效提升了大学生创新创业能力。目前,药学院已有90%以上的学生参与到"序贯式"科研实践活动中,参与"序贯式"科研创新学生考研复试通过率达100%,学生在"挑战杯"、药苑论坛等各级各类比赛中屡获佳绩,不断实现学校的新突破。

(二)打造"双师型"人才团队,以精准指导保证大学生创新创业教育能力的提升

药学院建立了产业导师长效化合作育人机制,依托学院硕博比达到95%的、以中青年教师为主的高层次教师团队,实行"高校＋企业或医院"的"双导师"制,实施"结对"激励机制,把双方合作共建教学资源、实施教学改革、指导创新创业作为教师考核、晋升、奖励的重要指标,确保精准指导、切实提升大学生创新创业能力。近三年来,学院教师与企业合作立项横向课题40余项,其中包括国家重大新药创制专项1项、山东省新药研发重点项目5项、山东省自主创新及成果转化专项2项,烟台市校地融合发展专项6项,帮助企业攻关22项,为指导提升学生创新创业能力提供了有利条件。

(三)共建"一体化"课程资源,以培养联动保证大学生创新创业能力的提升

药学院与企业共同合作,推动药学与医学、工学、管理学等学科融合,注重提升实践实验课程比例,合并交叉重复课程内容,建立"理论教学一体化、实验教学一体化、校内课堂教学与校外实践教学一体化"的课程教学体系,在"培养联动"中不断培养大学生的创新创业能力。目前,药学院专业课程中实践课时超过33%,共建双创及第二课堂类课程8门,定期开设企业课程和专家讲座29门;在促进专业资源优势与企业技术创新优势融合同时,提升大学生创新创业能力。

三、打造协同育人新机制,强化提高大学生的创新创业素养

药学院全面落实立德树人根本任务,通过与各单位合作办班、共同组织活动、开展社会实践等形式,深入推进培养目标与职业发展融合,打造了多元参与、协同育人的创新机制,为提高大学生创新创业素养增强内生活力。

(一)合作开展专业教育,在言传身教中提高大学生的创新创业素养

药学院通过与荣昌制药合作开展"2.5＋1.5生物卓越班",与北大世佳研究中心、润中药业等合作开展"3＋1药学精锐班",有效拓展"第一课堂"。同时,学院与隽秀生物、鲁南制药等企业开展"第二课堂",进一步拓展学生创新思路、培养学生创新精神,在言传身教中提高大学生创新创业素养,使学生的知识结构、实践能力和综合素养得到协调发展。

(二)共同组织双创活动,在身体力行中提高大学生的创新创业素养

药学院发挥药学院理事会单位类型多、层次高的优势,联合企业实施"企业助力成长工程",每年组织多种活动,培养大学生工匠精神、敬业精神和担当精神,提高大学生创新创业素养;通过举办"追梦讲堂""企业家进校园"等思政类讲座,着重塑造大学生的创新精神和创业意识;通过学生学业或者职业规划不同,联合企业开展专业技能大赛、模拟应聘大赛等实战类活动,营造大学生进行创新创业的良好环境,使学生在身体力行中不断提高创新创业素养。

(三)协同开展社会实践,在知行合一中提高大学生的创新创业素养

药学院利用假期与多家实践基地合作开展"岗位点对点"暑期社会实践,疫情期间联合鲁南制药、隽秀生物、山东国际生物科技园等企业开展"云端实践",学生走进企业、进入岗位,了解、熟悉、参与企业产品研发、生产和管理全流程,将所学所思、所悟所得应用于实际生产,进而激发大学生专业知识学习的积极性主动性,培养大学生们勇于探索、不断创新的思维意识,引导大学生科学做好学业与职业规划,在知行合一中

增强大学生就业竞争力、社会适应性和整体素质素养。

滨州医学院药学院通过构筑校企合作新平台,创建产教融合新模式,打造协同育人新机制,不断探索践行大学生创新创业教育的创新路径,实现了大学生创新创业教育关键要素的系统优化,人才培养质量显著提升,学生就业竞争力稳步提高。近三年来,药学院大学生创新创业项目立项200余项,参与发表科研论文(含SCI论文)等20余篇,参与授权专利10余件。各专业学生就业率平均达97%,考研率达到45%,创新创业教育效果不断彰显、效应不断放大,学生质量更是得到了用人单位的一致好评。

科技创新人才驱动——基于"三全育人"的 创新创业教育体系构建

滨州医学院公共卫生与管理学院

滨州医学院公共卫生与管理学院构建党政齐抓共管、全院师生参与的育人工作格局。学院围绕"12456"思政工作思路,遵循思想政治工作规律和学生成长规律,充分发挥"精准提升工程""班级导师制""党务工作室""三个讲坛"的"三特一品"育人作用,创立了一套机制,培养了一批队伍。全院将工作的重心和目标落在育人成效上,切实打通"三全育人"的"最后一公里",形成可转化、可推广的一体化育人体系。

滨州医学院公共卫生与管理学院不断深化创新创业改革,将培养学生创业精神、创业意识和提升创新创业素质能力为目标,通过扎实推进人才培养模式创新、搭建竞赛平台,逐步形成具有公卫特色的创新创业教育工作理念。

一、围绕思政工作思路,构建双创培养体系

学院坚持"以学生为本"育人理念,围绕"12456"思政工作思路,深入推进班级导师制、精准提升工程、学生党务工作室和三个讲坛工作,凝练"四个协同"育人品牌,构建创新创业培养体系。通过"全覆盖"与"精准化"、"多数"与"少数"、"广谱"与"专业"相结合,面向全体,将创新创业教育贯穿人才培养全过程;精准施策,分层次、分阶段、分类指导,助力青年学生创新创业。

二、搭建双创教育平台,着力激发创新活力

(一)加快推动班级导师制,强化创新意识

学院实施班级导师制,对各专业新生全面开展"专业+创新创业"启蒙教育。班级导师利用自身教学经验优势、技术专业优势、自身的职业和人生经历,将专业思想教育、感恩教育、诚信教育、适应性教育、职业发展教育等系列主题教育与创新创业教育同开展、同推进,引导青年学生树立创新意识,端正大学生的创业动机,增强创业风险意识,帮助青年学生提高创新创业能力。近五年学院对接班级42个。

(二)全面实施"精准提升工程",精准培育双创

学院实施"精准提升工程",通过精准识别、精准对接、精准管理、精准指导、精准推进,对学生进行分类指导、精准施策,使学生加入指导教师的创新创业项目,系统地将创新创业教育和实践相结合,引导青年学生明晰"大众创业、万众创新",显示出鲜明的实践性、方向性和前沿性特征,有利于学生熟悉国家创业政策、树立创业信心、掌握创办和管理中小企业的知识,从而提升学生的实践能力。近五年,学院获益学生1390人。

(三)提升构建学生党务工作室,助力人才培养

学院扎实推进"学生党务工作室"平台建设,深入实施学生党员宿舍挂牌、学生宿舍党员责任区制度,成立暑期留校学生临时党小组,充分发挥"学生党务工作室"的战斗堡垒作用和党员的先锋模范作用,有效利用党建工作的创新、服务、教育、引领和组织保障的功能,不断激发创新创业教育活力,提升大学生创新创业能力。

（四）主动对接地方，提升双创平台

创新创业教育从来不是封闭于学校内部，而是深深地嵌入社会大环境中，在与外部环境的互动互养过程中获得能量、提升效率。学院结合专业特色，与企事业单位、地方联合建立校企合作基地、实践基地、实习基地，为大学生走上创业道路提供平台；组建"共建'卫'来"社会实践队，结合暑期社会实践、"返家乡"社会实践和志愿服务，通过劳动实践、深入调研、成果转化促进创新创业工作。近五年，学院立项11支省级以上社会实践队，近5000人次参加各种形式的实践服务，有多名学生将社会实践成果转化为论文、项目和竞赛作品。

三、强化育人实践工作，确保双创突显实效

（一）开展专业教育，筑牢创新根基

学院注重专业教育，围绕专业思想教育给学生提供有效的学习指导、专业技术指导和就业、职业和人生规划指导，从入学就开始培养学生的创新创业意识与认知能力、创新能力、合作能力、社会实践能力等；满足学生学习和专业发展需求，以此优化育人环境，使学生认识到创新的重要性，对将来的创业也有了更深刻的理解。

（二）打造育人品牌，拓展专业素养

学院持续打造"三个讲坛"校园文化品牌，以创新创业为支撑点，以校友为引力点，以学长为推进点，充分整合社会资源、校友资源和优秀学生资源，邀请行业专家学者、优秀校友和优秀在校生做客讲坛，突出特色文化育人品牌，通过培养融合共生理念和创新创业核心素养推进师生校友社会力量协同发展。近五年，学院共举办4期双创讲坛、11期校友讲坛、16期学长讲坛。

（三）以赛促创共成长，激活双创潜能

学院积极举办、承办"怀天下·求真知"大学生市场调查与分析大赛校内选拔赛、首届全国大学生智能技术应用大赛、"挑战杯"全国大学生课外学术科技作品竞赛等赛事，引导学生积极参赛，为学生创造科技创新与自我展示的平台；通过比赛指导学生将创新融入实践，运用创新方法对项目进行分析与总结。

四、发挥群团作用，凝聚发展动力

学院设立"班团建设项目基金"，实施《公共卫生与管理学院班团量化考核办法》，以考核促管理，促进班团管理规范化；举办魅力班级风采展，推进班级文化建设；依托团支书沙龙、班长沙龙、创新创业主题团日、主题团课等，帮助青年学生了解"大众创业、万众创新"的重大现实意义及创新创业相关政策，增强广大青年投身于创新创业的热情，促使其主动加强学习实践，培养创新创业意识；强化学院网站、"爱卫管"微信公众平台、公共卫生与管理学院学生会QQ空间等网络平台建设，营造浓厚的创新创业舆论氛围。第二课堂中心充分利用"到梦空间"平台，推进第二课堂与第一课堂互动互补、互相促进，积极邀请专家领导、校友、企业等，通过举办讲座、沙龙等方式，让理论深入广大学生。

五、"三全育人"齐发力，双创工作成果丰硕

近年来，在"班级导师制"、精准提升工程等各项工程的推动下，提升学生整体素质方面取得了明显成效。精准思政模式被《中国教育报》《滨州日报》等报刊专题报道，并被人民网、央广网等媒体转载报道。学院学生参加了各类学科竞赛和创新项目申报，占学院总人数的60.36%，获省级及以上奖励近400人次，包括2019年山东省高等医学院校大学生预防医学专业技能大赛二等奖1项，"人民出版杯"全省大学生微视频大赛三等奖1项，立项大学生创新创业训练计划国家级项目3项、省级项目6项、校级20项，中国大学生自强之星称号，山东省大学生自强之星提名奖。

产业导向,创新引领,打造中医双创人才新模式

山东中医药大学针灸推拿学院

山东中医药大学针灸推拿学院一直以来高度重视大学生创新创业工作,认真贯彻落实国家和山东省、学校关于毕业生就业工作和大学生创新创业工作的方针、政策,根据学校就业创业工作部署,坚持"以创立人",多措并举,积极主动,拓思路、出实招,全院一心,全力推进大学生创新创业工作。

学院构建创新创业教育体系,创建创新创业教育实施路径,营建中医药院校创新创业教育新机制,将教育教学优势、科研创新优势、中医药文化优势、人才资源优势转化为健康产业发展优势,以创新引领创业、创业带动就业,实现了中医药创新人才培养的新突破。

一、以创新引领创业,打造创新创业教育新特色

1.营造氛围,提升创新能力

学院建立教学与科研互动的创新教育体制,培养学生科研创新意识、创新能力、创新精神。自 2016 年起,学院积极组织学生入驻山东中医药大学大学生创业孵化基地,参加创业知识大讲堂、大学生设计思维训练营、大学生创业意识训练营等创新创业培训活动;积极引导学生参加"互联网+"大学生创新创业大赛、全国中医药高等院校大学生创新创业大赛、"创青春"全国大学生创业大赛、"挑战杯"山东省大学生创业计划竞赛等创新创业类竞赛;引导教职工注重专业优势的挖掘和专业素养的提升。学院教职工积极报名创新创业教育师资培训班、承担就业创业相关课程授课任务。同时,学院通过"活力针推"微信公众号、《针推论坛》《杏花语》等学院期刊宣传创新创业典型事迹,充分发挥榜样的力量,让创新创业深入人心。

2.学科融合,打造创业特色

学院坚持"创新融合专业、创新融合创业、创业融入专业"的原则,以提高人才培养质量为核心,以创新人才培养机制为重点,以完善条件和政策保障为支撑,研究具有中医特色的创新创业教育体制。

为落实学校"产学研合作一体化"发展,推进"校地合作"项目的落地,学院与镇政府进行校地合作洽谈与协议签署,充分发挥学院学科优势,推动"艾健康"产业创新发展,深化双方在艾健康产业科技成果、产业扶持经验与地方艾产业的交流,探索"校地联合、人才培养"的新模式。

二、以创业带动就业,助力大学生服务基层"反哺"社会

在第六届山东省"互联网+"大学生创新创业大赛中,学院的"寻艾小镇——艾草全产业链综合改造项目"项目获得"青年红色筑梦之旅"赛道金奖。

依托该项目,学院与莒县长岭镇镇政府进行校地合作洽谈与协议签署,协助长岭镇打造艾草小镇,建立集艾草种植、加工、销售、艾灸保健等环节于一体的"绿色+特色"产业链。艾草产业逐渐成为长岭镇的支柱产业,当地也与山东中医药大学针灸推拿学院建立了产学研深度合作。

针灸推拿学院优秀创业大学生、2020 届针灸推拿学专业本科毕业生李金熹在校期间参与创立的济南真艾堂艾灸制品有限公司推出了自己的主打产品,通过电商线上平台和校内、校外销售团队的线下渠道,公司

的艾绒产品累计销售额已达 3066 万余元。该项目通过从山东各地农民手中收购野生艾草、雇用农民进行产品初加工等方式,提供全职就业岗位 10 个,间接带动 25 人就业,累计带动农民增收 344.8 万余元。

三、用力用智书写创新创业新篇章,学院创新创业工作成绩显著

1."鹊中脐灸"项目荣获第二届全国中医药高等院校大学生创新创业大赛金奖。

2."五脏相音——岐黄五音电疗仪"项目荣获第二届全国中医药高等院校大学生创新创业大赛铜奖。

3."深入人心——国际首创针对冠心病治疗的中药复方可溶性微针"项目获得第六届中国国际"互联网＋"大学生创新创业大赛高教主赛道铜奖、第六届山东省"互联网＋"大学生创新创业大赛主赛道金奖、第七届中国国际"互联网＋"大学生创新创业大赛银奖、第七届山东省"互联网＋"大学生创新创业大赛金奖。

4."寻艾小镇——艾草全产业链综合改造"项目荣获第六届山东省"互联网＋"大学生创新创业大赛"青年红色筑梦之旅"赛道金奖。

5."胶替线——TATA 水凝胶替代手术缝合线的破局者"项目获得第七届山东省"互联网＋"大学生创新创业大赛银奖。

6."孺子艾——野生艾草制品产业的领跑者"项目荣获第二届全国中医药高等院校大学生创新创业大赛银奖,并最终在第十三届全国大学生创新创业年会中斩获最佳创业项目奖,直接晋级 2021 年"互联网＋"总决赛。

2020 届针灸推拿学专业本科毕业生李金熹在山东省人力资源和社会保障厅举行的第五届山东大学生十大创业之星评选中获评本届山东大学生十大创业之星,实现学校在此奖项上的"三连冠";在由中国青年报社、KAB 全国推广办公室共同主办的"寻访大学生创业英雄活动"中以创业项目"济南真艾堂艾灸制品有限公司"成功入选 2019—2020 年大学生创业英雄 100 强。

多措并举,助力双创

济宁医学院药学院

近年来,济宁医学院药学院坚持立德树人根本任务,以提高毕业生的创新创业和就业能力为导向,积极探索创新创业教育新途径,持续深入推进创新创业教育改革;通过改革教学方法和手段,加强"双师型"教师队伍建设、创新应用型人才培养模式、推动校企合作、深化产教融合等途径,将创新创业教育融入人才培养全过程。

一、加强领导,完善体制机制

学院成立院长担任组长的创新创业工作领导小组,实施创新创业工作"一把手"工程;定期召开创新创业工作会议,组织动员、研究部署创新创业教育工作,推动双创工作、学院教学、科研工作"三位一体"、融合共进;与地方政府、行业企业对接,开展创新创业教育,强化创新创业能力训练,营造良好的大学生创新创业氛围。

二、多措并举,积极推进创新创业工作

(一)更新教育教学理念、改革教学方法和教学手段,突出实践应用能力的培养

1.重实践,强能力:学院坚持以学生为中心,以学生职业发展需求为导向,积极进行教育教学改革,构建了"3+1"人才培养模式(3年课程学习+1年实习)和"331"实践教学体系(从基础—综合—创新递进式3层次实验教学体系;实验准备—行业见习—毕业实习3个维度实践体系;1类实验技能大赛);7门专业核心课程开展双语实验教学,不仅强化了学生的实践能力,还培养了跟踪学科及行业发展前沿的能力。

2.重改革,强实效:学院通过案例分析、问题导入、翻转课堂多元化教学方法的应用,实现课堂教学高阶性、创新性、挑战度的有机统一;通过现代教育技术手段,如慕课、雨课堂、思维导图等的有效运用,实现课前、课中、课后的良好互动。近年来,学院课程建设和课堂教学改革成效显著,获批国家级一流本科课程、山东省精品课程群、山东省课程思政示范课程;获国家级教学比赛二等奖、最佳授课奖3项;获山东省课程思政教学设计大赛、山东省青年教师教学比赛二等奖3项;获山东省教学成果二等奖。

(二)实施"引育"并重,加强"双师型"教师队伍建设

学院坚持"内培外引""引育并重",制订科学的"双师型"教师队伍建设规划,聘请行业、企业专家担任兼职教师,定期选派教师到行业企业挂职锻炼。近年来,学院先后聘请产业教授及兼职教师40余人,引进"双师型"教师10余人;每年选派6~8名青年教师到企业进行短期培训,3名博士教师进驻企业博士后流动站,完善"双师型"教师考核标准及激励机制,通过教师与企业开展科研合作和项目合作,深化校企合作,推动合作向更高层次发展。

(三)创新产教融合机制与平台建设,助力实践创新能力培养

1.共建校内外基地:泰智育仁投资100万元,在校内建设了药物临床实验研究模拟实验室;日照市药检中心投资300万,共建了校内药物分析测试及研发中心;学校投资8000万元,建设了基于天然产物的药物研

发与技术服务平台;依托药用植物园开展了系列科普服务,培养了学生的创新意识和自主学习能力;与多家企业、研究院等共建了校外产学研基地或实践教学基地。

2.校企合作办学:2019年,学院与泰格医药联合培养医药行业急需的CRA、CRC人才。企业开设课程面向校内4个药学类本科专业学生开放,既拓宽了学生的视野,又提升了学生的职业素养。

3.校企合作共同开展"协同育人"项目建设:学院鼓励广大教师积极与企业开展合作,获批教育部产学研"协同育人"项目20项,全面促进学生实践创新能力的养成。

4.创新"三段式"企业文化进校园模式,提升学生职业素养:大一阶段,企业专家开展专业思想教育,提升学生的专业认知,培养职业兴趣;大二、大三阶段通过开展走进药企夏令营和企业讲堂,使学生深入了解行业发展现状、生产经营模式、科研创新理念等;大四阶段结合学生就业需求,开展企业就业指导和职场模拟大赛。

(四)跟进新技术新产业新业态,打造多元化实践创新能力培养平台

1.学院以学术报告和课程建设为引领,将科技创新最新前沿、产业技术最新成果、行业发展最新要求融入学术报告或课堂,培养学生的创新创业意识。

2.学院独立开设药学综合实验课程,打破学科界限,把药物合成、结构确认、剂型制备、质量控制、药效学和药物安全性评价等基本方法和技术有机联系在一起,增强了学生实践操作、分析问题、解决问题和综合运用知识的能力。

3.学院促进科教融合,实施本科生导师制,为学生配备创新创业导师,每年有30%的学生参与到教师科学研究,及时将科研成果转化为开放性实验项目,在完成正常教学的前提下,每年面向全院学生开出48项实验开放项目,学生覆盖率达70%。

4.学院以学科竞赛、大创项目申报为抓手,培养学生的竞争意识和团队协作精神,激发学生的创业激情,坚持"以赛促学、以赛促教、以赛促创"的方针,建设由经验丰富、结构合理的优秀教师组成的双创教师指导团队,鼓励教师积极参加双创培训工作,推进双创工作的精准指导。

5.学院与行业共建现代产业学院,打造创新人才培养新高地,2021年与鲁南制药、辰欣药业、山东水发集团等十余家制药企业联合成立了生物医药现代产业学院,打造集人才培养、科学研究、技术创新、企业服务、学生创业等功能于一体的人才培养实体,开启了校企合作新模式。

(五)以服务为根本,提高就业服务和指导水平

学院广泛开拓就业渠道,鼓励学生先就业,再择业。学院定期总结分析用人单位和毕业生的供需变化,了解每位毕业生的就业意向和就业现状,定向推荐适合学生需求的求职信息;开展毕业生就业质量调研,走访调研用人单位,召开座谈会,充分听取毕业生和用人单位的意见和建议,收集企业需求信息,为就业工作的后续开展奠定基础。

三、坚持成果导向,人才培养结硕果

近五年,学院获全国大学生实验技能、创新成果大赛一、二等奖6项,获省级学科竞赛及创新创业大赛特等奖、一等奖、二等奖50余项;4支三下乡社会服务队获得省级表彰,被多家媒体报道。近五年,学生承担国家级、省级大创项目21项,发表论文56篇。毕业生在山东及周边地区就业占60%以上,有力地支撑了区域医药行业的发展。用人单位对毕业生满意度达90%以上,学生对学校满意度达85%以上。

基于"三早"实践，构建法医精湛技能平台，培养高水平创新型法医人才

济宁医学院法医学专业

大学生创新创业的能力和水平，能够直接反映学校人才培养的质量。济宁医学院法医学专业将创新创业实践能力改革作为高水平创新型法医人才培养模式改革的突破口，修订人才培养方案，探索以学生为中心的人才实践培养模式，创新实习实践考核模式，开展"早进实验室、早进课题、早进团队"的"三早"科研训练，培养学生的创新创业及岗位胜任能力；依托校内司法鉴定中心这一精湛技能平台，以课题为引领，锻炼学生发现问题、分析问题、解决问题的能力，拓展学生的创新思维；打造"教研服"相结合的创新创业实践教学平台，着重解决创新创业实践能力培养不足的问题。

一、科教融合，平台共享，搭建"教研服鉴"四位一体的创新创业实践体系

大学生创新创业的能力和水平是间接衡量高等医学院院校专业人才培养质量的重要指标。加强本科阶段创新创业能力培养，提高岗位胜任能力和就业质量，是高水平应用型人才培养展现给社会及行业最好的成果。因此，学院将创新创业改革作为岗位胜任能力为导向的培养模式改革的突破口。学院首先要打破专业课程与学科之间的壁垒，全面系统整合，重新架构实验教学体系；推进科教融合、平台共享，加大专业实验室及科研平台开放力度；通过建立和完善实验室开放管理制度和运行机制，开展"早进实验室、早进课题、早进团队"的"三早"科研训练，鼓励和支持学生从事专业相关的科学研究和创新活动；通过申报各级别大学生创新创业训练计划项目、参与指导教师科研课题等方式，吸纳法医学专业学生尽早进入科学研究小组；组织学生参加各级别实验技能大赛、基础医学创新大赛、"互联网＋""挑战杯"等比赛，以赛促学，拓宽学生思路和视野，培养其创新意识和科研素养。

二、基于创新创业能力提升为导向的学分制培养方案的修订

学院树立以创新能力为导向的法医学专业人才培养理念。新版培养方案在课程衔接设置方面具有明显的优势，另外在专业实践方面也具有较强的专业特色，培养过程分为通识教育课程、专业基础课程、专业课程、集中实践培养，其中新增专业拓展选修课程，以及在实践教学部分增加第二课堂学分。学院进一步夯实专业基础知识，优化课程设置，将"分析化学""法医毒物分析"等部分课程进行有机整合，增加科研创新课程学时；对标岗位胜任能力培养和社会需求，开设"司法鉴定学"和"法医学案例分析"等自主设计课程；强化岗位胜任能力，加强实践过程性考核，对实习内容进行调整，并增加专业实习毕业案例汇报答辩，检验学生实习效果；通过任务驱动实践实习，让带教老师和学生在实习过程中能够深度挖掘案件中涉及的专业知识、前沿知识，培养学生发现问题、分析问题及解决问题的能力。

三、加强境外交流培训，选拔学生参加国际在线课程学习

为了拓展法医学专业学生的国际化视野，提升学生的专业认知能力，学院积极推进国际化教学资源建设，创造国际交流的机会，提高学生国际竞争能力。法医学专业选拔优秀学生参加新加坡国立大学在线教

育课程,通过培训及课程学习,学生对国内外专业课程教学模式有了新的认知,对专业知识有了新的了解,为未来深造和就业打下了坚实的基础。

四、基于创新创业及岗位胜任能力培养的实验课程体系建设

根据法医学课程创新实践培养目标,学院对法医学实践教学课程体系进行重新设计。按照法医学人才培养方案课程改革的基本思路及法医学专业教学大纲的整体安排,学院持续推进以案件现场勘查和以案例为中心的实验教学,融合案情剖析、现场勘查、物证收集、检材送检及检验、结果鉴定分析及司法鉴定文书书写为一体的贯穿鉴定全过程的综合实验教学体系。

推动学习方式变革,打造一流专业课程。学院致力于加快一流课程建设,着力推进教学内容和教学方法创新,构建法医学数字化实验教学资源。学院持续推进模拟法庭、案件现场模拟等法医学实验室基础设施建设进一步升级;加大虚拟仿真和虚拟解剖技术的开发和应用力度;建成法医学教学案例库、课程思政素材库、法医思维案例库,不断助力学生学习方式的转变;调整实验教学课时,对教学安排进行重新架构。学院将“以教师为中心”的教学模式转变成“以学生为中心”的教学模式;指导学生荣获全国第一届医学虚拟仿真实验创新大赛卓越奖及网络最佳人气美丽画面奖。

五、注重培养学生创新创业及实践能力

学院鼓励所有学生参加大学生创新实验计划项目或创业项目,培养学生的科学思维与创新创业能力。学院举办“一院一品:技解难题,实验乾坤”法医学本科技能大赛、“识图达人”法医病理阅片大赛,加深学生对其专业知识的理解,加强其对专业技能的掌握。通过比赛可以展现法医学专业学生的风采,提高学生的实践能力和团队协作能力,发扬学生积极向上的进取精神,培养学生的实践及团队合作能力。学院指导学生荣获首届全国法医学本科技能竞赛二等奖、三等奖,团体三等奖。

学院开展“早进实验室、早进课题、早进团队”的“三早”科研训练,提升学生的科研能力,让学生积极参与老师的科研课题,以课题为引领,锻炼学生发现问题、分析问题、解决问题的能力,拓展学生的创新思维。近年来,学院获批国家级大学生创新训练项目 8 项,省级大学生创新训练项目 15 项,指导学生发表国内外高质量论文 30 余篇,申请发明专利 1 件。

六、创新性举办法医学专业公安实习案例答辩会

为了满足当今社会对法医学人才岗位胜任能力的需求,学院进一步落实法医学专业本科生“早现场、多现场、反复现场”的实践教学理念,推动实践能力与专业教育的深度融合,加强培养学生的法医思维能力和科研能力,深化法医学专业创新创业教育改革,创新性开展法医学公安专业实习案例答辩会,针对专业实习效果进行全员、全过程、全方位考核,使得学生本科毕业进入社会后既能开展各项法医鉴定工作,又能实现学校培养和社会法医鉴定服务需求零距离,得到就业单位的一致好评。

以"四有带四化",开辟创新创业教育工作新局面

山东师范大学物理与电子科学学院

近年来,山东师范大学物理与电子科学学院积极探索创新创业教育工作,逐渐形成"有制度、有氛围、有阵地、有驱动""政策精准化、主体团队化、校企合作化、效能常态化"的"四有带四化"创新创业教育工作新局面。有制度,推动实现创新创业教育政策精准化;有氛围,推动实现创新创业教育主体团队化;有阵地,推动实现创新创业教育校企合作化;有驱动,推动实现创新创业教育效能常态化。学院通过"四有带四化"的双创管理和运行机制,取得累累硕果。近五年,学院累计成立科创团队 50 余个,注册成立公司 10 余家,带动就业 200 余人;80％的学生参加各类科创活动,发表 SCI 论文 31 篇,获批专利 35 件,获全国大学生"小平科技创新团队"荣誉称号。

科技创新是国家发展和民族进步的第一动力,也是高校"双一流"建设和内涵式发展的内在要求。

山东师范大学物理与电子科学学院围绕学生专业成长与成才需求,将创新创业教育作为立德树人的重要载体和抓手,坚持创新引领创业、创业带动就业,积极探索创新创业教育的工作模式,做到前端有入口,搭建桥梁,做好学生筛选,成立创新创业团队;中间有培养,依托企业实践基地,校企合作共同培养;后端有出口,形成包括申请专利、发表论文、成立公司、提升就业等一系列成果。

一、完善创新创业保障体系,推进创新创业教育政策精准化

学院鼓励学生通过参与科创活动取得成果争取保研资格。学院先后出台《学生参加科技大赛奖励办法》《科技导师制度》,修订了《德育测评考评办法》中有关创新创业教育内容,在学院职称评审等政策中体现对教师指导学生进行科创活动的鼓励支持。

学院着力构建"四级联动"创新创业教育机制。学校相关负责部门对科创工作进行方向性指导;学院党委副书记和教学副院长联合主管并指导教师和学生的组织管理;学院团委为科创工作负责机构,对学生科创实践进行整体规划和细节指导;学生会发展部负责学生层面的动员和组织。学院形成了相关领导高度重视、分层分类职责明确、各个部门齐抓共管、学生老师积极参与的良性工作机制。

学院借助健全的体制机制,将科创平台优势资源通过科创导师制、科创训练等形式充分运用到人才培养中。近几年,学院共有数百名同学因科创成果优异保送研究生,其中有 10 余名同学保至清华大学和北京大学,40 余名同学保送至中国科学院大学、南开大学、复旦大学等知名院校。在推优入党的青年学生中,他们全部有科技创新实践经历和相应成果。

二、营造浓厚创新创业氛围,推进创新创业教育主体团队化

学院鼓励组建科创团队,打造科创导师人才库。科创团队主要依托于不同专业的不同课题组,学院认真选聘科创导师,把指导学生科技创新工作纳入教师工作量考核和岗位竞聘体系,鼓励教师吸纳学生参与科研工作,将优秀的项目课题和科研成果共享到学生科技创新大赛中,学生科技创新成果的层次和质量显著提升。

学院整合第二课堂,累积科创氛围。学院定时开展青年教师成长沙龙,邀请学校及学院领导到场指导科创工作,讨论交流科创指导经验;鼓励学生参与创新创业沙龙、科创经验分享会、科创赛事模拟答辩会,逐步渗透科创思维。

2022年,参加各类创新创业赛事人数已达学院学生总数的80%,学院近年来成立创新创业团队50余个,50余名教师担任创新创业导师,"科创探新团队"获得全国大学生"小平科技创新团队"称号。学院面向三个本科生主干专业方向,成立"青稞"物理创新团队、"青芒"电子创新团队和"青松"未来教师团队。学院组织开展"星空下午茶"创新创业经验分享会、"挑战杯""互联网+"创新创业赛事模拟答辩会等,深刻践行"传帮带"精神,培养创新创业思维。

三、打造创新创业实践平台,推进创新创业教育校企合作化

学院积极打造校企共育的科创实践平台,提供240平方米场地打造校企联合实习实践基地和科创孵化基地,引入数十家企业入校进行科创指导培育,组织参观高新技术企业,充分挖掘校友资源,坚持产学研相互结合、相互促进,推进校企合作。

学院开放各级各类实验室,大力支持学生进入实验室开展科创科研活动;积极向学校申请场地,为实验室和训练室提供必要的设施配备,免费为学生科创训练提供器材耗材。学生可以在教师的指导下进入实验室开展科研工作,硬件和软件支持充分,科技创新环境宽松。

学院先后与安谋科技(中国)、济南万腾电子、摩尔精英、联曜半导体(山东)、世芯电子、神思电子、海尔等数十家企业建立校企联合实习实践基地或建立深度合作关系,各企业派出至少一名工程师定期常驻学院大学生创新创业孵化基地,保证实时指导,实时教学。近年来,学院科创团队注册成立公司13个,带动就业人数230余人。

四、创新创业教育硕果累累,推进创新创业教育效能常态化

以"互联网+""挑战杯""创青春"等科创赛事为驱动,学院强化"以赛代练、以赛代训、以赛促学"的理念,指导学生把社会实践项目、创新创业训练项目等与"挑战杯""互联网+"等竞赛转化对接,选拔培育合适的项目参赛,利用竞赛促进科创项目应用转化;不断提升竞赛质量和成绩,争取取得国家级最高奖励突破。

近五年来,学院在"互联网+"大学生创新创业大赛中斩获国家级奖项9项,省级奖项45项;"挑战杯""创青春"系列竞赛国家级奖项8项,省级奖项30项;大学生创新创业训练计划立项221项;智能汽车竞赛国家级奖项11项,省级奖项46项;大学生电子设计竞赛国家级奖项8项,省级奖项62项;数学建模大赛国家级奖项7项,省级奖项89项;数学竞赛国家级奖项78项,省级奖项221项;师范生教学技能竞赛国家级奖项7项,省级奖项35项;山东省大学生科技创新大赛省级奖项35项;山东省大学生科技节系列赛事省级奖项314项;师范类高校学生从业技能大赛省级奖项35项。本科生发表SCI论文31篇,申请专利35件。

依托"麦芒计划"打造"四位一体"创新创业教育联动体制机制

山东师范大学教育学部

山东师范大学教育学部以"麦芒计划"创新创业能力提升工程为依托,加强顶层设计,将创新创业教育与课程、科研、实践、竞赛统筹推进,着力打造"四位一体"创新创业教育联动体制机制;举办创新创业专题训练营,将对创新创业感兴趣、有热情的学生作为"金种子"重点培养;创新创业与课程建设相结合,通过增设科研创新类课程、申报专创融合特色示范课程,系统开展创新创业教育;创新创业与实践实习相结合,利用寒暑假社会实践活动、支教实习实训等,为学生提供广阔的实践空间;创新创业与科研相结合,设立本科生科研训练项目,印制科研训练刊物,为学生提供专业支持;创新创业与竞赛相结合,加大支持力度,鼓励师生组队参赛,获得累累硕果。

一、组建专题训练营,孕育创新创业"金种子"

教育学部举办"麦芒计划"大学生创新创业能力训练营,选拔对创新创业感兴趣、有热情的学生,将其作为"金种子选手"重点培养,以点带面,极大提高了学生参与创新创业活动的热情。

新生入校之初,教育学部团委就组织举办"创新创业进班级"宣讲会,由优秀指导教师、学生团队、学生会创新创业部等从不同角度为大一新生介绍创新创业竞赛,营造浓厚氛围;定期邀请校内外专家就研究选题、团队组建、商业运营、计划书撰写等进行专题培训,以报告讲座、研讨交流、实地考察、模拟比赛等方式,深化学生的创新创业认知;坚持动态调整,将真正对创新创业有热情的学生骨干筛选出来,配备指导教师进行一对一指导,既有效提高了大学生群体的创新创业意识,又选拔了创新创业骨干,工作成效明显。

二、加强课程建设,共育创新创业"小幼苗"

教育学部发挥课堂教学主渠道作用,增设科研创新类课程,申报专创融合特色示范课程,成立儿童融合教育研究中心,为初入创新创业领域的"金种子"们施好肥、育好苗。

以创新能力培养为目的,修订完善本科生培养方案,增设科研创新类课程。其中,教育学部最突出的一项调整就是增设"导师制科研沙龙""学术报告"课程模块,督促本科生在阅读修习和学术研讨的基础上,不断将课堂教学、学术研讨的成果应用到各类创新创业大赛中。

以探索专创融合新模式为落脚点,积极申报"专创融合"特色示范课程。三年来,已有 5 位教师顺利获得课程立项,认真开展了研究与实践,积极探索创新创业教育与专业教育深度融合的新载体,形成了"专创融合"理论与实践研究的良好基础与浓厚氛围。

2022 年 8 月,教育学部申报成立山东师范大学儿童融合教育研究中心,将学前教育专业与创新创业教育深度融合。中心负责人、青年教师孟媛带领的本科生"融爱未来——自闭症儿童融合教育"项目团队,获得第八届山东省"互联网＋"大学生创新创业大赛金奖,并被推荐参加国赛。

三、搭建实践支教平台，拓宽创新创业"大苗圃"

教育学部针对学生专业特点，将"麦芒计划"与寒暑假社会实践活动、支教实习实践等相结合，打造"创新＋"实践支教平台，为大学生投身创新创业实践提供广阔空间。

教育学部搭建"创新＋"社会实践平台，统筹整合党史宣讲、社会公益、教育调研、传统文化保护等各类社会实践活动，重点支持训练营成员团队，在观察社会、了解社会的过程中发现问题、分析问题，促使在校大学生树立实践意识；搭建"创新＋"实习支教平台，结合学生实习实践安排，带领在校大学生近距离接触教育对象，发现教育教学实际问题，并尝试运用所学知识提出解决问题的思路方案，增进对理论知识的理解，树立问题意识，培育创造性思维。

四、增设科研训练项目，催生创新创业"多蓓蕾"

教育学部充分发挥专业教师作用，将"麦芒计划"与本科生课题立项、科研训练相结合，设立学部层面的本科生科研训练项目，印制科研训练刊物，为大学生提高创新创业能力提供专业支持。

教育学部开展"育林"本科生科研培育计划，每期支持10个左右本科生科研训练项目，使优秀本科生在承担问卷调研、分析统计、文字撰写等科研任务的过程中，进行初步的科研训练，拓宽学术视野，强化学术思维，提高科研能力。2021年4月，第一期"育林"本科生科研培育计划选拔资助了12个学生项目，给予每支队伍1~2万元、共计15万元经费支持。

教育学部搭建科研训练平台，复刊本科生学术刊物《育林》，引导学生将对社会热点、教育问题的学术探讨转化为科研论文。自2019年复刊以来，同学们主动联系指导教师，积极开展社会调研，努力将研究方向与本科生创新创业训练项目、学校本科生科研基金项目、各类创新创业竞赛等相结合，极大地拓宽了创新创业思维，提高了创新创业能力。

五、组织实战参赛，收获人才培养"新硕果"

"麦芒计划"将创新创业类竞赛作为提升在校大学生创新创业能力的"演武场"，鼓励学生团队参加"互联网＋"大学生创新创业大赛、山东省大学生科技创新大赛和大学生计算机设计大赛等各类比赛。

教育学部高度重视学生创新创业竞赛，党政联席会议多次专题研究大学生创新能力提升的相关工作，加强顶层设计；加大奖励力度，鼓励教师指导学生申报教育部大学生创新创业训练项目，参加创新创业比赛；组织指导教师参加专题培训，提高教师指导能力；设立专项经费，为学生团队参赛解决后顾之忧。师生参加创新创业竞赛的热情更加高涨，本科生人才培养质量也不断提升，结出累累硕果。

三年来，教育学部500余支学生团队积极参加"互联网""挑战杯"等大学生创新创业大赛，69支团队获校级奖励，7支团队获省赛金银铜奖，2支团队进入国赛；50余支学生团队参加全国大学生电子商务"创新、创意及创业"挑战赛、全国计算机设计大赛、"iTeach"全国大学生数字化教育应用创新大赛等，获全国一等奖4项、二等奖5项、三等奖16项；获教育部大学生创新创业训练计划项目国家级、省级立项共59个。

曲阜师范大学经济学院创新教育工作典型案例

曲阜师范大学经济学院

为适应社会发展要求,不断增强大学生的创新创业意识,提升大学生的创新创业能力,使大学生更加充分、更高质量地就业,曲阜师范大学经济学院不断探索开展大学生创新创业教育的方法,从顶层设计、体制机制完善、课程资源开发、教学模式改革、师资队伍建设等方面进行了有益的探索,着力破除制约创新创业教育的思想观念、教育教学体系和体制机制障碍,强化创新人才培养。

一、加强顶层设计,突出体制机制的制度保障功能

(一)改革人才培养目标

学院以培养适应新时代社会发展需要的经济类人才为目标,以产学研合作为途径,紧紧围绕着专业建设内容与创新创业教育密切结合,使创新创业教育贯穿于专业教育的全过程,构建符合应用型、创新型人才培养的理论和实践教学体系,构建具有鲜明专业特色和区域经济发展特色的大学生创新创业教育体系。

(二)重新构建人才培养体系

学院以大学生创新创业训练计划项目为载体,以创新创业教育课程建设、教材建设、师资队伍建设等为改革重点,重构具有专业特色的创新型人才培养方案;将大学生创新创业教育全程纳入人才培养的专业理论课和专业实践课中,不间断地融入大学生专业教学的全过程,建立起了低年级夯实基础、拓展技能,高年级分层分流的人才培养体系。

(三)健全创新创业教育课程体系

一是加强专门课程建设。学院面向全体学生开发和开设"研究方法""科学前沿""创业基础""就业创业指导"等必修课和选修课,积极邀请创业典型人物尤其是优秀校友王勇等十几人次为在校学生做创业报告,激发广大学生的积极性。二是促进专业教育与创新创业教育有机融合,学院挖掘和充实各类专业课程的创新创业教育资源,在传授专业知识的过程中加强创新创业教育,实现创新创业教育与专业学习有机融合。

(四)创新教育教学方式

学院致力于将专业课程与创新创业实践活动相结合;积极利用校外资源,定期开展大学生进公司参观实践活动,让学生充分了解公司经营管理过程中遇到的状况与决策内容,为以后的创新创业奠定基础。

(五)加强教师创新创业教育教学能力建设

一是建立专兼职结合的师资队伍。学院明确全体教师创新创业教育责任,加强创新创业教育的考核评价;积极利用校外资源,广泛聘请创业成功者、知名企业家、风险投资人等各行各业优秀人才,担任授课或指导教师。二是加强培养培训。学院将提高教师创新创业教育的意识和能力作为岗前培训、课程轮训、骨干研修的重要内容。

二、完善体制机制,激活创新创业教育要素积极性

做好大学生创新创业教育工作,重要的是建立良好的体制机制,让大学生勇于创业、敢于创业,因此学

院必须建立与之相适应的体制机制,既能发挥激励作用,又能发挥保障作用。

(一)组织管理体制的统一化、协调化

学院努力在毕业生创业的积累阶段、准备阶段和起步阶段起到导向、培育、鼓励、扶持的作用,努力做到"扶上马再送一程";构建毕业生统一组织管理体制,协调各部门工作及落实创业项目的执行。

(二)宣传导向体制的一体化、多元化

全方位的宣传教育和多方面的传导引荐,有利于调动和激发学生创业的热情和动力。学院构建大学生创新创业体系,将涉及的各个途径、手段整合,促成体制的一体化。

(三)教育培训体制的常规化、系统化

实施创业教育和培训,应是长期化、常规化和系统化的,贯穿于高等教育学习的始终。学院有专门教育和短期培训,渗透于专业学习,构建稳定成熟的培训体制。

三、加强课程资源建设,丰富和完善创新创业课程资源

创新创业教育的瓶颈在于人才的创新创业实践意识的强弱,以及创新创业能力的高低,而高校作为高等人才的培养机构,将"创新创业教育"课程化,既是一种教育职能的显现,又是一种社会责任的履行。

(一)开展创新创业资源的课程式转化

学院结合高等教育时间和人才培养目标,立足全生命周期理论展开创新创业教育资源的课程式转化,并以每一学年为一个阶梯,结合本学年的具体学习内容,实现创新创业教育资源与课程的融合,逐步进行系统化。

(二)构建开放式的教学模式

学院建立经济学院课堂与创业演讲之间的关系,形成一种更为开放式的教学模式。客观上,教师讲课的主要依据源于教育学、心理学及专业素养下的认知,而创业演讲的形式则是经验分享,并不强调逻辑性、理论性,建立这两种传播形式的关系,可以让学生更接近创新创业实际,学会理性思考。

(三)实现创新创业项目的课程式转化

学院内部将创新创业实验室与真实企业环境之间建立关系,实现高等教育具体项目的课程式转化。通过创业大赛、创新设计活动等具体项目方式,定期或不定期地在高校中展开资源的课程式转化,让大学生将课堂上学到的知识,在课余时间消化、整理,转化为具体的资源,并可以借助真实企业环境将创新创业的具体创意呈现出来,转化为生产力,生成社会效益和经济效益,达到合作双赢的目的。

四、创新教育教学模式,充分激活学生创新创业积极性

为进一步响应学校关于加强创新创业教育建设、推动混合式教学改革的要求,学院坚持推动"以讲为主"向"寓教于乐,学练结合"的教育教学模式转变,提高课堂教学质量和教师教学水平。

(一)广泛动员,积极参与

学院领导积极带动全院师生,按照制度要求积极宣传、广泛发动,将科技创新工作作为引领学生思想成长、培养学生创新创业精神和实践能力的重要工作载体,积极动员更多教师和学生积极参与其中,寻找有经验、有水平的赛事专家开展辅导,对学生进行创新创业思想教育工作,培养学生创新创业兴趣和思维方式。

(二)多措并举,探索创新

为助力实现教育教学模式转变,参与改革的教师充分利用智慧教室、引入混合教学方式等营造"沉浸式"学习的氛围;在专业课中融入大赛元素,正向引导学生从"要我学"向"我要学"转变;学院开设大赛培养课程,引导学生正确创新、顺利创业;在课堂上适当讲述身边创新创业的成功案例,激发学生的自主学习兴趣等。

五、加强师资队伍建设,为创新创业教育提供有力保障

创新创业教育师资队伍是指在从事创新创业教学活动的指导教师,其对于提升当代大学生创新创业能

力有着举足轻重的作用。

（一）积极探索师资队伍建设新模式

强化学院创新创业师资队伍，学院姚圆鑫老师在大学生创新创业教育方面积累了丰富的经验，是教育部全国高校就业创业指导教师培训特聘专家、国家教学成果二等奖获得者、中国国际"互联网＋"大学生创新创业大赛国赛评委、国家二级职业咨询师、国家高级创业咨询师、GCDF全球职业生涯规划师、BCC全球生涯教练、山东省人力资源和社会保障厅就业创业指导培训特聘专家、山东省教育厅创业导师库成员、山东省退役军人事务厅就业创业特聘专家、山东省高校就业创业金课主讲人。学院以姚圆鑫老师为核心建立的创新创业师资队伍，切实保障大学生创新创业教育工作的推进。

（二）构建创新创业教育教师培养体系

一是提升教师队伍综合能力。学院通过培训，使教师能够很好地掌握基础理论知识。二是建立实践培训基地。学院实施各种实践项目，对创新创业教育相关教师的实践技能进行提升。此外，学院还与各类企业进行合作，加强院校与企业之间的关系，邀请教师和成功创业者授课，促进教师将理论知识与实践进行有效结合。

（三）结合实际情况制定激励制度，明确奖励政策

有效的激励机制能够激发创新创业教育教师的工作动力。学院对于在指导学生创新创业工作方面有突出成绩的教师给予职称评审、酬金发放等多方面的支持，以增强教师的教学积极性和学生的学习积极性，也有利于提高学生的创新能力，为社会真正培养出创新型人才。

多措并举，扎实推进大学生创新创业教育工作

曲阜师范大学网络空间安全学院

曲阜师范大学网络空间安全学院立足学校的人才培养目标，坚持"质量为核心、特色创优势、创新求发展"的理念，构建了创新创业人才培养体系，建立了综合性创新创业平台，不断创新人才培养模式，把创新创业教育融入人才培养全过程，渗透到教育教学各个环节。近几年来，学院创新创业工作取得了明显成效。

一、构建创新创业人才培养体系

（一）完善创新创业课程体系

根据学院专业培养目标和工程教育专业认证要求，学院积极推动专业教育与创新创业教育的有机融合，多次组织专家修订完善人才培养方案，将创新创业课程纳入本科生专业培养计划，将创新创业能力的培养融入本科生教育的各个环节。

学院充分利用校内外资源，积极开发创新创业课程，将"大学生职业规划"和"大学生创新创业指导"设为必修课，将"创新实践"纳入实践教学平台，鼓励学生参加各类学术活动和社会实践活动；积极发挥学院专业学科优势，打造优势科研团队，完善科技创新体系，推动"产学研创"良性互动，实现跨越式发展。

（二）创新人才培养模式

学院构建了理论教学、实践教学和创新教育相结合的本科人才培养体系；与北京优炫股份有限公司等开展校企合作，立足专业特色，服务产业需求，在教学科研、协同育人、共建专业、人才培养、成果转化等方面开展全面合作，进一步深化产教融合；对学生开展专业教育、职业规划、专业实习实训和创新就业等活动。学生不出校门即可近距离感受名企大厂的工作模式，全面提升工程实践能力和技术研发能力。

（三）推进教育改革模式

学院鼓励教师积极进行教学改革，深入探讨启发式、讨论式、项目驱动等方法在教学中的应用，不断提升教师的教学能力，从而提升教学质量。

针对高等教育中的教学管理、智能教育与评价、个性化培养等问题，学院开发团队综合运用大数据、云计算、人工智能和区块链等新技术，开发了教学过程管理平台。该平台具有课程管理、教学资源管理、题库管理、作业管理、课堂互动、课程考试和成绩管理等功能，实现了教学过程管理及课程考核的多样化。学院90％以上课程已入驻该平台，通过平台使用前后对比，教学质量、学习效果、创新实践能力等均有较大提升。

（四）健全创新创业竞赛引领机制

学校出台了《学生科技文化创新奖励办法》，对优质竞赛项目的获奖学生和指导教师进行奖励。学院根据学科建设及人才培养需要，结合专业特点，制定了《网络空间安全学科竞赛参赛指南》，组织优秀指导教师和学科竞赛获奖学生开展竞赛宣讲和培训，引导和培育学生积极参赛，利用学科竞赛对接群及时推送备赛信息和资源，积极解决参赛中的问题，实现以赛促学、以赛促教和以赛促创。

(五)细化学生学业管理制度

学院设立创新创业专项奖学金,表彰创新创业表现优秀的学生;开展"一生一品"和"一生一特长"等活动,激发学生科技创新的兴趣,培养创新精神;将学生科创成果纳入推荐免试研究生评价体系,通过多种方式,激励学生参加科创活动,提升科技创新能力。

二、建立综合性创新创业平台

学院与学校统筹协调,发挥专业优势,积极参与创业孵化基地、众创空间等平台的建设与使用,提升学生创新意识和实践能力。

学院以学科竞赛为引领,引导学生参与科研课题和实验室研究工作,为学生搭建创新创业研究平台——数字大脑平台。该平台已推广应用到学校网络空间安全学院、物理工程学院等校内5个学院,同时推广到山东农业大学、鲁东大学等5所高校。目前,平台教师用户328人,学生用户16173人,涉及217门课程。平台开发团队由学院教师和学生组成,增强了学生的软件设计能力和开发实战能力,提高了其分析问题、解决问题的能力。近年来,该团队在省级及以上学科竞赛中获奖10余项,5位学生被推免或考取研究生。

三、健全创新创业教育组织保障

学院成立了大学生创新创业工作领导小组,设立了科技创新中心专门负责学院的创新创业等工作的规划、管理和实施。学院尤为重视创新创业师资队伍的建设,多次组织教师参加创新创业方面的交流培训,近几年引进具有企业锻炼背景的教师9位,聘任创新创业导师4位;推行"一师一特长"活动,成立学科竞赛指导团队,激励教师发挥自身优势,进一步提升指导学生开展创新创业活动的能力;成立程序竞赛协会、大数据创新创业社团、网络空间安全社团、计算机爱好者协会等多个社团,吸收有相关特长的学生加入,开展学科竞赛交流和培训;充分利用夏季小学期开展实践教学,培养学生的实践技能,提升创新创业能力;多次举办毕业生就业工作专题会议和访企拓岗活动,促进学生高质量就业。

学院将在总结经验、查找不足的基础上,深入推动创新创业高质量发展,逐步优化创新创业教育实践基地,进一步完善校内外协同育人机制,努力培养满足社会发展需求、富有创新精神和勇于实践的创新创业人才。

探索可持续发展管理模式,激发师生创新创业潜能

德州学院能源与机械学院

德州学院能源与机械学院于2020年7月由机电工程学院和汽车工程学院合并成立。之前两个学院在大学生科技文化竞赛上均有各自的优势赛事,且成绩突出。新学院成立后,在专业和课程体系、工作人员及其分工上都做了较大调整。原来两个学院的优势竞赛项目也随着学校对大学生科技文化竞赛的认定范围发生了很大的变化。为进一步提升大学生科技文化竞赛工作成绩,推进创新创业教育工作,学院以《国务院办公厅关于深化高等学校创新创业教育改革的实施意见》为指导,把握总体要求,从管理机制入手,运用科学管理理论,加强组织领导,规范管理流程,统筹人员配置;精心部署科技文化竞赛校赛,"以赛促教、以赛促学",提升创新创业教育质量;针对专业课教师和辅导员在学生教育工作中角色角度不同,找准契合点分工合作;运用激励机制发掘教师们的主观能动性,为工作改进增添动力,取得了一定成效。

一、完善管理机制,规范工作流程

学院将由竞赛相关专业教师承担各项竞赛的负责人的工作方法延续下来,为了更好地统筹管理,重点帮扶,学院成立了以院长为组长的大学生科技文化竞赛工作小组,负责组织本单位竞赛工作,小组成员由各项竞赛负责人教师及学生管理人员组成。学院召集相关负责人起草了《能源与机械学院科技竞赛规程》,对竞赛的组织、评选、评估做了统一的工作要求,对竞赛过程中的每个节点标准化管理,以便在竞赛周期中进行过程质量的PDCA技术检查和工作改进。学院在指导负责人对竞赛的每个细节实施全面质量控制和管理的同时,统筹协调各方面力量,给予资源支持。工作小组每年年初会对科创工作进行统一部署,并在年度末对参赛效果进行总结和梳理,不断提升创新创业教育质量。

二、激励师生参赛,双向引领

学生方面,抓住时机开展教育,提高创新意识。在新生入学教育期间,学院安排专业教育和科创竞赛专题系列讲座,让新生尽快熟悉所学专业,了解所学专业可参与的竞赛类型及参赛所需的知识储备。学院安排多名竞赛负责人老师为新生开展讲座,同时安排参赛获奖的老生为新生做参赛经验交流,激发新生对科技创新的兴趣,点燃他们的参赛热情。经过入学科创教育,很多学生加入各种科技兴趣团体中,尽早开始了专业知识的学习。在各项竞赛的准备阶段,学院组织学生开展竞赛发动宣讲,为参赛做好准备。宣传工作使学生的参赛率有了显著提高,为今后的科技创新创业奠定了基础。

教师方面,为鼓励更多教师参与到科技创新竞赛指导队伍中来。学院运用好全体教职工例会,从竞赛教研计分及奖励政策、竞赛项目选择等多方面进行宣传,让教师们深入了解竞赛、研究竞赛。近两年来,越来越多的教师开始积极主动地找到学生组建科创队伍,教师指导学生参赛的热情高涨。

三、充分发挥教师在创新创业教育工作中的推进作用

学院组织专业教师在人才培养方案的制定上,研究在专业课程体系中融入创新创业教育元素。学院基

于 OBE 教育理念指导,明确创新创业教育的目标及重点,按照教育要求,研究创新创业教育与专业课和公共课的内在逻辑性,将创新创业教育环节安排到实践课的教学活动中。学校对教师出台了相关培育政策,推动教师队伍向更加专业化的方向转变,更好地推进大学生创新创业教育。学院积极响应双创学院的培育方案,先后派出两名教师参加 SYB 培训,提升创业教育能力,安排专业教师和辅导员教师共同梳理现有专业课和公共课,挖掘其与创新创业教育的连接,将创新创业理念融入贯穿到各课程的教学中,更具针对性和目的性地开展教学。在教学实施上,学院组织受过 SYB 培训的教师设计课程教案和教学方法参考模板,将先进的教学理念传达给其他教师,丰富课程教学形式;推荐教师选择适用、具有针对性的教学方法。例如,培养学生创业意识、创新精神的课程,采用讲授、讲座、讨论、案例教学等形式;培养锻炼学生创新创业能力的课程采用实验、实践、讨论、案例教学、头脑风暴、竞赛等形式。

创新创业教育涉及大学生教育的整个流程,需要全院各个部门、专业,乃至社会层面的通力合作。为保障各个方面工作合作过程顺利进行,学院安排专人辅导员老师负责创新创业工作,对创新创业工作进行信息梳理,协调各方面工作,为具有创新创业意愿的大学生提供指导。学院教师通力合作,班主任、辅导员教师主动与专业教师进行信息沟通,了解大学生参与创新创业实践所需要的专业知识,为学生推荐指导教师,并配合专业教师为大学生创新创业教育提供帮助,在大学生、教师之间搭建信息交互桥梁;教师们与社会的企业、组织、单位进行信息交流,为大学生讲解政策及创新思路,培养创新思维。同时,学院与企业建立联系,为大学生创新创业活动的开展提供资源支持,起到了"搭台子""选苗子""抬轿子"的作用。

能源与机械学院在学院领导班子的带领下,齐心协力,创新创业教育工作稳步前进。近三年来,共有 200 多支参赛团队近 3000 人次学生参加国家、省级 10 余大类科技文化创新竞赛,600 余人次荣获省级以上奖励。其中,在国家级各类大学生文化竞赛中荣获一等奖 33 项、二等奖 37 项、三等奖 61 项;在山东省举办的各类大学生文化竞赛中,获特等奖 26 项、一等奖 65 项、二等奖 71 项、三等奖 138 项。同时学院学生的专业理论水平有了显著提高,近三年学生获批专利 37 件,发表论文 60 余篇。能源与机械学院将继续探索并实践创新创业教育理念,推动创新创业教育工作持续稳健发展。

应用型本科工商管理类专业
"三线四层"创新创业能力培养体系建设

滨州学院经济管理学院

滨州学院经济管理学院深入开展工商管理类专业创新创业人才培养理论研究与实践转化,系统构建了"三线四层"的创新创业能力培养体系。历经 10 年的探索与实践,学院从试点、推开到持续优化,效果不断显现。

一、培养体系的整体框架

紧扣工商管理类专业应用型本科人才培养规格定位,学院进行了系统化改革实践:一是提出和践行了"逐层递进、全程贯通、专创融合、多元协同"的双创培养理念;二是明确"四层递进"双创培养目标;三是构建"三线并行"双创培养体系;四是创新"三阶段、四融合、项目化"培养模式;五是搭建创新平台、创建创业基地,形成强力支撑;六是改革评价体系,标准科学、成果导向、柔性实施;七是强化多元协同,促进学校双创工作高质量推进、学生双创能力螺旋提升。

二、培养体系的具体实施

(一)提出培养理念

学院基于建构主义理论、多元智能理论和协同理论,紧扣应用型人才培养定位,提出"逐层递进、全程贯通、专创融合、多元协同"双创培养理念。

(二)明确培养目标

根据培养理念,学院明确了"四层递进"的培养目标:一是夯实基础技能(创新意识、创新观念和创业思维等);二是强化专业技能(调查研究、营销策划和财务决策等);三是提升综合技能(项目开发、方案设计和运营管理等);四是拓展项目实施能力(团队组建、协作实施和技术创新等)。

(三)完善培养过程

学院从优化课程体系、深化竞赛体系、强化实践体系方面完善"三线并行"的培养过程:一是优化课程体系。学院落地双创理念,衔接双创能力,融入思政元素,优化设计通识课、专业课、创新创业实训与素质拓展课和实践环节。二是深化竞赛体系。师生共同参与"互联网+""三创赛"等学科竞赛,打通战略规划、营销策划和财务决策等专业技能壁垒。"ERP 综合训练"等实训课对接相应学科竞赛,实施相关专业课程与网络创业等技能证书的"课证融通",推动学生专业技能和综合技能共长。三是强化实践体系。学院引入阿里巴巴、京东等真实项目,让学生在直播带货、短视频营销等实岗历练,提升双创素养和能力。

(四)创新培养模式

一是启蒙阶段、模拟阶段、实践阶段"三阶段"培养。启蒙阶段着重课程学习,使学生获取知识、理性思考,重在夯实专业知识;模拟阶段设置"ERP 综合训练"等模拟课程,着重课程与实践结合,使学生内化知识、初步探索;实践阶段着重情景化自主实践,使学生把知识内化于心、外化于行,利用各省级校级基地,培养知行合一、德才兼备的高层次应用型人才。二是"四融合、项目化"贯穿全程。学院坚持深化专业知识与创业知识融合、竞赛与实训融合、教师科研与学生创业融合、产学研融合，以"四融合"为纬，以项目化为经，贯穿育人全过程。

（五）搭建平台支撑

一是搭建研发平台、课程联盟、数据中心等省级平台，强化学生基础技能、专业技能培养。二是创建创业模拟基地、数字经济产业学院等省级校级基地，强化学生方案设计、团队组建、协作实施等综合技能和项目实施能力培养。学院依托山东省海洋经济数据协同创新中心和山东省创业模拟基地，与京东集团、用友集团、网商集团协同共建，数字经济产业学院以电子商务、大数据会计、数字经济等专业为核心打造新商科专业群，促进产教融合，培养应用型人才。三是共建大学生创新创业实践竞赛平台，学院坚持"以赛促学、以赛促教、以赛促创"，利用"互联网＋""挑战杯"等大赛平台，组织学生参加省赛、国赛，提升实战演练水平。

（六）改革评价体系

学院针对应用型本科工商管理类专业创新创业育人，清晰地厘定了"四层递进"式能力目标体系，解决了双创育人实践中育人目标不清晰、与成长逻辑不契合等问题。以此为参照，学院构建了创新创业育人评价体系，该体系具备多维度、重成果、柔性化等特点，有效契合育人目标体系。

（七）强化多元协同

学院依托理事会和产业学院，构建教师、学校、企业、科研院所等多元沟通协调机制、需求机制和驱动机制，促进学校双创工作高质量推进，学生双创能力螺旋式提升。

三、培养体系取得的实效

（一）学生创新创业能力显著提升

学院累计培养了 5100 名高素质应用型专业人才，近五年，初次就业率达到 93％，毕业生持证率稳定在 96％以上；在高层次学科竞赛中获国家级奖项 113 项，省级奖项 370 项；立项省级及以上创新创业训练计划项目 43 项、SRTP 项目 45 项；学生发表论文 17 篇、取得实用新型专利 13 件。2015 届毕业生韩忠创办正方体教育集团，设立正方体奖学金，带动校内学生创业活动。

（二）创新创业师资力量显著增强

近五年来，2 名教师获聘山东省创新创业教育导师；3 名教师参加山东省青年教师讲课比赛获得一等奖 1 项、三等奖 2 项；1 名教师获得山东省创新创业类精品微课比赛一等奖；多名教师获得国家级、省级学科竞赛优秀指导教师荣誉称号；20 余名教师获得学校教学名师、教学工作先进个人、优秀教学奖、毕业论文优秀指导教师等荣誉称号。学院成立创新创业类课程组 5 个，研究成果获得市厅级优秀成果奖一等奖 3 项、二等奖 4 项。

四、培养体系的应用推广

"三线四层"体系教学实践，有力地促进了学生创新思维、创业能力和职业素养的显著提升，在全省范围内产生了辐射效应，先后有 10 余所院校借鉴应用"三线四层"体系并取得良好效果。滨州市教育局、滨州市科学技术协会、山东省市场学会等多方专家对"三线四层"体系给予了肯定。专家一致认为"三线四层"体系将创新创业教育做到了理念化和体系化，在高水平应用型人才培养的教学理念、培养途径和教学实践等方面实现了创新。学院代表在 2018 年山东省"三创赛"和 2021 年数字经济产业学院创立大会等多项活动中就"三线四层"实践探索做了 6 次主题发言，引起强烈反响。山东省教育厅官网、滨州大众网、《滨州日报》等多家媒体对"三线四层"体系的成功实践和应用成果分别进行了多次专题报道。

系统设计，分类进阶，多方联动
——新时代教育评价改革下高分子材料专业

鲁东大学化学与材料科学学院

本案例以山东省本科一流实践课程"高分子材料与创新创业基础"为例，探索实施辅导员与专业课教师"搭班子"，共同推进专业教育与创新创业教育协同育人的"双导师"专创教学模式；旨在通过理论课程、双创竞赛等方式，帮助学生正确把握专业选题方向，灵活运用创新思维开展实验研究，增强学生运用跨学科综合性知识解决科研创新问题的本领和能力；结合企业实习和创新创业实训等方式，让学生更好地运用所学专业知识及企业运营管理知识等，正确分析行业所需和市场痛点，懂得运用创新思维进行原创性科技攻关，真正实现专创融合发展；为国家和社会培养了一批具备敢闯素质、会创本领、家国情怀的青年人才，为高水平科技的自立自强贡献了青春智慧和力量。

习近平总书记在党的二十大报告中强调，我们要坚持教育优先发展、科技自立自强、人才引领驱动，加快建设教育强国、科技强国、人才强国，坚持为党育人、为国育才，全面提高人才自主培养质量，着力造就拔尖创新人才，聚天下英才而用之。

一、组织实施

（一）建立健全相关制度，完善创新创业教育保障体系

结合学校自身实际，学院制定了《化学与材料科学学院大学生创新创业教师奖励办法》，有针对性地对创新创业教育给予政策支持，将创新创业教育考核纳入教师职称评定和绩效评价指标；制定了《化学与材料科学学院创新创业奖学金管理实施细则》《化学与材料科学学院关于在学生中实施创新创业"种子计划"的管理办法》，入学推行"学业导师制"，引导每位学生在大一时根据自己学习兴趣和方向选择指导教师。大二学生实行"种子计划"，遴选品学兼优、具有创新意识的学生，参与教师课题，成为创新团队的种子。学院对于大三学生实施创新创业"育苗工程"，对相对成熟的项目先行给予孵化的土壤，加速项目成果的产出与转化，强化大学生科技创新与创业孵化的有机衔接。

（二）树立创新教育理念，系统构建创新创业教育课程新体系

学院改革课程体系，以培养和提升学生创新创业能力为主线，开设如"SIYB""大学生职业生涯规划和创业基础""高分子材料与创新创业基础"等一系列不仅体现行业特点，还能融入创新创业思维和方法的创业指导和实训课程，打造具有特色的"1（国创立项）＋8（理论八大板块）＋5（实践五大板块）"课程体系，不断丰富学生的创新创业知识和体验。

学院改革教学方法和考核方式，突出学生的主体地位，开展启发式、讨论式和项目化教学，激发学生的创新创业灵感。学院推进课程考试改革，将实验课程加入过程考评，实行期末实验操作与理论考试相结合的考核办法，试行非标准答案考试，注重考查学生学习过程和运用知识分析、解决问题的能力；加强教育与实践相结合，建立稳定的教育实践基地，完善高校辅导员、专业课教师与企业导师共同指导教育实践的"双导师"制度和对学生成果的"双评价"体系，构建专业实践和教育实践有机结合的实践教学方式。

（三）完善学科竞赛体系，探索创新创业人才培养长效机制

学院将创新创业实践纳入学分体系，学生通过参加第二课堂的实践活动可以获得创新创业实践学分。学院依托各级"本科教学工程"项目，把学科创新竞赛与人才培养、学科建设、课程教学改革、实践教学环节等有机结合起来，引导学生主动大胆地参加各类学科竞赛及创新创业训练项目的申报与实施，在实践训练中全面提高学生创新能力；扩展学科竞赛参与方式，让创新创业教育走出课堂，在双创竞赛的宣讲、组织、发动学生参与的过程中让学生感受创新的力量，培养学生"我敢闯、我会创"的意识，充分利用"社会实践""实习交流"等第二课堂平台，提高学生对于双创的参与率和获得感。

（四）加强多方联动，构建"多层次、立体化、校内外互动"新平台

学院加强校企合作，探索"企业＋学校"的人才联合培养模式。学院积极推行"产学研"合作培养机制，聘请万华集团、威高集团等企业专家全程参与，共同研究制定人才培养方案，特别是实践教学计划，使实践教学对接行业企业一线需求，建成"前校后厂、工学结合"的人才培养模式。学院鼓励有科研项目的教师吸收学生参与科研项目，使本科生有机会与导师一起开展科学研究；加强政校联合，与地方教育行政部门建立权责明晰、稳定协调、合作共赢的"三位一体"协同培养机制，形成教师培养、培训、研究和服务一体化的合作共同体，真正培养国家需要的、社会紧缺的高素质创新创业人才。

二、工作成效

（一）创新创业获奖数量和层次不断提高

近五年来，学生参与授权发明专利 39 件、发表 SCI 论文 173 篇；获国家级大学生创新创业训练计划资助 81 项，"挑战杯""创青春"国家级三等奖 2 项，省级特等奖 2 项，金奖 4 项，银奖 6 项，铜奖 8 项，其他科创类竞赛获省级以上奖励 50 项，其他学科类竞赛获省级以上奖励 111 项；参加创新创业年会 2 次；参与教师课题达 1212 人次。

（二）极大地提高了学生从事科学研究、创业的兴趣

学院通过全方位参与创新创业活动，增进了学生对化学学科的认识和从事化学科学研究、创业的兴趣。学院利用调查问卷、走访调研的形式了解到，近五年，有 63％的学生参加考研，力求跳跃至更高的平台拓宽视野，继续加入双创的大队伍中，录取率高达 50％；有 2.3％的学生勇于创业并取得了较好的进展；38％左右的学生进入企业并得到一致认可。用人单位对毕业五年后的毕业生评价较好，满意度较高。毕业生李增雷、刘清清等已创办烟台利雷生物科技有限公司、烟台市九邦新材料科技有限公司。

（三）形成了一支"会创会教"的创新创业指导教师团队

专业教师全员参与学业导师工作，并建设了一支由 16 位专业博士组成的具有双创背景的"双师型"队伍及 10 位具有丰富教学经验的教师组成专业技能竞赛指导团队，形成了一支"会创会教"的创新创业指导教师团队。其中，李楠获中国"互联网＋"大学生创新创业大赛优秀创新创业导师、山东省优秀创新创业导师库成员、烟台市优秀创业导师第一名、烟台明龙食品有限公司、烟台圆物丸满品牌管理有限公司创新创业顾问、鲁东大学学生创新工作优秀指导教师等荣誉称号，并应邀到南京邮电大学、山东第一医科大学等高校介绍双创教育改革经验。该学院的改革思路、措施得到时任教育部副部长吴岩的肯定，部分创新举措在山东师范大学、曲阜师范大学等高校中得到推广应用。

三、案例反思与启示

（一）深化知行合一机制，增强协同育人成效

教学是人才培养的中心环节，本科教学是学校各层次教学的重要基础，本着"以学生为中心"的教学理念，将创新创业教育有效融入社会实践，能够有效推动专业教育与社会服务紧密结合，培养学生认识社会、研究社会、理解社会、服务社会的意识和能力，提高创新创业能力。本成果依托理论课程、第二课堂、实习实训和双创竞赛四大平台，通过校内实践、校外实践和校企联合培养三种途径，坚持以政策为引导、以项目为载体、以竞赛为平台、以双创师资和人才队伍建设为重点，把行业前沿、最新技术、学科焦点、社会热点引入

创新创业教育,努力构建双创与教学、双创与科研、双创与"竞赛"、双创与产学合作的教育体系,有效保证了课程规范化和可持续发展,教学实践效果明显。

(二)构筑实践育人共同体,巩固三全育人成效

为进一步提高人才培养质量,学院将深化创新创业与专业人才培养体系,加大专业与创新创业的深度融合,建设校内教学实习实训基地;进一步完善教师创新创业能力培养机制,广泛开展相关培训,定期组织主题教研活动,建设具有高水平实践教学能力师资队伍;逐步建设完成具有专业特色,开放、共享的创新创业教育教学资源库,搭建大学生创新创业教育网站,真正实现多学科交叉融合、跨学科学习、校内外协同,以创新引领创业、以创业带动就业,形成毕业生更高质量、创业就业一切向好的新局面,对学生全面发展、高校教育教学改革、区域经济社会发展起到更积极的推动作用。

菏泽学院机电工程学院"12345"创新创业工作模式

菏泽学院机电工程学院

机电工程学院坚持立德树人根本任务,按照"立足行业、面向社会、强化应用、突出实践"的高校应用型人才培养理念,贯彻以"学生为主体,教师为主导,知识、能力和素质协调发展"的现代教育思想,引入德国"双元制"教育、CDIO工程教育和专业认证的新工科理念,采用建构主义学习理论,利用课程思政混合式教学模式,大力开展向应用型转型发展和学科专业内涵质量建设;围绕菏泽市"231"特色产业体系中机械电气行业对人才的需求,聚焦"创新精神和实践能力"培养这一主题,大力开展科技创新创业竞赛活动;加强校城融合、校企合作,努力提升服务社会科技创新能力,积极开展高素质应用型人才培养。

机电工程学院的"12345"创新创业工作模式,即一个目标引领,二个融合支撑,三个结合带动,四项内容落实,五项保障托底。三年来参加中国工程机器人大赛暨国际公开赛、"西门子杯"中国智能制造挑战赛、全国大学生电子设计竞赛、全国大学生数学建模竞赛、山东省高校机器人大赛、山东省大学生机电产品创新设计竞赛、"互联网+"大学生创新创业大赛等19项赛事活动,荣获省级及以上奖励653项,其中国家级奖励322项,分别为一等奖68项、二等奖110项、三等奖144项;省级奖励331项,分别为一等奖44项、二等奖67项、三等奖220项。2022年12月,中国高等教育学会发布第四轮"全国普通高校大学生机器人竞赛指数",菏泽学院在全国普通高校大学生机器人竞赛指数中,获得全国评级B+,获奖数量山东省第二,综合排名省内第七的好成绩。

一、一个目标

学院将创新创业教育目标与菏泽学院高素质人才培养目标相融合,培养具有较强创新创业能力的高素质应用型人才。

二、二个融合

1.学院将创新创业制度与学业导师制相融合,形成创新创业导师制度,为学生创新创业提供技术指导。

2.学院将创新创业制度与实验室管理制度相融合,形成创新实验室管理制度,为学生创新创业提供场地、设备等条件支撑。

三、三个结合

1.创新创业工作与校城融合、服务地方相结合。学院落实市校《关于加快校城融合发展的意见》,创新创业工作与校城融合、服务地方相结合,围绕服务菏泽市"231"特色产业体系中机械电气行业,培养创新创业应用型人才。学院制定校地高层次人才双向交流制度和《聘请行业企业优秀人才担任专兼职教师的实施办法》,推进人才共用共享,拓展师资队伍来源,从行业企业、实务部门、国家机关等全职引进具有行业企业工作经历和丰富实践经验的优秀人才,聘请一批行业企业的技术专家(骨干)和能工巧匠联合组建教学团队,承担课堂、实验教学任务,指导学生实习、毕业论文(设计),参与学校应用型人才培养,丰富实践教学内容,强化协同育人机制,提高应用型人才培养质量和水平。

2.创新创业工作与学校转型发展相结合。学院探索出一条机电专业"知识传授—能力培养—竞赛应用—总结提升"应用型人才培养路径。

3.创新创业工作与专业教育相结合。学院将创新创业工作与专业教育相结合,形成具有机电特色的专创融合应用型人才培养体系,为工程教育专业认证奠定基础。

四、四项内容

1.知识传授:在专业课讲授过程中,要求专业课教师结合学科竞赛,把学科竞赛案例嵌入到相关知识点的教学过程中。

2.技能提升:机电类的大部分创新作品的制作需要学生具有较好的机电产品制作技能,为此机电工程学院依托线上"工程训练"一流课程、线下"工程训练"实践课程锻炼学生的制作技能。

3.方法指导:机电工程学院开设了"创新创业基础(一)""创新创业基础(二)""创新创业基础(三)""创新创业基础(四)"课程为学生提供创新创业理论方法输入。

4.竞赛锻炼:学院组织学生参加中国工程机器人大赛暨国际公开赛、"西门子杯"中国智能制造挑战赛、全国大学生电子设计竞赛、全国大学生智能汽车竞赛、全国大学生数学竞赛、"挑战杯"山东省大学生课外学术科技作品竞赛、中国数学建模网络挑战赛、全国大学生数学建模竞赛、山东省大学生科技大赛、山东省齐鲁大学生机器人大赛、山东省高校机器人大赛、山东省大学生智能制造大赛、山东省大学生机电产品创新设计竞赛、山东省大学生数学竞赛、"互联网＋"大学生创新创业大赛等15项赛事活动。

五、五项保障

机电工程学院为切实做好创新创业工作,围绕该项工作实施了五项保障服务。

1.组织保障:为加强机电工程学院对创新创业工作的开展,学院内部成立了创新创业工作领导小组,由院长任组长,分管副书记任副组长,机电工程学院办公室、教科班、实验教学中心、机械电子工程系、自动化系、材料成型与控制工程系、学工办负责人为成员,具体负责制定实施机电工程学院的创新创业工作方案,协调推进相关各项工作。

2.队伍保障:机电工程学院为每项创新创业活动分配一名专业老师进行全程负责,同时组织若干名创新创业部的学生,全力配合老师开展该项目活动。

3.制度保障:深入贯彻落实学校的创新创业"12345"育人模式,坚持"顶层设计、需求导向"的原则,统筹协调,落实责任,加快推进机电工程学院的创新创业工作。

4.条件保障:机电工程学院全面开放各专业实验室、虚拟仿真实验室、创业实验室和工程训练中心,为学生创新创业活动提供条件,促进学生积极参与各项创新创业活动。

5.经费保障:机电工程学院持续加大经费投入,多渠道筹集创新创业经费,积极争取中央、省市财政及学校专项支持,如申请投资的国家大学生创新创业训练计划项目、学校大学生创新项目。从机电工程学院办公经费中拨出专款用于学生创新创业作品制作经费,为机电工程学院创新创业工作提供坚强有力经费保障,确保建设该工作的顺利实施。

依托学科专业优势,精准助力创新创业

山东财经大学管理科学与工程学院

山东财经大学管理科学与工程学院是山东省一流学科、山东省高水平学科建设单位,工程学科 ESI 全球排名前 1‰,办学特色鲜明,设置的信息管理与信息系统、物流管理、工程管理、电子商务、大数据管理与应用 5 个专业均列山东省内或省属院校首位。学院先后荣获山东省优秀基层党委、山东省教育系统先进单位、山东省党建双创标杆院系等称号。

近年来,学院不断深化创新创业教育工作的改革和实践,努力做到多方协同、产教融合、上下联动、同频共振,依托"数字技术+"的学科专业特色优势,打造了"一专业一赛事"的竞赛格局,形成了"以赛促教、以赛促创"的高质量就业创业的特色之路。如今,学院学生、校友成为山东财经大学创业园主力军,并培养出全国大学生就业创业先进人物巩艳卿、山东优秀大学生创业者陈爱萍等典型代表。在此过程中,学院形成了自己创新创业教育工作的范式。

一、推政策、释活力

学院以培养创新创业人才为宗旨,完善激励与运行机制。学院推行"认学分、认课时、认业绩、职称评聘直通"等学科竞赛政策,助力师生共同参与。结合学校双创必修课程和社会实践、创新竞赛等相关文件,学院制定完善了综合测评管理办法、第二课堂认定办法、学科竞赛奖励办法、社会实践资助计划等管理办法与文件,开展"未来合伙人"创新班的推荐和选拔,设立创新创业单项奖学金,评选创新创业先进个人,实行创业典型弹性学制,营造了良好的氛围环境,激发了学生敢闯会创的潜能。

二、强师资、重培训

师资队伍建设是实践创新创业教育理念的关键。学院通过"走出去、请进来",不断加强专业教师与行业人才双向交流合作,强化教师创新创业教育的意识和能力;鼓励教师参与浪潮、韩都衣舍等行业企业技术攻关,带领学生参与工业软件、大数据分析等方面的创新创业;依托获批的山东省数字经济产业学院,聘请创业者、企业家担任创新创业指导老师,将双创教育和思政教育融入专业教育,提升教师的专业知识素养、创新意识和思政教学能力,打造线上线下"金课",提升课程教学的高阶性、创新性和挑战性,积极促进教师结合创新讲专业,结合专业学创新。学院有 85% 以上教师参与了产教融合、科教融合等教育活动,35 名教师参加了创新创业师资培训,32 名教师承担了全省高校就业创业金课"大学生创业训练与实践"授课任务,形成了"产学研""专思创"多元融合的师生创新创业素养与能力提升的新机制。

三、建基地、强实践

学院倡导"先进、开放、重实践"办学特色。学院拥有 1 个国家级实验教学示范中心、9 个省级科研平台,建设了浪潮通用软件有限公司、山东韩都衣舍电子商务有限公司、山东兰剑物流科技股份有限公司等 30 多家校外企业实践基地,打造了分专业、分方向、分层次、政产学研协同的立体化实践教学体系。以校友企业和学生创业企业为依托,学院创建了互联网创新创业协会,助推学生创新创业,培训创业学生100多人,支持注册公司11个,精心组织实施校"三千计划"(大学生进千村、千企、千社区活动)。近五年来,学院组建学生实践团队1037支,深入200个乡村、244个社区、743家企业进行调研实践。学院多支团队被评为省级社会实践优秀团队,"三梦"实践团队入选团中央"三下乡"大学生暑期社会实践全国百强团队、全国高校活力社团,各类媒体报道累计80余次。调研实践有力地强化了学生的社会责任感和奉献精神,同时,让部分学生以问题为导向,找到了创新创业的方向和切入点。

四、筑平台、造氛围

为了推动学生创新创业,学院承办了8届全国大学生电子商务"创新、创意及创业"挑战赛山东赛区选拔赛,连续6年承办了全国商业精英挑战赛等校级选拔赛,连续4年承办了数据爬虫大赛、跨境电商创新实践大赛等校赛,各类竞赛的成功承办,让不同学科、不同学校的学生同场竞技,不仅给学生们提供了更为宽广的平台,还为学生的成长树立了新的标杆。"家门口"的创赛平台,激发出更多的学生试一试的冲动,"身边人"的获奖示范,树立起更多学生"我也行"的信念。各类创赛平台的打造,不仅方便了学生们的参赛,促进了学生赛事上的交流、思想上的开拓,还营造了浓厚的创赛氛围,吸引了更多的学生投身到创赛中去,进而以创赛启迪、开发、培养、提升、实践学生的创新创业思想、精神和能力。

五、结硕果、树典型

从大水漫灌到精准滴灌,学院有规划地精心组织学生参加"互联网＋"大学生创新创业大赛、"挑战杯""创青春"、全国大学生电子商务"三创赛"、数学建模大赛、节能减排大赛、服务外包大赛、"鲁班杯"全国高校BIM毕业设计作品大赛、全国大学生智慧供应链创新创业挑战赛等40余类学科竞赛活动,累计荣获国家级奖励136项,559人次;省级奖励525项,1530人次。自国家出台实施《国家级大学生创新创业训练计划管理办法》以来,学院积极组织学生申报国创计划,近五年共有95个项目立项,其中国家级44个,省级51个,参与学生共计272人。近年来,学院陆续培养"院友名人",如卢辰昊荣获中国大学生自强之星称号、陈爱萍荣获山东优秀大学生创业者称号、巩艳卿荣获山东大学生十大创业之星和全国大学生就业创业先进人物等称号。时任人社部部长尹蔚民对学院创新创业教育的经验给予了充分肯定,时任山东省委书记刘家义听取陈爱萍的创业故事,为她敢闯、会创的精神给予了高度赞赏。学生能力在社会实践和创新创业项目中得到锻炼,就业竞争力日渐凸显,学院毕业生初次就业率和年终就业率均名列学校前三。

厚积方能薄发。山东财经大学管理科学与工程学院夯实学科建设基础,筑牢学科建设高地,为学院学生就业创业提供了高视野、宽思路的平台。学院厚植创新创业土壤,为保持浓厚的创新创业氛围而持续努力,使学生的创新思想、创意思维、创业精神落地、生根、发芽、成长。待到机遇成熟时,学生能勇敢地抓住机会,投身创业实践,以自己的智慧和努力,解决社会问题,实现自我价值,长风破浪,直挂云帆!

产教研劳创四融合，培养创新创业人才

枣庄学院生命科学学院

枣庄学院生命科学学院在创新创业教育教学活动中同党和国家的方针政策保持一致，积极指导学生参加创新创业训练活动及各类学科竞赛，重视激发学生创新创业能力和多元化发展，着力探索高校大学生"双创教育"改革与发展方向，以赛促教，以赛促学，教赛相长。

一、创新创业教育工作顶层设计

（一）创新创业教育与专业教育融合实践

枣庄学院生命科学学院创建于 1983 年。学院秉承"物承生命、生生不息、向上向善、求真务实"的生命科学学院精神，历经近四十年的发展，已为社会培养了一大批生命科学类专业人才，连续 15 年毕业生报考研究生的上线率保持在 60％以上，读研学生遍布"985、211 工程"高校和中国科学院大学等研究机构。

生命科学学院现设有生物技术、生物科学、植物科学与技术、生物信息学 4 个本科专业，主要培养应用型人才。学院在人才培养目标、培养规格方面，体现出对学生专业知识、技能的教授，也体现出对学生创新创业能力的培养。各专业在制定人才培养方案时，就明确规定了创新创业教育与专业教育的目标、课程体系、学分要求、教学内容及方法等，制定了《创新创业学分认定标准》，鼓励学生通过多种方式和渠道获得不低于8 学分的创新创业学分。创新创业教育由理论和实践两个环节构成，理论教学环节均为必修，主要是通过开设以讲授理论知识的课程为主，结合专业特点，教师向学生教授创新创业的基本理论、知识，增加学生的创新意识，提高学生的创业意愿。创新创业实践教学环节有必修和选修两种形式，必修由劳动、军事技能和社会实践、认知实习 4 个集中性实践教学环节组成，选修由学生参加学科与技能竞赛、科研项目或授权发明专利、创新创业训练计划、创新型实验、专业社团活动、获得执业或从业资格等各类职业资格证书、各类创新系列活动、创业系列活动构成，学分不低于 6 学分，学生可以根据实际情况，选择其中 2 个及以上环节，获得相应学分。

（二）创新创业教育与产业教育融合实践

创新创业素质培养，需要行业产业资源与校内资源的有效互动和整合，校企协同建设产教融合基地。学院将"产教融合和精准对接"融入创新创业教育，精准对接区域产业发展需求，推进"学院＋园区"产教融合模式，构建"入企实训、接单实践、自主创业"分级递进培养模式，增强双创教育中双创人才培养的区域适用性。

（三）创新创业教育与科研相结合，新老生"传帮带"，保证创新创业教育持续高效开展

在创新创业教育过程中，学院坚持教学与科研相结合，使学生在课堂上所学的知识尽早与科研相结合。学生在大一下学期就进入实验室，开始基础实验训练。新生进入实验室后，有老生结对帮助，使新生很快适应科研工作的节奏，完成角色转换；在开展科研工作的同时，将课堂所学理论知识与科研工作结合；经过一段时间科研锻炼后，逐步参与老生主持的创新创业项目。

(四)坚持理论与实践相结合、劳动教育与创新创业教育相融合的创新创业人才培养模式

从实践中来，到实践中去，生命科学学院教师队伍根据自己科研方向的特点及学生的兴趣，坚持从实践中发现问题并解决问题，而当代大学生从实践中发现问题最好的途径就是通过专业的劳动教育，因此学院一直对学生坚持劳动教育和创新创业教育相融合的创新创业人才培养模式。

二、课程资源开发

生命科学学院创新创业教育课程教学团队积极进行课程资源的开发，并采取以下措施：第一，将校内与创业教育有关的学科专家资源整合起来，挖掘学校教师资源；第二，将校内专业教师和校外企业家结合起来，形成联合授课资源共享与互补的教师团队；第三，创建校内模拟创业实验与到企业实践结合起来，充分利用开发学校有形资源和校外企业资源，以弥补高校创业硬件的不足；第四，将教师的讲授与企业家、创业者的演讲结合起来；第五，将提高学生的创业能力、创业技能与培养学生的创新精神、提升学生的整体素质结合起来。

三、教学模式改革

生命科学学院在传统教学实习的基础上，不断尝试新的实践教学模式，深入开展产学研合作，实现学校教学与企业教学方案的有机衔接与整合，将主要实践性教学和部分理论课放在企业，让学生在学中做、做中学，开辟了新的第二课堂，彻底改变了学生仅在学校上课、实践教学少、现场感不强、情景意识淡薄等问题，增强了学生对企业的亲近感和认同感，提高了学生的学习积极性和学习意识的主动性；同时，将实验室向学生开放，鼓励学生利用课余时间到实验室开展相关的实验，并申报创新创业计划项目，实现理论与专业实践教学和创新创业教育相统一。

为深化创新创业教学改革，学生充分利用网络教学资源，为学生提供自主学习和师生互动的平台，充分利用"中国大学MOOC""微课堂"等网络教学资源，如"翻转课堂""混合教学"等现代教育教学改革成果，培养学生自主学习的能力、自主分析问题和解决问题的能力，改变传统课堂上学生被动式的学习方式，从被动的知识接受者转变为主动探索者。

四、强化多元化双创师资队伍建设

为推动大学生由"看客"发展为"创客"，生命科学学院成立了一支以创业教育专职教师为主体、成功创业人士和企业管理人员为兼职创业导师的优秀师资队伍，分层分类组建创业导师团队，依托产教融合共同参与人才培养。

同时，学院联合泉脉农业科技有限公司、枣庄旺达农业科技有限公司、兰陵国家农业公园等企业，建立"双师双能型"教师培训基地，聘请产业教授，共同组建"双师双能型"创新创业教学团队，有效丰富了指导教师的行业背景和实践经验，为创新创业应用型人才培养提供了师资保障。

此外，根据课程教学目标和教学改革的需要，创新创业教育课程教学团队教师积极参加山东省创业培训系列课程师资培训、山东省高校创业咨询师培训等活动，并荣获山东省创业培训系列教程师资培训合格证书、山东省高校创业咨询师培训合格证书。同时，学院大力开展行业、职业培训活动，把学校建设成区域人才培养、科技创新、成果转化、决策咨询、文化传承的重要基地。

坚持育人为本，深化专创融合，构建"一二三四五"创新创业协同育人体系

青岛大学机电工程学院

机电工程学院坚持立德树人根本任务，聚焦卓越工程师的核心素养，不断深化工程教育改革，优化创新创业人才培养方案，推进创新创业教育体制机制创新，将创新创业教育贯穿于人才培养全过程，渗透到教育教学各环节，构建起"一个模式、两个融合、三支队伍、四大载体、五大保障"的"一二三四五"创新创业协同育人体系，实现学科专业与学生成长成才同频共振、有机融合，创新创业人才培养成效显著。近五年来，学生荣获《中国高校创新人才培养暨学科竞赛白皮书》所列竞赛国家级奖励 201 项，获奖数量对学校双创的贡献度达 30％以上；荣获山东省"互联网＋"大学生创新创业大赛等省级比赛奖励 535 项；荣获省级以上创新创业竞赛优秀组织单位等 20 余次。

一、主要做法

（一）坚持党建导航，构建双创教育新模式

机电工程学院以建设"深层次、全方位、立体化"大学生科技创新创业教育体系为目标，加强顶层设计，实施创新创业工作"一把手"工程，成立大学生创新创业工作指导委员会，统筹推进创新创业工作，由院党委书记担任主任委员，设 9 个竞赛组别，指导对接各类创新创业竞赛；出台《关于加强大学生创新创业工作的实施意见》，探索形成教工党支部与创新社团融合互动的双创教育新模式，搭建起"一个支部，对接一个协会，带动一片学生"的"1＋1＋1"科技创新模式，实现基层党建与创新创业人才培养双向互动、同频共振。

（二）坚持"两个融合"，强化实践育人，凝聚育人合力

基于 OBE 教育理念，学院坚持把立德树人、严格标准、需求导向、学生中心、突出特色、实践育人作为基本原则，认真修订教学大纲，推动教学模式创新改革，把创新创业教育贯穿于人才培养全过程，渗透到教育教学各环节。一是学院坚持创新创业教育人才培养方案改革，推动专业教育与创新创业教育深度融合；第二课堂与第一课堂深度融合，构筑"创新创业教育、素质教育、专业教育"三位一体的双创教育体系，实现创新创业教育对学生学业生涯全覆盖。二是学院坚持"面向全体，融入专业、强化实践"的原则，调整专业课程设置，开发创新创业通识类、学科专业类、竞赛指导类、实践集训类等专创融合精品课程，建设依次递进、有机衔接、科学合理的创新创业教育课程群，现已建设"设计思维与创新创业实践""先进制造技术实践——3D打印""机构系统创新设计"等创新创业课程 10 余门，实现创新创业教育进教材、进课堂、进头脑。三是学院以"机制先导—教学主导—实训辅导—竞赛引导"为路径，挖掘和充实专业课程的创新创业教育资源，拓展学生和学科专业覆盖面，强化创新创业教育实践基地建设，打造双创孵化平台。

（三）建设三支队伍，实现三维协同，激发双创活力

强化组织实施，学院打造以党员骨干教师为主的创新创业指导团队、以辅导员和班主任为主的创新创业管理团队和以创新协会学生骨干为主的创新创业技术团队三支队伍，构建"辅导员＋导师""辅导员科创教育工作室＋工程训练中心实验室""导师＋协会"相融合的协同育人机制。一是学院建立创新创业教育教师评价体系和激励制度，充分发挥党员骨干教师与本科生导师作用，组建一流双创导师队伍，为学生提供持

续、专业的创新创业指导服务。目前,学院校内双创导师达 52 人,其中本科生导师 100％受聘双创导师,党员比例达 85％。二是学院以辅导员科创教育名师工作室团队为主体,打造高素质创新创业管理团队,负责学生创新创业团队培育、创业项目孵化、创新创业实践与管理、导师聘任与考核等工作。三是学院通过创新社团引领,跨年级、跨学科、跨学院组建双创团队,实现多学科专业交融、高低年级结合,打造多元化的创新创业技术团队与持续发展的学生科技创新梯队。

(四)依托四大载体,竞赛驱动引领,培育创新创业英才

围绕"能力水平、专业类别和兴趣爱好"三个维度,学院先后成立大学生创新实践协会、三维建模协会、机器人创新协会、无人机协会四个创新社团,形成"学生教学生,学生带学生"的朋辈育人新模式。一是建体系,学院通过意识培养、专业巩固、能力训练、创新实践、全面深化五个阶段,搭建全覆盖、多层次、个性化的大学生创新创业教育生态体系;以四大协会为载体,分别对接全国、省市等各层次专业性学科竞赛,对于"互联网＋"等重大综合性赛事,由创新实践协会统一组织,构建"班—院—校—省—国家"五层次创新创业训练与全员参与体系。二是亮品牌,学院坚持课内创新与课外实践相结合、自主创新与科学研究相结合、本科生创新与研究生创新相结合、高水平创新与学科竞赛相结合,打造"一会一品"为核心的学科竞赛品牌,厚植双创土壤,搭建创新活动平台。三是树标杆,学院围绕专创融合目标,秉承知识为基、创新为要、能力为重的理念,实现教育教学、实习实训、学生社团、学科竞赛的互融互通,培塑创新创业典型,凸显示范和辐射影响力,激发学生创新创业活力,通过大众网对部分典型予以报道。

(五)完善五大保障,助力敢闯会创,构建创新创业教育生态

学院坚持以提高人才培养质量为核心,以创新人才培养机制为重点,以完善条件和政策保障为支撑,切实做到组织有保障、平台有保障、师资有保障、政策制度有保障和资源经费有保障,打造全过程、广覆盖、普受益、可持续的创新创业实践体系。一是学院成立创新创业工作领导小组,制定创新创业教育改革方案,健全校院、校企、校地协同的创新创业人才培养机制。二是学院以大学生工程实践教育中心为平台,成立海信班、青特班,建立企业双创工作坊。目前,学院已建立校外双创工作坊 3 个,特色班成立两年来获省级以上竞赛奖励 22 项,创新竞赛参与率达 100％。三是学院优化创新创业导师人才库,遴选企业专家、成功创业校友等担任兼职导师,为双创工作注入"新动能"。目前,学院外聘企业双创导师 15 人,指导学生获省级竞赛奖励 10 项,立项省级大创项目 5 项。四是学院出台《大学生创新创业训练计划管理办法》《大学生科技创新实践经费投入及使用管理办法》等,保障双创工作科学化、常态化、规范化开展。五是学院设立大学生创新创业活动专项经费,学院平均年投入 30 余万元,用于创新创业课题立项、学科竞赛与项目孵化。

二、工作成效

(一)党建引领双创工作效果明显

"创新组织活动,构筑协同育人体系"曾获"山东高校组织工作创新奖"二等奖,入选《山东高校基层党建工作案例》;"高校理工类大学生科技创新能力培养长效机制与平台建设研究"获批教育部产学合作协同育人项目;"基于创新人才培养的融入三维建模辅助的'工程图学'混合式一流课程教学新体系研究"获批山东省本科教学改革研究项目。

(二)双创竞赛成绩卓著

五年来,学生荣获《中国高校创新人才培养暨学科竞赛白皮书》排行榜赛事一等奖(金奖)83 项,二、三等奖 118 项,获奖数量对学校双创的贡献度年均达 30％以上;荣获山东省"互联网＋"大学生创新创业大赛等省级奖励 535 项;国家级与省级大创项目推荐立项率达 70％以上,稳居全校前列。双创导师中 1 人获山东省优秀教育工作者、青岛市最美教师;1 人获青岛市五四劳动奖章;50 余人次获评省级以上竞赛优秀指导教师;1 人获聘教学型教授;3 人荣获青岛大学教学十佳。

(三)人才培养质量明显提升

近五年保研学生中 75.5％的同学曾获省级以上竞赛奖励;山东省优秀毕业生中 65％的同学曾在创新社团任职;学生获得国家专利 50 余件;研究生发表 SCI 等高水平论文数量年均增长率在 30.8％左右。

管工交叉、竞赛驱动、产教融合：
大学生创新创业能力提升探索与实践

烟台大学创新创业学院

深入贯彻《国务院办公厅关于深化高等学校创新创业教育改革的实施意见》，基于 OBE 教育理念，学院以构建协同发展的学科竞赛体系为抓手，通过深化专业课程体系、教学方法、实践训练等关键领域改革，契合新文科＋需求，构建了管工交叉的专业课程体系；成果导向，竞赛项目驱动，构建了"2NN"学科竞赛新体系；产教融合，生态化打造了创新创业孵化平台；深化课程思政，创新了竞赛思政教学法，显著提升了大学生创新创业能力。

学院立足优势学科，管工交叉，思政全程贯通，竞赛驱动，带动学院参与创新创业活动，围绕课程教学、实训实践、平台基地、竞赛与成果培育孵化，分层递进，构建创新创业能力提升新模式。

一、管工交叉，出创意，提升专业能力

在专业层面，学院以建设省和国家一流专业目标，增设智能科学与技术、城乡规划等专业，改造车辆工程专业，增设汽车商务方向，升级工程管理、食品质量与安全等专业的管工交叉，建设 10 个国家一流专业、20 个省级一流专业，实施专业认证计划。

在课程层面，新工科专业增设经管课程模块，经管类专业增设自然科技课程模块，所有专业增设创新创业课程模块，限定修读学分，加强创新创业教育优质课程资源和优质在线开放课建设。

在竞赛层面，以多专业交叉组队为主参赛。

二、竞赛驱动，育创新，提升创新能力

学院梳理国内外各项赛事，以"互联网＋""挑战杯"2 项综合赛事为龙头，N 项专业赛事为中坚，一院一品牌，一专业一赛事，N 项"大创"和教师科研项目为基础，构建 2NN 竞赛新体系。

学院深入实施大学生创新创业训练计划，实行"专业导师＋学院导师＋产业导师"的"三导师制"，将大创项目开展纳入培养计划，推动大学生进行研究性学习、科研训练和项目实践。

学院将赛事分校、省、国家、国际四级训练，将作品分重点和一般进行校、院两级资助。学院引赛入校，承办特色赛事，营造浓厚的备赛、参赛氛围，参加顶级赛事，激发创新活力。师生双激励，国赛金奖，视同国家自然科学基金重点项目，学生计 6 学分。引赛入课，大赛任务转化为教学项目，大赛内容转化为课程内容，大赛标准转化为教学标准，大赛评价转化为教学评价，把竞赛真正融入日常教学。

三、产教融合，助创业，提升创业能力

生态化建设现代书院制的创新创业学院，构建双创资源融合与协同机制，申报教育部产学协同育人项目。学院建设烟台大学创业园，与天使投资类企业共同孵化创新作品。双创导师黄贵洲当选中国高等教育

学会创新创业教育分会副理事长。

四、思政贯通,强精神,价值引领

深刻领会习近平总书记关于创新创业的重要论述,学院以学科竞赛为阵地,从环境熏陶、专业教育、学术引导、比赛训练、创新养成、创业孵化六个方面,全程思政贯通,开展野外团建、志愿者、科技社团和承办高水平比赛等特色活动,培养创新精神、团队精神和卓越理念。

打造"1＋3＋4＋N"人才培养模式，构建大学生创新创业育人新机制

潍坊学院计算机工程学院

潍坊学院计算机工程学院自1986年成立以来，坚持把培养大学生的"创新创业基因"作为重要使命，将创新创业教育融入人才培养全过程，着力建设融入式、多元化创新创业人才培养体系，逐渐形成"一条主线、三个融合、四项实事、N张名片"人才培养模式，构建大学生创新创业育人新机制。截至目前，学生参赛共获省级以上奖励1000余项，获奖学生总数达2000余人次。

一、"一条主线"，一体化理念贯穿创新培养体系

学院始终将"创新人才培养"作为学院发展的第一要务，在创新人才教育培养过程中，成立由书记、院长总牵头的工作领导组，各教研室、学生工作办公室协同联动，全力保证学院创新创业工作在线。学院选拔优秀青年、博士等教师组建创新工作指导教师团队。2022年，学院专门设立IT创新创业教研室负责大学生创新创业教育，实现以教研室为主体，通过"一室一品"开展个性化、特色化精准培养，做到制度有保障、交流有平台、实践有场所。近五年来，学院师生获省级以上荣誉430人次，其中获国家级奖项43人次，获奖层次和数量居山东省各参赛高校前列，学院还多次荣获优秀组织单位奖。

二、"三个融合"，同步优化创新创业教育资源

(一)坚持创新创业教育与学科专业教育深度融合

学院坚持把创新思维、创新意识和创业能力的培养与专业教育深度融合，要求专业老师在课堂教学、实验教学、实习实训中融入创新创业教育。学院邀请企业高管及专业负责人、骨干教师等举办了12场系列讲座。

(二)坚持创新创业教育与应用型人才培养深度融合

学院构建由校园、企业、行业、社区等四方协同育人的教育联盟，健全协同共建机制，将四方优质资源转化为教育教学资源。学院已与青岛英谷、达内集团等20余家知名IT企业共建校外实践教学基地，开发校企合作课程15门，每年有百余名校企合作专业学生赴企业进行实习实训。

(三)坚持创新创业教育与"双师型"导师建设深度融合

教师"走出去"。学院先后派出50余名教师到潍坊软件园、高新区科技局等单位挂职锻炼，让行业企业在培养"双师型"教师过程中发挥重要作用。学院先后聘任多名行业企业带头人为创新创业导师；多次邀请企业导师走进校园，与学生同台深入对话交流，为创新创业人才培养"保驾护航"。

三、"四项实事"，夯实创新创业根基

(一)人力、物力双保证，保障、激励双驱动

学院先后投入270余万元用于实验室的新建、更新与扩建，先后更新了物联网实验室、软件开发实训室、大数据实验室等设备240台(套)，合理调整了中心仪器的空间布局，全面开放各实验室，满足学生基本能力

训练、提高能力训练和创新能力训练的多层次要求。同时,学院坚持人才培养与人才引进相结合,不断加强创新工作指导教师团队队伍建设。目前,学院创新工作指导教师团队共计 39 名教师,硕士研究生以上学历的教师比例达 93％以上,其中博士学位的教师 26 人,人员结构合理,整体研发实力突出。

(二)走出校门增视野,创新思维求突破

学院领导班子多次赴潍坊 AI 物联网产业园、潍坊软件园共同商讨搭建"园校企"三方合作平台,打造开放共享的创新创业实践平台。半年来,开展访企拓岗工作 50 余次,学院师生先后到相关企业研学实践,让学生在实地交流探讨中训练创新创业思维、萌发创新创业想法。

(三)做好青年"护航员",守护双创"小火苗"

学院充分发挥学生会科技创新部、创业竞赛部等学生组织的"桥头堡"作用,各部门配备业务指导老师和管理指导老师,鼓励高年级学生参加请进"家门"的各类大赛,引导低年级学生服务、观摩大赛。

(四)示范引领有标杆,人才培养有沃土

近年来,学院先后设立"运华恒翊""易途"等创新创业类专项奖学金 10 余万元,定向表彰在科技创新方面做出突出成绩的优秀学生,目前已表彰学生 25 人。

四、打造 N 张名片,构建大学生创新创业育人新机制

(一)IT 团队勇拼搏,科技创新结硕果——获评团中央"小平科技创新团队"

计算机工程学院大学生 IT 创新协会实施科创项目导师制,开展学业导师与项目导师相结合的创新管理模式,2017 年度经层层筛选,同复旦大学、天津大学等 50 个学校成功入围"小平科技创新团队",2018 年 8 月,团队到人民大会堂参加颁奖仪式。

(二)超级黑马出潍院,国际角逐展风采——超算打破世界纪录

2017 年 4 月 28 日,在世界大学生超级计算机竞赛(ASC17)总决赛上,由学院曹剑(队长)、杜雨、侯明山、涂阳、王俊翔等 5 名在校大学生组成的代表队,在韩立奇、李晓波两位老师的指导下,成功闯入总决赛,创下 3000 W 功耗约束条件下以每秒 31.7 万亿次浮点运算性能的惊人佳绩,一举打破每秒 31.15 万亿次的国际超算竞赛 HPL 计算性能世界纪录,并荣获最高计算性能奖。

(三)双创培育彰显成效,双创成果遍地开花

近五年来,学院学子在各大赛事共获省部级以上奖项 541 项,其中国家级以上奖项 55 项。

(四)市长为学院科创师生点赞

2021 年 9 月 9 日,时任潍坊市委副书记、市长刘运来到潍坊学院看望慰问一线教师时,专门走访参观大学生 IT 创新实验室,重点了解了学生参与大学生程序设计大赛和实训项目的情况。

党建引领、协同育人、三创融合，构建创新创业教育新格局

潍坊学院物理与电子信息学院

潍坊学院物理与电子信息学院坚持"夯实理论基础、强化实践教学、突出能力培养、增强创新意识、注重校企协同、服务区域经济"的专业建设原则，贯彻"三位一体"育人理念，构建三全育人体系，搭建创新创业载体，努力培养高素质应用型创新人才，落实立德树人根本任务取得显著成效。

一、坚持党建引领，优化顶层设计，夯牢创新创业教育动力链

（一）学院始终把政治建设摆在首位，坚持党建与业务融合互促，为创新创业教育提供坚强政治保证

目前，学院学生党支部已创建成为全国高校党建工作样板支部，教师二支部成为山东省党建工作样板支部培育创建单位。样板支部建设特色之一就是"创新组织形式，建设'专题党小组'"，教师支部和学生支部都设有创新创业党小组，教师学生支部共建联建，充分发挥了支部在学生创新创业活动中的战斗堡垒作用；教师二支部开展的党员博士服务团"三进三服务"党建品牌活动，走进学生社团服务创新育人，指导学生参与创新创业竞赛，取得优异成绩。

（二）成立专项领导小组，加强创新创业工作领导

学院高度重视创新创业工作，特成立以书记、院长为组长，副书记、副院长为副组长，各教研室主任、团总支（学生工作办公室）书记任成员的领导小组，负责统筹学院的创新创业教育工作。

（三）考核政策引导

学院讨论制定了《物理与电子信息学院教师教学评价实施细则》《物理与电子信息学院教学奖励办法》，指导学生比赛、发表论文、申请专利，指导学生将毕业设计、实践实训等纳入考核体系，引导教师加强双创教育教学能力，争做双创指导教师。出台学生创新创业配套激励政策，鼓励学生积极参加创新创业相关活动。一是学院对于参加创新创业比赛并获奖的学生，在综合测评中给予相应加分，若表现优异，优先获得评奖评优名额；二是学院对于创业学生允许他们在一段时间内保留学籍并进行学分置换，如在校生创办了青州市百变金刚文化传媒有限公司，目前三年总利润达到 524 万元；三是学院对于创新创业团队给予一定资金支持，激发学生创新创业热情。

二、强化协同育人，推进校企合作，拓展创新创业教育资源链

（一）实践教学基地

学院坚持与地方产业紧密结合，推动人才协同培养。近五年来，学院与浪潮华光、三晶照明、明锐光电、潍坊光电产业园、寒亭高新技术产业园等建立教学实训基地、产学研研发中心等 22 处。例如，国家级大学生创新创业训练计划项目"基于手性超表面的 3D 显示镜片设计"就是学生在潍坊先进光电芯片研究院集中实践时做的项目；省级大学生创新创业训练计划项目"一种地铁客室照明自动调光系统"则来源于三晶照明。

（二）鼓励教师到企业挂职锻炼

学院鼓励青年博士教师走出校门，走进企业，了解研产需求、精准对接创新，促进成果转化。目前，学院

已有多名教师到企业挂职锻炼,如国家级大学生创新创业训练计划项目"一种用于病虫害监测及自动农药喷洒的智能无人机控制系统"就是青年教师在企业挂职期间,了解企业需求转化成的项目。

(三)加大专项培训力度

学院积极组织创新创业培训,邀请相关领域的优秀企业家、双创导师开展讲座,帮助教师、学生了解企业前沿动态、技术难题等,学院开辟专门经费支持教师积极参加学校、省、国家级创新创业培训,提升创新创业指导能力。

三、注重三创融合,深化教学改革,打造创新创业教育生态链

(一)打造高素质师资队伍

近五年来,青年教师获潍坊市突出贡献专家称号2人,获学校人才支持计划17人,人才梯队建设取得积极成效。

(二)提升学生双创能力,建立新型人才培养模式,深入开展教育教学改革

学院新增省级一流课程1门、山东省高校课程联盟平台在线开放课程3门;新增山东省本科教学改革研究重点项目1项,获批2021年度教学改革研究项目1项。学院要求在教学中融入双创因素,挖掘和充实各类专业课程的创新创业教育资源,促进专业教育与创新创业教育有机融合,实现专创融合,如"固体物理"课程发挥省一流课程的带动作用,以学生发展为根本,以OBE教育理念为指引,推行"任务驱动+思维引领+小组协作+检测考核+思政内化"的教学策略,从而将知识内化为能力的提升,体现出"知识高阶性+能力综合性+素质全面性"的育人理念;《半导体制冷片式电脑散热器》曾获得教育厅主办的首届山东省大学生科技创新大赛一等奖,是学生与老师课堂讨论的结果。打造双创特色示范课程,学院全力支持全体教师打造创新创业教育特色示范课程,加强学生创新创业教育引导。近两年已指导学生获得山东省"互联网+"大学生创新创业大赛银奖1项、铜奖3项,潍坊市大学生创业大赛金奖3项。

(三)开创新型教育体系,培养学生创新思维

学院将共性培养与个性发展相协调,针对不同年级学生特点与需求,在科普活动"乐中学"、科研训练"做中学"、科技竞赛"竞中学"、创业实践"练中学"教育理念下,构建了与第一课堂相融合的创新创业教育实践体系,形成了"创意、创新、创造、创业"链条式创新创业教育模式;大一"创意节"活跃创意思维,挖掘创新潜能,大二"科普节"培养科学精神、提高科学素养,大三"科技节"培养创新实践能力、形成竞争与团队意识,大四"创业节"提升创业能力,促进创新成果转化,有层次地开展特色创新教育实践活动,努力营造"人人有创意、处处有创新"的校园文化氛围,将创新创业实践教育融入人才培养的全过程。例如,学院组建了创新团队,制定学生选拔和淘汰机制,尝试以学科竞赛获奖、创新类课题申报、参与教师科研为导向的综合创新学习模式。另外,在专业教师指导下,学生以市场和应用为导向在开展科学研究的基础上开展创业实践,先后成立多家学生企业,实现了创新与创业体验就是专业学习的完美结合。

(四)强化科研平台建设,做好创新创业基础保障

学院目前有三个省级平台、三个省级科研团队,为充分利用学院科研平台助推学生创新创业,目前学院的所有实验室均对学生开放,并在每个科研团队中吸纳一定数量的本科生进行科研素养培养。

"三全育人驱动、五位一体拓展"经侦人才创新培育模式

山东警察学院经济犯罪侦查系

在大数据、信息化时代,公安工作特别是经济犯罪侦查工作要把信息化建设、数据化实战作为提升战斗力的必由之路。作为国家一流本科专业建设点,山东警察学院经济犯罪侦查系探索形成了"三全育人驱动,五位一体拓展"经侦人才数据侦查素养的创新培育模式。

该模式以公安实战人才需求为目标,着眼于公安院校的人才培养目标与教学改革。从"教、学、练、战、研"五个方面突破,突出政治引领,全师资强化教书育人、全要素推进课程体系改革、全过程实施经侦人才培养、全方位构建保障机制,实现"教学相长、全员育人,练战结合、全程育人,升华促研、全方位育人"的目标。

一、教学相长,全员育人——教师团队与课程体系双促进

(一)突出政治引领,发挥团队优势

经济犯罪侦查系突出政治引领,强化公安院校"姓党姓警"的政治属性。经济犯罪侦查系加强队伍建设,以模范为榜样,淡泊名利、甘于奉献,把爱国之情融入公安人才培养事业中。

经济犯罪侦查系着力构建"公安院校＋实战单位"实战型教学团队。教学团队不仅包括享受国务院政府特殊津贴的专家教授、全国公安院校优秀教师、全国经侦特约研究员和全国经侦人才库成员,还包括公安部二级英模在内的 3 位驻校教官和 17 名兼职教官,形成了一支专兼职相结合的教师队伍,为学生提供公安实战师资保障。2021 年,该团队被评为"黄大年教师团队"。

(二)加强课程建设,推进体系改革

经济犯罪侦查系创建分段递进式课程体系,有序推进课程培育,建成一批优秀课程。经济犯罪侦查系拨出专项资金用于课程培育,按照国家一流课程标准推进线上、混合课程建设。2021 年,"经侦数据导侦"社会实践类课程获评山东省本科一流课程,并被推荐参加国家级一流课程的申报。"经济犯罪侦查总论"等三门课程列为学院"金课"和一流建设课程。

二、练战结合,全程育人

(一)将第一课堂作为主战场实施日常教学

经济犯罪侦查系积极探索探究式、案例式、混合式等形式,开展翻转课堂、空中课堂、驻校教官进课堂等方式,突出对学生能力和素质的培养。经侦数据侦查创新课程在原有基础上,开发数学与计算机知识和大数据侦查技能等方面的课程,让学生学会运用 SQL、iBase 等相关软件分析。学生学习掌握数据可视化与建模技术,运用 IBMi2、火眼金晴、DataX 等可视化分析软件及 DataM、BDP 等大数据平台软件进行分析。培养学生数据获取、处理、挖掘与可视化分析,数据应用等方面的能力,全面提升学生的数据创新素养。

(二)将第二课堂作为辅助战场提升学生数据侦查素质

经济犯罪侦查系重点打造全国一流经侦专业社团品牌——山东警察学院经侦数据导侦社。该社团自2019 年成立以来,社团成员利用课余时间,在校内围绕数据清洗、大数据挖掘、数据情报分析等展开系统学

习,在校内外运用多种数据分析工具协助各地公安机关办理案件。截至 2022 年 10 月,经济犯罪侦查系学员已累计在校办理案件 18 起,收到办案机关发来的表扬信 20 余封,社团成员的公安专业素质获得了一致好评。在校际交流合作方面,组建了国家一流经侦专业社团联盟,与兄弟院校进行定期线上交流,在交流研讨中探索大数据视域下经侦专业服务实战的可行路线方法。

(三)将第三课堂作为实践战场开展实战教学

经济犯罪侦查系让学生假期期间到实战部门集中见习、毕业时集中实习,以熟悉公安业务,并对见(实)习模式进行优化,如借鉴"换岗实践"方式、实行"3+1"模式等。学生通过参加 G20 杭州峰会、第三届"一带一路"国际合作高峰论坛、上海合作组织青岛峰会、青岛海军节、新中国成立 70 周年大庆等重大政治活动实践公安业务,在实践中增强警察意识。

三、升华促研,全方位育人——全力构建保障机制

(一)建立"2+4+2+1"格局的经侦教学科研基地

经济犯罪侦查系与山东省公安厅经侦总队、食药环侦总队签署教学业务合作备忘录;在聊城、潍坊、济宁、烟台先后建立了四个教学科研基地;在日照、淄博建设了数据导侦战训基地、创新教育实践基地;与济南经侦支队共建党建联盟,形成"2+4+2+1"的经侦教学科研基地大格局。

(二)成立经济犯罪侦查研究中心

经济犯罪侦查系成立了经济犯罪侦查研究中心作为校内外学术研究平台,研究分析我国经侦现状和问题,并作为山东省公安经侦部门的重要智库。研究中心每年举办"经侦讲座月",邀请实战部门专家和国内顶尖学者,为学生讲述最新鲜案例、最新型犯罪和最新侦查思维、侦查方法。

目前,经济犯罪侦查系已发起三届全国公安院校数据导侦征文比赛,遴选其中优秀作品汇编形成论文集《大数据警务理论与实践》《数据化经侦理论与实践》并正式出版。

(三)成立经侦实训中心

为进一步提高学生的综合实战能力,经济犯罪侦查系与烟台华莱科技公司共同研发了"数据化经侦虚拟仿真实训系统",通过采用真实案件的脱敏数据,实现对案件数据侦查的全过程模拟,在系统中搭建各类经侦案件分析专库、分析技巧专库、法律法规专库、视频教学专库等,提供案例仿真教学实训及自学视频解题练习,支持线上实训比武及过程性考核,以此培养出既具备前沿侦查思维又能熟练运用信息化数据侦查手段的新公安人才。

"立足应用、强化特色",机械＋育人创新创业典型案例

山东交通学院工程机械学院

面向实际,满足市场:重点面向高端装备制造业、交通基础设施建设施工一线培养学生。自2018年起,学校已为国家高端装备制造业、交通基础设施建设行业培养输送毕业生近30000人。

立足应用,强化特色:重基础、强技能、树作风,力求将工程技术在具体生产环节应用与转化,现已成为全国唯一以工程机械为特色的应用型本科人才培养单位。近100人参加港珠澳大桥、南海筑岛等重大工程项目。

山东交通学院工程机械学院始终坚持学习和贯彻习近平总书记关于教育的重要论述和全国教育大会精神,作为以工程机械为特色的应用型本科人才培养单位,在学校及学院党委的正确领导下,立足交通特色高水平应用型大学,坚持以学生为中心,聚焦课程质量、师资队伍、平台建设等重点领域,深化教学改革,实施与产业、行业单位产学研合作和项目驱动的校企双向互动双创教学模式,将创新创业教育贯穿人才培养全过程,在双创教育生态体系建设、双创教育与思想政治教育融合发展上形成鲜明特色。

一、工作顶层设计

学院以基础建设工程领域为依托,将创新创业工作融入机械领域一线,努力培养具有创新创业能力的交通建设行业人才。

(一)激发学生创新原动力

学院始终坚持把激发学生创新创业的兴趣、了解创新创业的全过程作为搭建人才培养体系的重中之重。在课程内容的安排、教学与实践等环节,进行科学论证,审慎推进,促进专业教育与创新创业教育有机融合。

(二)发挥社会各领域双创合力

近年来,创新创业教育早已突破了传统教学的边界,工程机械学院积极发挥学校、企业界、投资方、科研专家等各领域参与者合力,营造一个健康理性的创新创业教育的生态系统,为学生创新创业保驾护航。

二、体制机制完善

(一)打造育人模式

学院不断深耕育人沃土,为全力培养大学生"敢闯""勇闯"能力,打造"思想引动、课堂推动、实践带动、文化助动"的"四轮驱动"创新创业育人模式。

(二)搭建沟通平台

学院注重畅通学术科技沟通机制,收集比赛指导教师需求及学生技能特长,共有40位教师和近500名学生参与其中,并成功组建16支学术科技团队小组。

(三)出台奖励机制

学院注重对学术科技成果的奖励和支持,定期开展学术科技项目获奖的表彰仪式,对获奖的团队和成

员进行激励；制定《工程机械学院双创工作新项目培育方案》，鼓励教师团队和学生个人开发完善新项目。

（四）成立比赛社团

学院目前共管理学术科技有关社团 4 个。其中，由赵凌燕老师主办的智能制造数字孪生协会社团成功举办知享智造讲坛活动，深入了解智能制造助力制造强国建设的思想。

三、教学方式改革

（一）优化教学运行机制，促进校企协同育人

学院兼顾学生、教师、学校、企业多方权益，创新教学方法和手段，本着校企合作共赢，多方受益的原则，合理调整教学运行机制。

（二）深化产教融合，重构双创人才培养体系

学院以提高学生实践和创新能力为重点，强化学生职业胜任力和可持续发展能力，重构基于实践项目驱动的人才培养体系；依据职业所需的知识、技术或技能，协同院校专家、企业专家共同论证制定核心专业人才培养方案。

四、给学生提供空间

目前，学院依托校团委第八届大学生科技节活动，申请校级"登峰计划"活动 9 项；申请"登峰计划"平台 2 项。各项比赛通过学院初赛和学校的复赛，参赛项目达 500 个，涉及学生 1000 多人，覆盖面广，很好地营造了学院创新创业氛围，激发了学生的创新创业热情，锻炼了学生的创新创业能力。

五、取得的成果

工程机械学院始终以进一步完善应用型人才培养模式为重点，以提升学生的创新创业精神和综合素质为核心，全面对接第一课堂，致力于推进大学生学术科技和创新创业活动广泛深入开展。在各级各类创新创业比赛中均取得优异成绩，"基于北斗定位的大型自适应水稻直播机组"项目在第十七届"挑战杯"全国大学生课外学术科技作品竞赛中荣获二等奖，"雪樱计划——坚守十五年的公益助残"项目在第七届中国国际"互联网＋"大学生创新创业大赛中荣获铜奖。

近三年来，学院共有 180 人次参与国家级比赛，获得国家级各类比赛奖项 37 项，其中，在顶尖 A 类赛事如"挑战杯"大学生课外学术科技作品竞赛（科技发明制作 A 类）创下了建校以来的最佳成绩，在"互联网＋"大学生创新创业大赛中取得了历史性突破；共有 891 人次参与省级比赛，获得省级比赛奖项 300 余项。

推进专创融合发展，聚焦双创能力提升

——山东工商学院计算机科学与技术学院创新创业教育工作推进典型案例

山东工商学院计算机科学与技术学院

"大众创业、万众创新"的提出赋予了创新创业教育新的内涵，同时也对创新创业教育提出了更高要求。在强调自主创新的新发展格局下，山东工商学院计算机科学与技术学院不断深化创新创业教育改革，始终聚焦学生创新精神、创业意识和创新创业能力的提升，不断推动专业教育与创新创业教育的深度融合发展，推进学院高素质应用型人才的培养工作，积极组织学生参加各类学科竞赛，并取得了较好的成绩。

一、提高站位，强化领导

学院贯彻落实《深化新时代教育评价改革总体方案》《国务院办公厅关于进一步支持大学生创新创业的指导意见》等文件精神，根据《山东工商学院创新创业就业工作考核评价办法》《山东工商学院大学生学科竞赛管理办法》《山东工商学院创业导师管理办法》《山东工商学院大学生创新创业训练计划项目管理办法》等一系列文件要求，高度重视，精心组织，扎实推进，确保各项工作落到实处。

围绕立德树人的根本任务，学院坚持全员、全过程、全方位育人，牢牢握住科研育人的龙头，充分发挥创新创业在思政教育中的积极作用，推动创新创业工作走向高质量发展。同时，创新创业、学科竞赛作为人才培养的重要反映，在学科评估中占据重要位置，学院把创新创业工作列为重点任务，成立以学院领导为主要负责人的工作小组，做到责任到人，工作到位。

二、规范组织，搭建平台

(一)高度重视实战比赛

学院积极组织学生参加各类比赛，如"挑战杯"中国大学生创业计划竞赛、"互联网＋"大学生创新创业大赛、ACM 国际大学生程序设计竞赛、全国大学生广告艺术大赛、全国大学生数字媒体科技作品及创意竞赛、全国三维数字化创新设计大赛、中国大学生计算机设计大赛等专业赛事，形成了品牌化的学术活动，提升了学生们的专业技术水平。2021 年，学院累计组织学生参加各类学科竞赛，获得省级以上奖励 83 项，其中国家级奖励 28 项。学院毕业生崔天雷在第七届山东省"互联网＋"大学生创新创业大赛荣获金奖，计算机科学与技术 18 级张振堂、管宪良、常贵勇组成的"第一生产力"参赛队在 ICPC 第十一届山东省大学生程序设计竞赛中首获金奖。

(二)软硬件协同推进

学院制定《计算机科学与技术学院学科竞赛管理办法(试行)》，通过各种方式为学生提供学科竞赛的保障和平台；与浪潮、捷瑞数字、海颐软件等多家企业共建了 15 个大学生创新创业实践教学基地和 3 个研究生教育联合培养基地；面向全体学生开放计算机机房，总容纳人数 276 人。创新实验室面向学院参赛学生开放，容纳 200 人左右。创新实验室采取"定期考核，末位淘汰"机制，以便更好地服务学生，保证创新设备的利用率。

(三)重视学生社团建设

学院形成两类专业社团：一类是以学生自主学习为主，没有固定场所，高年级带低年级，指导教师在比赛期间发挥作用较多的，如 ACM 协会、开源软件协会、琉璃色新媒体协会、DIYPC 电脑维护协会、财富管理研习社等社团；另一类是以教师主导，学生跟随学习并创新学习，有固定场所的组织，如 ACM 集训队（针对计算机科学与技术专业）、创新实验室（全部专业）、迪木工作室（针对数字媒体技术专业）、PHP 实验室（针对网络工程专业）四个工作室。

三、专创融合，不断创新

根据国家本专科、研究生专业教学质量标准，学院明确创新创业教育目标要求，将创新精神、创新意识和创新创业能力纳入人才培养质量体系；通过安排实验实训课程、组织学生参加全国范围内各种大学生创新创业大赛、校企合作等方式，进行创新创业活动和教学改革研究的渗透和融合。

（一）改革培养模式，将双创教育贯穿始终

学院引导学生了解专业前沿动态和科技发展现状，熟悉基本研究方法，具备其他人文社会科学、自然科学、工程与技术科学的均衡知识结构；通过"专"和"通"平衡，整合教学内容，融入多种跨学科知识，优化课程体系建设，达到创新思维与创业能力的培养目标。

（二）改革教学方式，培养学生创造性思维

课堂教学不仅讲授课本内容，而是作为向学生传递创造性和批判性思维的重要途径，广泛开展启发式、讨论式、参与式案例教学。创新创业基础课已纳入全体学生的必修课程。

（三）锻造师资队伍，为学生提供强大智力支持

学院利用协同创新实验中心，打造了一支由"企业导师"和"专业导师"组成的专业技术和创业实践双结合、创新思维与创业能力相配套的师资队伍，强化创新创业教育，提升创意创新创业服务；开展"IT 大讲堂""财富研习社"等活动，展现专业特色和行业前沿，提升创新创业精神教育。

四、围绕中心，持续改善

计算机科学与技术学院将始终围绕"建设财商教育特色开放式高水平财经类大学"这一中心任务，结合计算机与技术学院"智能信息技术见长"优势，以建设国家级一流本科专业为契机，以人才培养为根本，坚持党建统领，学科引领，培育优良学风，优化育人环境，以创新创业教育、学科竞赛为抓手，以赛促学，开辟现代多元学习新空间、新气象，不断将创新创业教育及学科竞赛工作推向新的高度。

"项目＋导师"创新教育模式，助力学生从"创小白"成长为"创达人"

日照职业技术学院建筑工程系

日照职业技术学院建筑工程系在双创教育背景下成立了数字化测绘技术中心、博创科技工作室、大学生专创工坊、大学生创新创业协会等平台，为学生打造完整的创新创业生态链，以科研成果转化服务地方经济发展，让创意产品实现"从实验室到施工现场"的蝶变；引导学生在社会实践中发现问题、解决问题，实现"从象牙塔走向社会"。我系把真实项目引入教学，授以学生创新思维和方法，引导学生积极融入"城市＋大学"共同体建设，创新创业项目对接产业发展，让学生直接接触市场，以"1"生百，校企协同；创新政企校三方联动的双创人才培养机制，助力学生从"创小白"成长为"创达人"。

一、在实践中发现行业存在的问题

建筑工程系有这样一群老师和学生，老师带着学生去施工一线进行社会实践，就在这个时候，他们目睹了脚手架倒塌事故，伤者家属泣不成声。学生看到这一幕，内心百感交集，因为伤者也是在立面图测绘的时候发生的事故，危险无时无刻不在他的身边。回到学校后，他们对因脚手架倒塌的事故而导致的建筑人员伤亡进行了统计，发现每年因为脚手架坍塌伤亡人数高达一万余人，这更加坚定了他们的创新方向和目标。

二、组建团队开始研发设备解决问题

建筑工程系依托高水平专业群组建了大学生专创工坊——博创科技工作室，由优秀老师和优秀学生团队开启了为期两年多的研发历程，团队在2019—2021年奔赴一线施工现场，进行了100余次现场调研，寻找解决的方法。通过实地考察，得到了第一手的参数资料，为技术研发提供了有力的数据支持。一开始只是简单地对测绘仪器的支撑架进行改进，一个小小的三脚架，他们研发了将近半年的时间，在这期间，从开始手画设计思路，团队画出的设计图不下400份，吃喝全在工作室，工作到凌晨两三点都已成了家常便饭。后来，在老师的指导及团队的集思广益下，2019年5月，他们研发了初代的新型测绘仪器支撑装置，改进了材质、结构、支撑角度等一系列问题，申请了发明专利，拿着研发的新设备参加"挑战杯"中国大学生创业计划竞赛获得山东省金奖，参加"挑战杯"全国大学生课外学术科技作品竞赛获得山东省特等奖，当时没有任何的参赛经历，四处碰壁，在工作室没有白天黑夜地备赛，终于在每一个日夜的努力中迎来了黎明的曙光。真正能让人成功的，是勤奋，是对目标始终不放弃，并日复一日地训练。后来，他们发现单一的支架改进并没有解决立面图测绘需要搭建脚手架的问题，在参加大学生科技创新大赛之后，结合评委老师提出的问题和意见，2021年4月，他们团队一行人又投入了设备的研发和改进中去，从设计思路到设计图纸，团队成员意见各有千秋，想法更是千奇百怪，有人认为在全站仪的基础上改进，有的人认为在经纬仪的基础上改进，还有人认为要抛弃传统的观念研发一款新设备……从设计思路到设计图，有了初代产品的思路，二代产品做起来更加得心应手了，大家克服熬夜、吃泡面、睡硬地板、喝凉水等问题，在此期间他们也成长了很多，学习了很多专业知识，机械设计、三维建模、CAD等，在创新的过程中团队整体能力得到了大幅度提升。在经过无数次的失败后，他们在2021年8月研发出了慧测有道智能测绘机器人，在实验室测试过程中，各项性能良好，均符合测绘设备的要求，于是迫不及待地让老师给他们找一个试用的单位。经过联系，他们又来到施工

一线，想起工地上发生的脚手架坍塌事故，他们在想如果他们的设备在中试过程中稳定安全的话是不是就可以杜绝这个脚手架坍塌事故呢？怀着忐忑的心情，设备的安装、调平、升降、数据采集、数据处理等各项性能均十分稳定，试用单位对他们处理出来的立面图数据给予了很高的评价，说这个设备真是解决了原先需要搭建脚手架才能完成的任务。时间在他们的奋斗中流逝，他们在失败和成功中摸爬滚打，本以为设备已经非常完美了，但麻烦总是不打招呼地上门。采集的个别数据无法与常见的测绘软件兼容，他们一开始就想着是不是仪器出现了问题，经过拆卸逐一检查，发现设备并没有任何问题。后来，他们从数据采集到数据处理一步一步认真地完成一遍，还是发现有个别数据无法兼容。后来，在询问山东建材勘察研究院副总经理孙亚廷后，他们得知，市面上的测绘软件基本上都是国外产品，数据兼容性差。这时，他们才恍然大悟：单一研发设备无法从根本上解决这个立面图采集和数据处理的问题。这个问题他们想了很长时间，因为涉及软件开发的问题，而团队成员大多数来自建筑工程系，在软件开发和架构方面可以说是门外汉，他们甚至想过放弃，但是如果放弃，那么长时间的研发将前功尽弃。人的一生就像一篇文章，只有经过多次精心修改，才能不断完善。在老师的劝说下，他们找了两个软件技术专业的学生——参加过软件开发与调试技能大赛，有很强的软件开发和架构能力。他们团队成员负责想软件的思路，两位软件开发的同学负责软件的编程与开发，建模软件不可能凭空创新一个，最后他们选择在广联达 BIM 建模软件的基础上进行二次开发，经过半年多的努力，团队成员攻克了一体化建模修饰和空地一体联合建模的技术壁垒，研发出了慧测有道高精度测量处理系统，该系统从外业数据采集到海量点云数据处理，从基础点云到最终的高精度测量成果，都能提供一站式解决方案。软件产品在公司试用中反馈良好，完成了 120 平方千米数据采集工作和 9000 余户的房地确权测绘工作。公司在提供的应用反馈中写道：空地一体联合建模技术，使航空测绘、传统测绘等数据融通，提升作业效率 50% 以上，比预期工期缩短两个月，并且数据合格率达到 100%，为公司带来巨大的经济效益。

三、以学生为主体成立公司开始运行

2022 年 7 月，以鲁先增为法定代表人的山东唯星测绘技术有限公司正式成立。公司是一支多梯度队伍，主要分为技术、财务、管理三大体系，负责人鲁先增管理公司日常经营事务，负责对外签订合同，编制公司年度经营计划，负责统筹规划；工程测量、建筑工程技术、软件技术专业队员发表测绘相关多篇高水平论文，负责技术研发；会计学、商务管理专业队员负责公司运营管理。发展紧扣时代脉搏，公司始终坚持研发升级，勇于担当，聚焦实业，做精主业，影响、推动测绘行业发展，促进社会进步，积极融入国家建设。用户范围涉及各市自然资源局及政府部门、测绘测量公司、建筑施工公司、装饰装修公司等。其主营业务包括销售软件和硬件设备及为城市建设、治理社会服务等提供技术服务。公司积极响应国务院《关于加强地质勘查和测绘行业安全生产管理的指导意见》，有机整合产、学、研各环节，大力实施创新驱动、合作共赢、多元发展的战略。依托大学生专创工坊、数字测绘工程技术中心及博创科技工作室，公司在多方面拥有雄厚的技术基础和丰富的行业经验。目前，公司申请 4 件发明专利、5 件实用新型专利、5 项计算机软件著作权，公开发表论文 5 篇。公司产品通过了两项检测：硬件设备通过中国 MAC 计量认证；软件通过中国软件评测中心检测，成为山东省内测绘多元化解决方案提供企业的"最强大脑"。参加各类比赛获省级以上奖励 20 余项，奖金 10 余万元；2 人荣获国家奖学金，2 人荣获省政府奖学金。

公司业务区域已扩展至城市建设、城乡规划发展及资源勘探等 80 多个领域，公司产品已经在 9 家企业中应用，得到良好的试用反馈意见，目前，已经与合作公司签订了 90 万元的销售订单及 117 万元的技术服务合同，收到定金 46.6 万元，已经获得一家机构的投资意向。公司实现 1 人 1 机完成测绘，提高了 50% 的速度，为企业节省了大量人力、物力、财力。公司目前通过工学一体和 OEM 代工模式，带动就业 10 人；到 2023 年底融资后通过校企合作队伍带动就业 50 人，到 2025 年底与学校深度合作招聘大学生带动就业超过 100 人。公司将进一步转变观念，拓展服务模式，辐射至地质勘探、矿产开发、水利交通建设等多个领域，可间接带动就业 1200 余人。

基于专创融合的创新创业能力培养与训练
——药品生物技术专业创新创业教育工作典型案例

威海职业学院药品生物技术专业

近年来,高校创新创业教育不断发展,但也存在一些不容忽视的问题,尤其是创新创业教育与劳动教育、专业教育结合不紧、针对性实效性不强、实践平台短缺、实践脱节、指导帮扶不到位等问题,因此在高职教育中进行专创融合的创新创业能力培养与训练势在必行。学校药品生物技术专业以提高学生创新创业能力为核心,转变教育思想观念,改革人才培养模式,强化创新创业能力训练,着力培养大学生的创新意识、创业精神和创业能力,构筑"双创教育、劳动教育、专业教育"三贯穿的创新创业能力培养与训练体系,扎实推进创新创业教育工作,营造良好的大学生创新创业氛围,努力开创创新创业教育的新局面,形成典型工作案例,起到良好示范作用。

一、规划与举措

(一)构建专创融合的课程体系,优化顶层设计

学校以培养学生的创新创业行动能力和可持续发展能力为目标,按照药品生物技术专业人才培养目标,根据"基础技能—专业技能—职业技能—综合技能"的能力递进规律,构建专业技能兼容,专业性、综合性并重的"基层模块、中层项目、岗课融通、赛证融通、顶层拓展"的药品生物技术专业五层专创融合课程体系。

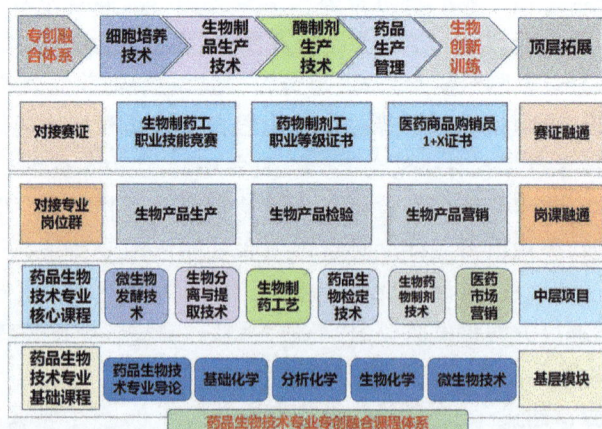

"基层模块、中层项目、岗课融通、赛证融通、顶层拓展"的药品生物技术专业五层专创融合课程体系

(二)建立专创融合的"项目＋课程＋公司＋社团"创新创业能力培养模式

学校开发了"实践性和层次性进阶式"创新创业能力训练体系,将创新创业教育贯穿在整个专业群人才培养体系中。第一层次,开设大学生职业与就业创业指导、专业导论等教学项目,指导学生制订职业发展规划和专业学习计划;第二层次,结合专业特点,开发专业课程体系下的创新创业课程,进行专业创新创业思维和能力训练;第三层次,依托市级工程技术研究中心、重点实验室和校内实践教学基地,成立创新创业专业社团,开展科技创新活动,同时搭建创新创业实战平台,成立创业小微公司,提高学生的创新创业能力;第

四层次,开发专业创新创业项目,并进行项目的策划与实施,强化创新创业能力训练,提升综合素质,树立学生的创新创业观念和创新创业信心。通过药品生物技术专业专创融合的"项目+课程+公司+社团"创新创业能力培养模式落实双创人才培养。

药品生物技术专业专创融合的"项目+课程+公司+社团"创新创业能力培养模式

(三)开发融合专业知识技能的创新能力强化训练课程

学校药品生物技术专业根据生物技术应用广的优势,结合职业能力培养开发了服务于专业课程体系的创新创业课程"生物类创新能力训练",在课程中根据专业课程开设情况,围绕学生创新能力培养开发了与专业课、专业核心课、专业选修课对应的教学模块,即植物资源利用与开发、校园资源利用与开发、海洋资源利用与开发。

(四)依托各级科研机构搭建创新创业能力训练平台

学校依托建设的工程技术研究中心、重点实验室等科研机构作为科技创新平台,将科研工作场所进行升级改造,与实践教学实训室和生产性实训车间进行互补与匹配,同时将先进的科研设备与实践教学设备融合共享,创造"教学做研"一体化环境,为学生创新能力的培养提供高水平实践条件。学校坚持"项目驱动、融合"的项目开发原则,以各级科研项目为载体,在专任教师的带领下成立创新项目小组,在专业教师的指导下,师生共同参与项目的实施,为学生项目参与提供全过程、个性化辅导,同时开展创新创业项目的策划与实施。在项目实施过程中,融入专业知识与技能,既充分调动学生自主学习的积极性和主动性,又注意发挥教师的主导作用,构成系统化创新创业教育平台的重要组成部分。以市级科研项目"威海特色果蔬精准贮藏与精深加工""芳香植物精油研究与产品开发",横向技术服务项目"芳香植物精油提取与系列产品开发""岩藻多糖质量标准研发",校级科研项目"餐厨垃圾无害化处理"等各类科研项目为教学载体,学校师生结合现代生物技术与当前市场需求进行新产品的开发与研制,创新产品 12 种,并申报国家专利 6 件,在大学生创新科技节、全国职教周展览会、国际创新大赛上受到好评。

(五)采用"行动导向+成果导向"教学模式推动专业创新能力培养实施

在专业创新能力培养与教育中,学校将专业课程体系中的专业核心课"生物分离与纯化技术"与专业基础课程"生物化学"、专业选修课"生物技术"及企业需求相结合,为企业提供了生产工艺优化方案;将专业课程体系中的专业核心课"发酵制药技术"与专业基础课"微生物技术"、专业选修课中的"果蔬精深加工"及传统中医药理论相结合,开发出了具有特定功效的创新产品;在推动专业创新能力培养实施过程中既激发了学生的创新思维,又加强了专业技能和理论学习的应用,也充分体现了"成果导向"的教学理念,采用行动导向的教学模式推进课程教学实施,进而提高了学生的综合素质。

(六)搭建贯穿劳动教育的创新创业实战平台开展生产性实训

学校以校内实训基地为创新创业实战平台,以服务校园和劳动教育为目的,以创新产品免洗消毒凝胶、日化产品、功能食品等多种产品为载体,进行疫情期间防控物资的开发和生产,完全按照企业经营模式进行校园内部的生产与应用,间接产生价值年均 13 万元。

二、特色与创新

(一)"融合专业、体系支撑"的创新课程模块的开发与实践

学校探索专业课程体系下的创新创业课程,开发"融合专业、体系支撑"的创新创业课程。在专业人才培养方案中设置创新创业类课程,逐步使创新创业教育课程体系规范化。通过搭建开放式实践课程,大力推进多元支持的、延伸的创新创业课程建设,从而激发大学生的自主创新能力和创业能力,为他们的个性发展提供更大的空间。

(二)"项目驱动、融合科研"的创新项目的策划与实施

学校通过实施一系列大学生参与的创新项目的实施,强化创新创业能力训练,提升综合素质,增强学生的创新能力和在创新基础上的创业能力,树立学生的创新创业观念、培育创新创业意识、树立创新创业信心,在专业老师的指导下开展创新项目的策划与实施。以创新项目的策划与实施为契机,着重培养学生的创新能力。

(三)"劳动贯穿、生产实训"的创新实训产品的开发与生产

依托校内实践教学基地,学校搭建创新训练实战平台,将创新研发产品进行产品转化,真正锻炼学生的创新创业能力,完全模拟企业化生产,在校园内部真实的创业情境中激发学生的创新创业激情和热情,为成为创新创业型人才奠定坚实基础。

(四)"专业社团、课外互补"的创新专业社团活动的策划与开展

根据学生的兴趣特长和未来职业发展意愿,学校组建专业创新社团,培养和锻炼学生的创新思维和创新意识,提高创新实践和应用能力;利用校内外教学资源,课内外与线上线下双重方式,围绕专业课程的开设展开多种多样的社团活动,进一步拓宽学生的专业知识及创新创业的维度。

三、成效与反思

(一)学生创新能力明显增强

通过课程改革,师生创新能力不断增强,学生参与各类创新大赛比例连年明显提高,先后获得各类省市级以上创新大赛奖励 6 项。

(二)双创教育模式改革仍需持续推进

虽然课程改革至今带动了更多学生参与创新项目中,但校内实践教学环境尚不能满足当前需求,在一定程度上影响实施效果,学校需进一步加强专业实践教学体系建设,才能保证课程的持续推进。学校药品生物技术专业探索专业课程体系下的创新创业教育新模式,并作为试点专业承担《专业课程体系下创新创业课程的开发与实施》省级教改课题。

实施"创新引领、项目驱动、专注求精"双创育人模式，潜心培育高素质技术技能人才

山东职业学院生物工程学院

山东职业学院生物工程学院（研究院）以创新教育为基础，以创业教育为载体，聚焦校企合作、技术成果转化、传统技艺传承，依托"互联网＋"大学生创新创业大赛、"挑战杯"中国大学生创业计划竞赛、山东省大学生科技创新大赛、新商业新服务等创新创业领域，以"服务乡村振兴——山汁红""传统技艺传承创新——山之金""伊莲咖啡"等创新创业项目为驱动，构建创新与创业导向的实践育人体系，为培养高素质技术技能人才做出积极贡献。

一、建立健全制度保障，确保创新创业教育工作落实落稳

学院成立了由班子成员、专任教师、博士团队及校外兼职导师组成的创新创业工作领导小组，下设领导小组办公室；大学生创新创业管理服务工作由党总支副书记负责，1 名专任教师、1 名博士专门负责创新创业工作，梧桐花开实验室 8 名高水平博士共同参与创新创业工作。同时，学院联合校企合作企业和校外专业机构，配备校外企业专职人员 3 人，优势互补，共同完成学院创业指导服务工作。

二、工作机制科学规范，确保创新创业教育工作有序开展

学院将创新创业工作列入年度工作重点，每学期至少召开一次党政联席会重点研究、部署，设立创新创业专项经费，保障了创新创业工作的有序开展。先后投入 1600 余万元升级改造包括梧桐花开实验室、梧桐花开学术厅、伊莲咖啡等共计 1000 余平方米的创新创业场所，将创新创业教育列入学生综合素质考评，设立创新创业单项奖学金，把创新创业工作业绩纳入教师年度绩效考核中，作为专业技术职务评聘依据，营造干事创业的创新创业教育氛围。

三、创新引领，项目驱动，确保创新创业项目落地开花结果

（一）心系老区，"山汁红"项目积极服务乡村振兴

于磊娟老师带领科研团队和社团学生经过 432 天、15 个对照组、4 个变量、2 个周期的实验，开发出一种补充膳食纤维的山楂果汁——山汁红，通过科技助力山楂精深加工，赋能沂蒙老区果农长效增收；通过自主研发技术，重点挖掘山楂膳食纤维的营养元素，有效解决了山楂果农高产出低收入的困境及国人膳食纤维缺乏的问题，该技术已申请国内发明专利 2 件、国际发明专利 2 件、实用新型专利 1 件，并完成商标注册。"山汁红"项目实施后，会逐步开发原料基地，发展农民、大学生等成为农业合伙人，未来将采用新模式计划在沂蒙地区开发 22 个合作点，种植 4000 亩山楂园，直接和间接方式带动就业 500 人以上。学院师生通过农业产业链延伸、价值链提升、供应链拓展等多维传导路径，赋能地方经济繁荣发展，促进乡村振兴。

（二）守正创新，"山之金"黄酒项目传承创新传统技艺

学院"传统黄酒酿造技艺传承创新平台"是山东省第二批立项的山东省职业教育技艺技能传承创新平台，通过教学、生产、研发将传统的黄酒酿造技艺传递给青年教师和学生；联合企业技术专家，组成技能名师

负责的创新团队,现有成员 11 人,其中教授 1 人,副教授 3 人,具有博士学位人员 3 人、硕士 5 人,由校企技术骨干组成,具有丰富的酒类生产经验;拥有酿造酒协会、蒸馏酒协会、饮料协会、发酵乳协会、焙烤时光协会等学生协会团体,成员总人数达 100 余人。学院师生在课余时间积极开展各协会的科研及生产活动,对学生创新、创业素质的培养效果显著。团队成员带领学生积极参与各级各类大赛项目,努力做到以赛促学、以赛促教的效果。团队指导学生获省级二等以上奖励 6 项;平台成员先后承担了省级教科研课题 4 项,特长生课题 8 项;先后开发出了"高度糯米黄酒""糯米蒸馏酒""高酒精度灵芝菌丝保健黄酒"等产品;发表 SCI 论文 6 篇,中文核心论文 8 篇,申请国家发明专利 3 件,授权 1 件;与即墨老酒、温和酒业、河南城建学院、山东九道生物科技有限公司、济南红高粱酒业有限公司等单位开展了深入合作,先后开发了无醇黄酒、茉莉香型轻黄酒、灵芝健康黄酒等产品。

四、专注求精,践行工匠精神,确保创新创业育人效果显著

学院创新创业导师立足岗位,勤于思索,追求卓越,多年如一日,以"做专、做精、做细、做实"的高标准严格要求自己;积极践行工匠精神,多途径培养带领学生研习技术技艺、参加创新创业大赛,将"岗、课、赛、证"有机结合,提升传统技艺,创新技术产品。6 名学生被选为"齐鲁工匠后备人才",10 人参加省级创新创业大赛并获奖,创新创业导师于磊娟连续 2 届担任山东省葡萄酒(果露酒、黄酒)评委,为行业发展做出较大贡献,学院导师与企业横向合作多项课题,连续多年为企业解决技术难题,取得了多项科技成果;做好"传统黄酒酿造技艺"传承创新平台工作,为发酵酒类产品理化指标的检测提供技术支持,合作开发实训培训项目与编写教材,合作进行应用型课题研究;每年带徒弟 30 余人,合计 150 余人;专心从事食品发酵专业方面的研究,带领学生开发了净体酵素、膳食纤维果汁等多个营养保健产品,指导学生社团运营"绿皮火车—曾经吧""创客咖啡""伊莲咖啡"等创新创业活动。在产品开发和社团指导的同时,他们积极参加创新创业大赛,注重校企合作,促进成果转化,实现以赛促学、以赛促教。学院创新创业导师开展现代学徒制课题研究,通过创新创业特长生培养形式,传授技术技艺超过 300 人。所带徒弟入职后能快速适应岗位需求,在岗位上表现突出,踏实好用,获得用人单位的高度赞扬。创新创业项目研发成果不断涌现,其中"大枣干酒新技术的研究"获得省级科技进步奖三等奖,"高效资源节约型原大麦啤酒的生产技术""酶合超声高效分离纯化海参多糖的技术"分别获得威海市科技进步奖二等奖和三等奖,"无麦芽啤酒酿造新技术""大樱桃产业化综合开发与技术研究"均获得山东省轻工业科学技术进步一等奖;授权发明专利 6 件,发表"柿子酒的非生物稳定性研究""仙人掌果黑枸杞复合果酒的发酵工艺研究""秋葵樱桃复合果酒的酿造工艺研究""银杏蓝莓复合果酒酿造工艺"等核心期刊论文 10 余篇。

自 2018 年以来,生物工程学院积极投入创新创业类各项大赛,获得省级及以上奖项 14 项,利用专业特长带动在校大学生创业发展,项目孵化转化,实现了成果的商业化、产业化,践行了理论与实践的有效结合,有效激发了大学生创新创业热情,大幅提升了大学生的创新创业能力和就业创业质量。

创新创业学院（山东女子创业大学）

山东女子学院创新创业学院

山东女子学院是山东省唯一一所女子本科院校，着力培养适应创新型国家建设需要、符合地方经济发展需求的高水平应用型人才。2015年学校与山东省妇联共同成立"山东女子创业大学"，支持帮扶全省妇女创新创业，坚持"为大学生创业铺就圆梦之路，以创业精神带动优质就业"的理念，不断加强顶层设计，整合各方优势资源，在创新创业教育、项目孵化、创业服务、学术研究等方面持续发力，促进了大学生创新创业工作的有效开展。

一、基本情况

学校高度重视创新创业工作，成立了创新创业教育工作领导小组，校长为组长，副校长为副组长，各学院院长为成员，为全校创新创业教育工作顺利开展提供了保障。2017年底，学校专门成立创新创业学院，统筹管理全校创新创业教育工作，负责大学生众创空间管理运营，目前教职工15人，设书记、副书记、院长、副院长、教务管理、实践管理、创业服务等岗位，为大学生提供政策咨询、工商注册、代理记账、知识产权、项目孵化指导等一体化服务。

大学生众创空间由东区、西区、艺术设计创新创业中心和圆创空间等共同组成的大学生创业平台。创业基地空间占地6360平方米，其中管理人员办公使用面积200平方米、常驻团队和企业使用面积5800平方米、公共服务面积360平方米，提供创业工位76个，打造集创业培训、指导服务、政策咨询、项目评估、模拟实训、项目孵化、跟踪扶持于一体的大学生创新创业孵化基地。

二、多方协同，特色发展

（一）普及教育与精英教育结合

一是面向全校学生开设"创新创业基础""职业生涯规划""就业指导"等课程，培养全体学生的创新精神、创业意识和创新创业能力；二是校企合作共建工商管理专业（互联网企业管理方向）、国际经济与贸易专业（跨境电商方向）、跨境电子商务等3个本科专业，目前在校生400余人，开展精准式创新创业教育，培养未来创新创业精英。

（二）校内外结合的创业导师队伍

校内成立了创新创业教研室，选拔具有自主创业经验或者行业企业工作经验的老师担任，学校集中培训，持证上岗，目前校内创业导师已达30余人，聘校外企业、行业协会、兄弟院校具有创新创业成功经验的专业人士担任校外创业导师。海尔集团高级副总裁谭丽霞、浪潮集团执行总裁冷严凌、山东省电子商务协会副会长赵艺等30余位优秀人士受聘为学校创业导师。

（三）校企合作，共建创新创业孵化平台

学校与京东集团共建京东校园创业孵化中心，与齐鲁云商开发山东女子创业大学云平台；学校购置了全球贸易通跨境电商平台，为学生的专业学习和创业实践奠定基础，探索"专业—创业—产业"一体化人才

培养模式。学校建设了齐鲁女性非遗文化传承创新基地,包括扎蜡染、传统旗袍、汉服、吕剧等工作室,彰显文化育人和创新创业特色。

(四)校政合作,发挥"山东女子创业大学"职能,服务乡村振兴

借助山东女子创业大学平台,加强与省妇联和地方妇联合作,服务全省女性创新创业。山东女子创业大学与山东省妇联共同举办了山东省女大学生暑期创业实践营,选拔创业团队到巾帼创业示范基地进行了实践锻炼;山东省妇联委托学校举办了"全省巾帼脱贫女致富带头人暨乡村振兴巾帼人才集聚行动"培训班,全省330名女致富带头人参加了培训,采取专家授课、旅游村现场教学、女企业家创业经验分享等多种方式,成效显著,深受学员欢迎和称赞;与菏泽市妇联合作开展直播电商培训,受益学员3万余人,有力支持了乡村振兴战略。

三、科创成效

创新创业学院(山东女子创业大学)经过四年建设发展,在专业建设、课程建设、教学科研、创业大赛、项目孵化等方面取得重大突破,学生创新精神、创业意识和创新创业能力有了较大提升。中国国际"互联网+"大学生创新创业大赛为目前我国层次最高、参赛学校最多、影响力最大的大学生赛事,学校积极组织参赛,学生参赛率达70%以上,省级、国家级获奖25项,2022年山东省赛中获金奖1项,银奖2项,铜奖5项的优秀成绩,在同类院校中名列前茅;获批省级、国家级大学生创新创业训练计划项目200余项;孵化大学生创业项目150余项;培养出王双悦、林立坤、万幸幸、曹建华、李生涛、徐森等20余位优秀创业者。

学校2011年被中华全国青年联合会、中华全国学生联合会、国际劳工组织授予"大学生 KAB 创业教育基地",2016年获批山东省女性创新创业教育重点研究基地、山东省省级大学生创业孵化示范基地,2017年入选"济南市泉城众创空间支持计划",2018年获批山东省省级众创空间,2019年获批济南市首批创业培训机构资质,2020年被济南市旅游联合会认定为文旅创新创意工作站。

四、成功案例

王双悦,男,山东泰安肥城人,2019年毕业于山东女子学院音乐学院,自主创业创办了亿佳电子商务(山东)有限公司,注册在长清双创基地梦翔小镇,主营电子商务、直播带货、平台电商及品牌代运营。公司员工140余人,王双悦在济南、青岛和聊城设分公司,成为海尔、海信、小米、三只松鼠、云米、三千茶农、华熙生物、慕名造型、九如山风景度假区、薛记炒货等公司电商运营服务商,大型品牌项目操作经验丰富、服务客户产值过亿,获评长清区十大创业之星,同时也是长清区最年轻的政协委员。

林立坤,男,山东临沂人,2021年毕业于山东女子学院数据科学与计算学院,现任杭州爱拍内容科技有限公司CEO,爱拍内容科技是一家专注于品牌抖音营销的全案内容服务商,提供创意策划、内容制作、广告投放、蓝V运营、直播销售、GMV增长等全案内容服务。内容驱动增长,为品牌客户提供内容服务与品牌营销服务,助力品牌抖音营销,依托优质的短视频内容,帮助品牌完成品牌曝光和获客增长,达成品效合一。2022年被评为抖音官方认证服务商,服务客户有泡泡玛特、布鲁可、飞科、伊利、达达、Soul、滴滴、完美日记等头部企业。

艺术设计学院女工创新创业坊

山东女子学院艺术设计学院

山东女子学院艺术设计学院结合专业特色和女大学生特质,不断加强顶层设计、整合各方优势资源、完善工作制度、落实保障机制。艺术设计学院创立女红创新创业坊,以建设校内外创新创业基地为核心,在创业教育、创业培训、项目孵化、创业服务、学术研究等方面持续发力,促进大学生创新创业工作有力有效开展。近年来,女红创新创业坊获得省部级以上创新创业奖励 13 项,教师指导创新创业课题 13 项,签订创新创业校企合作项目 9 项。学院依托工坊学生设计作品,申请软件著作权 21 项,外观设计专利 16 件,学生项目落地率高,社会服务影响力强,逐步形成以女红为特色的创新创业人才培养方向,助力学生创新创业取得显著成效。

一、创新创业教育工作顶层设计

艺术设计学院成立大学生创新创业教育工作领导小组,由党委书记、院长任组长,院长助理任副组长,各教研室主任、工作室老师为成员,统筹创新创业教育、创业基地建设、创业政策扶持和创业指导服务等工作;明确分工,切实加大人员、场地、经费投入,形成长效机制。

二、创新创业教育课程资源开发与教学方式改革

学院发挥硬件优势,搭建创业平台,实行专业实习基地、社会实践基地、志愿服务基地一体化建设,发挥基地的创业培训功能,让学生在实践活动中提升创业能力。学院通过工坊实践,加强对大学生的思政和美育教育,将传统女红文化贯穿教育教学中,通过工作室实践让学生参与实践,创新实践,服务社会。院校与企业、政府合作,共创大学生创业孵化基地。

学院依托服装设计、人物形象设计、产品设计组建艺术实践工作坊,包括汉服工坊、旗袍工坊、纤维艺术工坊、扎蜡染工坊、木艺工坊、陶艺工坊、摄影工作室,2019 年增设童装设计工坊、文创设计工坊、短片制作工坊,总共 10 间,目前形成了以传统文化艺术创新实践为核心的工作坊群,为学生传承传统文化,开展社会实践搭建了良好的平台;经过多年的社会服务与区域性创新工作实践,取得了丰硕的成果和较高的社会声誉。

2022 年,由学校牵头,艺术设计学院主导与山东新视觉数码科技有限公司签订大学生职业生涯规划项目协议,协议中提到重点培养学生创新创业能力。近三年来,学院与 11 家企业签订实习就业基地,在推动学生就业的同时,提高学生的创新创业能力和社会服务能力。

三、丰富创新创业教育课程开发

一是推进创新创业文化建设和理论研究。学院广泛开展创新创业教育和大学生自主创业的宣传,积极宣传国家和地方促进创业的政策、措施,宣传推动创新创业教育和促进大学生创业工作的新举措、新成效;近三年来,立项创新创业类横向、纵向课题共 9 项。

二是推进课程体系构建和专业教学改革。学院坚持以创业促进学业,创业实践的过程是深化、拓展专

业知识的过程;以学业促进创业,在专业理论知识的指导下创业,将大大提高创业的成功率;将大学生的创新创业教育贯穿于大学生培养的全过程,确保创新教育、创业教育能进教材、进课堂、进实训基地、进学生心中。

三是推进创新创业实践活动和创业培训的开展。学院建立大学生创业社团,充分发挥大学生"自我教育、自我服务、自我管理"的主体作用,为他们今后的就业和创业提供良好的演练平台,如人物形象专业和服装设计专业分别建立汉服社团和旗袍社团,组织举办大学生职业生涯规划暨大学生创业大赛,开展创业活动。对有创业意愿的大学生,结合他们的创业项目,从创业计划书的撰写到创办企业的运营给予切实的指导和帮扶,激发他们投身创业的兴趣和激情。

四、创新创业教育师资队伍建设

多学科、多专业融合,艺术设计学院的创新创业导师队伍构成不同于传统意义上的某一学科、专业师资,是来自多学科、多专业(如环境设计与产品设计融合、视觉传达设计与数字媒体艺术融合、服装设计与人物形象设计融合)的团队,相互交流、碰撞,融合创新,校内校外融合。学院范围内聘请2~3名具有创业教育师资证书、具有创新创业项目指导经验的兼职教师,聘请行业专家、知名企业家、创业成功者、投资人等4人作为校外导师。

在未来的创新创业工作中,艺术设计学院将会在加强平台建设、完善制度建设、拓展社会实践及创新服务项目方面提高社会服务能力;争取在未来三年内新建鲁绣工坊、剪纸艺术工坊、传统饰品工坊等,工坊数量达10个以上;加强指导队伍及学生团队建设,提高学生的参与度;继续完善现有女红工坊管理制度,建立社会服务激励体制,创新创业项目管理制度;以助力黄河女红艺术创新发展和服务地方经济文化发展为目标,开发黄河女红品牌项目。

创业以创新为本，创新以人为本，人才以用为本

烟台南山学院商学院

创新创业人才培养是"十四五"期间推进高校人才培养深化改革的关键。近年来，商学院物流管理与工程系积极响应国家创新创业战略号召，主动拥抱新形势下教育教学改革，积极探索学生双创能力不足的破局之道，推行"三方联动筑平台，五维融合育人才"的创新创业人才培养模式，逐步推进创新创业改革工作不断前进。

开展创新创业教育是新时代发展的必然要求，是提升经管类专业人才培养质量的必然选择。为顺应新形势下应用型人才培养的品质要求，商学院物流管理与工程系坚持立德树人根本任务，将创新创业教育融入人才培养的全过程，不断探索各种模式，激发学生的创新思维，塑造学生的创新创业能力；经过多年摸索，总结出"三方联动筑平台，五维融合育人才"的创新创业培养模式，把"以创促教，以创促学"的教育模式常态化，全面推进创新型管理类人才的培养。

一、"政校企"融合，建立协同育人机制，提供多维度创新创业实践育人平台

利用地方院校、集团办学和"大学院"优势，学院从校地融合、校企融合、校内融合等角度打造人才培养交融机制，建设一批独具特色的"政产学研"人才培养和实践基地，包括智慧供应链管理产业学院、智慧物流创新实践基地、数智管理与运用实训基地等，以落实人才培养标准和需求，实现适应新时代发展需求的创新创业人才培养；同时，在学生实践课程、实训、实习及毕业论文指导环节探索设立"双导师"制，为学生提供更专业的创新创业指导，使校企双方实现更深入的融合。学院基于校企合作，搭建创新创业教育体系，融合了学校教育与职业教育，课程实践与就业岗位对接、素质教育与技能培养并重的创新创业人才培养理念，保证学校在学科专业设置上与市场的紧密对接，实现了"多层次、多形式"的创新创业教学体系课程内容与职业标准的统一，促进了教学过程与企业生产过程的结合，推进了产教进一步融合，又推动了校企合作的良性发展，从而有效推动创新创业培养进程。

二、"企校生"融合，三方联动改革人才培养模式，构建创新创业人才培养新体系

立足供需联动，构建"三元三维三化"人才培养体系，在地方经济发展对物流类应用型人才需求导向下，在高校、企业、学生"三元主体"参与基础之上，学院建立校企协同应用型人才培养联席会制度，以培养学生理论知识、应用能力、创新精神"三维素质"为目标，采用理论知识职业导向化、应用能力岗位实践化、创新精神竞赛作品化"三元路径"构建课程体系，实现"三元三维三化"人才培养体系架构；并建立相关评价及改进保障体系，进而实践到专业教学中去，培养"供需匹配"的物流类应用型人才。

三、"课创"融合，建立"四位一体"创新创业课程体系和"五级链条递进式"创新创业课程群

为增强学生的创新精神、创业意识和创新创业能力，学院建立包含创新创业理论教育、创新创业实践教育、创新创业实战教育和就业创业专题教育的"四位一体"创新创业课程体系。学院所建立的创新创业课程

体系包括"五级链条递进式"课程群。第一层级课程是面向全体开设的"创新思维""创业基础实务""大学生职业发展与就业指导"等通识性课程,旨在培养学生的创新创业意识;第二层级为面向专业开设的"创新创业实践案例分析""产品供应链:设计与管理""决策行为实践探索"等课程,旨在夯实学生的创新创业理论基础;第三层级为面向有参赛意愿的学生开设"创新创业竞赛指导"等选修模块课程,旨在提升学生的创新创业应用能力;第四层级为面向有创业意愿的学生开设"创业模拟运营实训""社会调研及企业策划项目""供应链协同模拟仿真实验"等实践类课程,旨在提升学生的创新创业实践能力;第五层级为面向具有创业实践的学生提供创业孵化与创业指导课程,旨在提升学生的创业成效。

四、"赛创"融合,以科技竞赛为抓手驱动创新创业能力培养

"企校生"三方共同搭建组织架构,企业提供创新创业项目衍生的应用问题、应用场景、奖励激励,学生建立创新创业社团及团队组织,学校开展创新创业理论与实践教育。教师带领学生团队调研与分析企业现实应用问题,企业导师分析问题应用场景,学生团队研究具体问题并提出解决创新方案。自 2016 年开始,校企联手举办"物流之星"创新创业竞赛,并实现项目的"竞赛作品化"转换,先后培育了多项全国大学生创新创业计划训练项目,获得省级以上创新创业竞赛奖项数十项;同时,在竞赛作品化过程中强化了学生的理论知识,锻炼了学生的应用能力,达到"三维素质"与"三化路径"的融合,真正解决了人才培养与创新创业的有序融合。

五、"思政＋双创"融合,将优秀传统文化植入学生创新创业教育

学院坚持立德树人根本任务,深化课程、师资等领域改革,夯实文化育人第二课堂,深入推进双创教育与思政教育的紧密结合,使其深层次融入人才培养的全过程;立足区域,深耕行业,深入挖掘思政元素,推进思政教育与创新创业教育同向同行,培养学生的社会主义核心价值观和爱国情操,根植红色基因,提升学生综合素质;通过"大思政"与创新创业教育的融合推进,学生更加关注民生,"大创"(大学生创新创业训练计划项目)国家立项的创新作品《"宠运无忧"——Palladium 高端智能宠物物流系统开创者》关注宠物运输弊端,致力于提供宠物安全运输;"大创"国家立项的创业作品《陪你逛——智能共享购物车引领者》关注儿童、老人购物不便,致力于提供便捷购物工具;创新创业国家一等奖创新作品《Ant——集装智能托盘系统开创者》关注物流业环保问题,致力于提供绿色高效的托盘系统等。

"五三三一"教育模式,助推创新创业人才培养大发展

潍坊职业学院汽车工程学院

近几年来,高职院校扮演着为我国输送成熟的技能型人才的重要角色。开展高职院校大学生创新创业(以下简称双创)机制体制研究,可以最大程度地发挥高职院校大学生的技能优势,实现创新引领创业、创业带动就业,对解决高职学生就业问题有着重要意义。潍坊职业学院汽车工程学院以营建优质高效的教育模式与运行机制为目的,结合学院双创教育现状,形成"五三三一"双创教育模式,为高职院校双创教育的持续快速发展提供了可借鉴经验。

一、案例背景

潍坊职业学院汽车工程学院认真贯彻党中央关于大学生双创的决策部署,充分发挥学校办学特色,不断推进双创教育改革,形成了机制完善,融合专业教育、思政教育、科技成果转化,搭建双创工作室、实训基地等多个平台,评价机制优化的"五三三一"双创教育模式。

二、典型经验做法

(一)完善"五个体系",奠定双创教育基础

一是健全组织管理体系,学院成立二级学院领导小组,统筹协调学院的双创教育,出台《汽车工程学院创新创业教育改革实施方案》,将双创教育改革纳入学院年度计划及中长期发展规划,形成了"领导牵头、统筹管理、分级负责、分类指导"工作机制。二是完善制度体系建设,学院建立健全《汽车工程学院大学生奖学金评定办法》《创新创业教师队伍建设》等制度,为双创清障搭台,提高师生双创积极性。三是充实教师队伍建设,学院鼓励教师积极到企业挂职锻炼、参与双创教育实践,邀请优秀校友、企业专家作为指导老师,建立起一支校内外相结合、素质优良的指导教师队伍。四是建立教育引导体系,学院完善"创业通识教育、创业素质拓展、创新驱动与应用"三个层次的双创教育体系,将双创教育融入专业教学、社团活动、学生管理的各个领域。五是开发实践实训体系,学院建立双创实训中心、大学生创业孵化基地和校外双创实践基地等于一体的校内外结合的双创实践实训体系。

(二)推进"三个融合",提升双创教育内涵

一是与专业教育融合,学院从专业知识和实践教育出发探讨专业课程中的双创元素,设立创新应用研究小组,构建专业教育背景下多层次、立体化的双创教育体系,对学生进行全程化双创教育,提高双创教育的覆盖面;成立兴趣小组和社团,形成"专业带动双创"的良好学习氛围。二是与思政教育融合,学院积极开展双创教育与课程思政研讨会,建立"双创教育+课程思政"资源库,促进双创教育与思政教育深度融合。三是与科技成果转化融合,学院充分利用校企合作的优势,鼓励教师积极申报横向课题,建立"双创资源库",实现师生共创;通过综合实训、岗位实习等多种方式,引导学生对接企业开展双创研究与实践。

(三)搭建"三个平台",激发双创教育效果

一是专业群双创工作室,学院以"杜洪香名师工作室"为引领,建立多个双创工作室,为大学生科技创

新、教师科技成果转化等搭建互通立交桥。二是大学生双创孵化实训基地,学院以"曼芙丽"汽车美容实训基地为基础,成立大学生双创孵化实训基地,邀请企业导师进驻学校,组织学生定期到企业参观学习,丰富学生的双创知识和体验。三是大学生双创实践竞赛平台,学院坚持"以赛促学、以赛促教、以赛促创",利用"互联网＋"大学生创新创业大赛、科技创新大赛等平台,充分发挥竞赛育人作用,扩大学生的参与面,近五年共获得省级及以上竞赛奖项60余项。

(四)深化"一个核心",深挖双创教育源泉

学院以优化评价机制为核心,激发师生积极参与双创教育与实践的内驱力。教师方面,学院突出教师指导学生开展双创教育实践与研究等方面的量化考核,将其融入年度绩效考核中,提高教师参与双创教育的积极性。学生方面,学院建立课程的自修和免修/学分置换机制,鼓励学生开展各类双创实践活动;在《汽车工程学院学生综合测评评分细则》中明确参与双创实践分数,增加其在评奖评优中的优势,激发学生参与双创活动的热情。

三、成果成效

(一)强化了双创教师队伍建设,实现了青年教师职业能力大幅提升

学院经过多年实施,在汽车工程学院青年教师中形成了专业教育推动双创教育发展、双创教育提升教师教科研能力的良好氛围。近五年,在获得优质授课奖的教师中,青年教师占60％以上;青年教师在教学大赛中获得国家级三等奖以上7项;完成教科研项目研究60余项,发表论文50余篇,获批专利20余件;教科研经费到款150余万元;社会服务3 000余人,为企业提供了持续不断的技术服务输出;完成质量工程项目80余项。青年教师的职业能力显著提高,成为专业建设的中坚力量。

(二)激发了学生双创热情,实现了双创大赛成绩新突破

近五年,汽车工程学院获得山东省大学生科技创新大赛一等奖3项、二等奖12项、三等奖22项;"挑战杯"中国大学生创业计划竞赛国赛三等奖1项、省赛二等奖4项;中国国际"互联网＋"大学生创新创业大赛国赛银奖1项、省赛金奖4项、银奖5项、铜奖10项;山东省黄炎培职业教育创新创业大赛二等奖1项、三等奖2项;iCAN全国大学生创新创业大赛省赛二等奖3项、三等奖8项。

四、创新特色

(一)创新顶层设计,依托专业背景搭建师生共创平台

完善制度体系。学院将双创教育融入学生在校全过程,将专业实践与双创教育结合,同步提升专业技能和双创能力,建立以专业教育为背景的双创教育体系,以专业促创新,以创新促就业,搭建大学生科技创新、教师科研成果转化平台。

(二)产学研结合,多途径促进双创孵化基地建设

结合职业教育特色。学院通过企业指导教师进校园、学生综合实训、校内专业教师进企业等方式促进双创教育与产学研融合;以校企合作带动孵化基地、实习实训基地建设,成立了以"曼芙丽"汽车美容实训基地为代表的双创孵化基地。

(三)双创教育与思政教育融合,推动双创教育可持续发展

不断优化评价机制,激发师生共创热情。学院将双创教育与思政教育融合,建立不断优化的"双创教育＋课程思政"资源库;充分利用双创工作室和学生社团等,注重青年教师和低年级学生的培养,做到创新教育有传承有创新,推动双创教育可持续发展。

专创融合展实效,双创教育结硕果

烟台职业学院汽车与船舶工程系

"大众创业、万众创新"已成为国家发展战略。做好大学生创新创业工作是进一步深化高等教育综合改革、提升创新创业人才培养质量的重要突破口,也是落实以创业带动就业、促进毕业生就业的有效途径。近年来,烟台职业学院汽车与船舶工程系始终将培养学生创新创业能力作为素质教育的有力抓手,通过政策引导、优化人才培育、建设多元化师资、共享实训实践基地等多项举措,为大学生创新发展聚力赋能,并在各级各类创新创业比赛中取得了优异成绩。

汽车与船舶工程系始终将培养学生创新创业能力作为职业教育的有效举措,通过政策引导、人才培养、建设多元化师资、共享实训实践基地等多种渠道,为大学生成长发展凝心聚力。

一、坚持统一领导,强化政策引导

汽车与船舶工程系高度重视学生创新创业工作,成立以系主任担任组长的创新创业工作领导小组,实施创新创业工作"一把手"工程;定期召开创新创业工作会议,组织动员、研究部署创新创业教育工作;聘请校外合作企业专家、优秀创业校友等担任兼职创业导师,为创新创业教育和项目化建设聚力赋能。

结合自身的专业特色,学院制定、完善《汽车与船舶工程系大学生创新创业教育工作制度》《汽车与船舶工程系关于教师指导大学生参加专业学科竞赛资助管理办法》等规章制度;联合企业共同设立创新创业奖学金,推荐优质创新创业项目入驻大学生创业园,为本系创新创业实践营和实践班划拨场地,免费使用。

二、多措并举,积极推进创新创业工作

学院用双创教育理念引领专业教育的创新和变革,从培养方案、多元化师资和共享实训实践平台三个方面改革专业教育模式,把双创教育循序渐进地渗透到专业教育中。

(一)推进培养模式改革,双创教育融入专业教学

改革人才培养方案,将双创课程融入专业课程体系。学院在制定专业人才培养方案时,院系领导从顶层设计开始将双创教育作为高职人才培养体系的重要组成部分,并把双创课程纳入专业课程体系,以保证对学生创新意识、创业精神及创新创业能力的培养;在课程实施过程中渗透双创教育理念,将真实的创新创业场景引入教学过程,采用参与式、体验式教学,让学生在完成专业知识学习、专业技能训练的同时,深刻体验创新创业环境和企业对员工的综合素质要求。

(二)建设多元化师资,专业师资与双创融合培育

学院建设"双师＋创新创业导师＋行业企业导师"的三师结构团队。其中,双师要求团队成员既是实践技能经验丰富的工程师,又是教学科研能力强的高水平教师;创新创业导师既包含创新创业师资队伍承担通识课程,又包含具有丰富知识储备的专业教师;行业企业导师提供以市场需求为导向的创新创业实践指导。2022年,汽车与船舶工程系依托特色专业和优势资源,开展"双高计划"引领"双师型"教师队伍建设工程创新创业教育师资培训,来自山东省内30余所高校的80名教师报名参加,参与率100％,评教综合得

分 94.94 分,在全省名列前茅。汽车与船舶工程系多元化师资力量为各高校创新创业教师更新教学理念、改进教学方法提供助力。

(三)打造双创教育与专业教育共享实训实践基地

实践教学是双创教育的主要形式。因此,有效的双创教育需要以高质充足的实践平台作为支撑。高职院校普遍拥有大量的校内外实训实践基地,实践教学条件得天独厚,可以在现有的基础上拓展创新创业功能,这样既可以发挥学校的专业优势又能实现资源共享,充分发挥教学资源的集约化效应。汽车与船舶工程系先后联合一汽通用、一汽大众、冰轮集团、上海外高桥、润华集团等多家行业龙头企业建立共享实训实践基地 38 个。

三、赛事推进,提速创新创业进程

汽车与船舶工程系鼓励师生参加国家、省、市、校各类技能竞赛和创新创业大赛,让竞赛成为专业教学改革与学生技能培养的有效载体和实践平台,促进职业技能与职业能力的提升;通过组织线上"创业致胜"直播课程学习,做好赛事宣传、优质项目遴选、参赛设计准备等工作,提高学生双创意识、双创精神和双创能力;采取"线上+线下"结合方式,举办汽车与船舶工程系"互联网+"大学生创新创业大赛,选拔 30 个精品项目集中打造;在学习研究赛事要求和评分标准的基础上,邀请教育部双创教指委智库专家马德富教授,清华大学创意创新创业教育平台"清华 x-lab"执行主任毛东辉教授,第六届、第七届中国国际"互联网+"大学生创新创业大赛国赛评委张良等十余名专家教授对项目进行一对一指导,将创业计划书和商业路演 PPT 进行全方位打磨,提高参赛项目的竞争力,形成了国家、省、市、校、系五梯次、全覆盖的创新创业大赛体系。

四、硕果累累,双创教育实践显实效

(一)学生创新创业热情空前高涨

通过多项教育举措,汽车与船舶工程系学生创新创业热情高涨,积极参与其中;近年来,先后孵化 3 个项目入驻学校大学生创业园,培育学生创新创业成功案例 10 余项,国家发明专利受理 4 件,实用新型专利授权 3 件、受理 4 件。

(二)项目质量超出预期

大赛部分获奖项目与社会生活紧密相关,贴合科技发展趋势,较好地体现了本领域先进的知识和技术、前沿的动态和趋势,在科技创新、市场应用、商业模式等方面取得了新进步,受到众多行业企业和投资机构的高度评价,推动了产学用紧密结合。

(三)大赛成绩显著

2019 至今,汽车与船舶工程系获得山东省"互联网+"创新创业大赛金奖 5 项、银奖 2 项;全国高等职业院校"发明杯"大学生专利创新大赛一等奖 5 项、三等奖 5 项;"挑战杯"全国大学生课外学术科技作品竞赛和创业计划大赛银奖 2 项、铜奖 4 项;第一届中国山东数字经济优秀项目大赛获得三等奖 4 项,春苗奖 6 项。

大学生创新创业教育工作需要始终坚持整体规划,稳步推进。汽车与船舶工程系立足专业特色和工作实际,将创新创业教育与大学生科技创新、社会实践进行有机结合,不断开创工作新局面。

以赛促教，经济管理系夯实双创教育实效

山东科技职业学院经济管理系

山东科技职业学院经济管理系结合自身专业特色与历史经验，在近三年创新创业教育改革中摸索出适合系部的创新创业教育体系，通过学院总体规划以赛促教、以赛促学，将创新创业教育融入系部人才培养方案与课程资源开发中；通过课堂教育与课后实践相结合，确定专业指导老师，全员参与组建创新创业团队，开展创新创业培训，取得了良好成绩。

经济管理系积极响应并落实教育部政策，依托系部专业特点，着重从课程、专题、项目、活动、实践等方面进行创新创业教育体系的改革，在创新创业教育工作体制机制完善、课程体系构建、教学方式改革、师资队伍建设等方面，探索出的行之有效的措施，不断提升系部以赛促教、以赛促学的育人成效。

一、探索创新创业教育工作体制机制

经济管理系在国家政策与学院的指导下，一直对创新创业教育进行自发尝试，迫切需要大力通过课程体系建设、实践平台搭建等方式，将创新创业教育纳入专业人才培养的系统工程，提升人才培养的质量；坚持"社会主义核心价值观""校企协同育人"贯通人才培养全过程，围绕品德、知识、能力、素质、创新创业五个维度，以知识传授、技能训练、素质养成、创新实践、价值积累的"五位一体"为思路，培养德智体美劳全面发展的复合型技术技能人才；注重将第一课堂、第二课堂及创新实践基地相结合，设计含创新创业认知课程、创新创业实践及创业培育孵化等内容，建设依次递进、有机衔接、科学合理的课程体系。

二、构建创新创业教育课程体系

经济管理系加强公共基础知识和专业知识的培养规格要求，课程体系构建需支撑德才兼备、创新创业型技术技能拔尖人才培养要求，对创新创业能力、口语和书面表达能力、专业技术技能等的培养提出具体要求；将创新创业教育融入学生的基础教育与专业教育中，达到将创新创业贯穿于学生的整个学习过程中，从思想上引导学生具备创新创业意识，提高学生的创新创业能力，实现知识结构的优化。

经济管理系根据专业特点将创新创业教育融入专业课程当中，尤其是在"电子商务""国际经济与贸易"等专业课程中，开发与创新创业教育相关的课程内容，设计创新创业章节，将创新创业教育贯穿于整个专业课程建设当中；通过"企业模拟经营""企业运营综合实训""市场营销模拟对抗"等实训课程中，让学生深入企业模拟经营中，从而提高创新创业的应用能力。

经济管理系充分运用第二课堂，依托创新创业培训、创新创业大赛、专利申报、企业实践等活动进行，各专业也可自行设计创新创业实践活动，注重个性化培养，培育创新创业型人才；鼓励系部教师开设相关的学科前沿、创业基础、创业实训课等选修课；采用学分置换方案激励学生，根据创新创业大赛赛事级别和名次进行相应专业课程的学分置换。

三、改革创新创业教育教学方法

经济管理系采用直接讲授与间接经验的传授相结合的教学方法。

在理论学习阶段主要是让学生了解创业的过程及其特点,传授有关创新创业的基本理论及相关学科的相关知识内容。在教学的过程中,主要是以教师为主导,学习者主动参与,师生之间通过有效互动共同推进课堂进展。经济管理系目前在教学上已经采用了专业案例研究、多媒体教学、企业家讲座等方式。2020年,经济管理系组织740余名学生参加"山东省大学生创业项目培训",邀请业内专家授课,并组织学生路演并考取证书,不断提高学生的创新创业水平和能力,培养学生形成创新创业意识,将首创精神、冒险精神、事业心等潜移默化到学生心中。

实践阶段的目的在于培养学生提出问题、分析问题与解决问题的能力,以班级为单位组建团队,成员充分发挥自身资源互补优势,定期进行交流和分享,针对自身问题进行探讨和分析;鼓励学生在参与企业运作、创办企业的实践活动中习得创业技能、提升工作才能。经济管理系已采用企业经营模拟、企业参观、实习实训等方式方法来达成,在比赛过程中组织学生深入潍坊康岳风筝有限公司、非遗工作室、农业基地等,了解行业真实环境,提高学实践能力;在带领学生参与如"挑战杯""创青春""双创"等高质量比赛中,带领学生去企业进行参观,更加细致地学习企业的创业历程、运作模式、营销手段等,请相关专家进行有针对性的指导,不断提高学生的创新创业意识与能力;2022年邀请新同文(NCEE)创新创业实践教育培训认证讲师王昭贤开展"互联网+"大学生创新创业大赛线上培训。

四、加强创新创业教育师资队伍建设

经济管理系以高层次领军人才和行业有影响的专业带头人建设为重点,以构建"双师型"教师培养模式为切入点,与山东莱德集团等共同建立双师型教师培养培训基地;引进博士(含在读)和高级职称人才、教学名师、技能大师,成立工作室,培养"教练型"教学名师,建设一流科研创新、技术服务、专业教学等教师团队。系部现有山东省职业教育名师工作室1个,山东省学科专业导师2人,山东省创新创业导师1人,建有山东省泰山产业领军人物宫秀华大师工作室,聘请山东技术能手为兼职教师,兼职教师队伍师资强。系部教师团队90%以上教师具有硕士及以上学位,其中博士(含在读)7人。教师队伍大多具有行业企业工作经历,横向科研和社会服务能力强,在区域内有较高的社会影响力和品牌知名度。同时系部参加创新创业类培训并获得证书的老师有7人,在创新创业教育上有较为丰富的经验。

五、以赛促学促教,创新创业教育成果丰硕

经济管理系积极组织学生参加各类创新创业大赛,自2019—2022年成立创新创业团队超过1000支,参与学生人数超过3000余人,并取得一定成绩;2019年"倒转'困'轮——社区服务品牌引领者"项目获得第五届山东省"互联网+"大学生创新创业大赛铜奖;2021年"'鸢创者'——融合主流IP的新文创先行者"项目获得第七届山东省"互联网+"大学生创新创业大赛金奖;2021年"'硒'心呵护——新一代土壤改良专家"项目获得第七届山东省"互联网+"大学生创新创业大赛银奖、第五届山东省黄炎培职业教育创新创业大赛三等奖;2022年"最高'净'界——居家高效环保洁净新方案"项目获得第八届山东省"互联网+"大学生创新创业大赛铜奖;2022年组织学生参加全国大学生网络达人直播带货大赛获得国赛铜奖。

推进创新创业教育，共建"一体两翼"双创体系

潍坊科技学院经济管理学院

一、案例背景

当前国家正处于经济转型、创新驱动发展的关键时期，高等学校创新创业教育改革为促进经济结构改革、经济提质增效升级提供有力支持，也成为高校毕业生高质量就业的重要抓手。促进高校创新创业教育发展，需要建立科学完善的创新创业教育人才培养体系，坚持全过程、全方位、全员培养学生的创新精神、创业意识和创新创业能力。当前高校创新创业教育普遍存在一些问题，主要表现在以下几个方面。

（一）学生双创参与意识低与认知片面性

许多高校未开展针对创新创业教育相关的系统课程，也未将其从思想层面引导，导致学生认为创新创业对学业乃至未来职业生涯的发展起的作用微乎其微，导致大多数学生出现学生不参与甚至排斥的情况。多数高校也通过比赛、科研课题双驱带动大学生创新创业的积极性，但在实践操作过程中教师与学生都更加注重结果，导致双创成为学生评奖评优的手段，忽视创新创业能力的提升。

（二）大学生双创实践能力欠缺

有些高校近年也陆续开展创新创业培训课程，但更偏重理论，缺乏实践课程，实践能力不仅仅是学习理论知识，判断、决策、组织、执行等各项能力也同样重要，实践、实训课程是判断、决策、组织、执行能力的"培养皿"。实践课程打折扣，大学生双创实践能力欠缺，使创新创业教育流于表面。

二、实施目标

潍坊科技学院打造"五四三"模式 构建创新创业教育体系，取得了良好的成效；打造"维科样板"，经济管理学院以学校创新创业发展模式为指向，根据专业特色，全面落实创新创业教育使其"落地生根"；鼓励本学院学生立足本专业积极参与创新创业实践，提高双创意识与能力，将双创教育作为提高人才培养质量的重要突破口；精准聚焦双创教育在市场营销、国际商务等经济类相关专业领域的难点和痛点；建立完善科学的创新创业教育课程体系，设置实训课程；搭建创新创业竞赛平台，引进创新创业优秀科研人才；积极探索潍坊科技学院"五四三"创新创业教育体系下的经济管理学院教学促创为本体，科研促创与以赛促创为两翼的"一体两翼"新创新创业教育体系；深入落实院校创新创业教育，在同类其他院校起到良好推广示范作用。

三、实施过程

（一）构建经管特色创新创业教学体系，形成教学促创新机制

为推进双创教育有效实施，结合专业课程的多层次构建立体化科学化的创新创业教育课程体系，学院在不同年级专业学生中均开展"创新创业教育"必修课、"数据库与商务智能实战""人力资源战略与规划""创新创业沙盘模拟"实训课程、"学科前沿""创业能力提升"等各种形式的专业理论与实践课程，增强学生的创新创业能力与素养；由学院院长牵头，开展经济管理学院双创大讲堂系列专题讲座、"一周"创新创业培

训沙龙等活动,培养学生的双创意识。

学院开设"经管双创第二课堂",积极推进创新创业"第一课堂"与"第二课堂"深度融合;积极组织开展本学院教师进行创新创业培训,提高教师创新创业教学方法、教学手段的提升,切实提高教师双创指导能力;邀请校内外双创专家开设创新创业企业课堂,提高学生创新创业技能。学院从实际出发,根据自身专业特色,与校外企业合作,共在北京、上海、杭州、山东省内各市等开辟北京丰都国际酒店、东软集团等17个创新创业学习基地,成为培养学生实践能力与双创意识的重要教学平台。

(二)营造"沉浸式"竞赛促创氛围,形成以赛促创全链条

学院以立德树人为根本任务,将"互联网+""挑战杯"等综合类创新创业竞赛作为育人关键点,实现高校商业精英挑战赛品牌策划、企业管理创新设计大赛等学科竞赛节点,形成"院—校—市—省—国"五级完备竞赛训练管理机制节点,各节点环环相扣,形成了一套以全方位、立体化、多层次为根本特征的"竞赛育人"创新创业沉浸式氛围,引导学生在情境互动与协同共创过程中实现创新能力、实践能力、创业能力的融合提升。

最后,学院设立院长创新创业基金,专门用于支持学生参与创新创业竞赛、创业活动,并由双创指导教师挖掘品学兼优且具有较强科研潜质的在校学生开展创新性研究和创办企业活动。学院每年举办创新金点子和创业计划书大赛对学生的创新创业项目进行评比,评选优秀创新创业项目进行孵化。经济管理学院创新创业工作室牵头组织各系部教师,连续多年参加了包括第五、六、七、八届中国国际"互联网+"大学生创新创业大赛、多届"挑战杯"中国大学生创业计划竞赛、全国高校商业精英挑战赛国际贸易竞赛"敏学杯"山东省总决赛、第九届"学创杯"全国大学生创业综合模拟大赛等诸多赛事,让学生在比赛过程中提升其创新思维与创业能力。

(三)学院夯实创新创业科研基础,聚力科研促创新引擎

学院从制度建设角度出发,拟定多项创新创业文件,出台《经济管理学院科研促创工作管理办法》《学院创新创业工作管理办法》《经济管理学院科研人员创新创业考核办法》等文件,优化教师从科研层面发展创新创业教育的新样态;招才引智,以服务科研与创新创业为导向,坚持精准引育经济类创新创业高层次人才,激发教师队伍创新创业活力,为经济管理学院创新创业教育提供智力支撑,持续优化创新创业队伍。

教师创新科研项目将学生"用起来",让学生在创新创业科研项目中"活起来",学院组建以教师负责学生参与的"创新创业科研精英班",根据双创科研需要挖掘"双创人才",培育学生在创新创业中不同研究视角、不同思维方法;鼓励学生积极主动申请主持、参与创新创业课题,提高学生双创能力,增加双创产出;发挥专业优势,邀请博士担任创新创业导师,肩负学生创新创业项目课题指导的智囊团作用,创建创业指导站、创新创业工作室、创业洽谈区,并由双创导师担任主要负责人,给予学生创新创业指导与服务。

四、案例实效

有效提高学生的创新意识与创业能力,对于学生个人能力培养与就业有着重要作用。近五年来,学科(创新创业类)竞赛、创新创业综合竞赛获国家级奖励46项。学院获第十七届"挑战杯"全国大学生课外学术科技作品竞赛特等奖1项、三等奖4项;多名经济管理学院学子荣获中国国际"互联网+"创新创业大赛国家级银奖、铜奖,省级金奖3项;获全国高校商业精英挑战赛创业组总冠军,2022年全国高校商业精英挑战赛国际贸易竞赛"敏学杯"山东省总决赛——国际贸易业务模拟赛全国二等奖4项、三等奖2项,省级一等奖6项。

学院教师孙一力荣获山东省产教融合创新创业先锋"互联网+"大学生创新创业大赛优秀指导教师称号;学院教师于江学连续获得第八届、第九届"互联网+"大学生创新创业大赛优秀指导教师称号;学院学生侯宇洁先后获国家级创新创业荣誉3项、省级荣誉9项,发表科技论文2篇,主持国家级创业实践项目1项,获得2021年度中国大学生自强之星称号,自主创业,创办山东松泰牧业有限公司。

依托地域产业优势，打造创新创业新型农人

潍坊科技学院贾思勰农学院

　　潍坊科技学院贾思勰农学院认真学习贯彻习近平总书记关于教育的重要论述和全国教育大会精神，深入落实党中央、国务院关于进一步支持大学生创新创业的决策部署，依托地域产业优势，将创新创业教育与专业教育有机融合，贯穿人才培养全过程，丰富实践活动，深化产教融合，探索出"校园＋田园＋科技园＋创业园"四园一体的创新创业实践育人模式，培养了更多知农、爱农、懂农的新型农业人才。

一、构建和实施体现"通专结合"的特色人才培养方案，确定人才培养目标的"三维定位"

　　学院对照设施农业产业需求和行业发展，注重改革方案的地域特色和方案实施的可行性，构建了新的体现"通专结合"的特色人才培养方案。

　　新的人才培养方案确立了人才培养目标的"三维定位"，第一维是加强通识教育，实现通识教育与专业教育、全面发展与个性发展的融会贯通，培养具有正确政治方向、良好思想道德修养及德智体美劳全面发展，适应国家现代农业发展需要的高素质应用型人才。第二维是使学生掌握扎实的设施农业专业知识及技能，具有创新意识和能力，成为可在设施农业等行业和领域从事生产管理、科研、教育、创业的高素质、复合型、应用型人才。第三维是立足寿光，面向山东，以服务区域经济社会为导向，将人才培养与区域和国家经济发展需求相结合，让学生通过专业技能实现自我人生价值，成为国家栋梁之材。

二、重构"通识素养课—专业基础、核心课—专业拓展课—创新实践课"为主线的创新能力培养课程体系

　　学院优化重构了以"通识素养课—专业基础、核心课—专业拓展课—创新实践课"为主线的创新能力培养课程体系，实现了学生"创新意识—创新能力—协作创新—创新实践"的创新能力渐进式培养；借助地方特色，在通识教育课程中重点融入"农圣文化"，不仅有"农圣文化与国学经典""齐民要术"等通识教育限选课、"农圣文化"大讲堂，还组织学生志愿服务农圣文化研讨会、国际蔬菜博览会，同时组建农圣文化社团，排练《农圣贾思勰》话剧，让学生在这些实践活动中充分感受农圣文化的魅力。专业基础、核心课改变了原计划中农学类课程所占比例较大、工程和环境类课程较少的局面，实现了农学、工程和环境三大学科的有机结合。对农学类课程中与专业关系不够密切的课程及学生反映有内容重复的进行了删减，而与实践能力培养密切相关的设施农业实验技术增为两学期开课。专业拓展课设置中，工程和环境类课程增设了测量学、工程项目管理、农业园区规划与管理、温室作物生长环境模型与专家系统等，丰富和深化了学生的专业知识，提高了学生多学科综合素质。创新实践课主要包括基础实践、专业实践、综合实践和创新实践，分布在1～4学年的各个学期，实验和实践课程占总学时百分比为23.67％（创新实践不算在其中），在总学分中的比重达到37.96％。

　　新的课程体系不仅实现了对学生的正确价值引领，提升了通识素养，还让学生更懂农、知农、爱农，也有利于学生较高创新实践能力的培养。

三、建立"校园＋田园＋科技园＋创业园"四园一体的人才培养模式

"校园"泛指学校课堂、校内实验实训中心，主要开展理论课程和专业基础课程实验教学，该过程以大一阶段为主，包括农业通识教学、扎实的理论教学和基本的实验技能训练。"田园"泛指校内外实践教学基地、普通农户农场等，主要开展专业核心课和专业拓展课教学，该过程以大二、大三阶段为主，在学好理论课程的同时，将课堂搬到"田园"，通过"田园"实践，加深对理论知识的理解，提高实践技能。"科技园"泛指设施农业科学与工程实验实训中心、山东省设施园艺生物工程研究中心、山东高校设施园艺实验室、山东省设施蔬菜分子育种省级重点实验室等科研平台、寿光市蔬菜高科技示范园及名优企业，主要开展综合实践、学生创新科研项目及辅助教师科研项目，培养创新型人才，该过程以大三、大四阶段为主。"创业园"泛指学校创新创业园、各类创业孵化基地、初创园艺企业等，主要开展创新创业教学，该过程以大四阶段为主，学生可以在"创业园"接受专业老师指导，将专业知识融入创新创业中，开展创新创业的模拟与实践。

四、构建形成"三位一体、四模块"的应用性实践教学体系

"三位一体"即建立"应用性实践教学目标＋应用性实践教学内容＋应用性实践教学条件"一体化的实践教学体系。"四模块"为基础实践教学、专业实践教学、综合实践教学和创新实践教学。"基础实践教学"主要培养学生对专业能力的复合型有一定认知，启发学生的专业思维，培养学生的专业兴趣，为后续的专业实践教学奠定基础；"专业实践教学"直接针对核心内容进行，强化和深化学生的专项知识和技能，为后续的综合实践教学及毕业设计奠定基础；"综合实践教学"主要让学生到农业园区、涉农企业进行定岗综合实习，参与一线的管理、生产和设计等任务，以保证学生实践能力的提高，从而为学生继续深造或走向工作岗位奠定坚实的基础；"创新实践教学"主要作为第一课堂的延伸，但不占用实践教学的计划时间，学生通过国家级、省级科创项目，各类学科竞赛，以及参与老师的科研、实践项目等进行创新思维的训练，提升创新能力。

五、厚植"三农"情怀，深化产教融合，建立一支过硬的"双创型"师资队伍

设施农业的兴起与发展，对人才的培养提出了更高的要求，而人才培养的关键在于教师，具有较高创新创业能力的师资队伍建设与提升迫在眉睫。

加强校企合作，定期企业挂职。贾思勰农学院每学期选派 3 名教师到寿光蔬菜产业控股集团等企业挂职锻炼，不断提升教师的创新意识与实践能力。

推进引聘结合，充实一线双创师资队伍。依托寿光设施农业地域优势，学院积极引进当地涉农企业优秀人才担任兼职双创导师，这些具有较强实践经验、企业管理经验、熟悉农业行业特点的兼职导师的加入极大地弥补了专职教师实践能力不够、创业经验不足的缺陷，不管是在理论课堂、实践课堂还是在创业实战中，对学生都更具有指导性。

潍坊科技学院贾思勰农学院创新创业教育 100％覆盖全体学生，参与教师科研项目学生达到 85％以上，学生创新能力明显提高，在中国国际"互联网＋"大学生创新创业大赛、"挑战杯"中国大学生创业计划竞赛等各级各类竞赛中获一等奖以上奖项 20 余项，立项省级以上大学生创新创业训练计划项目 31 项，授权专利 15 件，发表论文 13 篇。学生创业质量不断提升，创办企业 35 家。2014 级园艺技术专业学生韩东杰，成功打造"科研院所＋公司＋合作社＋农户"的创新合作模式，培育出适合我国种植的多种优良蔬菜品种，助力乡村振兴。2022 级园艺专业学生油伦贺，现已是两个公司的负责人，带领团队开展的项目"农圣电商——新时代农产品消费助农先行者"成功入选"创青春"中国青年创新创业项目支持计划——大学生创业"头雁计划"，获团中央资金扶持，其先后获第十三届中国青少年科技创新奖、中国大学生自强之星、全国大学生返乡创业十强和创业英雄百强、山东省大学生十大创业之星等荣誉称号。

亮底色、葆本色、显特色，立足商科人才培养，构建双创教育工作机制

山东水利职业学院经济管理系

山东水利职业学院经济管理系立足商科人才培养，构建了以"一个理念、两大使命、三项举措、四个阶段"为基础的创新创业教育工作机制，即坚持"在校是创客能创新、毕业敢创造会创业"的创新创业育人理念；持续服务学生高质量创业就业、学校高质量创新发展两大发展使命；以思创融合为引领，专创融合为驱动，赛创融合为依托，加强商科素养与创新素养培育，培养创新型高素质技术技能商科人才；从教学推动、全面挖掘、打磨升级、帮扶培育等四个工作阶段入手，形成了"强四创、育四力"的创新创业育人目标、"多渠道、全链条"的创新创业教育教学模式与"一体化、全方位"的创新创业大赛工作机制。近三年院系在"互联网＋""挑战杯""创青春"等三项全国性双创赛事中先后荣获国赛银奖 1 项、铜奖 1 项，省赛金奖 5 项、银奖 6 项、铜奖 7 项的优异成绩。

一、擦亮双创底色：强四创、育四力，明确双创育人导向

院系始终把立德树人放在首位，贯彻落实以创客思想力、创新行动力、创造活跃力、创业意志力为特征的双创育人模式，以服务学校高质量发展和学生高质量创业就业为使命，把创新创业教育作为人才培养模式的重要组成部分和教学改革的突破口，实现人才培养方案的优化和课程体系的升级，切实提高人才培养质量。

院系将创新创业工作日常管理制度化、规范化，打造专业化师资队伍；近三年累计选派创新创业教师参加省级以上培训 54 人次，目前全系拥有中国国际"互联网＋"大学生创新创业大赛评委 2 人、山东省优秀创新创业导师 2 人、SYB 创业培训师 5 人、山东省创业讲师 17 人，指导教师创新创业能力不断提升。

辅导创新创业项目实行"导师制"。在学生自愿选择的基础上与导师形成一对一指导的方式，为学生树立人人是赢者的信心。全系每年参加"互联网＋"大学生创新创业大赛 1000 余人次，占全系学生比超过 60％。近三年，院系师生在"互联网＋""挑战杯""创青春"等三项全国性双创赛事中先后荣获国赛银奖 1 项、铜奖 1 项，省赛金奖 5 项、银奖 6 项、铜奖 7 项的优异成绩。其中"孔府印阁——手工篆刻治印技艺的传承者"在第七届中国国际"互联网＋"大学生创新创业大赛获国赛银奖。

二、永葆职教本色：多渠道，全链条，凸显职教类型定位

院系从思创融合、专创融合、赛创融合入手，探索创新创业教育教学多渠道实施路径；以思创融合为引领，将立德树人渗入创新创业教育全过程；以专创融合为驱动，把创新创业教育、商科素养融入教学实践全过程；以赛创融合为依托，通过创新创业赛事检验学生创新创业实战能力，全链条培养创新型高素质技术技能商科人才。

思创融合，将思想政治教育的价值特性与创新创业教育的培育属性相统一，将课程思政融入创新创业教学环节，将家国情怀、社会责任感、工匠精神等贯穿于教学全过程，推动学生关注行业发展前沿。院系鼓励经管学子扎根祖国大地，了解国情民情，接受革命传统教育，用创新创业成果服务乡村振兴战略、赋能社

区治理,走好新时代青年的新长征路。

会计电算化专业 A144 班学生刘志明的"果'燃'"项目,采用"公司＋基地＋合作社＋农户"模式,覆盖水果种植、收购,果干生产、批发、销售,惠及 1 200 余农户,2021 年帮助果农增收 540 余万元,该项目获第七届中国国际"互联网＋"大学生创新创业大赛山东省赛金奖。会计电算化专业 A153 班学生丁兰翠的"益路同行"项目,注册成立民非企慈善组织,助力社区扶老养老,形成了以老年人为主体的自我管理、自我服务的组织架构,参与各类活动的老人超过 10 万人次,该项目获第八届中国国际"互联网＋"大学生创新创业大赛山东省赛银奖。

专创融合,把创新创业融入教学实践全过程。结合财经类专业及课程特点,院系将创新思维、创业精神及商科素养融入教学方法和教学设计,组织编写了全国高校就业指导课程特色教材《培育就业竞争力》、双创通识类教材《大学生创新创业训练教程》、专创融合教材《生态环境创新创业实践教程》等双创特色教材。

依托数字经济产业基地,院系将双创理念有机融入专业教学中,形成了有序衔接、实践强化、全要素服务的创新创业课程体系;先后组织开设了"大学生创新创业训练教程"等 5 门创客培育必修、选修通识课程,拓宽了学生创新创业知识面,进行"通识型"创新创业教育;对"商业运营模拟"等 8 门专业课进行教学改革,进行"专业化"创新创业教育;基于实际项目开设"企业创办与经营管理"等 6 门创业指导性课程,进行"体验式"创新创业教育。

赛创融合,把创新创业大赛作为检验学生创新创业能力的实战平台,院系以赛促学、以赛促教、以赛促创、以赛促育,初步形成了"十百千"为特征的创新创业竞赛体系,即每年获得省赛以上奖项 10 项,学生获取各类双创奖项超 100 人次,校内参赛学生超 1000 人。

制定《经济管理系标志性成果奖励办法》,增强创新创业教育的内生动力。院系对在双创赛事中指导获奖的教师在绩效分配、评先评优中予以适当倾斜,对参赛获奖的学生在评奖评优给予量化赋分;参赛学生数及参赛项目数逐年递增,2022 年全系共有 762 支创新创业团队报名参加"互联网＋"校赛,参与学生比例及覆盖面位居全校第一。

三、凸显商科特色:一体化,全方位,聚焦商科人才培养

院系把各类创新创业大赛作为总抓手,结合专业商科特色,从教学推动、全面挖掘、打磨升级、帮扶培育等四个工作阶段入手,师生共创,服务赋能,助力商科学生高质量创业就业。

开展双创教学推动参赛项目。院系坚持以大学生创新创业课程为切入点,结合课程性质、教学目标、课程内容、考核方式等内容,将商科专业知识与大赛项目计划书撰写、项目路演等环节融合;目前,每年通过挖掘、整理创新创业项目超过 1000 项。

通过调查全面挖掘优秀项目。院系针对三年在校生及近五年的毕业生开展全覆盖的问卷调查,对于挖掘的项目通过班主任核实,分配指导教师,通过与学生深度交流,从中选择优秀项目重点培养,并以此建立了优秀种子项目库。

邀请专家打磨升级参赛项目。院系组建了包含国赛评委、风险投资人、创业专家、高校双创指导专家等双创大赛专家团队,通过线上线下等多种方式,对优秀双创项目进行打磨,对指导教师开展专题辅导培训,提升了双创教师的教学能力和大赛指导能力,增强了参赛项目的整体竞争力。

持续关注帮扶培育项目发展。院系充分发挥母校商科专业资源优势,帮扶校友创业项目成长;指导教师团队先后开展调研等 20 余次,组织学生志愿者参与企业实践与公益活动;联系校友开展业务联系,尽全力帮扶校友企业发展。

"四位一体",打造"岗课赛证"
融通发展的双创育人新范式

山东水利职业学院商务管理系

山东水利职业学院商务管理系以电子商务技能、创新创业等技能大赛为引领,以"新媒体营销"等国家在线精品课程资源为核心,以电商助农等真实项目为驱动,以工业和信息化部"校企协同就业创业创新示范实践基地"为平台,构建"大赛引领、课程赋能、项目驱动、平台支撑"四位一体"岗课赛证"融通发展的双创育人新范式,实现学生"岗位群需求—课程体系—技能竞赛—证书考核—创新创业—社会服务"的相通培养,全面提升商贸类人才创新创业能力培养。院系建设了全国唯一的工业和信息化部数字商贸物流就业创业创新实践基地,在第六届中国国际"互联网+"大学生创新创业大赛中获得铜奖,在2021年、2022年全国职业院校技能大赛"创新创业"赛项中连续获得国赛一等奖。

一、项目对接岗位,拓宽双创实践育人路径

1.构建助农模式升级,打造专业特色品牌。院系结合电子商务、网络营销与直播电商等专业优势,商务管理系组建校内教师、企业专家、优秀学生服务团队,校企共同持续开展乡村振兴系列培训及电商助农实践活动,构建"线下集中培训、线上课程免费、长期陪伴孵化、精准资源链接"的电商就业创业助农体系,打造电商助农"山水样板"专业特色品牌。

2.开展农村电商培训,助推乡村人才振兴。服务团队先后赴济宁金乡羊山镇、聊城阳谷西湖镇、临沂兰陵尚岩镇等村镇,面向村民开展了8期电商培训,将直播和短视频等技术和营销方法输送到农户或农村电商企业,解决了部分农村留守人员的就业问题,为本地大蒜和辣椒等特色农产品的网上销售开辟了居家经营通道,受益农民600余人。团队帮助农户对接京东等电商平台,打通仓储配送等电商供应链资源,让农产品上网,并为日照茶制定品牌营销方案,提升品牌影响力。

3.点燃创新创业热情,带动就业创业氛围。院系在电商助农中培养了一批懂农业、爱农村、爱农民的学生,把事业平台搭在农村广袤大地上,让他们与用户结对子,培养农民网红,扶持农村电商人才成长,切实推动农村产业发展;培育农企,进而发挥其引领示范作用;善待、善用新业态,强化带货效果,培育壮大新的增长点增长极;近三年培育了诸如鱼台佳农米业、滕州马铃薯"华腾1号"、日照樱桃、日照绿茶、青海辣椒酱等多个典型学生电商助农创业案例。

4.赋能乡村女性电商创业培训项目。院系联合友成基金会深耕乡村振兴,为乡村女性就创业保驾护航,持续参与香橙妈妈项目,2018年以来,在安徽省太湖县、湖北省石首市、广西巴马瑶族自治县、四川乐山、湖北建始县等地先后举办培训班,累计培训学员810人。

二、双创融入课程,搭建双创课程育人体系

1.建设"模块化"递进式课程体系,院系面向全体学生开设专业教育与双创教育结合的创新创业通识课程,面向有创业兴趣和创业意向的学生开设创业培训和专创融合课程,面向参加双创大赛、开展创业实践的团队学生开设精英拓展课程,逐步形成了覆盖全员、结合专业、贯穿全程、依次递进、分类施教的递进式模块

化课程体系,把双创教育贯穿人才培养全过程。

2.探索实施"课程赋能、以创促建"的双创课程建设模式,院系积极推动教学第一课堂和第二课堂的融合,鼓励专业教师深入挖掘各类课程内容和教学模式中的创新创业教育资源,基于真实生产项目,开展"教学做用一体化"教学方法改革;与京东集团合作开发了《店铺装修》《店铺管理》《仓储配送》《新媒体营销》《直播营销》《电商客户关系管理》等6部理实一体化教材,建成了职业教育国家在线精品课程"新媒体营销",不断融通企业文化,植入技能竞赛、1+X证书、创新创业训练内容,对典型工作任务进行能力分级,通过"实训、实操、实战"三种训练方式和四类项目轮岗,学生实现了从初学者—实践者—创新者能力蜕变。

三、大赛面向人人,重塑双创过程育人格局

1.院系结合商贸类专业特点,在人才培养中实现教赛融合,切实将人才质量培养的职业岗位技能培养与竞赛项目对应岗位考核紧密对接,按照"人人都参与、专业全覆盖、层层有选拔"的参赛思路,确保所有专业学生在校期间"参与一个项目,经历一次创新,参加一次大赛",不断激发学生的创新精神和创业激情,全面提升参赛学生的财经商贸和双创专业知识与能力、创新思维与创新创业能力、职业道德和素养,对商务管理系培育和提升大学生创新创业实战能力具有良好的推动作用。

2.院系在2021年、2022年连续承办了山东省职业院校技能大赛高职组"创新创业"赛项,为各高职院校师生搭建了创新创业教育交流的平台,充分展示了职业教育改革创新的成果,全面深化了以赛促教、以赛促学、以赛促改、以赛促创和三教改革,为高职院校创新型技术技能人才培养提供了有效路径。

3.院系在双创技能国赛中,搭建前方后方参赛工作格局。由参赛团队和指导教师组成现场团队,精心组织、沉着冷静、灵活应对,根据赛项单项情况及时调整策略,发挥出较高的比赛水平;学校领导总体指挥,双创学院组成后方服务团队,特别是在直播环节比赛期间,统筹协调、充分发动、保障有力,确保学生取得优异成绩。

四、平台汇聚资源,完善双创协同育人机制

1.院系整合校政行企四方资源,遵循责权利一致原则,友企、助企、利企,吸引京东、顺丰等企业出资1500万元,建设7000余平方米的电子商务、智慧物流、创业就业等数智化、职场化的"校企协同就业创业创新示范实践基地",充分发挥创新创业、实习实训、真实生产、科研转化、技术培训、社会服务功能,以现代物流、跨境电商、临港产业、现代服务业和地方特色绿茶产业为载体,搭建直播电商、速递物流等创业项目孵化平台,孵化出一批体现地方特色产业的项目,服务日照市等山东城市群中小微企业转型升级,构建临港产业的双创人才孵化中心,促进学生就业创业与创新能力的提升。

2.以"校企协同就业创业创新示范实践基地"为支撑,院系坚持打造一个实践空间,两个智库(双创专家智库与产业专家智库),三个中心(就业大数据中心、创新创业孵化中心、第二课堂电商物流运营中心),四个专项(大赛、培训、科研、品牌);汇聚50名产业专家和60名双创专家,建设了创业就业专家智库和行业企业与产业智库,为创新创业人才培养提供师资支持,为产教融合、专创融合提供智力资源,为创业项目孵化提供导师服务。

3.赋能"三教改革",校企双向流动促进教师发展,院系建立双师双能型教师培养新途径。学校在京东设立了"驻企工作站",共建了考立军名师工作室、电子商务技术服务中心、1+X推广服务中心、数字营销推广中心、教师发展中心等5个技术服务中心。

打造校社联动"三三三"新模式，助推双创教育高质量发展

山东畜牧兽医职业学院动物医学系

山东畜牧兽医职业学院动物医学系顺应时代要求，积极探索并构建了校社联动"三三三"新模式。该模式基于"双创素养、双创知识、双创能力"三维人才培养结构，搭建"课程体系、实践教学、导师资源"双创人才培养平台，进一步深化"思创、赛教、专创"深度融合，助推双创教育高质量发展。目前，动物医学系已与 11 个社区建立合作关系，与 6 家企业建立校企合作班，2021 年与 87 家企业建立双创实训基地；获国家、省、市各级奖项 50 余项；学生创业事迹被《大众日报》等 30 余家媒体报道；师生科技兴农团队足迹遍布 8 个省(市)63 个城镇，技术服务 51 家企业，助力乡村全面振兴。

一、主要做法

(一)"三维度"：深化双创人才培养内涵

院系深化人才培养内涵，构建双创人才培养三维度结构模型，即双创素养、双创知识、双创能力。双创素养指经过双创知识培训及实践训练而获得的精神内核与道德修养体系，是核心内蕴力的体现；双创知识指学会双创知识(包括专业知识、创业知识等)的学习力，是体现学生职业发展力和双创能力的核心要素，代表了双创人才的核心竞争力；双创能力指胜任力，包括是否具备创新思维、拥有职业技能和创业能力，是学生专业技能和创新创业素质的体现。这三个方面相互影响，共同构成双创人才培养的目标取向和赋能范式。

(二)"三平台"：夯实双创人才培养载体

院系打造了基于校社联动，依托政校企三方协作的"课程体系、实践教学、导师资源"双创人才培养平台，构建产教协同、政校企合作育人生态圈。

1. 课程体系平台建设

一是院系开展"广谱式"双创必修课程，开设"创业基础""创业设计"等双创通识课程(包)，在课程设计中，突出强调结合专业讲创新、联系专业教创业。二是院系打造"专业＋创业"双创课程体系，找准双创融入专业教育切入点，如在"智能养殖技术"课程中把养殖技术创新与市场营销紧密结合，训练学生的创新思维。三是院系搭建公共和专业两个基础课程平台，优化多个专业方向课程，动态调整专业教育和创新创业教育拓展课程，促进双创意识培养、双创知识积累、双创能力提升、双创成果孵化。

2. 实践教学平台建设

院系利用第一课堂专业实训课程启蒙、第二课堂实践活动课程引领和第三课堂创业孵化实践，打造交叉立体的双创实践平台。一是院系与奎文区文化路社区等合作，共建双创实践基地，依托社区(政府)、社区所辖企业，为学生提供高水平实习实训和项目孵化平台。二是院系利用杭州贝腾公司的《创业之星》3D 仿真实训平台，使学生模拟体验企业运营。三是院系开放各类实验室等教学资源，为创新活动提供验证条件。四是充分利用两岸青年双创中心、牧谷星空等校内双创实践基地，打造特色双创项目。四是院系大力培植学生社团，现有星屹创客协会等科创类社团 5 个，学生参与率达 70%以上。

3.导师资源平台建设

一是院系优化教师激励机制,将行业企业任职或兼职经历作为招聘专业教师和创业导师的必要条件,把学生参与项目大赛、就业创业等情况纳入教师绩效考核。二是院系建立双创教育全员培训制度,定期组织 SYB、KAB 项目培训和双创教育教学研讨,提高双创能力。三是院系开展校外实践导师遴选和聘任工作,从社区(政府)、企业中选聘具有扎实专业知识和丰富实践工作经验的校外实践导师。

(三)"三融合":完善双创人才培养路径

1."思创融合",涵养双创素养

院系树立"思创融合"理念,推进思想政治教育与创新创业教育多维融合,在双创课程中注入延安精神、劳动精神等思政元素,定期举办"创业校友座谈会""劳模进校园"等活动,培育具有崇高道德素养和人文情怀、较强创新精神和实践能力、热心奉献畜牧业的高素质人才。

2."赛教融合",丰富双创知识

全国职业院校技能大赛"鸡新城疫抗体水平测定"赛项、中国国际"互联网＋"大学生创新创业大赛等已覆盖动物医学系各专业,赛项吸纳了行业发展的前沿技术。校内外导师通过分解赛项知识点、技能点,依据教育、认知规律及专业情况提炼设计成教学项目或任务,开展以能力为本位、以职业实践为主线、以项目教学为主体的教育教学活动,实现了"教师由教向导、学生由被动学向主动学、训练主体由个体向团队"的三个转变。

3."专创融合",提升双创能力

结合专业(群)培养目标和行业特点,专业教师深入行业企业调研,将创新创业教育元素融入各专业人才培养方案,构建"专业＋创新创业"教育教学体系,丰富教学方式方法,提高教学吸引力。院系致力于全面构建专创融合生态链,打造政校企合作育人生态圈,通过校企、校校合作,获得资金与平台、信息与项目、产品与市场等要素投入。

二、工作成效

(一)校社联动谱新篇

院系已与 11 个社区建立合作关系,与正大集团、山东益客食品等 6 家企业建立校企合作班,2021 年与心仪宠物医院等 87 家企业建立双创实训基地。

(二)实践育人结硕果

毕业学生就业创业质量稳步提升,学生创业或入职 500 强企业数量逐年提高,学生创业事迹被《大众日报》、新浪教育等 30 余家媒体报道。毕业三年后自主创业率 9.3%,高于全国均值(7.5%);创新能力满足度 93%,高于全国"双高校"均值(87%),就业竞争力和发展潜力显著增强。

(三)赛教融合获佳绩

院系大学生参加全国职业院校技能大赛、创新创业大赛成绩斐然,获国家、省、市各级奖项 50 余项。学生社会服务能力逐年增强,"青年红色筑梦之旅"团队在山东、甘肃、山西等地进行科技扶贫,受益农民 700 余户,惠及 5000 余人。团队孵化出"柿不可挡""桑香进万家"等创新创业团队,足迹遍布山东、山西等 8 个省(市)63 个城镇,技术服务 51 家企业,助力乡村全面振兴。

三、总结与启示

基于校社联动的"三三三"双创教育新模式,符合新时代育人目标,经过实践证明,契合高职院校学生学习特点及成长规律,具有较强推广应用价值。从专业特点看,我国畜牧兽医大类的职业院校共计 129 所,在校人数多达 77000 余人。本模式能够很好地满足学生对于就业创业的迫切需求,适用人群多、应用范围广。

创新创业教育融入专业教学

山东英才学院工学院机械设计制造及其自动化专业

山东英才学院工学院机械设计制造及其自动化专业为教育部批准的"专业综合改革试点专业"、山东省卓越工程师教育培养计划项目、"山东省特色名校"重点建设专业,山东省一流本科专业。该专业一贯高度重视对学生专业能力和创新能力的培养,以赛促学,通过进行人才培养模式改革、课程设置调整、教学方法改革、师资队伍建设等,引导和鼓励学生积极参与各项创新活动,并取得了优异的成绩。

一、人才培养模式改革

学生创新能力的提高,既需要现代专业知识的支撑,又需要创新理论与方法的指导,还必须在实际创新实践中不断锻炼。机械设计制造及其自动化专业进行了以能力培养为导向的人才培养模式改革,提出了使学生在"专业知识层"掌握扎实的专业知识、在"创新方法层"学会应用先进的创新理论与方法、在"创新实践层"具备丰富的领域实践经验的"三位一体"人才培养体系,培养具有较高三维设计能力的应用型人才。

二、课程设置调整

根据课程学习规律、学生参赛规律、创新活动所需能力综合分析设计,机械设计制造及其自动化专业在人才培养方案修订过程中进行了专业课程设置的调整;将学生创新活动所需的三维建模能力相关的软件课程提前到第二学期作为专业课开设,使学生尽早接触到专业软件,初步掌握软件应用的基本技能;第三学期通过开设相应的软件选修课及课程设计,继续提高学生的软件应用能力,为后续创新活动准备工具。机械设计制造及其自动化专业将学生创新能力的机械设计基础模块课程开设在第三、四两学期。学生在学习专业知识的同时进行创新方案的调研、设计、改进和完善,在第四学期课程结束时即可以进行科技创新比赛、申报大创项目、申请专利等各类创新活动。

三、课程教学方法改革

结合自身的传统特色和优势,机械设计制造及其自动化专业提出以赛促教、以赛促学,教、学、赛结合,积极进行教学改革,将学生创新、应用能力培养融入课堂教学过程,激发学生学习的自主意识、积极性和创新性,调动教师教学激情与教学改革的积极性,做到竞赛与教学改革、人才培养相结合,实现教学相长,从而提高人才培养的质量。

机械设计制造及其自动化专业提出了基于创新能力培养的分组探究式教学法,即以团队协作创新能力培养为导向,以学生自我兴趣为主进行分组,采用在小组内以团队为单位进行知识学习、问题探讨、创新活动的教学方法,实行小组长管理、分工、学习制度;遵循"夯实基础、激励创新、回归工程、主动实践"的理念,开展以密切结合工程实际的真实产品的设计、制造与控制为主线的教学改革,并与课堂理论教学过程相结合,将整个分组法从大一贯穿于大四全过程,将小组作为学习、创新活动的载体。分组教学法有效地提高了学生学习参与度,训练了学生的独立思考、团结协作能力。

机械设计制造及其自动化专业将创新活动与课程有机结合,以课程学习过程带动学生参与创新,同时以创新活动带动学生学习专业知识,课上学习知识,课下通过创新活动检验学生的创新成果,使教师教、学生学、师生赛结合,激发学生的学习兴趣,教会学生创新的方法,并且通过实践过程使学生得到学习成果的认可与获得感。

四、师资队伍建设

机械设计制造及其自动化专业为创新创业活动配备了由理论教师和实训教师组成的科技创新教师指导团队,负责指导各类创新创业作品的设计和制作。机械设计制造及其自动化专业十分重视对教师"双师"素质的培养,鼓励教师并积极为教师创造条件参加双师素质培训;安排青年骨干教师到企业进行实践访学、暑期社会实践等,使教师参与到实际工程项目中,了解最新的行业动态;安排中青年教师参加高级培训和会议,学习机械设计制造及其自动化专业技术领域的新技术、新知识和新方法等,提高技术研发能力和创新能力,提升教育教学水平。同时,机械设计制造及其自动化专业也从校企合作的企业中聘请生产经验丰富的技术人员参与到人才培养方案的制定中来,共同参与课程内容特别是实验实训项目的设计。

机械设计制造及其自动化专业目前已形成一支职称结构、学历结构、年龄结构和学缘结构合理的双师素质教师团队;2018年获山东省高等院校教学团队,2人获校级教学名师、3人获卓越教师、4人获校级青年教学能手、6人获校级优秀教师、2人获校级优秀教育工作者、2人获校级师德标兵,省级学生竞赛优秀指导教师33人次。

五、创新成果

历年来,机械设计制造及其自动化专业的学生积极参加全国大学生机械创新设计大赛、全国三维数字化创新设计大赛、山东省大学生机电产品创新设计竞赛、山东省大学生科技创新大赛、山东省大学生创客大赛、山东省"互联网+"大学生创新创业大赛等各类科技创新大赛,共获得奖项600余项,其中,国家级17项(国家级一等奖2项、二等奖7项、三等奖8项)、省级506项。学生创新设计作品申请并授权专利67件,其中发明专利8件、实用新型专利44件、外观设计专利15件。学生申请大学生创新训练项目共计200余项,其中国家级13项、省级9项。

各类创新活动提高了学生的实践能力,激发了学生的创新兴趣和热情,有效地促进了学生专业知识与综合能力的结合,全面提升学生的专业水平和综合素质;同时,也向各大高校和相关行业企业展示了学校积极推动应用型、创新型人才培养模式改革的成果,扩大了学院的社会影响力。

创新引领，专创融合，培养卓越航海技术技能人才

山东交通职业学院航海系

山东交通职业学院航海系聚焦"双高"建设，在形成共识、凝聚智慧、汇集力量的基础上，积极推进创新创业教育改革。以船舶模型制作工艺传承与创新为例，航海系船模协会依托省级技艺传承创新平台开展船舶模型设计与制作活动，先后参加2021年职教周展示活动，潍坊海事局、北海舰队、职业教育博物馆捐赠活动。其事迹被"学习强国"平台报道，受到社会各界好评。

航海系推动学生积极参与双创，提高学生双创意识，积极探索创新创业教育新体系，从顶层制度体系建设到平台搭建，再从服务支持到实践体系构建，形成"四位一体"创新创业教育体系。航海系成立了蓝鲸船模社并开展船模设计与制作活动，2018年被山东省教育厅认定成为职业教育技艺技能传承创新平台，聘请了手工木制船模非遗传承人为导师，指导开展舰船模型技艺技能传承与创新。

一、案例背景

以习近平新时代中国特色社会主义思想为指导，航海系全面贯彻习近平总书记关于做好新时代人才工作的重要思想，开创平台、社团、课堂三阵地联动文化育人模式，在突出创新创业教育的同时践行社会主义核心价值观；广泛开展教师团队研修和技艺技能传授活动，促进学生团队协作能力、技术应用与创新能力协同提升，培养造就一批素质优良、技艺精湛的创新人才，全面提升人才培养质量。

二、主要目标

依托工匠学院和技艺技能传承创新平台，航海系坚持以立德树人为根本任务，以爱党报国、敬业奉献、技艺精湛、素质优良的齐鲁工匠后备人才培养为目标，以舰船模型手工制作技艺传承作为切入点，开展各种军舰、商船模型制作的制造研发，发挥企业技术专家的科技成果转化和推广经验，促进双创人才培养；建设航海科普教育基地，展示军舰商船的制造历史和技术，传承航海文化，弘扬海洋和航海意识，实现国防教育，辐射带动潍坊市中小学航海科普教育。

三、实施过程

(一)创新引领，提质增效，护航卓越技术技能人才培养发展

航海系以科研为基础，探索多样化的教学方式改革，鼓励教师把前沿研究成果和实践经验融入课堂教学，注重培养学生的创造性思维，激发学生的创新创业灵感。

依托平台的团队优势，航海系开展技术创新和产品研发，以现代服役军舰、生产性船舶为母型，制作比例适合、结构完整、设备齐全、功能完善的舰船模型，通过DIY船模的制作过程，培养学生精益求精的工匠精神；通过新型船模研发，提高师生专业实践操作技能、技术应用与创新能力；依托平台开发资源，打造山东省航海科普教育基地，展示舰船模型制作的手工工艺与VR新技术。

(二)专创融合,深化实践,助力卓越技术技能人才培养升级

以"实践训练和家国情怀"营造实践育人氛围。航海系充分挖掘航海专业研究、人才资源等优势,深化校地校企合作,探索共建大学生创新创业实践平台新模式,积极服务地方经济社会发展。

注重培养学生关注民生与国防的家国情怀。在 2021 年建党百年之际,航海系开展红船模型制作活动,让学生感悟红船精神;河南郑州 720 特大暴雨之后,航海系学生创新制作出智慧舟桥模型,用于抗洪救援的车、船、桥三用途工具;在 2022 年福建舰下水之际,航海系开展航母模型制作活动,充分展现我国一流海军与大国形象。

四、条件保障

航海系坚持建立校企协同育人机制,完善专业建设、课程建设、师资队伍建设、实训基地建设、学生成长环境及教育教学管理;现有大师工作室 1 个、大学生创新创业工作室 1 个,工作场所面积合计约 120 平方米,教科研启动基金 30 万元;拥有激光切割机、3D 打印机、三维建模系统、VR 虚拟仿真实训室、航海模拟器等实验实训场地及设备,相对满足了研讨、学习交流的需要。

五、成果推广

1. 开展红船模型制作及捐献活动。2021 年建党百年之际,航海系师生自主设计制作了 6 条惟妙惟肖的"红船"模型,先后参加职教周展示、船模捐赠、媒体进校园采访等活动 7 项,并服务支部党建活动,助力航海系党支部入选 2021 年山东省先进基层党组织。学生在活动过程中了解红船精神,接受红色教育。

2. 开展交通劳模工匠进校园活动活动。2021 年 5 月,航海系成立许振超大师工作室,并开展了山东省交通劳模工匠进校园活动;通过榜样的力量学生开阔视野、增长见识,树立良好的人生观与价值观,更好地促进学生成长成才。

3. 服务社会初见成效,技艺传承创新平台。航海系师生通过开展社会服务工作,服务潍坊周边中小学生,先后开展航海科普类服务活动 7 次,接待参观和研学 10 次,受益学生超 300 人。师生共同完成了传播海洋文化、传承红色基因的责任与使命。

4. 打造航海文化标杆。航海系依托船模社建设实训楼文化长廊,推进学校特色发展,增强航海文化的社会影响力,提升学校软实力;通过深挖舰船模型的历史、文化内涵和虚拟仿真再现航海历史片段,建设航海文化长廊,弘扬航海文化。

六、特色创新

1. 匠心传承,学技练功。在能工巧匠的指导下,学生历经"下料、竖龙骨、装肋骨、上隔舱板、安龙目、上涂装、立桅杆"等一整套工艺流程,培养学生敬业奉献、热心博爱、精益求精为主要内容的工匠精神。

2. 守正创新,技艺相融。在学习传统技艺的基础上,平台将虚拟仿真、三维建模、激光切割、3D 打印等现代科技融入现代船模设计制作活动中,实现传统与现代相融,技术与艺术相融。

3. 以赛促学,厚德精技。平台组织学生先后参加上海合作组织国家职业技能大赛、"发明杯""挑战杯""互联网+"等各类大赛 6 次,获奖 11 项。技能竞赛的开展为学生搭建了展示自我的平台,在比赛中提高认识,在竞争中找到动力,营造出良好的职教氛围。

坚持三个融合，实施三大举措，培养高素质创新型财经技术技能人才

淄博职业学院会计学院

多年来，淄博职业学院会计学院坚持立德树人、德技并重，把大学生创新创业素质培养融入人才培养全过程，坚持三个融合（校企融合、专创融合、社赛融合），实施三大举措（项目带动、资源筑基、搭建平台），构建了创新创业教育长效机制，取得了一系列国家级、省级标志性成果。

一、案例背景

会计学院有大数据与会计、大数据与财务管理等4个专业，在校生2000余人，教师80人。会计专业是教育部骨干专业、山东省财经商贸品牌专业群牵头专业、山东省优质校重点建设专业。教师团队为山东省优秀教学团队、黄大年式教师团队、山东省教育教学创新团队，拥有山东省职业教育名师工作室。学院主持或参与制定教育部、山东省教育厅等标准18项，建有国家级精品课、国家在线开放课程等3门；获全国优秀教材二等奖1项，职教国家规划教材17部。学生获得"互联网＋"大学生创新创业大赛省赛金奖、职教赛道国赛铜奖，各类创新创业、技能大赛获省级以上奖励300余项。

二、主要做法

（一）引企入校，构建校企融合创新创业教育机制

会计学院与新道科技股份有限公司等成立数字财经产业学院，联办校企合作专业，构建了校企融合创新创业教育机制。一是构建"双主体"培养机制。校企双方定期召开联席会，共同制定人才培养方案，创新创业教育融入人才培养全过程；企业派出专家讲授实训课程，引进名企实训项目；实行校企双班主任制，突出校企"双主体"培养。二是举办校企合作专业。学院与新道公司举办大数据与会计校企合作专业（云财务会计师），培养学生221人；与中启创优股份有限公司联合举办财富管理专业，招收学生150人。三是实行"引企入校"。航天信息淄博分公司在学校成立奕信工作坊，引进企业真实账务，现场授课，真账实做，培养学生就业创业能力。

（二）专创融合，构建创新创业教育课程体系

学院坚持专创融合培养理念，修订人才培养方案，重构课程体系和实践教学体系，创新创业教育融入专业课程体系；开设"沙盘经营与管理"等通识课，在"会计基础"等专业课程中融入创新创业教育；大学三年级第5学期引企入校，现场进行代理记账业务实训教学，第6学期赴企业进行岗位实习，开展创新创业实践教学；构建了创新创业教育课程体系，创新创业教育做到了课内外全覆盖。

（三）社赛融合，充分发挥社团在创新创业中的作用

会计学院目前有创业俱乐部、360理财之家等7个社团。该院以社团为平台，以大赛项目为抓手，发挥社团在创新创业实践中的作用。会计学研社获约创联盟全国十佳俱乐部、山东省大学生优秀科技社团、淄博市百佳学生社团等荣誉称号；会计学研社、360理财之家等社团获学院明星社团、优秀社团等荣誉称号。

(四)项目带动,构建大赛项目长效培育机制

学院紧紧围绕"互联网+""学创杯"等大赛要求,以参赛项目为抓手,注册实体企业,构建了项目"宣讲—模拟—实践演练—筛选培育—成果孵化"大赛培育机制。例如,成功孵化"六五AI绘画""65Phone移动工控""百果飘香"等项目。其中,2019级学生王旭峰主持的"六五AI绘画"项目,获第五届山东省"互联网+"大学生创新创业大赛金奖、第七届中国国际"互联网+"大学生创新创业大赛职教赛道铜奖,并获南京市青年大学生创新创业大赛优秀项目,资助资金20万元。

(五)资源筑基,建设一流创新创业课程资源

会计学院高度重视专创融合课程和教材等资源建设,成立高水平团队,在中国大学MOOC、清华同方等国家级平台建设了优质课程资源,为实施专创融合创新创业教育奠定了基础。"财务会计实务"被评为国家在线开放课程;"财务报表分析"等2门课被评为山东在线开放课程,"会计基础""成本核算实务"等被评为省级精品资源共享课;"统计原理与实务"等被评为省级数字化继续教育课程。课程资源配套教材《财务会计实务》2021年获得全国优秀教材二等奖。

(六)搭建平台,校企共建创新型人才培养基地

借助"双高"校建设等契机,学校建设了数字化跨专业创新创业实训室、智能财务共享中心等10余个数字化虚拟仿真实训室,构建了一流创新创业实训环境;与新道科技公司、航天信息等联合成立淄博市中小微企业服务中心、共建校企协同创新中心、创新创业导师培训基地,举办创新创业大赛,打造创新型财经人才培养基地。

三、主要成效

(一)创新创业大赛取得突出成绩

会计学院学生先后获得山东省"互联网+"大学生创新创业大赛金奖、职教赛道国赛铜奖;第十三届中国青少年创造力大赛总决赛铜奖和银奖、第十五届中国青少年创造力大赛总决赛金奖;第六届"学创杯"全国大学生创业综合模拟大赛国赛优秀计划书金奖等,在各类创新创业大赛和技能比赛中获奖300余项。

(二)打造了一支高水平创新创业师资队伍

会计学院始终高度重视创新创业教育,坚持以大赛项目为抓手,打造了一支高水平创新创业师资队伍。其中,4人被评为山东省教学名师、山东省技能名师;2人获评山东省财政厅高端学术人才;1人被评为全国沙盘经营与管理十大名师并入选山东省创新创业导师库专家,被聘为山东省中职沙盘与经营大赛裁判长;20余人被评为全国、全省各类创新创业大赛优秀指导教师。

(三)形成了一系列的高水平教科研成果

学院主持国家标准4项,牵头开发省级专业教学指导方案4项,参与国家、行业标准10项;获得全国优秀教材二等奖1项,职业教育国家规划教材17部,国家级课程3门、省级33门。教师获国家级竞赛一等奖2项、二等奖1项,省级一等奖3项。该院智慧财经专业群办学综合实力居全国高职同类专业群前列。

"学训赛创"四位一体理念下专创融合人才培养模式改革实践

淄博职业学院药学系

淄博职业学院药学系立足于实现教学、实训、竞赛、创新创业有机融合,充分探索实践,实施了"学训赛创"四位一体的专创融合人才培养模式改革;通过打造多形式的学分制载体、构建特色选课和学分转换制度、探索第二课堂创新创业活动与学分认定路径等方式,打造了特色鲜明的人才培养模式,使人才培养过程更为丰富化、项目化、弹性化,充分提升学生双创能力和综合素质。

一、实施背景

推进"大众创业、万众创新"是深入实施创新驱动发展战略的重要支撑,是深入推进供给侧结构性改革的重要途径。在高职院校开展双创教育的过程中,由于不同生源在成长背景、学习经历、学习基础、发展能力等方面存在较大差异,学习时间固定、培养计划统一、学习进程固化的学年制模式已无法满足学生的需求。如何科学合理地把专业人才所具备的岗位技能、实践技能、竞赛技能、双创能力的培养融入专业课程体系中,以培养满足学生创业能力需求和产业岗位需要的"双接轨"专业技能人才成了新的难题。目前,国内高职院校大多实施的是以大赛导向、项目导向、就业和创业导向的人才培养模式,但对于专创融合的思考和实践尚存不足。

二、主要做法

在人才培养过程中,院系将职业技能证书、科研创新、技能大赛等对应的知识能力要求与等级标准进行解构,同现行的专业标准和课程标准进行对照,实施学分转换,使教学过程更为丰富化、项目化、竞争化,多方面、多层次、多角度地开发学生的综合能力,实现学生专业素养和创新能力的同步提升。

(一)重构课程体系,打造优质资源,搭建制度框架

1.优化人才培养模式主线,构建对接 X 证书的课程体系。

立足不同岗位的技术能力和创新能力需要,院系将药物生产、药品调配、用药服务、药品销售等工作标准融入职业技能等级证书,再将职业技能等级标准进行解构,对现行专业教学标准进行重构,将新技术、新规范纳入课程标准和教学内容,充分进行课证融通;面向相同就业方向设置"基于岗位能力培养"的 N 门课程,与专业群内其他专业联合开设 N 门职业拓展课程,供学生选择学习。

2.打造"教学资源超市",提升学生创新能力与综合素养。

院系实行以人文素养课为基础,专业必修课程模块为核心,双创类课程、专业拓展课程模块为延伸的选课制;开发精品线上课程资源,打造资源超市,拓展学生选课渠道;通过制定《淄博职业学院药学类专业转换学分实施细则》《"第二课堂成绩单"制度积分学分计算办法》,搭建完善的学分制改革制度框架,建立良性运行机制,保障选课制度顺利实施。

(二)以"转换学分"为载体,实现"学训赛创"有效融通

1.创新"转换学分"制度,提高"学"的自主性。

院系对学生在校期间的实践活动、职业技能大赛、创新创业类比赛进行梳理,对其所涵盖的知识能力和综合素质要求,对照现行的课程体系、课程标准和评价标准,探索其关联性和可替代性,以"转换学分"为载体,将素质能力范围分为实践实习、创新创业、文体活动、技能提升四个模块,学生根据参与相应模块的情况和取得成绩的等级,确定能够转换的课程范围(或教学模块),根据名次或等级兑换相应的学分;在兑换实施过程中实行评价主体多元化、评价形式多样化,形成以过程考核与结果考核、主观考核和客观考核并重的评价体系。

2.一体化设计实训教学环节,提升"训"的融合性。

根据"相同相关"原则,院系致力于对现有实训项目进行一体化设计,分模块开发实训项目,将创新意识培养贯穿于实践全过程,加速技能养成和创新意识激发;对专业人才培养方案的实践教学环节进一步优化,将各实践项目和师生创业项目有机融合,打通课程、实训、创业项目三类模块的通道;坚持以"做中学"为主要理念,实现理论教学与实践教学的交叉螺旋进行,实践能力和创新培养共同提升。

3.打造"金字塔"型专创竞赛体系,突出"赛"的导向性。

院系坚持搭建项目多样、层次分明的"金字塔"型竞赛体系;通过不断选拔打磨,逐级向上输送优质选手和项目,为具有不同技能竞赛和创新创业目标的学生提供明确的发展思路,充分体现开放性和融合性,有利于调动学生学习的积极性和创造性。校企共同营造竞赛化的创新人才培养氛围,共派指导教师进行备赛指导,达到以赛促学、以赛促教、以赛促创的目的。

4.打造"专业融合创业"教育模式,激发"创"的积极性。

院系围绕双创课程第一课堂,配套第二课堂(创客空间、技能大师工作室、创业社团等)、校外课堂等双创实践模块等,将模拟创业、模拟运营、创新创业大赛等作为补充纳入创新型人才培养计划,逐步开展有机衔接专业实践能力、商业运营能力和创新创业能力的专项训练,初步构建了"理论知识巩固、技术技能提升、双创能力培育"融会贯通的一体化培养体系。

三、成果成效

"学训赛创"四位一体的专创融合人才培养模式改革自实施以来,极大地提升了教师专创融合教学能力,充分调动了学生参与双创项目的积极性,师生创新能力和双创项目取得了丰硕成果;其中,获批山东省技艺技能传承创新平台1个,学生先后在省级及以上各类创新创业大赛获奖17项。

四、经验总结

实践证明,该模式能够激发学生学习的主动性和积极性,培养良好的自主学习能力和创新实践能力,有效促进专业素养和创新能力的同步提升;同时能够调动教师参与教学改革和创新创业项目的积极性,提高教育教学质量,形成互动良好的教学运行与管理机制,最终实现人才培养质量的提升。

五、问题和不足

由于学生的个体化差异,学院目前尚未形成一套针对学生创新创业能力科学客观的评价指标,且无法满足学生个性化创新创业学习需求,这些问题有待通过进一步实践予以完善。

"三接轨、三融合、三聚焦"，
进阶式创新创业人才培养体系构建与实践

青岛酒店管理职业技术学院酒店管理学院

青岛酒店管理职业技术学院酒店管理学院结合专业特点开展创新创业教育，与行业新业态接轨，与产业新动能接轨，与商业新模式接轨，实现人才培养从就业型向创新创业型转变；以人才培养方案和课程改革为重点，以创新课程模块为载体，聚焦进阶式培养、导师制指导、全过程育人，构建创新创业教育与人才培养计划深度融合、创新创业教育与专业课程教学内容深度融合、创新创业教育与实践教育活动深度融合的"三融合"人才培养体系；以"挑战杯"山东省大学生创业计划竞赛、"互联网＋"大学生创新创业大赛为突破，激发学生创业主体活力。近五年，以学生为主体的创业项目成绩喜人，获得"互联网＋"大学生创新创业大赛、"挑战杯"山东省大学生创业计划竞赛等省赛以上奖项16项。

一、学院聚焦酒店管理与数字化人才链与产业链、创新链的有机衔接，通过三个接轨改革人才培养模式，向创新创业导向转型升级

与行业新业态接轨，人才培养从就业型向创新创业型转变。学院调整了酒店管理专业群人才输出的流向，打破了原来到星级酒店集中就业的固有做法，在人才培养方案中专门设置创新创业项目必修学分，校企双方面向新业态联合培养创新创业人才，吸引和鼓励更多的学生从事酒店新业态；与行业企业专家共同建设大住宿研究所、青岛市崂山区民宿研究中心、中央厨房研究中心等。教师带领学生开展新技术、新业态方面的研究，将婚庆及动漫主题酒店、民宿、团膳等真实创业项目纳入教学；学院按照学生兴趣设置创新应用研究课题学分，在人才培养计划中专门设置民宿、团膳等创业项目学分选择模块，由研究中心的企业专家和教师共同带领学生完成创业项目，在满满社会责任感、正能量的教学环境中激发学生创新动力。

与产业新动能接轨，树立数字素养在人才培养过程中的核心地位。学院深入研究智慧化背景下产业升级逻辑及企业运行管理模式，重构以"数字化运营"为主线的课程体系和实践教学体系，更新教学内容。在"职业素养过硬、职业技能扎实、职业发展持续"的人才培养理念指导下，学院深入研究产业的发展逻辑及数字化转型下的行业生态变化，打造出具备现代酒店数字经营管理理念的酒店业职业化人才，使学生具备创新能力、创业知识及更符合行业革新趋势的综合素质。

与商业新模式接轨，储备科技感十足的创新创业精英。新技术新平台的应用使得酒店业越来越智慧——从实现用手机预订、支付、办理入住、"扫"开房门，到开发智能会议系统、智能门禁系统、客房智能系统等，已经成为很多新建酒店的标配。按照未来智慧酒店的逻辑思路，学院建设了智慧客房等酒店业实训场景，引入机器人、VI系统、酒店智慧服务，实现理论授课、仿真学习和动手操作"三位一体"式的立体化学习。学院对接数字经济、科技进步和市场需求，与海尔卡奥斯签订合作协议，共同开发酒店管理工业互联网应用技术教学资源，现正与小米、慧科集团共同建设智慧酒店物联网教学系统，与华住共建5G应用智慧酒店实训系统。以上教学让学生体会到科技为行业发展带来的强劲动力，让他们乐于接受行业最新变化，愿意尝试新技术带来的挑战。

学院依托酒店职业教育大数据协同创新中心、住宿业产业研究与人才培育协同创新中心、乡村振兴产学研协同创新基地、星巴克产业学院、山东现代酒店业职业教育集团等科研平台和产业学院，对学生的创新

创业能力进行了系统化、定制化的培养。

二、建立创新创业教育与人才培养体系深度融合、创新创业教育与专业课程教学内容深度融合、创新创业教育与实践教育活动深度融合的人才培养体系

建立创新创业教育与人才培养体系深度融合。创新创业实践是提高大学生实践创新能力的重要途径，需要贯穿于大学实践教育始终。大一学生通过校内外认知实训，了解酒店产品设计、生产和经营管理的过程，激发学生对酒店管理与数字化运营专业的兴趣；大二学生开始进行校外实践，培养其综合运用交叉学科知识、技术与方法，以及分析解决实际问题的能力；大三学生开始进行校内产学研结合训练，"项目化"课程与创业相结合，提升学生实践创新能力、团队合作精神，逐步强化创新创业能力的培养。

创新创业教育与课程教学内容深度融合。学院坚持在公共课程中融入创新创业基础知识，重在启发学生的创新创业意识；在专业教育中融入创新创业项目与方法并进行实务训练，重在激发和提升学生的专业创新创业能力；在大三项目化课程中融入创新创业实践与成果孵化，重在具体项目的实践中扶持创新创业典型。为此，学院进一步整合教学、实践及社会优质资源，强化创新创业教育，在教学内容中融入创新创业教育内容，培养学生项目规划、技术转化和创业管理能力；优化课程内容，建立业务培养与创新创业教育为一体、知识传授与能力培养为一体的人才培养体系，培养具备项目开发与设计、生产与管理、创业与经营的高技能人才。

创新创业教育与实践教育活动深度融合。一是学院强化校内实践教学，以生产性实训基地为载体，创新实训项目，实现创业性实训，组成以班级为单位、以班长为CEO的创业团队，由学院提供启动资金和实训耗材，由班级进行运营，培养学生的创业精神和创业综合能力。二是学院加强校外实践教学基地建设，建立适应创新创业人才成长的实践教育体系与方法，加强学生应用实践创新能力的培养。

三、聚焦进阶式培养、导师制指导、全过程育人，创新创业实践教育贯穿教育全过程

聚焦进阶式培养。为解决创新创业人才培养目标模糊、顶层设计不清晰等问题，学院整合"校企行政"各方资源，开展了专业群人才创新创业能力重构，构建了基于创业的能力体系，创建了"1＋1＋1"进阶式人才培养模式，即1年校内理实一体培养、1年校外企业实践、1年项目孵化，进阶式培养模式符合学生认知成长规律，提高培养效率和效果。

聚焦导师制指导。进阶式培养的三年，学院为学生配备校内外导师。项目化教学＋项目孵化阶段，学院为每一个项目安排有一定创业项目和工作经验的教师作为创业团队的导师，积极参与大学生"创新创业"项目的指导与组织。通过成立"红烛"党员先锋队，党员教师将针对不同的创业项目实行"一对一"帮扶、"点对点"服务计划，在政策辅导、项目评估、企业注册等方面提供"一条龙"创业帮扶。基于导师的指导下，学生自主完成创新性项目的调研、创业条件准备和项目实施、项目报告撰写、成果交流等工作；导师发挥资源优势，如在项目评估、经费和政策对接等方面发挥优势。

聚焦全过程育人。学院坚持把课堂教育、实践教育、创新创业教育贯穿专业教育全过程，实现全过程育人。专业社团有计划地开展各类创新创业活动，课内模拟实训与课外实战训练相结合，举办并参加多种形式的创新创业大赛，扶持典型创业项目，构建了一二课堂相互融通、"教、学、做、赛、专业社团系列活动"于一体的创新创业教育体系。

通过创新创业知识普及、模拟实训、大赛检验、项目扶持层层递进，实现了创新创业教育贯穿于高职教育的人才培养全过程。

学院鼓励学生积极参赛，定期举办创业者进课堂、创业校友课堂等系列活动，学生在省级及以上创新创业大赛中获奖人数为106人次，其中，团队获得国家级三等奖2项，省级金奖4项、银奖4项、铜奖6项。毕业生创业、就业竞争力明显增强，酒店管理专业群入选国家"双高计划"；教师51人次获得创新创业类大赛优秀指导教师，酒店管理与数字化运营专业教师团队2021年入选第二批山东省高校黄大年式教师团队，入选第二批国家级职业教育教师教学创新团队立项建设单位。

"三接轨、三融合、三聚焦"进阶式创新创业人才培养体系有效地提升了学生创业的综合素质和竞争力，取得了可以借鉴的成果和经验，在职业院校领域得到广泛推广。

目标引领、成效显著,做学生创业生涯引路人

青岛港湾职业技术学院现代物流学院

一、响应工作精神,统筹工作设计

近年来,现代物流学院积极响应教育部、省市有关大学生创新创业工作精神,不仅重视课程研究,还在实践中完善指导体系,在制度措施上改革创新,始终致力于职业生涯发展与就业指导、创业指导课程体系建设,不断提升教育教学质量;以强化学生创业就业能力为目标,带领学生树立职业生涯责任意识,提高学生对职业生涯规划的重视程度;引导学生进行自我探索,使学生具有准确的认识和定位;培养学生良好的职业素质,推动学生形成初步的职业目标构想。青岛港湾职业技术学院现代物流学院持续聚焦大学生创新创业需求,将有力地服务和引导更多大学生投身创新创业,在研究中总结经验,在实践中升华理论,多措并举,保障大学生创新创业工作,做学生职业生涯的引路人。

二、明确教学目标,开发专项课程

(一)开设"大学生职业生涯规划"课程

现代物流学院将"大学生职业生涯规划"作为公共必修课,旨在对学生的职业发展进行规划与指导。其任务是使学生通过了解自己、了解职业、了解社会,了解自己的人格特质、优点、缺点、兴趣、性格、能力、动机、需求、价值观等,从而根据自己的兴趣爱好、成长经历选择合适的职业。课程主要划分为以下几个板块。

一是认识职业生涯规划,学院向学生讲述职业生涯规划的概念、特点,使学生了解影响职业生涯规划的主要因素,了解职业生涯规划的内容和步骤,从而理解大学生职业生涯规划教育的意义,并组织团体活动,激发学生对自己生涯的思考,增强课程吸引力。

二是自我探索职业兴趣,学院带领学生进行霍兰德职业兴趣测试,借助兴趣探索练习和标准化测试,使学生确认自己的兴趣类型代码,并且学会使用霍兰德职业兴趣索引,以此找出与自己的霍兰德代码一致的职业,并通过成果展示的形式引导学生进行进一步的职业思考,确定自己的职业兴趣与初步的职业方向。

三是自我性格剖析,学院向学生讲述性格与性格理论,使学生理解认识到每个人都有与众不同的特质,了解自己的性格特征,探讨自己性格特征与职业的关系,并能够利用性格理论探索自身的性格特质,明确自己理想的工作方式。

四是自我认知职业能力,学院引领学生正确地理解技能的概念和分类,并且能够对自己的技能进行探索和分类,借助课堂讨论的方式推动学生独立思考描述自己所具备的技能,激发学生进行自我技能探索。

五是自我价值观探索,学院通过价值观想象引导学生认识到价值观对个人职业选择和发展的影响,并且能够在职业规划中重视对个人价值观的澄清,能够澄清并真正"拥有"自己的价值观,正视并合理地看待自己的价值观,从而做出正确的职业选择。

(二)开设"大学生创新创业教育"课程

学院将"大学生创新创业教育"作为"大学生职业生涯规划"的延伸,以教授创新创业知识为基础,以锻

炼创新创业能力为关键,以培养创新创业精神为核心,通过创新创业教育教学,使学生掌握创新创业的基础知识和基本理论,熟悉创新创业的基本流程和基本方法,了解创新创业的法律法规和相关政策,激发学生的创新创业意识,提高学生的社会责任感、创新精神和创业能力,促进学生创新创业素质的全面发展。

三、细化工作任务,完善指导体系

学院充分借助萨帕职业生涯发展理论概念,将指导工作大致分为以下几个阶段。

一是自我评估阶段,学校大学生就业指导中心开通"大学生职业生涯测评平台",为学生提供专业的职业测评,包括性格、兴趣、技能、价值观、学习风格、现状评估等六个板块,以此来帮助学生了解自身的兴趣性格与能力倾向,便于确定规划方向。

二是环境分析阶段,学院引导学生进行家庭环境分析,反思成长过程中对个人职业选择的思想倾向;引导学生进行学校环境分析,明确学习过程中个人职业选择的能力基础;引导学生进行岗位环境分析,寻找职业生涯中个人职业选择的能力要求,带领学生统筹分析环境要素,并结合自我评估结果,确定个人职业发展倾向。

三是确立目标阶段,学院针对学生职业发展倾向,组建教师指导团队,以专业知识划分就业指导方向,列明专业对口岗位及其发展前景,并结合学生个人职业能力与就业倾向做出指导与建议,引导学生确立职业目标。

四是职业调研阶段,学院邀请校内外就业指导专家对学生进行相关职业能力教育,引导学生树立正确的职业价值观,与此同时,由教师团队牵头往届就业实习学生指导生涯规划学生,对目标岗位进行充分了解,激发学生发挥主观能动性对标岗位基本能力要求,进行查缺补漏,更具针对性地完善自身能力,迎合职场要求。

五是职业规划阶段,学生依据社会发展、职业需求和个人特点进行职业生涯设计,制订短期和长期的职业发展目标,并且在现实生活中不断检验其可行性,教师团队就关键节点进行帮助,引导学生制订可行的计划并督促施行。

四、总结指导经验,改革教学方式

现代物流学院自2015年开始尝试拓展学生第二课堂,带领学生会创业就业部学生创建创客沙龙活动,每期创客沙龙活动由讲解指导与团队讨论组成,总计24课时,共计12周。与就业指导中心老师的访谈使学生对未来创业就业前景的了解更加全面透彻。

在日常教学过程中,学院定期举办创新创业节,通过创业先锋面对面、商业精英挑战赛、最佳创客团队评选等活动搭建创新创业学生交流平台,培养创新精神,提高创业意识和创业能力,为学生提供发展自我平台。

自创新创业第二课堂开设以来,现代物流学院创新创业教师团队积极带领学生参加青岛市best计划、海鸥行动等创业项目,所指导的学生在青岛市大学生职业规划大赛中获得了两个一等奖,三个二等奖、两个三等奖,并在胶东经济圈大学生职业规划大赛中,连续两届获得一等奖的佳绩,参赛学生也因此获得规划企业的录用,成功实现职业目标,达到了以赛促教、知行合一的目的。

五、怀揣空杯心态,拔高师资队伍

(一)推动专项培训,提升指导水平

学院积极组织师资团队参加全国高校就业指导人员培训、大学生创新创业指导师培训,使教师建立深刻、系统、科学的就业指导工作理论体系,加强就业指导专业知识的学习,更好地指导学生做好就业规划,树立正确择业观;后续采取多种形式继续开展就业创业指导教师培训,加强指导教师队伍建设,提高就业指导服务工作水平。

(二)发展双师队伍,提升培养质量

学院针对学生职业生涯规划建设,进行双师及多师培养,抓住关键,动态调整。通过学生反馈,针对学

生数据,及时诊断,不断改进发展方案;同时开展职业生涯规划训练营,形成板块设计,令同学对职业规划整体设计有了更加清晰的认知,通过教学结合,实践训练,最终明确自己发展方向。学院也坚持以赛促教、以赛促学、以赛促研的工作目标,提升教学质量与教育水平。

(三)诊改发展质量,完善运行机制

学院设立学生发展中心,实时关注学生发展状况,通过网络数据信息,了解学生对职业发展、职业规划的理解程度,及时掌握分析,便于针对性诊改;定期采用调查问卷的方式,对学生职业规划情况进行了解,对实习学生就业发展反馈进行分析,以实际信息作为诊改基础,不断优化运行机制,实现教学与实践能力双提升,确保学生发展质量。

科技赋能,爱(AI)创未来

山东协和学院计算机学院

一、强化顶层设计:构建一体化双创教育协同机制

山东协和学院计算机学院把双创教育作为推进高等教育综合改革的重要突破口和关键着力点,立足"培养德智体美劳全面发展的中国特色社会主义事业建设者和接班人、造就担当民族复兴大任的时代新人"战略高度。学院强化顶层设计,统筹推进,把双创教育列入人才培养方案,成立了双创教育工作小组,整合创新创业要素,集聚优势资源,协同部门联动,持续完善双创人才培养目标体系、课程教学体系、制度保障体系,建立齐抓共管、上下联动、左右协调一体化全覆盖运行机制,有力地推进了双创教育融入人才培养全过程。

二、探索特色模式:形成特色鲜明的双创人才培养体系

学院以增强学生创新创业精神和创新创业能力为目标,坚持以学生为中心,激发学生创新创业潜能,推进学生双创教育精准化、精细化,着眼于学生双创教育生态体系的构建与发展,探索出独具风格、特色鲜明的双创人才培养模式。学院院长、专业教师、辅导员、学生,人人参与创新,构建出"点、线、面"结合,立体化、分层次,融合创新创业教育、研究、实践和社会服务为一体的双创教育新体系。

三、推进课堂联动:第一、二课堂横向联动,优化双创供给结构

第一课堂侧重学生创新创业意识启蒙及系统知识传授,是主渠道;第二课堂侧重学生创新创业品质塑造及能力提升,是主阵地,两者缺一不可,推进第一课堂和第二课堂"横向联动",对于优化创新创业教育"供给结构",提升其"供给质量"至关重要。学院将第二课堂纳入创新创业教育体系和学分考评体系,创新创业比赛项目升级为毕业设计,学生比赛成果作为课程的加分项;学生积极参与学业导师的科研课题并发表论文、申请专利和软件著作权,主持申报实验室开放项目和大创项目等,实实在在地提升了学生的创新创业实践能力;指导学生建立了"计算机科创中心",为学生提供协同学习、实验、实践的场所,打造整个学院的"科创"氛围,让第二课堂成为学生大显身手的场所。

四、激发倍增效应:典型引路,发挥典型示范辐射作用

学院聚焦学生的个性化需求,探索采用"典型引路"的工作思路,实施个性化培养,精准施策,推动学生有差异地成长进步。经过八年的实践,学院出现了一批能力较强、具有带头示范辐射作用的学生,如宋龙坤、刘四旗、杨宇、吴甲盛、张可欣、李萌奇等同学,在创新创业比赛中都带领着自己的团队获得了优异的成绩。他们不怕苦、不怕累、耐得住寂寞,反复调研、认真钻研,反复讨论、熬夜加班,实现"点亮一盏灯、照亮一大片"群体倍增效应,学院形成了的"人人有项目、个个有成果"的良性竞争氛围,大大提高了学生的创新思维和实践能力,让创新成为每一位学生个体血液中的一种基因和精神,让创业成为每一位学生个体生命中的一种追求和力量。

五、推进学科交叉：梳理挖掘"双创元素"和"承载功能"，探索学科交叉双创课程体系建设

学院坚持立德树人的根本任务，注重创新创业"精神培育"和"价值引领"，结合自身学科专业特点和学校医护专业优势，突出创新创业与学科融合，深度推进"医工"学科交叉，系统梳理挖掘专业课程蕴涵创新创业元素。人工智能、计算机科学与技术、软件工程、物联网工程在医护项目中的技术应用，有效地激励学院学生将自己擅长的技术应用到医护项目中，形成真正的"医工"交叉融合。学院对接产业需求，制定跨专业、跨学科的应用型人才培养方案，转变单纯追求创新创业教育形式上的"全员覆盖"的培养理念，实现从注重传统的知识传授向注重学生创新精神和创业素质的培养转变，增强学生社会责任感和使命感；组织编写了《五育融合课程双创教学指南》9部，建有省级一流课程3门，省级课程思政示范课1门，校级一流课程22门。

六、注重文化涵育：激活细胞，迸发校园双创新动能

学院注重创新创业文化涵育，积极营造创新创业文化氛围；将创新创业文化融入学校"和"文化中，形成"和谐、创新"的校园文化氛围。对于省级及以上学科技能大赛，学院都会通过班赛海选、院赛选拔，学生则会以个人或团队为单位积极参与，形成良好的竞赛氛围。同时，学院举办创客节、文化艺术节、科技文化节等活动，来滋润学院创新创业"土壤"。双创文化的浸润，创造性地激活了校园创新创业细胞，引导学生把价值塑造和人格养成变成内在需要和自觉行动，进一步迸发出双创新动能。

七、根植优势学科：推动产教融合，让双创成为就业新引擎

学院与中兴通讯、济南博赛、北京高科、山东新视觉等公司共建产业学院，每位学生具有"学业导师"和"企业导师"双导师，立足医护行业，融入学科专业，着力"两导两化"，精准服务学生创新创业，集聚人工智能、移动互联、智能硬件和物联网等领域创业资源，积极引导师生创办"学科性公司"并促进其做大、做强，进而转化为教育教学、学科发展和人才培养优势资源，提升师生的创新创业能力。

依托产业，学院精准对接产业需求，促进成果转化，在第七届中国国际"互联网＋"大学生创新创业大赛中荣获产业赛道省级金奖。学院坚持在服务社会中育人，在回报社会中发展，用技术服务精准扶贫，为乡村振兴赋能，在第七届中国国际"互联网＋"大学生创新创业大赛中荣获红旅赛道国家级铜奖。

山东协和学院计算机学院用科技赋能发展，让学生爱（AI）创未来。

能力导向、项目依托、竞赛牵动的双创教育模式

山东协和学院医学院

山东协和学院医学院以"融合育人"理念为引领,以学业与职业规划为先导,通过确定"学业—职业"目标,激发学生学习动力;以学校、医疗卫生机构和医疗卫生企业联合开发项目为路径,推动项目式学习;以学生全面发展为根本,搭建竞赛体系,将竞赛贯穿教学全过程;融通"教—赛—创",实施教学,开展竞赛,落实孵化,构建"教—赛—创"一体化教学模式。

一、树立"融合育人"理念,引领教学模式改革

学院运用系统论方法,以建构主义为理论基础,以立德树人为根本,以培养应用型医学人才为目标,借鉴"融合教育"模型,融入"服务生命全周期、健康全过程"的大健康理念和"学生中心、产出导向、持续改进"理念,树立"融合育人"理念。

理念引领教学模式改革。学院以学生全面发展为融合之本,以制定长中短期目标激发融合动力,以资源整合汇聚融合力量,以项目开发夯实融合基础,以竞赛开辟融合路径,实现融合育人。

教师研究成果丰硕。学院获山东省教学成果特等奖1项、二等奖1项,获国家级教学成果二等奖1项,省级教学大赛一等奖3项;建有省级一流课程2门、省级在线开放课程3门、省级精品资源共享课2门、山东省课程思政示范课程1门;获批3项省级教改立项;现有享受国务院政府特殊津贴专家1名,山东省教学名师3名,山东省优秀教师1名,省级教学团队1个,省级科学进步奖10余项;教师发表论文90余篇,编写著作20余部,获批教科研项目15项,获批协同育人项目2项,实用新型专利19件,软件著作权36项。

学院于2019年获批老年康复工程技术创新团队,2020年获批老年智能康养技术与装备协同创新中心。医护实验教学中心被评为国家级实验教学示范中心、国家级虚拟仿真实验教学中心。

二、确定"学业—职业"目标,推行项目式学习

遵循人才成长规律,确定发展目标。学院通过开展入学教育、专业教育和创新创业教育,为每位学生配备学业导师,全程跟踪指导;引导学生确定"学业—职业"目标。

植入竞赛基因,推行项目式学习。学生参加比赛的过程为目标展示过程、学习动力激发过程、竞赛基因植入过程、项目路径梳理过程、项目式学习过程。学院指导学生开展项目式学习,组织项目式竞赛,参加项目式训练,引导学生主动建构知识,让能力、素质在项目训练与竞赛中提升,实现自我发展目标。

三、创新"教—赛—创"项目开发路径,搭建竞赛体系

学校主导,政府支持,基层医疗卫生机构和医疗卫生企业参与,学院整合医学教育资源,联合开发"教学资源包""竞赛资源包",有效支撑教学与科研、创新与创业,实现教学目标与行业标准、教学过程与实践过程的对接,开发教学、竞赛、创业项目来源于一线、服务于一线的项目开发新路径。

构建大学生竞赛体系。学院以学业与职业规划设计大赛为基础,从综合素养、专业技能、科技创新和创

新创业四个维度横向设计,从院级、校级、省级、国家级四个层级纵向设计竞赛体系,拓展"教—赛—创"项目,以项目为载体实施教学、开展竞赛、落实创业孵化。

学生参加全国医药行业特有职业技能竞赛(中药)、山东省临床医学专业技能大赛、山东省高等院校医学检验技能大赛等专业技能竞赛获得国家级三等奖2项,省级一等奖1项、二等奖9项、三等奖10项。

四、创新"教—赛—创"一体化教学模式,培养创新创业能力

学院坚持以学生为中心,通过确立"学业—职业"目标,激发学生实现自身价值的潜能和学习内驱力;以项目为载体,通过构建师生学习共同体,推行项目式教学、项目式竞赛、项目式训练,形成学生成长的外驱力;以竞赛为牵动,将外驱力和内驱力联动,形成人才培养合力;以培养学生的创新创业能力为导向,以学生为主体,在"教"的基础上"赛",在"赛"的基础上"创",融通"教—赛—创",创新"教—赛—创"一体化教学模式,重塑了教学形态,实现"以赛促教、以赛促学、以赛促创"。

学生积极参加科研,成果突出。学生提前进入实验室开展科研成为常态,获批实验室开放项目20项。学生发表论文271篇,专利62件;立项国家级大学生创新创业训练项目10项、省部级大学生创新创业训练项目51项。

学生积极参与竞赛,成绩斐然。学院形成了"老师人人指导项目、学生人人参与项目"的良好竞赛生态,学生在各类竞赛中取得了优异成绩;在竞赛中获国家级、省部级奖项共185项,其中学生获得中国国际"互联网+"大学生创新创业大赛国家级金奖4项、银奖2项、铜奖9项;省级金奖31项、银奖54项、铜奖20项;"挑战杯"、科创等双创类比赛国家级二等奖7项、三等奖11项,省级特等奖1项、一等奖7项、二等奖14项、三等奖25项。

"五个途径"相贯通,培养学生创新精神和创业能力

济南工程职业技术学院信息工程系

济南工程职业技术学院信息工程系深入学习《国务院办公厅关于进一步支持大学生创新创业的指导意见》,以"专创融合"为特色,构建育人体系,以价值引领为主线,贯通德技并修,以专业教师为骨干,夯实培训效果,以校企协同为支撑,实现资源共享,以创业实践为熔炉,淬炼工匠精神五个途径培养学生创新精神和创业能力,落实立德树人根本任务,深化教学改革,以专创融合、价值引领、全员参与、校企协同、实践锻炼为途径,将创新创业教育贯穿人才培养全过程,把创新创业教育质量作为办学水平的重要指标,坚持教育引导学生提升创新创业意识和能力,大力培育创新创业有生力量,为学校高质量发展和齐鲁工匠提供源源不断的人才智力支撑。

创新是动力之源,创业是发展之基。大学生是"大众创业、万众创新"的生力军,是创新创业的有生力量。大学生富有想象力和创造力,支持大学生创新创业对加快新旧动能转换,服务区域经济发展具有重要意义。信息工程系为此鼓励学生参加多个创新创业比赛,其中,在"互联网+"与黄炎培大赛等多个创新创业比赛领域取得了优异成绩。

一、以"专创融合"为特色,构建育人体系

创新从课堂的改变开始。信息工程系深入学习《国务院办公厅关于进一步支持大学生创新创业的指导意见》,注重从专业角度引导学生练就"技能绝活";结合实际在教育教学中深化课程改革、课堂革命,利用院系新一代信息技术专业优势将专业元素与"互联网+学生创新创业"进行有效结合。院系制订了《"双创"课程育人实施方案》,构建了"专业教育课程+创新创业教育课程"的学科交叉融合,形成了系主任担任教研组长,专业教研室主任担任课程主讲,全系任课老师普遍参与的立体式育人体系。院系注重从新生入学专业教育开始,将大数据技术、人工智能技术、移动互联技术、云计算技术等 4 个专业元素与历届"互联网+"大赛科创项目进行有效衔接,激发学生专业学习兴趣和创新意识;注重高年级学生实习实训,系部对大二、大三学生分组开展项目化教学,将项目研发作为学生实训周必修课,专业老师线下指导,云端辅导,有效提升学生的专业素养和创新意识,实现了专业与创新、技能与创业相协同的育人体系,真正将"教育血液"流入科技创新"毛细血管"。

二、以价值引领为主线,贯通德技并修

思想是行动的先导。院系以课程思政引领课程教学与实践,将价值观引领与专业知识传授相结合,着力开展育人模式改革,不断提升育人价值,为培养新时代创业人才提供坚实保障。院系坚持从思想教育入手,着力将创新创业教育与德育相结合,实现双创教育与思想政治教育同向同行,以思想教育浸润创新创业教育。院系开展创新创业讲座 18 场、创新创业训练营三期、创新创业宣传会 8 场;鼓励学生在"做中学",用专业技能观察社会变化,用笔尖记录时代发展,引导学生关注思考社会现实,厚植家国情怀,正确认识中国和世界发展大势,塑造正确的价值判断与价值选择。

三、以专业教师为骨干,夯实培训效果

提升教师创新创业教育教学能力是信息工程系考核教师的重要指标。人才培养的质量和成果取决于教师,大学生创新创业能力通常由教师进行指导,学校应制定相关激励政策鼓励教师对大学生创新创业进行指导,聘请企业导师指导大学生创业训练和实践。导师要注重学生的学习与实践相结合,对学生实行个性化管理。院系鼓励支持教师参加创新创业教育培训,一是加大教师培训力度,近三年专任教师创新创业教育培训达到全覆盖。持有SYB资格证书人员达45%,拥有高级创业指导师、生涯规划师、创新创业指导师资格证书13人,"双师型"专业课老师达100%。二是充分利用资源优势,院系利用学校全国创新创业实训基地优势,加强对大学生创新创业培训,提升学生创新创业能力。三是融入"二课"学分管理,指导老师全年人均开展创新创业培训120课时;指导社团活动15次,院系将创新创业项目培训纳入学生"第二课堂"学分管理,学生参与率达到100%;鼓励同学积极参加创新创业培训,对于有创业意向的学生,院系指导老师给予项目指导、前景预设、经营管理、财务报账等方面的建议和意见,科学合理地引导学生冷静思考,杜绝"一头热"盲目创业。四是创新创业提质增效,目前,在老师的指导帮助下有3名在校生实现网上创业,经营效果较好,实现了创业学习两不误,创新创业教育在全院系有效形成了良好氛围,也有效提升了大学生的创新创业意识和能力。

四、以校企协同为支撑,实现资源共享

院系建立校企合作协同育人机制,为大学生创新创业提供实践平台。企业与市场对接最为严密,是研发生产第一线,掌握着相对丰富的技术资源。信息工程系利用暑假"访企拓岗"走访校企合作单位15家,新型产业技术类企业10家。院系与济南博赛、亿纬、国子软件、华为技术山东公司等企业达成校企合作协同育人协议;引进19名企业导师走进教室、走进社团开展创新创业教育,助力项目创新提升,培养学生首创精神。院系通过技术技能培训实现学生创新就业双丰收,经过走访调研,毕业三年的学生在企业创新意识普遍增强,技术技能水平普遍提升。2019级大数据专业学生崔浩淼获金砖国家职业技能大赛一等奖;2020级移动专业学生刘一诺获山东省黄炎培职业教育创新创业大赛一等奖、山东省"互联网+"大学生创新创业大赛银奖;2021级大数据专业学生杨鑫宇获"互联网+"大学生创新创业大赛银奖。院系学生连续五年参与"互联网+"大学生创新创业大赛,获得校级奖励180余项、省级金奖1项、银奖2项、铜奖4项;山东省职业院校技能大赛一等奖3项、2等奖8项、3等奖16项,山东省大学生科技创新大赛金奖2项、铜奖3项;"挑战杯""发明杯"、大学生科技节等科创类大赛获奖360人次。成绩的取得和科学的教育有效地提升了学生们参与创新创业的积极性。

五、以创业实践为熔炉,淬炼工匠精神

"创客"有实现梦想的平台,双创将青春梦融入中国梦。国家对大学生创新创业的政策环境在不断优化,近些年出台了许多相应的政策,这为大学生创新创业能力的提高起到了积极的推动作用。高校也要加大力度,在人、财、物等方面给予大力支持,如实行导师制、辅导员制,重要的是为学生提供创新创业实践平台,提供相应的实践条件,因此高校要重视实践条件建设。信息工程系近几年在创新创业领域再创佳绩,在"互联网+"大赛再添新高,2021级大数据专业学生于赛参与的"智苗工厂"项目荣获省级金奖,并成功进入到国家级行列当中;"'玫''丽''香''村'与节水思源"项目荣获省级银奖,"集数有礼、国色'丹'香"项目荣获省级铜奖等多项荣誉,使得信息工程系在各院系中稳居前三,获得的荣誉占全校的56%,为院系取得极大的荣誉,极大地提高了实践精神与创新意识。要使职业技术教育、实践教育在国家有更高的社会地位,院系通过教育培养出更多"心灵手巧"的创新创业者,破除在创新创业上存在的"只许成功、不许失败"的观念,大力营造宽容失败、鼓励创新的文化环境,探索建立创新失败补偿机制,真正让"工匠"专心于技术创新,促进创新创业"幼苗"成长为一望无际的"森林",从而为我国经济发展注入澎湃动力。

"六个融通"推动创新创业人才培养提质创新
——山东电子职业技术学院商务管理系创新创业工作

山东电子职业技术学院商务管理系

山东电子职业技术学院商务管理系面向服务区域经济发展和企业转型升级需求,坚持立德树人根本任务,遵循思政育人和学生成长规律,积极推进创新创业人才培养模式改革,通过"六个融通"推动创新创业人才培养提质创新,把"大众创业、万众创新"引向深入,培养了大批深受社会和企业欢迎的创新创业高质量人才,为区域经济发展和企业创新创造积蓄更大动力。

一、思政课程与课程思政融通,落实立德树人根本任务

商务管理系围绕立德树人根本任务,以学生为中心,把思政课程与课程思政教育教学相统一、相结合,在专业课程体系和专业课中,均进行课程思政体系化设计,把课程思政元素有机融入课程日常教学内容和教学过程中,达到润物无声的效果。其中,2022年"网络营销"课程组教师参加山东省课程思政研课会获二等奖。

二、双创教育与专业教育融通,提高专业人才培养质量

商务管理系坚持把创新创业教育作为提高人才培养质量、提升大学生就业创业能力、更好服务区域经济社会发展的重要途径,以创新创业能力与专业能力同步养成为目标,以企业真实项目和学生创业项目为载体,以学生竞赛为抓手,将创新创业教育融入专业人才培养方案和课程体系,并在各个专业中开设了强化创新创业能力培养的专业课程,在教学资源中增加创新创业板块项目和内容,强化对大学生创新创业能力的培养。其中专业教学团队建设的"社区创新创业教育""社区里的网络营销与推广"等七门课程被评为山东省社区教育优秀课程资源。多年来双创教育与专业教育融合探索与实践,取得成效并得到应用推广。其中,2018年基于山东省教改课题"高职电子商务创业型人才培养体系的研究与实践"的研究成果——"高职电子商务专业'双创型'人才培养实践教学模式探索与实践"获省级教学成果二等奖。

三、专业课程与技能大赛融通,促进人才培养质量攀升

商务管理系积极推进"岗课赛证"融通育人,打造专业课程与技能大赛、创新创业大赛"课赛融合"新模式;把职业院校技能大赛项目、"互联网+"大学生创新创业大赛项目转化为课程教学任务模块,精准对接职业院校技能大赛赛项,"互联网+"大学生创新创业大赛的流程、任务、比赛规程等关键要素,进行课程转化,转化为课程模块的"任务池"载体,将赛项规程转化为教学模块,按竞赛流程实施理实一体化教学,并把大赛评价标准转化为教学项目的评价标准;通过实践,有效促进学生创新创业能力、专业能力、职业素养和工匠精神的全面提升。

近五年来,商务管理系组织学生参加山东省职业院校技能大赛获省赛一等奖6项、二等奖8项,其中"电子商务技能"赛项获得一等奖4项、二等奖3项;孵化大学生创业项目60多个,组织学生参加山东省"互联网+"大学生创新创业大赛,获国赛铜奖1项、省赛金奖2项、银奖4项、铜奖2项。

四、理论教学与实践育人融通,实现理实育人全程贯穿

商务管理系秉持在项目中提升素养、实践中助力成长的实践育人理念,依托创新创业项目、企业真实项目、实训实习课程和专业通识课程,实现课程育人向实践育人的全程贯穿;积极培育优质的社会实践项目,积极推进"第一课堂"向"第二课堂"贯穿,通过指导学生参加实践技能、志愿服务、乡村振兴、技能扶贫等项目,引导学生用技能回报社会。

商务管理系承担全校8大公共技能实训项目中的"互联网+创业技能"项目,面向全校所有专业学生,开展"五个一"目标,通过实践,创新创业教育取得系列成果。

五、学校教育与企业培养融通,拓展育人主体成效显著

商务管理系充分利用区域产业优势,加强产教融合、校企合作,持续拓展双主体育人渠道,加强学校专任教师与企业创业导师团队建设,形成校企协同双主体育人模式;分别与山东苏宁、山东顺丰速运等近30家企业深度合作,共同打造由学校专任教师和企业创业导师组成的高水平专兼结合的教学团队,提升创新创业施教能力的协同性,校企共同制定行业标准和专业人才培养方案,共同开展创新创业教育,提高创新创业人才供需对接的精准性,促进学生专业技能与创新创业能力双提升。

六、多方参与与分类评价融合,人才质量评价得到保障

商务管理系与企业合作制定4个维度、10个要素、28个指标的创新创业人才培养质量评价体系,将学生创新创业活动、创业项目运行情况、专业技能与创新创业能力水平、参加各类大赛、参加社团活动和社会实践等均纳入学生评价体系,并建立创新创业学分积累与转换制度,带动学生创新创业能力和综合职业素质的全面提升;同时,把创新创业人才培养工作纳入教师绩效考核,将教师企业实践、创业项目孵化、创业成果转化、创业实践等列入教师教学质量和绩效考核评价中,保障创新创业人才培养质量。

综述,在"大众创业、万众创新"时代背景下,创新创业已成为高职院校提升学生创新能力和就业能力的重要抓手。商务管理系积极响应,不断探索,通过实施"六个融通",把专业教育作为创新创业教育的支撑,把创新创业教育作为专业教育的有力补充,为社会培养了大批具有创新创业精神的高素质技术技能人才,有效地推动了高职院校创新创业人才培养。

立足学科专业，面向产业行业，打造"六三三五"产教融合育人新模式

山东药品食品职业学院迅腾产业学院

2021年，山东药品食品职业学院与天津滨海迅腾科技集团有限公司合作成立混合所有制二级学院——迅腾产业学院；结合学院做"精"专业教育、做"强"教学质量、做"实"产业落地、做"大"特色专业布局，通过对电商、物流、大数据、数据媒体产业链进行剖析，实施全员覆盖、全面融入、全程递进的"三全"创新创业人才培养模式，推动学科专业与创新创业的联动和融合，实现跨学科复合型创新创业人才的输出和多领域微创项目孵化落地，构建一个多方联动、辐射全院、专创融合、集"创新创业教育—创新创业实训—创新创业孵化"全流程于一体的多样化、立体化、共生化创新创业教育生态圈。

一、校企合作，打造全方位"定制式"创业实训实战场

结合学院学生创业特点，充分发挥混合所有制度优势，学校提供土地、规划，企业出资3000万元建设6900平方米的迅腾产业学院实训基地，内含16个实训机房和6个产业工坊、6个电商直播间、5个企业模拟仓、1个创意产业工坊。实训基地的建成和使用为迅腾产业学院开展电子商务相关的生产性实训、技术服务、学生创新创业等提供了坚实的硬件基础。

二、产教融合，构建立体化"六三三五"创新创业教育生态圈

（一）构建"六位一体、三段递进"的双创教育教学体系

立足办学定位和服务方向，学院围绕"师资、课程、讲座、实训、大赛、孵化"等6个教育要素，实施"千百十"阶梯递进式人才培养计划；培养"千人"创新思维、创业意识；发现"百人"创业基因，开展创新创业核心知识技能与实训实践精英教育；孵化"十人"大学生微创项目卓越提升三个阶段在内的体系化创新创业教育。

结合电商、物流、数据媒体等行业特点，学院组织修订人才培养方案，强化体现行业特殊要求的素质教育、创新创业教育，明确专业创新创业教育人才培养目标，将素质教育、创新创业教育融入人才培养方案；完善职业资格认证体系，突出创新能力培养；使人才培养方案实现了课程内容与职业标准对接，教学过程与生产过程对接、毕业证书与职业资格证书对接等，构建体现职业教育特色的课程体系、素质教育体系和实践教学体系、创新创业能力培养体系，强化学生创新精神、创业意识和创新创业能力的培养。

（二）打造"三级循环"双创实践平台

迅腾产业学院是校企共建二级学院，始终围绕"人才""产业""创业"三个基地建设为主线，建设人才培养基地、产业孵化基地、创业者孵化基地。学院在此建设N个产业工坊，承接企业真实业务，开展产教融合、产学一体、工学结合、创新创业、三教改革于一体的人才培养模式，将教育链、产业链、人才链、创新链贯穿融合，形成"产教融合创新高地"。

学院横向以创新创业教学与创新实训为主线，纵向以"专业＋创新创业"的融合发展为内涵，按照创新训练、创造实践及微创实现的渐进式培养路径，启发性培养具有创新思维和创新能力的复合型创新人才。学院围绕专业特色，打造"小·中·大三级循环"双创平台。小循环即创新创业综合实训实践小循环，为双

创实践平台的核心,主要包括学院内专业实训基地;中循环即联动专业实训的"专创"中循环,主要包括电商孵化基地;大循环即"政校企行研"协同创新大循环,主要包括校外创新创业实习实践基地。

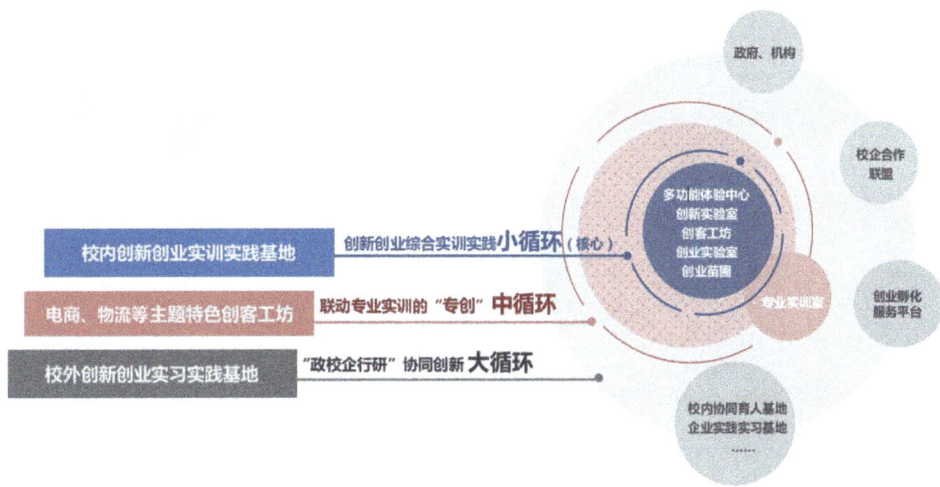

"小·中·大三级循环"双创实践平台

(三)构建"五方协同"双创教育育人机制

在校内创新创业实训实践基地建设的基础上,学院联动校外"政校企行研"多方资源,充分利用校外实践基地,逐步推进建立起由政府激励机制、政策指引,应用型人才职业能力培养校企衔接企业资源条件保障支撑,双创育人协同创新平台联动的育人大循环系统。

三、协同创新,构建多元化学生成长成才体系

(一)解决人才培养供给侧与产业需求侧不平衡问题

校企合作专业招生,校企通过共建教学环境、共编培养方案、开发教学资源等,学院探索实施以"1主线(职业技能与素养融合培养)—4对接(紧接系部专业岗位群)—4融合('素质、技术、技能、双创劳动'四体系融合)—6共进(企业文化进校园、企业工匠进教室、企业标准进方案、企业项目进课堂、企业管理进班级、企业大赛进基地)"为指导,"教—学—训—赛—练—创"六位一体育人模式,有效地解决了人才培养供给侧与产业需求侧不平衡问题。

(二)开展"四位一体"双创教育实践活动

学院高度注重大学生创新创业项目专题辅导,通过多渠道服务学生创业者,形成磨炼意志类、沟通交流类、素质提升类和技能提升类四类创新创业培训辅导体制;同时,积极组织开展创新创业大赛、创新创业讲座等主题教育。

(三)提供"一站式"创业孵化服务

基于学院"智·健康"众创空间,联合电商孵化基地,学院以"创新创业文化熏陶—创新思维训练—创客实践—创业能力培养—创业孵化引领"为逻辑主线,安排学生到基地进行参观学习、教学培训等相关实训活动,为顺利开展学生勤工助学、实习实训等方面提供必要条件和帮助,真正做到学生"0支出""时效快""外行人""缺资源""保安全"等创造性想法。

四、合作共赢,创新创业教育工作显成效

迅腾产业学院起步晚、发展快,积极组织师生参与各类创新创业大赛,2022年度荣获以下奖项。

1."阿辰电商——引领花果产业链,助力乡村振兴"项目在"建行杯"第八届山东省"互联网＋"大学生创新创业大赛中荣获铜奖。

2.参与山东省第一届"京天看你的"网络直播大赛,荣获省赛二等奖、三等奖。

创新机制培养新时代人才

齐鲁师范学院生命科学学院

齐鲁师范学院生命科学学院自 2012 年实施大学生创新创业训练计划,多措并举,设立专项资金,共投入 301.4 万元,学院资助项目 200 余项,参与学生 700 余人,学生参与发表学术论文 8 篇。其中 SCI 论文 4 篇,申请发明专利 21 件,获得发明专利 10 件、实用新型专利 50 余件,100 余人在国家和山东省教学技能大赛、大学生创业大赛等赛事中荣获优异成绩。大学生创新创业训练计划为学生提供了科研实践平台,学院近年来考研率稳步提升,从 2020 届的 40.65% 到 2021 届的 50.21%,2022 届本科生的考研率达到了 61.11%,先后为中国科学院大学、复旦大学、中国科学技术大学、厦门大学、山东大学、中国农业科学院等国内外高水平大学及科研院所输送了 300 余名优秀毕业生。生命科学学院大学生创新创业训练计划对学生创新型培养起到了极大的良性循环效果。

为了鼓励学生创新创业实践锻炼,培养大学生的科学精神,提高学生解决问题能力和创新创业能力,生命科学学院积极探索学生培养规律,大学生创新创业训练计划经历了三个阶段:2012—2017 年为精英化教育,依托教师获得的各项基金和课题探索化培养学生;2018—2020 年为大众化教育,学生组成团队自主申报课题;2021 年至今为普及化教育,所有本科生均参与实验室,学院择优资助优秀项目。现将生命科学学院大学生创新创业训练计划典型案例总结如下。

一、探索期——依托导师课题——精英化教育

2012—2017 年,生命科学学院围绕大学生成长成才培养开展了一系列探索,通过以"项目驱动学生创新能力培养"的方式让学生立项,依托生命科学学院教师获得的国家自然科学基金、山东省自然科学基金、齐鲁师范学院各类课题基金和横向课题等项目,学院配套相关学生创新培养经费的方式运行。2012 年立项 4 项,参与学生有 29 人;2013 年立项 8 项,参与学生有 57 人;2014 年立项 18 项,参与学生有 55 人;2015 年立项 9 项,参与学生有 107 人;2016 年立项 13 项,参与学生有 27 人;2017 年立项 3 项,参与学生有 13 人。2012—2017 年,学院共有 288 名本科生参与到生命科学学院大学生创新创业训练计划,立项经费达 62 万元。

二、成长期——自主申报课题——大众化教育

2018 年开始,生命科学学院以学年度立项及结项,项目分为创新训练项目和创业训练项目两类,分 3 个资助等级,即重点项目、一般项目和培育项目;通过研究课题形式,着重培养学生的创新能力和创业能力。通过学生个人或团队申请、专家评定和学院学术委员会认定,2018—2019 学年,生命科学学院共有 44 项立项并顺利完成结题,其中重点项目 5 项、一般项目 23 项、培育项目 16 项,参与学生涉及 166 人,共资助经费 58 万。2019—2020 学年,生命科学学院共有 66 项立项并顺利完成结题,其中重点项目 6 项、一般项目 19 项、培育项目 41 项,参与学生涉及 236 次,共资助经费 64 万元。2020—2021 学年,生命科学学院共有 48 项立项并顺利完成结题,其中重点项目 8 项、一般项目 20 项、培育项目 20 项,参与学生涉及 181 人,共资助经

费 64 万。

三、成熟期——全员参与择优资助——普及化教育

2021 年,生命科学学院开始了全覆盖式本科生参与创新创业训练,每一名本科生都在实验室观摩和学习,让他们对各类实验室相关研究工作有基本的掌握,鼓励学生参与老师课题,学生自愿报名各实验室,学生和实验室之间双向选择,学院对创新创业训练项目进行评审,择优资助优秀项目。2021—2022 学年,生命科学学院共有 48 项立项并顺利完成结题,其中重点项目 8 项、一般项目 19 项、培育项目 21 项,参与学生涉及 157 人,共资助经费 30 万。2022—2023 学年度,生命科学学院共有 33 个项目立项,其中重点项目 6 项、一般项目 20 项、培育项目 7 项,参与学生涉及 137 人,共资助经费 21.6 万。

大学生创新创业训练计划项目的实施促进了学生创新创业能力的培养,自 2018 年山东省教育厅开始发布省级和国家级大学生创新创业训练计划以来,在生命科学学院大学生创新创业训练计划持续培育下学院不断取得良好的成绩,2018 年获得 2 项国家级立项;2019 年获得 2 项省级立项、获得 1 项国家级立项;2020 年获得 5 项省级立项、3 项国家级立项;2021 年获得 8 项省级立项、3 项国家级立项;2022 年获得 6 项省级立项、3 项国家级立项,累计共有 117 名本科生参与省级及省级以上立项。

生命科学学院大学生创新创业训练计划已然形成学生创新性培养的鲜明特色和优势。2020 届生物科学(师范类)巩帅帅主持了学院 2018 年、2019 年大学生创新创业计划训练项目,获第七届山东省师范类高校学生从业技能大赛一等奖、第十一届山东省大学生科技节——山东省大学生生物教学技能大赛一等奖、第十届山东省大学生科技节——山东省大学生生物学大赛三等奖;在第十届山东省大学生科技节——"布勒杯"食品加工与安全创新设计大赛中,团队实验项目"一种新型泡菜发酵用乳杆菌的筛选及其发酵条件优化"获得省级二等奖;在第三届"鲁南制药杯"山东省大学生生物科技创新创业大赛中,团队项目"师范类教育网络创新培养平台的设计与开发"获三等奖,获山东省优秀毕业生,任第十一届济南市学生联合会轮值主席、齐鲁师范学院校学生会主席、齐鲁师范学院校团委大学生记者站站长、生命科学学院学生会主席并成功考取南京师范大学研究生。2021 届生物科学(师范类)专业毕业生张古玥,在校期间主持了 2018 年、2019 年大学生创新创业训练计划项目,以优异的成绩获得"互联网+"大学生创新创业大赛校级银奖、山东省大学生生物学大赛二等奖、第八届山东省大学生生物化学实验技能大赛二等奖、第十六届"挑战杯"中国大学生创业计划竞赛校级三等奖。通过学院大学生创新创业训练计划的培育,最终被中国科学院大学录取为研究生。

生命科学学院大学生创新创业训练计划充分发挥学科龙头作用,将学科建设成果转化为专业人才培养的优势,弘扬和传承了"厚德厚行,求真求实"的院训,对生命科学学院学子创新型培养起到了极大的良性循环效果。

经济管理学院创新创业工作典型做法和特色经验

山东青年政治学院经济管理学院

大学生创新创业教育是人才培养体系的重要组成部分,做好大学生创新创业工作是进一步深化高等教育综合改革、提升创新创业人才培养质量的重要突破口,也是落实以创业带动就业、促进毕业生就业的有效途径。近年来,经济管理学院注重培养学生的创新精神、创新意识和创新能力,积极探索学生创新创业教育新途径,努力培养创新创业人才队伍,持续推进毕业生更高质量就业,进一步推动学院创新创业教育工作。

一、加强领导,高度重视创新创业工作

学院高度重视学生创新创业工作,成立院长担任组长的创新创业工作领导小组,全面统筹,整体推进创新创业教育工作。学院定期召开创新创业工作会议,组织动员、研究部署创新创业教育工作。结合学院专业特色,制定、完善《大学生创新创业计划项目及学科竞赛奖励标准》《大学生创新创业训练计划项目结题验收工作实施细则》等规章制度。学院把创新创业教育贯穿于人才培养的全过程,渗透到教育教学各环节,促进人才培养模式创新,强化创新创业能力训练,着力培养学生的创新意识、创业精神和创业能力,营造良好的大学生创新创业氛围。

二、多措并举,积极推进创新创业工作

(一)开展职业生涯发展教育

创新创业教育不是机械地培养学生的创新创业知识与技能,而应该站在社会发展的角度,培养出具有创新创业意识与能力的高素质人才。学院将职业生涯发展教育渗透到人才培养的全过程,引导鼓励学生做有志向、有担当、有作为的应用型创新型人才。学院老师积极承担"大学生职业发展与就业指导"课程的讲授,及时融入职业生涯规划指导,进行专业课程、专业发展相关讲座,开展职业生涯发展教育。学院结合大学生就业指导课程,鼓励大学生积极参加创新创业大赛等,培养大学生创新创业意识。学院重视实践教学,开展重点行业单位岗位体验项目、实习生招聘、社会调查与实践、就业能力提升类专题培训等。学院通过课程、讲座、咨询、培训、实践等环节,聚焦每个阶段学生的发展需求,进一步提升学生的职业能力。

(二)构建创新创业教育实践平台

创新创业教育不仅要注重理论知识,还注重实践能力。学院积极推荐大学生创新创业团队入驻学校青年众创基地,给予创新创业学生宣传、创业指导等方面的支持,为学生开展创新实践和创业孵化活动提供平台和服务。学院结合专业特色,以创新为引领,以实践为形式,结合第二课堂活动开展各类创新创业相关知识讲座,同时与政府、企业、创业园等开展紧密合作,构建大学生创新创业与就业实训基地,广泛开展与专业实训相结合的相关培训、创业模拟实训和创新创业实践活动,有效提高学生的创业意识和创业能力,培养创新创业人才队伍。

(三)以赛事推进大学生创新创业

学院鼓励师生参加国家、省、市各类创新创业大赛,让竞赛成为专业教学改革与学生技能培养的有效载

体和实践平台,来促进学生职业技能和职业能力的提升。近年来,经济管理学院学生获第十三届山东省大学生科技节——第三届山东省大学生智慧企业管理创新设计大赛——智慧企业人才管理能力培养对抗赛一等奖,第七届山东省"互联网+"大学生创新创业大赛省级银奖、十三届"挑战杯"中国大学生创业计划竞赛省级三等奖,正大杯第十一届全国大学生市场调查与分析大赛获得国家级三等奖、省级一等奖,第十七届"挑战杯"山东省大学生课外学术科技作品竞赛获得省级三等奖。

学院一直以来重视大学生创新创业训练计划项目的培育,国家级大学生创新创业训练计划项目是教育部实施"本科教学工程"工作的一项重要内容,也是山东省教育厅对省内本科高校分类考核的重要标准,分为创新训练项目、创业训练项目、创业实践项目三类。自 2015 年以来,经济管理学院学生成功立项 44 项国家级创新创业训练项目,43 项省级创新创业训练项目,157 项校级创新创业训练项目,收获了科研成果、竞赛成果,提升了学生自我创新能力和解决问题的能力,培养了学生的科研能力。

三、紧跟就业工作以创业促进就业的工作理念,注重创新创业教育引导,锻造学生的创新思维

学院广泛开拓就业渠道,鼓励学生自主创业,2022 届毕业生中毕业去向为自主创业的学生有 3 人,与之前自主创业的学生数相有显著增加,同时鼓励学生在毕业之前积极主动地参加社会实践活动,包括创新创业类的第二课堂活动,为日后择业奠定一定的感性认识基础与实践基础,利用多种方式与社会接触,拓宽视野,加深认识,增强体验,有计划、有步骤地与社会相融,接受社会,关心社会,培养自己对社会的责任感和亲切感,锻炼自己的胆识和技能。

学院结合当前就业形势,以杰出校友讲坛和就业指导系列讲座为载体,引导毕业生拓宽视野,提高择业创业能力。学院在 2021 年举办两场校友讲坛,邀请成功自主创业的校友,为在校生分享了职业选择、职业成长、职业贡献、职业荣誉等方面的个人成长故事与心路历程,结合自身创业经历,鼓励同学们要结合所学专业知识积极参加创新创业活动,努力成长为满足社会需求、全面成长发展的应用型人才。

学院高度重视就业创业工作信息化建设,着力提升服务效能。学院在班级负责人工作群及时发布创新创业活动的信息,使广大学生能够及时了解校内外各类创新创业活动,并积极鼓励学生投身创新创业活动。同时,学院为每一届应届毕业生建立毕业班工作交流群,精准推送就业信息及关于毕业生创业支持政策。

学生创新创业工作是一项长期工作,需要整体规划,稳步推进。经济管理学院立足特色和实际情况,积极开拓大学生创新创业教育工作,把创新创业教育与大学生科技创新、社会实践结合起来,共同取得良好效果。

"两融入、两衔接、三平台、四递进"，
艺术学院实践育人促双创

济南幼儿师范高等专科学校艺术学院

《国务院办公厅关于深化高等学校创新创业教育改革的实施意见》（国办发〔2015〕36号）指出"深化高等学校创新创业教育改革，是国家实施创新驱动发展战略、促进经济提质增效升级的迫切需要，是推进高等教育综合改革、促进高校毕业生更高质量创业就业的重要举措"。济南幼儿师范高等专业学校始终坚持面向市场、服务发展、促进就业的办学方向，把握产业变革的趋势，积极创建学校与行业企业协同育人机制，形成以需求为导向、强化创业就业能力的人才培养模式。艺术学院在学校的领导下，不断完善创新创业教育管理体系，依据产业设专业，依托专业设平台，对接平台开展创新创业，形成了"两融入、两衔接、三平台、四递进"的人才培养模式。

一、以行业需求为目标，修订人才培养方案

学院根据创新创业教育改革目标要求，将"工匠精神、尽美文化"融入人才培养中，将"行业标准"与"课程内容"相衔接，增加实践课程学时学分比例，在人才培养方案中设置面向全体学生的"创新思维方法训练""创业基础""就业创业指导"等必修课和选修课，强化学生对双创理论基础的学习。

二、完善创新创业课程体系

学院以"工匠精神"为引领，注重创新教育课程与专业教育课程相衔接，强化"创意、创新、创业"三创能力培养，对接"行业标准"将课程与岗位任务标准对应，构建了"知识＋实践＋模块"的课程体系，提升了学生的职业技能和创新创业能力。

学院在专业课程中增加创新创业教育模块，将培养创新创业思维融入知识讲授、课堂研讨、课程汇报、课程作业等专业教学各个环节。学院构建"四级递进"课程体系，即基础模块、兴趣模块、提升模块、创新模块，利用课内课外多形式完成不同级别的课程训练。

三、改革教学方式

学院以学生为主体，广泛开展启发式、讨论式、案例式和研究型教学，建立了文创中心、教师工作室创新教育平台。学院支持教师将科研项目、产业技术、学术前沿成果带入课堂，激发学生创新创业灵感；通过开设"创意思维""图形创意""TRIZ理论"等课程，训练学生创意思维能力，重点培养学生独立解决问题的能力。

四、"三平台"助力双创教育

学院构建了"校企实践平台、协会学术平台、教师科研平台"三位一体的创新教育平台。学院利用竞赛

实战、文创中心、教师工作室,组织学生参加创新创业大赛、各类技能大赛,实现赛教结合、以赛促教。

五、完善创新教学体制、机制

学院根据双创教育要求,组织人员搭班子,成立文创中心,依托教师工作室,负责对学院学生开展技能训练、创新创业指导、创意思维训练、创意类项目孵化等工作。

学院实施创新创业教育学分管理,鼓励学生通过学科竞赛、科学研究、发明创造、技术开发、发明专利、社会实践、发表论文等方式获取学分,严格创新创业学分认定条件和标准。学院允许创新创业学分与专业课程学分互换,毕业前进行创新学分认定。学院改革教学管理机制,深入推进学分制改革,对创新创业教育成绩突出的教师,在职称评审时给予一定政策倾斜,提升大家的工作积极性。

六、深化校企协同育人

学院通过校企合作,进一步深化校企协同育人机制。校企协同开设创新创业培训项目,聘请企业导师为创新创业导师,师生参与企业项目研究,校企共同培育高水平创新团队、共同建设实训基地,与企业建立了资源互通共享、优势互补的合作机制,为培养学生创新能力奠定了基础。

七、加强创新创业师资队伍建设

学院逐步健全创新创业专职教师队伍,加大对青年教师培养力度,制定政策,支持教师到企业挂职锻炼、交流访学,参与社会行业创新创业实践。学院通过多种渠道,引进校外创新创业教育优秀师资,聘请学校校长、设计师、创业成功者、企业家等校外专家、学者兼职做创新创业导师,推行大学生创新创业"校企双导师制";利用竞赛实战平台,指导学生参加创新创业大赛、各类技能大赛,充分发挥行业导师的积极作用。

八、提升创新创业指导服务

学院利用学院网站、公众号、信息化平台,及时发布相关政策文件与政策解释、创新创业项目、市场行业需求、人才供给等信息,定期进行案例分析、就业指导,开展经验分享,提升学院创新创业服务。

九、建设校园创新创业文化

学院加大宣传力度,定期召开校友访谈、大师面对面、精品课程进校园等系列活动,通过行业创新创业精英、成功人士的亲身经验,激发学生的热情、提高学生的自信心。学院发挥学生社团作用,定期举行讲座、论坛、见面会、研讨会等学术交流活动,建设"独立思考、自由探索、勇于创新"的校园创新创业文化。学院利用报刊、广播、网络等形式做宣传,引导学生树立科学的创新观、创业观、成才观,广泛宣传大学生创新创业优秀典型,转变学生对创新创业的认识。

十、取得的成效

学院通过一系列改革举措,艺术学院 2022 年在山东省"互联网+"大学生创新创业大赛中获得铜奖 1 项,山东省黄炎培职业教育创新创业大赛三等奖 1 项,第十三届"挑战杯"山东省大学生创业计划竞赛铜奖 1 项,第六届"鲲鹏杯"山东新动能·软件创新创业大赛优秀奖 1 项。

学院学生就业率一直在 90% 以上,得到用人单位的一致好评。美术教育、音乐教育均有自主创业学生,艺术设计专业学自主创业的学生在 5% 以上,行业内赢得了良好的口碑。

"项目贯穿"创新能力培养模式探索与实践案例

山东管理学院智能工程学院

山东管理学院智能工程学院服务山东省新旧动能转化重大工程和产业发展需求，产教深度融合，以加强大学生创新意识、工程实践能力及合作精神培养为目标，搭建智能技术创新实践基地，开设创新工程实践系列课程，开展创新教育教学改革与研究，以各类平台为依托，从应用项目开发、应用性学术竞赛、创新项目研究三个方面出发，积极推进"分层递进、项目贯穿"创新能力培养模式，让学生参与到具有实际应用意义的项目开发当中去——实现"练中学"，让学生通过学术竞赛快速提升科研能力、加强学术交流——实现"赛中学"，让学生主持创新项目研究、充分挖掘自己的创新能力——实现"研中学"。学生工程实践和创新能力取得明显成效，该模式在5所高校得到有效推广，取得良好社会效应。

实践教学是高等工程教育教学的有机组成部分，是应用型工科院校（专业）的重要教学环节。在新型工程技术人才培养模式改革中，工程实践能力培养是重要的突破口和切入点，培养学生应用科学知识和方法解决复杂工程问题的能力，是培养创新意识、创新精神和创新能力的重要途径和手段。

智能工程学院聚焦地方应用型高校大学生创新意识及实践能力培养存在的以下突出问题，提出实践教学体系建设方案，经实践探索和逐步完善，系统优化并完善了实践教学体系、培养模式和育人机制。

（1）现有实践教学体系与新型工程人才"知识、能力、素质同步"培养目标不相匹配及非工程能力培养不到位的问题；缺少系统性、多层次、跨学科的综合实践训练，高校工程实践教育与行业实际脱节。

（2）现有项目式教学设计存在教学目标不够清晰、系统性不强、难以实现一体贯穿、学习效果评价不全面等问题，未能很好落实"能力为本"的应用型人才培养理念。

（3）现有的工程实践教学环境存在缺乏系统化、数字化、全周期、开放性等问题，未能有效地支撑解决"跨界"复杂工程问题的高素质应用型人才培养理念。

自学院"分层递进、项目贯穿"创新能力培养模式实施以来，学生工程实践和创新能力取得明显成效，用人单位对毕业生的满意度逐年增高；构建的实践能力培养模式在5所高校得到了有效推广，取得了良好的社会效应；搭建的全流程数字化智能学习工厂成为高校人才培养和企业职工技能培训的共同平台。

一、深化能力为本的应用人才培养理念，确立知识能力素质同步的新型工程技术人才培养目标

以新工科教育理念和工程教育专业认证理念为指导，学院坚持深化"能力为重、突出应用、产教融合、强化特色"的应用型人才培养理念，确立价值塑造、知识传授、能力培养、个性化发展"四位一体"，人文素养、信息素养、职业能力与专业能力培养相结合的新型工程技术人才培养目标。

二、完善"两环节五模块四层次"的实践教学体系

为对接产业需求，落实新型工程人才培养目标，学院统筹校内外实践教学资源，抓住集中实践和分散实践两个教学环节，构建了包含通识教育实践、学科基础实践、专业能力实践、素质拓展实践和创新创业实践五大实践模块，遵循基础训练、综合实践、工程实践及创新实践四个逻辑层次的实践教学体系。

三、实施"分层递进、项目贯穿"的工程实践能力培养模式

(一)构建工程实践能力成熟度模型

学院将工程技术人才"工程能力、非工程能力、创新能力"融入实践教学体系,采用逆向教学法,通过实践训练让学生掌握工程知识,提高学生的工程意识和工程素养,培养学生解决复杂工程问题的综合能力,激发学生的创新意识、创新思维和创新潜能;确立了基础应用、综合应用、工程应用、融合创新四种层次递进能力,构建工程实践能力成熟度模型。

(二)科学设计工程实践项目

学院先后与山东省应急管理厅、浙江大学山东工业技术研究院、山东众海公共安全器材有限公司等深度融合,经过多年探索、实践与持续改进,凝练了一批方向明确、特色鲜明的项目,逐步形成了一个经典进阶式挑战性项目库,有效地支撑了本项目的实施。

(三)开展工程沉浸式 Swimming Pools 实训

学院注重融合课内实验、集中实践、科技竞赛、科研训练等环节,以项目为主体,以学生为中心,采取校企双导师指导,开展一体化工程实践和创新能力培养;在实践教学过程中,采用工程沉浸式 Swimming Pools 实训模式,按照知识迭代、方法迭代、能力迭代的原则层次递进,贯穿实践教学全过程,推进学生探究性实践。

四、构建了工程综合实践、科技创新与竞赛实践平台

依托山东省工程实验室、山东省高校对接产业类协同创新中心、山东省公共安全管理技术重点实验室等科研创新平台,学院围绕智慧应急产业,与山东省应急管理厅、浙江大学山东工业技术研究院、山东众海公共安全器材有限公司等深度融合,共建技术研发中心;融入新一代信息技术和数字孪生技术,构建从商务服务、规划设计、系统集成、运行维护、智能管控全流程的数字化智能学习工厂,建成兼具生产、教学、技术创新、社会服务功能一体、产学研用协同的工程综合实践平台。

学院建设了"3大项目＋2类竞赛＋1产业学院"驱动的科创及竞赛平台,分层次培养学生创新创业能力,引导学生参与科技创新活动;每年面向大一学生举办"挑战极限、纸桥承重"大赛,提高学生创新意识;每年面向大二学生举办科技创新大赛,提高学生工程实践和创新能力,为国家、省级学科竞赛及创新创业大赛做好培育;利用公共安全现代产业学院,组建创新团队,开展卓越人才培养。

五、完善政行企校多元协同实践教学质量评价和保障机制

(一)完善政行企校多元协同机制

学院完善产教深度融合、校企紧密合作的多元参与人才培养、开展社会服务的合作机制,成立产业学院理事会和专业指导委员会,建立新型信息、人才、技术与资源共享机制,形成"四融入四对接"产学研合作教育体系,与行业企业共建师资队伍、共建产业基地、共建创新团队、共建实践课程、共同技术攻关、共同质量评价,实现应用型人才培养模式创新。

(二)建立实践教学全视角的考核和多元化的达成度评价机制

根据专业培养目标和毕业要求,学院领导班子制定明确的项目目标,进而细化项目结构设计、实施方案设计和考核方式设计,根据项目目标和毕业要求指标点两个维度进行达成度评价和学习效果评价,整个过程构成一个闭环系统。

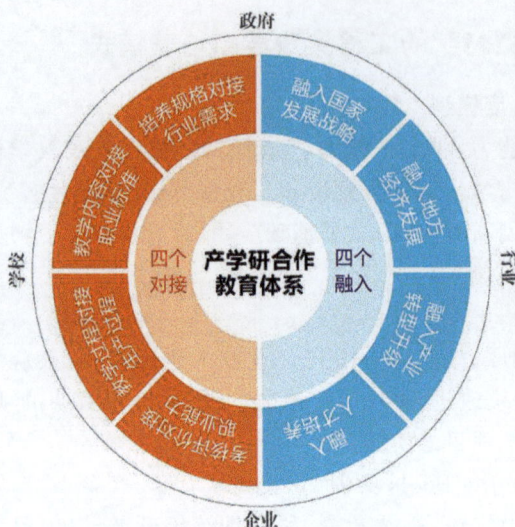

"四融入四对接"产学研合作教育体系

六、成效显著，成果丰硕

自学院"分层递进、项目贯穿"创新能力培养模式实施以来，"为人友善、工作踏实、做事认真、追求极致"的应用型人才特质更加鲜明，学生专业认同感增强，追求卓越的精神动力明显提升，学生工程实践能力大幅度增强，社会实践、科技创新及竞赛等热情高涨。学生得到了有效的工程训练，提高了解决复杂工程问题的综合能力。近五年，学生获省级以上科技创新及学科竞赛奖励人数 550 人次，获国家奖 12 项、省级奖 166 项。其中，获得"互联网＋"大学生创新创业大赛入围全国总决赛 1 项，省级银奖 1 项；"挑战杯"山东省大学生课外学术科技作品竞赛省级一等奖 2 项、省级二等奖 2 项、省级三等奖 4 项；获批国家大学生创新创业训练计划项目 12 项，省级 19 项，下一代互联网创新技术项目 2 项。学生发表论文 10 篇，获批专利 5 件。"千名学子访职工"实践团获得省级优秀服务队，人才培养质量得到行业企业专家高度肯定和认可。

近三年来，学院获批山东省高校青年创新团队，获省级教学名师 1 人，国际应急安全产业联盟智库专家 1 人，山东省应急管理专家委员会专家 1 人，省级社会实践及竞赛优秀指导教师 5 人，在各类教学或创新比赛中获奖 10 余人次。学院获批山东省工程实验室等省级科研创新平台 5 个；团队主持国家级教学研究项目 1 项，省级教学改革项目 4 项，省青少年教育教学研究项目 3 项，教育部产学合作育人项目 10 项；省级一流课程 2 门，省级特色课程 1 门，省级在线平台上线课程 5 门。近年来，学院为山东省人社厅、济南市经济技术开发区等完成各类社会服务项目 10 项；2020 年，为济南市大数据局等 20 多家单位提供科技防控服务；2021年，教师参与教育部职业技能等级标准起草工作。团队在山东省第二届数据创新应用大赛获得二等奖，并在第 56 届中国高等教育博览会进行成果展示，山东卫视对此项目进行专门报道。

基于科研的"三融合"创新创业教育体系构建与实践

山东第一医科大学生物医学科学学院

山东第一医科大学生物医学科学学院基于科研的"三融合"创新创业教育体系构建与实践,对接国家公共卫生和医养健康重大需求,坚持以立德树人为根本任务,坚持"四个面向",高度重视大学生创新创业教育工作,持续推进构建创新创业人才培养新机制,将创新创业教育贯穿于人才培养的全过程;充分发挥科教融合、医教协同优势,突出专业特色,优化人才培养模式,推动创新创业教育深入发展;全面贯彻创新创业教育理念,坚持"以人为本、德育为先、能力为重、全面发展"的要求,面向全院学生开展创新创业人才培养观念的教育。学院把大学生创新创业和实践能力的培养融入学校"科教融合"战略中,贯穿于人才培养的全过程,落实到教育教学各环节。

一、指导思想

学院坚持以立德树人为根本任务,坚持"四个面向",高度重视大学生创新创业教育工作,深入贯彻《山东第一医科大学(山东省医学科学院)本科教育提升计划(2020—2024)》,持续推进构建创新创业人才培养新机制,将创新创业教育贯穿于人才培养的全过程;充分发挥科教融合、医教协同优势,突出专业特色,优化人才培养模式,推动创新创业教育深入发展。

二、基本原则

(一)坚持以学生为中心的原则

从学生的角度出发,创新创业教育模式应该坚持"四个面向"并符合学生的实际发展规律,配以正确的引导和硬件保障,以育人为导向,加强创新创业教育,培养学生的创新意识和创业实践能力,培育各种创新型复合型人才。

(二)坚持以创新、创造为核心的导向原则

创新和创造是构建大学生创业教育体系的重要内容。创业教育建设过程要始终坚持贯穿这一理念,提倡创新精神,以创造为融合点。

(三)坚持把创业作为最终目标的建设原则

创业教育要重在培养创业意识和创业技能,以就业为起点,在就业中创业。

三、工作目标

1. 学院通过全面实施创新创业教育,以创新教育为基础,以创业教育为载体,将创新教育与创业教育结合起来作为一个整体推进,从而全面提升学生的创新精神和实践能力,使学生具备从事创业实践所必需的知识、能力及心理品质,成为高素质创新创业型人才。

2. 学院通过全面实施创新创业教育,实现从应试教育向素质教育的转变,从以教师为中心的教育向以学生为本的教育转变,从以知识为中心的教育向以能力为本的教育转变,最终实现应用型人才培养模式的根本转变。

3.学院通过实施以创新创业为导向的课程体系和教学管理体系改革,构建创新创业教育管理平台、课程平台和实践平台,培育创新创业教育的专兼职结合的师资队伍,创造有利于创新创业人才成长的教学与实践条件及环境。

4.学院通过以素质教育为基础,开展面向全体学生的普及型创新创业教育,对具有创新创业意愿与潜质的群体进行专门培养;通过分层次的创新创业教育,促进创新创业成果的涌现和创新创业人才的快速成长。

5.学院通过实施创新创业教育,培养创新精神与创业技能,使大学生不仅成为求职者,还成为工作岗位的创造者和职业的创造者,促进学校就业工作的开展,为学生今后的职业生涯创造一个良好的开端。

四、主要举措与成果

(一)修订人才培养方案,完善人才培养质量标准

学院全面贯彻创新创业教育理念,坚持"以人为本、德育为先、能力为重、全面发展"的要求,面向全院学生开展创新创业人才培养观念的教育;把大学生创新创业和实践能力的培养融入学校"科教融合"战略中,贯穿人才培养全过程,落实到教育教学各个环节;通过开设创新创业课程、设立创新创业项目等方式,将创新创业教育融入专业人才培养方案;在生物技术专业、生物医学科学专业、生物医学泰山班和生物技术泰山班的培养计划中,明确培养计划和学分要求,培养学生的创新创业思维,提高学生的创新创业能力。

(二)创新创业教育的组织与领导

学院成立创新创业教育指导委员会,统筹协调学院的创新创业教育。为切实加强学生的创新创业教育,学院成立创新创业教育指导委员会,领导、组织、协调和指导学生的创新创业活动,创新创业教育指导委员会由院长任组长,分管副院长任副组长,学工办公室、综合办公室、教学办公室及各教研室共同参与。创新创业教育指导委员会下设办公室,挂靠教学办公室,负责具体的日常工作;通过加强组织领导,统筹规划,精心组织,指导实施,把开展创新创业活动的各项工作落到实处,并形成各部门共同配合,全体教职员工和学生积极参与的领导体制和工作机制。

(三)创业教育师资队伍建设

1.学院建设了一支高素质、多元化、专兼职教师队伍。学院将创业教育与就业指导、科研训练有机结合,与学生职业生涯规划相结合,建立专业师资队伍。创业教育教师队伍融入学校就业指导教育师资队伍中,统一由学院管理。学院与银丰生物集团、博科集团建立师资队伍共享,聘请企业导师指导学生进行创新创业,逐步形成了学院特色的创业教育专家库;生物医学科学学院教学老师在企业培训后可兼职创业教育教学。

2.在大学生科教融合战略基础上,学院开展科研+创新+创业的"三维"双创教育,对创业教育与创新人才培养实践与探索,通过设立创新研究基金,申报相关研究课题,并已在生物技术泰山班进行了试点,目前该双创教育模式已经惠及60余名同学,为双创教育的推广提供了宝贵的经验。

3.对学院优秀教师进行国家级创业教育培训。通过山东省内外创业教育师资培训班和教师培训计划,学院遴选了以双创教育优秀教师代表——鲁艳芹教授为首的优秀教师进行双创攻坚工作,并实现了"互联网+"创新创业国家级金奖的突破。

(四)构建创新创业教育课程平台

根据自身专业特色,学院开展在专业相关领域、行业进行创新创业的针对性教育,充分发掘生物技术和生物医学专业创新创业的教学内容,通过讲座或课程的形式,启发学生将创新创业活动与所学专业知识结合起来,使各专业学生能够深刻理解专业内涵,并在学科专业基础上开展高层次的创新创业实践。

(五)构建创新创业教育实践平台

1.创建学生参与科研创新训练的机制

生物医学科学学院积极落实"科教融合"战略,推进教学与科研相结合,强化大学生的科研能力培养。

在生物医学科学专业和生物医学泰山班培养中,把学生科研训练纳入专业培养计划,共计 15 学分,提供实验室开放环境,指导学生参与创新科研训练,吸引大学生参与教师的科研工作。近两年,学院获得国家级大学生创新创业训练计划立项 2 项,省级立项 8 项。科研训练增强了学生的专业素质,培养了学生的创新精神,后续可以通过将科研成果进行转化,达到创业实践的目的。2022 年,学院获得全国大学生生物学创新大赛二等奖 1 项、三等奖 1 项。

2.创建创新创业实训基地、孵化基地

学院创建了国家卫健委生物技术药物重点实验室、山东省罕少见病重点实验和山东省罕见疾病防治工程技术研究中心,以及校内外产学研实践基地,另外学院还构建了创新创业实训基地;通过开放实训室,为相关专业学生进行各类技能开发、完成实践创新训练计划项目提供必要条件;同时在博科、莱博和银丰生物等公司建立了合作协议,依托学院校外实习就业基地,推动了创新创业实训基地的建设。学院通过设置专项经费和科研课题为学生进一步研发提供资金和载体的支持;为企业的创办和运行提供融资服务;通过提供法律、税务、财务及其他的服务帮助初创企业规避创业风险;通过真实的创业活动,使创业学生的潜能得到进一步的开发。

3.充分发挥第二课堂教育的作用

学院充分发挥第二课堂教育的作用,由学工办公室为主组织的各类社会实践活动、科技节活动、创业计划大赛、学生社团活动等作为创新创业教育实践平台的重要组成部分;通过第二课堂多样化的创新创业实践活动,实现不同专业、不同年级学生的自由交流,形成了浓郁的创新创业文化氛围。

(六)加强创新创业社团建设,营造创新创业教育的文化氛围

以鲁艳芹教授为首成立的大学生创新创业社团,支持学生自主开展创新创业实践,促进学生创新创业团体的沟通和交流,通过各类创新创业教育活动,营造校园创新创业教育文化氛围。学院通过科技作品竞赛、创业计划大赛,举办创新创业论坛、经验交流会、事迹报告会,邀请企业家及相关领域的政府官员到校讲座、对话,组织到企业参观学习等课外创新创业文化活动,激发学生创业动机与需求。

多措并举开展大学生创新创业工作

山东理工大学机械工程学院

山东理工大学机械工程学院主动对标"五有人才"培养目标,把提升大学生的创新实践能力作为培养应用型人才的重要手段,坚持"以制度为保障,以竞赛为抓手,以提升大学生科技创新能力为目标"的工作思路,多举措激发学生参与科技创新活动的兴趣,提高学生科技创新能力,助推大学生科技创新工作取得显著成效。

一、强化顶层设计,深化交流讨论,确保大学生科技创新工作系统规范

一是紧紧围绕大学生科技创新工作重点任务,系统谋划,统筹推进,狠抓落实。学院成立创新创业教育工作领导小组,由院长担任组长,分管科研及科技创新的副书记、副院长任副组长,各系主任为成员,结合学院学科专业建设与规划,在现有大学生科技创新活动基础上,依托学院教学、科研及实验室条件,建设 3~4 个集培训、竞赛、学术交流、设计开发及产学研于一体的大学生科技创新实践基地。学院积极承担创新创业相关竞赛,目前,学院承担大学生创新创业竞赛 58 项,国家级 33 项。

二是建立项目导师制,学院采取"三进"措施,推进本科生进科研团队,进实验室,进科研项目;激发学生对科技创新的兴趣,提高实践动手能力,扩大活动参与面,形成了"以项目促学、以项目促练、以项目促教"的良好氛围。

二、建章立制,建立健全大学生科技创新工作标准体系,全面推进大学生科技创新工作基础建设

一是学院制定了《机械工程学院大学生科技创新活动管理办法》,明确大学生科技创新工作的关键内容和重点任务,为大学生科技创新工作开展提供根本遵循和方向。二是学院修订了《大学生科技创新工作考核量化标准》,指导督导各系、辅导员、指导教师紧扣任务书,找准目标定位,厘清工作思路,明确任务,细化分工,查问题、补短板、列措施、定期限,确保大学生科技创新规划具有科学性、针对性和可行性,对开展情况定期调度,动态化记录总结。三是学院印发《机械工程学院教学成果与人才培养资助办法》等一系列制度,加大对教师指导学生从事科研项目的资助力度,加强教师指导学生从事创新活动的考核,激发专业教师参与大学生科技创新工作的积极性。学院在学校划拨专项活动经费的基础上,适当从学科及专业建设经费中切块,用于支持大学生科技创新活动,主要用于资助学生发表论文、申报专利的有关费用,以及创新活动所需的报名费、邮寄费、耗材会务费及差旅费,给大学生科技创新工作提供了经费保障。四是以国家级重点赛事为目标,完善竞赛选拔机制。学院以中国"互联网+"大学生创新创业大赛、"创青春"全国大学生创业大赛、"挑战杯"全国大学生课外学术科技作品竞赛、中国大学生机械工程创新创意大赛——材料热处理创新创业赛、全国大学生金相技能大赛、全国大学生工程训练综合能力竞赛、"西门子杯"中国智能制造挑战赛、全国大学生机器人大赛 RoboMaster、全国大学生机器人大赛 ROBOCON、全国大学生机械创新设计大赛、全国大学生先进成图技术与产品信息建模创新大赛(机械类)为目标,通过设置举办相关重点赛事的校级选

拔赛、擂台赛,基本完善了"校赛—省赛—国赛"的队伍选拔机制,提升获奖的概率。

三、加强教学科研联动,拓宽大学生科技创新工作平台

一是加大课程改革力度,将科创搬进课堂,将创新创业融入课堂教学全过程,机械设计制造及其自动化专业进行了创新创业试点专业建设,构建了创新创业教育的专业人才培养方案,创新教育融入课程的教学大纲及考核大纲,积极构建创新教学案例。学院组建创新创业教育课程团队,鼓励教师进行课程改革与教学方式改革,20余门课程获得教学改革项目;经过几年的努力,在培养学生创新能力和创业能力方面获得省级教学成果奖2项和教学改革项目多项,提高了学生创新水平和创业基础。学院以专业社团为依托开展科技竞赛活动,提升学生参赛能力;目前共有4个专业社团,均配有专业指导教师,逐步形成了"一专业一社团多赛事"的工作格局。

二是加强校企合作的深度和广度,组建大学生科技创新工作平台。学院在深入提炼学院内部科技创新要素的基础上,积极挖掘校外大学生科技创新资源,丰富大学生科技创新内容,增强大学生科技创新的应用性,全方位锻炼学生的创新实践能力,形成了学院、企业"双引擎"驱动的大学生科技创新格局。学院联系新华医疗器械股份有限公司、歌尔股份有限公司等企业为大学生科技创新搭建实验实习平台,教学实践环节在企业进行,安排大三、大四学生利用寒暑假到企业顶岗实习,将专业知识应用到实践中去。学院成立了机械工程专业建设协同创新联盟,与学院有长期合作关系的30余家行业企业、科研院所共同加入联盟,深度参与学院人才培养过程,共同打造"产、学、研、用"有效互动的协同育人机制。学院与歌尔股份有限公司、烟台三环有限公司合作,设立"歌尔·机械先锋"奖学金、"烟台三环"奖学金,调动学生参与科创活动积极性。

四、创新工作形式,积极培育大学生科技创新工作队伍

一是学院完善师资队伍建设,充分利用实验室的教学资源与实验设备资源,定期举行培训会,指导教师把自身科研与指导学生科技创新有机结合,积极吸收学生进入实验室参与教师的科研项目。二是学院组建硕本科研团队,本科生和研究生互相促进,共同提高科研水平及创新能力。目前,研究生和本科生共组建52个科研团队,团队定期开展交流活动,共同申报课题、参加科技竞赛活动,研究生在论文撰写等方面给本科生进行指导,激发了大学生参与科技创新的热情。三是学院组建智能机器人创新创业实践班,强化智能机器人相关数理能力与专业知识,进一步促进专业与创新创业教育融合,拓宽创新创业实践平台,凝练创新创业团队,培养创新创业拔尖人才。

经过近五年的努力,学院大学生科技创新工作取得显著成效,国家级大学生创新创业训练计划项目立项20余项,省级20余项,申请并获批国家专利50余件,发表学术论文30余篇,在全国三维数字化创新设计大赛等国家级比赛中获奖360余项,在山东省大学生机电产品创新设计竞赛、山东省大学生机械CAD制图技能大赛等省级比赛中获奖500余项。

"四平台、三融合"助力双创工作提质增效

山东农业大学农学院

农学院高度重视创新创业教育,对标新时代创新型人才标准,构建了"四平台、三融合"双创工作模式。一是学院加强顶层设计,打造高水平双创队伍,出台制度文件,畅通保障机制;二是学院以赛促创,打造"稼穑强农训练营"、大学生创业孵化基地、大创项目培育平台、校企合作平台等"四平台",贯通项目孵化到人才培养的"主渠道";三是学院强化育人作用,发挥教育部首批"三全育人"综合改革试点建设单位优势,推动双创工作与思政教育、专业教育、实践育人相融合,引领学生全面发展。学院"四平台、三融合"双创工作模式激发了师生参与双创的热情,推动了双创工作高质量开展,提升了学生核心竞争力,取得中国国际"互联网+"大学生创新创业大赛金奖、"创青春"全国大学生创业大赛金奖等优异成绩,涌现出一批先进典型。

一、案例背景

创新创业教育是21世纪高等教育发展的重要趋势,是中国高等教育人才改革培养的重要突破口,也是我国创新型国家建设的迫切需要,创新创业逐步成为时代的发展主题,"敢闯会创"成为新时代高校培养优秀卓越人才的核心要素。

当前农科类学生的双创教育工作仍存在一定的弊端,如学生参与热情不高、教师参与指导不够、专业关联性和实践性不强等,农科类学生能否"敢闯会创"、能否扎根基层大地、致力于解决农业生产中的关键问题,关乎着乡村振兴和农业现代化建设的进程。因此,农科类院校需要依托专业特色,强化实践训练,推动创新创业教育与专业教育紧密结合,搭建大学生创新创业与社会需求对接平台,着力培养学生的创新意识和创业能力,促进学生全面发展。

二、主要做法

(一)加强顶层设计,注重队伍建设,畅通双创保障机制

学院高度重视创新创业工作的开展,建立了以学院党委书记、院长为组长,分管学生工作的副书记为副组长,院班子成员、专业主任、系主任、辅导员等组成的双创工作领导小组,将创新创业工作列入学院双一流建设的目标任务之一,研究制定了一系列相关制度,鼓励学院教师、学生积极参与双创赛事,提高双创能力;以教育部首批"三全育人"综合改革试点建设为契机,依托"班主任+"工作模式,把学生的创新意识和创业能力培养作为"班主任+"导师组的工作内容之一,聘任校内专家、校外企业家、创业校友等作为创新创业导师,形成了自上而下贯通、由内向外拓展的双创保障机制。

(二)坚持以赛促创,搭建四大平台,营造双创浓郁氛围

一直以来,学院围绕创新创业孵化体系和双创赛事,搭建了四大平台。一是学院创新开设"稼穑强农训练营"计划,围绕"互联网+"大赛、"挑战杯"、科创大赛等赛事对学生进行全方位培训,让学生沉浸在浓郁的双创氛围中,实现以赛促创、以赛促学,提高创新意识。二是学院重视大创项目的申报和培育,将重点项目作为孵化对象,配齐配强校内外导师,全程指导学生参与创业实践训练。三是学院依托9个创业团队建立创

业孵化基地,通过自主设计研发、定期展销、申报入驻创梦空间等方式,提升创业实践技能,搭建学生自我教育和管理的创业平台。四是学院搭建校企合作平台,与泰安禾元种业、渤海圣丰集团等企业签约共建"青年红色筑梦之旅"实践基地,组织创业团队成员观摩交流和项目对接。

(三)聚焦育人本质,坚持三个融合,助力学生全面成长

学院紧紧围绕立德树人根本任务,将双创工作与思政教育、专业教育和实践育人相融合,助力学生的全面成长。一是学院强化思想引领、坚持双创工作与思政教育相融合,用理想信念、家国情怀、道德品质等元素丰富双创教育内容,引导学生将个人成长与农业现代化建设相结合,将培育创业精神与坚定理想信念相结合。二是学院强化专业认知、坚持双创工作与专业教育相融合,依托"山农 A＋"双创论坛、"学实大讲堂""院长论坛""岱下学宫民之天"计划等特色活动,邀请双创导师、行业专家做报告,让学生在项目转化落地的过程中,强化对所学专业的认知和理解。三是学院突出知行合一、坚持双创工作与实践育人相融合,每年寒暑假组织学生通过社会实践的方式,调研农业生产领域面临的现状和困难,结合所学专业分析问题并提出解决方案,运用于创业项目的转化落地,做到学以致用。

三、工作成效

(一)多方联动协同育人,双创工作有氛围

通过出台制定一系列制度、政策,学院教师参与双创的热情逐步提升。近三年来,学院举办相关指导和报告百余次,50 余人次获评创新创业优秀指导教师等称号。在学生层面,通过稼穑强农训练营等平台,学生积极参与双创赛事,于 2022 年度获得省级金奖 2 项、银奖 1 项、铜奖 4 项的优异成绩,并获得第八届中国国际"互联网＋"大学生创新创业大赛金奖,实现新突破,成功吸引了更多同学加盟新一期的训练营计划,形成了"学院提供机会—学生愿意参加—赛事成效显著—双创能力提升"的良性循环。

(二)双创训练质量提升,项目孵化能落地

经过系列训练和实践、听取相关报告和讲座、加强与校友沟通交流等方式,学生参与创新创业的热情得到极大的提升。2019 年以来,学院共有 1449 名本科生参与 251 项大学生创新训练与创业实践项目中,其中省级以上项目 53 项;每年吸纳 200 余名学生加入创业团队,参与创新训练和创业模拟,推出了"山农印象"系列种子画作品、中药特色香包、药皂等与专业密切相关的特色文化产品。

(三)双创实践成果丰硕,人才培养见成效

学生参与双创赛事的热情不断提升,学院每年吸引 300 余支项目团队参与报名以"互联网＋"、"挑战杯"、科创大赛为主的双创赛事,参与率 90％以上。近三年来,共计 569 名学生组建 68 支"三下乡"社会实践队伍奔赴各地开展支农科技服务,涌现出 4 支全国农科学子联合实践行动优秀小队,获全国乡村可持续行动二等奖等省级以上实践类荣誉 22 项,社会实践活动多次受到中青校园、《大众日报》等各级各类媒体报道。学院连续获评学校创新创业先进单位,累计获得省级以上创新创业赛事奖项 23 项、学科竞赛类奖励百余项,本科生发表论文 18 篇,申请国家专利 14 件,人才培养成效显著。

以赛促教、以赛促学、以赛促训,培育卓越设计人才

聊城大学园林专业

学院为提升教师创新创业教育教学能力,加强大学生创新创业培训,积极开展大学生创新创业大赛,以"大众创业、万众创新"形成发展的新动力。主要工作内容分为四部分:①成立数字工坊,搭建院系首个专业教师指导、学生自管的专业平台。做到以部门日常事务为基础,以竞赛创新为要求,以师生相携,生生互教的高效模式搭建学生发挥自主性的创新平台。②汇编获奖作品,有助于学生吸收过往经验。③依托竞赛平台,发挥主观能动性。④"以赛促教 以赛促学 以赛促训"推动课程改革。将竞赛作为主线串联专业知识,形成教育教学新模式。自2016年以来获各类国家级、省级、校级奖项多项,成效显著。

学院紧紧围绕《国务院办公厅关于深化高等学校创新创业教育改革的实施意见》(国办发〔2015〕36号)文件精神,为提升教师创新创业教育教学能力,加强大学生创新创业培训,积极开展大学生创新创业大赛,以"大众创业、万众创新"形成发展的新动力,与本科评估、硕士学位点评估、学科评估等相关指标相契合。

一、主要做法

(一)成立园林数字工坊

1.工坊工作模式

学校园林专业结合人才培养方案实际,搭建学院首个由专业教师指导、学生自管的"园林数字工坊",以此提高学生的专业认知,大力培育"数字工匠",孵化"数字工坊",营建"数字生态",深化专业技能,达到提高学校学院人才的综合素质,增强学生的管理及实践能力,树立学院独特品牌,深化学校"敬业、博学、求实、创新"校训精神的目的。

"园林数字工坊"针对园林专业特点,结合学生自主管理特性,以指导教师带学生、老生带新生的高效模式及上传下达简练构架成功搭建师生、生生间的紧密联系,做到以部门日常事务为基础,以竞赛创新为要求,一齐携手共进,在真实数字项目合作中攻克实际问题,跨越象牙塔壁垒,在学业期间实现专业教育与社会需求接轨。"园林数字工坊"经过几年的实践探索,已经形成了"导师团队指导研究生、研究生团队指导本科生、生生共同设计"(参赛)作品的良好协作模式。

2.工坊结构

数字工坊架构简明,下设财务材料部、宣传编辑部、培训部三个部门。部门之间分工明确,功能齐全,满足工坊事务工作量基本需求,结构明晰。三个部门上下职务均由学生担任,具体负责事务如下。

(1)培训部针对低年级学生未系统学习园林专业知识的短板,改变传统的上课模式,创新性采用讲座或学术沙龙的形式组织工坊成员,定期举办专业或社会行业需求软件培训、园林行业发展前景讲座、园林各专业知识(中国古典园林、近年优秀获奖案例)等方面的培训。

(2)宣传部负责工坊中的宣传、推广工作。为工坊吸收新生力量,是推广工坊在学院、学校的知名度和影响力的重要一环。

(3)财务材料部负责比赛等各类信息的收集、整理和存档,包括工坊承办活动的审批、财务管理。

(二)年度获奖作品汇编成册

学院汇编每年获奖的设计作品,形成作品集,以便于师生宣传和交流。同时为课堂教学提供了丰富的教学资源和设计范例。其中 2019 年中国北京世界园艺博览会是 A1 类世界园艺博览会,共有 110 个国家和国际组织参展。习近平总书记出席开幕式,学院师生团队主持设计的"北京园"荣获本次展会国际最高奖项——AIPH 大奖。"北京园"设计还荣获第八届中国(常州)花博会展园设计金奖。

(三)创造学生自主平台,激发主观能动性

竞赛是大学生提升专业素养,培养合作品质,增强学科认知的重要途径。学院通过各类竞赛激发学生的自主学习兴趣,放手学生自发对专业知识进行探索,将知识化被动接受为主动吸收,培养学生自主创新、精益求精、勇于尝试的精神,有效提高了人才培养的质量。2013 级园林专业的王同学正是因为参加全国三维数字化大赛,自发熬通宵学习软件、设计作品,从自称的"应付式学习的学渣"摇身一变成了综合能力突出的学霸,凭借优异的表现,2 项作品获得全国三维数字化创新设计大赛一等奖。毕业后被山东农业大学勘察设计院录用,是设计院五年来招聘的唯一一名本科生,工作积极,业绩突出,表现优秀。

(四)"以赛促教、以赛促学、以赛促训"推动课程改革

以竞赛为指导,激发了学生的方案构思水平与专业理论知识。

以竞赛为基础,夯实学生的软件操作及植物配置能力。要求 3 名以上选手组成团队参赛,提高了团队的协作能力、组织能力,提升了学生的综合素质。

以竞赛为媒介,促进了行业内学习交流(2015 年的静态效果图——设计方案展示视频普通版——配音版——字幕版),形成比学赶超的良好氛围,设计作品质量逐年提高。

通过参加比赛,提高了学生的专业能力,在赛中教、在赛中学、在赛中训,实现教赛统一、学赛统一、训赛统一。

通过比赛这一条主线,把所有的专业课程串联在一起,"真题真做""假题真做",提高了学生对专业知识的综合应用能力,解决了传统的单一课程学习、学完就忘的问题。依托比赛,与同行切磋、与外校交流、与市场对接,不断更新教学理念、教学方法、教学技术。在"园林计算机辅助设计"教学中,变传统的讲解命令为项目式教学,选取一些学生感兴趣的、典型的、有实用价值的项目,根据项目内容确定所需要的知识点,再由知识点对理论教学内容进行整理,团队完成作业后,PPT 汇报交流,从中筛选优秀作品参赛。

更新课程内容,将课程思政融入课程教育中。挖掘、传承与创新中国传统园林文化的精髓,将思政教育润物细无声地融入课程教育中。

二、已取得的成绩

2016 年以来,园林专业在全国三维数字化创新设计大赛中共获得国家级奖项 22 项,其中一等奖 6 项,二等奖 10 项;获省级奖项 114 项,其中省级特等奖 20 项,一等奖 25 项,二等奖 35 项。

依托赛事,园林专业也取得了丰硕的教学成果,获得山东省教学成果一等奖 2 项、二等奖 1 项,校级特等奖、一等奖、二等奖等 5 项;获批校级教改项目、教学改革示范课程、课程思政示范课、一流培育课程等 6 项。

三、下一步工作思路

(一)积极创新学生管理方式方法

学院将结合各类专业学科竞赛,强化学生创新创业实践能力培养,以赛促学;加强数字社团活动的专业化平台建设和专业教师团队的业务指导,将社团活动与社会实践、校园文化、专业学习、岗位见习、创新创业相结合,真正让学生在社团活动中提升专业技能。"园林数字工坊"在校级社团的基础上,力争获批省级优秀社团。

(二)发挥第二课堂育人功能,助力向高水平应用型转型

学院会继续打造创新育人模式,引领科技创新,积极推动科创项目和研究成果落地生根;不断推陈出新,树立品牌意识,努力打造服务学生成长成才的"第二课堂",加强特色活动和示范性工作项目建设,从各方面提高活动的质量,助力学院向高水平应用型转型。

（三）完善课程设置，建立科学的竞赛培养体系

学院将继续不断通过竞赛提高学生的专业设计能力,扩展对应的课程和实践,在培养方案、课程安排、第二课堂、教学实践、毕业设计等环节,建立科学的竞赛培养体系;在规划设计理论课程教学中,有意识地拓展竞赛命题的行业相关热点,培养竞赛思维;在设计课上,注重课堂的引导,结合国内外优秀竞赛作品,多训练多讨论,触发创新意识;利用寒暑假参与多校联合竞赛,与其他学校积极交流,全面提高学生的综合能力。在第二课堂学习中,可定期展示设计成果或者竞赛作品,相互学习和交流,在师生中互相借鉴经验,评价总结绘图技巧和创新思路;让有经验的获奖同学分享心得,必要时可以帮扶。

（四）打造亮点，打造校级展览平台

设计作品参赛后通过展览的形式及时对竞赛结果进行汇报。设计作品展做到常规化、制度化,充分展示学生的课程学习效果,使课程教学的品牌效应得以打造和扩大。力争从最近五年的参赛设计作品集中优中选优,印刷优秀设计作品集,并筛选部分作品上"荣誉墙"。学院将聘请企业设计师来校点评设计作品,探讨园林设计发展的潮流和前沿性问题,启发学生创新思维,使课程教学的针对性、时效性得以增强,使园林专业的教与学更加贴合企业实际,趋向市场化需求。

"3＋4"创新创业实践育人体系的探索和实践

山东科技大学计算机学院

实践育人是高校培养双创人才的重要环节,是培养大学生创新精神和实践能力的核心工作,进一步加强实践育人工作,是全面落实党的教育方针,深入实行素质教育的必然要求。

计算机学院结合自身专业特色和历史经验,依托1个山东省一流学科,3个国家级一流本科专业,5个国家级、省级科研创新平台,探索形成了"3＋4"创新创业实践育人体系,"3"即3种创新型人才培养模式,"4"即4种创新创业工作涵养土壤、助力导航工作方法。学院通过实施"3＋4"创新创业实践育人体系,提升了实践育人的质量,锻炼了学生良好的创新创业品质,提高了学生的创新创业能力,形成了若干创新创业优秀团队,培养了一大批创新创业能力突出的优秀人才。

一、创新创业实践育人体系简介

"3＋4"创新创业实践育人体系由3种培养模式和4种工作方法组成。3种培养模式分别是"两对两结合"的学生创新创业活动模式、创新创业与学风建设相互促进的培养模式、针对不同学生的"个性化助推"模式;4种工作方法分别是氛围营造为基础、环境构建为推力、教师指导为支撑、双创工作为抓手。

二、培养模式

(一)"两对两结合"的学生创新创业活动模式

1.两对:教师对接团队、团队对接赛事

一是学生科技类社团和创新团队对接重点赛事。科技类社团和创新团队是大学生的第二课堂。2006年以来,学院先后组建了静语计算机协会、ACM协会等科技类社团及网络安全创新团队等科技创新团队。依托这些社团和团队,可以对接不同的创新创业竞赛,这些科技类社团和兴趣小组对组织、培训学生参与重点创新创业竞赛起到了重要作用。

以网络安全创新团队为例,该团队对接国内外知名网络安全赛事,并取得了骄人成绩。在2018年的DEFCON CHINA竞赛中,同来自韩国高丽大学、浙江大学和西安电子科技大学等国内外高校的16支精英战队角逐,脱颖而出跻身四强;在"强网杯"全国网络安全挑战赛人工智能挑战赛中获得冠军;在2022 RealWorld高校挑战赛中获得特等奖。近年来,该团队在国内外网络安全比赛中累计获奖40余项,在国内具有较高的知名度和影响力。

二是指导教师团队对接学生参加创新创业团队。学院将教师指导学生获得科技竞赛奖励作为岗位评聘和考核的重要指标之一,根据教师专业、研究方向组建指导团队,并与科技社团、创新团队进行一一对接,形成了若干支教授、博士领衔的优秀指导教师队伍。每个指导教师团队设常驻指导教师和特聘指导教师,明确工作职责,分工协作,对学生创新创业团队进行全方位指导。

2010年,几名本科生自发形成"网络安全小组",一起交流学习、参与竞赛。2013年,学院遴选了部分优秀创新团队予以师资、经费等支持,该小组名列其中并更名为"网络安全创新团队"。信息安全系主任廉文娟副教授亲自担任团队常驻指导教师,并聘任了郑为民、孟晓景、贾斌等多位教授、博士担任特聘指导教师,形成了一支能力突出、经验丰富、配合默契的指导教师队伍。

2.两结合:创新竞赛相结合、课内课外相结合

一是实现创新、竞赛相结合。创新创业活动是培养大学生创新创业精神和能力的重要载体。以国家级大学生创新创业训练计划项目、"互联网＋"等 A 类赛事为龙头,学院不断加强创新与竞赛的融合,以创新能力培养为基础,以参加竞赛为验证,并将竞赛赛题作为创新能力培养案例,不断提高学生的创新创业能力。学校、学院投入专项经费支持学生开展创新创业训练,并邀请承担了国家级重要科研项目和有优秀科研成果的教师担任指导教师。近年来,学院获批国家级、省级大学生创新创业训练项目 29 项,在"互联网＋"、ICPC 竞赛等知名赛事中年均获得国家级奖励 200 多项。

网络安全创新团队成员获批了国家级、省级大学生创新创业训练项目 3 项。同时,该团队还积极举办、承办各类网络安全竞赛,以赛代练,提高学生的创新能力。迄今,该团队已举办了 7 届学校的安全技能大赛,比赛采用 CTF 比赛模式,每年秋季学期举办,比赛时长 10 小时,在山东省有较大影响力。近年来,该比赛成为青岛市大学生科技节科技创新活动的组成部分,由青岛市计算机学会和山东科技大学共同举办。

二是课内、课外相结合。将创新创业元素写入教学大纲,学院坚持在理论教学、实践教学环节融入创新创业元素,将各类创新创业案例、竞赛赛题引入教学。课内教育注重知识系统性,课外注重理论应用和知识获取能力的培养,将课内知识在课外创新创业活动中及时应用,提高学习兴趣,学以致用。

网络安全创新团队的指导教师、学生将竞赛中的经验、赛题带入课堂教学和实践教学,推动案例式教学;学院邀请企业讲师来校为学生授课、做报告,让学生掌握安全趋势、态势和最新技术,到 360、安恒、中孚信息等知名安全企业实习实践;让学生参与各类网络安全演练,在实践中锻炼提高。一系列措施极大提高了学生的创新能力和就业水平。近年来,5 人就职于国家安全部门,30 余人就职于知名互联网企业,16 人考取知名高校的硕士研究生。

(二)创新创业与学风建设相互促进的培养模式

创新创业活动是促进学风建设的有效抓手。在工程教育专业认证标准的 12 条毕业要求中,诚实守信、自立自强、守正出奇、团队协作等非技术性指标占了多数指标。在创新创业活动中,要求学生遵守社会公德、职业道德,养成良好品格,带动全体学生的良好学风。

网络安全创新团队注重学生创新创业能力与"比、学、赶、帮、超"的优良学风互相转化。每年新生入学后,组织面向新生的网络安全知识科普活动,发掘有兴趣的同学,进而组织为期数月的集训,通过逐渐提高要求和实时考核提升能力,举办 CTF 比赛总结一年的学习、训练成果,选拔新的团队成员。这一选拔体制提高了学生的学习内动力,促进了整体学风的提升。

(三)针对不同学生的"个性化助推"模式

一是"低年级重普及、高年级重提高"的模式。低年级学生专业知识较欠缺、学习方法尚未适应,重在增强学生对专业的了解,提高创新创业兴趣;高年级学生知识储备相对完善、课余时间较充足,重在鼓励参赛,以赛代练,并加强参赛同学之间的互相学习及经验交流。

网络安全创新团队面向不同年级学生制定个性化方案,一年级进行网络安全科普和集训,二年级进行分组训练和竞赛锻炼积累经验,三年级参加知名竞赛获得优异成绩,四年级结合职业规划开展实习实训,形成了良好的逐层推进的个性化培养模式。

二是面向不同兴趣学生的个性化培养。团队根据学生专业、兴趣不同,引导学生分别参与网络安全类、算法类、软件类、电子设计类、人工智能类等不同类别的竞赛,组织资深指导教师汇总各类竞赛所需基础和技能,并根据学生能力指导学生参与不同难度、层次的竞赛。

以"忠诚为基、德法并举"引领的创新创业教育人才培养体系建设

山东政法学院警官学院

伴随着创新创业上升为国家发展战略,我国对创新创业教育愈加重视,相继出台了一系列创新创业鼓励和扶持政策。因此,将创新创业教育融入高校人才培养过程,既是创新型国家战略的发展要求,也是新时期高校落实立德树人根本任务的必由之路。创新创业教育最终要培养具有新时代民族复兴使命担当的,具有生存能力、就业能力、创业能力和创新能力的高素质人才。

一、与时俱进,建立完善的创新创业教育人才培养体系

学院结合自身的办学特色和办学优势,结合当前社会发展的人才需求和学生综合素质能力,通过积极探索与实践不断修订和完善创新创业教育人才培养体系,建立了以"忠诚为基、德法并举"引领的创新创业教育人才培养体系。

(一)以价值为引领,不断完善创新创业教育人才培养目标

国家提出"大众创业、万众创新",鼓励大学生通过自主创业来缓解就业压力,这对学生而言,只是个外部推动力。若只是为了就业而创业,则会导致学生因内动力不足在创业过程中遭遇困难而轻易选择放弃。因此,如何培养学生的创新创业意识与价值观、激发学生的兴趣和坚定学生创新创业的理想信念,将外部驱动力内化为学生自主创业的自觉行动与理想信仰,是我们创新创业教育人才培养目标定位的关键环节。高校创新创业教育的目的就是为中国特色社会主义培养创新创业型人才。山东政法学院警官学院的创新创业教育坚持以社会主义核心价值观为引领,培养警院学子的创新意识和创业精神,不但重视培养学生的创新创业知识体系,还重视培养学生创新创业的正确价值观、时代使命感和社会责任感,培养学生锐意进取、开拓创新、百折不挠的企业家精神,以及兢兢业业、精益求精、守法诚信的职业道德和职业素养。

(二)与专业相结合,不断完善创新创业教育知识教学体系

高校的创新创业教育是一个系统工程,需要实现多样性、个性化的学科交叉创新培养。山东政法学院警官学院依托学校创新创业学院,立足于监狱学和社区矫正专业,开设具有自身专业特色的创新创业课程,以具有相对系统的专业特长作为内核支撑,为学生在竞争激烈的市场经济中创业成功提供了坚强的基础知识保障。学院从最根本的专业教育入手,将创新创业教育理念融入专业教育教学计划和课程体系之中,让学生在学习专业知识的同时学习创新创业理念,让学生结合所学的专业知识和创新创业理念进行自主创业,使两者有效融合,促使学生心中创新创业的种子生根发芽、风雨无阻,直至根深叶茂,助力学生创新创业成功。

(三)抓住主要矛盾,不断完善创新创业教育保障体系

大学生创新创业教育,离不开高校自身制定的政策支持和保障体系。大学生创新创业教育的主要矛盾在于创业实践和创业资金。学院主动作为,想方设法多方筹措,建立学院大学生创新创业教育项目基金,为学院创新创业实践提供保障。同时,严格落实孵化项目审批准入制度、学分互认制度、创业指导和跟踪服务等配套制度,为学生创新创业提供政策支持、制度保障和营造适宜创业营商的好环境。

（四）结合"三全育人"，不断完善创新创业教育考核评价体系

考核评价机制是大学生创新创业能力培养协同机制的重要组成部分，在宏观上对协同育人政策、措施进行调整提供参考，完善组织反馈。学院在创新创业教育中积极探索实现"三全育人"（即全员育人、全方位育人、全过程育人），考核评价不仅聚焦于创新创业课程的成绩、创新创业大赛成绩等方面，还聚焦于专业创新创业孵化基地或实训基地的建设、创新创业跟踪服务以及指导质量等。

二、围绕"双师型"标准，建设高素质的创新创业教育师资队伍

学院坚持把人才作为第一资源，大力实施"人才强院"战略，以培育中青年优秀教师和创新团队为重点，以提高师德素养和业务能力为核心，以改革创新制度机制为动力，切实改善人才队伍学历结构，着力提升教师队伍整体素质，建设高素质的创新创业教育师资队伍。学院制订了教师培养计划和考核奖励制度，鼓励教师参加企业实践锻炼、兼职创业实践、思想政治教育教学培训等，建立了一支既具有专业教学能力又具有创新创业教育实践能力、思想政治教育能力的"双师型"创新创业教育师资队伍。

此外，学院还通过聘请院外创新创业教师、知名企业家、毕业生中的成功创业者等作为兼职教师，来充实创新创业教育师资队伍。

三、加强合作办学，建设资源共享型的创新创业教育实践平台

监狱学专业为山东政法学院与山东省监狱管理局合作办学，学院为持续增强监狱学人才培养质量，主动对标新时代高等教育的新要求，认真梳理监狱学专业建设情况，加强顶层设计和宏观布局，以专业认证、专业评估为抓手，以专业建设质量为核心，持续提升专业内涵建设水平和创新创业教育实践。学院高度重视创新创业实践平台的建设，通过监狱学和社区矫正专业实践教学基地、实习实训基地、社会实践基地、德育基地等，建立起学院的创新创业教育实践基地，为学生提供了一个真实良好的创业实战环境。

四、实施"示范引领工程"，提升创新创业教育实效

学院坚持创品牌专业，建精品学院，强化警务化管理模式，树立学生"创先争优"标杆，狠抓学风建设，加强创新创业等学科竞赛，推进社会实践、志愿服务品牌化，持续提升学生创新创业教育培养质量和水平。在第七届山东省"互联网＋"大学生创新创业大赛中，学院"山东省法治大数据服务系统"和"一网法控——商务合同的风险防控公链系统"2 个项目获得铜奖（三等奖）。在 2020 年大学生创新创业训练计划项目中，学院"山东省法治大数据服务系统"和"垃圾分类 App"2 个项目获得省级立项并完成结项。在 2022 年大学生创新创业训练计划项目中，学院"打通社区矫正对象回归社会'最后一公里'——社会力量参与社区矫正工作的路径探索""资金风险管控检测与漏洞智能分析""'软科普'为社区矫正注入新能量"3 个项目获得省级立项。

创新模式,激发活力,为大学生创新创业聚力赋能

德州学院计算机与信息学院

围绕创新创业工作,计算机与信息学院先后建设并获批三个省级平台:山东省"大数据人才实训基地"、山东省"天文大数据发展创新实验室"、山东省"大数据技术应用工程研究中心";近五年学院学生参加大学生科技竞赛共获国家级奖励 93 项、省部级奖励 400 余项;获批大学生创新创业训练计划项目 26 项(其中国家级 3 项,省级 16 项,校级 7 项);获批专利和软件著作权 15 件;发表论文 8 篇;学生创业孵化项目 6 项。

学院通过开展学科、专业、创新创业教育一体化建设工程,不断加强创新创业教育与学科建设、专业教育的深度融合,构建"以科技创新协会为平台,以学业导师制为抓手,以专业特色实验室建设为支撑,以双创活动为中心,以培训为手段"的五位一体创新创业教育体系,不断加强创新创业教育平台和载体建设;通过校政合作、校企合作,充分整合校内外资源,统筹规划,形成合力,高起点、高标准、高水平建设校内外创新创业教育实践育人平台,为大学生创新创业聚力赋能。

一、学科、专业、创新创业教育一体化设计

学院制定"一体两翼双引擎"的发展布局,推动"软硬件一体化"协同发展。在学科上,明确了大数据分析与智能处理、智能系统与应用两个方向;在专业上,按照信息技术专业群一条龙体系进行建设,修订完善现有人才培养方案,回归每个专业应有的培养目标和特色。在创新创业教育上,按照软件、硬件、网络等方向组建团队,分类培养,提升学生创新创业实践水平。

(一)融入学科建设、科学研究

围绕学院学科布局,重点打造天文大数据处理、商务大数据处理、智能处理和智能系统在黄河生态保护方面的应用等三个方向的科研团队,鼓励学生根据兴趣加入不同团队,分类培养,将相关前沿科技融入创新创业教育中。学院依托省级平台,依托校企合作,依托教师的纵向和横向项目,将科研成果转化为创新创业教学资源,通过高水平科技创新支撑高质量创新型应用型人才培养。近五年来,教师获批纵向课题金额 500 余万元,签订横向课题金额近 700 万元,完成成果转换受益近 50 万元,这些课题均有学生参与,研究成果被汇总形成了丰富的创新创业教学案例库。

(二)融入专业教育、人才培养全过程

学院修订人才培养方案,按照工程认证要求,以学生为中心,将应用能力、创新创业能力的培养纳入培养方案中,开设"大学生创业教育"和"大学生职业发展与就业指导"课程,把创新精神和创新意识融入专业课程教学。学院在提升学生专业技能的同时,引导学生提高对自我、职业和环境的认识,帮助学生树立积极正确的择业观、就业观与创业观,不断完善创新创业教育教学体系。

二、构建"五位一体"创新创业教育体系

学院通过创新创业教育体系,不断加强创新创业教育平台和载体建设,增强学生创新创业实践能力。

(一)发挥科技创新协会在大赛组织、管理和学生培训中的职能和作用

科技创新协会成立于2010年,现有4个部门,8个学习兴趣小组,成员110人,承担着组织各项赛事,对学生进行培训的任务,多年来取得了丰硕的成果。

(二)依托导师制,开展"一生一师一项目"工程

新生入学时,组织导师开展各自实验室、科研项目、培训计划等相关工作的宣讲,师生按照自愿原则,完成双向选择。2022年,30名导师和全部350名新生完成了师生互选,学生均已进入导师实验室,在导师的引领和指导下,参与导师项目。

(三)开放专业实验室

为改善学生创新创业实践环境,学院通过多方筹措,保障经费投入,自建天文大数据中心、人工智能实验室、商务智能分析实验室等12个专业特色实验室。所有实验室均由专业导师管理,并对学生全天开放。导师以实验室为平台对学生进行项目指导和培训。

(四)三阶式培训

第一阶段,新生入学初,学院举办"科技创新大讲堂——系列报告",每学期共10次报告,分别在科创大赛、大数据分析、智能系统开发、软件系统开发等方面为学生介绍开发所需工具、典型案例、学习方法等;每次报告均被录像,并上传学院服务器,供学生下载复习。通过系列报告,方便进一步选择学习和研究方向。第二阶段,科技创新协会各兴趣小组每周举办相关方向基础知识培训,帮助学生尽快掌握基础知识,为下一步参加导师项目打下基础。第三阶段,各导师根据各自项目,为学生开展项目相关更细致深入的培训交流,帮助学生尽快加入项目。

三、通过校企合作、校政合作,一体化推进创新创业实践教育体系建设

学院利用校企合作、校政合作,充分整合校内外资源,统筹规划,形成合力,高起点、高标准、高水平建设校内外创新创业教育实践育人平台。目前,学院联合国家天文台建立了天文科学研究院数据中心,联合德州市大数据局、山东黑马集团建立了互联网产业学院、大数据实验中心、德州市大学生创新创业基地等平台,同时,与35家企业签订实习实训基地协议,为学生创新实践及项目孵化提供了平台支撑;同时形成了一支由40余名导师组成的专兼结合的创新创业实践教育师资队伍。

四、建立健全培育—发动—实施一体化推进工作机制

学院以完善体制机制为重点,通过改革创新、内部整合、横向协作和服务优化,高标准、高质量推进双创工作一体化。

(一)项目培育及赛前组织

目前,教育部认可的全国大学生学科竞赛中,学院能够参加的比赛有32项。学院做好宣传发动工作,积极鼓励并引导学生参加大赛;同时,梳理好各竞赛时间节点,提早部署。根据各大赛特点,提前培育作品,做好全程跟踪,保障作品质量。

(二)赛事实施工作

学院为师生参与的所有竞赛提供场地、机器设备等,成立了以院长为负责人、由双创工作分管负责人及各导师组成的工作小组,负责赛事的组织实施。

1. 做好校级选拔赛工作。学院成立了评审委员会,明确组织方式、选拔形式等,择优推荐参加省赛。

2. 每周组织辅导至少6~7次,每次2学时,为学生提供必要的技术支持等。

3. 确保竞赛经费投入。

(三)赛后工作

竞赛结束后,及时做好相关资料整理等工作,主要有以下几点。

1. 分析得失原因,寻找改进方法。

2. 赛事获奖作品整理留档,作为下一届学生学习资料。

3. 对成绩优异的导师和学生,学院在评奖评优方面给予倾斜,并进行年度表彰奖励。

基于 OBE 教育理念的创新创业人才培养体系构建

滨州学院信息工程学院

滨州学院信息工程学院基于"以学生为中心""成果导向""持续改进"的核心理念,实施面向全体学生的、为其终身可持续发展奠定坚实基础的创新创业素质教育,聚焦"培养德智体美劳全面发展、具有创新能力的应用型工程技术人才"的培养目标,将创新创业教育融入课程体系,构建起以创新创业课程培养、创新创业技能提升、创新创业项目实践、创新创业项目孵化、校企联合培养等环节为核心的"全链条式"创新创业教育体系,给出了双创教育的"滨院模式"。

一、学生为中心,进行顶层设计,构建创新创业人才培养框架

学校和学院面向全体学生,系统实现创新创业教育生态育人,培养学生创新精神、创新思维和创新能力,培植创新创业文化。一是全流程,学院在人才培养方案、教学大纲、课程教学、实践教学、课外实践等各环节要体现创新创业教育思想。二是全覆盖,针对所有学生从教学评分、素质学分等方面进行考核,鼓励所有学生参与创新创业活动。三是全方位,不但学院在教学和实践过程中开展创新创业,学校也从资金、建设孵化基地、制度保障等方面进行支持。学院与企业共建产业学院,协同育人,进行校企合作并构建了完备的创新创业人才培养制度,建立了创新创业教学培养体系,建设了实践基地、实验室和创业孵化基地,拥有专业的创新创业培训教师开展创新创业教育。四是全跟踪,学院对培养的学生进行质量追踪,通过专业机构麦克斯调研培养质量,根据反馈结果,改进培养模式。

二、成果导向,创新高校创新创业教育的人才培养体系

通过一系列创新创业教学实践,学院深刻认识到"创新创业教育"与"创新创业活动"的内涵差异,结合工程教育认证关于毕业要求的框架、能力培养任务,将创新创业能力分解为技术性层面的问题分析能力、设计开发能力、研究能力、工具使用能力和工程素养层面的工程师的世界观、沟通表达能力、组织协调能力、管理决策能力和自主学习能力,以及围绕解决复杂工程问题的融通能力。以毕业要求为核心,开展成果导向的人才培养体系设计,以对毕业要求内涵观测点的支撑为任务,学院形成了以专业教育为基础、以科技创新为导向、专创融合的人才培养体系。

在现有人才培养体系中,创新创业类教育涵盖通识选修、通识必修、专业必修、专业综合实践与创新创业实践等五个层面。学校构建了一系列创新创业模块通识选修课程,满足学生创新创业知识领域的个性化学习需求。学院开设了"大学生创新创业指导""工程管理""IT 项目管理"等专业必修课程,从"战略和竞争优势""企业成长""创意""风险和理性""融资""创造力"六个方面为学生打好创新创业教育的理论基础。不同专业分别与企业合作开设了专业创新创业教育实践环节(必修)和"项目管理与企业实战"等综合实践环节,通过项目式、实战型的复杂工程问题,帮助学生融通整合各项基础能力,实现创新思维与创新创业能力的提升与迭代。此外,学校还通过第二课堂设置了创新创业实践,以学科竞赛、创新创业训练项目、学术论文、课外实验、创业实践活动等作为取得学分的参考,将创新教育与实践教学、科学研究、创业实践相结合,以项目

为载体,实现对学生创新创业实践能力的培养。该实践贯穿本科培养的全过程,要求至少获得 4 学分。

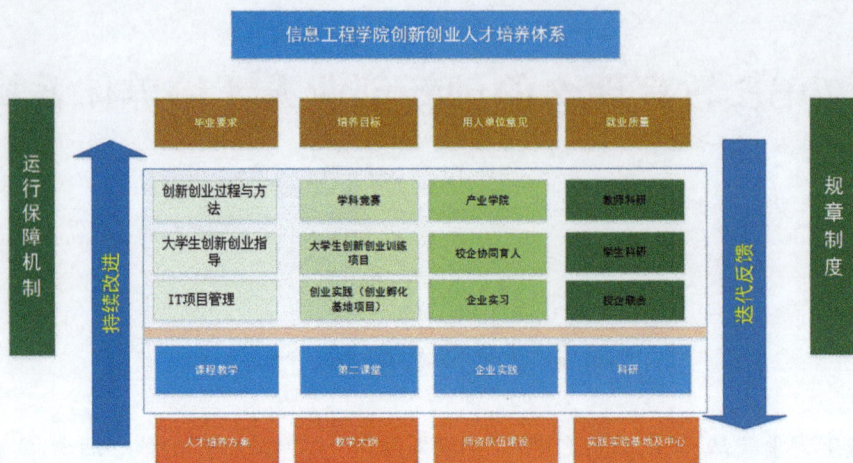

滨州学院信息工程学院创新创业人才培养体系

同时,学院不断深化教学改革,在创新创业类教育课程对毕业要求的支撑关系、课程重构方案、教学大纲设计,都由专任教师负责、企业行业专家深度参与、基于一定的教学研究基础而制定。以综合实践课程"项目管理与企业实战"为例,是在 10 周的时间内,以小组为单位结合企业需求进行项目案例实训,通过一个完整的系统开发过程,学会从用户的需求分析、系统总体结构设计、功能模块的划分、各个功能模块的编码设计直至整个系统的调试、系统发布等开发全过程,以及配套的文档编写与开发标准规范的训练,培养学生的行业经验,为创建企业打下基础。

三、持续改进,完善高校创新创业教育的机制建设

(一)主体协同机制

学校层面建立由就业创业指导中心牵头,由教务处、学生工作处、团委、各二级学院等各部门齐抓共管、相互协调的创新创业联动育人机制,定期研讨交流,对工作开展情况进行讨论反思,解决制约创新创业教育课程体系发展的重点、难点问题,共同推动创新创业教育课程体系构建。

(二)制度保障建设

学校制定了 30 余项创新创业教育系列制度措施,为双创教育的评价方式、质量监控、资源支持与持续改进提供了制度保障。信息工程学院 2018—2022 年参与大学生创业孵化项目人数共计 34 人,成功注册滨州神思网络科技有限公司、山东如翼云计算科技有限公司、山东白鲸数字科技有限公司、滨州市慧眼科技有限公司、山东天瑞祥信息科技有限公司等优秀企业,业务范围覆盖网络通信、云计算、大数据、人工智能等多个前沿领域。

四、引导多元参与,加强高校创新创业教育的内外协作

学院进一步激发教师队伍创新创业的动力和活力,强化创业咨询、创业导师结对工作,协调校内师资,充分发挥优秀企业家和校友的作用,结合社会和企业人才资源,重点围绕双创导师队伍建设、兼职创新创业导师聘任等人才队伍建设,大力引进和培养高层次创新创业师资力量。

学院统筹集聚校内外创新创业教育资源,深化产业协同、校企融合,优化创新创业工作体系,全面推动落实学校和院系创新创业的各项政策和措施,构建创新创业实践支撑平台。其中,计算机科学与技术、通信工程专业分别与青软教育集团、中兴教育集团签订了校企合作人才培养协议,并就创新创业教育培养提出了明确要求;物联网工程专业与本地企业邦维信息科技有限公司进行了双创人才培养与指导、师资培训与技术攻关等多方面深度合作。2021 年学院与南京嘉环科技股份有限公司、浪潮集团有限公司共建了大数据产业学院。

高校二级学院"一心双环"创新创业教育体系

山东建筑大学计算机科学与技术学院

山东建筑大学计算机科学与技术学院围绕学生创新创业能力培养,经过多年的探索和实践,建设成"一心双环"创新创业教育体系,"一心"是以创新创业能力培养为核心,"双环"是以课程融合、竞赛、产教融合、团队、创客空间五个平台为内环统领,以组织、制度、导师、经费、氛围五个保障为外环支撑,推动学生创新思维和创业能力的培养。在该体系的影响下,学院创新创业教育工作取得了显著成效,学生科技竞赛参与率和获奖率连续提升,并获评山东省大学生十大创业之星、全国优秀共青团员等荣誉,双创工作同时促进了学生的就业和考研,推免至浙江大学、复旦大学、山东大学等双一流名校,签约至阿里巴巴、百度、浪潮集团等大单位。

山东建筑大学计算机科学与技术学院创新创业教育工作围绕学生创新创业能力提升目标构建起课程融合、竞赛、产教融合、团队、创客空间五个平台的驱动内环,实现对学生知识体系的融合和应用。基于人才培养体系的持续长效发展,形成"组织—制度—导师—经费—氛围"立体化的外环保障体系。

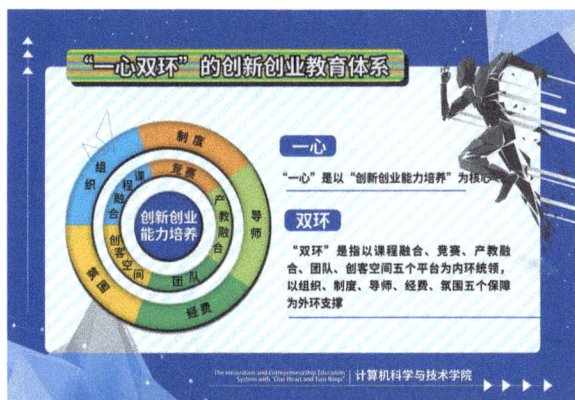

高校二级学院"一心双环"创新创业教育体系

一、"内环"

学院以课程融合、竞赛、产教融合、团队、创客空间五个平台为统领,融合课内课外、校内校外知识体系,搭建起适应不同年级、不同专业学生能力提升的实践平台。

(一)课程融合

学院立足学生本位发展,以工程项目、科创竞赛作为课程的引擎,教师作为项目引导者,学生作为项目参与人,以团队协作的方式去分析和解决项目中存在的问题。发挥学生的主体作用,改变以教师为中心的满堂灌的教学方式,建立专业知识和创新创业知识耦合联动的专创融合课程体系。

(二)竞赛

学院建立"三级三类"竞赛体系,根据学生不同年级知识体系为学生提供多层次多类别的实践锻炼平台,并将师生奖励体系与"三级三类"竞赛体系对接,促进师生之间教与学相交相融、知与行相互实现。

(三)产教融合

学院十年来坚持实施"3＋1"创新创业人才培养模式,规定学生在校学习三年,在企业实习一年。学院将课程教学内容与能力培养和实践锻炼相结合,整合形成"院企合作委员会＋专业校友会＋行业协会"的"三位一体"创新创业教育新合力,纳入企业、校友、学校(院)教学、科研等力量,统筹、规划、协调学生创新创业工作,共同参与人才培养方案的制定,实现对学生的多元培养;依托实体项目进行实践,帮助学生接触社会企业服务项目,主动对接乡村振兴、数字助农等国家政策,开展师生共同科普讲座十余次,被新华网等数十家知名媒体报道。

(四)团队

学院依托各教研室成立创新创业专业团队,对应每个专业方向组成专业的创新创业工作室,持续实施专业教师指导学生,以老带新的培养体系。目前,学院已建设深度工作室、无人机、ACM 等 9 个专业团队,覆盖在校生 500 人。

(五)创客空间

学院搭建"创客工作室＋交流区＋训练区＋校外基地"的社群化创客空间。在校内"E 路同行"创客空间成功立项"泉城众创空间支持计划",并获批专项扶持资金 100 万元;在校外建设校外实践基地,拓展创客空间的外延。

二、"外环"

学院以组织、制度、导师、经费、氛围五个保障为支撑,聚焦学生实际需求,统筹调配资源,打通学生通过参与创新创业教育实践活动提升能力的渠道。

构建有效的管理体制,为推动创新创业教育工作提供组织保障。学院制定并实施一系列制度,从"工作开展、评价、奖励"三个方面保证相关教育活动稳步推进,从制度上保障了教学实践应以提高学生的实践创新能力为核心;建立校内校外相结合的创新创业教学团队。在日常班级课程学习中主要由班级导师进行整体指导,其次学院再针对不同项目挑选该专业的优秀老师进行个别培训。以各种方式筹集资金,并设立专项资金为创新和创业提供保障。通过舆论渲染外在的环境建设,营造浓郁的创新创业氛围。

三、"一心双环"

"一心双环"的创新创业教育体系实施后,学院创新创业教育工作取得显著成效。

(一)创新创业教育推动学院专业课程建设

创业创业教育工作开展也加快了第一课堂教学的教育教学改革,使第一课堂的教学起到创新教育主渠道的作用,第一课堂的教学从课程内容、教学方法、教学手段、教材建设等方面也都融入了创新能力培养的问题,目前,学院的"数据库原理与设计"课程被评为山东省一流课程,计算机科学与技术专业被评为山东省一流专业。

(二)学生创新创业人才培养效果显著

2013 年以来,学生申请专利、软件著作权等 100 余项,在"互联网＋""挑战杯"、数学建模、软件设计等竞赛中,18 名在校生注册企业,获省级以上奖励 1000 余项。

2018 级在校学生代表居建注册济南邦信文化传媒有限公司。个人志愿服务由学院发起的"数字助农"活动提供,该活动得到新华社、中国教育在线、大众网等著名媒体的广泛报道,反响积极热烈。

2019 以来,学院有 2 名学生荣获校长奖章,6 名学生荣获十大自强不息优秀学生、十大优秀学生。

2020 年,计算机科学与技术 172 班被评为山东省先进班集体。

2020 年,软件工程专业学生陈泉江获得山东"十大创业之星"。

2021 年,软件测试技术 172 班史善力获全国共青团员荣誉称号,是本年度山东省内获此殊荣的唯一在校本科生。

自 2017 年以来,学院学生先后 22 次获得大学生创新创业训练计划教育部立项。

学生工作室编著的《黑客攻防从入门到精通》9本丛书由北京大学出版社出版发行。

（三）学院创新创业教育取得了广泛的社会关注

学院创新创业教育得到社会媒体的高度关注和评价，省级以上媒体对学校创新创业工作报道30余次。学院创新创业教育工作被中央电视台录制专访。山东省计算机学会、济南计算机教学研究会、山东省科技咨询学会等科技协会到校参观考察。

2019年，"E路同行"创客空间获评"济南市众创空间"项目，获批扶持资金100万元，是目前省内唯一一家由高校二级学院运营的创客空间。

科教融合，全员创新

青岛大学材料科学与工程学院

近年来，材料科学与工程学院依托高水平优势特色学科和学院雄厚的科研平台，以学业导师制和博导班主任为工作机制，全力构建"科研与教学融合"为特色的创新型人才培养体系，深入推进"一二三四五"协同育人，培养德智体美劳全面发展的高素质人才。近三年来，学院本科生获得省部级以上创新创业大赛奖励51项，获得第十七届"挑战杯"全国大学生课外学术科技作品竞赛全国铜奖。学院全面构建起了国家级、省部级、校级多层次的创新创业教育培养体系。

一、工作理念

学院成立了以院长为组长的创新创业教育工作小组，全面贯彻"立德树人、全员育人"思想，从课堂、实践教学到校企结合创新创业，全面发掘学生潜力，培养学生能力；构建多层次、立体化、全覆盖的创新创业课程体系、创新创业训练实践体系、专兼结合的校内外双创导师团队、创业孵化基地和基金支持体系，牢固树立个性化人才理念、应用型人才理念、创新型人才理念和国际视野人才理念。

二、工作举措

学院拥有一支以"长江学者奖励计划"特聘教授、国家杰出青年科学基金获得者为领军人物、博士占比95.6%的高水平师资队伍和省部共建生物多糖纤维成型与生态纺织国家重点实验室、国家高分子杂化材料国际合作示范基地、国家杂化材料技术国际联合研究中心、国家"111"计划高分子杂化材料创新引智基地等4个国家级平台和7个省级教学科研平台及海洋纤维新材料研究院、杂化材料研究院、能源与环境材料研究院、石墨烯应用技术创新研究院、生物与医用材料研究院和生化工程研究院6个校直属研究院等高水平科研平台。

（一）全面实行本科生学业导师制

为使高水平师资队伍与学生成长成才能够紧密融合，让学生享受到高水平师资队伍的"红利"，使高水平的师资队伍成为学院人才培养的助推器，学院自2017年开始全面实行本科生学业导师制，制定了《材料科学与工程学院本科生学业导师实施意见》，对本科生进行全方位、全过程指导，以本科生学业导师制为纽带，以实验室为平台，打造本硕博科研共同体。每位教师每年级指导3～5名本科生，学业导师对大一学生进行专业思想教育，指导学生专业学习和学业规划，指导大二、大三学生积极参与科学研究、创新训练、学科竞赛等，指导大四学生进行考研复习、考研学校专业志愿选择、复试调剂指导和就业指导等。目前，学院为四个年级827名本科生配备学业导师258人次。学业导师通过指导学生参与自己的科研项目、大学生创新创业训练项目和学科竞赛等方式，挖掘学生的科研能力潜质，培养学生的创新创业意识，并让学生充分利用学院先进的设备进行实验研究，从而快速提高学生的动手操作能力。

（二）构建本科生、硕士研究生和博士研究生学习科研共同体

目前，学院正在全面实施本科生学业导师制，以学业导师制为纽带，构建本科生、硕士研究生和博士研

究生学习科研共同体,让本科生以创新实验等形式尽早参与导师的课题实验和研究,硕士研究生、博士研究生协助导师指导本科生的专业学习和创新实验、论文撰写等科研活动,逐渐形成博士生、硕士生、本科生高低搭配的学习科研共同体,以此带动本科生的学习科研积极性,助推人才培养质量的全面提升。

(三)落实博士生导师担任新生班主任制度

作为学业导师制的进一步扩展和深化,为了让每一名新生从一入学就能得到高水平导师队伍的指导和培养,从 2019 年 9 月开始,学院在本科低年级中全力推行博导班主任制度,在学院的领导下,博导班主任队伍开展了一系列具体而有效的工作。如每年开学初组织召开博导班主任与新生见面会、与辅导员老师沟通学生思想动态、组织设计各种班级活动、加强学生党员的模范带头作用、对学生开展思想政治教育等。据统计,每位博导班主任每学期平均给学生开班会 2～3 次,与学生谈话 10～20 人次。各位博导凭借自身丰富的阅历、深厚的专业素养和坚定的思想觉悟,通过与学生多方互动,全心全力为学生的入学适应和学习成才"保驾护航",从而形成了切实有效的全员育人的良好氛围。学院探索出了一条博导教授参与学生党建和思想政治工作的有效途径和新方法,让博导教授不仅成为学生学习和科研上的引导者,还成为学生思想和灵魂的引路人。

三、工作成效

(一)学科竞赛取得新突破

近三年来,学院本科生获得省部级以上创新创业大赛奖励 51 项,尤其是在 2021 年第十七届"挑战杯"全国大学生课外学术科技作品竞赛中获得国家级铜奖,实现了"挑战杯"国家级奖项的新突破,并且在第二届全国大学生高分子材料实验实践大赛中荣获一等奖和三等奖;第七届山东省大学生科技创新大赛和第十七届"挑战杯"山东省大学生课外学术科技作品竞赛获奖数全校第一。

(二)本科生深造率再创新高

2021 年本科生深造率 61.9％,位列全校第一,2022 年深造率再次领跑全校,达到 60.11％。2020 年高材专业创新班考研达线率 100％,2022 年高材创新班录取率 78.6％,其中 75％以上考取 985 高校和国际知名高校。近三年来,本科生首次就业率平均达 93.6％,2021 年达到 99.2％。

(三)发表高水平学术论文居全校第一

以大学生创新创业项目为依托,近三年来,本科生以第一作者(含共一)发表高水平论文 12 篇,与导师合作发表高水平论文 135 篇,其中中国科学院一区论文 26 篇;授权发明专利 4 件。

(四)立项大创项目逐年上升

近三年来,学院立项校级大学生创新创业训练项目 156 项,其中省部级 12 项,国家级 9 项。学院坚持以培养学生创新意识和实践能力为目标,从 2015 年启动训练计划,通过六年的实施和实践,已构建起了国家级、省部级、校级等多层次的"大学生创新创业训练计划"工作体系,截至目前,学院共有 1200 多名大学生参与了此项训练计划,极大地提高了大学生发现问题和解决问题的能力,培养了大学生的创新创业精神,提升了大学生的创新创业意识和创新创业能力。

"校—企—人"三方协同构建双创育人体系

山东财经大学统计与数学学院

山东财经大学统计与数学学院围绕双创育人机制,致力于打造"校—企—人"三方协同的双创育人体系。在此宗旨下,统计与数学学院依托学校、企业各方支持,以深化"三全育人"综合改革为契机,倡导学生学习统计知识、应用统计技能,密切联系企业需求,以优秀师资力量培育大学生数据挖掘、数据分析,以及运用统计方法和计算机技术处理数据的能力,成功主办数学建模、市场调查与分析大赛、统计建模三项学术赛事,营造健康向上、积极进取的学术科技氛围,促进优良校风学风形成。

一、工作理念

山东财经大学全面贯彻党的教育方针,鼓励大学生积极参与创新创业实践,建立了多个创新实践基地,通过学科竞赛与专业教育融合、设立大学生创新创业项目等举措开展创新创业实践育人。学院成功探索并建立了以创新创业为导向的新型人才培养模式,健全"校—企—人"三方协同的创新创业人才培养机制。在学校层面,学校积极完善校内师资力量,依托现有师资进行教育,满足人才培养需求,聘请企业导师以讲座形式授课,纳入正常教学体系中。在企业层面,学校积极与企业建立多方合作,依托政府政策支持,走出了一条"政企校"协同、教育与实践贯通融合的创新创业人才培养新路。

二、实践路径

(一)积极承办、组织相关学科的全国性大学生学科竞赛

学科竞赛是要在理论教学的基础上,引导学生创新和实践,提高学生的组织、策划、调查实施和数据处理与分析等专业实战能力,培养学生的社会责任感和团队协作精神,加强大学生实践能力的培养,强化实践教学环节。

因此,统计与数学学院一直以来组织全校学生参加数学建模大赛、市场调查与分析大赛和统计建模大赛三大学科竞赛。每年有近两千名全校不同专业的学生参加。学院领导大力支持,为各项竞赛提供经费保障。坚持内培外引,各竞赛活动都成立专门的团队,由教授和青年博士等专业老师组成,精心负责组织安排。同时,为了推荐优秀的、高质量的作品参加省赛和国赛,提高竞争力,学院还聘请校内外专家作为校赛评委,从而为各项竞赛活动的顺利开展提供了有力保障。

(二)高度重视数学建模开展工作,全力做好人才培养和服务工作

2007 年,学校主要党政领导高度重视数学建模竞赛活动,编列了数学建模竞赛专项经费,建立了数学建模实验室,购买了崭新的电脑、打印机、UPS 电源、投影仪、桌椅等设备,并且第一次在信息与计算科学专业本科生中开设了"数学建模与实验"课程。15 年来,学校的数学建模竞赛从无到有,从小到大,从弱到强。在参赛过程中,全体师生逐渐沉淀、积累、凝聚成了"吃苦耐劳、攻坚克难"的数学建模精神。学院全力做好把控整体赛事进度,筹备国赛期间各项事宜。此外,学院配有专业指导教师对学生提出的方案进行把关、讲解答辩要点并解决随时可能出现的问题。学院不断加强指导教师学术水平,提高指导教师掌握学科竞赛相关

的核心课程的能力,促进教师更加主动、努力、勤奋地钻研相关专业知识,鼓励教师结合学生在学科竞赛中遇到的问题进行理论教学,不断提高业务水平。

(三)构建校企协同育人长效机制,做好市调赛主办工作

"正大杯"全国大学生市场调查与分析大赛以赛促学、以赛促教、以赛促改、以赛促创,是学术引领、政府支持、企业认可、海峡两岸暨港澳高度联动的多方协同育人平台,是促进校企合作赛事的典型范例。

山东财经大学从2016年开始参加该项赛并在2018年成功承办了山东省省赛和第九届全国大学生市场调查大赛,提高了山东财经大学在全国的知名度。"正大杯"全国大学生市场调查与分析大赛涉及多学科融合,在近几年的大赛中,统计与数学学院坚持创新融合专业的原则,充分体现创新竞赛的多学科支撑性,培养学生综合运用交叉学科知识、技术与方法,鼓励多专业跨学院组队,实现参与人数新突破。此外,在备赛期间,学院为每一个团队提供相应专业辅导支持,坚持内培外引,多渠道聘请导师,组建导师团队,精细化打磨每一个项目,并为推报省赛、国赛的项目提供经费保障。

(四)打造统计建模实践平台,夯实统计学科教学研究基础

全国大学生统计建模大赛与统计学专业契合度高,能够最大化发挥统计学专业学生的强项,山东财经大学统计与数学学院(统计交叉科学研究中心)领导高度重视该项赛事,积极引导、鼓励和支持学生参赛,全力做好赛事的组织保障工作。自2022年开始,全国大学生统计建模大赛山东省份赛区由山东财经大学统计与数学学院承办,负责组织实施山东省赛区的各项比赛事宜。作为省赛承办单位,学院以"立德树人"为根本,以"一流赛事、一流组织、一流服务"为目标,坚持"学生主体、专家主导、公平公正、社会监督"的原则,致力于搭建山东省高校协同育人平台,加强山东省内各培养单位之间积极开展科研创新实践方面的交流与合作,推动统计学科教学发展和大数据时代统计交叉人才培养,助力推进统计现代化改革。

2023年,学院进一步加强了赛事的组织宣传工作,在承办单位官网、微信公众号和微信群等发布赛事公告及新闻。学院以更加积极的态度、更加高效的执行力和更加完备的服务,统筹安排好赛事的各项工作、落实好各项保障措施,力争将本项比赛打造成为山东省内标杆性一流赛事活动,夯实山东财经大学统计学科"省内领先、国内一流"的学科优势。

三、工作成效

在2022年数学建模国赛中,学院获奖队伍20支,包含60名参赛同学,获国奖队伍4支(全国一等奖团队1支,全国二等奖团队3支),获省奖队伍16支。在第十二届"正大杯全国大学生市场调查与分析大赛"中,本科组获奖队伍11支,包含54名参赛同学,获国家二等奖队伍3支,国家三等奖队伍8支;研究生组获奖队伍10支,包含49名参赛同学,获国家一等奖队伍3支,国家二等奖队伍2支,国家三等奖队伍5支。在2022年统计建模大赛中,获奖团队30支,获全国一等奖团队3支,全国二等奖团队3支,全国三等奖团队3支,山东省一等奖团队9支,山东省二等奖团队3支,山东省三等奖团队9支。在获奖数量和质量上均取得重大突破。

打造商务英语双创指导团队

山东政法学院商务英语

商务英语教研室双创指导团队的成立,有利于加强商英专业教师的创新创业教育能力的提升。创新创业教育是一个复杂的学科体系,有其自身的教育规律和教育方法。然而,目前大部分的商务英语专业教师并没有接受过系统的创新创业教育,也缺乏创新创业教育的培训,给专创融合的教学带来很多困扰。因此,应加强商务英语专业教师的创新创业教育能力。首先,学院通过组织商务英语专业教师参加创新创业教育培训,以提高教师创新创业教育的意识和能力。这些培训包括单科课程培训、课程轮训、骨干研修等方式。其次,选派商务英语专业教师深入到行业、企业等一线进行锻炼,有利于将自己掌握的理论知识与专业实践结合起来,有效地提升专业实践能力和科研创新能力,继而进一步明确专创融合的教学目标,有效地提高自身的专创融合教学能力。

外国语学院商务英语教研室于 2018 年年初成立了双创指导团队,旨在帮助、指导学生参加各级各类创新创业大赛、商务英语实践技能大赛等,指导老师近年来多次指导学生参赛并取得优异成绩,整个团队积累了丰富的带赛经验。

商务英语教研室双创指导团队近年来在备赛、带赛的基础上积累了丰富的经验,学生多次获得优异成绩。同时不断深入对创新创业的理论研究,获批多项教改、课程建设项目。积极将双创教育融入商务英语专业课程中,以加深商务英语专业学生对创新创业教育在专业课程中的学习和应用。

2020 年 8 月,梁军童老师和王芳老师指导商务英语专业学生申请山东省大学生创新创业训练计划项目 5 项,获批 4 项,其中已成功结项 3 项。

(1)姜小雨"青少年职业模拟体验馆"。

(2)段丹霓"'i导师'高校自主互助平台"。

(3)李玲芬"'Tour By'线上旅游服务"。

(4)杨璐"CREATOR——你的原创卫士维护知识产权,助力中国梦!"。

2021 年 10 月,梁军童老师和唐晓慧老师指导商务英语专业学生获得第五届"亿学杯"全国商务英语实践技能大赛省赛二等奖的好成绩。

2022 年 4 月,梁军童老师指导学生获得第八届 OCALE 全国跨境电商创新创业能力大赛全国团体赛二等奖。

2022 年 9 月,王芳老师和唐晓慧老师指导商务英语专业学生获得第六届"亿学杯"全国商务英语实践技能大赛省赛二等奖。

在积累大赛经验的基础上,商务英语教研室双创指导团队的老师也不忘从教改和科研的角度开展对创新创业的研究。

2020 年 2 月,以王芳老师为主持人、梁军童老师和唐晓慧老师为团队成员的校级教改项目"融于商英专业教育的创业模式设计——以'圆梦教育科技公司'创业训练项目为例"获得立项。本项目从商务英语专业大学生创业的视角出发,在 SWOT 模型分析的基础上,通过深入剖析社会实际需求、教育培训机构营销现状和优化方向,通过定性、定量分析,使结果更加全面科学。同时借助"创业"的逆向驱动作用,进一步优化了当前学校商务英语专业课程设置,丰富以往对商务英语课程体系建设探索的理论成果,拓展新的商务英语教学研究与改革增长点。同时,通过融于商务英语专业教育的创业模式设计,也有利于引导本专业学生准确定位未来目标工作岗位,减少用人单位和学生求职意向之间的差距。该项目已于2021年7月顺利结项。

2021年1月,以王芳老师为主持人、梁军童老师和唐晓慧老师为团队成员的校级课程建设项目"商务英语KAB创业实训"获得立项。本课程的特色在于它是一门主要研究创业具体过程及实务的课程,是一门实践性很强的综合性应用课程。该课程把商务知识、创业知识、现代沟通技巧和英语语言能力融为一体,创新内容多,应用范围广,受益面较宽。学习者能够在运用英语语言的同时模拟创业实践,在掌握商务知识的基础上提升英语语言能力,从而实现学校应用型人才的培养目标。

除了指导学生参加各级各类大赛和进行创新创业的理论研究,商务英语教研室双创指导团队的老师还将双创教育融入商务英语专业课程中,辅以相关的创新方法和创业实践教育内容,以加深商务英语专业学生对创新创业教育在专业课程中的学习和应用。自2015级以来,商务英语专业学生均在"商务英语精读""商务英语写作""商务英语听力"等课程中进行了创新创业实训。

把创新创业教育贯穿于人才培养全过程的研究与实践

济南大学信息科学与工程学院

创新创业教育是培养青年一代富于创新精神、创业意识和创新创业能力的教育方式,是落实科教强国战略、创新驱动发展战略,实现以高科技产业为主导的绿色经济转型发展的基础。创新创业教育是面向全体学生、贯穿人才培养全过程、实现学生全面发展的教育,是让所有学生共享创新创业教育改革成果,为经济社会发展培养大批富有创新创业意识、精神和能力的创新型、应用型、技能型各类人才的教育,是为世界高等教育贡献中国创新创业教育改革方案的一场高等教育变革。

一、创新创业教育贯穿于人才培养全过程的实现路径

(一)统一思想、革新理念

学院由传统的注重知识本身传授向注重创新意识、精神和能力培养转变,将认识统一到创新创业教育是专业教育的重要组成部分,创新创业是任何一个专业人才必备的素质,创新创业教育是任何专业教育的重要组成部分。创新创业教育能切实增强学生的创新精神、创业意识和创新创业能力。

(二)推进教学改革

学院构建创新创业教育与专业教育有机深度融合的人才培养方案、课程体系。创新创业教育不再是一项独立于专业教育之外与之平行的教育活动,也不只是游离于专业课程体系之外的通识课程,而是交叉、渗透、融入各专业教育和专业课程中的教育。学院构建创新创业与专业教育融合的人才培养新体系形成合力,全面而有效地提升学生的专业理论知识、实践能力和创新创业能力。

(三)充分利用各方资源,构建大学生创新创业实践平台

学院加大投入完善提升院内实验室、实训室、大学生创新创业中心等实践建设;积极开展产学研合作、协同育人,建立大学生校外实践基地;充分利用政府和社会众创、"青创"资源,广泛开展创新创业培训、竞赛、项目孵化等。

(四)"内培外引",切实提高创新创业教育师资水平

建立高水平的校内创新创业师资队伍是学校教育事业发展的必然要求,除了引进具有行业经历、工程背景的教师,现有教师能力提升应是主要途径,以企业挂职锻炼、专门培训为主要形式。同时,针对创业经验的欠缺,引入校外具有创业经验的行业专家是最佳的补充方式。

(五)以大学生创新创业训练项目和竞赛为抓手,促进以学生为中心的教育理念

将创新创业教育落到实处,必须树立以学生为中心的教育理念,以学生为中心,关键要引发学生的学习兴趣、激发学习主动性。兴趣是动力的源泉、目标是学习的方向,学院以大学生创新创业训练项目和竞赛为抓手,引发学生的兴趣,使学生树立一个又一个阶段目标,使学习由被动接受转变为主动探索。

二、济南大学信息科学与工程学院的探索与实践

(一)学院明确创新创业能力为信息技术各专业人才培养的主要目标

学院通过校企合作共同修订人才培养方案,与企业共同构建创新创业教育课程体系,建立层次清晰的

课程能力支撑结构。独立设置的创新创业基础课程包括："创新思维与创新方法""发明与专利实务""创业基础"等课程支撑创新创业基础能力;融合创新创业能力培养的专业课支撑创新创业提高能力;针对大学生创新创业训练项目、竞赛的选修课和第二课堂支撑创新创业实践能力。

(二)在学校的统一部署下,完成课程纲要制定,全面开展课程教学模式改革、考核方式改革

在专业课程的纲要中,明确本门课程在创新创业能力培养中的作用和任务,课程教学以知识传授为目标,以素质和能力培养为目标。在专业课尤其是课程设计类的教学内容中引入、设置专业知识与创新创业能力培养相结合的环节。在教学方法、考核方式、学业评价中采用项目驱动式教学和答辩考核,注重创新创业意识的培养、思维的训练和能力的提升。

(三)利用学校有限投入建立信息学院大学生创新创业分中心

学院积极寻求校企合作协同育人,获批并建设浪潮产教融合创新基地;积极与山东省内业内知名企业共建大学生校外实践基地;积极寻求政府和社会力量的助力,充分利用各种众创空间、青创空间。

(四)以多种渠道和方式提升教师创新创业教学水平

学院组织安排教师参加创新创业教学能力提升的专门培训;有计划地安排教师到业内知名企业进行为期6个月以上的挂职锻炼;适应信息技术发展迅速的特点,资助、鼓励教师通过在线自学的方式快速掌握新的应用技术;通过产学合作协同育人,引入企业兼职教师,共建"双师型"教学团队。

(五)牢牢把握大学生创新创业训练项目和竞赛这个抓手

在要求全体专业教师广泛参与的同时,学院专门成立大学生创新创业训练项目和竞赛指导团队,使指导工作专业化、精准化。各专业围绕大学生创新创业训练计划项目和中国大学生数学建模竞赛、中国大学生计算机设计大赛、中国大学生程序设计竞赛、全国大学生电子设计竞赛、"互联网+"大学生创新创业大赛、全国大学生电子商务"创新、创意及创业"挑战赛、挑战杯等赛事,结合本专业实际,采取创新创业工作室、创新创业团队、创新创业导师制等模式,形成教师指导专人化,参与学生团队化、梯队化。学生的创新创业成果、竞赛成绩不断突破、提升。学院将地方应用型大学的创新创业教育改革落到实处,必须牢固树立以学生为中心的创新创业教育理念,消除创新创业教育与专业教育有"两张皮"现象,实现二者深度、有机融合,构建以各项专业能力和创新创业能力培养为目标的创新人才培养模式。当然,创新创业教育改革、创新创业教育与专业教育的融合不是一蹴而就的,学院的探索还存在问题和不足,不同学院需根据自身实际借鉴参考。

突破传统思维:克服误区、回归本质,注重精神培育和价值引领,创新创业是一种极具挑战性、创造性的社会活动。开展双创教育既是我国大学发展转型的一次挑战,也是提升高等教育整体实力的一次考验。创新创业教育与经济社会发展相适应,与时代精神相吻合,是一种教育理念、教育体制和新的教育实践。目前,我国双创教育仍处于快速起步发展阶段,其价值理念尚未深度融入高校人才培养教育体系,未能真正形成以创新创业人才培养为内核的教育模式。因此,突破传统思维,对高校双创教育过程中暴露出的价值理念偏差进行总结、澄清、评估和调整,以实现其理性回归,才能把握方向、突破瓶颈性问题,促使它走上理性发展的轨道。双创教育的核心,在于坚持立德树人根本,注重创新创业"精神培育"和"价值引领",着眼于为每个学生终身发展奠基,挖掘开发学生创新创业潜质,转变以往单纯追求创新创业教育形式上的"全员覆盖",实现从注重传统的知识传授向注重培养学生创新精神和创业素质的转变,从而增强学生的社会责任感和使命感。